盐都年鉴

YANDU ALMANAC

盐城市盐都区人民政府 主办
盐都年鉴编纂委员会 编制

2018

（总第20卷）

方志出版社
Publishing House of Local Records

图书在版编目（CIP）数据

盐都年鉴. 2018 / 《盐都年鉴》编辑部编. —北京：方志出版社. 2018. 11

ISBN 978-7-5144-3419-4

Ⅰ. ①盐… Ⅱ. ①盐… Ⅲ. ①区（城市）—盐城—2018—年鉴 Ⅳ. ①Z525. 34

中国版本图书馆CIP数据核字（2018）第261385号

盐都年鉴（2018）

编　　者：《盐都年鉴》编辑部

责任编辑：张　颢

出 版 人：冀祥德

出 版 者：方志出版社

地址　北京市朝阳区潘家园东里9号（国家方志馆4层）

邮编　100021

网址　http://www.fzph.org

发　　行：方志出版社图书经销中心

电话（010）67110500

经　　销：各地新华书店

印　　刷：南京顺和印刷有限责任公司

开　　本：889 × 1194　　1/16

印　　张：21.5

字　　数：935千字

版　　次：2018年11月第1版　　2018年11月第1次印刷

印　　数：0001 ~ 1200册

ISBN　978-7-5144-3419-4　　**定价：**228.00元

《盐都年鉴》编纂机构及人员名单

编纂委员会

编　辑　部

《盐都年鉴》编辑部地址：盐城市新都路618号盐都行政中心一楼

电话：0515—88426071

邮箱：yddsb123@126.com

QQ：211521116（盐都年鉴群）

邮编：224005

《盐都年鉴（2018）》　《盐都区志（1983~2005）》　《盐城县志》

荣誉盐都

- 盐都区休闲农业和乡村综合发展实力全国前50强县
- 中国曲艺之乡
- 全国群众体育先进单位
- 最美中国·全域旅游创建典范城市
- 最美中国·全国旅游创新发展示范地
- 农业部国家级渔业健康养殖示范县
- 国家慢性病综合防控示范区
- 全国中小学校责任督学挂牌督导创新区
- 省卫生应急规范县（市、区）
- 省居家和社区养老服务创新示范县区

深入解放思想，突破重大专项，
推动盐都高质量发展走在苏北苏中前列

数字盐都

- 总面积：1015平方千米
- 年末总人口：71.15万人
- 地区生产总值：500.23亿元
- 规模以上工业增加值：208.13亿元
- 固定资产投资：395.71亿元
- 进出口总额：7.72万美元
- 社会消费品零售总额：232.30亿元
- 人均地区生产总值：78467元
- 财政总收入：58.45亿元
- 一般公共预算收入：32.77亿元
- 城镇居民可支配收入：35663元
- 农民人均纯收入：20548元

台创园风光

茶

高架潘黄枢纽

大纵湖镇三官村

125省道盐都段

盐城市第一中学

大纵湖——云廊步月

林荫大道

祁亚男/摄

2018年1月16日，龙冈梨果产业园内，工人搭建设施大棚　　黄恬恬/摄

2018年8月，台创园发展“水培蔬菜”　　王　丹/摄

2018年9月29日，全区领导干部会议，省委决定吴本辉同志任中共盐城市盐都区委书记　　仇玉存/摄

2017年7月，盐城万达广场开业

2017年9月14日，盐城市十佳远航电商创富之星颁奖大会

盐都区公安局出入境管理大队“全国五一巾帼标兵岗”授牌仪式

2018年3月，全市新的社会阶层人士统战工作推进会暨实践创新基地揭牌授牌仪式

2018西安科技大学签约

2017年11月，盐城国家高新技术产业开发区同济大学“515”招才引智系列活动

2018年4月，招才引智推介会颁发“招才大使”聘书

2017第六届中国手机产业年会

2018年5月，盐城高新区智能终端项目集中开竣工活动

2017年11月，智能终端产业园培训班

高新区科技广场效果图

东山精密制造有限公司

海外海盐城汽车城内景

海外海盐城汽车城

2018年4月29日，盐都区实验学校“小交警”手势表演

6月7日，2017年高考大幕正式拉开，市第一中学考点的考生们陆续走出考场　　黄恬恬/摄

2018年9月，盐城枫叶国际学校学生和家长参加该校开学典礼
宗国峰　卞桂富　薛　飞/摄

4月29日至5月1日，2018年全国国际象棋棋协大师赛在盐都举行　　卞桂富/摄

2018年7月8日，盐城市全民才艺大赛　　朱正亚/摄

2018年，“6·26国际禁毒日”禁毒宣传活动现场

2018年6月26日，尚庄镇举行“第31个国际禁毒日”集中宣传活动　　乐华泽/摄

2018年，学富镇“6·26国际禁毒日”禁毒日宣传

2017年3月31日，曹文轩获2016–2017“影响世界华人大奖”

2017年12月，凭借特殊文体长篇小说《蜻蜓眼》获得首届“吴承恩长篇小说奖”

2017年6月，杨长春当选由中宣部、中央文明办主办，中国文明网承办的助人为乐类"中国好人"

杨长春当选"中国好人"获新闻报道

杨长春（左一）带领残疾农民到阿玛兰农场学习大棚栽培技术

杨长春（右一）组织残疾人学习文化娱乐

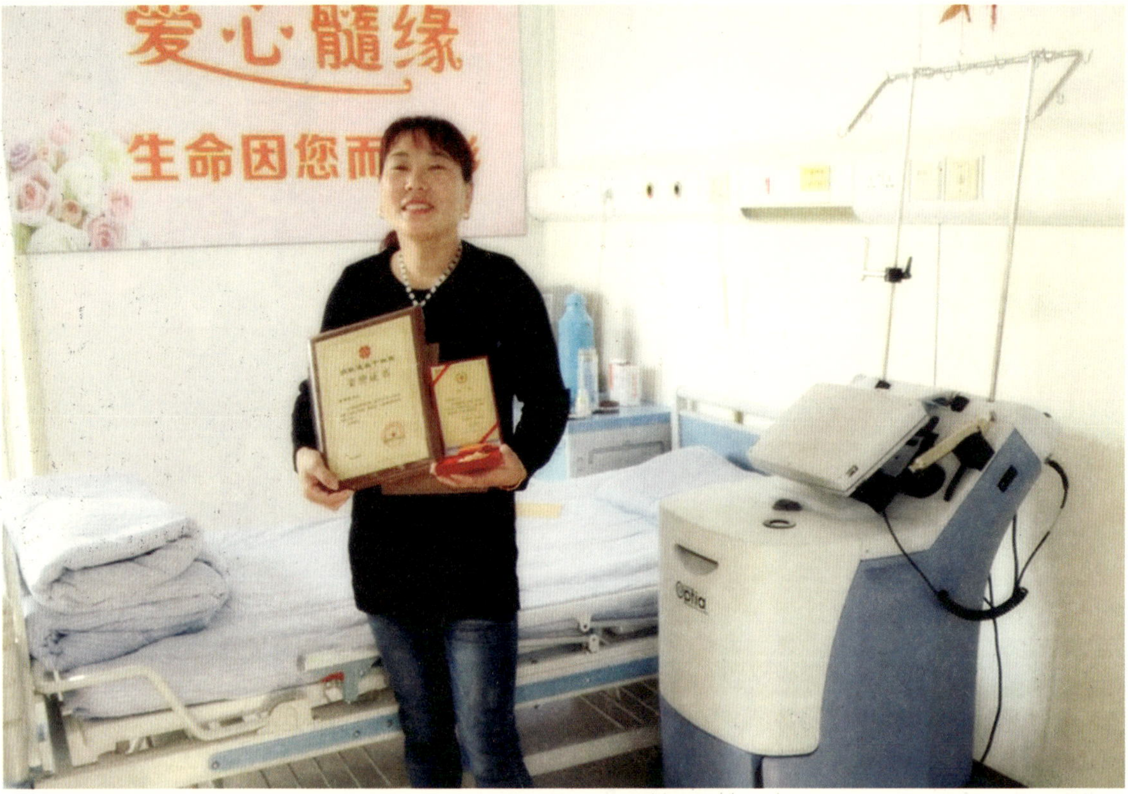

2017年11月1日，陈国莲成为盐都区女性首例造血干细胞捐赠者　　王金海/摄

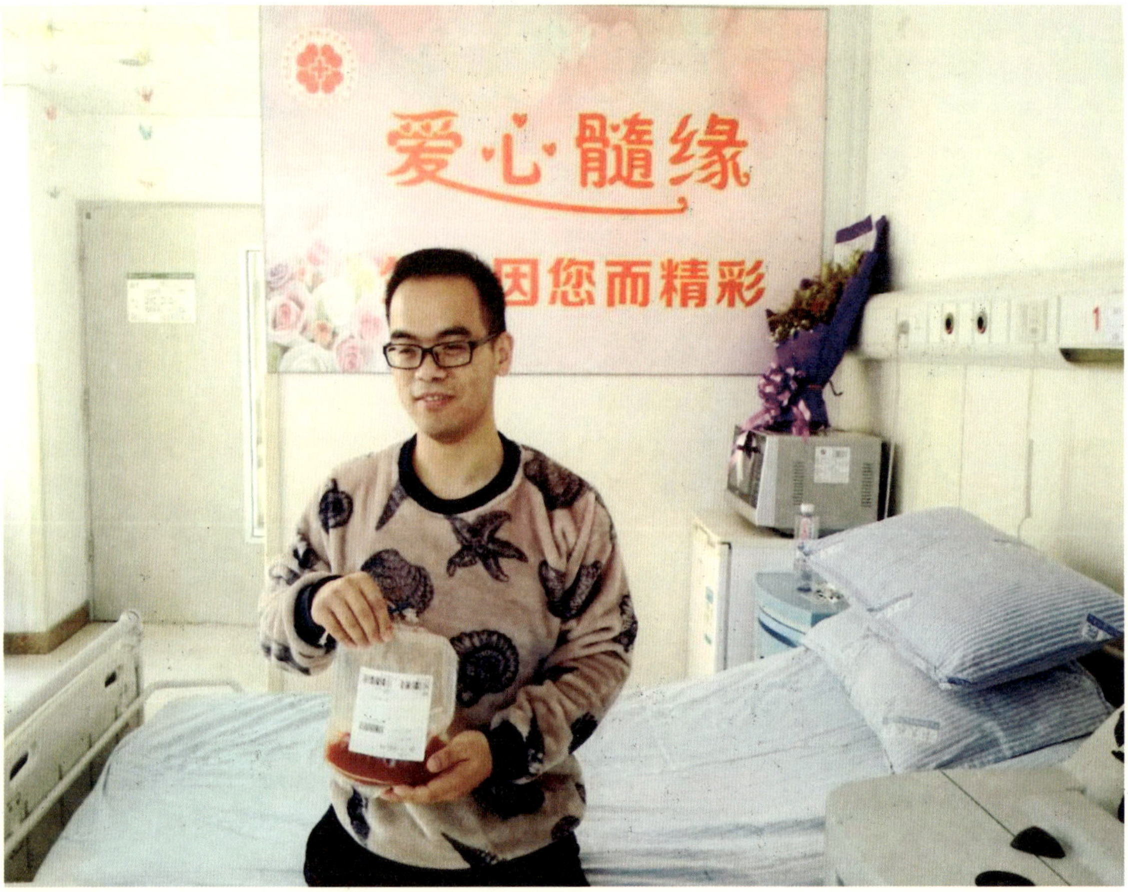

2017年12月5日，施兵成为盐都区卫计系统第二例造血干细胞捐献者　　王金海/摄

盐都区土特产品

大纵湖小龙虾

大纵湖鲫鱼

学富莲子

北龙港青虾

尚庄蕃茄

郭猛大米

楼王鲫鱼

楼王螃蟹

楼王龙虾

楼王荷藕

2018年，五一期间，大纵湖旅游度假区推出大纵湖首届渔趣节　　刘庆宝/摄

9月10日，2018中兴街道第二届“草房子朗读周”系列活动拉开帷幕

2018年7月，杨侍冒险岛欢乐水世界　　丁晓岚/摄

2018年端午节，大纵湖旅游景区组织赛龙舟活动
刘庆宝/摄

2018年8月28日，2018畅游盐都金秋行在大纵湖旅游度假区东晋古城正式拉开帷幕　　丁晓岚/摄

丁晓岚/摄

2018年3月30日，2018第二届“花开盐都·春游水乡”暨第六届桃花节在龙冈桃花园寿星广场内盛大开幕

丁晓岚/摄

2018年，十一国庆

2018年8月28日晚，2018畅游盐都金秋行在大纵湖旅游度假区东晋古城正式拉开帷幕

期间，大纵湖景区吸引游客前来　　丁晓岚/摄

2018年5月23日，参加2018全国重点媒体江苏大型采风活动的记者在大纵湖三官村　　丁晓岚/摄

丁晓岚/摄

2018年1月2日，组织开展“文化惠民大礼包”发放仪式暨2018志愿服务进社区活动　　周晨阳　丁晓岚/摄

2018年4月16日，文化志愿者举行“爱心永恒”文艺演出活动　　储启广/摄

2018年1月，庆祝盐都区"两会"顺利召开

2018年10月，区妇联巾帼文明进社区服务活动在龙冈镇凤凰文化广场启动

储启广/摄

2018年4月4日，中小学生在革命英雄纪念碑前　　储启广/摄

2018年5月30日，大纵湖中心幼儿园举行了以"畅想中华、童心筑梦"为主题的庆"六一"文艺演出　　刘庆宝/摄

2018年5月，区第四届“区长杯”中小学校园足球联赛比赛现场　　卞桂富/摄

2018年5月26日，举行“舞动盐都”——2018年盐都区广场健身舞大赛　　黄恬恬/摄

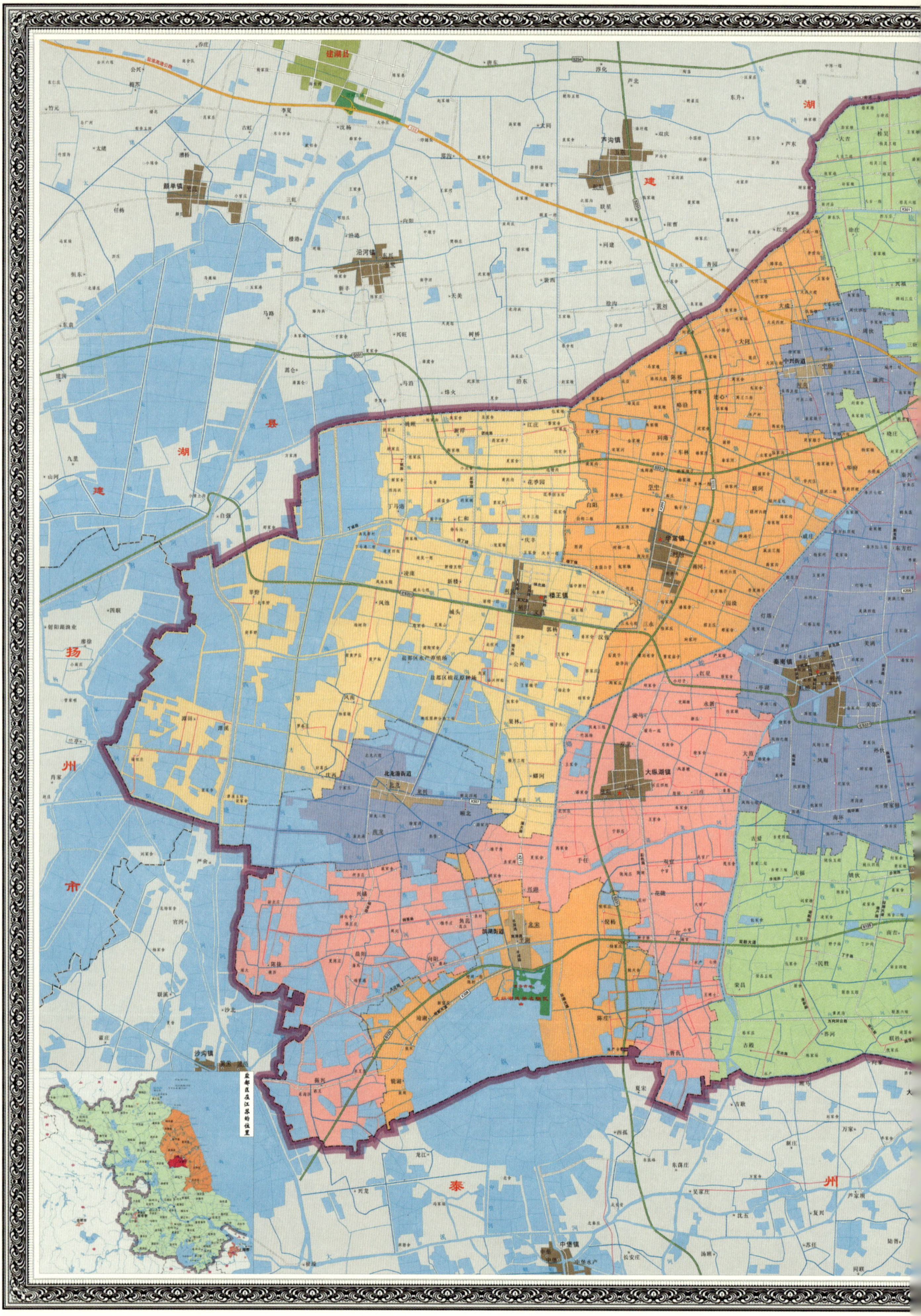

江苏省基础地理信息中心　盐城市国土资源局盐都分局　联合编制　盐城市国土资源局　监制

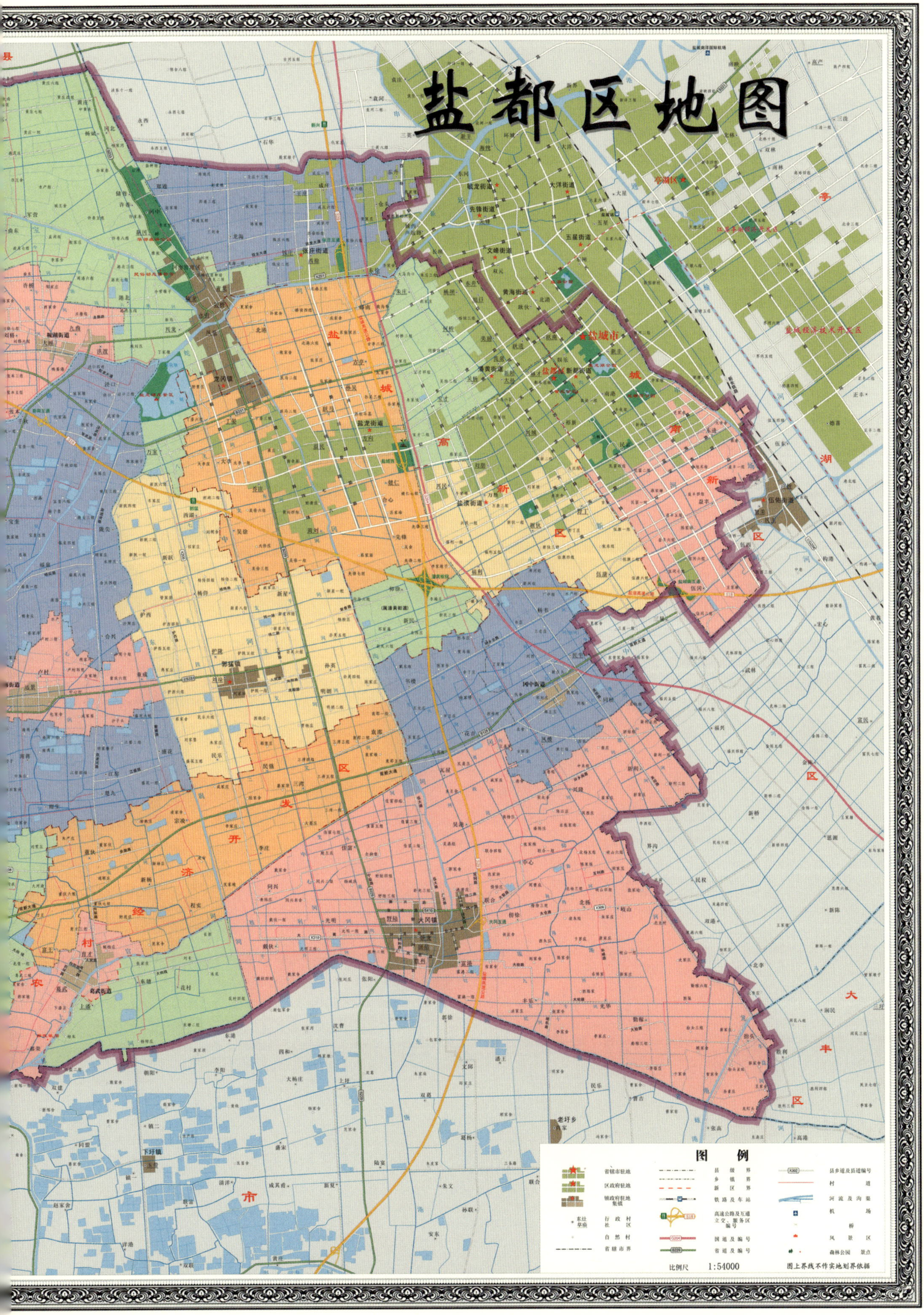

地图审查号：苏S（2015）133号　2015年12月印刷　定价：198元

盐城市区图
射阳县
亭湖区
盐城经济技术开发区
大洋湾旅游风景区
盐城南洋国际机场
盐城市环保产业园
盐城公园
欢乐谷游乐园
新洋港
新长铁路

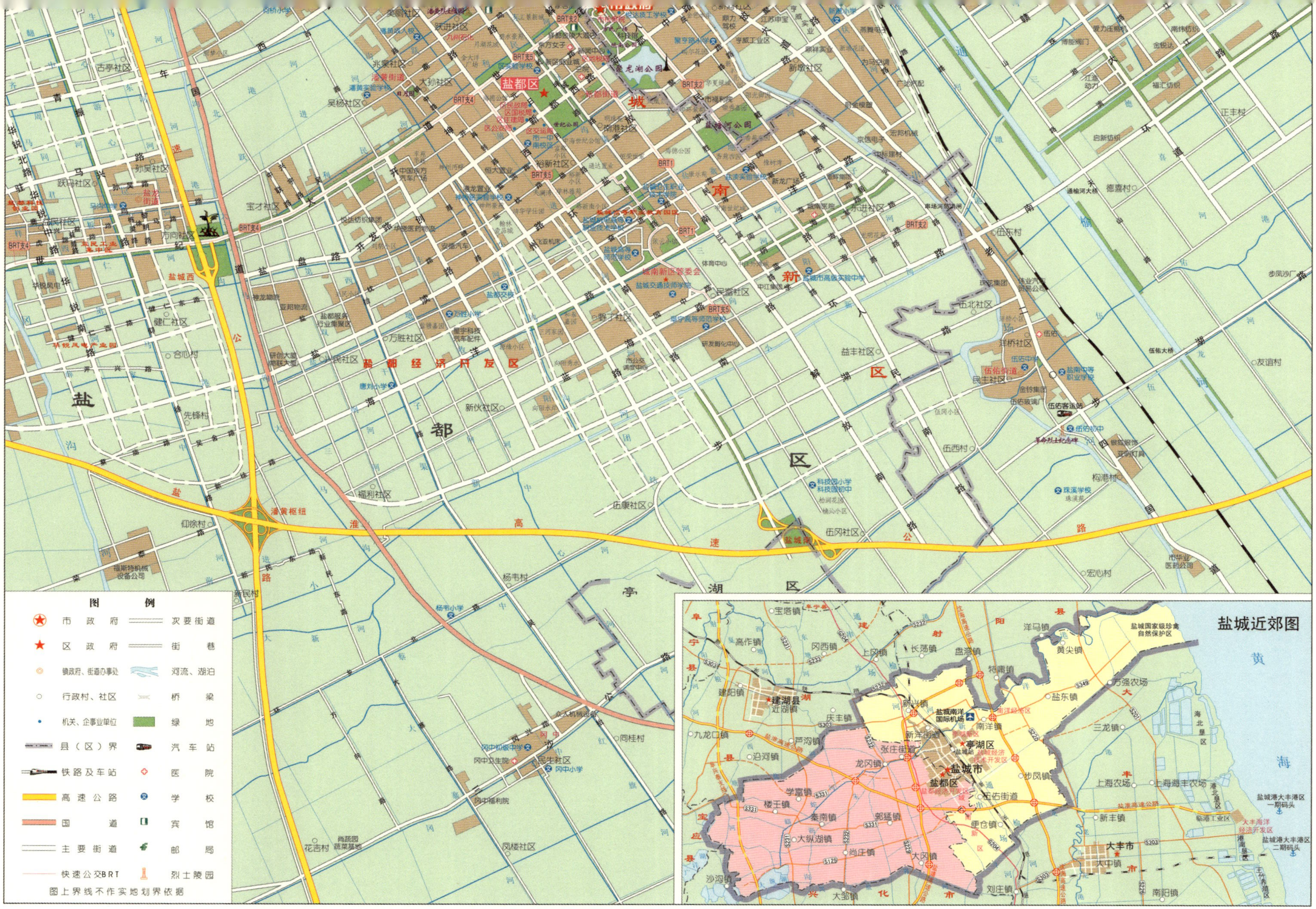

盐城近郊图
图例
市政府
区政府
镇政府、街道办事处
行政村、社区
机关、企事业单位
县（区）界
铁路及车站
高速公路
国道
主要街道
快速公交BRT
次要街道
街巷
河流、湖泊
桥梁
绿地
汽车站
医院
学校
宾馆
邮局
烈士陵园
图上界线不作实地划界依据
盐都区
城南新区
盐都经济开发区
亭湖区
盐城市
亭湖区
盐都区
建湖县
大丰市
黄海

编辑说明

一、《盐都年鉴(2018)》以马克思列宁主义、毛泽东思想、邓小平理论、“三个代表”重要思想、科学发展观和习近平新时代中国特色社会主义思想为指导，全面、系统地记载2017年盐城市盐都区政治、经济、文化、社会等方面取得的新成就、新经验和需要解决的新问题，为各界人士了解盐都、研读盐都、建设盐都，提供一部信息量大、准确度高的地情材料，为各级领导决策提供参考依据，为开展对外交往、招商选资以及全民创业提供窗口和桥梁，为广大干部群众和青少年提供乡土教材，为续修地方志积累资料。图照根据情况适当上溯下延。

二、全书采用分栏法编辑，条目式纪事体。按事业、行业性质设立栏目，分栏目、分目、条目3个结构层次，共设33个栏目、263个分目、1521个条目。正文中共有163张图片，29个表格。

三、组织机构及负责人名录，收录中共盐城市盐都区委、区人大、区政府、区政协及其列入党政序列(含直属单位、人民团体和双管单位)副科(局)级以上机构的党政负责人以及纪委书记和纪检组长；镇(区、街道)领导人名录对象为党委(党工委)、人大、政府(管委会、办事处)正副职，纪委书记，以及组织委员、宣传委员、统战委员、政法委员。凡任职时间2017年1月至12月的，一律不标明时间。各村(居)书记、主任均为2017年年底在职人员。

四、人物栏目收录盐都籍或在盐都境内工作的中共十九大代表、全国人大代表、全国五一劳动奖章获得者、省(部)级授予的劳动模范、先进工作者和表彰的先进个人。同时，本书将在社会上有较大影响的盐都籍(或在盐都工作和学习过)的个人代表也收录在“新闻人物”中。以前年鉴已经收入的人物，该年鉴只作简述。荣誉栏收录受省(部)、市(厅)级表彰的先进单位和市(厅)级表彰的先进个人。

五、年鉴中所使用的资料由全区各部门、各单位、各镇(区、街道)专人撰稿和提供，并经单位负责人审定，撰稿人姓名统一在条目、资料后署名。年鉴中出现“区、区内、区属、区某某局”的“区”都指“盐城市盐都区”，“镇(区、街道)”中的“区”专指“盐城高新技术开发区”，“市一中”指“盐城市第一中学”，“市三院”指“盐城市第三人民医院”，“市二小”指“盐城市第二小学”。

六、统计资料由区统计局提供。因统计口径不尽相同，有些数据稍有差异。“特载”栏目中的领导讲话报告以及文件选编栏目中的重要文件摘录基本保持原状，对有关数据未作改动。数据中的计量单位除耕地、地域等面积部分使用亩或公顷，其余一律使用国际单位。

总　目

目　录

Contents

区情总貌

区情概要

国民经济和社会发展计划执行情况

民主法治建设

精神文明建设

大事记

改革开放　园区建设

改革开放

园区建设

中共盐城市盐都区委员会

综　述

重要会议

重要活动

组织建设

宣传教育

统战工作

农村工作

政策研究工作

对台事务

机关工委

老干部工作

保密工作

档案管理

信访工作

党史编研

盐城市盐都区人民代表大会

综　述

重要会议

重要工作

盐城市盐都区人民政府

综　述

重要会议

检　察

法　院

司法行政

旅游　资源　环境

旅　游

新农村建设

交通运输

供　电

信息化建设

电子政务管理

邮　政

电　信

农　业

综　述

农业结构调整

农业产业化

农副产品加工与销售

种植业

商贸服务业

市场建设

财政　税务　审计

房地产行业管理

安全生产

科学技术

综　　述

科技活动

科技成果

教　　育

综　　述

学前教育

九年义务教育

高中教育

职业教育和社会教育

盐都开放大学

教育管理

教师队伍建设

教育经费与设施改善

教育督导

文化　新闻

综　述

文化场馆建设

电影放映

社会文化

图书工作

潘黄街道

滨湖街道

龙冈镇

大冈镇

张庄街道

大纵湖镇

秦南镇

郭猛镇

楼王镇

人物　先进集体

附 录

讲话和报告摘要

文件选编

统计资料

索 引

表格目录

区情总貌

区情概要

【位置面积】 盐城市盐都区位于江苏省中部偏东，地理坐标：北纬 33°07′52″~33°25′22″，东经 119°40′49″~120°13′22″，紧临盐城市亭湖区，最大纵距 33.4 千米，最大横距 50.2 千米，北、东北、东、东南与盐城市亭湖区相连，南隔兴盐界河与兴化市相望，西、西北与宝应、建湖两县毗邻。全区土地面积 1015.0 平方千米，耕地面积 56467 公顷，人口 71.15 万人(不含住亭湖区人口)，区人民政府驻盐都新区，距省会南京 290 千米。

【地形地貌】 盐都区地形东西宽，南北窄，呈不规则的长条形。全区地势平坦，河网稠密。由于河流、海洋堆积程度的差异及人类开挖河道、兴修水利、改良土壤等经济活动影响程度的不同，地面呈现出一些低冈和洼地，形成局部微小的起伏。境内略呈东高西低，地面高程一般在 1.8 米~2.2 米之间。串场河沿岸是全区最高处，地面高程 2.8 米以上；朱沥沟、仇垛河、直挺河以东为次高地，地面高程均在 2 米左右；西部湖荡地区是全区最低点，地面高程 1.5 米左右。区境属里下河平原地貌单元。平原上还分布有残存的古沙堤，俗称“沙冈”。

【土壤】 境内土壤分为水稻土、沼泽土两大类，其中水稻土分布面积最广，占耕地面积的 90%以上，由于长期开发，土壤得到改造，有利于种植业、养殖业的发展。

【河流】 区境河网纵横交错，所有河流均属淮河流域。所有河流均属于里下河水系。客水从西南入境，向东北流出。境内主要河流为蟒蛇河，边缘河流为串场河。蟒蛇河源于区境西南大纵湖，到九里窑与新洋港相连，干流为自然河流，支流主要有朱沥沟、东涡河、冈沟河等，流域面积约 640 平方千米，覆盖区境西、中部大部分区域。区境河流水位变化受降水量和上游来水量以及新洋港等闸启闭的影响，汛期大致为每年 6—9 月，年最高水位一般出现在 7 月中旬至 9 月上旬，年最低水位，通常出现在冬、春或 6 月上、中旬，一般在 1.5 米左右，也有超过 1.6 米警戒线水位的年份。兴盐界河古殿堡站历年平均水位为 1.9 米，历年最高水位 3.22 米，大纵湖北宋庄站历年平均水位 1.06 米，历年最高水位为 2.80 米，串场河盐城站历年平均水位为 0.98 米，历年最高水位为 2.66 米。

【气候】 2017 年全区的气候特点是：平均气温正常偏高，降水量正常，日照时数正常。冬季(2016 年 12 月—2017 年 2 月)平均气温偏高，降水量偏多，日照正常；春季(3—5 月)平均气温偏高，降水偏少，日照正常；夏季(6—8 月)平均气温偏高，降水前期偏少，后期部分地区偏多，日照正常；秋季(9—11 月)平均气温正常，降水中前期偏多，后期部分地区偏少，日照正常。全区极端最高气温 39 度，出现在 7 月 23 日；极端最低气温-5.3 度，出现在 1 月 21 日。入梅略偏晚、出梅正常，梅期略偏短。全年平均气温 15.8 度，与常年相比偏高 1.1 度。冬季(2016 年 12 月—2017 年 2 月)平均气温 4.9 度，比常年高 1.8 度；春季(3—5 月平均气温 15.8 度，比常年高 2.3 度；夏季(6—8 月)平均气温 27.4 度，比常年高 1.8 度；秋季(9—11 月)平均气温 17.0 度，与常年同期相比正常。全区极端最高气温 38.0 度，出现在 7 月 24 日；极端最低气温-5.3 度，出现在 1 月 21 日。全年降水总量为 852.6 毫米，与常年相比属于正常范围内。冬季(2016 年 12 月—2017 年 2 月)降水量为 125.6 毫米，比常年多 36.0 毫米；春季(3—5 月)总降水量为 73.2 毫米，比常年少 99.2 毫米；夏季(6—8 月)总降水量为 406.2 毫米，与常年相比少 126.4 毫米；秋季(9—11 月)总降水量为 295.1 毫米，比常年多 94.7 毫米。全年总雨日 97 天。

重要天气事件及其影响：(1) 强冷空气、寒潮：1 月 19 日下午到 20 日，2 月 1 到 2 日受冷空气影响，2 日早晨最低气温下降到-3 到-4 度；4 日后期到 5 日，受东路弱冷空气影响，天气转晴，早晨气温略有下降，20 日 24 小时气温最大降幅 12

度以上，并伴有陆上6~8级偏北大风，最大风力18.1米/秒(8级)，21日傍晚到22日白天受冷暖气团共同影响，全区出现中等强度的降水，并伴有大风和降温天气。11月17日下午到18日受较强冷空气影响，全区出现寒潮天气，大部分地区风力达到5~7级，18日22时26分出现极大风速16.6米/秒(7级)。17—19日的48小时最低气温降幅达12.8度，19日早晨最低气温跌破0度。12月共有三次弱冷空气，分别为12月3—4日、7—8日、9—10日，一次较强冷空气影响，为16—17日。(2)大风：春季受冷空气和气旋影响，多大风天气过程：3月1日受入海气旋后部冷空气影响，下午到夜里全区出现7~9级阵风10~11级的偏北大风。全站最大风力22.0米/秒(9级)，加密站中最大风力出现在新区27.4米/秒(10级)，未出现人员伤亡，全区受灾人数34人，新区、尚庄镇、学富镇、张庄街道共损坏房屋14间，北蒋街道童成村蔬菜大棚损坏1.67公顷，屋顶热水器被掀翻；大纵湖镇兴湖居委会11个西瓜大棚损坏，苗损坏共0.6公顷。尚庄镇界河村房屋倒塌，100平方左右，无人员伤亡，损失10万元左右；龙冈镇兴龙村倒塌房屋2间，共80平米；大冈镇光华村太阳能被刮倒；杨侍公墓规划图牌子断裂一块；郭猛镇大棚薄膜损毁6公顷，盐渎福利村有一人受伤，经济损失为68.6万元。秋冬季节冷空气影响增多，带来大风天气：11月17日、12月3日分别有5~7级的大风。(3)暴雨：全年降水时间分布不均，暴雨过程发生在夏秋两季，8月发生频次较高。7月1—2日受副高北抬，中低层急流加强的共同作用，出现了明显的降水天气过程，过程雨量中到大雨，局部暴雨到大暴雨；9日地面有气旋过境，出现一次暴雨局部大暴雨天气过程。8月3—4日受台风残留低压和冷空气共同影响，全区大部地区有阵雨或雷雨，局部地区出现1小时雨强超过40毫米的短时强降水。7—8日受高空槽和中低空低涡切变系统的影响，全区出现雷阵雨天气，雨量分布不均，基本站为小到中雨，局部雨量达暴雨到大暴雨。盐都区气象台7日19时48分发布暴雨橙色预警信号。12—13日前期，受高空槽和低涡切变影响，全区出现较明显降水天气，全区中到大雨局部暴雨到大暴雨。8月18—19日全区出现明显降水，大部分地区过程雨量达到暴雨到大暴雨。盐都区气象台8月18日17时5分发布暴雨黄色预警信号、8月19日5时20分发布暴雨黄色预警信号、8月19日14时55分发布暴雨黄色预警信号。9月4日受低空切变线的影响，出现暴雨天气。24日下午到夜里受副高北侧暖湿气流和低层切变线的共同影响，全区出现较为明显的阵雨；25日受低涡切变影响，全区出现中到大雨，局部暴雨。盐都区气象台9月24日17时10分发布暴雨蓝色预警信号。9月30日夜间到1日，受低涡切变影响，全区出现大雨到暴雨，局部大暴雨天气。(4)雾霾：2017年雾和霾天气与上年相比有所好转，总体频次有所减少、强度略有减弱。与上年同期相比，1月雾和霾天气增多，2月显著减少：1月上旬前期地面受地面高压控制，天气静稳，出现连续的雾和霾天气；4日早晨，大部分地区出现能见度低于50米的强浓雾；9日夜间到10日早晨出现大雾或浓雾，13日部分地区出现大雾天气。另外，13日白天大部地区出现中度霾，局部地区部分时段出现重度霾；29日早晨冷空气来临前出现大雾。2月3日夜间到4日早晨，出现能见度低于500米的浓雾天气。春季雾和霾天气大幅度减少，仅出现三次较明显大雾天气：夏季对流性天气较多，大气静稳条件变差，雾和霾天气的发生频率降低。秋季大雾天气多发，出现五次大雾天气。12月冷空气活动少，风力小，大气层结稳定，配合较好的近地层水汽条件，雾和霾天气频发。(5)大雪：1月31日高空由西北气流渐转西南气流，云系增多，多云转阴，夜里受东移短波槽的影响，出现中到大雪。(6)雷暴：6月9日后期至10日，受切变线和冷暖气流的共同影响，出现雷暴天气；24—28日午后多局地雷阵雨天气，部分地区出现雷暴。7月3—8日、14日、17日、31日均出现对流性天气。7月15—16日副高控制本地，出现雷阵雨，并伴有短时强降水、8~10级雷雨大风，15日凌晨，楼王镇发生十级以上大风，造成多处房屋倒塌，电线杆倒塌断裂，无人员伤亡，总经济损失约767万元。8月18—19日出现了明显的降水，降水期间伴有明显的雷暴大风、短时强降水、强雷电等对流性天气，出现9~10级的雷暴大风，最大风力是在盐都的北龙港街道10级风。(7)台风：年内受台风影响较常年相比个数偏少，强度偏弱。10号台风“泰利”影响较小。9月14—16日，受第18号台风“泰利”外围影响，全区风力增大，5级左右。(8)梅雨：入梅略偏晚、出梅正常，梅期略偏短。6月23日入梅，较常年相比略偏晚（常年6月18日）；7月11日出梅，出梅正常（常年7月10—12日）。梅长19天，梅期略偏短(常年23—24天)。梅雨期降水量144.3毫米，与常年相比偏少40%。梅雨期雨带南北摆动，降水呈现间歇性、短时雨强大的特点。6月24—29日，梅雨主雨带偏南，多午后的局地短时强降水天气；6月30日—7月2日出现明显的降水天气过程，过程雨量中到大雨，局部暴雨到大暴雨；7月3—8日多局地雷阵雨，局部雨量大到暴雨；9日出现一次暴雨局部大暴雨天气过程。梅期降水还呈现出短时降水强度大的特点。(9)高温：7月23日，出现极端最高气温39度，8月出现多次高温，分别为：4日35.0度、6日35.6度、7日36.2度、24日35.6度、28日35.4度。

（胡　雯）

【自然资源】 境内有丰富的土地资源和水资源，地势平坦，土地肥沃，河湖密布，适宜农、林、牧、副、渔综合开发和全面发展。境内湖荡、河沟纵横交错，水资源比较丰富，素有“鱼米之乡”之称。年降水量为1120.7毫米。除蒸发、作物吸收及下渗入土以外，约有25%成为地表径流，排入河沟。境内已发现的矿产资源主要有黄沙、砖瓦黏土、高硅土等，其中高硅土分布在郭猛镇境内，可作保温制品原料。境内野生动物资源中，鱼纲类有鲤鱼、鲫鱼、乌鱼、鳊鱼等30多种；爬行纲类有龟、鳖、蛇等20余种；鸟纲类有野鸡、野鸭、鹰、雀等30余种。哺乳纲类有野兔、刺猬、鼠等10余种。另有野生无脊椎动物数十种。野生植物资源较为丰富，有数十科几百个品种，分布在田间、河边、滩地，用于农牧渔业生产、手工编织及治疗疾病。

【建置沿革】 区境在商周时为“淮夷地”。春秋时始属吴，后属越，战国时属楚。西汉元狩四年（前119年），始设盐渎县（一说元狩四年前置）。东晋安帝义熙七年（411年），改盐渎县为盐城县。北齐于此设射阳郡，陈时改为盐城郡。隋末，韦彻起义据此置射州。民国22年（1933年），江苏省于盐城设行政督察区，后改为盐城区。1936年，又改为第六督察区，盐城县先后隶属之。1940年10月，盐城县成立抗日民主政府。1946年4月，改盐城县为叶挺县。1949年4月复名为盐城县。自1940年10月后，盐城县先后隶属盐阜区、盐阜分区、苏皖边区第五行政区、苏北盐城行政区、苏北盐城专区、江苏省盐城专区、江苏省盐城地区。1983年初，实行市管县（区）体制，盐城为省辖市，盐城县撤销，盐城镇成立盐城市城区，其余乡镇为盐城市郊区。1996年9月，国务院批准撤销盐城市郊区，设立盐都县，隶属盐城市。2004年初，国务院批准撤销盐都县，设立盐城市盐都区，仍隶属盐城市。

【行政区划】 2017年底，全区共有建制镇8个、4个街道、1个国家级高新区、1个农业经济开发区和1个省级度假区，拥有250个村（居）、3个管理区、1307个村民小组。

【交通】 区行政中心以西4千米有宁靖盐高速公路，90千米有京沪高速公路；以南4千米有盐徐高速公路；以东2千米有204国道，6千米有新长铁路，10千米有盐通、盐连高速公路，13千米有盐城机场，50千米有大丰港、70千米有射阳港，204国道东侧还有国家三级航道通榆河。经高速公路驱车到达南京只需2.5小时、上海3.5小时、北京10小时，铁路南接京沪线和宣杭铁路，北接陇海线，除开通货运外，还开通南通至淮安、连云港至南京、泰州至成都、兰州、哈尔滨、青岛，南通至北京、太原以及扬州至四方、成都的往返客运列车。国内航线开通北京、广州、深圳、呼和浩特、哈尔滨、海口、天津、成都、长春、南京、郑州、兰州、乌鲁木齐、福州、石家庄、贵阳、台北、厦门、西安、上海、重庆、大连、昆明、长沙、武汉、沈阳、温州、南通往返航班，国际航线开通韩国首尔、泰国曼谷航班。除此，境内还有盐淮、盐兴、盐金省道公路和盐邵、盐宝线和兴盐界河等级航道。镇村公路普遍实施黑色和硬化工程，公路网四通八达。

【旅游景点和人文景观】 境内主要旅游景点和人文景观共有24处，分别为：大纵湖旅游度假区、龙冈华都森林公园、新区世纪公园、大纵湖清代书法家宋曹祖居、北龙港明代翰林院大学士朱升墓、潘黄名人徐铎园、大纵湖名人郑板桥教书馆、郭猛名人沈拱山墓、秦南宋泽夫烈士塑像园和墓园、鞍湖胡乔木故居、龙冈现代草书书法家胡公石墓、葛武原国民党台湾行政院长郝柏村旧居、“三胡”陈列馆、大云山寺、三官农庄、农冈桃花园、杨侍农业生态园、仰徐乡村乐园、泾口湿地风情街、台湾花卉港（台创园）、尚庄番茄主题公园、朱升文化生态园、蟒蛇河景区、草房子乐园。

【土特产品】 境内土特产品主要有：大纵湖清水大闸蟹、小龙虾，北龙港青虾、荷藕、无铅松花皮蛋，龙冈茌梨、鸭梨、柳编制品，葛武嫩姜片，学富腊香鹅、莲子，秦南水牛肉，潘黄龙须粉丝、豆制品，义丰茨菰，尚庄番茄，郭猛花卉、大米，张庄绿田牌葡萄，楼王鲫鱼、大纵湖鲫鱼等。

【区划调整】 年内，以“便于管理、集约发展”为原则，合理划分区域管理范围。围绕推进城乡一体化进程目标，全方位做好区划调整后的地名梳理和规范命名工作，着力推动区域经济社会全面、协调、可持续发展。完成全区250个村（社区）“中国标识”悬挂工作。加强地名管理工作，共命名、更名道路26条、小区6个。

（年鉴编辑部）

国民经济和社会发展计划执行情况

【概述】 2017年，全区上下坚持稳中求进工作总基调，积极践行新发展理念，以深化供给侧结构性改革为主线，以“两聚一高”为引领，重抓“一极一园一业”，全面推进稳增长、调结构、促改革、惠民生、优生态、防风险各项工作，全区经济运行呈现“总体平稳、稳中向好、稳中有进”态势。

【经济运行稳中有进】 实现地区生产总值500.23亿元，占计划101.5%，增长8%；一般公共预算收入32.77亿元，占预算101.3%，同口径增长6.2%；固定资产投资395.7亿元，占计划101.8%，增长12.8%；社会消费品零售总额232.3亿元，占计划100%，增长11.3%。农业经济平稳运行。粮食单产7819.5千克/公顷，同比增加175.5千克/公顷，创成部省级稻麦绿色高产高效示范片12个。新增农业“三品”35只，盐都草莓、北龙港青虾2个地理标志证明商标通过国家商标总局审核。新增设施农业面积666.67公顷、稻渔综合种养面积1333.33公顷。新发展家庭农场83家，新增农民合作社24家，规模农业龙头企业发展到150家，省、市级重点龙头企业分别达7家和37家。工业经济企稳回升。实现规模以上工业增加值208.1亿元，增长7.8%；全口径工业开票销售323.3亿元，增长16.4%。企业增长面达64.7%，占年度计划117.6%。20个细分行业中，18个正增长，其中15个实现两位数增长。开票销售超亿元企业比上年增加14家，其中超10亿元1家、超5亿元5家；新增规上工业企业35家，万元GDP能耗下降率3.7%。建筑、房地产业平稳发展，实现建安产值300亿元，商品房销售180万平方米。服务业经济加快发展。实现服务业增加值214.8亿元、投资170亿元、税收24亿元，分别增长10.6%、25%、2.8%。30家服务业重点企业完成销售收入105亿元、税收4.3亿元，分别增长5%、4.7%。城西南现代物流园区实现销售60亿元、税收3亿元，分别增长5%、4.3%。东方汽车广场实现销售80亿元、税收6亿元，分别增长9%、8.6%。盐城电商快递产业园实现电子商务交易额200亿元、网络零售额30亿元，分别增长25%、7.1%。全年接待游客520万人次，实现旅游收入62亿元，分别增长25.6%、21.6%。

【加快转型升级】 年内，产业结构更趋优化。三次产业结构比例为9.2:47.9:

42.9，二三产业增加值占GDP比重达90.8%。实现战略性新兴产业增加值48亿元，增长10%，占地区生产总值比重达9.8%；高新技术产业实现产值391.9亿元，增长22.5%，比上年提高8%。技改力度不断加大。全年实施千万元以上重点技改项目79个，完成投资42亿元。其中，技改投入超亿元项目17个，超5000万元项目20个。华星光电、峰汇智联、超维新能源、先捷科技等一批投资超2亿元的重大技改项目竣工投产。创新能力逐步增强。新认定省级企业技术中心11家，新增省科技“小巨人”企业、智能制造示范车间、院士工作站各1家，7只新产品列入省重点推广应用新技术新产品名录。剑桥涂装、盐电阀门获批省互联网与工业融合创新试点企业，中恒宠物列为市十大技术创新示范企业。全年完成专利申请6993件、授权1625件，万人发明专利拥有量11.56件，全社会研发投入占GDP比重达2.4%。

【投资保持稳定增长】 基础设施投资加大。完成农村公路提档升级290千米、改造桥梁135座。盐渎路跨宁靖盐高速大桥建成通车，125省道四期和康庄大道工程竣工，建成10对公交候车亭和抬头镇村公交回转场。整治城市河道45千米、农村河道235千米。重大项目扎实推进。82个区“两重”项目，完成投资186.8亿元；12项列市“两重”项目，完成投资106.5亿元。新开工亿元以上项目68个，新竣工项目49个，君厚电子、万沙科技、先捷电子等15个项目投产，累计完成设备投资20多亿元。载体建设不断突破。智能终端产业园建成和在建厂房130多万平方米，总投资130亿元的东山精密电子项目主体竣工，加快推进总投资10亿元的沃达视听设备、5亿元的企想智能家居竣工投产，占地13.867公顷的智创小镇总部研发区。9个全民双创园累计建成标准厂房90万平方米，入园项目250个，厂房入驻率93%。迈腾电子、安威士智能安防系统等10多个项目开工建设。

【深化改革开放】 重点改革稳步推进。取消非行政许可审批事项128项，承接省级下放的审批事项62项，精简合并行政审批事项13项。土地确权工作通过省级验收，发放证书14.36万份，发证率96%。开放合作取得成效。全年完成外资到账8152万美元，增长19.3%，占年度计划101.9%；完成外贸进出口7.45亿美元，增长18.6%，占年度计划128%。签约外资项目10个，其中超3000万美元项目6个，总投资2.33亿美元，协议利用外资1.21亿美元。盐电阀门、斯瑞达、高新区投资集团在美国和香港新设立3家境外投资企业，中恒宠物在海外的宠物用品项目增资2000万美元。资本运作力度加大。全区有2家企业分别在香港联交所和深圳证券交易所上市，1家企业主板上市进入辅导期；“新三板”挂牌企业新增1家，总量达10家，列全市第一；新签IPO上市协议1家，IPO后备企业达8家。

【加强民生建设】 开展生态建设。实施“一片林”建设工程，新造成片林666.67公顷，新建成森林村庄10个、珍贵用材树种培育示范村2个。实施城镇绿化重点工程90个，新增绿地495.33公顷，城镇绿化覆盖率达到43.4%。推进“263”专项整治行动，完成原煤削减3.6万吨，整治燃煤锅炉36台；关停“小铸造”企业10家，关停砖瓦生产企业14家；关闭禁养区养殖场364个，生活垃圾无害化处理率达95%。民生实事进展顺利。十大类35个项目有序推进，全年完成项目投入23.8亿元。保障性住房、龙冈镇龙韵农贸市场、北龙港幼儿园(改扩建)、乡镇卫生院、南师大盐城实验学校、健身广场、健身步道和体育设施等一批项目建成投入使用。公共服务体系完善。教育体育继续提升，新增省优公办园3所，创成省社区教育示范区，毓龙路实验学校被表彰为全国未成年人思想道德建设工程先进集体，市二小被列为全省首批书香校校园示范点；新增全国青少年校园足球特色学校6所，被表彰为全国群众体育先进单位。卫生计生再登台阶，国家慢病综合防控示范区、省卫生应急示范区分别通过复审、验收，创建国家群众满意的乡镇卫生院2个、国家优质服务示范社区卫生服务中心1个。文广事业蓬勃发展，现代淮剧《菜籽花开》获“江苏省文华大奖”，话剧《为钱癫狂》获田汉戏剧研究会两个一等奖。建成标准化村级综合文化服务中心58家、数字化农家书屋255家；开展文化惠民巡演活动500多场，被授予“中国曲艺之乡”称号。富民保障稳步推进。城镇、农村居民人均可支配收入达35800元、20600元，分别增长8.3%、9%。6484户13929人、3个省定经济薄弱村实现脱贫。新增市场主体7176户，扶持自主创业2995人，新增城镇就业1.2万人，组织各类培训2.5万人次，新增各类社会保险参保人数3.7万人。 (刘 伟)

民主法治建设

【概述】 区人大常委会始终把维护宪法和法律权威作为应尽之责，统筹推进严格执法、公正司法、全民守法，在依法治区的进程中积极发挥主导作用。

【推动普法工作】 年内，推动开展“12·4”宪法宣传日活动，坚持人大和“一府两院”拟任职人员宪法宣誓及任前法律知识考试制度，引导公职人员和广大群众自觉尊崇宪法法律，牢固树立法治信仰。重视干部学法和全民普法工作，在区人大机关建立“每月一法”学习制度，组织学习《监督法》《渔业法》《国歌法》等法律原文，为促进形成全社会学法热潮做出表率。审议全区“七五”普法工作开展情况，举办《老年人权益保障法》等法律讲座，促进普法工作做深、做细、做实，推动形成办事依法、遇事找法、解决问题用法、化解矛盾靠法的良好社会氛围。

【配合立法检查执法】 加强基层民主立法联系点建设，参与市人大2017—2021年立法规划建议征集及论证活动，年内，组织对市《城乡规划条例》、市《畜禽养殖污染防治条例》两个地方法规草案的讨论修改，完成省人大关于县级人大法制委员会建设的立法调研任务，全国人大法工委地方立法工作调研组对立法工作予以充分肯定。坚持问题导向，综合运用现场察看、随机抽查、座谈调研等形式，检查《预算法》《渔业法》等法律法规在全区的实施情况，并以市区人大联动方式开展旅游“一法一条例”执法检查，维护法律法规的权威性和严肃性。视察全区禁毒工作，督促有关部门严格执法，依法打击外流涉毒犯罪行为。

【加大司法监督力度】 年内，视察区法院执行工作，推动审判机关与政府执法部门加强协作配合，破解“执行难”问题；完善人民陪审员选任、培训、履职工作机制，任命人民陪审员106名；组织人大代表听庭评议，促进司法公信力进一步提高；调研区检察院公益诉讼工作，要求检察机关善于从舆论热点、控告举报和行政执法信息中发现公益诉讼线索，重点加强对破坏环境资源、危害食品药品安全的立案监督；视察基层法庭、司法所和社区矫正中心，夯实基层基础，维护社会公平正义；督办涉法涉诉信访案件39件，有效化解社会矛盾。

【促进基层民主建设】 年内，视察调研全区村委会换届选举及居委会建设情况，巩固民主选举成果，助力完善“四议四公开一监督”等各项制度。推动民主法治示范村创建，促进自治、法治、德治“三治”结合，提升基层治理水平。视察乡村基层宗教工作，引导宗教与社会主义社会相适应，推进宗教工作法治化，维护民族团结、社会和谐和大局稳定。

（徐会楼）

精神文明建设

【概述】 2017年，全区精神文明建设以学习宣传贯彻党的十九大精神为首要政治任务，以培育和践行社会主义核心价值观为根本，以“两聚一高”为引领，积极服务“一极一园一业”，着力加强思想道德建设，着力深化群众性精神文明创建活动，着力培育社会文明新风，着力提高市民文明素质和社会文明程度，为建设“强富美高”新盐都提供道德支撑、精神动力和思想保证。

【培树先进典型】 评选表彰2016年度“十佳文明新事”。“建立儿童文学馆，点燃孩子文学梦”的盐城市神州路小学、“厚德诚信铺就成功路”的企业老总葛成奇、“善解邻里纠纷，树立文明新风”的盐渎街道福利社区“和事佬”群体、“爱岗敬业舍小家，甘为平凡铺路石”的交通先锋宋大龄、“诚实引领小康路，守信浇灌富裕花”的致富带头人董兆付、“敬老爱老心，情似朝霞红”的好儿媳王瑞霞、“奋不顾身，勇救落水老人”的好司机陈志敏、“关爱藏族孤儿，情系第二故乡”的好警察任郝、“情系贫困生，助圆大学梦”的基层干部罗华军、“天灾无情，人间有爱”全力救治阜宁风灾伤员的盐城市第三人民医院十件新事当选。层层推荐“身边好人”。董兆付当选3月“江苏好人”，杨长春当选6月“中国好人”。组织推荐道德模范，董兆付、金宏兄分别当选为盐城市第五届“诚信守信”和“孝老爱亲”模范，盐城市神州路小学“建立儿童文学馆，点燃孩子文学梦”被评为全市精神文明建设十佳新事。举办江苏省道德模范与“身边好人”(盐城·盐都)现场交流会。6月15日下午，“爱敬诚善，大美盐都”——江苏省道德模范与身边好人(盐城·盐都)现场交流活动在盐都文化艺术中心隆重举行。活动由省委宣传部、省文明办、省美德基金会主办，市委宣传部、市文明办和区委、区政府承办。交流活动通过视频短片、主持人访谈、情景剧、歌舞等文化表现形式，再现身边好人的善行义举，为现场观众充分展示“鲜活的价值观”和“有形的正能量”。开展“六个一”礼遇道德模范系列活动。持续开展给好人做一次体检、办一张公交卡、组织一次文明旅游盐都行、赠送一份党报等“六个一”活动，宣传、礼遇道德模范和身边好人，在全区营造见贤思齐、崇德向善的浓厚氛围。

【推进志愿服务】 举办“春暖盐都气象万千——志愿江苏365”故事分享会。分享会分预复赛两个阶段进行，区检察院丁玲讲述的《无瑕花季 护航青春》获得一等奖，活动评出二等奖3名，三等奖8名。《甘为绿叶衬红花的王金海》等6则志愿服务故事被“志愿江苏365”微信平台入选刊登。开展专业志愿服务进社区月月行。3月4日上午，全市专业志愿服务队进社区月月行活动在万胜社区启动。全区持续组织文化、法律、环保、卫生等专业志愿服务队，与社区结对共建，每月深入社区开展医疗卫生、法律援助、文化体育、心理咨询、应急救援等专业志愿服务，不断推动志愿服务工作科学化、制度化水平。开展志愿服务竞赛活动。福才社区当选全国“四个100”最美志愿服务社区，乐华泽当选“江苏省优秀志愿者”，全年表彰月度优秀志愿者46人。网格化志愿服务111工程助推社区文明创建项目当选盐城市首届学雷

5月，志愿者普及口腔保健知识　　高坤　薛飞　韩志伟　摄

锋志愿服务“四个10”最佳服务项目，乐华泽当选最美志愿者，潘黄街道宝才社区当选最美服务社区，心语心理健康服务中心荣获最佳志愿服务组织提名奖，盐渎街道兴城社区当选最美服务社区提名奖。

【提升文明城市创建成果】 全区创文工作坚持高位运转，走在全市前列。建立稳定的投入保障机制。区级财政安排1400多万元，加强老旧小区、主次干道等创建难点整治力度，推动创建工作开展。推进文明载体建设。年内，新建公益宣传景观小品20余处，盐都好人馆、杨侍公民道德馆建成开放，“善行义举榜”实现镇村全覆盖。狠抓“12+5”专项整治行动。先后制定出台《市容秩序长效管理实施意见》《加强老旧小区长效管理的实施意见》和《农贸市场长效管理意见》。坚持问题导向，召开老旧小区、街道、集贸市场、食品安全等现场推进会，解决模拟测评暴露出来的问题，攻难点、补短板、出实招、抓整改。邀请第三方专业测评机构对各街道（镇）、社区（小区）、公园、学校等实地考察点进行多轮次模拟测评，并进行红黑榜通报、约谈问责、媒体曝光等。推进社区小区共建。按照“保障基本、试点先行、分类推进、政府扶持、市场运作”的原则，采取政府兜底打包，把老旧小区管起来，组织全区45个部门挂钩47个社区、49个老旧小区，通过人财物帮扶和政策信息支持，为社区办实事，为小区解难题。全年累计开展帮扶活动110余次，帮扶资金近200万元。

【开展系列群众性创建活动】 年内，在全市率先建立健全道德讲堂巡听制度，精心设计“五个一”的标准流程，构建“三级”网络，推进“三化”建设，注重“三个”结合，推进道德讲堂区、镇、村全覆盖。开展“推进移风易俗，树立文明乡风”主题系列活动。组织“真情三带三联、推进乡风文明”文化巡演周活动，为当地村民送去丰富多彩的文化大餐。以“文明进社区、邻里相守望”为主

3月，“学习雷锋精神”主题宣讲 宋传贵 摄

题举办“文明使者”基层行宝才社区“邻里节”活动，以多样的形式展现“邻里情”，传递邻里间互助、友爱的正能量。评选推荐文明创建先进集体。区检察院当选为全国文明单位，秦南泾口村新当选全国文明村，大纵湖镇和潘黄仰徐村顺利通过全国文明镇、村复查。全区33个单位、3个校园、4个镇、7个村、2个社区获评2015-2016年度盐城市文明创建先进集体。郭猛镇杨侍村荣获“江苏省最美乡村”称号。大冈镇佳富村、潘黄仰徐村、郭猛杨侍村、大纵湖三官村当选“盐城最美乡村”。盐都区新永佳石油机械制造有限公司、朱卫星等10个企业、个人当选盐城市第二届“诚信经营之星”，2个企业、个人当选“诚信经营标兵”。

【未成年人思想道德建设】 组织道德实践系列活动。突出核心价值观主题，年内，开展“我的中国梦”教育实践，继续组织“网上祭英烈”“向国旗敬礼”“七彩的夏日”“缤纷的冬日”等系列活动。举办第四届“七彩乐童节 缤纷游学营”系列活动。开展“崇德明礼——相约星期六”周周行活动。潘黄实验学校获盐城市核心价值观情景剧展演比赛二等奖和组织奖，盐城市第二小学获三等奖。深化“文明礼仪”养成教育。把礼仪教育融入教育教学的各个环节，举办“四仪”优秀创新案例征集评选活动，组织推荐盐城市“百名美德少年”“十大美德少年标兵”“盐城好少年”典型，用榜样的力量引领未成年人对真善美的向往。吴童当选江苏省第四届美德少年，市二小吴昕当选市美德少年标兵，潘黄实验学校金昱等9人当选为市美德少年。开展未成年人心理健康教育。进一步建强用好区未成年人成长指导站和中心网站，线上线下相结合积极开展各类心理健康服务。推进社区未成年人阵地建设，以社区学校、文化服务站（中心）等场所为依托，以辖区学校骨干教师志愿者为支撑，办好面向孩子们的“四点半学校”。实施好中央、省彩票公益金支持乡村学校少年宫项目，推进以关爱留守儿童为重点的农村未成年人教育阵地建设，开展各类关爱留守儿童志愿服务行动。净化未成年人成长的社会文化环境。深入推进社会文化环境“六整治六净化”活动，联合开展校园周边环境整治行动，为未成年人健康成长撑起一片蓝天。毓龙路实验学校被表彰为全国第四届未成年人思想道德建设工作先进单位。 （王 萍）

·盐都区2017年度“十佳文明新事”·

一、拾金不昧好少年、弘扬美德暖人心——杜豪

杜豪，男，12 岁，盐城市大冈中心小学学生。

2017 年 10 月 17 日清晨，杜豪同学上学途中路经大冈小学东面三叉路口正新鸡排旁边时，捡拾到一个装满钱的包，到校后将钱包交给了从西校区检查校车归来的朱林校长，经清点钱包里共有现金 10253 元，两张银行卡和一张书店卡。随即，朱校长报告大冈派出所，希望能通过警方尽快找到失主。失主赵会发现丢钱之后，立即返回沿路寻找无果，在校门口附近急得大哭，值班副校长陈广忠看到这一幕，问明情况后，告诉她钱被冈小学生捡到了赵会的钱包失而复得，为表达感谢之情，她拿出 1000 元送杜豪，被杜豪婉拒。杜豪同学的善举赢得了社会的一致好评，腾讯新闻、江苏卫视、盐都电视台、盐都发布、《盐城晚报》、《现代快报》等新闻媒体纷纷报道了杜豪拾金不昧的先进事迹。

二、热心无偿献血、巾帼不让须眉——陈国莲

陈国莲，女，40 岁，群众，盐都区盐渎街道居民。

2008 年至今，陈国莲一直积极参与无偿献血活动，从第一年献全血，到如今每月机采血小板，她是一位“献血达人”，几次荣获全国无偿献血奉献奖金奖。2013 年 3 月，陈国莲加入中华骨髓库，成为一名捐献造血干细胞志愿者。2017 年 6 月，陈国莲与一名白血病患者初次配型成功，她义无反顾地表达了捐献愿望，10 月 27 日，她放下生意赶赴南京东南大学附属中大医院作捐献前的各项准备，11 月 1 日正式实施捐献。她还通过省造血干细胞资料库工作人员寄语接受移植的患者养好身体、幸福生活。陈国莲成为盐都区首例成功捐献造血干细胞的女志愿者，她的善行义举传递了满满的社会正能量。

三、爱岗敬业讲奉献、扶危济困冲在前——吕梅

吕梅，女，49 岁，中共党员，区妇幼保健所党支部书记。

2017 年 9 月 20 日，吕梅得知，年仅 5 岁的范凌霄小朋友患白血病复发并伴有脑脊液，面临骨髓移植及后期治疗的高昂费用，患儿家庭陷入困境。吕梅立即召开全所职工动员大会，倡议伸出援助之手，带头捐资助困送温暖，她与爱人一起捐出 2 万元，同时，广泛动员亲朋好友奉献爱心。她乐善好施，扶危济困，关注社会弱势群体，默默的帮助残疾人士及特困群体。她一次次爱的奉献，感动着许许多多的身边人参与到慈善活动中去。近年来，吕梅分别被省计生委、市委市政府、区委区政府表彰为“国策服务标兵”、“先进工作者”、“十佳服务标兵”，荣获“盐都区十佳勤政廉政干部”称号。

四、女婿甘当顶梁柱、孝敬长辈邻里夸——耿汉顺

耿汉顺，男，78 岁，中共党员，盐渎街道同桂村村民。

五十年代末，耿汉顺因家境贫寒，经人介绍从邻镇来到同桂村王瑞荣家当过门女婿。打那时起，他就成了王家的顶梁柱。多少年来，耿汉顺孝敬长辈、夫妻和睦、乡邻友好，是远近闻名好心人。体弱多病的妻子王秀英于 2013 年去世，丢下年老双目失明、生活

不能自理的老母亲徐中英，耿汉顺自己也是年近八旬的老人，但对岳母的照料却依然无微不至，吃喝拉撒缝补浆洗全是耿汉顺一人承担，没有一句怨言。乡亲们纷纷翘起大拇指，对耿汉顺称赞不已。2017年，耿汉顺被评为盐都区“孝亲敬老”模范，受到了表彰奖励。

五、设立助学基金、情暖贫困学子——徐守清

徐守清，男，61岁，盐城宏大集团总裁。

1990年徐守清只身一人来到盐都区创办江苏宏大长毛绒公司，27年来，他带领集团注重多元并举，盘活存量，优化增量，提升质量，转型升级，创新创业，进军高科技，对盐都工业经济的发展作出了积极贡献，2003年获得“中国经济百名杰出人物”的称号。他为了感恩、回馈社会，个人出资200万元2017年成立了《盐都区助学基金会》，2017年8月资助了28名新入学的贫困大学生，捐助金近60万元；11月，在秋季助学活动中先后资助贫困中小学生及幼儿304人，资助总金额达41.6万元。他慈善之举被多家媒体跟踪报道，得到了社会各界一致好评。

六、工作当成学问做、职场当作赛场比——樊蓉

樊蓉，女，42岁，中共党员，盐都区国税一分局八股副股长。

多年来，樊蓉同志将做好税收事业当作自己的精神追求，

脚踏实地，干一行，爱一行，钻一行，把工作当作学问做。作为业务骨干经常对纳税人、全市纳税服务人员进行业务培训，被公认为全市国税系统税收业务知识的“活字典”、纳税服务业务的行家里手，赢得了系统上下的普遍好评。2016年获业务大比武纳服类全国第四名、江苏省第一名；2017年，樊蓉作为江苏国税代表队竞赛组长、核心成员，在全国业务大比武中取得计算机测试环节个人全国第一名，团队现场竞技环节全国第一名，江苏国税代表队在全国国税系统36个参赛队中总分第一。

七、路见受伤老人、联手救助脱险——冯永康　黄健

冯永康，男，26岁，黄健，男，25岁，群众，大纵湖镇居民。

2017年9月3日深夜，在盐都区秦南镇恒丰加油站西100米路边，一名六旬老人骑电动车在雨中跌倒，头部受伤，躺在路边不能动弹……大纵湖镇两名青年冯永康和黄健正好经过这里，发现情况异常时，他俩已经驶离倒地老人好远了，没有犹豫不决，赶紧回头冒着雨把老人扶起来，为其撑伞挡雨，并报警求助，一起将老人送往医院诊治，还设法联系老人的家人，将其安全接回。提起救人的经过，冯永康和黄健都谦虚地说，这件小事不需要报道。针对一些人看到老人摔倒不敢扶、怕惹祸上身的想法，冯永康说，他当时没有多想，就觉得如果不帮助受伤的老

人，自己心里过意不去，“我和朋友同时决定掉头回去，当时就一个想法：赶快救人。”

八、穿上“红马甲” 播撒“心·温暖”——区交运局志愿服务队

始建于2012年3月的“红马甲”志愿者服务队，现有注册志愿者200多人，累计开展“心·温暖”温情导乘、关爱留守儿童、关爱一线民工、劝导文明交通、爱心公益、清洁家园等系列特色志愿活动300余次，参与活动人数4500余人次。他们进社区，定期给结对帮扶的张庄街道郑通村20多个经济比较困难家庭送去关怀；深入到秦南镇、龙冈镇为30多名留守儿童送去学习用品；积极开展清洁家园活动，多次深入盐渎街道兴成社区、张庄街道郑通村、仓头村打扫卫生、铲除楼道“牛皮癣”；他们经常利用星期假日到施工一线慰问民工，夏送清凉，冬送温暖；他们在春节前后到神龙汽车站和盐都汽车站开展文明导乘公益行动，发放公交导乘图，主动帮返乡群众提包携物，营造“传递盐都爱，情暖回乡路”的温馨氛围；他们还积极参加“迎国庆、献爱心”无偿献血、造血干细胞采样活动。《精神文明导刊》《现代快报》《盐阜大众报》《盐城晚报》和中国江苏网、江苏文明网、盐城电视台等主流媒体对“红马甲”志愿服务队先进事迹进行广泛报道。

九、点亮微心愿 真情暖童心——楼王“微心愿”志愿服务项目

近年以来，楼王镇把留守儿童作为重点关爱人群，积极开展“点亮微心愿”志愿服务。坚持关爱需求“多方共商”、关爱项目“私人定制”、关爱效果“靶向跟踪”的思路，镇宣传办联合团委、妇联、学校专门成立“微心愿”志愿服务队，孩子、家长、老师“三路并举”，设计“我的微心愿”问卷小卡片，召开留守儿童座谈会，开展关爱留守儿童“大走访”活动，建立留守儿童关爱小档案；借助“美丽楼王”微信公众号、楼王志愿者QQ群和心愿墙、倡议书，线上线下广泛宣传留守儿童“微心愿”，各界爱心人士纷纷主动认领。通过开展“温情关爱冬日行”、“书香暖童心”等活动，1000多名留守儿童得到关爱。该镇创新方式方法，“点亮微心愿”变“指定服务”为“定制服务”，服务内容更丰富，服务

措施更精准，服务成效更贴心，使留守孩子们真切感受到社会大家庭的关爱与温暖，彰显了大爱楼王、厚德盐都的人文情怀，塑造了志愿服务新品牌。

十、弘扬中华美德、倡导乡风文明——郭猛镇“厚德苑”

2017年，郭猛镇积极培育和践行社会主义核心价值观，立足厚重的中华美德文化、里下河多彩的民俗文化、奋进的红色文化，利用杨侍乡村旅游资源，建设以公民道德教育为主题的厚德苑。该苑总投资近1000万元，分圣贤立德、乡贤树德、英雄品德、好人美德、郭猛人文五个篇章。重点设有一处文化广场，弘扬崇德向善理念；一个主题背景，演绎道德建设要求；一组圣人名言，浓缩中华美德精粹；一片文明沃土，传颂厚德好人；一栏英烈展板，传承铁军精神；一幅乡村组图，诠释凡人善举。厚德苑展示了郭猛的人文、生态、好人、家风等，讲述郭猛精神文明建设的故事，展现杨侍艰苦创业、富民兴村的奋斗历程。厚德苑建设弘扬了社会新风尚，传递了道德正能量，为经济社会发展夯实思想基础。自建成以来，多次接待省、市、区各级领导，举办了“七彩乐童节”等系列道德实践活动，参观人数达5万人次，获得社会一致好评。

大事记

Chronogical Events

1月

5日　龙冈桃花园获评省级生态旅游示范区。

7—8日　区委书记羊维达、区长吴本辉带领各镇(区、街道)和相关部门负责人,对14个镇(区、街道)、20个项目进行集中观摩。

11日　市委常委、政法委书记张礼祥在大冈镇光明村,慰问困难群众和建国前老党员。区委书记羊维达,区委常委、政法委书记陈育群等陪同。

12—15日　中国人民政治协商会议盐城市盐都区第十四届委员会第一次会议在东方玄武大酒店举行。张建洋当选主席,季风、阮宜春、段学标、张荣銮当选副主席,邵仁鸿当选秘书长。

13—16日　上午9时,盐城市盐都区第十六届人民代表大会第一次会议在区文化艺术中心开幕。大会执行主席穆芹主持会议。区委副书记、区长吴本辉作《政府工作报告》。大会表决通过《关于设立盐都区第十六届人民代表大会财政经济委员会、法制委员会的决定》、专门委员会组成人选通过办法和大会选举办法。大会以书面形式印发《关于盐城市盐都区2016年国民经济、社会发展计划执行情况和2017年国民经济、社会发展计划(草案)的报告》《关于盐城市盐都区2016年财政预算执行情况与2017年财政预算(草案)的报告》。14日上午,举行第二次全体会议,听取区人大常委会、区人民法院、区人民检察院工作报告;听取并通过区第十六届人民代表大会财政经济委员会和法制委员会主任委员、副主任委员、委员人选。

15日　全区获评全省首批"四好农村路"建设示范县(区)。

18日　"新疆伊犁草原文化——寻找游牧人的历史轨迹"展览在区博物馆举行。省文物局局长刘谨胜,新疆伊犁哈萨克自治州文物局局长佟金玉,区委常委、统战部长张云云等出席。

19日　区委书记羊维达走访慰问离退休老干部、城乡困难群众、农村老党员、残疾人贫困户。

21日　老干部迎新春茶话会在区举行。

22日　在全省农村工作会议上,盐都区获评2016年发展现代高效农业成效显著的县(市、区),连续五年获此表彰。

△　江苏华盛电气股份有限公司在"新三板"挂牌。至此,全区在各资本市场挂牌总数达124家,位列全市第一,其中"新三板"挂牌企业在全市率先突破10家。

23日　中共盐城市盐都区第十四届纪律检查委员会第二次全体会议召开。区委书记羊维达出席并讲话。区委常委、区纪委书记朱金南主持会议。朱金南作题为《严格监督执纪问责,深化全面从严治党,为高水平全面建成小康社会提供坚强纪律保障》的工作报告。会议审议通过区纪委十四届二次全会工作报告,表决通过《中国共产党盐城市盐都区第十四届纪律检查委员会第二次全体会议决议》。

△　由区委宣传部、区文明办、区教育局、区科技局等23个部门联合开展的2017年文化、科技、卫生、理论、政策、法律"六下乡"活动在张庄街道敬老院启动。

24日　市委书记王荣平在区走访慰问困难群众,区委书记羊维达、区人大常委会副主任郝汉金陪同。

2月

3日　在市委市政府召开的全市总结表彰暨机关作风建设大会上,盐都区获2016年度综合考核先进一等奖,同时获16个单项奖。

△　副省长陈震宁率调研组在区开展"下基层、察实情、促富民"走访调研活动。市、区领导王荣平、庄兆林、羊维达、吴本辉等陪同。

4日　区委区政府召开全区2016年度目标任务综合考核总结表彰大会。

△　由区三家一级建筑施工总承包企业承建的3个项目，同时获省2016年度优质工程“扬子杯”奖。

△　郝氏故里创建国家AAA景区通过验收。

14日　区文明委召开2016年度“交运杯”盐都区“十佳文明新事”评审会，评选2016年“十佳文明新事”。

△　苏州东山精密制造股份有限公司董事长袁永刚一行在区参观考察。市、区领导庄兆林、羊维达、吴本辉等陪同。

18日　高新区盐渎街道福才社区在由中央宣传部、中央文明办等部门联合开展的2016年“四个100”先进典型活动中当选全国最美志愿服务社区。

21日　江苏盐粮集团获全市粮食购销先进企业称号。

22日　全区党建工作会议召开。

23日　环保部华东督查中心主任高振宁一行考察小马沟、窑南河水体整治现场和龙冈镇江海服饰、秦南镇亚华玻璃等市区蟒蛇河饮用水源一级保护区企业整治现场，督查区政府对中央环保督察组交办问题的整改情况。省环保厅厅长陈蒙蒙，市、区领导戴源、蒋巍、李逸浩、羊维达等陪同。

25日　华盛电器“新三板”挂牌上市。

26日　区野绿芳地家庭农场和国胜家庭农场通过部级园艺作物标准园的验收。至此，全区创建省、部级园艺作物标准园8个。

28日　盐城新水源地及引水工程全线开工建设。誓师动员大会在龙冈镇盐龙湖增压泵站工地设立主会场。市长戴源讲话，市政协主席李驰、区委书记羊维达等出席。

3月

1日　全区政法工作会议召开。

2日　由区剧作家、国家一级编剧陈明创作的大型现代戏曲《送你过江》获“2016江苏省戏剧文学评选”一等奖。

3日　区首届资本项目投资路演会举办。

4日　全市专业志愿服务队进社区月月行活动在高新区盐渎街道万胜社区启动。

7日　盐城高新区智能终端产品质量监督检验中心通过省级质检中心评审论证。

△　区委610办公室在全市2016年度防范和处理邪教工作总结表彰大会上，连续第10年被表彰为全市防范和处理邪教工作先进集体，获第一名。

△　区国家知识产权强县工程试点区工作通过省知识产权局考核验收。

9日　市政府办公室印发《关于公布2016年度市级现代农（渔）业园区认定结果的通知》，秦南泾口生态观光农业产业园、郭猛现代农业示范园、尚庄现代渔业园上榜。

10日　省委常委、常务副省长黄莉新调研国家高新区智能终端产业园。市长戴源、区长吴本辉等陪同。

12日　以“都市乡野、快乐仰徐”为主线，以“‘莓’好生活、快乐仰徐”为主题的2017盐城·美丽仰徐第六届草莓节启动。

13日　小马沟生态公园入选省财政厅发布的省2017年第一批PPP入库和试点项目名单，试点项目。

15日　市、区领导王荣平、羊维达、商建明、徐永生等出席深圳第六届中国手机产业年会。王荣平、羊维达等考察智能终端相关企业，会见中国电子信息行业联合会、深圳市社会组织总会、深圳市手机行业协会负责人等。

16日　市督查组在区督查市第七次党代会和全市经济工作会议精神贯彻落实及首季“开门红”和“一片林”建设、“进万企、解难题、促发展”活动等工作推进情况。

△　区水产技术推广站在2016年全省水产品药物残留快速检测工作绩效评价中获优秀等次。

18日　区“正风肃纪镇村行”专项行动动员部署会议在区文化艺术中心召开。

18—20日　深圳市社会组织总会会长、万科集团董事会主席王石率深圳企业家代表团，在区参观考察。市委书记王荣平、区委书记羊维达等陪同。

21日　区作家李有干获全市文联工作会议暨首届盐城市文学艺术终身成就奖颁奖大会颁发的“首届盐城市文学艺术终身成就奖”。全市仅5人获此奖项。

23日　省委常委、省纪委书记蒋卓庆在区调研。市、区领导王荣平、王小红、羊维达、等陪同。

28日　龙冈获“省优质产品生产示范区”称号。

30日　省国土资源厅通报表彰2016年省土地执法模范县（市、区），全区被授予“2016年度江苏省土地执法模范区”称号。

31日　“世界因你而美丽2016—2017影响世界华人盛典”在清华大学举行。盐都籍作家曹文轩获“影响世界华人大奖”。

△　全市2017年集体协商春季集中要约行动在区启动。市政协副主席沈洪清，区委常委、宣传部长葛建华出席。

4月

1日　区委书记羊维达开展“三带三联”大走访和“强化挂钩服务、深化暖企行动”走访活动。

△　龙冈桃花园第五届桃花文化旅游节在桃花园景区开幕，标志“花开盐都·春游水乡”系列活动启动。

7日　区委书记羊维达考察蟒蛇河水上旅游风光带工程建设推进情况。

△　市淮剧团演员梁锦忠获第27届上海白玉兰戏剧表演艺术奖主角提名奖。

8日　全区召开作风效能建设动员大会。

10日　青海省海南藏族自治州州委书记张文魁率海南州党政代表团在区考察。副市长李逸浩、区委书记羊维达陪同。

11日　由顺丰控股（集团）投资的盐城顺丰电商产业园项目落户高新区盐

渎街道。区长吴本辉,顺丰控股(集团)副总裁杨涛等出席。

12 日 2017 年盐都区 “百团百企”文化产业招商推介会在高新区举行。

△ 市委副书记戴元湖在区调研农村产权交易工作。市委常委、纪委书记王小红,区长吴本辉等陪同。

15 日 以“花开盐都·春游水乡”为主题的第二届杨侍草莓采摘节开幕。

16 日 区首届综治信息化实战应用技能比武大赛决赛在盐城师范学院国际会议中心落幕。

17 日 辽宁省铁岭市政协副主席辛颖一行在区考察智能终端产业园。市政协副主席姜友新、区政协主席张建洋等陪同。

19 日 全市农村产权交易市场建设现场推进会在区召开。市委副书记戴元湖出席并讲话,市委常委、市纪委书记王小红主持会议。区委书记羊维达,区委常委、区纪委书记朱金南等出席。

20 日 区 8 家省级农村科技服务超市分店均通过省农村科技服务超市 2016 年度考评。

△ 区检察院根据真实案例创作拍摄的微电影《我的大学路》入围由中国文化产业发展研究中心、中国影视艺术协会等单位主办的 “第六届中国国际微电影节”。

△ 全国人大法律委员会副主任委员、全国人大常委会法工委主任李适时率全国人大常委会调研组在区调研地方立法工作。省人大常委会副主任、党组副书记公丕祥,市、区领导倪峰、李逸浩、顾其斌等陪同。

21 日 市委书记王荣平在区调研农村产权交易和集体 “三资” 管理工作。市、区领导戴元湖、王小红、羊维达等陪同。

△ 连云港市委常委、纪委书记刘海涛一行在区调研农村产权交易市场建设情况。市、区领导王小红、朱金南等陪同。

24 日 南通市副市长、海安县委书记陆卫东率海安县党政代表团一行 117 人在区参观考察高新区智能终端产业园。区委书记羊维达,区长吴本辉等陪同。

△ 全市妇联系统创建全国文明城市现场推进会在区召开。

25 日 盐城高新区潘黄街道新民村党总支书记董兆付上榜 3 月份的 “江苏好人榜”。

26 日 第 31 届全国预防接种宣传周暨第二届“万步有约”全国职业人群健走激励大奖赛盐都分赛区启动仪式在世纪公园广场举行。

27 日 中央编办综合司副司长梁远一行在区调研盐城高新区建设情况。区委书记羊维达, 市编办主任张玉春等陪同。

△ 首届全国休闲农业和乡村旅游大会发布《2016 年度全国休闲农业和乡村旅游发展研究报告》, 全区跻身全国休闲农业与乡村旅游综合发展实力前五十强。

28 日 区政府召开庆祝 “五一”国际劳动节暨表彰大会。

5月

4 日 宿迁市委常委、市纪委书记李桂琴一行在区调研农村产权交易市场建设情况。市委常委、市纪委书记王小红,区委书记羊维达等陪同。

△ 市淮剧团大型现代淮剧《菜籽花开》入选第十五届中国戏剧节。

5 日 盐城高新技术产业开发区科技创新服务平台推介会举行, 并正式启用平台。省知识产权局副局长张春平出席并致辞, 省专利信息中心主任杨玉明介绍平台主要功能,区委常委、高新区党工委书记商建明出席并讲话, 副区长肖乐农主持推介会。

8 日 由中组部和省、市、区委组织部联合制作, 区委组织部具体实施,制作的《中国共产党廉洁自律准则》动漫解读, 获中组部和省委组织部认可,并在中央和省级党建微信公众号进行系列推送。

△ 省第六届戏曲票友大赛在南通落幕,区 3 个参赛节目均获奖。

10 日 省国税局在区召开江苏国税“网上批、快递送、不见面”——“互联网+税收服务”新闻发布会。发布《江苏国税纳税服务不见面清单》。市委常委、常务副市长庄兆林,区委副书记冯明印出席。

11 日 2017 年全省艺术创作工作会议上,市淮剧团获“2016 年度全省艺术创作工作先进单位”称号。

△ 市一中团委被共青团中央表彰为“全国五四红旗团委”,为市唯一获奖共青团组织。

15 日 龙冈镇桃花园休闲小镇和张庄街道葡萄小镇入选省农业特色小镇。

16 日 全区城乡生活垃圾分类试点启动仪式在高新区盐渎街道香城美地小区启动。

18 日 中国盐城丹顶鹤国际湿地生态旅游节暨第十届海盐文化节科技创新资源对接会召开。区 5 个产学研项目签约。

20 日 盐都籍青年司波入选“温州市十大青年工匠”评比活动。

22 日 区政府与北大资源集团、北大方正教育集团、北大科技园公司分别签订具体项目合作协议。市长戴源,北京大学产业党工委书记、资产经营公司董事长萧群,方正集团副总裁、北大资源集团总裁曾刚,副市长葛启发,区委书记羊维达等出席。

25 日 省生产力促进中心下发《关于通报 2016 年度“苏科贷”合作地区绩效评估结果的通知》,全区被评为“苏科贷”A 类合作地区。

31 日 市委书记王荣平在区看望少年儿童。副市长崔浩、区委书记羊维达、区长吴本辉等陪同。

6月

1 日 全国妇联党组书记、副主席、书记处第一书记宋秀岩率全国妇联督导组在区调研。市委书记王荣平,省委副秘书长刘松汉,省妇联主席、党组书记缪志红,市长戴源,区委书记羊维达等陪同。

5 日　全区被中国曲艺家协会授予“中国曲艺之乡”称号，成为苏北第一个“中国曲艺之乡”。

8 日　省沿海办副主任乔德正率省重大项目督查组在区督查纳入全省集中开工活动的重大项目的推进情况。副市长葛启发，区委书记羊维达等陪同。

10 日　第四届盐都（尚庄）番茄节暨盐都区第 29 届科普宣传周活动开幕。

12 日　省苏北发展协调小组下发《关于表彰奖励 2016 年度苏北创业领军人才奖获奖人员的决定》，区所属的神龙控股集团董事长潘书柏上榜。

△　省第十二届“长江经济带”全民健身大联动盐都区启动仪式暨千人健步走活动在世纪公园举行。

13 日　省苏北发展协调小组下发《关于共建园区 2016 年度苏北考核结果的通报》，上海闵行（盐都）工业园获园区特色发展奖，并获 500 万元奖励。

15 日　由省委宣传部、省文明办、省美德基金会主办，市委宣传部、市文明办和区委区政府承办的“爱敬诚善，大美盐都”——江苏省道德模范与身边好人（盐城·盐都）现场交流活动在区文化艺术中心举行。省委宣传部副部长杨志纯，省美德基金会秘书长张仕冲，市、区领导吴晓丹、羊维达等出席。

16 日　市人大常委会组织部分全国、省、市人大代表来在区农村产权交易中心考察区深化改革工作。

16—17 日　上海旅游行业协会常务副会长朱承蓉、秘书长陈雪羽率近百家上海旅行社主要负责人在区体验水乡特色旅游，出席专题推介会，洽谈合作事宜。

19 日　农业部发布首批全国农村创业创新园区（基地）目录，区农村经济开发区和农产品加工集中区入选。

20 日　南京市委常委、组织部长郭腊军率农村党建工作考察团一行在高新区潘黄街道仰徐村考察农村基层党建工作。市委常委、组织部长尹卫东，区委书记羊维达等陪同。

24 日　纪念中国共产党成立 96 周年座谈会召开。

26 日　区委书记羊维达、区长吴本辉等率全区代表团赴阜宁县参观。

△　第 15 届中国戏剧节期间，市淮剧团大型现代淮剧《菜籽花开》在宁夏大剧院献演。

△　“2017 优秀房企盐都行”——土地推介品鉴会在明城锦江大酒店举行。区委书记羊维达出席并致辞。区长吴本辉主持会议。

△　张庄街道的钱庄幼儿园、红星幼儿园和大冈镇的成才幼儿园通过区首批普惠性民办幼儿园认定。

28 日　区政府和上海成堡投资管理有限公司签订普瑞康生物科技项目投资协议。

29 日　盐城万达广场开业。副市长李逸浩，区委书记羊维达，区长吴本辉，万达商业管理有限公司高级总裁助理娄云等出席。

△　市淮剧团大型现代淮剧《送你过江》，入选国家艺术基金 2017 年度大型舞台剧和作品创作资助项目。

7月

1 日　楼王、盐渎两试点镇全面运行“三资”管理信息网，同时区“三资”管理信息网移动 APP、微信公众号正式开通。

4 日　服务残疾人士的断臂老人杨长春入选由中宣部、中央文明办主办，中国文明网承办的 6 月份“中国好人榜”，为助人为乐类“中国好人”。

5 日　中铁建工集团、中铁（上海）投资有限公司、江苏设备成套有限公司等企业负责人在区考察，并就打造龙冈特色小镇合作项目进行洽谈。

△　2017 年“献爱心·圆梦想”活动部署会议在区召开，标志资助困难大学新生工作正式启动。

△　“清华大学盐城智能技术联合研究院”正式签约落户盐城国家高新区。

12 日　盐城国家高新区智能终端产业园推介会举行。区委书记羊维达出席并讲话。区长吴本辉主持。苏州禾昌聚合材料股份有限公司董事长、苏州新一代企业家商会会长赵东明，苏州东山精密制造股份有限公司董事长袁永刚等参加。

△　区政府与韩国进阳株式会社签订汽车油封项目投资协议。

15 日　凌晨 00:10 左右，楼王镇姚顾、潭田、潭溪、莘野等村遭受大风、冰雹袭击。灾情发生后，区委书记羊维达赴灾区慰问受灾群众，现场指导救灾工作。

17 日　西安科技大学盐都智能终端产业园暑期社会实践活动对接仪式在高新区华星光电技术有限公司举行。

18 日　上午 8 时 30 分，中国共产党盐城市盐都区第十四届委员会第三次全体会议在区文化艺术中心举行。全会由区委常委会主持。区委书记羊维达作题为《打好富民主攻仗，走出发展新路子，以优异成绩迎接党的十九大胜利召开》的工作报告。区委副书记、区长吴本辉就《盐都区贯彻落实〈省“十三五”时期基层基本公共服务功能配置标准（试行）〉的实施方案（讨论稿）》作起草说明。全会审议通过《区委十四届三次全会决议》。

19 日　省委组织部考核组在区考核项目建设工作。市、区领导尹卫东、吴本辉、王铁根等陪同。

23 日　盐城国家高新区与吉林大学合作共建智能终端产业研究院签约仪式举行。区委书记羊维达，吉林大学党委常委、副校长郑伟涛等参加。

24 日　中联国融控股有限公司、中联国融盐业有限公司董事长任志祥一行考察高新区智能终端产业园。

26 日　香港盈福集团盐城养生文化与心脏健康博物馆在七星现代化农场开馆。专家学者作专题讲座。省政协原副主席张九汉，市政协副主席吕拔生，区长吴本辉等出席。

29 日　全国政协副秘书长、民进中央副主席朱永新一行在区考察智能终端产业发展情况。市、区领导葛启发、张建洋、商建明等陪同。

31 日　在“八一”建军节到来前夕，区委书记羊维达赴高新区盐龙街道，走访慰问部分转业志愿兵和优抚对象。

8月

1日　“三资”管理信息网开通仪式在区农村产权交易中心举行。标志全省首家区镇村三级联网的农村“三资”管理信息网正式上线运行。

△　全区在31家公立医院基础上，新增83家定点卫生服务站作为慢性病刷卡结算医疗机构。

2日　全市深化医药卫生体制改革专题调研成果交流会在区举行。

2—3日　省委常委、组织部长郭文奇在盐调研组织工作情况，考察高新区潘黄街道仰徐村的“道德银行”、党建微信平台，火龙果采摘园等。市委书记王荣平，省委组织部副部长周为号，市委常委、组织部长尹卫东，区委书记羊维达等参加。

8日　区食品工业园建设推进会在龙冈镇召开。

△　“全民健身日”主题活动暨第十一届乡镇全民健身运动会在秦南镇泽夫中学开幕。

10日　宝鼎电动工具有限公司被认定为省科技小巨人企业，是全市唯一上榜企业。

12日　全市社会矛盾和安全隐患大排查、大整治情况督查反馈会在区召开。

△　助学基金会成立大会暨助学金发放启动仪式在龙冈镇凤凰幼儿园举行，首期发放助学金60万元帮助28名困难家庭的大学生完成学业。

15日　“盐城市卒中学会”在市三院正式挂牌成立。

16日　“献爱心·圆梦想”困难大学生资助金发放仪式在市一中举行。

16—22日　2017上海书展暨“书香中国”上海周在上海展览中心举行。区作家曹文芳、孙曙携新作展演，孙曙于17日举办新书发布暨签售会。

17日　全区被省委综治委命名为2016年度平安县(市、区)。

18日　省第二届快板大赛在区落幕。中国曲协副主席、省文联副主席、省曲协副主席盛小云，省曲协驻会副主席、秘书长芦明，市委宣传部副部长、市文联主席薛万昌，区委常委、宣传部长葛建华等出席颁奖仪式。

20日　盛文助学爱心协会成立大会暨第一次会员大会在紫金大厦举行。

26日　由中国红十字会主办、中国红十字会总会报刊社承办、红十字国际委员会东亚地区代表处协办的2017年《中华人民共和国红十字会法》暨全国红十字应急救护知识竞赛结果揭晓，区红十字会、区教育红十字会获全国最佳组织奖一等奖。

△　2017盐都(青州)花卉专题招商会在山东省青州市举行。

28日　省总工会女职工工作委员会在区开展“手拉手快乐成长——爱心助单、亲情助学”活动。

△　“畅游盐都金秋行”暨第三届盐城大纵湖湿地生态旅游节在大纵湖旅游度假区东晋古城开幕。

29日　副省长马秋林在区调研工业经济发展情况。市、区领导王荣平、陈红红、羊维达、吴本辉等陪同。

△　市关工委主任陆树臻一行在区开展扶贫助学活动，向高新区盐龙、盐渎、潘黄三个街道的12名贫困学生捐赠8000元助学金。

31日　省政协副主席阎立一行在区调研农家书屋建设利用情况。市、区领导李驰、羊维达、姜友新、张建洋等陪同。

9月

2日　团中央组织部副部长吕伟一行在区调研基层团建工作。

△　以“‘葡’甜为乐、‘葡’醉仰徐，醉美仰徐葡萄送给最美盐城人”为主题的2017盐城·仰徐葡萄节开幕。

5日　市政府与中信银行南京分行共同发起设立总规模100亿元的智能制造产业基金正式签约，注册落户盐城高新区。

6日　第四届旅游招商推介会在上海举办。

△　市淮剧团大型现代淮剧《送你过江》在区文化艺术中心上演。中国剧协分党组书记季国平，秘书长崔伟，省文化厅原副厅长刘俊鸿，省戏曲现代戏研究会副会长、秘书长陈晶，省文化厅剧目工作室主任李明华，市、区领导薛万昌、颜金泉、葛建华等观看演出。

9日　盐都籍运动员乐彩悦在第十三届全运会公路自行车女子个人计时赛中获金牌。

△　“草房子朗读周”活动在中兴街道举行。

10—22日　由中国田汉研究会和区文广新局共同主办的首届全国戏剧表导演孵化班开班仪式在区文化馆举行。22日举行结业展演。

14日　省委常委、政法委书记王立科在区检查督导十九大安保维稳工作。省检察院检察长刘华和省公安厅党委书记刘旸，市、区领导王荣平、张礼祥、羊维达、王巧全等参加。

△　省统计局局长、党组书记徐莹率调研组在区开展经济社会形势调研活动。市、区领导陈红红、吴本辉、商建明陪同。

△　区恒荣水产品有限公司总经理张鹏入选2017盐城市“十佳远教电商创富之星”。

15日　市淮剧团现代淮剧《菜籽花开》在第三届江苏精彩艺术展演月徐州分会场，睢宁演艺馆上演。

16日　“多彩盐都·欢乐水乡”盐都旅游招商推介会在南京举办。南京到区旅游直通车正式启动。

△　龙冈第五届金秋采摘节开幕。

17日　第二届中国杨侍生态美食节暨“杨侍”杯盐城地方菜烹饪技能大赛开幕。

18日　新都路党建联盟成立暨项目推进工作会议召开。

△　市委常委、秘书长、区委书记羊维达会见深圳市手机行业协会会长孙文平、深圳赛博宇华集团董事长金红祥一行。

19日　赛博宇华新品发布暨高新区招商推介会举行。市委常委、常务副市长陈红红致辞。市委常委、秘书长、区委书记羊维达，区长吴本辉，深圳市手机行业协会会长孙文平，深圳赛博宇华集团董事长金红祥等出席。

21日　区直机关第六次“迎国庆、献爱心”无偿献血、造血干细胞采样活动在世纪公园举行。

23日　市电子商务产业职教联盟成立大会在高新区盐渎街道物联大厦举行。

△　在全市小学语文课外阅读知识竞赛中，区8名学生获特等奖（全市共30名），4名学生获一等奖，3名学生获二等奖，成绩位列全市各县（市、区）之首。

23—24日　全区举行“新一号”杯首届乡镇职工乒乓球比赛。

26日　新华网主办“2017最美中国榜”，区获评“最美中国·全域旅游创建典范城市”和“最美中国·全国旅游创新发展示范地”称号。

△　区选送的群口快板《小城大爱》登台由中国文学艺术界联合会和中国曲艺家协会主办的“说唱中国梦、喜迎十九大”全国优秀曲艺节目展演第三场，并接受中央电视台《新闻直播间》的采访。

△　全区创建农业部渔业健康养殖示范县工作通过省级验收。

29日　2017盐都首届特色农产品展销会开幕典礼在万达广场举行。展销会时间为28—30日。

△　区首届农业招商推介会举行。

△　“中共中央一支笔”——胡乔木先生逝世25周年纪念日，胡乔木先生雕像揭幕仪式在鞍湖实验学校举行。

30日　区政府在盐城市烈士陵园举行烈士纪念日公祭活动。

10月

4日　市委书记王荣平在区走访慰问节日期间坚守岗位的项目建设者、公安民警和消防官兵。市、区领导张礼祥、陈红红、羊维达、李逸浩、王巧全、吴本辉等陪同。

6日　大纵湖镇第五届三官民俗婚庆节开幕。

9日　盐都籍刘成城登榜胡润研究院发布的《2017胡润30X30创业领袖》。

10日　由中国曲艺家协会、省文联主办，省曲艺家协会、区政府承办的“中国曲艺之乡”授牌仪式暨中国曲协“送欢笑”到基层演出在区文化艺术中心举行。中国曲协分党组书记董耀鹏，省文联副主席刘旭东，市、区领导吴晓丹、羊维达、葛启发、吴本辉等参加。

△　区人社局组织申报的盐城市兰丰环境工程科技有限公司省级企业博士后创新实践基地获批。

11日　省曲协“中国曲艺名城、曲艺之乡”管理协调委员会成立仪式在区文化艺术中心举行。中国曲协分党组书记董耀鹏，省文联副主席刘旭东，中国曲协副主席、省曲协主席盛小云等出席。

12日　盐城大纵湖绿丘露营基地成第二批“江苏省房车旅游标准化示范营地”，并纳入第二批“长三角房车旅游标准化示范营地”。

△　由省委组织部立项的系列微电影《小村有大事》之《忠诚》在高新区盐渎街道福利社区开拍。由市委组织部、区委组织部具体负责拍摄。

13日　由区委宣传部、区文联、区文广新局联合举办的“不忘初心、继续前进”——盐都区喜迎党的十九大胜利召开书画展在区群众文化艺术馆开幕。

15日　尚庄番茄风情节在尚庄番茄主题公园开幕。

16日　市长戴源调研新水源地及跨区域引水工程建设情况。市委常委、秘书长、区委书记羊维达，副市长李逸浩，市政协副主席王锦胜等陪同。

△　由江苏中柢建设工程有限公司承建的全区首家“水利建设大厦”项目现场施工安全体验培训区投入使用。

△　在第六届中国创新创业大赛中代表全区参赛的江苏远华轻化装备有限公司、江苏汉印机电科技股份有限公司、盐城新云医疗器械有限公司3家企业，分别在先进制造行业、生物医药行业的总决赛中获奖。

19日　区渔业健康养殖示范县创建工作通过农业部验收组考核验收。

20日　全区食品安全宣传周活动启动。

23日　以江苏南盐电子商务研究院有限责任公司为运营主体的“南大创梦工场”上榜由省科技厅公布的第五批省级众创空间名单。至此，全区获批国家级众创空间1家、省级众创空间4家、市级众创空间8家。

30日　盐都（上海）现代服务业招商推介会在上海举办。

31日　市淮剧团的大型现代淮剧《菜籽花开》获第三届“江苏省文华奖”。陈明、袁福获文华编剧奖，王雷获文华表演奖。

11月

1日　共青团盐城市盐都区第十七次代表大会召开。市委常委、秘书长、区委书记羊维达出席并讲话。团市委书记尹同阳致辞。

△　区首位女性捐献者陈国莲成功采集造血干细胞。

2日　盐城市兴达建筑工程有限公司获国家房屋建筑施工总承包一级资质，成为区第9家获该项资质的建筑企业。

3日　区关工委成立25周年大会召开。市委常委、秘书长、区委书记羊维达，市关工委主任陆树臻出席并讲话。

10日　全市职业院校对接服务高新区智能终端产业会议在高新区智创园召开。区领导吴本辉、陈志会等出席。

14日　全市禁毒整治工作现场推进会在区召开。市、区领导张礼祥、王巧全、吴本辉等参加。

△　中华预防医学会公布“寻找最美接种医生圆梦行动——首届全国妈妈班科普视频评选活动”获奖项目名单，由区疾控中心提交的作品《按时接种预防针，撑起健康保护伞》获评“十佳科普视频”。

16日　市委书记王荣平在区调研。市委常委、秘书长、区委书记羊维达，区长吴本辉等陪同。

△　2017盐城市艺术展演月开幕。

省文化厅副厅长方标军为获得第三届江苏省文华大奖的获奖剧目——市淮剧团大型现代淮剧《菜籽花开》颁授奖牌，区长吴本辉上台领奖。

17日　省人大常委会副主任赵鹏率省人大代表省直盐城组在区调研旅游产业发展情况。

20日　省科技厅副厅长夏冰率督查组在区对科技创新40条政策落实情况进行专项督查。市、区领导孙轶、商建明、肖乐农等陪同。

22日　区毓龙路实验学校获第四届全国未成年人思想道德建设工作先进单位称号，为全省唯一获奖学校。

23日　省司法厅党委委员、政治部主任赵庭朴一行在区调研司法所管理体制改革工作。

26日　省电视台公共新闻频道《新闻空间站》栏目播出《全面推进河长制，打造水美新盐都》专题报道。

28日　区创建省卫生应急规范区情况通过省卫生应急规范区评估组专家评估。

28—29日　盐都区妇女第十六次代表大会召开。市委常委、秘书长、区委书记羊维达出席并讲话。市妇联主席盛艳致辞。选举程稚同志为区妇联第十六届执行委员会主席，王少华、杨万霞、陈尚莲为副主席。

△　中国工程院院士孙九林在区考察智能终端产业发展、农村“三资”管理信息网建设及农村产权交易的情况。

30日　盐城国家高新区与南京宇都通讯科技有限公司举行HINOC2.0宽带接入芯片产业化项目签约仪式。市委常委、常务副市长陈红红，区长吴本辉，国家“千人计划”专家、南京宇都通讯科技有限公司总经理王俊峰等出席。

△　新都路党建联盟“先锋书屋”建成开放。

12月

1日　区神龙明物流公司上榜2017年江苏省认定物流企业技术中心名单，创成全市首家省级技术中心。

△　第七届老年文化艺术节颁奖典礼暨区老龄协会文化艺术团揭牌仪式举行。

4日　第四个国家宪法日暨第十七个全国法制宣传日在世纪公园举行主题日活动。

5日　江苏卫视《廉政时空》栏目以“三资监管看盐都”为题，报道以“数据共享一网通、管理责任一单清、阳光村务一点明”为特色的“三资”监管工作“盐都模式”。

△　市淮剧团建团60周年庆祝演出在区文化艺术中心举行。区委常委、宣传部长葛建华现场向市淮剧团颁发《菜籽花开》获得的省文华大奖奖牌。副区长刘锐致辞。

△　省依法治省办副主任沈国新率省委政法委调研组在区调研法治建设工作。市、区领导张礼祥、吴本辉、陈育群等陪同。

7日　省金融稳定工作协调小组下发《关于授予2014—2016年度省金融生态达标县、金融生态优秀县和金融生态县创建工作先进单位称号的通报》，全区被授予全省“2014—2016年度金融生态优秀县”称号。

△　区科技局组织12家企业主要负责人和相关科技工作者参加吉林大学首届科技服务地方与合作发展大会，并在吉林大学南湖校区举办科技人才对接洽谈和签约活动。

8日　2017盐城市艺术展演月落幕。市淮剧团的大型现代淮剧《过江》、区群众艺术馆的大型古装淮剧《二妹子升堂》，分别获文华大奖（榜首）、文华优秀剧目奖。此外，《过江》获文华编剧、导演、表演、音乐、舞美等多个单项奖，《二妹子升堂》获文华表演奖。

13日　东山精密110千伏输变电工程正式运营暨上下游产业招商推介活动举行。市委常委、秘书长、区委书记羊维达，区长吴本辉，盐城供电公司总经理张强，苏州东山精密制造有限公司董事长袁永刚等参加。

18日　由市旅游局、市农委和市总工会联合主办的2017年“三官农庄”杯第二届乡村美食大赛，在大纵湖镇三官村的北京农庄举行。“鱼头佛跳墙”“菊蟹珍珠扒鱼头”“富贵狮子头”“清蒸白条”四道菜入选十大金牌农家菜。

△　江苏中恒宠物用品股份有限公司，盐城市昶桦户外用品股份有限公司，江苏康杰机械股份有限公司，盐城市兰丰环境工程科技有限公司，江苏步高汽配有限公司，江苏神鹤科技有限公司6家企业入选国家知识产权局公示的“2017年国家知识产权优势企业”名单，获评企业数量列全市第一。

20日　总投资10亿元的蕴之宝食品项目落户盐城高新区盐渎街道。市委常委、秘书长、区委书记羊维达致辞祝贺。副区长徐永生、江苏蕴之宝食品科技有限公司董事长许玉忠等出席项目签约仪式。

21日　省水利厅党组成员、省南水北调办公室副主任郑在洲带领省河长制工作验收组在区检查河长制推进情况。副市长崔浩、区长吴本辉等陪同。

△　区档案局创建省AAA级数字档案馆。

△　学富镇生态文明示范镇（村）创建工作通过省级生态文明示范镇（村）考核验收组考核验收。

28日　全区通过国家首批慢性病综合防控示范区复评审。

29日　中国共产党盐城市盐都区第十四届委员会第四次全体会议在区文化艺术中心举行。全会由区委常委会主持。市委常委、秘书长、区委书记羊维达作题为《以党的十九大精神为引领，谱写新时代决胜全面小康盐都篇章》的工作报告。区委副书记、区长吴本辉作具体部署。审议通过全会《决议》。

31日　据统计，盐城市盐都区2017年实现地区生产总值500.23亿元，增长9.3%。实现财政总收入58.45亿元，增长7.6%。其中一般公共预算收入32.77亿元，同口径增长6.2%。城镇常住居民人均可支配收入35663元，同比增长8.7%；农村常住居民人均可支配收入20548元，同比增长9.1%。

改革开放
园区建设

改革开放

·城市工业系统·

【概述】 2017年，区城工办在区委区政府的领导下，围绕改革发展稳定大局，主攻破产陈案了结，化解改制遗留问题，稳妥处理信访矛盾，维护社会大局稳定，各项工作取得新进展。

【突破破产工作】 年内，完成市化学厂的破产清算，156名职工的债权债务全部清偿到位。市染织厂破产工作，1357名职工已清算1009人，其中526名解除劳动关系人员清算503人，59名距退休5年内人员、29名距退休6至7年人员、28名工龄满30年人员、42名破产前退休人员已全部清算，104名计内工清算76名，457名临时工清算163名。

【化解遗留问题】 原水泵厂遗留的工伤问题、涉及274名职工房贴等问题在其宿舍区征收中化解。标牌厂遗留的9名退休人员无医保问题得到解决。多方关注的破产企业羽绒厂地块与原市电影公司之间的问题，经过与市相关单位的对接汇报，取得理解和支持。美虹集团公司尚未破产清算的13名人员达成清算协议。原破产企业化肥二厂解除劳动关系人员经济补偿金打折处理的信访矛盾，在沟通中得到绝大多数人的理解。一些问题通过司法途径得到化解。城中商城于2010年10月解散清算以来，至年底，共有4名人员不配合清算，诉求高额补偿，省高院对其诉讼作出驳回的最终裁定。原化学厂陈某某、羽绒厂徐某某、化肥二厂花某某、染织厂陈某某等21起诉讼案件，均取得胜诉结果，推动问题的解决。

【维稳工作】 至10月，共接待处理各类信访对象超过600人次，化解矛盾百余项，通过政策宣传、教育疏导、协调化解、包保稳控，在特殊的重要年份，实现四个确保的目标要求。系统内160名军转干、19名抗美援越老战士，保持平稳。对系统内91名转业士官、834名退伍士兵破产改制中的问题进行逐一清理，转业士官改制以外的问题进行属地移交。系统内26名政调企人员，在帮扶解困中保持稳定。改制前企业的氨中毒、汞中毒、精神病、重症肝炎、红斑狼疮、残疾人员等特殊群体，通过争取所在社区、“两区”民政、慈善、红会的救助，保持平稳。王某某、刘某某等一批重点老户，信访矛盾得到化解。

【深化服务企业】 年内，根据交办意见，继续做好破产改制新企业的服务，帮助改制企业处理其承继的遗留问题。成立

2月，江苏超维新能源科技有限公司　　　　皋　铃　摄

工作小组，帮助锅炉公司协调处理原企业职工股问题，对职工申请的企业改制信息进行公开答复，较好地稳定职工情绪。牵头成立江洲公司地块收储协调工作小组办公室，沟通收储双方的认识、磨合双方关系，接待答复江洲公司员工上访，职工情绪不断得到平息。根据安委会、环委会的部署要求，做好农机、标牌、皮革、生欣、砖瓦、光华、新驰、天成等改制企业的安全、环保工作。

【治理职工宿舍区】 年内，破产改制企业的宿舍区，成为改制工作的重大遗留问题。城工系统在市区的职工宿舍区38个，房屋总面积31830平方米，其中50年代建造的有5200平方米，60年代建造的有9130平方米，70年代建造的有14400平方米，80年代建造的有3100平方米，涉及大市区7个街道、19个居委会。这些宿舍区老旧，是环境整治重点，创卫创文的难点。落实创文涉及改制企业宿舍区的市区两级会办意见、交办事项。加强协调沟通，主动向市创文办等相关方面汇报，使改制企业老旧宿舍区创卫、创文的属地责任问题得到初步明确，把握治理老旧小区脏乱差问题的主动权。走访宿舍区内老党员、老干部，化解疏导其反映的有关宿舍区安全、环境等信访诉求。向市相关方面反映，推动天成化工危房宿舍争取列入棚改计划，从根本上解决安全隐患。

【加强基层党建】 年内，城工办党委有1885名党员，分布在48家企业。针对企业全部改制且其中46家为破产关门的特殊情况，在重视基层党组织和广大党员日常管理的同时，加强改制企业党组织负责人、破产企业党组织留守人员的学习教育。以政治理论、法律法规、党建知识为内容，定期组织学习，提高他们党建工作水平。对接下岗失业职工党员所在社区，鼓励和引导下岗失业党员融入社区。至年底，有40名党员的组织关系转到所在社区。组织党员排查，对破产企业少数常年处于奔波流动状态的党员进行联络沟通，以掌握他们的动态。帮助困难党员，解决力所能及的问题。

【攻坚破产难题】 染织厂于2002年实施破产，职工特多、资产特少、债务特大，由于规划制约，直到2016年下半年东闸新村一期拆迁，才使该企业的破产财产得以变现。而该矛盾极为复杂，其中18户承租户、76户职工抢房户清理事关破产财产补偿、关系到全厂1300多人债权分配。在没有补偿，清理占住10多年的房产的情况下，本办坚持依法原则，分类有序操作，厂区清理进入扫尾，人员清算步入尾声，整个过程未发生有影响的上访事件。化学厂于1997年停产歇业、2002年实施破产，2003年市国土部门对该厂地块实施收储。因地块小，土地补偿与破产成本差距大，因而该厂破产工作一直没有破题。2016下半年起，本办与市土储中心进一步协调，实施与消除该厂宿舍区安全问题的一并拆除的方案。破产财产变现与其宿舍区拆除捆绑在一起，只有整个地块净地交付，才能取得破产清算资金。在拆除宿舍区过程中，违建、抢占、转让争议多，坚持依法原则，秉公处理，经过一年多的努力，完成拆除工作，企业清算分配基本完成，整个过程未发生有影响的上访事件。 (李从江)

·招商引资·

【概述】 全区全年注册外资实际到账8202万美元，占年度计划的102.5%，同比增长20%；新批3000万美元以上外资项目5个，占年度计划的125%。实现进出口7.71亿美元，占年度计划的116.9%，同比增长22.7%，全年新增进出口企业21家。完成社会消费品零售总额232.3亿元，占年度计划的101%，同比增长11.3%。实现电商交易额200亿元，同比增长22.7%；其中网络零售额30亿元，同比增长7.1%。全区162家农村淘宝服务站点完成订单31.3万单，交易额达3302.77万元。

【招引外资项目】 年内，围绕智能终端、汽车配件等主攻产业，组织参加各类招商活动23次，洽谈外资项目56个，在韩国、德国、意大利等地举办专题投资推介会4场次，累计邀请外籍客商130多人次，签约外资项目10个，其中超3000万美元项目6个，总投资2.33亿美元，协议利用外资1.21亿美元。招引韩国进阳汽配项目。

【推进项目建设】 年内，列市重点外资项目，平坦建设项目，其投资的智能终端产业园总部研发区的总部大厦主体十二层完工，培训中心二层结构施工，企业公馆、创客空间、研发实验楼主体封顶，智创谷特色水街项目主体验收；维信电子项目、大兴住理工项目、大兴科技项目和太阳能光伏面板项目均试生产。为民办实事工程项目，新建的龙冈龙韵农贸市场和改造的潘黄杨坝西城农贸市场投产运营，大纵湖新义丰农贸市场主体建成并通过验收。

【培植进出口企业】 年内，帮助宇杰机械、爱拍档科技等36家企业办理进出口经营权备案登记，从备案登记到货物进出口报关等方面提供全程指导，力促企业尽早有进出口实绩。拓展宠银电子、艾斯特体育等企业出口新渠道，鼓励企业借助电商平台开展跨境电商交易，其中宠银电子全年新增出口676万美元，同比增长281.9%。开展市级出口基地和省级国际知名品牌筛选和培育，智能终端园区获批外贸转型升级基地，中恒宠物和盐电阀门2家企业获批2017—2019年度省级国际知名品牌。帮助星宇科技、中恒宠物等50余家企业获得进口设备贴息资金、外经贸发展专项资金等4类扶持资金近1100万元。

【境外投资增长】 年内，组织区内10家企业参加全市“走出去”政策业务培训和境外投资政策咨询等活动，使企业拓宽视野，增强“走出去”的信心。盐电阀门、斯瑞达和高新区投资集团3家企业在美国和中国香港新设立3家境外投资企业，中恒宠物在美国和比利时的3个宠物用品项目合计增资2000万美元，4家企业中方注册资本累计3201.4万美元，占全市境外投资额的10%。

【推动示范创建】 年内，江苏中恒宠物用品股份有限公司再次获批2017—2018年度国家级电子商务示范企业，盐城电商快递产业园再次获批2017—2018年度省级电子商务示范基地(园区),江苏中恒宠物用品股份有限公司、盐城市松鑫贸易有限公司、江苏南盐电子商务研究院有限责任公司、江苏第六通道科技有限公司获批2017—2018年度省级电子商务示范企业,楼王镇仁和村、龙冈镇冈北管理区获批市级电子商务示范村。

(陈 伟)

·开放型经济·

【概述】 2017年全区协议利用外资43121万美元,同比增长178.31%,总量和增幅均列全市第三位;注册外资实际到账8202万美元,完成年度计划的102.53%,同比增长20%,完成总量列全市第三位。2017年全区新批外商投资企业7家,总投资7.56亿美元。批准总投资超3000万美元项目5个,分别为:总投资58800万美元的江苏鹏阳置业有限公司、总投资3500万美元的盐城东咏贸易有限公司、总投资3000万美元的盐城斯诺阿尔法医疗器械有限公司、总投资16497万美元的盐城维信电子有限公司和总投资5000万美元的复汉海志(江苏)科技有限公司。高新区报批的盐城维信电子项目,总投资由3747万美元增加至16497万美元,增资12750万美元,项目占地13.33公顷,新建厂房25万平方米,主要生产柔性线路板。2017年全区5个列市重点利用外资项目共完成投资23847万美元,注册外资实际到账5139万美元,其中,大兴科技和大兴住理工2个项目竣工投产,盐城维信电子有限公司增资项目建设形象完成年度目标,进阳油封和荣晶电子项目建设完成序时进度。 (宋 健)

·对外经济贸易·

【概述】 2017年全区实现进出口总额7.71亿美元,占全年确保目标6.6亿美元的116.8%,同比增长22.7%,其中出口5.69亿美元,同比增长71.5%,进口2.02亿美元,同比下降31.8%。14个镇(区、街道)中进出口实绩超千万美元的有6家,分别为盐龙街道5.17亿美元、盐渎街道1.21亿美元、大纵湖镇5049.4万美元、尚庄镇2458.2万美元、秦南镇1593.8万美元和潘黄街道1184.2万美元;全区超100万美元的进出口企业达到60家,其中超1000万美元的进出口企业19家;出口产品中,农副产品3390万美元,占出口总额的5%;纺织产品8588万美元,占出口总额的15%;机电产品3.81亿美元,占出口总额的66%;其他产品6762万美元,占出口总额的14%。盐城创捷供应链有限公司和江苏中恒宠物用品股份有限公司分别完成进出口实绩9891万美元和8817.8万美元,在全市进出口20强企业中位居第13位和14位。全区13家韩资汽配企业有9家出现负增长,其中依恩爱汽配下降52.5%、大圆汽配下降55.6%、世钟汽配下降49.2%,仅依恩爱一家比上年减少进口6153万美元,全年韩资汽配企业减少进口近1亿美元。

(宋 健)

园区建设

·盐城国家高新技术产业开发区·

【概述】 2017年,实现地区生产总值245.3亿元,一般公共预算收入25.22亿元,外资到账8197万美元,外贸进出口6.56亿美元;园区综合考核排名在全国147家国家高新区中由2016年的101位跃升到86位,前移15位,土地集约节约利用水平在全国438家国家级开发区中排名第111位,在全省领先;全市重点开发园区考核位居第二,被评为"十三五"首批省级先进制造业基地。2月20日,省政府公布20个相对集中行政许可权改革试点的省级以上开发区名单,盐城高新区是全市唯一入选的试点园区。

发展规划优化提升。年内,把"做靓城市"与"做强产业"有机结合,构建"协调联动、无缝对接"的新型规划体系,促进生产、生活、生态同步跃升,推动城市综合功能显著提升。45平方千米"高新产业区"重点发展智能终端、高端装备、新能源三大战略性新兴产业。46平方千米"融合发展区"重点培育电商物流、汽车消费、商务商贸等现代服务业。25平方千米"生态涵养区"依托盐龙湖良好生态资源,适度发展城市旅游、休闲度假、健康养老等产业。

特色产业集聚。坚持"追高求新、非大即特",通过专业招商、以商引商、委托招商等方式,打造特色产业集群。2016—2017年,共招引落户亿元以上重大项目127个,其中上市公司投资项目17个,实际完成投入286亿元。盐龙街道智能终端产业从无到有、快速崛起,全力打造华东地区最具规模产业集群。盐渎街道乘用车销售占大市区65%以上;入驻电商快递企业125个,订单日处理量占大市区80%以上,创成省级电子商务示范基地。潘黄街道总投资60亿元的万达广场建成开业,总投资100亿元的北大科技园产城融合项目签约落户。

推进产城融合。全年累计投入100多亿元用于基础设施建设,各专业园区实现"九通一平",盐渎路跨宁靖盐高速大桥、东进路西延、盐渎路西延等主干道工程建成通车,构建起对外互通、内部循环的"快速交通网"。BRT公交枢纽、南师大盐城实验学校建成使用。推进世纪大道绿化提升、小马沟绿廊、冈沟河景观带等绿色示范工程,园区绿化覆盖率达46%以上,成功入选全国首批、苏北唯一的国家级产城融合示范区。

创新动能增强。清华大学盐城智能技术联合研究院、吉林大学盐城智能终端产业研究院、南京理工大学国家技术转移中心等一批创新载体相继落户,拥有国家级公共技术服务平台5个、省级研发平台75个,国家孵化器1家、省级孵化器2家,国家级众创空间1家、省级众创空间4家;新增国家高新技术企业75家;成功引进院士团队5个、国家"千人计划"专家21人,专利申请、发明专利申请总量均占全市15%以上,增幅位居全省48家省级以上高新区第一。智能终端产业园等3个园区获批省级科技产业园,创成国家知识产权试点园区。

发展活力持续释放。实行园区化运作、社会化服务。审批上,作为全省首批、全市唯一的行政审批改革试点园区,以"2330""不见面审批"为目标,为企业提供"一站式"审批服务;资金上,设立100

11 月 16 日，2017 盐都（深圳）智能终端产业投资说明会

亿元智能制造基金、30 亿元产业引导基金、10 亿元高创人才基金，市级投融资平台盐高新集团实体化运营，通过 AA+评级；2016—2017 年，共实施拆迁项目 30 多个、拆迁 4000 多户，保障重大项目、重点工程的实施。

【参加第六届中国手机产业年会】 3 月 15 日，王荣平、羊维达、商建明、徐永生等在深圳出席第六届中国手机产业年会，年会以“质造品牌，智融天下”为主题，30 多个国家、100 余家运营商和国际企业代表，国内知名智能终端企业负责人等 1200 多人参会。高新区 3 家企业入选 2016 年度中国手机风云榜，现场签约高像素摄像头研发生产、晶圆级芯片封装测试、智能感应设备、手机品牌整机等一批亿元以上新产业、新业态项目。

【王石一行考察高新区】 3 月 18—20 日，深圳市社会组织总会会长、万科集团董事会主席王石率深圳企业家代表团，在盐都区参访考察。期间，王石一行考察高新区智能终端产业园、大纵湖镇三官村、大纵湖旅游度假区等项目进场。

【开展“暖企行动”】 年内，开展以“进万企、解难题、促发展”为主题的“暖企行动”，组织挂钩联系企业的班子成员、招商局、经发局、盐高新等部门，对竣工投产和签约落户的 50 多家智能终端企业逐一落实“一个项目、一名领导、一套班子、一抓到底”的挂钩服务机制，开展“家家访”活动，全年累计兑付设备补贴、装修补贴、物流补贴等各类奖扶资金 1.2 亿元，提供“过桥”担保 4.3 亿元，代理相关审批事项 86 件，帮助招聘一线员工 1800 多人，保障智能终端企业的满负荷生产、正常化运营。

【智能终端产品保税仓通过海关验收】 3 月 12 日，盐城高新区智能终端产品保税仓通过南京海关验收，封仓运营。保税仓是盐都第一家公用型保税仓库。针对智能终端企业生产管理更多转向供应链管理的特点，盐城高新区与海关部门联系，投入 3 亿元新建智能终端产品保税仓；招引实力强、信誉好的龙头供应链企业，为智能终端企业提供进出口、投融资等服务。招引全国贸易出口企业排名百强榜第 17 位的深圳市创捷供应链有限公司，经营管理智能终端保税仓。

【智能终端产品质量监督检验中心通过省级评审】 3 月 7 日，省质量技术监督局组织国家信息网络产品质量监督检验中心、吉林大学、南京邮电大学、省产品质量监督检验研究院等专家学者，对盐城高新区智能终端产品质量监督检验中心创省级质检中心工作进行评审论证。专家们通过考察项目、听取汇报、审阅资料、现场质询等方式，认为盐城高新区智能终端产品质量监督检验中心在实验室条件、检测能力、科研水平、人才队伍等方面具备省级质检中心的基础条件，通过省级质检中心评审论证。中心由盐城高新区、吉林大学通信工程学院、深圳手机行业协会合作共建，集产业研究、技术研发、检验检测、成果转化、项目孵化等功能于一体，一期投入 2300 多万元，建设音频、SAR 电磁辐射等 7 个实验室，并与国家工信部下属泰尔实验室、摩尔实验室建立合作关系，逐步实现智能终端产品检验检测互认互通，加强对企业研发、制造和认证过程的技术指导，引领和促进智能终端产业发展壮大，推动园区建设向高端化发展。

【华盛电气“新三板”挂牌】 1 月 23 日，证券代码为“870696”的华盛电气股票经全国中小企业股份转让公司批复同意，正式在全国中小企业股份转让系统挂牌，成为盐城高新区继蔚联机械、汉印科技、康杰机械、东九重工后，第 5 家在全国“新三板”挂牌的本土企业。

【梁远在高新区调研】 4 月 27 日，中央编办综合司副司长梁远一行，实地调研盐城高新区建设情况。区委书记羊维达，市编办主任张玉春，区委常委、高新区党工委书记商建明陪同。梁远一行参观中恒宠物、智能终端规划展示馆、盐芯微电子、赛博宇华等企业，实地察看企业的生产车间，详细了解盐城高新区的基本情况和各企业的生产经营情况，并就高新区的体制机制建设与相关人员进行交流。

【出台“科技创新 20 条”】 6 月 20 日，发布《关于创建国家创新型特色园区的若干激励政策意见》，从促进科技成果转化、支持双创载体建设、加快人才要素集聚等 6 个方面出台“科技创新 20 条”，单项奖励最高可达 100 万元，致力于激发全社会科技创新活力，加快打造创新人才产业高地，力争“十三五”期末创成国家创新型特色园区。

【恒力机床参与 C919 大飞机制造】 5 月 5 日，国产大飞机 C919 在上海浦东国际机场成功首飞。C919 是中国继“运-10”飞机之后自主设计并研制，拥有自主知识产权的第二种国产大型客机，是中国民航工业上的一次重大突破，具有不可替代的创新性、奠基性和开创性。盐城国家高新区恒力组合机床有限公司凭借雄厚的技术实力，获得C919大飞机垂尾精加工平台的生产权。

【专利申请增幅全省第一】 5月8日，省政府办公厅转发《关于2016年全省科技专利和高新区主要指标情况的通报》，盐城高新区2016年专利申请数1960件，增幅达474.78%；发明专利申请数579件，增幅达399.14%。两项指标增幅位列全省48家省级以上高新区第一。

【江苏移动与赛博宇华合作】 6月30日，中国移动通信集团终端有限公司江苏分公司总经理杨琴一行在高新区智能终端产业园，参观考察赛博宇华公司，并现场签署双方加强深度战略合作协议，标志赛博宇华集团与中国移动通信集团终端公司江苏分公司的合作提升到新的战略高度。

【东山精密电子项目开工】 7月12日，总投资60亿元的东山精密电子项目在盐城国家高新区开工。市委书记王荣平在开工仪式前会见苏州东山精密制造股份有限公司董事长袁永刚一行。市长戴源出席开工活动。市委常委、常务副市长陈红红，羊维达、吴本辉、张建洋、冯明印等区四套班子成员，苏州禾昌聚合材料股份有限公司董事长、苏州新一代企业家商会会长赵东明等企业家代表及智能终端产业园落户企业应邀出席项目开工仪式。

【智能技术联合研究院签约】 7月5日，在中国江苏·大院大所合作对接会暨第六届产学研合作成果洽谈会上，“清华大学盐城智能技术联合研究院”正式签约落户盐城国家高新区。研究院依托清华大学丰富的创新资源，借助联合研究院平台，加强产学研合作，促进科技创新成果转移转化，提升企业自主创新能力，推动盐城国家高新区加快发展智能终端产业。

【进阳汽车油封项目签约】 7月12日，韩国进阳株式会社汽车油封项目签约落户盐城高新区。总投资1500万美元，注册资本600万美元，征地3.3公顷，新建厂房16000平方米，竣工投产后，年销售可达3亿元。区长吴本辉，韩国进阳株式会社社长李明锈，区委常委、高新区党工委书记商建明，区人大常委会副主任方平，副区长徐永生参加签约仪式。韩国进阳株式会社主要生产汽车配件和家电密封件，产品供应现代、起亚、三星、LG、东芝、海尔等知名企业。

7月17日下午，西安科技大学盐都智能终端产业园暑期社会实践活

【与吉林大学共建智能终端产业研究院】 7月23日，盐城国家高新区与吉林大学合作共建智能终端产业研究院签约仪式举行。区委书记羊维达，吉林大学党委常委、副校长郑伟涛，区委常委、组织部长王铁根，区委常委、高新区党工委书记商建明，副区长廉武卫及双方相关单位主要负责人参加签约仪式。

【宝鼎电动认定为省级科技小巨人企业】 8月9日，省经信委公布2017年度省科技小巨人企业和专精特新产品名单，盐都宝鼎电动工具有限公司被认定为省科技小巨人企业，也是全市唯一上榜企业。至年底，全区共拥有省级科技小巨人企业5家、省级专精特新产品4只，获得认定的省级科技小巨人企业数量位列全市第一。

【华星光电获省科技创业大赛亚军】 8月18日，第五届“创业江苏”科技创业大赛电子信息行业赛完成全部赛事。高新区盐城华星光电技术有限公司获得企业组第2名，晋级省总决赛，并参加全国科技创业大赛。

【南师大盐城实验学校建成开学】 9月1日，南京师范大学盐城实验学校迎来首批初高中新生。学校由南京师范大学与盐都区政府合作共建，位于盐城高新区境内。总投入5亿元，占地17.3公顷，采用小班化教学，共设初中部、高中部96个班级，规划在校学生总人数2800人。首批共设初一、高一各10个班级，共招录初高中新生590人。

【100亿元智能制造产业基金注册落户】 9月3日，市政府与中信银行南京分行共同发起设立总规模100亿元的智能制造产业基金正式签约，注册落户盐城高新区。基金发挥中信集团“金融+产业”综合优势，在产融结合、投贷联动、综合金融服务等方面展开全面、深度的战略合作，通过并购夹层融资和并购后整合融资等方式，为项目投资、产业并购提供多元化融资服务，推动全市智能制造产业加快发展。

【举行高新区招商推介会】 9月19日，赛博宇华新品发布暨高新区招商推介会成功举行。市委常委、常务副市长陈红红致辞。区委书记羊维达，区长吴本辉，区委常委、高新区党工委书记商建明，副区长徐永生等出席。深圳市手机行业协会会长孙文平，深圳赛博宇华集团董事长金红祥，九球天后、SOP品牌形象代言人潘晓婷等出席相关活动。

【获列首批省级“十三五”先进制造业基地】 9月20日，省发改委正式下发《关于认定授牌“十三五”首批省级先进制造业基地的通知》，盐城高新区智能终端产业园在全市唯一入选，成为全省首批20家"十三五"省级先进制造业基地之一。

【与同济大学结成技术创新战略联盟】 10月27日，盐城高新区与同济大学校地合作签约暨盐城高新区(同济大学)人才工作站、同济大学(盐城高新区)大学生实习基地揭牌仪式在上海同济大学举行，标志双方结成技术创新战略联盟，依托同济大学科教人才优势，在科技成果转化、高端人才引培、研发平台共建等方面加强协同创新，开展有效合作。

【举行智能终端产业投资说明会】 11月16日，在深圳举行2017盐都(深圳)智能终端产业投资说明会，并与丹顶鹤智能科技(江苏)有限公司、深圳市甲丙辰精密组件有限公司等13家企业签约，协议投资76.2亿元。

【宇都通讯科技项目签约落户】 11月30日，盐城国家高新区与南京宇都通讯科技有限公司举行HINOC2.0宽带接入芯片产业化项目签约仪式。市委常委、常务副市长陈红红，区委副书记、区长吴本辉，区委常委、高新区党工委书记商建明，国家"千人计划"专家、南京宇都通讯科技有限公司总经理王俊峰等出席签约仪式。公司在盐城新上的HINOC2.0宽带接入芯片产业化项目，总投资1.3亿元，致力打造集成电路全产业链条。项目投产达效后，实现年开票销售5亿元，利税5000万元。

【19家企业获省级财政资金奖励】 12月16日，江苏省财政厅、科技厅公布《关于下达2017年度企业研究开发费用省级财政奖励资金的通知》(苏财教〔2017〕192号)，高新区恒力机床、汉印机电等19家企业获得省级财政资金奖励，共计280.51万元，获得奖励企业数占全市26%。

【实现全链审批】 12月10日，市政府根据《省政府关于公布国家级开发区全链审批赋权清单决定的通知》精神，决定赋予盐城高新区220项设区市级经济管理权限，其中行政许可204项，其他行政权力16项。

【国家高新区排名提升】 12月20日，国家科技部火炬中心公布2017年度国家高新区最新排名，盐城高新区在全国146家国家高新区中综合排名位列第86位，比上一年度上升15位，综合排名大幅提升。在列入科技部考核的4个单项排名中，盐城高新区知识创造和技术创新能力排名第81位，产业升级和结构优化能力排名第107位，国际化和参与全球竞争能力排名第99位，可持续发展能力排名第71位。

(张荣峰　陈中华　薛传刚　李建军)

12月5日下午，苏州东山商会会长一行在盐都区考察

·江苏宏大集团·

【概述】 2017年，江苏宏大集团董事会坚持绿色环保发展宏大事业，围绕"转型升级再创业，稳中求胜争一流"，在集团董事会的领导下，各公司(中心、所)经营状况稳中有升，经济运行良好，探索新项目、盘活老资产成效显著。2006年，宏大集团彻底完成改制，特别是转型升级后，现有江苏宏大环保科技有限公司(主营环保工程建设、设计、认证、环评等)、江苏宏大投资有限公司(主营对外投资)、盐城宏大临渊阁健康产业发展有限公司(主营健康产品生产、研发、销售等)、江苏宏大河海水利工程有限公司(主营水利工程建设)、盐城市全美置业有限公司(主营房地产建设和开发)等合资、独资公司5家；有盐都区中太—宏大接送学生服务中心(主要服务于农村小学学生、幼儿园幼儿上下学接送)、盐都区皮肤病防治所、盐都区助学基金会等公益事业投资机构3家。

【中太宏大接送学生服务中心】 2014年8月，由宏大集团旗下的江苏宏大投资有限公司和江苏省中太旅游运输服务有限公司共同投资2000万元设立。2014年9月份正式投入运行，建有专业的GPS监管平台，并和省交通厅平台对接。至年底，中心配有专用校车88辆，随车安全照管员人员120人，管理人员26人，为区40多所小学、23所幼儿园的学生上、下学回家或参加社会实践活动提供优质服务，受益学生、幼儿达6500多人，设置行使路线69条，站点920个，是盐城市首个实现县域校车统一运营的服务机构。

【成立盐都区助学基金会】 年内，盐都区助学基金会由江苏宏大集团创始人、原盐都区政协副主席徐守清个人捐资200万元发起设立的慈善助学机构。8月，资助28名新入学的贫困大学生，捐

7月，学生志愿者给清洁工送水降暑　　刘庆宝　摄

助金近60万元。11月，在秋季助学活动中先后资助贫困中小学生及幼儿304人，资助总金额达41.6万元。徐守清的慈善之举受到多家媒体的报道，获得区2017"十佳文明新事"的殊荣。

（孙发荣）

·大纵湖旅游经济区·

【概述】 2017年，放大"畅游盐都金秋行"活动积极效应，精心组织"第三届大纵湖湿地生态旅游节"和"第三届户外露营节"等系列活动，成功举办"诗词童趣春游节""五一观鸟节""全民阅读——阅读纵湖"及世界级水上特技表演等系列活动，大纵湖获选江苏最美水地标（水景观），并入选江苏"十三五"旅游发展重点项目，大纵湖旅游知名度得到进一步提升。至年底，景区游客接待量和营运收入分别增长20.6%和10.5%。在旅游开发的带动下，餐饮、住宿、商贸等三产服务业呈现良好发展势头，2017年实现服务业增加值7.5亿元，社会消费品零售总额3亿元，分别增长9.9%、11.6%。

农业经济增效。绿化提升全面实施，鸟岛、水下古城遗址、千亩景观林、生态停车场、双新大道西延道路两侧等项目实施地段累计栽植树木9万株，完成成片景观林66.67公顷，种植三叶草5千米，实现河堤绿化20千米，四旁植树5万株。"秸秆双禁"继续加强，实现卫星监测零登记、市区巡查零通报，秸秆还田率达100%。河长制全面推行，强化河、湖保护与管理，疏浚河道3800米，完成土方5万立方米，河道绿化栽植3200棵、圩堤绿化栽植600棵。土地复垦投资400万元，复垦倪杨村工矿废弃地44.33公顷，兴建灌排站1座，浇筑机耕道2725平方米、斗渠770米、农沟1100米。

招商融资。年内，招引在手签约项目2个。东晋古城商业业态招商取得新突破，与无锡赛博文旅公司合作，组建专职招商团队，编制招商策划方案，共设计零售业态、餐饮业态、休闲娱乐业态等166家，接待意向客户160余组，拜访客户500余组，策划方案商家70余组，启动商业业态策划布局。跟进酒店管理合作，确定与浙江开元酒店集团进行合作，聘请无锡赛博、浙江开元和苏州金螳螂装璜设计院共同对东晋古城客栈、精品酒店、主题酒店、民宿等500多个房间、近千张床位进行前期策划。累计实现融资到账5亿元，保证重点工程推进。

（宋加松）

·台湾农民创业园·

【概述】 盐都区农村经济开发区于2010年1月7日挂牌成立，同年5月，盐都台湾农民创业园获农业部、国台办授牌，2012年8月，实现农村经济开发区与盐都台湾农民创业园两块牌子、一套班子，实体化运作，成立成建制的农村经济开发区（台创园）党工委、管委会。2017年3月，撤销中共盐城市盐都区委农村经济开发区工作委员会，成立中共盐城市盐都区委台湾农民创业园工作委员会，调整原农村经济开发区范围东至冈沟河、西至红九河，区域面积50平方千米，涵盖原郭猛镇的三湾、李庄、民强、袁邵4个村，原尚庄镇的宗凌、董伙、程实、新杨、富王5个村以及葛武街道的葛武、育才、郝荣3个村居，共12个村居，总人口3.2万，耕地面积3066.67公顷。成建制运作以来，台湾农民创业园始终坚持用工业理念、统筹思路，加快推进开发园区建设，努力实现传统农业向现代农业发展率先突破。招引落户花卉苗木、设施果蔬、畜禽养殖、科技研发、休闲观光等各类现代农业项目70多个。实施村庄环境连片综合整治、河道疏浚管护、区域供水、节水灌溉等一系列基础工程，生态环境明显改善，新农村建设成效显著。

【产业发展】 突出花卉美丽产业，围绕台湾元素内涵，以项目带动产业发展。全年新落户各类农业项目14个，其中，投资5000万元以上农业项目4个，完成年度招商选资目标任务。突出适度规模经营，力促农业结构调整和转型升级，新增流转土地186.67公顷，新增设施农业面积113.33公顷，创成省级示范家庭农场2家。台海花卉港规模突破200公顷，兰花博览园、菊园等特色专业园区建设成效显著，为全市农业结构调整现场会提供观摩现场。成功举办盐都—青州花卉专题招商会，新开工建设鑫和多肉等花卉项目3个，新建玻璃温室7万平方米，成功签约台湾大汉园景项目，总投资1.92亿元，建设大陆总部、8万平方米连栋温室和2万平方米基质工厂。成功举办第三届台海菊花节，接待游客超15万人次，郝氏故里国家AAA级旅游景区、省四星级乡村旅游示范点通过复核，台创园被农业部列入全国农村创业创新园区目录。民生工程获得新进展。一二三产相互融合、竞相发展。

【扶贫开发】 对低收入农户进行精准识别，年初建档立卡低收入农户349户，年末脱贫退出117户，占年初数的33.5%。对所有建档立卡低收入农户均落实机关党员干部结对帮扶，结合“三清三实三帮”大走访活动，发放各类帮扶资金近41万元。对经营收入偏低的村，新建扶贫项目2个，实现长期化收益。

【基层党建】 年内，新建李庄村党群服务中心，按照全区“基层党建示范带”建设三年计划，实施三湾、民强、董伙、郝荣4个基层党建示范点创建，其中，三湾党群服务中心完成区级示范点验收，以此示范带动辖区12个村居全覆盖。全面完成村居党组织换届，配强基层党组织班子队伍。

【基础配套】 年内，完成“为民办实事”十项工程，葛武幼儿园创成省级优质园，农村康居工程新改建95户，实施农村道路提档升级22千米、桥梁36座。推进“263”专项行动，“河长制”落实全覆盖，市级生态循环农业示范镇7大类创建指标通过验收，成片造林33.33公顷，新杨村获评省级绿化示范村，农村环境“五位一体”考核排名全区前三。实施肇基小学老教学楼接建、加固，建成塑胶跑道和标准化篮球场；葛武幼儿园1200平方米保教楼主体完工；葛武老年活动中心改造完成；完成葛郝路，育才路等22千米道路提档升级；启动实施大尚线葛武段富祥路的改造提升，完成集镇区环境综合整治提升。完成“最后一匡田”通达工程、河道整治“三年计划”、河堤绿化“三年行动”以及“草镶边”等农田水利绿化基础工程年度任务。 （吕 培）

·盐都七星现代化农场·

【概述】 2017年，七星农场围绕“创新经营机制，开展综合服务，集成技术展示，引领绿色发展”目标定位，巩固固有成果，培育新型经营主体，大力招商引资，发展旅游农业、观光农业。同时，推进新的稻田综合种养模式，提高水产品和“七星谷”的品牌效益。至年底，农场总覆盖面积733.33公顷，建成千亩（约66.67公顷）有机水稻种植基地和千亩稻田综合种养示范基地。

【稻田画为观光农业增添新亮点】 金秋的七星农场，微风拂过，金波荡漾，由数种不同颜色稻株和稻穗构成的画面更加栩栩如生，占地近百亩的稻田画亮相七星农场稻田里，这些稻田里种出的“画”吸引了众多游客前来观光留影。用紫色、黄色、黑色和绿色四种颜色水稻错开栽插，形成几个时期不同色彩的稻田诗画，用“谁知盘中餐，粒粒皆辛苦”的诗句来劝诫人们来珍惜粮食。

3月，台创园花农进行蝴蝶兰花卉管理　　仇玉存　黄恬恬　摄

【盐城养生文化与心脏健康博物馆开馆】 7月26日下午，香港盈福集团盐城养生文化与心脏健康博物馆在盐都七星现代化农场开馆。省政协原副主席张九汉、市政协副主席吕拔生、区长吴本辉、区政协主席张建洋等出席开馆仪式并参加高峰论坛。多个省市的医学专家、健康行业企业、传媒界近100人出席开馆仪式和高峰论坛。博物馆将发展生态绿色产业、农业观光和养生旅游有机结合，以传承传统养生文化、弘扬现代养心科技为宗旨，开展养生文化普及和心脏健康教育。作为全民健康科普特色教育基地，面向社会公益开放。在养生与养心专题学术高峰论坛上，北京武警总医院原副院长张蕴增、世界自然医学会联合总会主席马永华和原卫生部首席健康专家万承奎应邀分别作“现代人生活习惯如何影响身心健康”“自然医学和养生”“人——活的就是心脏”等讲座。

【稻田综合种养】 2017年春，七星农场投入资金600多万余元在核心区建设66.67公顷的集“稻—鱼”“稻—蟹”“稻—鳖”“稻—鳅”“稻—虾”五种模式于一体的稻田综合种养基地，一地多用、一水多用，每公顷均净增收益超过3万元，稻田综合种养实现粮食稳产、效益翻番。

（郭 亮）

2017年台湾农民创业园各村（居）主要负责人

表1

村（居）名	村（居）书记	村（居）主任
袁郃	梅步鉴	王秀昌
三湾	孟成标	葛銮顺
李庄	李成雨	沈从刚
民强	葛付元	徐大洲
宗凌	王志祥	宗国勋
程实	龚福庆	程　亮
新杨	浦兆扣	王桂生
董伙	韩玉度	朱兆根
富王	王龙顺	王少海
郝荣	孙晓平	郝瑞荣
育才	孙茂厚	姚学俊
葛武	郝乃华	葛富荣

中共盐城市
盐都区委员会

综　　述

【概述】 2017年，在区委的正确领导下，区委办公室深入贯彻党的十八届历次全会、党的十九大和习近平总书记系列重要讲话精神，开展“两学一做”学习教育，树立“四个意识”，围绕中心，主动作为，较好完成区委办公室各项工作任务。

全区上下认真落实中央和省、市委决策部署，紧紧围绕“强富美高”主题，重抓“一极一园一业”建设，致力创新生态富民，经济社会发展继续保持稳中有进、质效提升的良好态势，10项主要经济指标中有7项指标增幅居全市前列。产业强区战略持续推进。二三产业占比达91.5%，高新技术产业产值占规上工业产值比重提高8%。重大项目取得显著突破，总投资130亿元的东山精密电子项目主体竣工，总投资100亿元的北大科技园正式落户，万达广场开业半年预计实现销售5亿元。园区集聚效应凸显，智能终端产业园落户项目66个、投产达效40个，实现开票销售80亿元，新增定报企业15家；电商快递产业园实现营业总额30亿元，快递日处理量占大市区近80%；东方汽车广场乘用车销售80亿元，占大市区67%；9个全民双创园累计建成标准厂房90万平方米，入园项目250个。乡村旅游发展势头强劲，大纵湖东晋古城主体工程全部建成，成功举办“畅游盐都金秋行”等活动，游客接待量、旅游总收入分别增长25.6%、21.6%，获评“最美中国·全域旅游创建典范城市”。农业结构调整深入推进，农业规模化经营比重达47.6%，粮食单产全省前列、全市第一，创成全国渔业健康养殖示范县，台创园被农业部列入全国农村创业创新园区目录。改革创新步伐持续加快。打好“放管服”组合拳，率先全市推行政务服务网“四个一”创新工程，高新区纳入全省首批省级以上开发区相对集中许可权改革试点，获得220项市级经济管理权限。财税和投融资体制改革稳步推进，全国首创车船税收入归集分配系统，荣获省“金融生态优秀县”称号，苏北首家实现区镇村三级公务卡结算制度改革全覆盖，率先全市推行村财镇管试点；设立50亿元产业引导基金，盐高投、市城镇化集团实体化运营。以数据共享“一网通”、管理责任“一单清”、阳光村务“一点明”为主要特色的农村“三资”管理“盐都模式”在全省推广。获批国家知识产权强县工程示范区，有效发明专利累计数、国家高新技术企业总数和新认定数均列全市第一。新获批科技“小巨人”企业、省智能制造示范车间、院士工作站各1个，新增“新三板”挂牌企业1家。新增中国驰名商标4件、马德里国际商标7件，总数均列全市第一。新引进院士团队1个、“千人计划”专家9人、领军人才65人。城乡发展面貌持续改善。八大类112项城建交通重点工程完成投资98.6亿元，商品房销售180万平方米，科技广场、邻里中心、地下综合管廊加快建设。稳步实施“一片林”工程，新造成片林666.67公顷，新增绿地495.33公顷。蟒蛇河整治水下工程通过省级验收，饮用水源保护区调整获省批准。全面推行“河长制”，完成26条城市非骨干河道整治，新增集镇污水支管网40千米。开展“263”专项行动，严肃查处各类环境问题，有序推进城乡生活垃圾分类试点。提前一年完成农村公路提档升级三年行动计划，改造一般农户C、B级危房2227户。大冈镇入围全国综合实力千强镇，大纵湖镇上榜第二批全国特色小镇，楼王镇通过省人居环境范例奖验收。民生幸福指数持续攀升。实施十大类35件为民办实事项目，新增财力的90%以上用于民生领域。新增城镇就业1.2万人，支持自主创业2995人。基本养老、基本医疗等社会保险参保人数新增3.7万人，顺利完成城乡居民基本医疗保险制度整合。名校名师、名院名医工程加快实施，社会事业高层次人才引进取得新突破。创成省社区教育示范区，省四星级高中实现全覆盖，南师大盐城实验学校、义丰小学等投入使用。顺利通过国家卫生城市复审，基层卫生公共服务功能配置达省标。入选全市唯一省级居家和社区养老服务试点地区，区社会福利院一期运行。推进产业脱贫、“阳光扶贫”，6484户

13929人实现脱贫，3个省定经济薄弱村摘掉“穷帽子”。创成苏北首家“中国曲艺之乡”，现代淮剧《菜籽花开》获省文华大奖。区检察院被表彰为“全国文明单位”，秦南泾口村获“全国文明村”称号，杨长春当选“中国好人”。扎实开展“大排查大整治”活动，信访维稳工作成效显著，连续十三年获评省平安县。全面从严治党持续深化。扎实抓好十九大精神学习宣传宣讲，分层分类推进“两学一做”学习教育常态化制度化，党员干部的党性观念和宗旨意识明显增强。大力开展“三带三联”大走访活动，帮助企业群众解决问题2567个。加强“基层党建示范带”建设，“四议四公开一监督”全面推行，与高校合作办班的“定制村官”模式在共产党员网推广。组织实施“推动落实、推进服务”主题活动，作风建设力度不断加大。严格落实“两个责任”，加强监督执纪“四种形态”的运用，稳步推进监察体制改革，发挥巡察“利剑”和派驻监督“探头”作用，全年共立案查处违纪违法案件356件，切实维护风清气正的政治生态。人大、政协充分发挥职能作用，人武、统战、老干部、关工委、工青妇等各项工作有效开展。

【综合调研工作】 全年完成各类会议文稿近100万字，围绕产业转型、改革创新、全域旅游、改善民生等课题进行调研，认真总结基层和群众创新实践，形成一批思想性指导性较强，有一定参考价值的调研报告。其中《坚持特色发展，交好富民答卷》在全省市县(区)中唯一一家登上中央政策研究室主办的《学习与研究》杂志；另有《挖掘自然特色资源，做强乡村旅游产业》《坚持生态优先，推进绿色发展》《农村‘三资’管理的‘盐都模式’》等文章被《名镇世界》《党政干部论坛》《求知》等18种刊物登载，为宣传推介盐都工作，为盐都工作在全市进位争先发挥作用。

【信息服务工作】 把信息服务作为反映决策落实的重要手段，及时关注社会反映的热点、难点和焦点问题，准确收集、选编各类信息，在规定时间内提炼上报，考核成绩名列省市前茅。全年编写《书记参阅》37期、《盐都通讯》69期，获区主要负责人批示35件；上报信息2000余条次，被省委办公厅《快报综合摘报》《快报》《江苏信息》等采用452篇，被市委办《盐城快讯》采用736条以上，其中超过19篇信息获得省市批示。

【督查考核工作】 按照区委全会、常委会、重点工作专项会议和区委主要负责人交办精神，侧重对全市产业园区观摩项目、全区“两重一实”系列重点项目建设、智能终端产业发展、旅游业发展、生态走廊建设、安全稳定等工作督查推进。被市委办推荐为全市督查示范单位。全年开展督查38次，向区专报督查情况13次，全区面上通报9次；区委书记杨维达批示5期，全部督导办结。调研考察服务到位。深入基层一线搞好调查研究，调研形成的“进万企、解难题、促发展”实践做法被省委办公厅列为大走访活动专题内容全文专刊在《情况与建议》，全是唯一一家。实绩考核评价科学。围绕区委全会和政府工作报告总体任务，制定全区目标任务综合考核文件，发挥考核导向作用，加大重点工作、项目建设考核权重分。

12月29日，中共盐都区委十四届四次全会　　丁晓岚　陈雁程　摄

【深化改革工作】 年内，全区深化改革工作关键领域和重点环节改革持续突破。行政审批制度改革、投融资体制改革、农业农村改革等工作走在全市前列。其中，高新区相对集中行政许可权改革列入全省试点；区镇村三级公务卡结算制度改革苏北首家实现全覆盖，率先全市推行村财镇管试点；盐高投、市城镇化集团实体化运营；以数据共享“一网通”、管理责任“一单清”、阳光村务“一点明”为主要特色的农村“三资”管理“盐都模式”在全省推广，并且成为改革工作在省改革内刊宣传推介的全市两家县(区)之一。

【办文办会工作】 做好会务组织及文件归档管理工作，注重前期准备，加强细节研究，不断完善职责明确、衔接紧密、运转顺畅的工作机制，保证各项工作科学高效、规范有序的运行。全年共组织区委全会、区委常委会、区四套班子月度工作例会、区四套班子外出考察学习等重大会议、活动50多次。做好各类重要会议、重大活动的组织工作，制定详细方案，控制发文数量，全年以区委区政府、“两办”发文的数量130件，与上年同期相比均略有下降。坚持零差错、零失误，把好公文行文关、政策关、文字关、格式关、程序关，保证规范运转，快速传递。

【机要保密工作】 机要方面，按照机要工作规范要求，坚持24小时机要值班制度，做好密码通信服务保障工作；电子政务内网建设推进有力，中心机房改建工程按时竣工，建成涉密视频会议会场1

个，非涉密延伸会场和会商型会场4个。保密方面，加强保密工作领导，带头签订《领导干部履行保密工作责任书》《领导干部履行保密工作责任制情况考核检查表》；健全保密工作体系，根据人员变动情况及时对区委保密委成员进行调整；严格涉密载体管理，12月，对全区各单位特别是重点涉密单位设备管理、涉密载体使用情况进行检查，确保涉密设备按规定管理、涉密载体按要求使用、涉密文件按制度流转。

【信访稳定工作】 全年共办结区委主要负责人批示件130件，各类信访件78件，按照相关规定程序，妥善处理好群众的人民来信，着力化解重复信访、越级信访等问题，力求件件有回复，件件有落实。

【党内法规工作】 年内，按照规范性文件备案要求，对以区委、区委办名义的发文或以区委区政府、区委办公室区政府办公室名义的联合发文，完善文件备案报告和制定说明，及时建立电子档案。全年共下发规范性文件38件，报备率、备案通过率均达到100%。

【招商选资工作】 全年在北京、西安、深圳、上海、南京和苏锡常等地，就智能制造、高端装备、新能源、新材料等10多个项目信息进行沟通洽谈，共签约注册项目5个(其中智能终端3个、总部经济2个)，开工项目2个，竣工投产项目1个，超额完成年度招商引资工作任务。

【党建工作】 强化服务意识，树立求真务实的工作作风。组织"两学一做"学习教育活动，以尊崇党章、遵守党规为基本要求，把党的思想建设放在首位，自觉按照党员标准规范言行，带着问题学，针对问题改，持之以恒纠正"四风"。开展"三带三联"大走访活动，走访企业8家、居民599户，电话咨询20余次，帮助企业群众解决问题600多条，实现走访全覆盖。做好结对帮扶工作，坚持每季度对24户结对贫困户走访一次，全年共送去慰问帮扶金13万多元，成功帮助7户贫困家庭实现脱贫。 (孙春权)

9月22日上午，区委巡察办重温入党誓词　　皋　玲　摄

重要会议

【召开目标任务综合考核总结表彰大会】 2月4日上午，区委区政府召开全区2016年度目标任务综合考核总结表彰大会。区委书记羊维达出席会议并讲话，要求全区上下树立标杆、学赶先进，动员全区上下收假收心、上班上劲，创新实干、奋发作为，迅速擂响高水平全面建成小康社会的新战鼓，在"强富美高"新盐都建设征程中迈出铿锵步伐。区委副书记、区长吴本辉主持会议。区人大常委会主任顾其斌、区政协主席张建洋等区四套班子领导出席会议。区委副书记冯明印宣读表彰决定。

【召开全区党建工作会议】 2月22日下午，全区党建工作会议召开。区委书记羊维达出席会议并讲话。他强调，要深入学习贯彻党的十八大及十八届四中、五中、六中全会精神和习近平总书记系列重要讲话精神，全力推进全区党建工作创先争优、健康协调发展，努力开创全区基层党建工作新局面，为加快建设"强富美高"新盐都作出更大的贡献。羊维达指出，2017年是党的十九大召开之年、推进供给侧结构性改革的深化之年，也是全面落实省、市、区党代会精神的开局之年。能否做到统筹兼顾，既聚精会神抓党建，又一心一意谋发展，将是考验我们党性原则和工作能力的重要命题。全区各级党组织和广大党员干部要深化思想认识，增强抓好党建工作的责任感、使命感。要切实增强使命意识，强化责任担当，协力同心谱写盐都党建工作新篇章。要学深研透新精神，贯彻落实新要求，始终在思想上、政治上、行动上与以习近平为核心的党中央保持高度一致，以严肃党内政治生活、加强党内监督为重点，持续推进全面从严治党，确保各项事业沿着中央和省、市确定的正确方向和科学部署阔步前进。要把党建工作放在全区改革发展大局中来谋划推进，将党建工作与"强富美高"新盐都的生动实践有机结合，推动党建工作更富时代性、创造性，力促全区各级党组织更有凝聚力、向心力，广大党员干部更具战斗力、执行力。要瞄准更高目标，对照更高要求，在更广领域、更深层次研究和解决党建工作面临的新问题，为推动全区经济社会发展提供坚强保证。

【召开全区作风效能建设大会】 4月8日，召开作风效能建设动员大会，认真学习贯彻省、市作风建设大会精神，回顾总结2016年全区"作风效能提升年"活动及取得的成绩，动员部署2017年作风效能建设目标任务。区委书记羊维达出席会议并讲话。区委副书记、区长吴本辉主持会议。张建洋、冯明印、朱金南、陈志会、王铁根、葛建华、商建明、陈育群、沈潜辉、张云云等区四套班子等参加会议。羊维达指出，敢担当、善作为，是领导干部必备的基本素质。盐都处于发展的转型期、改革的攻坚期、小康的决胜期。全区各级干部要有清醒的认识，担当起该担当的责任，敢担当作为，善担当作为，促担当作为，放开手脚干事创业，履职尽责积极作为，在新一轮改革发展中施展才华、贡献力量。

【召开区委党建工作领导小组（扩大）会议】 5月3日下午，区委书记、区委党建工作领导小组组长羊维达主持召开区委党建工作领导小组(扩大)会议，要求全区各级党组织要牢牢把握新形势下从严治党新要求，切实强化主责主业意识，深入推进党建创新工程，为高水平全面建成小康社会提供坚强政治保障。会议总结上年全区党建工作，研究党建工作要点，部署重点任务和党建创新重点项目。羊维达在讲话中充分肯定全区党建工作取得的成绩。指出2017年是党的十九大召开之年，是全面贯彻落实省、市、区党代会精神的开局之年，也是推动全面从严治党向纵深发展的重要一年，做好党建各项工作意义重大。全区各级党组织要认真落实好管党治党责任，创新举措、务实作为，推进全区党建工作迈上新台阶，以优异成绩迎接党的十九大胜利召开。

【全区“放管服”改革推进会】 6月13日下午，全区“放管服”改革推进会召开。区委书记羊维达出席会议并讲话。他强调，要把“放管服”改革作为全面深化改革的重点，凝聚共识，协同配合，坚决打赢“放管服”改革这场攻坚战。会前，羊维达、陈志会、商建明在区政务服务中心的服务大厅，察看区人社局、市场监管局、发改委、住建局等部门的服务窗口。每到一处，羊维达都详细了解业务办理流程，并叮嘱大家要增强服务意识，提高服务效能，让信息多跑路、群众少跑腿，确保企业和群众通畅顺利地办理各项业务，提高企业和群众的满意度。在随后举行的全区“放管服”改革推进会上，羊维达对全区创新推进行政审批制度改革以及取得的成果给予充分肯定。

【召开纪念中国共产党成立96周年座谈会】 6月24日下午，召开纪念中国共产党成立96周年座谈会。区委书记羊维达出席会议并讲话。他强调，全区各级党组织和广大党员干部要深入学习贯彻习近平总书记系列重要讲话精神，深入推进“两学一做”学习教育常态化制度化，旗帜鲜明讲政治，忠诚担当抓落实，为推进“两聚一高”、建设“强富美高”新盐都凝聚强大动力。会上，羊维达以《旗帜鲜明讲政治，忠诚担当抓落实》为题，为全体与会党员上党课，畅谈中国共产党成立96年来的光辉历程和辉煌成就，以及在党的领导下，全区经济社会发展取得的巨大成绩和喜人变化。2017年是党的十九大召开之年、供给侧结构性改革的深化之年，也是全面落实省、市党代会精神和区党代会部署的开局之年。推动省委“两聚一高”方略、市委“产业强市、生态立市、富民兴市”战略和“五个一”工程在盐都落地生根，不断推进“创新生态富民”取得新进展，“一极一园一业”实现新突破，必须旗帜鲜明讲政治，将全区近2740个基层党组织和47000多名党员的思想和行动都统一起来，把战斗堡垒和先锋模范作用发挥起来，更好地团结带领全区80万人民，一步一步向前走，一锤一锤钉钉子，积极探索，走出具有盐都特色的“生态优先、绿色发展”新路子，不断开创各项事业新局面。

【中国共产党盐城市盐都区第十四届委员会第三次全体会议决议】 7月18日中国共产党盐城市盐都区第十四届委员会第三次全体会议在盐都举行，区委常委会主持会议。出席会议的区委委员26名、候补委员5名。区纪委委员，不是区委委员、候补委员的区人大、区政府、区政协班子成员，区有关方面负责人和部分党代表、部分致富带头人列席会议。全会深入贯彻习近平总书记系列重要讲话精神和治国理政新理念新思想新战略，认真落实省委十三届二次全会、市委七届四次全会精神，听取并讨论区委书记羊维达所作的题为《打好富民主攻仗，走出发展新路子，以优异成绩迎接党的十九大胜利召开》的大会主题报告、《盐都区贯彻落实〈省“十三五”时期基层基本公共服务功能配置标准(试行)〉的实施方案(讨论稿)》。

【召开创建全国文明城市工作推进会】 9月10日下午，召开创建全国文明城市工作推进会议，贯彻落实市会精神，动员全区上下精力再聚焦、合力再攻坚，以决战决胜姿态全力冲刺迎考。市委常委、秘书长、区委书记羊维达出席并讲话。区委副书记、区长吴本辉主持会议。区委常委、常务副区长陈志会，区委常委、宣传部长葛建华，副区长彭向洪、陈霞、连大猛、刘锐出席会议。羊维达在讲话中指出，盐都是创文“主战场”，是测评“主考场”，做好创文迎评工作责无旁贷、义不容辞。全区上下要克服定局心态、克服厌战心态、克服侥幸心态，坚定必胜信心，稳定心态见状态，全力打赢创文攻坚战。

【区委召开全区传达学习党的十九大精神大会】 10月28日下午，区委召开全区传达学习党的十九大精神大会。市委常委、秘书长、区委书记羊维达传达十九大精神。全区上下要以十九大精神特别是习近平新时代中国特色社会主义思想为指引，紧扣“两聚一高”主题，坚持“产业强区、生态立区、富民兴区”导向，对接市委“五篇大文章”战略，突出“一极一园一业”关键，找准贯彻落实党的十九大精神的着力点和切入点，统一思想，凝心聚力，加快全面建成小康社会步伐。区人大常委会主任顾其斌，区政协主席张建洋，区委副书记冯明印，区委常委朱金南、陈志会、葛建华、商建明、陈育群、张云云等区四套班子成员出席会议。会上，羊维达传达党的十九大的大会概况、十九大报告主要内容、党章(修正案)决议的主要内容、中央纪委工作报告决议的主要内容，以及学习贯彻十九大精神需要领会和把握的重点，并传达市委召开的全市传达学习党的十九大精神大会精神。

【召开“贯彻十九大精神，谋划2018年工作”研讨会】 12月16日，区委召开“贯彻十九大精神，谋划2018年工作”研讨会，听取各方意见，集中各方智慧，把党的十九大最新精神和省市委最新部署落实到具体工作实践中去，转化为新时代盐都发展的目标、思路和举措，为做好工作谋篇布局。市委常委、秘书长、区委书记羊维达主持会议并讲话。区委副书记、区长吴本辉，区人大常委会主任顾其斌，区政协主席张建洋，区委副书记冯明印，区委常委朱金南、陈志会、王铁根、葛建华、商建明、陈育群、张云云等区四套班子出席研讨会。会上，与会人员集中学习《中共中央办公厅印发习近平总书记关于进一步纠正“四风”、加强作风建设重要批示的通知》。随后，会议进行交流发言。区党政班子全体领导，区人大、政协班子以及各镇(区、街道)和区直相关部门的主要负责人，重点围绕“贯彻十九大精神，谋划2018年工作”，结合自身工作实际，突出“思路+项目”，敞开心扉，进行深入交流。

【羊维达主持召开区委常委会议】 12月27日，市委常委、秘书长、区委书记羊维达主持召开区委常委会议，研究讨论区委十四届四次全会等事项，部署全区重点工作。区委副书记、区长吴本辉，区委副书记冯明印，区委常委朱金南、陈志会、王铁根、葛建华、商建明、陈育群、沈潜辉出席会议。会议听取区委办全会报告起草组关于区委十四届四次全会主题报告(讨论稿)、全会决议(草案)和《区委常委会工作情况报告(讨论稿)》《区委常委会2017年抓党建工作的情况报告(讨论稿)》起草情况的汇报；听取全区“三治三化”专项行动推进方案、全区外流涉羟犯罪整治工作情况、基层残联换届方案和盐城高新区相对集中行政许可权改革试点(盐城高新区行政审批局)实施方案的汇报。

【中共盐都区委十四届四次全会】 12月29日，中国共产党盐城市盐都区第十四届委员会第四次全体会议在区文化艺术中心举行。全会由区委常委会主持。市委常委、秘书长、区委书记羊维达作题为《以党的十九大精神为引领，谱写新时代决胜全面小康盐都篇章》的工作报告。区委副书记、区长吴本辉就贯彻落实会议精神作具体部署。全会高举习近平新时代中国特色社会主义思想伟大旗帜，认真贯彻党的十九大精神和中央经济工作会议精神，深入落实习近平总书记视察江苏重要讲话精神，按照省市委全会的部署要求，动员全区各级党组织和广大党员干部，不忘初心、牢记使命，开拓进取、团结拼搏，奋力谱写新时代决胜全面小康盐都篇章。围绕“强富美高”主题，重抓“一极一园一业”建设，致力创新生态富民，经济社会发展继续保持稳中有进、质效提升的良好态势，10项主要经济指标中有7项指标增幅居全市前列。

重要活动

【区委四个巡察组入驻单位开展工作】 根据十四届区委第一轮巡察工作动员部署会议精神，区委4个巡察组分别进驻龙冈镇(含鞍湖街道)、秦南镇(含北蒋街道)、区科技局、区城管局，对上述单位党组织开展为期20天的巡察工作。3月21日，区委4个巡察组分别召开巡察工作动员会，被巡察党组织主要负责人汇报近三年工作情况并作表态发言，各巡察组组长作动员讲话。区委巡察组组长在讲话中指出，巡视巡察是全面从严治党的重要手段，是党内监督的战略性制度安排。开展政治巡察，就是要突出党的领导这个政治高度，就是要抓住党的建设这个政治要求，就是要聚焦全面从严治党这个政治定位。要按照中央和省市区委要求，认识开展政治巡察的重大意义，增强政治责任感和历史使命感，强化党要管党、从严治党的责任担当，把中央和省市区委关于巡察工作的各项部署和要求落到实处。做好巡察工作是区委巡察组和被巡察党组织共同的政治责任，被巡察党组织要切实增强接受监督的自觉性和坚定性，实事求是、全面准确地汇报情况，积极配合巡察组工作，确保巡察工作顺利开展。区委巡察组组长强调，巡察是政治巡察不是业务巡察，巡察将深入贯彻这一决策部署，把政治摆在更加突出的位置，全面履行党章赋予的职责，严格执行《巡视工作条例》等法规，以习近平总书记系列重要讲话精神为镜子，以“四个意识”为标杆，以党章党规党纪为尺子，坚持问题导向、聚焦监督重点、依纪依规巡察，发现问题、形成震慑，倒逼改革、促进发展。巡察期间，巡察组将通过个别谈话，受理来信、来电、来访，听取工作汇报和专题汇报，列席有关会议等方式开展工作，并对干部群众反映的有关重要问题线索进行深入了解。

十四届区委第一轮巡察工作动员部署会议

组织建设

【概述】 2017年，带头落实全面从严治党，坚持从严治党、思想建党、制度管党，为服务“一极一园一业”战略布局、建设“强富美高”新盐都提供坚强的组织保证。至年底，全区共辖38个党(工)委，21个党组，30个二级党委，党总支362个，党支部2211个。其中区直党(工)委18个，二级党委12个，党总支63个，党支部556个；镇(区、街道)党(工)委20个，二级党委18个，党总支299个，党支部1655个；两新组织党委2个，二级党委6个，党总支32个，党支部548个。党员总数46719人，其中女党员9363人，农村党员35755人，农村新中国成立前党员182人，全年发展党员449人。

【“两学一做”学习教育】 年初，研究制定《关于分层分类推进“两学一做”学习教育常态化制度化的实施方案》，召开全区“两学一做”学习教育常态化制度化推进会，对推进学习教育常态化制度化作出部署，突出“学、做、改”三个“规定环节”和一个“创新动作”，分层分类实施3+X模式，制定学习计划、组织开展专题讨论、讲好专题党课，扎实开展“六大实践行动”“三带三联”“双融双解”无职党员“十项承诺”“服务明星”评选等活动。开展“支部特色案例、书记特色党课、党员特色故事”“三个特色”创建活动，选树先进典型，推动学习教育全覆盖、常态化、重创新、求实效。

【班子队伍建设】 坚持把德放在首位，注重工作实绩和群众公认，调动各年龄段干部的积极性，形成重德才、重实绩、重一线的用人导向。全年共调整变动科级干部261人次，组建巡察办、巡察组和区直联合派驻纪检组，配备“一办四组十五个派驻纪检组”领导成员28人。围绕团区委换届班子结构对年轻干部配备的需要，对团委副书记进行调整配备，保证团区委换届工作顺利开展。扩大选人用人视野，加大从镇(区、街道)事业编制人员、优秀村干部、大学生村官中选拔镇级班子成员力度，推动区直与乡镇、城郊与边远镇(区、街道)科级干部双向交流，增强镇(区、街道)领导班子活力。

【干部日常监督管理】 年内，印发《关于在区直股级单位干部选拔任用工作中实行班子成员职数预审的通知》，全区共46家区直单位130多人实施职数预审；新建干部个人有关事项报告电子档案系统，将全区科级领导干部报告表信息全部录入系统。对干部因私出国(境)证件进行集中保管，使用登记、收缴、汇总等工作。对党政干部(含离退休干部)在企业、社团兼职专项清理工作进行“回头看”，共清理干部在企业兼职66人，在社团兼职37人。

【干部教育培训工作】 全年开展各类培训班60期次，培训各级各类干部7500人次。举办全区科级干部及青年干部学习党的十八届六中全会精神轮训班，邀请江苏省委党校、清华大学等院校的知名专家到场作专题辅导报告。联合浙江大学举办科级干部、青年干部能力提升培训班，不断强化年轻干部的思想政治素质、政策理论水平、创新能力、实践能力、群众工作能力和组织协调能力。

【大学生村官培养管理】 年内，在全区大学生村官中开展“互联网+基层党建服务、创业富民服务、便民惠民服务(简称3S)”强村富民专项行动，通过整合项目资源、组织专题培训、开展专项活动等措施，引导和鼓励大学生村官在基层党建服务、创业富民服务、便民惠民服务等方面，根据自身特长和村情现状，个人申报、组织把关、主动作为，有侧重地提供定项服务，充分发挥大学生村官在强村富民中的助力作用，促进大学生村官多元发展，激发大学生村官干事创业热情，助推“强富美高”新农村的建设。举办大学生村官创新创业大赛，引导全区大学生村官投身创新创业，为建设“强富美高”新盐都贡献青春、智慧和力量，举办盐都区“创青春”大学生村官创新创业大赛，决出楼王镇大学生村官王祝一、蔡兰萍实施的“互联网+专业合作社+农副产品”等9个创业类项目和藕田套养龙虾等10个创意类项目，共发放大学生村官创业扶持资金16.1万元。

【人才队伍建设】 年内，出台政策专项引才，召开全区“双招双引”工作推进会，率先在全市出台招才引智专项考核办法，计入被考核单位年度综合奖和单项奖考核分值。参加省精英人才对接峰会和沈阳、长沙站系列人才对接系列峰会，与东北大学、湖南大学、沈阳农业大学等高校及科研院所面对面交流。邀请高校专家教授在高新区、企业考察，推动园区企业与知名高校、科研机构建立校企联盟和产学研基地。与吉林大学、南京大学、湖南工业大学、南京农业大学等知名高校联系对接，组建“第十批科技镇长团”，6名成员全部挂职到高新区和重点镇。举办盐城国家高新区同济大学“515”招才引智推介、招聘会，与同济大学经济与管理学院共同签署校地合作协议，并共同为“盐城国家高新区(同济大学)人才工作站”和“同济大学(盐城国家高新区)大学生实践基地”揭牌，协议引进毕业生38名。举办人才工作者研修班，组织全区人才工作者到上海、苏州等人才工作先进地区学习，提高全区人才工作者把握人才发展趋势的能力和引才服务水平。全年共引进院士1人、千人计划6人，国家杰青1人，领军人才56人。

【服务型党组织建设】 推进村级党群服务中心提档升级2015—2017三年计划，对新改造的村区财政每村补助20万元。坚持全面建立村级党群综合服务中心台账资料，纳入每月基层党组织统一活动日必查内容；制定村级党群综合服务中心管理使用办法，完善功能配套，健全有关制度，抓好运行管理。坚持“双强”标准，拓宽来源渠道，选优配强村党组织书记，调整充实村级后备干部，突出注重35周岁以下优秀青年党员人才选拔培养；健全完善村书记任期目标、公开承诺、述职评议等制度，从严从实考核管理。坚持优化合作社、产业链、家庭农场、经纪人队伍等党组织设置，发挥村党组织的示范引领作用，打造农村“创业型”党组织，推动党组织书记带头致富、党员干部带民致富。制作《中国共产党廉洁自律准则解读》8集系列动漫，受到中组部、省委组织部的肯定，5月，在中组部"共产党员"微信公众号连载推送。制作的课件《"公开"出来的"和谐"》入选省委组织部百大微党课。参与制作省委组织部立项的支部实务系列微电影，拍摄的剧集《忠诚》送中组部评审。

11月，区委组织部在同济大学举行盐城国家高新区"515"招才引智系列活动

【推进"基层党建示范带"建设】 年内，落实组织先进、队伍优秀、阵地实用、制度管用、保障有力"五个示范"要求，推动全区各个领域党建工作全面进步、全面过硬。全面落实"六强六过硬"，围绕打造提升农村党建品牌、加强责任落实等8个方面20条举措，将党建责任落实到党组织、党组织书记及领导班子成员、党建工作领导小组成员单位三类责任主体。

【制定实施"三双"工程】 年初，围绕"精准扶贫、乡村和谐、民生幸福、党建引领"目标任务，以建设农村"创业型"党组织为重点，打造"政治功能强、服务功能强"的"双强型"党组织、"思想政治素质强、科学发展能力强"的"双强型"党组织书记、"党性意识强、模范作用强"的"双强型"党员，选派27名年轻区直机关干部到党组织软弱涣散村、贫困村、后进村担任第一书记。

【开启"定制村官"培养模式】 年内，与江苏农林职业技术学院合作成立现代农业技术"盐都班"，围绕招生录取、帮助扶持和进校后的培养管理等环节，建立双向选择、经费保障、跟班学习三项制度，定向培养一批农村发展急需、政治素质好、发展能力强、留得住扎下根的"永久牌"村官队伍。至年底，录取两批学生，并组织首批入学的45名学生利用暑假向结对的39名村书记全天跟班学习。

【开展退役士兵培养选聘工作】 年初，按照市委要求，在充分摸排调研的基础上，迅速制定工作方案、拟定招聘岗位，区镇两级分别成立工作领导小组，召开动员部署会议，形成工作合力。经过自愿报名、资格审查、量化积分、自主选岗、组织决定、公示体检、签约上岗等程序，顺利选聘55名退役士兵到村任党组织书记助理或村委会主任助理，按期保质完成选聘工作任务。

【开展"基层党组织书记培训年"活动】 5月，通过外出考察的形式，分两期组织全区250名新任村(居、社区)书记和27名第一书记，在苏南、苏中等地的一批全国先进基层党组织、示范家庭农场、乡村旅游项目进行精准培训，9月，在浙江大学举办区"两新"组织党组织书记和"五好"出资人培训班，向浙商取经，感受杭州的创业氛围。

【常态化开展统一活动日】 年内，深化基层党组织统一活动日活动，全区各级党员领导干部带头参加基层党组织统一活动日活动，现场指导、现场督查，切实履行管党职责。各级党组织书记把组织指导统一活动日与落实"七一工作法"要求结合起来，普遍建立联系点，及时研究解决基层党建工作中出现的新情况新问题，定期为基层党员干部上党课、作报告。运用QQ群、微信群、"盐都党员e站"等新媒体，开展基层党组织统一活动日活动，吸引广大基层党员参加学习、提供意见。流动党员通过网络党支部，在网上实时提供学习内容，做到流动不失学；无职党员开展"十项承诺"活动，为无职党员搭建发挥作用的载体和舞台。

【打造村级党群服务中心】 年内，由区委组织部、农办、区民政局、住建局、财政局、供销社等六部门，联合制发新建和改扩建村级党群服务中心3方面16条指导性意见。每个村级党群服务中心建设不少于40平方米的"一站式"便民服务大厅，整合党群、政法、民政、社保、计生等部门资源，设立综合性服务窗口，服务内容项目"清单化"，涵盖5大类30多小项。强化人员配备，优化服务措施，简化办事流程，随时为群众提供政策咨询、法律援助、证件办理、低保救助等各类帮办、代办服务，并做好与上对接，确保辖区群众"小事不出村、大事不出镇"。依托村级党群服务中心，建立健全党群议事室、党代表工作室、远程教育室等党建平台，努力发挥平台作用。

【推行"四议四公开一监督"工作法】 为进一步加强农村基层党建，发挥村党组织的领导核心作用，规范村级组织运行，加快村级民主自治机制建设进程，在2016年制定出台《盐都区村(居、社区)"四议四公开一监督"实施办法(试行)》的基础上，3月，区委组织部牵头区农办和区民政局在潘黄街道召开"四议四公开一监督"工作推进会，印发《操作规程》。通过详列操作规程，健全运行机制，确保所有村级重大事项议事规范、程序透明、决策科学；通过村居公开栏、阳光村务网、电子触摸屏、手机微信APP“四位一体”公开模式，推进“四务”全公开；通过村务监督委员会全过程监督村“两委”工作，全天候监督村“四务”公开情况。

【创新城市党建工作】 年初，创新开展新都路党建联盟建设，区境内新都路沿线街道社区、机关单位、“两新”组织党组织共同参与，启动实施组织建设、阵地建设等7大类20项党建项目。推进楼宇党建工作，成立区社会组织综合党委，对全区社会组织党建工作实行托底管理，在街道一级成立楼宇党建工作领导小组，指派经验丰富的党建工作专家担任党建工作指导员，加强与商务楼宇“两新”组织的沟通和联系，推进楼宇党建工作，在全区形成区、街道、商务楼宇三级工作网络。至年底，物联大厦依托综合服务中心建立盐渎商城、第六通道2个电商企业党支部以及电商快递产业园区综合党支部和电商快递产业园区党总支，紫金大厦内企业10月成立紫金大厦党总支。

【加强党组织建设】 年内，强化“两新“组织党建品牌建设，加大基础工作的规范和管理力度，按照“两新”组织集中组建要求“回头看”，加强“五好”出资人、“两新”组织党组织书记、“两新”组织党建指导员三支队伍建设，形成1个高新区党建特色品牌、3个镇级“双创园”党建特色品牌、每个镇(区、街道)有3个“两新”组织党组织特色党建品牌。加强园区党建工作规范化建设，健全完善盐城高新区“两新”组织党建工作领导体制和工作机制，理顺党组织隶属关系，完善电商快递产业园企业党组织建设，对园区企业党建工作指导员进行重新调整，指导符合条件的第六通道、南京大学盐城电子商务研究院等企业建立党组织，不断扩大党组织对非公企业的指导力；加快高新区园区党群综合服务中心建设，理清高新区党建工作开展思路，启动实施党建三年工作规划，对党建工作进行提前谋划、统筹推进、跟踪培育，全面提升基层党建科学化水平。

【开展“万名党员进万家”走访活动】 年内，按照省市区委要求，结合“三带三联”大走访活动，区委组织部牵头组织开展“万名党员进万家”走访活动。区四套班子领导成员，法检两长和全区62个区直部门单位和20个镇(区、街道)中5358名党员干部到全区250个村(居、社区)的189426居民户中走访，帮扶贫困户解决实际困难、助力精准脱贫。

【出台落实“六强六过硬”实施办法】 年内，贯彻落实全国、全省农村基层党建工作座谈会议精神，研究出台《关于落实“六强六过硬”进一步提升全区农村基层党建水平的实施办法》(“六强六过硬”指强引领，作用发挥过硬；强素质，队伍建设过硬；强发展，小康业绩过硬；强规范，乡村治理过硬；强投入，基础保障过硬；强督导，责任落实过硬。)围绕打造提升农村党建品牌、加强责任落实和工作督导、协调推进农村发展等8个方面，细化20条具体举措，将党建责任落实到党组织、党组织书记及领导班子成员、党建工作领导小组成员单位三类责任主体。

【提升网络党支部管理】 年内，开展流动党员网络党支部工作调研，总结好的做法和经验，对条件具备的，以单独建立党组织或探索村企合建、行业联建、龙头企业代建等模式，在“两新”组织中增设网络党支部，进一步扩大网络党支部的覆盖面。利用村书记和大学生村官培训班，对网络管理员进行业务培训，使党员特别是流动党员联系不断线，教育不间断，管理不松懈、组织生活不缺位。

【发展党员工作】 年内，按照“控制总量、优化结构、提高质量、发挥作用”的总要求，坚持“三加强一调控”，年初制定发展党员规划，重点向农民、一线工人和非公经济领域倾斜，全年计划发展党员460人，实施“拓源工程”，把各领域、各行业的优秀分子纳入入党积极分子队伍，培训入党积极分子1000人左右。下发《发展党员工作流程图》到全区每个支部，对组织委员、村(居)书记开展发展党员工作业务培训，提升工作科学化水平。

【发放和督查双补资金】 根据市委组织部、市财政局、市民政局《关于下达老党员生活补贴补助2016年四季度提标资金和2017年补助资金的通知》文件精神，共发放2014年四季度新中国成立前老党员生活补助提标资金31440元，2015年新中国成立前老党员生活补助资金116.28万元。对各镇(区、街道)及相关单位发放资金进行专项督查，确保专款专用，发放到位。七一前，开展对新中国成立前老党员、生活困难党员等党员群体慰问工作，区级层面共慰问141人，发放慰问资金9.65万元，发放省内关爱资金5万元。 （郑志远）

宣传教育

【概述】 2017年，全区宣传思想文化工作按照围绕中心、服务大局的总要求，落实省市区委全会部署，推进意识形态责任制落实、思想理论武装、主流舆论宣导、精神文明创建、文化事业发展等各项工作，为迎接宣传贯彻党的十九大和盐都高水平全面建成小康社会营造思想舆论氛围。

【意识形态工作】 把意识形态工作作为党的建设和政权建设的重要内容，年初，制定出台《党委(党组)意识形态工作责任制实施细则》《意识形态领域情况分析研判联席会议制度》。联合教育局开展“上好一节政治课”活动，把意识形态责任制落实到校园里、教案上、教学活动中；联合文广新局开展“用好一个基层文化阵地”活动，把意识形态责任制落实到文化场所日常管理使用之中；联合各镇(区、街道)和各部门单位党委(组)开展“上好一堂中心组党课”活动，把意识形态责任制落实到行政管理之中；在党员干部中开展“写好一篇理论文章”活动，推动工作落实。

【思想理论武装】 年内，以学习型党组织建设为依托，以党委(组)中心组为龙头，突出“习近平总书记系列重要讲话精神”“两学一做”“党的十九大精神” 等专

10月19日，参观阜宁县特大龙卷风纪念馆

题学习。运用“江苏大讲堂”“黄海微课堂”等平台交流学习经验、展示学习成果，上传各类信息300余篇。开展“旗帜鲜明讲政治，‘两聚一高’当先锋”等专题读书调研活动，借助区属各类媒体开辟“理论与实践”专题专栏，全年共刊载理论文章150余篇。组织全区130名基层干部群众代表赴宁参观“砥砺奋进的江苏”主题图片展。楼王镇、尚庄镇获2016—2017年度省冬训工作示范乡（镇、街道），盐渎街道、郭猛镇获2016—2017年度市冬训工作先进单位。

【主流舆论宣导工作】 年内，选题对接和内容策划，统筹安排好国家高新区建设、旅游品牌推介、创建全国文明城市、263专项整治等重大主题宣传战役。通过组织基层宣讲、网络活动、文艺汇演等各种宣传方式，营造喜迎党的十九大胜利召开、学习宣传贯彻党的十九大精神的氛围。在中央媒体用稿20余篇（条），省级媒体200多篇（条），市级媒体用稿近700篇（条），较上年大幅增长。常态化监测、处置网络舆情，至年底，共监测处置500余条，比上年同期减少23%。开展网络正面宣传，在党的十九大、江苏发展大会、香港回归20周年期间，加强网评引导。做好微信公众号运营工作，成立微信发布工作领导小组，搭建“盐都大走访”“盐都区创文督查随手拍”等微网站平台。推进“盐阜大众报”和“智慧盐城”新闻客户端安装工作，完成“两端”安装任务的同时，微信公众号“盐都发布”关注人数达三万。

【精神文明建设】 年内，“国字号”先进典型不断涌现，福才社区当选为全国志愿服务“四个100”先进典型最美志愿服务社区。区检察院候选全国文明单位，秦南泾口村新候选全国文明村。毓龙路实验学校进入全国未成年人思想道德建设工作先进单位候选名单。杨长春当选“中国好人”、董兆付等2人当选“江苏好人”，5人当选“盐城好人”，42人被评选为“盐都好人”。编印《盐都好人（2016）》一书，成为盐都“道德讲堂”“身边好人”、美丽乡村大舞台故事巡讲等活动载体的鲜活范本。大纵湖三官村候选省第四届“最美乡村”。盐都区获市第七届精神文明建设“五个一工程”组织工作奖，《安全感》等2部作品获“五个一工程奖”。在全市率先建立健全道德讲堂巡听制度，推进道德讲堂区、镇、村全覆盖。深化未成年人社会主义核心价值观的养成教育，吴童当选江苏省第四届美德少年，吴昕当选市美德少年标兵。举办“春暖盐都 气象万千——志愿江苏365”故事分享会，《甘为绿叶衬红花的王金海》等6则志愿服务故事被“志愿江苏365”微信平台入选刊登。全区创文工作高位运转，创建经验多次被省市宣传工作动态专刊推广。

【文化建设】 年内，建成标准化村级综合文化服务中心58家、农家书屋图书馆分馆150家、数字化农家书屋255家，更新出版物40000余册，开展“欢歌笑语走基层”村村到文化惠民巡演活动500多场，举办农民读书节暨华泽书社读书月活动、古诗词大赛等，开展和悦主题阅读活动80多次，群艺馆开展专题文化活动260多场次。现代淮剧《送你过江》、群口快板《小城大爱》晋京献礼十九大，现代淮剧《菜籽花开》亮相第十五届中国戏剧节，并获“江苏省文华大奖”，市淮梁锦忠获第27届上海白玉兰奖戏剧表演艺术奖主角提名奖，盐都被中国曲协授予“中国曲艺之乡”称号，为苏北首家。在市首届文化创意设计大赛中，盐都区获组织促进奖，2件作品获金奖，3件作品获铜奖。（柏　菁）

统战工作

【概述】 全区统战工作围绕“强富美高”新盐都的发展大局，聚焦“一极一园一业”，开展四项活动、重点重抓三个关键、认真组织两项创建、合力夯实一个基础，各领域统战工作取得进展。

【围绕中心、服务大局】 年内，以“我为盐都发展献一策”活动为抓手，组织各党派团体围绕“一极一园一业”、精准扶贫等重点课题，开展4次“专题调研、专题议政”，收到专题调研报告20多份，在“两会”上，引导党外人士报送建议、提案80多件。以争做“四有”新都商为主要内容的理想信念教育实践活动为抓手，走访调研企业215家，帮助解决问题67件，邀请知名专家为非公经济人士培训讲学，促进非公经济人士健康成长。

【加强党外代表人士队伍建设】 年内，在党派团体中开展“不忘合作初心、继续携手前进”主题活动，举办统一战线重大决策部署、十九大精神、革命传统教育三个专题培训班，引导党外人士与党同心同向同行。联合经信、人社、市监等部门,在全省县级首家开展优秀中国特色社会主义建设者评选表彰活动,推动党外人士向先进学习、向先进看齐。开展调查摸底,建成党外代表人士人物库,按照市"双百工程"要求,推荐5名党外后备干部。

【开展大走访活动】 年内,以"百名党外代表人士进千户"大走访活动为抓手,组织129名党外人士走访困难家庭1036户,结对帮扶138户少数民族困难户,帮助解决困难问题362个。

【创新开展统战工作】 年内,探索新的社会阶层人士统战工作,总结形成的"四联"驱动模式,在全省新阶层工作会议上作典型交流,被列为全省实践创新典型案例;智能终端创业园被列为全市唯一的新阶层实践创新基地;协调促成市图书馆创立智能终端创业园分馆,实行通借通还。 (万立娟)

农村工作

【概述】 2017年实现农村居民人均可支配收入20548元,增长9.1%,自2013年起连续5年高于城镇居民收入,城乡居民收入差距继续缩小。农业现代化综合排名跨入全省先进行列,全市首批通过省土地确权验收,农村"三资"管理"盐都模式"全省推广。

【推广农村"三资"管理】 年内,率先全省建成覆盖全区20个板块、246个村(居)的农村"三资"管理信息网,全区农村所有村集体经营性资产、资源实现进网管理、平台交易,村集体资金使用全面推行村务卡和非现金结算,村级党务、政务、财务、事务等村务公开事项实现标准化、规范化,形成"数据共享一网通、管理责任一单清、阳光村务一点明"为主要特色的"盐都模式",在全市、全省推广。《新华日报》《盐阜大众报》、江苏卫视《走进新农村》《廉政时空》等主流媒体专题报道,省委《江苏改革简报》、省政府《信息专报》专版介绍。

【推进农村产权流转交易】 年内,推进农村要素流转交易市场化改革,在率先全市建成区镇两级产权交易服务体系的基础上,拓展交易品种和范围。加强镇级产权交易市场的建设提升,实现集体资产资源交易常态化。产权交易量成倍增长,交易额大幅攀升。全年成交交易项目437宗,交易额1.81亿元。交易量位列全省前列,获全省农村产权交易市场建设先进集体,为全市农村产权交易市场建设推进会提供现场。

【推进社区股份合作制改革】 围绕"一个核心"(还权赋能)、把握"两个重点"(收益人口认定和资产量化)、遵循"三个原则"(分权不分产、运营不经营、分红不分利),推进社区股份合作制改革,全年新组建社区股份合作社9家,总数达48家,基本实现城中村全覆盖,在全市继续保持领先水平。

【推进农业适度规模经营】 全年新增各类新型农业经营主体130家。其中:家庭农场105家,累计达666家,经营面积累计7760公顷。全区家庭农场(含专业大户)经营的耕地面积达2.07公顷,经营比重达47.6%,保持全市领先水平。同步推进农场规范化建设,核销99家(主要是经营主体发生变更、经营不善等)。

【扩大惠农效应】 全年向上申报争取中央扶持资金663万元、省级扶持资金6399万元;争取市级扶持资金640万元。其中,争取竞争性资金约1000万元。全年排定的109个一事一议财政奖补项目,完成村庄道路建设106千米。全区开设农业保险险种19个,基本实现主要种、养险种全覆盖。政策性农业保险运作规范,全年实现签单保费3914万元,为广大种植户、养殖户保险理赔2941万元,发挥政策性农业保险对农业发展的基础保障作用。

【完成农村土地确权颁证工作】 年内,完成区220个村(居)、15.03万农户的土地确权工作,累计颁发证书14万份,发证率93.15%。完成区级土地确权信息应用平台和数据库建设,实现入库数据与省、市平台互联互通,全市首批通过省级验收。

【城乡统筹发展】 打造双新大道城乡统筹示范带,推进沿线大纵湖镇全民双创园三期、三官市级现代农业产业园、滨湖街道东晋古城建设、台创园皇达兰园、台海花卉港、郭猛镇全民创业园二期、新疆薰衣草民俗风情园7个重点项目建设,全年完成投资9.35亿元。指导"一镇一示范社区"创建工作,做好郭猛杨侍、潘黄仰徐、秦南泾口、大纵湖三官4家列市扶持的新型农村示范社区建设,示范效果全市领先。秦南泾口为全市新型农村社区推进工作会议提供现场。

【农村扶贫开发工作】 年内,区委区政府召开全区产业扶贫和阳光扶贫工作推进会议,下发《关于精准实施脱贫致富奔小康工程的30条意见》,发展特色产业推动精准脱贫,建立农口部门、农业龙头企业和板块主体产业帮扶工作机制和责任体系;协同推进健康扶贫、教育扶贫和贫困农户救助保障扶持;实施绿色扶贫,共栽植苗木78020棵,受益农户11156户,形成6个镇级成片林扶贫苗木基地。在20个低收入村编排实施20个增收项目,项目总投资1553万元。推进"阳光扶贫",建立"帮扶对象、帮扶项目、帮扶资金、帮扶责任"四个信息库。"阳光扶贫"信息化系统运行正常,基础录入、信息比对等数据准确。"十三五"规划之初,全区贫困人口建档立卡数为13474户、29874人,占农村总人口比例为4.65%。经过精准扶贫、精准识别和动态调整,"阳光扶贫"系统比对清退,至年底,全区未脱贫贫困人口6224户、13228人,占农村总人口比例为1.8%,减贫达到序时进度要求、成效明显。4个省定经济薄弱村,3个脱贫出列;纳入帮扶体系的44个低收入村,有26个村年经营性收入达到18万元。 (陆全华 唐亚东)

政策研究工作

【概述】 2017年,区委研究室围绕重抓"一极一园一业"要求,认真履行职能，深入调查研究，服务区委决策、服务经济建设、服务基层工作，调研成果实现新突破，服务水平得到新提高。

【紧扣中心工作调研】 年内，围绕区委重大决策和重点工作，做好超前服务，开展全局性、专题性、对策性调查研究，加大对产业强区、生态立区、富民兴区等课题调研，借鉴网络、报刊研究新政策、新举措，结合区情实际，认真分析、思考发展之策。全年编写《盐都通讯》69 期、《书记参阅》37 期。

【调查研究成果转化】 年内，围绕“一极一园一业”部署和改革创新、转型升级、绿色发展等工作，认真开展调研，形成一批思想性指导性强，有一定参考价值的调研报告。其中《坚持特色发展，交好富民答卷》在中央政策研究室主办的《学习与研究》杂志刊发；《挖掘自然特色资源，做强乡村旅游产业》《坚持生态优先，推进绿色发展》《农村“三资”管理的“盐都模式”》等文章被省委研究室、湖北省委党校、天津市委党校等部门所办的《名镇世界》《党政干部论坛》《求知》等18 种刊物登载，有效发挥调研报告以文辅政作用，为宣传推介盐都、为盐都工作在全市进位争先发挥作用。

【推进改革深化】 年内，组织开展全面深化改革重大问题的政策研究，制定《2017 年全面深化改革工作要点》等文件。提请召开区委深改组会议 3 次，统筹协调有关方面提出的群团、放管服、农村集体“三资”管理等改革方案，协调督促相关部门落实领导小组决定事项、工作部署和具体要求。全区深化改革工作聚焦“痛点”“难点”问题精准发力，关键领域和重点环节改革持续突破。高新区相对集中行政许可权改革列入全省试点，率先全市推行村财镇管试点，盐高投、市城镇化集团实体化运营；农村“三资”管理“盐都模式”在全省推广，其经验做法在省改革办《江苏改革简报》宣传推介。 （王 伟）

对台事务

【概述】 2017 年，区全区对台事务工作以推动两岸关系和平发展为主题，突出以招引台资为主的对台经济工作，在对台交流交往、宣传调研和服务台胞台商台企台属台生等上取得良好成绩。

【高启原在盐都区考察】 7 月 11 日，台湾台北市士林观光发展协会高启原执行长一行 4 人在盐都考察，区台办主任彭峻陪同。高启原一行实地考察东进路、西环路等地，就文化旅游项目详细交流沟通。交流内容涵盖区内优惠政策、投资前景、当地民情等方面。高启原表示，盐都有着独特的区位优势、蓬勃的发展势头和良好的投资环境，发展后劲足，是很好的发展基地。

【林佑民观光发展协会在盐都参访】 8 月 17 日，台湾台北市士林观光发展协会总经理林佑民一行 4 人在盐都考察，区台办主任彭峻、副主任刘其扣陪同。林佑民一行先后考察东进路、西环路等地，在潘黄街道就文化旅游项目进行详细交流沟通。

【省台办专题调研组在盐都调研】 8 月 31 日，省台办海外处处长王艳一行 3 人，在市台办副主任刘开俊带领下走访南纬悦达纺织，区台办主任彭峻陪同。南纬悦达纺织负责人就生产、运营情况做一系列汇报。王艳表示，台企自主品牌转型走电商是趋势，并利用紫金山自主品牌展销会达到宣传推广，结合存在问题，提出一系列指导意见。

【台企服务工作】 11 月 10 日上午，区台办主任彭峻等一行 4 人在区台创园，与负责人就“花花世界”休闲农旅项目出现的问题进行商讨。项目由上海中默公司董事长台商房心平、房晏父子主导投资，项目总投资 3000 万元，占地面积 18.67 公顷。项目的建成使用，将为盐都区的休闲娱乐业注入新的动力。项目完成工商注册等手续，但土地报批手续进展较慢。

【叶树泉在盐都考察】 11 月 23 日，台湾菱生精密工业股份有限公司董事长叶树泉一行 3 人在盐都考察。市委常委、秘书长、区委书记羊维达接见叶树泉一行，双方就菱生公司在盐城发展事宜进行深入交流。11 月 24 日，在区委常委、盐城高新区党工委书记商建明、高新区、台办相关负责人陪同下，叶树泉一行考察盐城高新区智能终端产业研究院以及运鸿辉电子、赛博宇华、东山精密等智能终端企业。

【台湾进典公司投产运营】 3 月，在台北举行的盐城市经贸恳谈会上，台湾进典公司与秦南镇镇政府签订投资协议，项目建成后，年可实现销售 2 亿元人民币，利税 2000 万元以上。项目由台湾进典工业集团投资，将上海进典控制阀项目整体搬迁至秦南双创园。项目总投资 6000 万元，占地 1.33 公顷，建成生产厂房两栋 6500 平方米、办公用房 1500 平方米。公司主营阀门产品生产制造、维修和贸易服务，系列控制阀产品广泛应用于制药、食品加工、化学、石化、水处理等行业。公司研发制造能力和品牌质量在同行业处于领先地位，取得荷兰、德国、美国等多国家品质系统认证。10 月，搬迁至秦南双创园投入生产和经营。

【荣晶电子落户盐城高新区】 荣晶电子项目总投资 5000 万美元，注册资金 3000 万美元，从深圳整体搬迁，主要进行芯片封测和模组研发，在盐注册名为复汉海志有限公司，预计 2018 年 1 月底前竣工投产，投产达效后，年可实现销售 2 亿美元。

【羊维达考察江苏进典公司】 12 月 17 日，市委常委、秘书长、区委书记羊维达，区长吴本辉在江苏进典公司考察。羊维达对进典公司的投产速度、管理水平、技术能力给予肯定。

【盐都区对台招商工作】 年内，总投资 5000 万美元的荣晶科技芯片封测、模组研发项目落户高新区智能终端产业园。3 月，在台湾签约的进典工业阀门制造项目落户秦南全民创业园，10 月正式生产。台创园皇达兰园投资5000万元，新建4万平方米温室，发展蝴蝶兰种苗育繁和成花展销，2018年1月竣工投产。投资1500万元、落户台创园的“花花世界”休闲旅游项目完成土方招标。投资1.6亿元人民币的大汉园景花卉栽培项目在台创园签约，主要生产春石斛、缅甸玫瑰、丽格海棠等。尚承科技安全芯片项目达成投资意向，拟落户高新区智创谷。

【召开台属企业座谈会】 年内，区台办召开台属企业座谈会，江苏台普动力机械、帝佳妮服饰、圣科阀门、光明环保设备公司4家规模企业负责人出席会议。会上，学习党的十九大报告及习总书记对台工作的新论述；其次各位企业负责人汇报交流2017年度的生产经营情况、2018年打算；最后，区台办主要负责人要求各位台属企业负责人要努力抓经营促生产，为全区台属争光、为全区经济做贡献；要多承担社会责任，为当地的台属提供尽可能的帮助，特别对贫困台属要进行帮扶。会后，与会人员参观台普机械公司和光明环保设备公司的生产车间和电商销售科室。

【区台办参观上海企业】 10月30日至11月2日，区台办主任彭峻一行4人在上海进行一系列走访活动。活动重点推介台创园和农副产品加工园(龙冈)两个园区。在沪期间，先后拜访上海台办经济处、黄浦区台办、浦东新区台协、旺旺集团、永和豆浆公司、雄狮旅行社上海办事处等单位，并就上海中默公司在台创园投资的“花花世界”休闲旅游项目进行对接和推进。 (许 燕)

机关工委

【概述】 2017年，区级机关工委下辖5个二级党委、13个党总支、138个党支部(其中工委直属党支部33个)，2641名党员(其中预备党员29名)。区级机关各级党组织探索加强和改进机关党建工作的新途径、新办法，把党群一体化建设作为加强机关党建工作的重要内容，为建设“强富美高”新盐都提供坚强有力的思想和组织保证。被市级机关工委评为党建工作综合先进集体，并被区委表彰为“强基工程”先进集体。

【机关党建工作创先争优】 3月29日，召开2018年度区级机关党建工作会议，总结2017年度工作，全面布置2018年机关党建工作，并对20个“五好”示范基层党组织、25个“五好”基层党组织、159名优秀共产党员、10名优秀党务工作者予以表彰，激发机关党组织和党员队伍创先争优的积极性。

【实施区级机关党建“书记项目”】 年内，落实书记抓基层党建第一责任人责任，组织实施区级机关党建“书记项目”。区直各部门单位党委(党组、总支、支部)书记在深入调研的基础上，坚持问题导向，按照“切口小、有难度、示范性牵引性强”的原则，针对本部门本单位党建工作中存在的突出问题和薄弱环节排定“书记项目”，着力解决存在的突出问题，推动机关党建工作水平整体提升。全年确定并实施完成60个区直部门单位“书记项目”，并对实施情况进行年度总结和交流，增强各部门单位的补短板意识。

【加强机关基层党建示范点建设】 年内，按照“一年抓示范、两年抓提升、三年全覆盖”的工作目标，在2016年党建示范点建设的基础上，加强区直部门单位党委(党组)和工委直属总支、支部的党建示范点建设。工委结合每月的“基层党组织统一活动日”例行检查，开展上门专项督查，各部门的党建阵地建设得到提升。通过提升阵地建设，强化各级党组织书记“把抓基层打基础作为长远之计和固本之举”的责任意识，推动党的组织和党的工作在区直机关有效覆盖、发挥作用。

【建设“先锋书屋”】 11月底，在区行政中心大楼一楼东门大厅两侧新建机关学习阵地——“先锋书屋”。书屋建筑面积约44平方米，增挂“区图书馆行政中心分馆”“区新华书店行政中心分部”的牌子，坚持资源共享的原则，由区图书馆、新华书店安排工作人员负责日常管理，为机关干部职工提供图书借阅、图书展销、休闲阅读、图书漂流等方面的服务，引导机关党组织和党员干部开展各类学习活动。书屋投入使用以来，进一步加强机关学习型党组织的建设，在区直机关中营造“爱读书、读好书、善读书”的浓厚氛围。

【推动作风效能建设】 年内，开展“三带三联”大走访系列活动和“推动落实、推进服务”主题活动，机关党员干部带头进村入户，走访挂钩企业，了解群众疾苦，倾听基层心声。突出抓好机关效能和干部作风的监督检查，及时发现和纠正党员干部廉洁从政及作风方面存在的突出问题，使守纪律讲规矩成为党员干部行为共识和自觉行动。全年区级机关查处各类违纪党员5人。

【增强微信公众号服务功能】 年内，“盐都机关党建”微信公众服务平台主要发布党建资讯、及时传达党和国家的文件精神，兼顾生活信息。平台每周更新2

7月1日，在茅山苏南抗战胜利纪念碑前宣誓　　宋进波　摄

次以上，与上级党建平台形成联运和补充，充分发挥平台的便捷、迅速的宣传教育功能，服务功能不断完善，进一步加强对机关党员、党务干部的教育、培训和激励。

【机关足球队获奖】 盐都机关足球队连续夺得2017年“盐龙杯”足球邀请赛冠军和2017盐城机关足球超级联赛冠军，并在全市机关联赛中创造连胜场次最多、总进球数最多、个人进球数最多、失球数最少、连续不失球时间最长等一系列记录。

【新党员发展培训】 5月中旬，在区水务局会议室举办为期5天的区级机关入党积极分子培训班，邀请市委党校、盐城师范学院的教授和市级机关工委、区纪委等部门的领导进行授课，对党史、党章、法律法规、廉洁从政等基本理论知识进行系统的培训，组织观看警示教育片，学习优秀党员的先进事迹。培训结束后，统一组织进行卷面测试，96名学员有82名通过结业考核，领取结业证书。全年发展新党员28名，各项比例均达到或超过规定要求，同时为28名预备党员办理按期转正手续。

【组织新党员入党集体宣誓】 7月1日，组织区级机关22名新党员和23名基层党务工作者代表到镇江市句容市新四军纪念馆参观学习，并在茅山苏南抗战胜利纪念碑前，举行新党员集中宣誓仪式。通过集中宣誓活动，广大新党员和党务工作者们接受一次深刻的党性、党史和爱国主义教育，进一步增强共产党员的光荣感和使命感。

【组织区直机关中华古诗词大赛】 5—7月，与区文广新局联合组办以“赏中华诗词、寻文化基因、品生活之美”为主题的区直机关中华古诗词大赛，共有234名机关职工组成的78支参赛队参加本次活动。决出的8支队伍在区百姓剧场进行最后的现场竞答，最终决出一、二、三等奖。活动历时两月，在区直机关营造传承中华优秀传统文化的良好氛围，丰富机关党员干部文化生活。

【开展“迎国庆，献爱心”无偿献血活动】 9月21日，与区机关事务管理局、区红十字会在世纪公园文明驿站和职工之家联合开展区直机关第六次“迎国庆、献爱心”无偿献血、造血干细胞采样活动，参加的区直机关事业单位工作人员中有123人体检合格，成功献全血共34000毫升(献血200毫升44人，献血300毫升64人，献血400毫升15人)，1人献一个治疗单位血小板（相当于800毫升的全血)，28人接受采样正式成为中华骨髓库可供造血干细胞移植检索的志愿者。

【开展机关党建工作述职】 12月底，开展机关党组织书记党建工作述职。全区60个机关党组织书记对2017年度履职工作的特色和亮点、存在的主要问题和原因、下一步工作思路及措施进行书面述职。通过将年度述职纳入年底的考核评比，健全区级机关党建目标管理考核体系。组织召开部门党组织书记述职评议会议，进一步落实机关党组织书记履行机关党建工作的责任。

【机关工会工作】 做好先进典型推荐、劳模待遇落实、重大节日慰问等工作。五一前夕，向区总工会推评出五一劳动奖章2人，工人先锋号2个，巾帼标兵岗1个，巾帼标兵1名。年底向市总工会推荐市模范职工小家1个。做好帮扶困难职工等工作，全年慰问及助学达40多人次。创新文体活动，联合区总工会、区公安局开办以“做智慧女性，创美丽生活”为主题的庆“三八”花艺讲座；4月底，与区总工会联合举办“健身迎五一·和谐促发展”区级机关乒乓球比赛；12月，“健身迎元旦·聚力促发展”区级机关羽毛球赛成功举办。参加并较好完成区总工会组织的各项活动，被区总工会表彰为年度工会综合工作一等奖。（张志慧）

老干部工作

【概述】 2017年，区老干部工作落实全国和省、市老干部工作会议要求，以为党的事业增添正能量的价值取向为主线，改进创新离退休干部服务管理水平，按照“两学一做”要求加强自身建设，不断开创老干部工作新局面。至年底，全区共有离休干部170人。其中，享受市(厅)级政治生活待遇的5人，享受副县(处)级政治生活待遇的59人，科级干部13人，一般干部98人。以老干部参加革命工作时期划分，抗日战争时期的32人，解放战争时期的138人。以老干部原工作单位隶属关系划分，属行政机关的66人，属事业单位的43人，属企业单位的61人。其中，80岁以上高龄的170人，占总人数的100%。

【开展“正能量之星”报告会】 7月13日，首场全市离退休干部“正能量之星”先进事迹巡回报告会在区文化艺术中心举行，市委组织部副部长、市委老干部局长顾汝华，区委常委、区委组织部长王铁根出席会议并作讲话。报告会通过典型的示范引领，鼓励离退休干部充分发挥自优势，以自己的模范行为带动和影响自己的子女、亲友和周围的人崇德向善，积小善为大善，为盐城经济社会发展凝聚和传递正能量。

【提升离退休干部服务管理水平】 年内，针对离休干部普遍进入高龄期和高发病期的实际，对离休干部突出服务的个性化和亲情化，探索建立志愿者对有需要的离休干部实行“一对一”的志愿服务。充分整合利用社会、社区、社团力量做好离退休干部服务管理工作。运用政府公共服务、政府购买服务、社会优待服务、志愿服务和市场化服务，利用社区资源就近服务老干部。

【部门自身建设】 年初，开展“两学一做”学习教育，不断增强老干部工作人员的政治意识、大局意识、核心意识、看齐意识。加大对中青年业务骨干教育培养，健全和落实教育培训、岗位练兵、实际锻炼等机制。6月中旬，举办全区老干部支部书记业务培训，提升老干部工作的专业素养。

【开展“面对面、心连心”大走访活动】 按照省委《关于在全省老干部系统深入开展“面对面、心连心”大走访大落实活动的实施意见》(苏委老干 [2017]37 号)的要求,7 月底,对全区所有离退休干部进行大走访,与离退休干部面对面、心连心、解难题、办实事。把大走访大落实活动与深入开展“畅谈”和“建言”活动有机结合起来,引导广大老干部畅谈新变化,建言十九大,为党的十九大胜利召开营造良好氛围。

(蒋跃东　孙　帅　阮　华)

保密工作

【概述】 2017 年,在区委区政府领导下,把握上级要求,将保密工作作为一项重要工作,做好责任落实、组织宣传、技术检查、教育培训等各个关键环节,充分发挥为经济社会发展保驾护航的重要作用。

【落实保密工作责任】 健全组织体系。加强保密工作组织体系建设,根据人员调整情况,对区委保密委成员及时进行调整,签订《领导干部履行保密工作责任书》、领导干部履行保密工作责任制情况考核检查表》,将保密工作责任落实到单位、具体到个人。定期研究部署。及时传达学习、贯彻落实上级部门重要文件、会议精神,听取各保密工作小组工作开展情况,及时应对保密工作中遇到的重要问题和重大事项。强化督促检查。根据工作安排,定期对镇(区)、部门单位保密工作开展情况进行抽查。12 月,采取单位自查和区委保密委办抽查相结合的方法展开检查,对部分单位落实责任制情况等工作进行抽查。

【提高保密防范能力】 宣传教育工作。将保密法制宣传教育作为增强干部群众保密意识的重要抓手,组织开展保密法制宣传月活动,利用广播电视现代传媒,全方位、广范围、多角度宣传保密法制及保密常识,增强全区干群的保密法制观念和保密责任意识。技术检查工作。在做好日常技术检查的同时,根据市通知要求,在各镇(区)、各部门、各单位自查自评的基础上,查找存在突出问题、了解工作责任落实,对发现的问题及时纠正。设备管理工作。定期对全区各单位特别是重点涉密单位设备管理、涉密载体使用情况进行检查,确保涉密设备按规定管理、涉密载体按要求使用、涉密文件按制度流转。加强对涉密会议的管理,年内召开的 3 次涉密会议,全部按照要求配备手机存放柜、信号屏蔽仪,把保密工作无小事落到实处。

【保密管理工作】 年内,针对保密工作面临的新形势、新情况、新要求,要求各单位对保密工作制度进行“回头看”,特别是针对责任落实、人员管理、载体管理等方面存在的薄弱环节和突出问题,既抓好突出问题的整改,又对保密制度进行“查漏补缺”。注重人员培训。利用区委中心组学习、知识测试等形式学习党的保密工作方针和政策,明确新形势下保密工作的要求和责任。组织全区各级干部集中观看保密警示电教片,通过典型案例的现身说法,真正将保密责任内化于心、外化于行。突出重点工作。成立区国家考试安全保密突发事件应急处置领导小组,做好涉密突发事件应急处置准备工作,严格检查试卷保密室,确保中、高考顺利进行。做好《保密工作》《保密科学技术》征订工作,做好重点部门涉密计算机及移动存储介质保密管理系统安装工作,提升保密技术检查能力。

(林　芸)

档案管理

【概述】 2017 年,全区档案工作围绕“服务发展、服务民生”总要求,坚持“常规工作做精做细、特色工作创新攀高”,各个方面取得较好成绩。获全省档案宣传工作先进集体二等奖,档案信息化工作苏北领先,创成省 AAA 级数字档案馆,基层基础管理迈上新台阶。

【档案信息化】 突出档案信息化龙头地位,确立“三年三大步、全国争先进”目标,优化工作力量,主攻关键项目,推进数字档案馆建设。6 月,完成馆藏档案数字化扫描 800 多万页,占馆藏档案的 70%。7 月,通过公开招标,委托上海史肯图公司对最后 300 万页档案进行数字化,馆藏档案数字化率 90%。12 月 21 日,通过省 AAA 级数字档案馆验收,成为苏北地区仅有的三家 AAA 级以上数字档案馆之一。12 月 26 日,档案馆(室)一体化平台建成投运,实现档案数据网上传输、远程查档和信息共享,为档案资源开发利用构建起一流的信息化平台。

【特色服务】 坚持“档案服务　民生为先”,优化查档阅档流程,全年共接待档案利用者 8800 余人次,出具档案证明 9000 多份。依托婚姻档案数字化成果,与区婚姻登记部门联手,将完成的数字化婚姻档案传输到婚姻登记处接口端,形成区行政服务中心前台与区档案馆后台联动查档新格局,在全市率先实现婚姻档案远程查阅。投身“三带三联”大走访活动,发挥部门优势,支持结对村大纵湖胥仇村村档案室建设,赠送 10 组档案箱以及档案盒、目录夹等档案用品,并提供专业的业务指导。

【基层基础工作】 全面启动辖区内各立档单位 2006 年之前档案的接收工作,实现纸质和电子档案“双套制”进馆,档案接收创新高,共接收档案合计 344 卷 5574 件,同时接收原计生委生二胎档案 11 万多件。档案检查实行“家家到、全覆盖”,共检查归档文件 26240 件,评选出 10 个先进集体和 25 名先进个人。坚持区镇联动共建星级档案室,支持郭猛镇、楼王镇等共建单位 40 余立方米的高标准档案密集架。加强土地确权建档工作中的业务指导,完成全区 15 万农户确权档案建档任务。推动档案工作向基层末梢延伸,帮助江苏盐粮集团等企业做好建档工作,为佛教、基督教场所立档建档提供指导。开展档案学术研究,报送的论文《新时期家庭数字档案归档方式及问题探析》获评全国优秀论文。

【档案安全保障】 8 月,开展为期十天的档案管理“安全周”活动,印发《档案安全保管利用应知应会 30 条》。加大投入构建智能安全库房，10 月，建成门禁、烟感和温湿控三大系统，库房安全智能化水平全市领先。对监控视频系统进行改造升级，对档案大楼周围环境、库房内外监控设施布局进行优化调整，并全部更新为高清探头，同时将萤石云视频 APP 植入班子成员和各科室负责人手机，实现监控视频高清化、实时监控远程化。加强档案安全管理制度建设，对原有《盐都区档案馆（局）规章制度汇编》进行修订，形成新的制度汇编，实现制度管理全覆盖。

【法规宣传】 国家宪法日当天，在盐都法治广场开展法治宣传工作，并在区行政中心一楼大厅和区档案局一楼放置宣传展板。组织全体人员参加中国档案报社举办的“宝葫芦”杯档案法律法规知识有奖竞赛，将竞赛试题发给全局干部职工以及各镇、街道、区直单位档案员，以督促全区档案工作者学习档案相关法律法规。撰写文章《情系兰台　服务民生》，并发表在 6 月 12 日发行的《盐阜大众报》，提升档案工作社会影响力，宣传档案工作成果。 （周　静）

信访工作

【概述】 2017 年，开展“三到位一处理”专项行动、矛盾纠纷排查化解大走访、“百日攻坚”、社会矛盾大排查大整治等活动。全年接待群众到区来访(剔除老户重复来访)749 批 3029 人次（其中集访 139 批 2211 人次）；受理有效初信 103 件，网上信访 199 件；收到复查申请 59 件，不予受理 5 件，受理 54 件(其中已作出复查意见 44 件)，信访复核终结 31 件。依托“阳光信访”平台流转办理各类信访事项 735 件，发放权益保障卡 136 张。被市综治委、市人社局联合表彰为“全市社会治安综合治理先进集体”；十九大期间全区信访稳定工作获市肯定，感谢信发至区委、区政府；全区依法分类处理信访诉求工作获市肯定，12 月 8 日作为大市区信访局代表，局长崔学祥在全市部署会议上作交流发言。区信访局 2017 年度考核获“全市信访工作优秀单位”和“全区综合考核先进奖”。

11 月 11 日，在万达广场开展“依法信访·理性维权”主题宣传活动　倪爱群　摄

【服务领导接访】 借助全区“三带三联”大走访活动，进一步强化区镇领导干部定期接访制度。年内，区党政主要负责人参与接访 18 人次，接待会办信访事项 39 件次；其他党政负责人参与接访 106 人次，接待会办信访事项 139 件次；乡镇主要负责人参与接待会办 673 人次。对负责人接访事项办理情况进行跟踪，三次汇总报区党政主要负责人，并作出批示，推动疑难复杂共性问题的处理和重点信访对象的化解稳控。

【重抓源头控防】 年内，在坚持常态化矛盾纠纷排查的基础上，区镇联动，开展排查化解社会矛盾大走访、社会矛盾大排查大化解等活动，对排查出的突出矛盾逐案建档、落实责任、跟踪管理，随发生随交办，边排查边化解。实行平时信访信息每日一报、重点时期预警信息一日三报、全区信访情况每两月在四套班子例会上进行通报，准确把握全区信访形势，发挥信访大数据和公安情报信息平台作用，利用成熟有效的应急工作机制，维护社会大局稳定。

【推动积案化解】 年内，开展贯穿全年的“三到位一处理”专项行动，即群众诉求合理的解决问题到位；诉求无理的思想教育到位；生活困难的帮扶救助到位；行为违法的依法处理。将所有上级交办和自排梳理的重点矛盾纳入专项行动，按照“依据法律、对照政策、尊重事实”的工作原则和在依法依规的前提下“共性问题统筹落实，个性诉求实事求是”的基本准则，推进“三到位”。省、市交办信访积案 55 件，化解 35 件，化解率63.6%，位于全市前列，且全部真化解、不反弹，获市政府肯定，作为全市先进县(市、区)接受省督查组专项督查。

【压实信访责任】 年内，落实交办包案机制，;实行年初滚存交办和集中滚动交办相结合，强化所有重点信访事项包保责任的落实，做到“事事有人管、件件有人问”。发挥督办职能，对转送交办和领导接访信访事项的办理进度、化解稳控情况随时进行督查督办，确保责任和措施落实到位。参与区信访稳定 5 个专项督查组和大排查大整治 7 个专项督查组，定期不定期督查责任单位相关工作部署落实情况。贯彻落实《江苏省信访工作责任制实施细则》，并制定下发《盐都区信访工作责任追究办法》。

【推进法治信访】 年内，新增 LED 屏、宣传册架盒等载体，通过驻点集中宣传、网络宣传、训诫教育、制作宣传片等方式，加大信访法治宣传力度，牵头组织“依法信访、理性维权”主题宣传活动，引导群众理性有序走访。充分利用市“严厉打击违法犯罪活动专项斗争”的机会，组织依法处置涉访违法行为专题培训，配合公安机关，积累式收集固定证据，加大依法处置涉访违法行为力度，全年，刑事拘留4人，行政拘留29人，警告4人，教育训诫22人，规范信访秩序。

（刘光坚　倪建玲）

党史编研

【概述】 紧紧围绕区委区政府的中心工作，按照“资政、存史、育人”的要求，创造性地开展征、编、研、宣等活动，较好地完成全年各项目标任务。11月6日，《中国盐城县历史》获江苏省档案文化精品三等奖。

【审核把关《红色记忆》编纂出版工作】 年内，审核把关区政协文史委、新四军研究会《红色记忆——新四军在盐城史料选编》的出版发行工作，并为全书提供大量历史文献。全书共14万字，12月出版发行，主要收录数十篇新四军和盐城儿女并肩作战、捍卫家园的典型故事，展现新四军坚持抗日返顽、建立民族统一战线、创建民主根据地等各个方面的业绩，为盐都的新四军史料作重要补充，深化全区“红色文化”研究。

【口述史资料编纂出版工作】 至年底，《盐渎春秋——盐都区革命战争时期口述史资料》进入终校阶段。全书近50万字，主要通过采访1919年至1949年间在80多位在盐城战斗过，包括薛农山、宋白、宋子滨、还寄萍等对盐城县发展具有重要影响的人物的回忆录和口述史资料。在编纂中，还收录一些报刊、杂志等媒体登载的相关回忆录文章，并向部分退休人员、新四军老战士再征集，尽量做到应收尽收。《盐渎春秋——盐都区革命战争时期口述史资料》是党史办着力打造的盐渎系列丛书之一，丛书由《盐渎史话》《盐渎春秋——盐都区革命战争时期口述史资料》《盐渎韶华——盐都区改革开放时期口述史资料》《盐渎风情——盐都区社会主义建设时期口述史资料》构成，将全区1919年以来所有的口述史史料进行串联，丰富全区的历史史料。

【开展“学地方党史、建美丽盐都”活动】 年内，为贯彻落实省、市、区委党建工作领导小组2017年工作要点精神，由党史办牵头，会同组织部、宣传部、机关工委，在全区开展“学地方党史、建美丽盐都”活动。8月2日，区“两学一做”学习教育协调小组办公室在区住建局举办“红色记忆·英雄盐城”地方党史专题讲座。市委党史办副主任、市党史讲堂专家吴建新应邀作“揭去历史虚无主义的面纱”专题讲座。

【开展老区发展史研究工作】 12月，根据省、市党史部门及老促会关于开展老区发展史研究的要求，与老促会联合开展老区发展史研究工作。党史办将这项工作视为自身工作，主动上门，与老促会研究制定编纂实施方案，主要领导担任编纂委员会委员、主编，安排专人负责，返聘两名退休人员负责具体编纂工作，定期开展座谈会交流探讨，及时提供史料，帮助老促会解决编纂工作中遇到的业务难题，保障编纂工作稳步推进。

【开展“不忘初心、牢记使命，追寻红色记忆”活动】 年内，与组织部联合，筹备开展“不忘初心、牢记使命，追寻红色记忆”活动。活动以党的十九大精神为引领，以“不忘初心，牢记使命”主题教育为主线，以追寻党的革命战争史和建国奋斗史为重要内容。广泛搜集、征集遗迹、文物、史料，还原鲜为人知的革命史、奋斗史和英雄史；打造尊重历史、符合实际、主题鲜明的红色阵地；将全区境内的红色革命遗址、红色地名、各镇村的革命烈士及红色名人进行详尽收录，汇编成册，形成“不忘初心　牢记使命　追寻红色记忆”系列丛书。

【启动《中共盐城县历史（1979—2012）》编纂工作】 年初，启动《中共盐城县历史（1979—2012）》专题资料收集工作。将三卷本的目录发放各科室，经过全员商讨，明确全办人员分章编写。编撰中，采取专题资料、大事记、基本著作编写三块工作同步推进。制定编撰工作实施意见、专题研究方案，多次向周边县市区学习交流三卷本编写的经验；做好党史资料征编，在全区范围内重点征集改革开放新时期的党史资料；开展专题研究，尤其是近两年来成功应对国际金融危机严重影响，成功加快转型升级实践的研究，力争推出一批有分量的专题研究成果。

【利用党史教育阵地开展爱国主义教育】 年内，组织广大青少年学生到纪念场所开展爱国主义教育宣传，组织党员到纪念场所重温入党誓词。全区现有革命遗址19处，大部分革命遗址保存完好。11月，党史办拨款8000元专门用于修缮尚庄镇北堡、古殿革命遗址，并准备在学富镇新建小河尖战斗纪念牌。鞍湖街道投资千万元对胡乔木故居进行修缮，筹备胡乔木生平陈列馆，拟分八个部分进行布展，复原故居原貌。

【做好《世纪风采》征订发行工作】 年内，党史办利用办公经费向机关离休、退居二线、退休的县处级人员，赠阅杂志，并在机关部门单位进行宣传征订。同时，在全区范围内开展《世纪风采》征订工作，经过全办人员的共同努力，超额上年完成本年度征订任务。

（陆叶青）

盐城市盐都区人民代表大会

综　　述

【概述】 区人大常委会在区委的正确领导下,按照区委十四届二次、三次全会的部署要求,坚持党的领导、人民当家作主、依法治国有机统一,坚持围绕中心、服务大局,坚持关注民生、推动发展,履行宪法和法律赋予的各项职权,为促进全区经济社会发展和民主政治建设做贡献。

重要会议

【区人大常委会会议】 2017年,区人大常委会共举行8次会议。

区十五届人大常委会第42次会议于1月5日召开,会期半天。会议审议通过区十六届人大一次会议有关事项;审议通过代表资格审查报告;审议通过区人大常委会工作报告(草案)。决定区法院有关人事任命事项,并举行颁发任命书和宪法宣誓仪式。

区十六届人大常委会第1次会议于2月24日召开,会期半天。会议审议通过区人大常委会2017年工作要点;审议通过关于将保障性安居工程建设和旧城区改建项目纳入2017年度全区国民经济和社会发展计划的决议;讨论通过区十六届人大常委会代表资格审查委员会组成人员名单;讨论通过区十六届人大常委会各工作委员会组成人员名单。讨论决定区政府有关人事任命事项。经过投票表决,决定任命刘锐为盐都区人民政府副区长。会议举行宪法宣誓仪式,区十六届人大常委会代表资格审查委员会组成人员和新当选的区人民政府副区长刘锐分别向宪法宣誓。

区十六届人大常委会第2次会议于3月16日召开,会期半天。会议审议通过区十六届人大一次会议关于《加快培育特色小镇》议案处理意见的报告;审议通过区人大常委会关于在区人大代表和全区人大工作者中开展创先争优活动的意见;审议通过区人大常委会关于接受刘桂琦辞去区十六届人大常委会委员职务的请求的决定。会议讨论决定区人大、区政府、区法院有关人事任免事项,颁发任命书,并组织新任命人员进行宪法宣誓,由区公安局长迮大猛领誓。

区十六届人大常委会第3次会议于5月27日召开,会期半天。会议听取和评议区农委工作情况;听取和评议区卫计委工作情况;讨论决定有关人事任免事项并颁发任命书。

区十六届人大常委会第4次会议于7月28日召开,会期半天。会议听取和审议区政府关于2017年上半年国民经济社会发展计划和财政预算执行情况的报告、关于2016年财政决算和审计工作情况的报告、关于区十六届人大一次会议代表建议办理情况的报告,审议通过《盐城市盐都区人大常委会专题询问暂行办法》。会议还审议区政府有关人事任命事项,决定任命李薇莎为区政府副区长,并举行宪法宣誓仪式。

区十六届人大常委会第5次会议于9月26日召开,会期一天。上午,会议听取和审议区政府关于全区“七五”普法工作情况、“两减六治三提升”专项行动情况和蟒蛇河整治工程情况的汇报,审议通过关于蟒蛇河风景区规划的决定、关于2017年财政预算调整的决定和区法院有关人事任命事项。下午,区人大常委会对全区教育资源整合优化工作开展专题询问,是首次运用专题询问的方式监督“一府两院”工作。

区十六届人大常委会第6次会议于11月30日召开,会期半天。会议听取和审议区政府关于《加快培育特色小镇》议案办理情况的报告;听取和审议区政府关于2016年9月至2017年7月区人大常委会审议意见办理情况的报告;听取和评议区农委、卫计委工作整改落实情况;12名市人大代表在会上进行述职。会议还讨论决定有关人事任免事项,并举行宪法宣誓仪式。

区十六届人大常委会第7次会议于12月28日召开,会期半天。会议审议通过区十六届人大二次会议有关事项;审议通过代表资格审查报告;审议并原则通过区人大常委会工作报告;审议通过区人大常委会关于表彰先进代表小组、优秀人大代表、优秀人大工作者和优秀代表议案建议的决定。会议还听取区十六届人大二次会议筹备工作情况的报告。

【区人大常委会主任会议】 年内，区人大常委会主任会议共举行9次，主要是研究处理常委会重要事项和日常工作。讨论区政府关于将融资发行中期票据融资的偿还资金列入区财政预算的请示；讨论区政府提请的人事任免事项；讨论区政府关于将保障性安居工程建设和旧城区改建项目纳入2017年度全区国民经济和社会发展计划的请示；讨论区十六届人大常委会代表资格审查委员会组成人员名单草案；讨论区十六届人大常委会各工作委员会组成人员名单草案；讨论区人大常委会2017年工作要点草案；讨论区十六届人大一次会议关于《加快培育特色小镇》议案处理意见的报告；讨论关于在区人大代表和全区人大工作者中开展创先争优活动的意见；讨论区人大常委会关于接受刘桂琦辞去区十六届人大常委会委员职务的请求的决定草案；讨论区法院有关人事任免事项；讨论关于区农委工作情况的调查报告；讨论区卫计委工作情况的调查报告；听取关于五级人大代表走访活动部署落实情况；讨论关于全区2016年度区本级财政决算草案的审查报告；讨论关于全区上半年国民经济社会发展计划和财政预算执行情况的调查报告；讨论关于区十六届人大一次会议代表建议办理情况的调查报告；讨论区人大常委会专题询问暂行办法和关于专题询问教育资源整合优化工作的实施方案；讨论2017年上半年国民经济社会发展计划和财政预算执行情况汇报人调整的建议；讨论有关人事任免事项；讨论关于2017年财政预算调整情况的审查报告；讨论关于全区“七五”普法工作情况的调查报告；讨论关于“两减六治三提升”专项行动情况的调查报告；讨论关于蟒蛇河整治工程情况的调查报告；讨论关于蟒蛇河风景区规划的调查报告；讨论有关人事任免事项；讨论关于《加快培育特色小镇》议案办理情况的调查报告；讨论关于2016年9月至2017年7月区人大常委会审议意见办理情况的调查报告；讨论评议区农委、卫计委相关情况的汇报。

【区人大常委会主任办公会议】 从2018年4月起，建立区人大常委会主任办公会议制度，每月召开一次，年内共举行9次。主任办公会议由常委会主任会议成员和机关各委办负责人参加，每个月月初召开，主要是按照常委会年度工作要点的安排，就常委会阶段性工作和机关建设管理工作进行沟通协调、明确职责要求，保证机关高效运转，推动重点工作落实。主任办公会议的常规议程是：组织学习法律法规或重要文件；传达区四套班子月度工作例会精神；机关各委办汇报交流上月工作情况和当月重点工作，常委会分管领导就相关工作提要求；常委会主要领导根据交流发言情况，对上月工作进行系统总结，对当月工作作出部署安排。年内历次主任办公会议，传达学习的重要文件有：党的十九大报告，市委《关于健全人大讨论、决定重大事项制定，各级政府重大决策出台前向本级人大报告的实施具体办法》，区委关于开展“三带三联”大走访活动的文件，全市人大工作座谈会精神等；组织学习的法律法规有：《中华人民共和国全国人民代表大会和地方各级人民代表大会监督法》《中华人民共和国渔业法》《中华人民共和国国歌法》等。另外，9月1日召开的第6次主任办公会议，讨论修改《区人大代表向选民述职办法》；12月5日召开的第9次主任办公会议，听取各镇(街道)人大主席团(工委)关于2017年人大工作情况的汇报，研讨交流2018年人大工作思路。

重要工作

【推进经济稳健运行】 把握经济发展新特点，找准依法履职着力点，在促进产业强区、推动创新转型中发挥职能作用。听取和审议全区经济运行及国民经济计划执行情况报告，推动区镇政府进一步落实“创新、协调、绿色、开放、共享”的新发展理念，以深化供给侧结构性改革为主线，强化创新驱动，加大招商力度，培强实体经济，全力确保经济社会发展稳中有进。组织视察“两重”项目推进情况和科技创新创牌工作，推动高新区突出智能终端产业首位度，在创新型经济发展上做好示范。加强预算执行调研和审议，作出批准预算调整的决议，跟踪监督财政资金使用绩效和审计查出问题整改情况，拓展预算审查监督的广度和深度。开通预算联网监督综合查询系统，实现人大与财政国库集中支付系统连接，使预算监督更加及时、完整和透明。

【推进城乡融合发展】 以组织评议区农委工作为契机，督促相关部门加大为农服务体系建设、农业产业化发展、农业投融资等工作力度，加快农业“接二连三”转型升级步伐。视察全区旅游工作和休闲观光农业发展情况，力促农业结构调整与乡村旅游发展紧密结合，建设田园秀美新农村。把特色小镇建设作为农村产镇融合、特色发展的新路径，倾力推进人大1号议案办理，在广泛深入调查研究的基础上，就“加快培育特色小镇”提出“立足区情，制定总体培育规划；把握关键，彰显融合培育特色；梯次推进，提升重点培育实效；健全机制，凝聚协同培育合力”四条建议，并通过组织代表视察力推建议落实。

【推进生态文明建设】 秉持“绿水青山就是金山银山”的发展理念，督促推进区镇政府一手抓污染治理、一手抓生态建设。审议全区“两减六治三提升”专项行动开展情况，听取蟒蛇河整治工程情况汇报，视察全区减少高耗低效落后铸造产能、畜禽和水产养殖污染专项整治情况，推动解决重点环境问题，打造天蓝地绿、水清气爽的生态盐都。围绕培育“一片林”，分批组织市、区、镇三级人大代表联动视察持续推进，在深入调研的基础上，提出“加强规划引导保质量、坚持多元运作保投入、严格督查考核保进度、重抓长效管护保成活”四项建议和“创新造林用地、调整树种结构、健全管护机制”三项新建议，得到区政府的重视和落实，“一片林”建设工作走在全市前列。

【组织“万名代表大走访”】 把大走访作为人大机关践行群众路线的重要载体、人大工作面向基层一线的重要途径、人大代表密切联系群众的重要形式，组织全国、省、市、区、镇五级共1044名人大代表开展大走访活动。围绕“知民情、帮民富、解民难”主题，5个市代表小组、14个区代表小组分别联系1个经济薄弱村，人大代表每人固定联系3个贫困户，通过进村入户走访调研，共收集问题873个，在代表本人和镇村两级协调处理的基础上，专题会商提交区级层面解决的民生问题，23项相关代表建议分别交给11个政府部门研究处理。代表们在大走访中体察民情、倾听诉求，推动富民政策落实，为建言督政奠定民意基础。

【推动全民创业】 响应区委“聚焦富民”“打好富民主攻仗”的号召，关注富民，致力促进民富。组织视察各镇(区、街道)全民双创园建设情况，推动进一步提升项目载体配套水平，大力招商选资，培强特色产业，夯实富民的经济基础。引导鼓励人大代表带头致富、带民致富，选树先进典型，组织各镇(区、街道)人大负责人现场观摩，彰显示范带动效应。与秦南镇南环村持续开展结对帮扶活动，协调安排资金帮助该村发展增收项目、增强“造血功能”；组织机关干部“结穷亲”，通过送资金、帮栽树、找事做，助推帮扶对象加快脱贫。

【加大监督力度】 视察全区老年人权益保障工作，调研全区留守儿童关爱保护、残疾人康复工作，唤起全社会对老人、儿童、残疾人等社会弱势群体的关注，推动各项关爱、服务、优惠政策落实到位。评议区卫计委工作，调研全区医疗纠纷预防和处理情况，促进卫计部门工作改进和全区医疗卫生、健康服务水平的提高。对全区教育资源整合优化工作进行专题询问，常委会组成人员、区人大代表就群众关注的教育均衡问题争相发问，教育、财政、人社等9个部门主要负责人现场答复表态，近百名校长教师代表、社区干群代表和基层人大代表列席旁听，收到良好的社会效果。

【提升代表能力素质】 针对新形势新任务新要求，举办代表履职培训班，对全体代表集中进行《宪法》《地方组织法》《代表法》《监督法》等法律知识培训，特邀省内外知名专家、学者进行专题辅导，帮助新老代表进一步增强代表意识和责任意识，提高履职水平和工作能力。通过邀请列席区人大常委会议、征求相关意见建议、代订寄送报刊资料等多种形式，为代表知情知政、提高素质、增强能力创造条件。

【代表履职实践】 本着有利于开展代表活动、有利于代表发挥作用、有利于服务选民群众的要求，指导推进“人大代表之家”建设，落实有组织机构、有活动制度、有档案台账、有报刊书柜、有民意信箱的“五有”标准，“人大代表之家”成为各级代表学习提高、履职交流、议政建言、开展监督、接待选民的平台。重视每个季度代表小组集中活动的统筹安排，在选好内容、提前部署、明确要求的基础上，鼓励各镇(区、街道)人大创特色。扩大代表对常委会活动的参与，无论是议题审议、视察调研、执法检查，还是工作评议、专题询问、听庭评案，都邀请部分代表参与其中，全年受邀代表超过100人次。组织代表述职活动，先后两次召开代表联系选民、履行职责情况汇报会，增强代表接受监督、履职为民的自觉意识，搭建代表与选民沟通联系、互动交流的平台，促进代表在建设“强富美高”新盐都的实践中创先争优、竞展风采。

【督促代表建议办理】 把推进代表建议办理作为尊重代表主体地位、服务代表依法履职的重要抓手，召开代表建议交办会，及时将代表建议转交区政府及有关单位办理。坚持现场督导、会议督办、联合督查相结合，督促承办单位拟定办理措施、规范办理流程、提高办理效率。专题听取代表建议办理情况汇报，实行“领导带头督办、委室专项督办、代表参与督办”，强化办理工作跟踪问效。在区“一府两院”及各承办部门的共同努力下，74件代表建议均在规定期限内办结答复。

【思想作风建设】 推进“两学一做”学习教育常态化制度化，开展党课教育，强化理论武装，突出党性锻炼，提高党员干部的思想政治素质。组织参加“三带三联”大走访和“阳光扶贫、牵手致富”行动，问计于民、问政于民、问需于民，展现人大干部的为民情怀。落实从严治党要求和党风廉政建设主体责任，严格执行中央八项规定和省市区委有关规定。

【规范运行制度】 鉴于人大工作法律性、程序性比较强，坚持从头抓紧，强化制度规范，打牢工作基础。常委会组成人员和机关各委办、各镇(区、街道)人大负责人集中学习区委《关于加强区镇人大工作和建设的实施意见》，系统明确人大召开会议、开展活动、行使职权的工作规范，同时修订印发《常委会议事规则》等一系列工作制度，保证人大各项工作依法、合规、有序进行。根据实际工作需要，及时研究出台《专题询问暂行办法》，年内，《区本级财政预算审查监督办法》拟出草案，每月召开一次常委会主任办公会议研究部署阶段性工作形成制度。指导各镇(区、街道)人大完善机构、配备人员、落实规范，在龙冈镇先行试点的基础上，8个建制镇全部按期召开年中人代会。

【调研宣传工作】 调研方面，开展农村公路提档升级、农村街道完善体制、深化医药卫生体制改革等课题调研，形成一批有见地、有质量、有可行性的调研成果。其中：关于盐城智能终端产业发展的调查报告获市主要负责人批示肯定，促进农民脱贫增收工作建议获省人大专题调研评比二等奖。宣传方面，继续办好人大网站、会报，开通盐都人大微信公众号和代表E点通，加大建设、管理、使用、维护力度，在盐都日报新辟“人大经纬”专页，相继刊出《五级代表大走访 体察民情履职责》《专题询问：问出人大担当 答明政府责任》《学好党的十九大精神 做实新时代人大工作》等特色专版，扩大人大工作影响力。

(徐会楼)

盐城市盐都区人民政府

综　　述

【概述】 2017年，在市委市政府和区委的正确领导下，全面完成既定目标任务，全面小康综合得分保持苏北领先，实现新一届政府的良好开局。全年实现地区生产总值500.23亿元、增长8.0%，一般公共预算收入32.77亿元、增长6.2%，规模以上工业增加值208.13亿元、增长7.8%，服务业增加值214.8亿元、增长10.6%，固定资产投资395.71亿元、增长12.8%，城镇、农村居民人均可支配收入达到35663元、20548元、分别增长8.7%、9.1%。

坚持量质齐抓，经济运行稳中有进。把转方式、调结构放到突出位置，扩大有效投入，经济发展质量和效益不断提高，10项主要经济指标中有9项增幅位居全市前三。转型升级步伐加快。在汽配产业销售下降的情况下，全口径工业和规模以上工业开票销售分别突破300亿元、200亿元，分别达到323亿元、211亿元，增长16.4%、13.2%，增幅创近三年新高。20个细分行业有18个实现正增长，规模以上工业企业增长面从55%提升到66.3%，新增规模以上工业企业35家，开票销售超亿元工业企业从37家增加到51家。继续实施“百企升级”工程，鼓励企业加快技改升级、争星创优和挂牌上市，宝鼎电动工具获评省科技小巨人企业，悦达纺织跻身市四星级企业行列，华盛电气在“新三板”挂牌，挂牌企业总数达10家。特色产业提档升级，实施千万元以上技改项目79个，完成投资42亿元，输变电产业园创成省优质产品生产示范区。新兴产业蓬勃发展。继续突出智能终端产业首位度，智能终端产业园累计集聚项目66个，投产达效企业40家，实现开票销售80亿元，新增规模以上工业企业15家。现代服务业质态提升，30家重点服务业企业实现销售105亿元、完成税收4.3亿元，新增规模以上服务业企业30家；城西南现代物流园开票销售超60亿元，东方汽车广场乘用车销售量突破4万辆，电商快递产业园日处理快递占大市区近80%。乡村旅游活力迸发，举办“花开盐都·春游水乡”“畅游盐都金秋行”等系列活动，开通“南京—盐都”旅游直通车，全年接待游客人次、旅游总收入分别增长25.6%、21.6%，三官农庄创成省五星级乡村旅游区。项目载体攻坚突破。盐城国家高新区全国综合排名提升15位，被评为“十三五”首批省级先进制造业基地，智创小镇总部研发区、邻里中心等项目快速推进，智能终端产业园创成省级科技产业园；全民双创园建设持续发力，新建标准厂房35万平方米，累计入园项目达到250个，全年新增开票销售30亿元。完善现场督查、月度通报、集中会办的项目推进机制，全年新开工、新竣工亿元以上产业项目分别达68个、49个，列市12个“两重”项目完成年度投资计划，顺丰盐城智慧电商物流园、海外海盐城汽车城等重大项目主体竣工，万达广场建成开业。

聚力改革创新，发展活力持续释放。推进供给侧结构性改革，商品房销售180万平方米、库存同比下降6%，全面落实“营改增”等减税降费政策，企业得到更多实惠。加快建设政务服务“一张网”，率先全市建成网上旗舰店，高新区纳入全省相对集中许可权试点，高新区行政审批局正式挂牌。深化投融资体制和财税制度改革，设立“1+3”产业引导基金50亿元，3个项目入选省PPP项目库，AA级投融资平台公司发展到7家，盐高投、市城镇化集团实体化运营稳步推进，全面清退社会集资和各类融资担保函件，创成省金融生态优秀县；苏北首家实现区镇村三级公务卡结算制度改革全覆盖，率先全市推行村财镇管改革试点。全面启动农村宅基地有偿退出工作，健全完善土地指标使用管理制度，全市首批通过省土地确权验收，农村“三资”管理“盐都模式”全省推广。创新创牌再创佳绩。大力推进“一镇一产一院”，新签约产业研究院7家，南理工技术转移分中心、省技术产权交易市场盐城分中心建成投运，智能终端产业研究院获批省级质检中心。新认定国家高新技术企业36家、省首台套重大装备10只，东九重工、康杰机械获得省重大科技成果转化项目。获批国家知识产权强县工程示范区，万人发明专利拥有量从6.22件跃升到11.56件，新增中国驰名商标4件、马德里国际商标7件，总数与增量均列全市第一。发放科技贷款2.7亿元，“苏科贷”总额连续三年苏北第一。引进院士团队1个、“千人计划”专家9人、领军人才65人，神农大丰获批省院士工作站。年内，开展“产业项目推进年”活动，举办深圳智能终端产业、上海现代服务业等专题招商推介20场次，新签约亿元以上产业项目82个，其中5亿元以上项目12个，总投资130亿元的东山精密电子项目主体竣工，总投资100亿元的北大科技园正式落户。主攻日韩沪深，扩大对外合作，全年新签约外资项目10个，其中超3000万美元项目6个，进典阀门、大兴住理工等项目竣工投产，注册外资实际到账8202万美元，完成进出口总额7.71亿美元，新设立境外投资企业3家，境外投资规模位居全市前列。

强化统筹协调，城乡建设展现新貌。围绕规划建设一体化，强基础、优环境、提品质，城乡融合发展水平不断提升。功能配套日益完善。全年投入98.6亿元、完成八大类112项城建交通重点工程，盐渎路跨宁靖盐高速大桥、南环路接线工程、125省道四期、康庄大道建成通车，双新北路跨盐宝河大桥工程、地下综合管廊、科技广场等项目快速推进。完成农村公路提档升级290千米、新改建农桥135座。开展重点路段、环境卫生和城市“牛皮癣”三大专项整治，建立市容秩序、老旧小区、农贸市场长效管理机制，内环高架沿线美化亮化加快推进，整治老旧小区12个，改造棚户区1193户，顺利通过国家卫生城市复审。农村康居工程顺利完成，改造一般农户C、B级危房2227户，新建龙冈晓庄、秦南东方红等一批示范点，大纵湖镇入选第二批全国特色小镇。现代农业扩面增效。划定永久基本农田4.77万公顷，新增设施农业0.07万公顷，发展稻渔、藕虾综合种养0.13万公顷，台创园被农业部列入全国农村创业创新园区目录。新发展家庭农场83家、农民合作社24家，规模农业龙头企业发展到150家，培养职业农民的做法全省推广，新型农业经营主体适度规模经营比重达47.6%。获批农业“三品”35只，盐都草莓、北龙港青虾通过国家地理标志证明商标审核，成功举办首届特色农产品展销会，休闲农业与乡村旅游综合发展实力跻身全国50强，创成全国渔业健康养殖示范县。人居环境持续优化。开展“263”专项行动，关停小铸造企业10家，改造燃煤锅炉36台，整治畜禽养殖场1329家，畜禽粪便无害化处理率达92%，秸秆禁烧连续四年实现卫星监测“零火点”、省市巡查“零通报”。城乡生活垃圾分类试点有序推进，农村生活垃圾信息化管理被住建部列为推广案例。推行“河长制”，整治城市非骨干河道26条，秦南、龙冈污水处理厂建成运行，蟒蛇河整治水下工程通过省级验收，饮用水源保护区规划调整获省批准。实施“一片林”工程，新增成片林666.67公顷，建成朱沥沟生态防护林57千米、林木覆盖率提升到23.5%，新建提升城市绿地496公顷、城镇绿化覆盖率达43.4%，龙冈森林公园入选国家生态公园试点，大冈、学富通过省级生态文明示范镇验收，楼王镇通过省人居环境范例奖验收。

突出共建共享，民生福祉不断增进。聚焦惠民利民，实施十大类35项为民办实事项目，新增财力的90%以上用于民生领域。富民增收成效显著，推进就业创业，组织开展智能终端产业园专场招聘活动10多场次，全年新增城镇就业1.2万人，扶持自主创业2995人。社会保障更加健全，新增各类参保人员3.7万人，城乡居民基本医疗保险制度整合到位；完善困难群体关爱机制，支出各类救助资金1.15亿元。脱贫攻坚力度加大，3个省定经济薄弱村和6484户13929人实现脱贫，纳入帮扶体系的44个低收入村有26个年经营收入达18万元。社会事业协调发展。盐城枫叶国际学校幼小部、南师大盐城实验学校开学招生，崇礼路幼儿园、义丰小学建成使用，时杨中学、大冈中学通过省四星级高中创建验收，创成省社区教育示范区。全民健身广场实现乡镇全覆盖，被表彰为全国群众体育先进单位。通过国家慢性病综合防治示范区复审，新改建村卫生室130个，共建名院名医工作室6个，家庭医生重点人群签约率达65.9%，乡镇卫生院中医馆实现全覆盖。开展文化惠民巡演活动500多场次，现代淮剧《过江》、群口快板《小城大爱》晋京献礼十九大，现代淮剧《菜籽花开》获省文华大奖，荣获苏北首家“中国曲艺之乡”称号。入选省级居家和社区养老服务试点地区，区社会福利院一期试运行。社会治理更加有序。开展“三带三联”大走访活动，建立问题收集、交办、督办制度，重点问题解决率达90%。全面开展社会矛盾和安全隐患大排查大整治，依法治访机制不断完善，安全生产事故起数、死亡人数实现“双下降”。秦南泾口获评全国文明村，杨长春当选“中国好人”，董兆付当选“江苏好人”，区公安出入境管理大队被授予全国五一巾帼标兵岗，毓龙路实验学校被表彰为全国未成年人思想道德建设工作先

4月20日，区政府主办文化惠民巡演　　朱正亚　摄

进单位。“七五”普法全面开展，创成省级民主法治示范村（居）10个。开展“黄海”系列行动和外流涉羟犯罪专项整治，技防“村村通”工程基本建成使用，刑事案件发案率下降11%，连续十三年获评省平安县。

践行务实清廉，自身建设有效加强。注重职能转变，强化法治建设，努力建设为民务实高效清廉政府。依法行政全面推进。坚持定期学法制度，严格执行重大行政决策程序规定，健全完善区城乡建设联席会议和区政府投资类项目集中会审制度，督查重点工程进展，规范手续办理，定期研究改革、发展和稳定重大问题，形成规范有序、透明高效的政府工作制度和运作机制。主动接受人大、政协监督，定期向区人大报告工作、向区政协通报情况，及时公开政府信息，自觉接受司法、舆论和公众监督，人大代表建议、政协委员议案办复率100%。行政效能全面提升。始终把发展经济、利民惠民放在政府工作的“头版头条”，崇尚实干、勇于担当，在高新区建设、科技创新、产业培育等关键领域上施良策、出新招，推动各项工作创特色、争一流。坚持把化解难题、营造环境作为提升能力、优化服务的重要内涵，认真学习新知识、新理念，重点组织智能终端产业园招聘用工。

重要会议

【区政府常务会议】 全年共召开区政府常务会议11次，即区政府第49次和第1次至第10次常务会议。

第49次常务会议　1月9日召开。讨论《政府工作报告》《国民经济社会发展计划报告》和《财政预决算执行情况报告》，听取2016年区八大类重点工程、为民办实事项目完成情况和2017年“两重一实”项目编排情况，通报农村康居工程推进情况，签订盐都区2017年度安全生产目标管理责任书、盐都区2017年度生态文明建设工作目标责任状，研究安排工作。

第1次常务会议　2月16日召开。学习《中国共产党廉洁自律准则》《中国共产党问责条例》《中国共产党党内监督条例》，通报2017年以来及春节期间招商选资工作、全区绿化造林工作推进情况，听取智能终端创业园用工招聘情况、全区安全生产工作情况、2016年对上争取项目资金情况和2017年对上争取项目资金计划，研究安排工作。

第2次常务会议　3月18日召开。学习“两减六治三提升”环保专项行动系列文件，听取首季“开门红”完成、区“两重”项目推进和农村康居工程进展情况，通报全区绿化造林工作情况，研究安排工作。

第3次常务会议　4月14日召开。学习《政府投资基金暂行管理办法》，传达学习贯彻国务院和省政府廉政工作会议精神、全省县域科技体制改革经验交流会精神，听取区“两重一实”项目推进情况、2017年财政收支预算和部门预算情况、全区义务教育工作情况，研究安排工作。

第4次常务会议　5月19日召开。学习《江苏省农村扶贫开发条例》，听取区“两重”项目推进、秸秆综合利用工作推进、防汛防旱工作准备和蟒蛇河整治推进情况，通报“暖企行动”开展和全区深化医药卫生体制改革落实情况，研究安排工作。

第5次常务会议　6月16日召开。听取“两重”项目推进情况、经济运行“双过半”预测情况、农村康居工程建设和森林小镇创建工作进展情况、“区长质量奖”评选情况，学习《江苏省农村扶贫开发条例》，研究《关于加强老旧小区长效管理的实施意见》《盐都区政府投资基金暂行管理办法》《盐都区产业发展投资引导基金管理办法》，研究安排工作。

第6次常务会议　7月20日召开。学习《不动产登记暂行条例》，通报上半年全区招商引资进展情况，听取“暖企行动”走访发现问题化解、“河长制”工作落实、“放管服”改革推进和当前安全生产工作情况，研究安排工作。

第7次常务会议　8月17日召开。学习《江苏省实施<中华人民共和国突发事件应对法>办法》，听取全区“两重一实”项目推进工作、全区秋季农业结构调整方案和推进情况，听取审议“放管服”改革“2440”目标推进工作、“畅游盐都金秋行”活动方案，研究安排工作。

第8次常务会议　9月18日召开。学习《中华人民共和国网络安全法》，通报全区“两重”项目推进情况、全区社会矛盾和安全隐患大排查大整治活动开展情况，听取农业、工业、服务业专题招商活动准备情况，审议《盐都区“十三五”食品药品安全保障规划》，研究安排工作。

第9次常务会议　10月20日召开。学习《江苏省行政程序规定》，听取全区“两重一实”项目推进情况、全区违法用地整改情况，审议《盐都区关于开展农村宅基地有偿退出工作实施意见》和《盐都区土地指标使用管理办法》，通报1—9月份全区对上争取资金情况，研究安排工作。

第10次常务会议　11月18日召开。学习中央和省投融资相关政策，通报全区“两重”项目推进情况、农业结构调整和农村“一片林”推进情况、重点时期信访稳定工作情况，审议《蟒蛇河风景区规划》和《盐都区关于聚焦富民促进城乡居民增收的十条政策意见》，研究安排工作。

【区长办公会】 全年共召开区长办公会21次，分别就蟒蛇河整治工程中饮用水源保护、江苏大吉发电有限公司污染物超标排放行为处理、盐城市第三人民医院特殊人才招聘、蟒蛇河水利工程施工过程中古树名木和滩地等旅游资源保护、全区精神病患者防治与管理、合理推进区农产品加工集中区建设、江苏大吉发电有限公司环境违法案件处理、双新北路盐宝河大桥及接线工程前期手续办理、饮用水源地蟒蛇河环境整改、加快宏大国艾智能电器和纳福米手机钢化薄膜项目推进、盐城高新区创建创新型特色园区若干政策意见、潘黄街道豆制品加工环境整治、江苏盐粮控股集团有限公司区管负责人薪酬待遇、大纵湖镇双新公司融资地块土地资产划转给盐城市建设发展有限公司、盐城市高新区投资集团AA+评级、蟒蛇河饮用水源地环境整治、加快全区安全生产重点隐患问题整改、2018年度城市防洪工程建设、合力推进江苏神农大丰种业科技有限公司院士工作站基地项目建设、智能终端企业设备补贴、2017年教师职称评聘等问题进行专题会办，并形成会办纪要。

重要工作

【举办“双创”服务大型招聘会】 1月23日，盐都区2017新春圆梦行动暨“双创”服务大型招聘会举办。招聘会现场共有153家企业提供3126个岗位，3000多人进场咨询、求职，达成就业意向1241人次，其中智创园20家企业达成就业意向216人次，达成小本创业项目创业意向30个，创业合作意向36人次。

【举办首届资本项目投资路演会】 3月3日，为期一天的2017盐城市盐都区首届资本项目投资路演会成功举办。活动汇集全国各地56家投资机构和该区60多家优质企业，路演现场气氛活跃，活动环节交流热烈。剑桥涂装、苏力机械、华盛电气等22家企业，带着各自“滚烫”的项目激情路演，涵盖涂装设备、机械制造、食品加工、新能源、环保等多个领域，给投资机构留下深刻印象，现场达成3笔签约。

【盐城顺丰电商产业园项目成功签约】 4月11日，由顺丰控股(集团)投资的盐城顺丰电商产业园项目成功落户高新区盐渎街道。区长吴本辉，副区长徐永生，顺丰控股(集团)副总裁杨涛等出席项目签约仪式。产业园重点打造O2O商品展销中心、跨境电商服务中心、农产品电商运营服务中心、创业孵化服务中心、电商金融服务中心、电商企业中心、电商物流中心。通过顺丰自有电商资源以及与合作方的外部资源对接，在园区内搭建培训、沟通、沙龙、论坛、峰会等线下平台，为园区客户打造活跃的互动载体。

【休闲农业与乡村旅游综合发展】 4月11—12日，首届全国休闲农业和乡村旅游大会在安吉召开，大会发布《2016年度全国休闲农业和乡村旅游发展研究报告》，总结回顾全国267个休闲农业和乡村旅游示范县(市、区)的测评情况，综合分析全国休闲农业和乡村旅游产业的发展态势。《报告》表明，盐都跻身全国休闲农业与乡村旅游县域综合发展实力、投资实力、增长实力、就业水平和贡献实力前五十强。盐都区依托良好的区位优势和农业资源优势，立足“一湖两带一圈”大旅游格局，发展休闲观光农业，创成全国休闲农业与乡村旅游示范县，获得江苏首家“省乡村旅游创新发展示范区”。杨侍村创成“中国最美休闲乡村”和“五星级休闲农业与乡村旅游示范点”，并与仰徐村、三湾村一起被授予“江苏省最具魅力休闲乡村”称号。

【北京大学盐城产城融合项目签约】 5月22日，盐城市政府与北大方正集团在盐城签订《盐城北大资源产城融合项目战略合作框架协议》，盐都区政府与北大资源集团、北大方正教育集团、北大科技园公司分别签订具体项目合作协议，围绕教育、科技产业发展及城市建设运营等展开全面合作。北京大学盐城产城融合项目位于东进路地块，由北大方正集团下属的北大资源集团投资开发，公司是专业从事产业园区开发及运营、房地产开发及运营、物业管理服务等业务的综合性企业集团。项目主要建设盐城北大科技园、江苏北大方正软件技术学院、星级酒店、科技生态住宅小区、幼儿园及其他相关配套。盐城北大科技园将建设综合型科技孵化器，打造成为产学研创新综合示范基地，惠普创新中心、方正软件等10多家龙头企业意向入驻；江苏北大方正软件技术学院为全日制大中专层次工科职业院校，为盐城创新发展培养大批高技能人才。

【举行土地推介品鉴会】 6月28日，“2017优秀房企盐都行”——土地推介品鉴会在明城锦江大酒店举行，保利集团、新城控股集团、碧桂园集团、万达商业地产、万科集团、恒大集团和中鹰投资等60多家知名房地产企业的负责人参加推介会。区委书记羊维达出席会议并致辞。区长吴本辉主持会议。会后，北京、上海、南京、苏州以及盐城本地的多家品牌开发商实地考察盐龙街道、潘黄街道和盐渎街道的3宗典型招商地块现场。

【万达广场开业】 6月29日，盐城万达广场开业仪式举行。盐城万达广场商业面积15万平方米，定位为城市全客层时尚生活中心，业态主要有服装、精品、体验、儿童、餐饮、院线、超市、娱乐等，携手273个品牌，其中110个品牌首进盐城。万达广场的开业，填补城西片区长期缺乏大型商业项目的空白，标志着盐城商业领域又新增一支生力军，对拉升区域发展具有划时代、里程碑式的意义。

【杨长春当选“中国好人”】 6月30日，由中宣部、中央文明办主办，中国文明网承办的6月“中国好人榜”评选结果出炉，服务残疾人士的断臂老人杨长春当选助人为乐类“中国好人”。杨长春创建

10月，盐城顺丰电商物流园

10 月，东山精密建设现场

"躬休乐园"助残帮困的感人事迹，被全国多家新闻媒体报道宣传。杨长春及他创建的"躬休乐园"获"全省自强模范""全市十佳自强模范""盐城好人""盐都区十佳文明新事""优秀助残团队" 等荣誉称号。

【东山精密电子项目开工】 7 月 12 日，一期总投资 130 亿元的东山精密电子项目在盐城国家高新区开工。苏州东山精密制造股份有限公司作为国内规模最大的专业通讯设备零部件制造企业之一，与苹果、华为等世界知名通讯设备商建立长期战略合作关系。建设精密电子研发中心、柔性线路板、LED 封装等项目，为全市智能终端产业向高端攀升注入新的动力。

【"三资" 管理信息网开通运行】 8 月 1 日，盐都区创建的全省首家区镇村三级联网的农村"三资"管理信息网全面开通运行，标志着全市农村"三资"管理市场化、信息化、公开化、规范化、制度化建设取得进展，对推动农村集体资金、资产、资源在阳光下运行具有示范和现实意义。

【获登"2017 最美中国榜"】 9 月 17 日，由新华网主办的 "2017 最美中国榜"评选结果揭晓，盐都区以优质的旅游资源获得专家及大众的青睐，获评 "最美中国·全域旅游创建典范城市"和"最美中国·全国旅游创新发展示范地"称号。打造"生态湿地、民俗风情、名人文化、乡村休闲、旅游度假"五大产品体系，变美丽风景为美丽经济，全力做好生态旅游大文章，全面叫响"多彩盐都，欢乐水乡"品牌，相继建成国家 A 级景区、省星级乡村旅游区、自驾游基地、房车露营基地等景区景点 20 多处，"一湖两带一圈"大旅游格局基本成型，全域旅游发展成效初步显现。

【创成省级"金融生态优秀县"】 9 月 26 日，江苏省金融稳定工作协调小组下发《关于授予 2014—2016 年度省金融生态达标县、金融生态优秀县和金融生态县创建工作先进单位称号的通报》，盐都区被授予全省"2014—2016 年度金融生态优秀县"称号。

【首届特色农产品展销会开幕】 9 月 29 日，2017 盐都首届特色农产品展销会开幕典礼在万达广场隆重举行。展销会 9 月 28 日开始，30 日结束。全区 75 家企业、108 种地方特色产品集中亮相。区市场监管局和农产品质量检测中心现场专门设立产品质量监督和快速检验点，为广大市民放心消费保驾护航。

【创成全国渔业健康养殖示范县】 10 月 19 日，农业部渔业渔政管理局养殖处处长陈家勇与农业部验收组的 11 名专家对盐都渔业健康养殖示范县创建工作进行考核验收。经过听取汇报、实地考察、全面审核，一致认为盐都区达到创建标准，通过农业部专家组验收，成为江苏省首批通过的 5 个国家级渔业健康养殖示范县之一。盐都区重新核发水域滩涂养殖许可证。完善渔政管理、渔业服务、质量安全、环境条件、健康养殖措施、产业化、组织化等方面簿弱环节。全区水产养殖面积达 1.08 万公顷，水产品总产量达 10.3 万吨，实现总产值 37.8 亿元。建成部级水产健康养殖示范场 12 个、省级现代渔业产业园 1 个、省级高效渔业特色镇 3 个、特色村 10 个、市级现代渔业产业园 4 个。通过认定无公害水产品生产基地 39 个，占养殖总面积的 99.5%。

【举行盐都(上海)现代服务业招商推介会】 10 月 30 日，在上海举办 2017 年盐都(上海)现代服务业招商推介会，区长吴本辉致辞。推介会邀请上海各行各界嘉宾 40 余人参加，现场签约宝爱捷(中国)汽车投资有限公司、锦泓丰酒店管理有限公司等企业等 10 个项目。

【签约蕴之宝食品项目】 12 月 20 日，总投资 10 亿元的蕴之宝食品项目成功落户盐渎街道。市委常委、秘书长、区委书记羊维达致辞祝贺。副区长徐永生、江苏蕴之宝食品科技有限公司董事长许玉忠等出席项目签约仪式。项目计划总投资 10 亿元，其中设备投资 6.5 亿元；占地 16.73 公顷，建筑面积 17.4 万平方米。一期征地 9.6 公顷，设备投资 1.5 亿元；二期征地 7.13 公顷，设备投资 5 亿元。项目全部建成投产后，可实现年销售额不少于 40 亿元。

【获批国家知识产权强县工程示范区】 12 月 26 日，国家知识产权局下发《关于确定新一批国家知识产权强县工程、传统知识产权保护示范、试点县(区)的通知》(国知发管函字〔2017〕294 号)，盐都区被确定为国家知识产权强县工程示范区，在 30 个国家知识产权强县工程示范县(区)中综合排名第七位。

人事工作

【公务员招录工作】 年内，根据省市人社部门统一部署，组织开展2017年公务员招录工作。在招录过程中，科学编制招录计划，把招录的重点放在基层、放在经济发展所需的紧缺岗位，按程序和规定，对照政策，每一个环节进行组织和落实。通过网上报名、笔试、资格复审、面试、体检、政审、录用派遣等环节，全区全年共招录28名公务员，其中区直机关15名，乡镇机关13名。

【事业单位招录工作】 年内，通过网上报名、笔试、资格复审、面试、体检，政审等工作共招录37名事业单位工作人员。协助卫生系统事业单位公开招聘15名卫生技术人员，协助区文广系统公开招聘3名事业单位工作人员，协助区项目办公开选调3名事业单位工作人员，协助教育系统完成义务教育、星级高中公开招聘114名教师。

【载体建设与项目申报】 9月，盐城市兰丰环境工程科技有限公司成功获批江苏省博士后创新实践基地。至年底，全区共成功获批国家级博士后工作站3家，区域性博士后工作分站4家，省级博士后创新实践基地4家，设站总数位列全市前列。建立省级及以上大学生就业见习基地8家，建立盐城市大学生就业见习基地40家，盐城市大学生实习(实训)基地6家，基地总数位居全市前列。7月，江苏华东砂轮有限公司何寿成博士申报成功，获得C类4万元的资助。

(田莉莉　王　俊)

机构编制管理

【概述】 2017年，编办推进行政审批制度改革，创业创新营商环境整改工作，规范各类清单，实施高新区相对集中行政许可权改革，试点推进信用承诺制改革，调整相关部门编制，创新机构编制管理，较好完成全年各项工作。

4月，中央编办综合司在盐都调研

【行政审批制度改革】 牵头制定《盐都区关于深化行政审批制度改革加快简政放权激发市场活力的实施意见》，围绕推进市“放管服”工作要点要求的18个整体推进项目和3个试点项目，制定改革任务分解表，分别落实每项改革的牵头部门和责任单位，全力推进“网上办、集中批、联合审、区域评、代办制、不见面”。6月13日，区委书记羊维达主持“放管服”改革推进会，部署落实高新区相对集中行政许可权改革、创业创新营商环境整改、推进政务服务“一张网”建设。

【营商环境整改】 5月24日，牵头制定创业创新营商环境整改方案，成立“开办企业”“不动产交易登记 “施工许可”(含中介服务) 三个流程优化组和数据共享组，分别由市场监管局、国土分局、住建局和政务办牵头落实整改任务，做到办理环节能减则减、办理时限能短则短、申请材料能少则少。6月15日，区政府办下发《关于明确“3550”审批服务流程优化工作责任分工的通知》，明确3个流程优化组和数据共享组的牵头部门、成员单位的整改职责、时间节点和工作目标。8月19日，区政府办印发《关于优化企业营业执照、不动产权证、施工许可证三证照办理流程(试行)的通知》，梳理“三证照”最新的办理流程图和审批服务指引，构建“2440”改革的路线图。“开办企业”流程优化组。办理环节由6个减少为4个，申请材料由24件精简到8件，办理时限由9个工作日压缩到2个工作日。“不动产登记”流程优化组。办理环节由11个减少为4个，申请材料由31件精简到9件，办理时限由12个工作日压缩到4个工作日。“施工许可”流程优化组。办理环节由15个减少为10个，申请材料由93件精简到50件，办理时限由67个工作日力争压缩到40个工作日。数据共享组。建立盐都项目数据库。凡是提交过一次的材料，都能通过网络实现共享；凡是能通过网络核验的信息，都无需重复提交；凡是在政务服务大厅办理的证照材料，都通过内部推送。为保证各项改革推进到位，区政府建立“2440”改革攻坚专题会办制度，由编办牵头，常务区长主持，实行一周一会办。区编办组成督查组，实行“一日一督查”“一日一通报”，确保“2440”改革工作常态化。7月12日，在全市“3550”审批流程优化工作推进会上，盐都作为全市唯一一家作经验介绍。

【规范各类清单】 规范“三级四同”权力清单。根据《省市县(市、区)政府部门行政权力清单》(第100次常务会议通过版),以“三级四同”为标准开展新一轮权力事项清理工作。梳理规范行政权力事项6209项，其中行政许可事项182项。梳理公示“不见面审批(服务)”清单。编办牵头起草,5月底,区政府出台《盐都区加快推进不见面审批(服务)改革实施方案》。6月15日、10月15日分两批印发《盐都区不见面审批（服务）事项清单》,共涉及区发改委、农委、人社局、商务局、市场监管局等31个部门单位的363项审批(服务)事项,实行网上受理、网上办理、网上反馈、网上实时查询。制定收费项目目录清单。为切实治理“一长四多”问题,区物价局、编办、政务办、财政局联合发文，开展政府部门行政许可(审批)收费项目和政府性基金项目清单编制工作,确保“清单之外无收费”;梳理行政许可中介服务事项清单，落实中介服务收费公示制度，加快中介服务收费行为监督检查。

【高新区相对集中行政许可权改革】 2月10日,省编办确定盐城高新区为全省首批省级以上开发区相对集中行政许可权改革试点。2月23日,提交《盐城高新区相对集中行政许可权改革省级试点方案》。4月17日,区编办到省编办核对修改高新区相对集中许可权试点改革方案。7月28日省委办公厅、省政府办公厅批复同意盐城高新区相对集中行政许可权改革省级试点方案。编办牵头,组织区政务办、盐城高新区赴泰州高港区、大丰区考察学习组建行政审批局的经验，并草拟《盐城高新区相对集中行政许可权改革试点方案实施意见》《盐城高新区行政审批局“三定”方案》。8月16日,区编委会专门具请示市编委会，请求成立盐城高新区审批局。9月22日、10月18日，常务副区长陈志会两次召集相关部门召开组建高新区审批局会办会，研究讨论盐城高新区集中行政许可权改革试点实施意见。12月13日,市编委会印发盐城高新区“三定”方案。12月27日,区委书记羊维达在区委常委会上听取关于盐城高新区相对集中行政许可权改革试点(盐城高新区行政审批局)实施方案的汇报。12月28日,盐城高新区行政审批局正式挂牌运行。盐城高新区行政审批局为高新区党工委、管委会内设机构,与区政务办实行两块牌子一套班子。将区发改委、经信委、民政局、人社局、住建局、交运局、水务局、教育局、文广新局、卫计委、安监局、市场监管局、公安局、粮食局、人防办15个部门承担的属高新区范围内市场准入类、投资建设类和跨部门重要民生服务办证等领域的120项行政事项，分两批按程序划转至盐城高新区管委会，以盐城高新区管委会名义行使相关行政审批职能,实现“一枚印章管审批”。高新区范围外的行政审批事项一并划转，由各业务主管部门委托高新区行政审批局办理。划转后,监管职责仍保留在原业务主管部门。

【试点推进信用承诺制改革】 公共卫生告知承诺。在公共卫生行政许可领域从“先验后批”到“先批后验”,由原来的事前形式和实质审查，改为形式审查,直接通过告知承诺发放卫生行政许可证，实现快速准入,审批时间由原来的5个工作日缩短为1个工作日,多数办件当场办结,降压制度性交易成本。强化事中事后监管责任,实现行政部门职能向“轻审批重监管”转变。工业“零用地”技改项目“不再审批有效监管”。建立“政策性条件引导、负面清单管控、准入标准规范、企业信用承诺、严格有效监管为核心”的新型企业技改项目管理模式,变“先批后建”为“先建后验”,变事前审批为事中事后服务监管,变部门审批把关为企业信用约束,推动技改项目尽快竣工、达产达效。配强组织机构。两项试点任务分别成立改革领导小组,由常务区长任组长,相关部门主要负责人为副组长,领导小组下设办公室,分别由卫计委、经信委主要负责人担任办公室主任,牵头统筹两项改革。加强部门联动。建立编办、政务办、经信、住建、规划、环保、安监、消防、气象9个部门的联席会议制度,加强协同推进,及时协调解决难点问题。制定绩效考核办法，对各部门工作落实、参与支持和配合服务情况进行考核排名。完善相关政策。制定出台《盐都区工业企业“零用地”技改项目“不再审批有效监管”工作实施方案》,经信、住建、环保等部门相继出台配套实施细则、事中事后监管服务操作办法等。编办撰写的《20个工作日压缩至1小时打造盐都行政审批新速度》宣传信息在《新华日报》专版上刊登。全年共发出24张告知承诺卫生许可证、23个工业技改项目实行“零审批”,形成可复制推广的经验。

【创新机构编制管理】 年内，在学习借鉴外地国家级高新区体制机制建设方面成功经验的基础上，结合盐都实际情况,重新拟订盐城高新区“三定”方案。将区旅游局由在区交通运输局挂牌调整为区政府工作部门。为区安全生产监察大队增加6名参照公务员法管理全额拨款事业编制。撤销农委下属的区缩蒲荡农作物病虫测报站,成立区互联网农业发展中心,所需编制在农委系统内部调剂。根据市邮政局的委托授权,成立区邮政业服务管理中心,协助市邮政管理局在盐都区行政区域内开展相关业务的监督检查工作。将在区卫计委疾病控制与综合监督科挂牌的区爱国卫生运动委员会办公室改为单独设置的内设机构,同时明确盐渎等四个城市街道相应的机构配备1名以上专职爱国卫生工作人员。整合城镇居民医疗和新农合管理职责,区卫计委不再承担新型农村合作医疗的综合管理职责,全区基本医保行政管理职能统一由区人社局承担，将区人社局所属的区职工医疗保险基金管理中心与区卫计委所属的区新农村合作医疗管理办公室进行整合，成立区医疗保险基金管理中心。建立健全城乡居民医疗保险服务网络，在各建制镇(街道)人力资源社会保障服务中心增挂城乡居民基本医疗保险服务中心牌子,负责基层业务经办服务工作。根据中央、省、市委关于加强纪委派驻机构建设的有关精神,经区委常委会研究,成立15个区纪委派驻纪检组，共计调剂行政编制36名,政法专项编制12名,参公事业编制12名;贯彻落实深化国家监察体制改革工作,经区常委会研究,撤销区监察局、区检察院反贪污贿赂局、反渎职侵权局、职务犯罪预防科,其相关职能划入区监察委员会，区纪委增设第四至第六纪

【后勤管理工作】 年内，改造升级食堂硬件，食堂外部全部出新，内部就餐大厅扩容，添置新式就餐桌椅，墙面安装大屏电视，淘汰更新老旧烹饪设备和餐具；提升饭菜质量，把控原材料采购、加工等关键环节，注重口味调剂，满足多样化需求；加强对食堂职工的业务培训，改进服务态度，做到微笑服务，阳光服务；强化卫生监督，干部职工就餐满意率一直保持在98%以上。上半年，机关文印部文印中心对整体工作环境进行改造，更换工作台面和储藏柜，购置2台高速复印机，提高工作效率，提升服务水准和业务能力。

【财务管理工作】 年内，做好财务公开工作，分别在省财政厅、区财政局及事务局信息公开平台三个网站公开区局2017年预算及2016年决算。加强"三公"经费支出控制，坚持"先有预算、后有支出，没有预算、不能支出"的原则，严格执行预算，规范开支，实现"三公"经费支出零增长。完善固定资产日常管理，及时核查各类固定资产的增减，对确需报废资产按规定流程申请报废，及时搞好资产核销。

【安全保卫工作】 加大行政中心秩序管理力度，以规范车辆进出，停放秩序为突破口，明确通行证的办理程序，要求进入行政中心机动车一律按规定位置、规定方向停放。为解决行政中心车位紧张，在中心道路两侧新划定停车位198个，放置停车指示标牌10个，禁停标识80多个，同时安排保安专门负责车辆停放秩序。重视行政中心治安稳定工作，在文明规范接待上访群众的基础上，落实反恐维稳工作要求，经常性组织人员进行反恐演练，熟悉防暴器材的使用，熟悉应对突发事件的处置流程。 （陈素琴）

金融与企业上市

【概述】 2017年，全区各有关方面和驻区各金融机构围绕区委区政府中心工作，服务实体经济，防控金融风险，深化金融改革，金融工作保持平稳发展态势。全区全年驻区各金融机构实现存款余额340.69亿元，贷款余额285.02亿元，分别增长7.23%和6.08%，贷存比83.66%；工业贷款余额114.63亿元；中长期贷款余额115.35亿元，增速17.42%；企业贷款余额188.12亿元，增速3.48%。存、贷款余额均平稳增长。

【服务实体经济】 推进上市挂牌。至年底，全区有2家企业分别在香港联交所和深圳证券交易所上市，1家企业主板上市进入辅导期；"新三板" 挂牌企业增加1家，总量达10家，列全市第一；完成股改企业12家；1家企业进入"新三板"创新层；新签IPO上市协议1家，IPO后备企业达5家；苏股交价值板成功挂牌4家企业，上股交E板成功挂牌1家企业，累计有130家企业在苏股交和上股交市场成功挂牌。开展"暖企行动"。明确专人与区有关部门、镇(区、街道)沟通，与各金融机构对接，帮助企业解决资金需求。发挥区中小微企业应急互助基金协会功能，全年应急互助基金协会累计互助8家企业70笔业务，互助金额1.79亿元。全年累计发放科技贷款2.7亿元，"苏科贷"总额连续三年苏北第一。银企对接活动常态化。开展三轮较大规模的政银企对接活动，投放的38个项目需资金计3.65亿元，帮助解决2.6413亿元，占72.36%。

【防控金融风险】 开展防范非法集资宣传专项行动，落实好非法集资行政案件和刑事案件按新标准统计上报工作。集中开展2轮非法集资集中宣传教育活动，印发宣传画29780份，告知书29780张，宣传册3526本，宣传标语69950份，分发张贴到全区所有村居、金融机构网点和人流量大的公共场所。会同区委宣传部、区电子政务办在《盐都日报》、盐都发布微信公众号上连续刊载非法集资典型案例剖析和宣传画，增强群众的金融风险意识和法制意识，提高对非法集资活动的识别力和抵制力。互联网金融风险排查整治成效初显。根据省整治办下发的互联网金融机构名单，排查整治前全区互联网金融机构共计88家。通过采取会同有关部门联手开展互联网金融风险专项排查整治活动、检查小组现场进行摸底排查和"穿透式"监管等措施。至年底列入重点监管的企业仅剩3家，均已明确落实属地定期上报风险化解情况，全区互联网金融市场得到初步净化。严格民间投融资服务企业市场准入。根据国务院有关文件规定和省、市处置办《关于在市级工商部门申请设立和变更民间投融资服务企业注册登记实施会商机制的试行办法》要求，对涉及会商内容的企业，在属地镇(区、街道)书面向区政府请示的基础上，根据种类和特点，尤其是风险控制方面及时组织金融、公安、市场监管、发改、商务、经信、财政、审计等部门，对其股东的背景、资金实力，经营团队和经营理念、发展计划等实施会商。全年共组织会商4家拟设立或变更的投资公司，并向市场监管部门及拟设立或变更企业出具会商意见。

【深化金融改革】 开展招商引行。参与引进苏州银行、光大银行等资金实力雄厚、科技金融服务优势明显的股份制银行在盐都设立分支机构；引导金融机构营业网点向西部乡镇延伸，扩大金融服务半径，提升金融服务"三农"和小微企业水平。发展保险行业。全区全年保险业保费收入5.43亿元，同比增长22.3%，发挥保险业社会"稳定器"功能；支持在区注册登记纳税的保险机构开展农业保险、意外伤害类保险和重点企业安全生产责任保险、电梯责任保险等责任保险业务。鼓励发展小贷公司。新开业的都诚农贷公司和双新农贷公司，经营地点分别位于潘黄街道和大纵湖镇，基本实现重点乡镇或涉农街道全覆盖。至年底，全区共有小贷公司6家，其中科贷公司1家，农贷公司5家。新设普惠转贷公司。8月，由江苏盐城国投商务有限公司全额出资的、区首家盐城市盐都区普惠转贷服务有限公司正式开业并投入运营，至年底，共办理16笔转贷业务，转贷金额1.59亿元。创成省级"金融生态优秀县"。在2013年创成"金融生态达标县"的基础上，根据江苏省金融稳定工作协调小组《关于授予2014—2016年度省金融生态达标县、金融生态优秀县和金融生态县创建工作先进单位称号的通报》(苏金稳〔2017〕18号)的最新文件精神,盐都区被授予全省“2014—2016年度金融生态优秀县”,年底综合排名位列全省第20位,金融生态建设工作取得显著成效。

(王　欣)

·区内部分上市企业·

江苏维尔思环境工程股份有限公司(JIANGSU WEALTH ENVIRONMENTAL ENGINEERING CO., LTD.)是专业从事大气环境治理、废气治理、污水处理等环保节能装备研发、生产、销售、安装、调试、服务于一体的国家高新技术企业,是国内知名的除尘脱硫脱硝、超低排放、废气治理、污水处理装备的专业制造商、系统集成商与工程总承包商。公司生产的各类除尘设备、脱硫脱硝装置、污水处理等环保节能装备,技术先进、质量可靠,广泛用于化工、热电、材料、汽车、涂装、造纸、钢铁、电力、冶金、碳素、玻璃、水泥建材等行业,产品远销全国二十多个省市,并得到客户的广泛好评。

公司始建于2009年2月,注册资金5000万元,生产厂区占地面积2.4万平方米,现代化钢结构厂房1.5万平方米。公司成为环保行业的重点骨干企业,也是国家高新技术企业,江苏省民营科技企业,江苏省企业信用贯标单位,江苏省安全文明施工先进单位。并通过ISO 9001产品质量管理体系认证、ISO 14001环境管理体系认证、OHSAS 18001职业健康安全管理体系认证。

公司加大研发投入,加强新工艺、新产品研发。注重产学研融合,与华中科技大学、南京航空航天大学等许多知名院校建立长期友好合作关系,与盐城工学院共建研究生工作站,以加强人才培养与技术研发。公司技术中心作为省级企业技术中心,技术力量雄厚,具有一支层次较高、经验丰富、技术先进的研发团队,取得多项研究成果。目前公司拥有的核心技术与产品主要有:高温静电除尘、湿式静电除尘、高效袋式除尘、电袋复合除尘、高效脱硫脱硝装置、基于协同创新的超低排放与零排放技术等,多项产品荣获国家发明专利与实用新型专利,并获得国家高新技术产品、首台套重大装备产品认定。

作为国内领先的超低排放&零排放、环保节能装备的专业提供商,维尔思始终坚持“诚信为本、质量第一、热情周到、客户至上”的服务宗旨,秉承“为社会、客户、员工、股东努力创造价值”的经营理念,践行“致力节能环保事业,造福人类社会”的企业使命,竭诚为广大客户提供质优价廉的产品和完善周到的服务,为全国乃至人类的环保事业做出应有的贡献。

政府采购

【概述】 2017年,全区政府采购工作立足“规范、高效、公正、廉洁”和“公开透明、公平有序、公正规范、诚实守信”工作原则,贯彻执行《中华人民共和国政府采购法》《政府采购货物和服务招投标管理办法》等法律法规,通过公开招标、邀请招标、竞争性谈判、询价、单一来源采购等方式,提升工作质量和管理服务水平。

【各项指标稳步增长】 全区全年共完成政府采购类项目989个,累计预算金额为15046.59万元,实际采购金额为12461.60万元,相比采购预算共节约资金2584.99万元,节约率为17.18%。其中公开招标124个,预算金额13620.76万元,实际采购金额为11078.7万元;询价项目17个,预算金额420.2万元,实际采购金额为393.35万元;办公自动化一共129批次,预算金额503.81万元,实际采购金额为498.03万元;办公用品印刷一共34批次,预算金额176.53万元,实际采购金额为173.94万元;办公家具一共60批次,预算金额183.19万元,实际采购金额为175.48万元;公务用车维修625批次,预算和采购金额均为142.1万元。其中货物类采购占比最高达到90%,服务类项目约占10%。对于教育投入特别是高端设备采购大幅增加。公安部门的道路监控系统及信号数字系统及城管部门环境清理设备等均有所增加,各单位的信息化、电子化、智能化仍占较大比重。

【政府采购有序开展】 年内,建立健全政府采购规章制度,完善公开招标项目的评标办法,加大管理力度。坚持财政先行审批,后购买,对限额以上的货物、服务等项目,严格按照政府采购相关法律法规进行公开招标,规范流程。实行清单预审制度,对办公设备、耗材、公务用车维修、印刷等定点货物和服务采购的价格,在办理结算手续之前,先送交采购清单,待价格核查后,再行办理结算手续;规范采购程序,1万元以下办公自动化等产品实行自主定点采购,采购人的采购计划下达后,自行在定点范围内选择自己信任的供货商直接供货,采购金额超过3万元的办公自动化等产品由业务科室工作人员到现场核验产品的型号、配置并拍照存档,提升政府采购资金的使用效益。

【完成“电子化”平台建设】 至年底,中心“电子化”平台建设工作完成。在开标一室新增一台CA解密机、评标一室添置6台电子化评标专用电脑,增加开、评标室录影录像功能,所有关于电子化硬件设备安装到位,相关电子化开、评标业务软件系统开发建设完成、市级平台授权端口开发完成,所有软、硬件设施通过内部测试,2018年1月正式启动全程电子化开、评标工作。探索电子招标投标交易平台的技术创新,真正将项目进场交易申请、公告发布、招标资料传递、招标文件获取、质疑答疑、投标报名、投标受标、开标解密、评标定标、中标信息发布等全流程“搬”到网上,实现招投标活动电子化、网络化、规范化、程序化操作,减少招投标各方当事人多次往返于招标人、招标代理机构和交易场所的次数,降低交易成本,提高工作效率,规范交易行为,促进公平有序竞争。

(徐华芹)

综　　述

【概述】 2017年，区政协依靠和团结带领全体政协委员，学习贯彻中共十九大精神，牢牢把握团结和民主两大主题，围绕区第十四次党代会和区委十四届二次、三次全会部署要求，切实履行政治协商、民主监督、参政议政职能，为建设“强富美高”新盐都做贡献。全年共召开全委会1次，常委会议4次，主席会议6次。

重要会议

【政协盐都区十四届一次会议】 1月11日至15日在东方玄武大酒店举行政协盐都区十四届一次会议，出席委员277人。区委书记羊维达在会议开幕时讲话。会议听取并审议区政协主席顾其斌代表区政协第十三届委员会常务委员会所作的工作报告和副主席段学标所作的提案工作报告。与会人员列席区十六届人大一次会议，听取并讨论区长吴本辉所作的政府工作报告及其他报告。选举产生区政协十四届委员会主席、副主席、秘书长和常委。会议结束时，张建洋致闭幕词。

【区政协常委会议】 年内，区十四届政协常委会共举行4次会议。3月24日，举行第1次常委会议。区政协副主席季风主持会议。与会人员参观大尚线大冈段、秦南镇西环路、楼江线楼王段等农村公路提档升级工程建设现场，听取全区农村公路提档升级情况通报。会上，政协常委就农村公路提档升级工程建设建言献策。区政协主席张建洋对严格工程监管、加强公路养护、优化运行线路和站点设置等方面提出具体要求。

7月14日，举行第2次常委会议。区政协副主席阮宜春主持会议。与会常委参观龙冈镇晓庄村、大纵湖镇三官村集中居住现场，听取全区农村集中居住建设情况通报，审议通过《关于加快推进集中居住的建议案》。会上，区政协常委从增强共识、合理规划、强化配套实施、发展乡村旅游项目等方面提出意见和建议。

10月12日，举行第3次常委会议。区政协副主席段学标主持会议。与会常委参观绿发水产公司的锅炉改造、杰达机械公司的小铸造行业整治和张权养鸡场的畜禽养殖污染治理3个现场，观看蟒蛇河风景区规划方案的多媒体演示，审议通过《关于全力助推蟒蛇河风景区建设的决议》，听取全区“两减六治三提升”专项行动情况通报。区政协主席张建洋从增强生态保护的政治自觉、严格监管执法、构建长效机制等方面提出希望和要求。

12月26日，举行第4次常委会议。区政协副主席张荣銮主持会议。会议听取区政府关于政协十四届一次会议以来提案办理情况的通报，审议通过委员调整建议、区政协十四届二次会议议程、日程、“双岗双优”委员和优秀提案表彰决定，讨论修改《政府工作报告》和《政协常委会工作报告》。

【主席会议】 年内，区政协举行主席会议6次。会议学习宣传贯彻十九大精神，坚持以习近平新时代中国特色社会主义思想为指导，围绕中心、服务大局，发挥政协优势，贡献政协力量。研究部署区政协重点工作，协商确定区政协十四届一次会议重点提案，修改通过《关于在政协委员中深入开展“双岗双优”活动的实施意见》，商讨研究“委员之家”建设工作。专题研讨全区农村集体“三资”管理工作，考察协商精准扶贫、全域旅游、生态建设、城乡居民增收等工作。

重要工作

【建言献策】 建言献策大会为政协委员进诤言、献良策提供广阔的舞台，让政协委员与区委、区政府领导和区直部门负责人面对面交流。区政协十四届一次会议期间，围绕“富民兴区”主题，从精准帮扶脱贫、聚焦全民创业、发展农村电商、推进分级诊疗等方面议政建言，政协委员及有关团体共提交大会发言材料12篇，安排大会发言6篇，体现政协委员较强的履职能力和水平。

1 月 13 日，人大代表和政协委员观摩区重点项目和企业

【协商议政】 年内，紧扣“产业强区、生态立区、富民兴区”，聚焦“一极一园一业”，调查研究。组织委员考察国家高新区建设，开展座谈交流，从大力招引新特产业、加快推进产城融合、不断提升服务效能等方面献计献策。邀请所罗门兄弟医院、江苏鱼跃集团公司等多家企业在高新区考察、洽谈投资合作意向，利用各种关系和机会宣传高新区、推介高新区。组织委员对完善全区全域旅游规划、蟒蛇河风景区建设献计献策，委员们对提升景区品牌形象、挖掘人文底蕴、完善功能配套和管理服务工作提出意见建议。

【民主监督】 年内，完善专题民主监督、民主评议、选派民主监督员等做法，进一步健全政协民主监督的组织领导、知情反馈、沟通协调机制，提高民主监督制度化水平。围绕推进慢性疾病预防、加强食品安全监管、燃煤锅炉改造、小铸造整治、饮用水源地建筑物拆除和城乡生活垃圾分类处理等工作，组织开展专题民主监督，通过视察调研、民主评议等形式，对区委区政府重要决策部署的贯彻落实和民生实事工程的开展进行监督，切实增强监督实效。

【畅通民意渠道】 发挥政协联系广泛的优势，多方收集社情民意，虚心听取各方面意见，架起党和政府与人民群众沟通的“连心桥”，全年共收集有价值的信息 200 多条，以《委员意见》《社情民意信息》形式报送区委区政府和相关部门，推动一批热点难点问题的逐步解决。

【助力扶贫济困】 年内，组织政协委员开展结对帮扶、文化下乡、科技服务、送医送教、捐资助学和社区服务等公益活动。区政协原副主席徐守清个人捐资 200 万元设立“盐都区助学基金会”，年内举办两次捐助活动，资助 18 名困难大学生和 300 名中小学贫困生。做好“盐都区助学基金会”筹备组织、服务宣传等工作，促进助学活动常态化开展。

【细化委员考核】 年内，健全委员履职常态化考核机制，对委员参加政协会议和活动，提出提案、反映社情民意、大会发言、参与社会公益等履职情况和考核结果，实行“一人一档”，每半年对委员履职情况进行记分统计，将履职考核作为“双岗双优”评选的重要依据。

重要活动

【组织学习培训】 年内，开展“学习型”政协建设，通过交流研讨、专题党课、专家讲座、召开专题民主生活会等形式，在全区政协系统开展学习贯彻中共十九大精神系列活动。学习党章党规、系列讲话，推进“两学一做”。举办新任政协委员培训班，邀请省政协研究室人员授课，及时传达区委、区政府重大决策部署和重要会议精神，多渠道提升政协委员理论素养。

【组织专题调研】 为保障省市富民政策的落实，年内，组织政协委员赴阜宁、射阳、亭湖等兄弟县、区考察学习，从助力政策落实、拓展富民渠道、加快富民步伐等方面调查研究，形成《多渠道增加城乡居民收入》建议案，建议把农村集中居住与发展富民产业有机结合，与打造特色田园乡村有机结合，拓宽富民增收路径，得到相关部门采纳。

【开展大走访活动】 年内，在区政协机关和市区两级政协委员中开展“访民情、惠民生、促和谐”大走访活动。广大政协委员了解群众的生产生活情况；组织医卫界委员在边远镇村开展免费体检、慢病筛查、义诊咨询和健康宣传；区政协机关党员干部赴挂钩的村居和企业，走访群众 420 多户、企业 19 家，收集梳理问题 36 个，协调解决 28 个。

【密切联系各界】 年内，组织各民主党派、工商联和无党派人士联系，通过参与政协的重要会议、学习交流、协商议政等活动，为参政议政提供便利条件。通过联合开展调研、组织考察、重点办理党派提案等，鼓励支持各界人士踊跃发表意见和主张年内，组织委员对健康产业、文化惠民工程、校园周边环境整治等课题进行调查研究，开展界别协商活动，有效发挥界别作用。

【对外交流联谊】 年内，发挥人民政协互动交流的优势，扩大“朋友圈”，务实开展联谊交往。做好省市政协在盐都调研视察智能终端产业发展、农业供给侧结构性改革、农家书屋建设的相关工作，接待重庆市南岸区、辽宁省盘锦市、南京市栖霞区、南通市通州区、扬州市江都区等 20 多批外地政协考察交流。参与市政协

7月3日，市政协委员考察农业供给侧结构性改革工作

关于做大做强汽车产业、推进分级诊疗等议题协商议政，组织驻盐都市政协委员异地考察，加强对镇（区、街道）联络组工作的指导，进一步密切政协系统的联系与协作。

【编印文史资料】 配合市政协做好文史资料收集工作。联合区新四军研究会，整理汇总新四军史料22万字，年底编辑出版《红色记忆》，发挥文史资料“存史、资政、团结、育人”的作用。组织文史界别政协委员开展研讨座谈，为弘扬盐都传统文化、特色文化建言献策。

【强化宣传工作】 出台《关于进一步加强政协新闻宣传工作的意见》，引导政协委员结合履职实践，撰稿投稿。全年区政协在《江苏政协》《盐城工作》《盐城政协》等刊物发表文稿23篇。在《盐都新闻》《盐都日报》开辟专栏、专版，宣传委员履职情况26人次。

【委员联系走访工作】 组织部分政协委员带着调研课题，全年外出学习考察40余人次。区政协班子成员共走访委员180人次，听取委员意见，帮助委员排忧解难，增加委员交流频次，增进委员之间的情感联系。

【开展联络组活动】 年内，组织委员考察园区建设、生态环境整治、民生实事工程、镇村经济发展等现场，通过召开座谈会、研讨交流会等形式，围绕全区工作中心，畅谈履行职能、服务发展等情况。将开展联络组活动作为经常性工作，增强联络组活动的实效性。

【搭建履职平台】 年内，借鉴外地先进经验和做法，推进“委员之家”建设工作。12月5日下午，盐城市政协盐都“委员之家”成立暨考察活动在高新区盐渎街道物联大厦举行。“委员之家”有会议室、图书室、活动室、培训中心等场所，通过开展形式多样的活动，调动委员参政议政的热情，打造委员知情明政、建言献策、展现风采的舞台。

提案工作

【概述】 区政协十四届一次会议以来，政协委员、政协各参加单位、各专门委员会和联络组，按照统筹推进“五位一体”总体布局和协调推进“四个全面”战略布局要求，贯彻落实新发展理念，紧扣“强富美高”新盐都建设，运用提案履行职能，共提交提案136件。经审查，立案101件，由30个区直承办部门单位和3个镇（街道）办理，至10月底全部办复。

【为经济增长建言】 年内，聚焦“一极一园一业”建设，致力创新发展是政协工作的一项重要任务，也是政协委员运用提案履行职责的着力点。关于加快国家高新区建设、扩容智能终端产业、以自主创新推动模具行业发展、加快商务商贸发展步伐等提案，策应区委区政府拓展发展新空间、厚植发展新优势、构建产业新体系的部署要求。关于推动全民创业、厚实大众创业土壤、搭建大学生创业平台、实施更加就业政策等提案，为相关部门做好全民创业工作，发挥参考借鉴作用。关于加快全区旅游产业发展、打造华东童话水乡之旅、高起点培育特色小镇、发展乡村旅游业、建立旅游集散中心等提案，从蟒蛇河风景区、东晋古城、龙冈桃花园、禅修小镇等一批旅游景点和特色小镇建设的不同侧面，丰富有关部门的工作思路。

【为民心献策】 年内，委员们围绕富民增收、城乡一体化、保障和改善民生等方面建言献策，提出有针对性和可行性的意见、建议。提案建议进一步加快农民增收致富、采取切实可行措施帮助因病致贫因病返贫群众、拓宽经济薄弱村增收渠道、加强农村集体“三资”管理、种植再生稻促进农业结构调整，为区委区政府拓宽富民增收路径、出台《关于聚焦富民促进城乡居民增收的十条政策意见》提供参考。提案提出推动义务教育优质均衡发展、加强基层医疗卫生服务体系建设、提高医疗服务水平、加大送文化下乡力度，被有关部门吸收到优化城乡教育布局、推进分级诊疗试点、丰富群众文化生活等具体工作措施中加以落实。提案提出加快天然气管网建设、增加城乡公交停靠点、修建连接乡镇公路桥梁、优化公交线路设置等有关城乡一体化的建议，对基础设施向农村延伸覆盖，让农民享受美好生活起到推进作用。提案关注慢性疾病预防、改进农村居家养老服务、大病医疗救助等问题，助推全区社会保障事业新发展。

【为绿色盐都建设献言】 年内，生态优、环境美是改善人居环境、推进绿色盐都建设的重要体现。委员们关注生态环境保护、污染源治理、资源利用等突出问题，根据“两减六治三提升”的总体部署，围绕加强雾霾治理、解决秸秆焚烧、治理农村畜禽粪便污染等方面提出建议，区委区政府把提案建议采纳到“一条底线、两个目标、三个到位”的总体部署中，开展专项整治行动，坚持以问题为导向，收到较好效果。委员们从促进城乡生活垃圾治理，建设绿色盐都角度出发，主动谏言，献计献策，提出启动生活垃圾分类试点、推广利用生物质能源、推动建筑垃圾资源利用等许多宝贵的意见和建议，有关部门认真研究，吸纳委员意见，将生活垃圾分类工作列入城建重点工程，目前试点工作正在有序开展。委员们就加快推进大中型圩堤绿色长廊建设、常态化开展植树造林、建设生态公园等提出的建议，策应区委区政府推进国家森林城市、森林小镇、森林村庄创建的工作思路，既有制度设计层面，又有对策措施，其中部分建议在《创建“森林城市、森林小镇、森林村庄”实施意见》中得到充分体现。

·优秀提案选登·

高起点培育特色小镇

区政协委员、大纵湖旅游度假区规划建设部主任　杨瀚清

一、基本情况

转型升级、打造特色小镇，要以文化为内核，以产业为依托，根据“产业特而强、形态小而美、机制活而新、功能聚而合”原则，体现盐都独有的产业和文化特征，为形成“镇镇不同面、镇镇有特色”的发展格局打好基础。

二、调研情况

1、不同于特色“镇”。特色小镇不是行政区划单元上的“镇”，而是位于城市周边、相对独立于市区，具有明确产业、文化、旅游和社区功能的重要平台。

2、不同于新城建设。特色小镇不是土地财政的载体，其追求是集聚效应和提升全要素生产率，走的是产城融合的发展道路，规模不大，是创新创业的空间。

3、不同于园区建设。特色小镇离不开特色产业，但又不是单纯的以工业制造业为主的园区开发。特色小镇的产业重点在于研发设计、营销服务、休闲服务。其社区功能是与园区开发的重要区别。

4、不同于景区开发。特色小镇不同于传统景区开发模式。特色小镇在客源市场上更强调满足特定需求，在活动上更强调体验和参与，在发展目标上更强调目的地和集散地，在功能开发上更突出互融互动。

5、不同于美丽乡村。特色小镇离不开乡村本底，但与乡村有着本质的不同。特色小镇是既有乡村特征又融入高新技术和特色人才的区域经济发展单元，需要现代社会治理体系。

三、具体建议

1、统筹思维，系统设计。从小镇的功能定位、分布、产业发展方向到具体的数量、规模，从特色小镇建筑风格、功能设计、配套设施到文化挖掘，“特色”打造，从筑巢引凤到招商选资，从规划建设到管理服务，从小镇与城乡统筹发展的关系到与人民群众的切身利益之间的关系，都要系统思考，系统设计。

2、合理布局，试点先行。盐都特色小镇建设要避免资源浪费和同质化，宜同中求异，合理布点，明确重点。(1)东部地区——国家级智创小镇。利用国家级高新区获批的契机，率先在高新区，利用智能化产业及现代服务业优势，着力打造智创小镇。为增强小镇旅游功能，可配建独具科技内涵的“AR-VR体验区”、“未来科技区”等特色区域。在此基础上，开发好周边环境，打造科技生活、智慧未来、人机互动等众多颇具特色的旅游资源，形成一个更大范围的“智创城”旅游圈。(2)中部地区——多种类绿色小镇。中部郭猛、仰徐、尚庄等地区生态农业颇具特色，有着筹建多种类“绿色小镇”的独特优势。“绿色小镇”可以农产品加工、农业科技展示、绿色果蔬贸易和特产经营为特色，以生态农业建设为产业支撑，以周边杨侍生态园等旅游景区为配套景点。依据各地特点，合理布局不同功能的特色小镇，形成互补之势，相互牵引，推动区域旅游业、服务业和相关产业链的蓬勃发展。(3)西部地区——度假类风情小镇。西部地区，水产丰富，空气纯净。为打造旅游“龙头”，建议在大纵湖一带，重点打造一座“风情小镇”。广袤的湖荡湿地和东晋古城、绿丘营地为风情小镇的打造创造了有利条件。设计上，以绿色生态为背景，以度假产品为主体，以休闲文化为内核，配以特色的湖光古城、户外休闲、文化娱乐场地，建成一个独具风情的特色小镇。各类水产湖鲜、液体小吧、特色度假屋、各地名食和特色风格、特色娱乐、特色运动，是小镇最魅力所在。

3、政策护航，创新机制。(1)设立机构，制订政策。特色小镇建设涉及经济、文化、政治、民生等大问题，须由政府设立专门机构负责，并实行政策倾斜。此外，还要研究遇到的各类问题，为小镇建设扫除障碍和隐患。(2)深化投融资体制改革。特色小镇建设投资巨大，政府必须广辟资金渠道，改革现有投融资体制。建议在政府参与的基础上，谋求战略性合作，鼓励多方渠道参与特色小镇建设，形成特色小镇建设合力和资金的有效保障。(3)创新小镇业态招商机制。政府须着力创新特色小镇的商业、服务业、文化业及符合小镇特色发展的其他产业的招商机制和运作机制，确保筑巢后“特色”的快速形成和小镇的繁荣。(4)创新小镇居民招入机制。除采取置换和商品房运作方式，以吸引本地居民和其他区域部分富裕群体入“巢”之外，还可将部分房源打造成“特色度假屋”，以吸引“临时居”。

关于推动全民创业促进经济社会又好又快发展的建议

区政协委员、江苏亚龙打捞航务有限公司董事长　丁良鑫

近年来，我区全民创业的力度非常

大、成效比较明显，但总体质量和效益还有待进一步提高。我区全市经济发展的排头兵、领头羊，更应该掀起新一轮全民创业的高潮，以此提升我区综合实力、扩大城乡群众就业。

调研走访过程中，广大群众和部分社会群体认为我区全民创业工作中仍然存在几个方面的不足：一是整体氛围不浓；二是政府载体平台建设不够；三是社会公共服务不到位；四是金融支持有缺位；五是信息资源不够迅捷。为此，提出以下几点建议：

一、转变观念，大力弘扬“三创”精神。要向浙江、广东等地学习，破除和改变一切阻碍和制约创业的思想观念，转变胸无大志、小富则安的小农意识；克服慵懒无为、瞻前顾后的保守思想；舍弃因循守旧、一成不变的僵化观念。要在全社会弘扬自强不息、敢为人先、追求发展的“三创”精神，通过广泛发动、树立典型、示范引导，激励群众思创业、谋发展，奋发图强、艰苦创业，努力形成崇尚创业、争相创业的生动局面。

二、全面开花，大力培植创业队伍。要着力扶持各类创业人才，加快壮大创业者队伍，鼓励支持各类经营型人才、管理型人才、科技型人才与市场结合；鼓励支持大中专技校毕业生、返乡农民工、城镇下岗失业人员、复员转业军人在创业中就业，充分利用就业扶持政策实现自主创业；鼓励支持广大农民通过参与特色农业、农产品加工业和各种非农产业创业致富；鼓励支持外出务工、经商人员在学有所成、经营有成之后回乡投资创业；要坚持选资与引智相结合，加大招商选资力度，吸引更多的外部资本、人力资源来我区投资创业，进一步发展开放型经济。

三、搭建平台，激发创业活力激情。一是以政策激发活力。在原有优惠政策的基础上，尽快制定全民创业的鼓励政策。对城镇百姓的创业，在办证程序上开辟“绿色通道”，尽量简化手续，提供优质快捷的服务。在一些税费上实行减免收费，如房产抵押贷款重新评估，费用应减半征收。对农村百姓的创业，一方面要根据农村经济发展的特点，通过政策扶持，鼓励和帮助农民积极发展农业生产，调整农业结构，全面发展各种经营，兴办农业产业实体。另一方面，鼓励农民在其他行业上大胆创业。构筑项目上扶持、信贷上支持、办证上优惠、法律上保护的服务体系。对现有个私企业，要鼓励其加快增资扩股，做大企业规模，拓宽发展领域，实现“二次创业”。对个体工商户新转为私营企业的，要制定相关优惠政策予以扶持。二是以开放增强活力。全民创业和招商引资是推动经济快速发展的两大引擎。要通过大力开展招商选资，为全民创业提供项目、技术、资金、信息和创业理念等，借助外力，激活内力，激发本土创业热情，引导本地企业借助外力做强做大，双方优势互补、和谐竞争、实现双赢。在积极引导群众创业、焕发群众创业激情的同时，要注重发挥园区孵化器的作用，支持创业项目入园孵化，为创业群众提供良好的创业平台。三是以服务凝聚活力。建议成立一个全民创业的综合服务机构，具体做好服务工作，把推动全民创业的服务工作重点放在抓好服务体系建设上来。要加强创业培训，利用现有的培训基地，重点抓好下岗失业人员的再就业培训、农村劳动力转移就业的技能培训，提高创业主体的创业能力；要搞好信息咨询服务，积极为创业者提供相关的创业信息服务，为创业者指路引航；要大力发展技术支持、产权交易、信息咨询、法律援助等各类中介服务组织。

推行垃圾分类处理　建设绿色盐都

区政协委员、楼王小学校长　张志根
区政协委员、大冈镇卫生院
副院长　张荣征

近年来，随着农村经济的发展和农民生活水平的提高，农村的生活垃圾越来越多，其品类也越来越“城市化”；加之受地域、资金、技术、观念等因素制约，农村垃圾不能得到很好地处理，这个问题已成为制约生态文明建设的主要瓶颈，如果不能及时破解，不仅会影响群众的生产生活，也会影响“绿色盐都”目标的最终实现。

目前我区城镇公共环境中，如道路两侧、广场公园的垃圾桶大多都是统一的分类垃圾桶，但是很多地方的民用垃圾桶却不是分类垃圾桶，很多生活垃圾（果皮、菜叶、剩菜剩饭、花草树枝树叶等）、其他可回收物（纸类、塑料、金属等）以及很多有害物（电池、灯管和日用化学品等）都混到一起扔进这些垃圾桶里。同时，我区很多农村地区的生活垃圾处理缺乏有效的管理，甚至处于混乱状态。大部分农村垃圾都是随地堆放、倾倒。部分农村企业的工业废弃物随意倾倒在工厂企业的附近。

虽然我区制定了环境卫生专业规划，但在管理职能上没有延伸，规划对乡镇的环境卫生不是编的很细致。于是农村环境基础设施建设相对滞后，农村环境脏、乱、差问题日益凸显，成为城乡环卫管理方面存在的主要问题和影响城乡统筹发展的主要矛盾之一。

建议如下：

一、垃圾处理，认识很重要。政府机关、企业、社会团体、学校、农贸市场、传统节假日等加强宣传，可通过讲座、社区交流、张贴、发放宣传材料等方式让居民了解垃圾分类的意义、过程、方法等，在环保认识上形成系统的全社会共识。

二、在有条件的社区、村（居）试点投放分类垃圾桶，逐步推广。按国家标准根据可回收垃圾、厨房垃圾、有害垃圾及其他垃圾的分类，设定2~4个垃圾桶为一组，不同种类的垃圾桶颜色不同（可选用绿色、红色、黄色等），并设置明显的文字标识。

三、试点给居民发放分类垃圾袋，鼓励居民主动进行垃圾分类，鼓励居民尝试在家中设立分类小垃圾桶。

四、环卫部门要统一收集、运送不同类别的垃圾，这是保障居民环保积极性的重要环节。逐步鼓励、引导居民分类投放，环卫部门分类收集，形成良性循环，才能整体地提高环保意识。

五、加大对农村生活垃圾处理的政策和资金的保证。各地根据实际情况制定相关规定，落实专项资金。逐步规范农村生活垃圾处理的各个环节。

六、在中小学校、幼儿园推广普及垃

圾分类工作，把垃圾分类宣传工作作为校园生活的一部分，设立分类垃圾桶，安排专门人员指导分类，中小学校各班级安排专职学生负责指导垃圾分类，幼儿园有教师指导分类，中小学校幼儿园定期开展垃圾分类科普活动。

七、按照国家环保的要求，在农村垃圾的运转处理上，应实行城乡一体化，即：组保洁，村收集，镇压缩、运转，区统一填埋、焚烧或进行垃圾资源化处理。

大力度推进农村集体产权制度改革

区政协委员、区委农工办副主任　李　宏

农村集体产权制度改革，主要涉及集体“三块地”和“两类资产”的改革。“三块地”即承包地、宅基地和农村集体建设用地，“两类资产” 即村集体所有的经营性资产和非经营性资产。农村集体产权制度改革涉及广大农民的切身利益。随着城市化的快速推进，群众对推进集体产权制度改革的要求越来越迫切、呼声越来越高。我区常住人口城镇化率已超过60%，意味着已有40多万农民进城入镇就业居住。同时，通过土地征收和集体房屋拆迁，村级集体资产成倍扩张，村集体积累总量已超过9亿元，还有总量65万亩的承包土地、20万亩的集体养殖水面等资源。维护好广大农民的土地承包权、宅基地使用权、集体收益分配权，既是深化农村集体产权制度改革的重点目标，也是让农民持有“三权”放心离乡离土、进城入镇，提速推进新型城镇化的迫切需要。

近年来，我区在农村集体产权制度改革的关键环节上积极探索、谋求突破。从总体上来看，改革试点层面的工作卓有成效，但深度还不够、覆盖面还不广，还有较大的努力空间。在确权方面，全区还有20%左右的农户承包地没有确权到位，还有80%以上的村集体经营性资产没有开展确权。在赋能方面，抵押、担保、转让等权能的实现方式和有效措施还不多。在搞活方面，大量集体资产存在经营不活、效益不高等问题。我们要顺应城市化发展潮流，坚持问题导向，回应群主关切，在“还权、赋能、搞活”各个环节上加大工作力度，不断在全面深化农村集体产权制度改革上取得新突破。为此建议：

一要更大力度推进“还权”。建议把承包土地确权和集体资产、资源确权作为近期工作重点，在提高覆盖面上下功夫、求突破。全区承包土地确权工作虽然已近尾声，但也到了攻坚克难、爬坡过坎的阶段，历史遗留问题多、矛盾相对集中，必须始终坚持保持稳定、依法规范、民主协商、分级负责的原则，最大限度地维护好广大农民的土地承包权益；充实队伍，完善“四级”土地矛盾纠纷调处机制，做到工作不松劲、力度不减退，确保上半年全区全面完成承包土地确权颁证。用好土地确权实测成果，建立集体各类资源数据库，为全面推进规范交易奠定基础。坚持标准条件，做好村集体资产清产核资和集体成员身份界定，着力推进村集体经营性资产确权到户和股份合作制改革，力争城中村、园中村、集镇所在村和集体水面资源较多的村年内实现全覆盖，以“三会四权”内部治理机制的建立，进一步强化村集体资产的经营管理，确保集体收益真正惠及本集体成员，切实增加成员的财产性收入。

二要更实举措加快“赋能”。坚持依法、自愿、有偿原则，积极引导农民通过出租、互换、转包等方式，流转承包土地经营权；加快推进农户以土地承包权入股龙头企业、合作组织等各类新型农业经营主体；进一步扩大承包土地经营权抵押、担保试点。研究总结郭猛试点做法，稳步推进农村宅基地自愿有偿退出。在落实好进城入镇农民持有“三权”的基础上，制定有效办法，支持引导其自愿有偿转让上述权益。借力现有农业担保机制，逐步将集体各类产权纳入反担保范围，丰富拓展其抵押、担保权能。

三要更多路径促进“搞活”。一方面，充分发挥市场在资源配置中的决定性作用，通过区、镇两级现有农村产权交易平台，将农村承包土地经营权、集体财产所有权、集体养殖水面承包经营权、集体林地使用权、股份合作社股权等纳入市场化交易体系，规范流程、公开交易，促进各类集体产权合理流动、优化配置，在更大范围发现和实现其价值。另一方面，更好发挥政府引导作用，在立项审批、土地供应、税收先征后奖等方面落实政策、加大扶持，重点支持村集体独资或抱团参股城市综合体、标准厂房、乡村旅游等业态项目建设，搞活集体资产经营，提高集体收入水平，为农民增收、农村发展提供强大动力。

关于深化放管服改革的建议

区政协常委、市国土局盐都分局
行政许可科科长　韩凤玲

深化“放管服”改革是推进政府管理改革的重要内容，是推动经济社会持续健康发展的战略举措。“放管服”体现了政府职能转变的核心理念，体现了政府自身建设的完整性，是行政管理体制改革工作的深化。“放”的核心是政府角色定位问题，是要重新界定政府、市场、社会边界和相互关系。“管”的核心是政府管理转型问题，管理变革要适应经济社会新常态、科学技术新进展和全面深化改革的新形势，涉及管理体制、部门职责、政府层级、运行机制、技术平台、法制保障等方方面面，目的是建设现代政府。“服”的核心是在“放”与“管”的全面深刻变化基础上形成的治理理念、治理机制、治理体系，是治理能力现代化，“服”既是改革举措，也是改革目标，目的是建设人民满意的服务型政府。现就如何进一步做好此项工作建议如下：

一、“放”的方面。

也许大家经常抱怨，不同部门难以协同下放某一事项，实际上部门也有苦衷，毕竟同一事项的管理责任和管理内容不同，对下级部门的承接能力也是考验。地方行政审批制度改革要再出发再攻坚，要进一步加大简政放权力度，以清理部门规章和省级人大条例、省级政府规章为重点，切断掌控行政权力者以此寻租、与民争利的灰黑路径。在清理行政审批项目的同时，还要同步清理具有审批特性的其他权力事项和公共服务事项。

二、“管”的方面。

政府管的改革在体制、机制、法制、能力和文化等诸多方面都有寻求突破的空间。

一是要构建科学的监管职责体系，完善综合监管，推进市县两级综合行政执法改革，减少多头执法和重复检查，消除监管盲点，在机构未进行大的调整前，要按照谁审批谁监管、谁主管谁监管的原则，制定部门监管责任清单，明确监管主体，细化职责分工，建立登记注册、行政审批、行业主管相互衔接的监管机制，确保事有人管、责有人负。

二是加快推进统一的信用信息共享交换平台建设，构建以信息归集共享为基础，以信息公示为手段的监管制度，信息归集共享机制真正建立起来、顺畅运转，事中事后监管的许多问题都会迎刃而解。

三是强化信用监管。搭建企业信用信息公示系统，扎实做好企业信用信息公示工作，尽快健全相关制度，将企业信用信息纳入信贷审批、政府采购、工程招投标、国有土地出让等工作的审批程序，整合监管资源和执法力量，推行协同监管和综合执法，建立跨部门联动响应机制和失信惩戒机制，创新经营异常名录和“黑名单”制度，真正做到“一处失信，处处受限”。

四是创新日常监管。普遍推广“双随机”抽查机制，建立市场主体名录库和执法检查人员名录库，通过摇号等方式，随机抽取检查对象、随机选派执法检查人员，确保监管执法的科学性、公正性。此外，地方政府必须要求所有基于办事人申请的行政审批和公共服务事项一律进驻政务服务大厅，规范审批流程，强化窗口主导，推进政务服务规范化、标准化，全程电子监察，让政府权力在阳光下运行。

三、“服”的方面

首先是创新服务理念。建议研究企业全生命周期服务和公民个人全生命周期服务两个问题。提高服务“双创”的效率，为企业开办、成长和推出提供“一条龙”服务。另一方面，要研究与民众关系密切的就是人的全生命周期管理服务问题。据调查，一个人从出生到死亡需要办理400多个证件，多数证件只用一次，证件清理任务繁重，应该成为改革重点，增强民众的改革获得感。再就是民生服务问题，要区分公共服务、政府服务、社会服务等概念和范畴，对于那些不该政府管的应该换种改革思路，采用市场机制机制解决。要提高公共服务供给效率，推广政府和社会资本合作模式，多渠道提升公共服务共建能力和共享水平，要依托“互联网+政务服务”，让企业和群众办事更方便、更快捷。

9月26日，苏州市政协人资环委考察特色小镇建设工作

其次是优化服务方式。政务服务中心是解决政府与公众“最后一公里”或者说“最后一米”的问题，“放管服”改革必须打通这一道关，要把政务服务中心作为推进改革的抓手，加快构建统一的“一站式”服务体系，要真正落实“一个部门一个窗口对外、一级政府‘一站式’服务”的服务模式。通过转变传统管理方式，优化和再造业务流程，全面梳理涉及群众办事的政务服务事项，逐项梳理基本流程和办事依据，简化无谓证明和烦琐手续，推进政务服务的协同化、便捷化和智能化，切实解决传统管理环节多、材料多、往返多等现实问题，实现政务服务事项的网上综合受理和全程协同办理，涉及政务服务事项的证件数据、相关证明信息等跨部门、跨区域、跨行业互认共享，切实做到“证件联用、信息联通、服务联动”，力促“群众跑腿”向“数据跑路”转变、“条块分割”向“整体联动”转变、“群众来回跑”向“部门协同办”转变。

深化“放管服”改革是一场牵一发而动全身的深刻变革，是构建现代政府治理体系的重要抓手，我们要树立大局意识，相忍为国、让利于民，以政府减权限权，激发市场社会新活力，创造新供给，释放新需求，培育新动能，打造高效透明低成本的政务服务体系，要以“啃硬骨头”和“自我革命”的精神，以“三严三实”狠抓落实的作风，敢于涉险滩，敢于过深水区，不断深化重点领域和关键环节改革，要坚持问题导向，推出更加务实有效的举措，真抓实干，狠抓落地，将“放管服”改革做深、做透、做到位，不断推向深入。（陈　明　单启文）

纪检 监察

综　　述

【概述】 2017年，以坚持围绕中心、严明政治纪律规矩，坚持合力担当、严格落实“两个责任”，坚持祛邪扶正、长效推进作风建设，坚持分类执纪、用足用好“四种形态”，坚持源头防范、提升综合治理水平，坚持自我净化、打造严实干部队伍“六个坚持”为抓手，履行监督执纪问责职责，推进廉洁盐都建设，全区党风廉政建设和反腐败工作取得较好的成绩。按照监督执纪“四种形态”要求，坚持抓早抓小、防微杜渐，坚持无禁区、零容忍、全覆盖，保持惩治腐败高压态势，紧盯违反“六项纪律”行为，强化执纪审查力度，全年实施“第一种形态”608人次，同比增长156.2%；立案查处各类违纪违法案件356件，同比增长47.1%，实施“两规”措施3件3人。强化执纪执法部门协作配合，开展党员干部违法犯罪判刑未给予党政纪处理情况专项排查，追处违纪党员28人。查处扶贫领域案件14件，侵害群众利益问题34件、处分34人。

重要会议

【十四届区纪委二次全会】 1月23日，十四届区纪委二次全会召开。区四套班子、法院院长、检察院检察长、各镇(区、街道)、区委各部委办、区各委办局、区各直属单位党政主要负责人参加全会第一阶段会议；区纪委委员，区监察局副局长，各镇(区、街道)纪(工)委书记，区直各部门单位纪委书记(纪检组长)，非公企业纪委书记(纪检组长)和党风政风监督员代表，区纪委、监察局全体人员出席会议。区委书记羊维达讲话。区委常委、区纪委书记朱金南代表区纪委常委会作题为《严格监督执纪问责，深化全面从严治党，为高水平全面建成小康社会提供坚强纪律保障》的工作报告。要求全面贯彻党的十八大及十八届三中四中五中六中全会和习近平总书记系列重要讲话精神，按照中央和省市纪委全会部署要求，加强党内监督，深化制度落实，严肃党内政治生活，强化监督执纪问责，持续深化作风建设，保持惩治腐败高压态势，着力构建不敢、不能、不想腐的体制机制，维护风清气正的政治生态，加强纪检监察队伍建设，推动盐都全面从严治党向纵深发展，迎接党的十九大胜利召开。

【全区纪检监察工作总结交流会】 7月21日，区纪委召开上半年全区纪检监察工作总结交流会，传达贯彻上半年全市纪检监察工作总结交流会精神，回顾上半年全区纪检监察工作情况，部署下一阶段工作任务。各镇(区、街道)、各部门单位纪(工)委书记(纪检组长)、专兼职纪检监察员，区纪委、监察局全体人员参加会议。区委常委、区纪委书记朱金南出席并讲话。会议指出上半年全区纪检监察组织以“六个坚持”为抓手，全面履行监督执纪职责，各项工作取得阶段性成效。围绕巩固反腐败压倒性态势、坚持往深处抓正风肃纪、更大力度推进源头防范、致力创新提升工作水平四个方面部署下半年工作任务。

重要工作

【落实“两个责任”】 年内，扣住专责监督机关定位，围绕“两个责任”“两个为主”和“两个全覆盖”，构建区镇村三级党组织责任清单，实施痕迹化管理。通过专题部署、述责评议和公开承诺等，不断健全横向到边、纵向到底、层级分明的“闭环”格局。注重发挥领导示范带头作用，出台并执行镇(区、街道)党政正职干部监督实施办法，紧盯“关键少数”、重要岗位、重点环节和“三重一大”事项，开展日常检查、随机抽查和专题巡查。做好巡视巡察工作，针对省委首轮巡视发现共性问题，制定76条整改措施并跟踪落实；组织四轮对16个镇和部门单位巡察，发现问题线索322个，其中突出问题153个。推进重点领域专项整治，落实《关于构建“亲”“清”政商关系的意见(试行)》，明确“九个禁止”和“六个不得”，为规范政商交往划定禁区和红线。

【推进作风效能建设】 推进“五为主、五结合”反腐倡廉宣传教育活动。开展“讲政治、守纪律、树形象”公开承诺和“推动落实、推进服务”主题活动，推进干事创业容错免责机制落实，激发全区党员干部干事创业激情；督促相关单位完善发展环境制度，强化“店小二”服务意识，为企业提供必要保障；注重完善作风评价监督“互联网+”模式，着力放大评价效应，不断激发争先创优的内在动力。督促各级党组织召开“从严落实中央八项规定精神”专题民主生活会，查纠存在问题；组织开展271批次不同层级的明察暗访，立案查处并通报曝光违反中央八项规定精神案件27件，对疑似和轻微问题及时进行约谈提醒。推进机关工作表面化、审批服务梗阻化、违规吃喝隐蔽化“三化”专项整治，整治“一桌餐”，开展“最差”服务科室（窗口）评比，对15件行政诉讼败诉和行政复议纠错案件进行责任追究，通报批评重点工程建设未达序时的4家单位，对相关人员进行诫勉谈话。

【提升源头预防水平】 注重运用制度固化全面从严治党实践成果，完善权力运行制约和监督机制。把严明政治纪律和政治规矩放在首位，加强党性教育和廉洁自律教育，引导党员干部立正身、讲原则、守纪律、有规矩、拒腐蚀。深化“一把手”“四不直接分管”和末位表态制度，探索建立党员领导干部插手干预重大事项记录制度，促进权力规范正确行使。推行镇管干部廉政档案制度，实现镇管干部廉政档案全覆盖。以省纪委书记蒋卓庆调研督查和“正风肃纪镇村行”专项行动为契机，督促职能部门在巩固农村产权交易效果的同时，深化农村集体“三资”监管，创建数据共享“一网通”、管理责任“一单清”、阳光村务“一点明”为特色的“三资”监管“盐都模式”，得到省纪委的肯定和推广。区、镇两级平台全年产权交易项目总数达437件，溢价总金额1216.14万元，既增加基层集体经济收益，又有效预防农村“微腐败”。

【强化队伍自身建设】 2017年，区纪委常委班子带头巩固深化党的群众路线教育实践活动和“三严三实”专题教育成果，推进“两学一做”常态化制度化，加强自身建设。按照上级部署要求，推进纪检监察体制改革，实现巡察和派驻全覆盖，完成检察反贪反渎等人员转隶工作，做好区监察委成立挂牌前期工作。建立实施工作定期考核机制，对工作完成情况实行逐级评价；推进“打铁自身硬”专项行动，落实监督执纪工作规则、“1+N”配套制度和纪检监察干部个人事项报告制度，开展纪检监察干部公开承诺，强化八小时内外监督管理；出台《纪检监察系统运用监督执纪“第一种形态”加强队伍建设具体办法》，对苗头性、倾向性问题，及时提醒约谈。

重要活动

【推进两个“全覆盖”】 年内，协调拟定《关于全面落实区纪委向区一级党政机关派驻纪检机构的方案》和《区委巡察机构组建方案》，牵头召开“两个全覆盖”改革动员部署暨新任职干部集体谈话会议，协助区委将区委巡察工作领导小组更名为区委巡察工作办公室，列入区委职能部门，设在区纪委。设主任（正科职）1名，副主任（副科职）1名，主任由区纪委副书记兼任。设置4个巡察组，每个巡察组核定组长（正科职）1名、专职副组长（副科职）职数2名，人员配备率94.74%，设立区纪委派驻纪检组共15个，其中：综合派驻11个，单独派驻3个，联络管理1个，实现对52家区级党政机关派驻监督全覆盖。每个纪检组核定编制4人，共60人。每个纪检组设组长（副科职）1名，副组长1名，工作人员2名。纪检组长担任相关单位党委（党组）成员，人员配备率71.67%。

【开展专项活动】 按照上级纪委布置要求，深入开展“打铁还需自身硬”专项行动，严格执行全省纪检监察干部“六条禁令”和市、区纪检监察干部“八小时之外”行为规范，组织开展公开承诺和警示教育活动等，将各项要求内化于心、外化于行。开办“纪检监察大讲堂”，邀请市纪委相关负责人专题授课，组织参加全区科级干部暨乡镇青年干部培训班等，学习业务技能，提升政治素养。实施纪检监察干部月度学习制度和工作汇报制度，组织跟班培训和业务知识竞赛，营造钻研业务、创先争优的浓烈氛围。强化内控机制建设，编制内部职能运行流程图30份，制定流程控制措施182条。 （耿立全　郜晓敏）

7月，打铁自身硬专项行动·七一重温入党誓词

民主党派

- ◆民主同盟
- ◆民主建国会
- ◆民主促进会
- ◆农工民主党
- ◆九三学社

中国民主同盟盐城市委盐都总支部

【概述】 2017年，在民盟盐城市委、区委统战部直接领导下，盐都总支围绕盐城市、盐都区的发展以及总支部自身建设的中心工作，认真履行职能，与时俱进，开拓创新，各方面工作有序开展。

【强化理论学习】 年内，总支努力建设学习型总支，组织全体盟员学习中共重大文件，及时传达上级会议精神，增进盟员对中共基本路线、基本纲领和中共领导下的多党合作制的认识，增强盟员抵御各种错误思潮的能力，提升盟员自身的政治责任感和历史使命感，从而使全体盟员确立全面、协调、可持续的科学发展观，自觉接受中国共产党的领导。在市区两会召开以后，总支都能将市区两会的主要精神通过多种渠道向各位盟员传达，努力使各位盟员能够了解市与区的实际情况，努力做好参政议政的工作。十九大结束以后，组织盟员学习十九大的文件精神。

【吸收优秀人才】 年内，总支部严格标准，做好组织发展工作。将业务能力强，群众基础好，热心盟务工作，有一定参政议政能力的优秀人员吸收到组织中来，壮大民盟的力量。全年发展盟员1名，总支力量不断壮大。

【立足本职工作】 年内，盟员开展本职工作，认真贯彻执行上级盟组织和统战部门的要求，出色完成各项工作。组织一系列的社会活动来提升盟员的智力辐射力。1月22日召开盟员大会，进行上一年度的工作总结并进行先进盟员的表彰活动，就全年的工作作出全面的部署。3月21日“世界睡眠日”，总支联合盐城市第一中学举行“健康知识进校园”的公益活动，盟员朱记军在学校里为学生作健康知识讲座，展出健康知识展板，对学生进行健康生活的理念宣传。7月7日，盟总支组织盟员与盐城一中党委共同参观阜宁6·23纪念馆，让广大盟员真切感受“大灾无情，人有情”，增进地方党委联系，进一步增强为民服务的意识。11月18日，组织盟员在秦南镇进行大走访，传达党和政府对民众的关切之情。11月23日，民盟市委委员徐群及总支副主委赵军在淮安市清江中学参加交流活动。赵军面向淮安市的高中语文老师开设公开课，在印发给听课老师的简历中响应民盟市委的“亮身份”的要求，特别突出民盟盟员身份，扩大民盟影响，徐群、赵军专门就盟务工作与民盟淮安市委副主委作交流。

【参政议政】 年内，盟员中有市人大代表1名，市政协委员1名，区人大代表1名，区政协常委3名，区政协委员5名，在市区两会期间，有多篇提案及建议案提交，为全区教育、经济的跨越发展建言献策。林汉城和杨芳的提案还被表彰为优秀提案。 （赵　军）

中国民主建国会盐城市委盐都总支部

【概述】 2017年，民建盐都总支在民建盐城市委和盐都区委及统战部的领导和指导下，带领全体会员，着力创新、主动作为，较好履行政治协商、民主监督、参政议政和服务社会职能，在市委会综合考核中继续保持在15个总支（支部）第一的成绩，为“强富美高”新盐都建设发挥作用。

【强化理论学习】 年内，按季召开总支委员会和支部生活会，组织会员学习党的十九大、全国“两会”会议和习近平总书记系列讲话精神，深刻理解新时代中国特色社会主义理论和党的十九大对政治协商、民主党派工作新要求。引导和组织会员学习统一战线基本知识和理论，学习民建《会章》、会史等，组织骨干会员赴重庆，实地学习民建会史，进行触及灵魂的革命红色教育。推荐会员参加省重点理论研究和读书征文活动。其中王金海参加民建江苏省委第八届理论研究会，与会交流的《变单打独斗的“独角戏”为声势磅礴的“大合唱”——增强民建民

11月，民建盐都总支委“送戏下乡”

主监督合力与实效的对策研究》获省优秀成果奖，王都娟参加“不忘合作初心，继续携手前进”主题征文活动，撰写《立足职能定位发挥自身优势共同实现伟大的中国梦》一文被省评为优秀征文。参加市区委统战部组织的各种学习和社会实践活动，提高会员政治把握和组织认同力。陈伟参加市委组织部、统战部组织的全市第17期党外干部主体学习班学习，并就盐城农业农村高效发展之路专题发表看法，多名会员在镇江、延安参观学习。开展专题读书学习活动，组织会员参加市委会“书香盐城　共享经济”等主题读书活动，结合十九大精神学习，赠送每位会员《习近平七年知青岁月》一书，从总支实际出发，分支部进行阅读和讨论，书写读书心得。

【提高履职实效】　年内，总支围绕盐都一极一园一业大局，在推进城乡统筹、提升旅游效益、加强环境治理、强化民生服务等方面，发挥组织密切联系经济界与法律、财税、社会服务工作的整体优势，进行调研，有针对性地进行建言献策。9位人大代表、政协委员会员，围绕党委和政府的中心工作书写提案，全年共书写提案、议案14篇，其中，荣钰的《加强后营改增时代税源培植的建议》作为总支在区政协建言献策大会交流发言，王金海的《打造特色盐都“名片”叫响文化旅游品牌》作为总支集体提案，受到区政协的肯定，王金海提出的治理三线搭挂、在重要道口增设遮雨棚等建议被市政协印发；注重调查研究，围绕中心工作和社会热点问题，做好社情民意信息的收集和整理，报送社情民意信息和相关评论，全年报送社情民意32篇，其中民建省委会采用1篇，中共市委办采用6篇，市委统战部采用21篇。

【突出服务创新】　年内，动员和组织会员关注社会、服务社会。通过组织骨干会员开展“民建会员大走访”活动，登门入户与困难群众谈心，建立互通互信机制，帮助寻找脱贫致富路子，受到市委区委统战部肯定；开展“暖企”行动，走访神鹤科技、中恒宠物、鹰昌服饰等会员企业，推荐在纺织技术研发、电商物流运输、劳动力转移、职工模块培训方面的创新举措，扩大企业影响力，协助高新区智能终端创业园区部分小微企业开展招工和产品推荐活动，提高组织向心力和服务经济发展能力。巩固传统服务品牌，第六年不间断开展“关爱空巢老人、温暖生命历程”活动，提升结对老人家庭获得感，增强会员参与社会服务的积极性，形成全员参与社会公益的氛围，提高民建在社会上的影响力和良好形象。服务出新品。通过“大走访”活动，针对学富镇的2位农村贫困学生，以“雏鹰助学”方式开展结对培志解忧助学行动；与市淮剧团联动，开展文艺惠民“送戏下乡”活动，丰富农村群众文娱生活，拉近总支与基层群众距离。与区红十字会联合开展“应急救护知识与技能培训”活动，提高会员和参与群众应对意外突发事件的自救互救能力。为保障会员身心健康，激发会员工作热情，增进互动交流，邀请专业人士集中进行运动健身知识讲座，并做到“三有两保证”（活动有场地、有经费、有主题；保证每季度开展一次活动，保证成员参与率不低于70%）。　（陈　伟　王金海）

中国民主促进会盐城市委盐都总支部

【概述】　2017年，民进盐都总支共有会员40人，其中新发展会员2人。市政协委员1名，区政协常委2名，区政协委员10名。总支被民进市委表彰为“先进支部”，全体会员坚持学习，加强组织建设，围绕盐都区规划的中心任务，反映社情民意、建言献策，各项工作取得新进展。

【参政议政】　践行民进中央确立的“有思有行、集智聚力、顺势而为、开拓创新”的工作方针，开展参政议政工作。总支组织会员开展民情查访活动，撰写提案、信息，争做优秀代表、委员。民进盐都支部全年有建设绿色盐城、城乡医疗统筹发展、建设教育共同体、乡村停车场建设、打造华东童话旅游目的地、循环教材再思考等15条信息、提案上交，有两条政协提案被评委优秀提案。结合市委市政府的“五个一”工程，召开专题研讨会，讨论学习“五个一”工程实施后对盐城经济社会发展的改变，4月，组织会员在楼王、秦南一线进行一桶水工程实地调研。6月，组织会员在东台调研一片林的实施状况，要求会员撰写调研感受，结合盐都实际，提出盐都实施“五个一”工程的提案和建议。

【参与社会事务】　年内，组织“送医送教”下乡活动，把优质的医疗资源和教育资源送到百姓身边，受到百姓赞扬。3月，“蒋爱东名使用工作室”送教大纵湖、大冈镇，为基层一线学校带去课外阅读的指引和帮助。在送教活动中，安排“朗读者”活动，会员鲍丽斌和乡镇老师同台朗诵。11月至12月，盐都总支近30人参与盐都区“百名党外人士访千户”活动，陆中中、张勇等人为贫困群众解决子女就业、医疗咨询等问题，受到群众赞誉。12月，市二小与“蒋爱东名师工作室”合作，送教秦南镇，就阅读教学的话题展开研讨，挖掘“让学引思”课堂改革的思路和举措，收到良好的社会效益。市三院的会员放弃假日，联合区卫计委做好卫生信息化工作，依托全区六大中心建设，探索远程影像、心电网络建设，为区域医疗平台建设奠定基础。蒋爱东、张燕、陈书桂、龚建华、鲍丽斌、刘群等会员分别送教到青海、新疆、东台、建湖及盐都各乡镇。

【爱岗敬业，创优争先】 年内，总支特别注重会员的专业提升，要求会员“年年有提升、个个出成绩”，为每位会员订一份专业杂志，鼓励会员专业发展，至年底，共有江苏省特技教师2名，盐城市名校长1名，盐城市学科带头人8名，2人被盐城师范学院聘为兼职教授，涌现医疗领域的专家型骨干近20名。会员徐正洲、杨传冈获江苏省基础教育成果奖特等奖；蒋爱东、鲍丽斌荣获江苏省基础教育成果奖二等奖；鲍丽斌获全国小学语文名师工作室课堂教学大赛二等奖；会员在“蓝天杯”“师陶杯”以及各级论文评比中获奖超过20篇，发表论文近30篇。主持省市级课题10多个。 （鲍丽斌）

中国农工民主党盐城市委盐都总支部

【概述】 2017年，农工党盐都区总支在农工盐城市委领导下，组织动员全体党员立足本职，发挥自身优势，围绕中共盐都区委区政府各阶段中心任务，认真履行参政议政、民主监督职能，开展多渠道、多形式的社会服务活动，为盐都经济建设和社会各项事业发展做出应有的贡献，发展新党员，年内，吸收1人入党，2人为积极分子。

【建言献策】 总支有区政协委员4名，市政协委员1名，年初的政协会议上共提交提案4篇，其中区政协常委施亚明的提案“切实推进分级诊疗 提高人民健康水平”被列为区重点提案。报送社情民意信息5篇。总支参加农工党市委开展的“大健康产业”联合调研征文活动，提交《如何让互联网时代的“健康咨询”健康发展》调研报告。年初开展调研课题《加快农业面源环境治理 促进我区农村水环境整治》，至年底，污染现状及污染原因调研结题。

【组织建设】 年内，总支实现活动的程序化和规范化，按农工党市委的要求和自身的特点，定期开展组织生活，加强党员之间的相互了解，增进党员之间的友谊，提高总支的凝聚力。发展新党员，增强组织的战斗力和生命力，根据组织发展规定的程序，经过观察和培养，吸收1人加入中国民工民主党，2位入党积极分子等条件成熟后再吸纳为正式党员。

【开展社会服务及公益活动】 5月，江苏广电总台媒体新闻中心和江苏公共新闻频道“幸福社区行”活动在亭湖区先锋街道幸福社区举行，总支协办活动。活动期间累计测量血压100余人次，提供健康咨询60余人次，进行体格检查50作人次，发放健康教育处方118份。农工民主党盐都总支为社区普及健康生活、营造健康文化做出贡献。9月，由农工党盐都区总支副主委、市第三人民医院大内科主任、神经内科主任医师钟建国等四名党员组成的医疗团队远赴新疆伊犁哈萨克自治州察布查尔县，进行为期一周的援疆医疗工作。通过义诊、教学查房和讲座等多种形式，给当地少数民族患者提供优质的诊疗服务，提高当地医生在神经内科疾病诊治方面的水平。总支响应区委统战部组织的“百名党外代表人士进百户大走访”活动，组织20名党员对郭猛镇20户村民进行走访。10月，总支又组织党员一行15人，利用周末休息时间，分别走访结对的郭猛镇刘垛、杨侍、护西、护陇、西湖、民乐、明朗7个村居，对村民的身体状况、家庭条件、生活上的困难等方面进行详细的了解和记录，尽最大可能地帮助这些因病致贫的家庭解决困难。

【立足岗位，创功立业】 全年支部党员发表国家级、省级论文18篇，核心期刊统计源期刊5篇，获得多项科技进步奖和科研立项。党员侍海存被“江苏省医学会脑卒中分会”推选为盐城唯一的委员，同时当选为“江苏省卒中学会”盐城市唯一的常务理事。副主委钟建国在全市率先开展A型肉毒素治疗面肌痉挛技术，受到广大患者的好评。 （王静波）

九三学社盐城市委盐都支部

【概述】 2017年，在区委及九三学社盐城市委的领导和区委统战部的指导下，围绕全区中心工作和发展大局，全体社员团结一致，大力弘扬“科学与民主”精神，在践行新发展理念中，求真务实，开拓创新，全年各项工作取得较好成效，为加快建设“强富美高”新盐都发挥作用。

【建言献策】 年内，结合社员工作实际，选择农业供给侧改革、农产品质量安全、医疗养老服务等课题，组织社员进行调研，形成“农业供给侧改革状况调查”“休闲农业提升路径调查”“种养经济组织农产品质量安全状况调查”“医疗养老服务业现状调查”等调研报告，在市区“两会”期间，提出“关于对耿火界沟河道进行长效治理的建议”“规划建设新的停车场并开放机关大院停车场，以缓解停车难问题”“关于进一步创造条件，解决律师会见难的建议”“关于政府、行政机关网站信息实时更新的建议”“关于加强非编制人员制度管理”、“关于加快推进盐都农业供给侧改革的建议”“关于在森林村庄如何标准建设上的思考和建议”“关于进一步做好粮食收购工作的建议”“关于加大对种养经济组织农产品质量安全监管的建议”“关于进一步推进养老服务业发展的建议”“关于加快推进农村公路提档升级”等10多件提案和建议。在全国和省“两会”期间，提出“在全国范围内加快推进‘三证合一’走向‘多证合一’登记制度改革的建议”“关于积极推进医养结合型养老护理模式建设的建议”“针对人口老龄化问题，建议老旧小区装电梯”等建议。社员刘咏桦被政协盐城市委员会表彰为2017年度“双岗双优委员”。王磊的“关于进一步做好粮食收购工作的建议”被评为盐都区政协“优秀提案”；李锦秀被盐都区政协表彰为2017年度“双岗双优”委员。

【服务经济社会】 3—11月，组织社员开展送科技下乡和“国际科学与和平周”活动5次，印发各类实用技术、卫生防病知识宣传材料5000多份，书籍和宣传手册700多册。结合农业创业培训工程。5月，在楼王、北龙港等乡镇，组织水产养殖户开展特种水产养殖技术培训，参训达160人次。开展科技结对挂钩服务。挂钩服务盐城家家乐家庭农场(龙冈镇鞍湖大顾村)14.67公顷、120座温室大棚养殖南美北对虾。挂钩服务学富工业化池塘养殖(学富镇白杨村)，总占地26.67多公顷。对种苗企业、大户100余家，开展绿化业务指导。开展对弱势群体援助服务工作。10—11月，为710名35~64周岁的农村妇女进行宫颈癌义务检查服务，发现异常情况338人；为150名农村贫困群众进行免费眼部检查和手术；免费为张庄敬老院老年人进行体格检查，建立个人健康档案。免费为中小学生举办“中级单词记忆培训和快速记忆法+9个简易音标班”、给学生们进行“五防”安全讲座4次。开展“百名党外代表人士进千户大走访”活动，共走访龙冈镇8个村(居)，社员们仔细听取群众的意见和建议，发挥自身优势，帮助贫困户解决生产和生活中的实际困难，获得群众的好评。社员刘咏桦自费订阅盐城晚报赠送给老人。4月，参加盐都检察院信访案件接待，参与处理马沟拆迁纠纷。5月、10月参加江苏法院执行在行动，走进《法治盐城》直播间活动。义务为企业法人开展法律知识培训，指导企业法人如何规避经营风险。李国志还参加律师志愿者与妇女儿童之家结对共建暨“法律服务进万家”活动。社员刘咏华和陈斌多次去敬老院看望孤寡老人，并赠送报纸、食品和生活日用品。参与多项政府工程审计。社员陈斌利用自己公司的专业特点，接受市审计局、盐都审计局等多家政府部门的委托，组织人员参与多项政府工程审计工作，并献计献策。

【组织创先争优】 社员瞿兆奎作为省“333高层次人才培养工程”培养对象、盐城市有突出贡献的中青年专家、盐城市名医生、东南大学医学院硕士研究生导师、中国医疗保健国际交流促进会泌尿生殖分会委员兼任江苏学组常务委员、中华医学会江苏省男科学分会委员、江苏省泌尿外科质量控制中心委员、盐城市医学会男科学分会主任委员、盐城市医学会泌尿外科学分会副主任委员、盐城市医学会医学鉴定分会委员、盐城市医学会医疗技术鉴定专家库成员，专注泌尿外科研究，科研项目：长效抗菌材料创新前列腺炎诊断国际金标准研究（盐城市科技局 项目编号YK201711）项目立项。3月，一种“斑马导丝”被中华人民共和国知识产权局授予实用新型专利，专利号ZL201620476352.9。论文专著：反向经皮肾镜钬激光碎石取石术的围术期护理【J】。发表在《全科护理》杂志上；徐巧岚专注儿科研究，自组研究的《婴幼儿EB病毒感染免疫功能的变化》被市立项，撰写的《EB病毒感染患儿的免疫功能变化》发表在《中国妇幼保健》杂志上；董红华任盐城市医学会骨质疏松分会委员，《肩锁关节脱位术后翻修的原因分析》发表在国家级杂志《临床医药文献杂志》上；周兢任江苏省超声医学会委员、江苏省超声工程学会理事、盐城市医学会超声学会秘书长；周荣彪任江苏省医疗损害鉴定专家库成员、江苏省急救医学会中毒组成员、盐城市医学会医疗事故技术鉴定专家库成员、江苏省急救医学会中毒组成员；袁磊任盐城市医学会内分泌分会委员，盐城市医学会风湿病分会委员，盐城市医学会内科学分会青年委员会委员。社员刘咏桦被聘为江苏省人民检察院人民监督员、被江苏省人力资源和社会保障厅评为“国家一级律师”。入选江苏省人民政府政府采购评审专家，被盐城市司法局表彰为“先进工作者”，被盐城市法学会表彰为“2017年优秀会员”。刘咏桦的《网络借贷相关 法律问题研究》发表在《法制与社会》上，《夫妻离婚后共同债务的承担》发表在《江苏经济报》上，《房地产升温下的违约应如何处理》发表在《盐城法学》上。《我国电子商务立法现状及未来发展趋势研究》发表在《法制博览》上。刘钰的《送快递》发表在《学前教育》上。俞世海的《“大树进城”热的措施和建议》发表在中国《花卉》杂志；《突出重点，科学防治》被《江苏绿化》录用；《抓实抓牢关键举措，全力围歼美国白蛾》被《中国绿色画报》杂志社录用；《林业“三化”蓄宝于林，藏宝于民》发表于《现代园艺》杂志；俞世海被盐城市政府授予盐城市“一片林”建设先进个人；董红华被表彰为“盐都区十佳青年医务工作者”。

【加强自身建设】 年内，李安云为盐城市第七届党代会代表；刘咏华和董红华为盐城市第八届政协委员；周兢为盐都区第十六届人大代表；李锦秀为盐都区第十四届政协常委、人民陪审员、特约检察员；郝玉凤为盐都区第十四届政协常委；徐巧岚、瞿兆奎、张明生、吴扣英为盐都区第十四届政协委员。发展吴扣英、吕成堂、朱雪峰、王磊、俞世海、陈进、王晓丽、季飞为新社员。

（王中林）

盐城市盐都区总工会

【概述】 全区工会工作按照区委和市总工会的决策部署，围绕强“三性”，去“四化”，聚力深化改革创新，同步推进区、镇工会改革，工会工作取得新进展、新成效。区总工会荣获全国职工公共安全卫生应急避险知识普及竞赛活动组织先进单位，江苏省推动厂务公开民主管理工作先进单位、全市工会工作综合先进单位。全市推进集体协商工作先进单位、全市工会法律监督工作先进单位等十多项荣誉称号。

【建功立业行动】 年初，根据《盐都“十三五”劳动竞赛实施意见》，围绕全区重大项目、重点工程、重要产业，制定全区劳动和技能竞赛实施计划。在围绕“大众创业、万众创新”职工科技创新竞赛中，开展职工技术革新1200多项，向省、市推荐职工优秀创新成果6项。在围绕区委“一极一园一业”职工劳动和技能竞赛中，开展全区护士护理技能竞赛、动物防疫职业技能竞赛、旅游导游技能竞赛、安全生产综合执法演练竞赛、农电系统职工技能竞赛、电信系统职工“智能家庭服务工程师”技能竞赛等8个行业15个工种近千名优秀职工参加的技能比武活动，120多名技术人员获得组委会的嘉奖，10名选手获得“盐都区五一劳动奖章”。

【提升职工整体素质】 年内，组织企事业单位近万名职工参加“喜迎十九大，不忘初心跟党走”的知识竞赛，回收竞赛答题9500多份，33名职工获市总工会表彰。组织职工参加全国“安康杯”竞赛活动，全年新增参赛企事业单位15家，竞赛人数达1.5万人，盐都连续四年获全国总工会表彰。新建“爱心安康驿站”5个，组织职工参加“安全隐患随手拍”和“安全月”活动，多篇作品在省、市获奖。在全市开展以“共享读书乐、共筑中国梦”为主题的第七届“盐城职工读书月”活动中，盐都荣获市总工会组织奖。开展“求学圆梦”活动，共有32人拿到省总工会补助。开展创建市级“职工书屋”示范点，全年创建省级示范点1家，市级示范点6家。组织职工开展全区首届乡镇职工乒乓球赛、羽毛球赛等各类文体娱乐活动50多场次，盐龙街道总工会、潘黄街道总工会分别举办十多个场次的各类文体文娱活动。

【弘扬劳模先进事迹】 年内，推荐评选省、市“五一劳动奖状”4家，省、市“五一劳动奖章”7人，省、市“工人先锋号”7个，日升纺织公司潘荣昌被评为市“制造业工匠”，金麦穗科技公司熊万军被评为

7月，首届市民文化节开幕　　王 谱　乐华泽　摄

“盐城工匠”。农电公司宋红浩被评为“江苏工匠”，新永佳公司徐永和获省工会“五一劳动奖章”。区总工会共会为400多名劳模和先进工作者进行健康体检和组织疗休养活动，创建十多个劳模创新工作室，在区电视台设专栏，报社设专版，大力宣传劳模和工匠及文明职工的先进事迹，在全区营造劳动光荣、创造伟大浓厚氛围。

【精准帮扶】 年初，区总工会发动全区各级工会组织对困难职工基本生活情况进行全面调查，共为870户困难职工、困难农民工在区职工服务中心建立一户一表的纸质档案和电子档案。“两节”期间，组织开展以“工会常伴，贴心温暖”为主题的工会送温暖“1+1+N”系列关爱行动。春节期间，区总工会分三个小组与全区各镇(区、街道)和部门单位，进企业、到社区，慰问困难职工822名，共发放慰问金、慰问品120多万元。年内为169名患重大疾病困难职工家庭解决帮扶资金31万元。开展“金秋助学、工会相伴”为主题的金秋助学活动，向52名困难职工(农民工)子女发放11万元助学金。组织党员干部开展“三带三联”大走访和党员牵手致富活动，全面完成走访企业和村(居)全覆盖任务，帮助协调解决走访过程中群众反映的18个问题，挂钩结对帮扶困难户脱贫率达20%。区工会帮扶资金专项管理工作代表盐城市接受省检查组审计检查，并获得全省第一名的好成绩。

【创建和谐劳动关系】 年内，开展春季要约行动，组织承办2017年全市集体协商春季要约行动启动仪式，高新区智能终端产业园职工之家现场得到各县(市、区)参会好评和市总工会肯定。区总工会向基层工会和企业发放集体协商提醒函100多份，签订企业(行业、区域)工资集体协商专项协议210份。组织开展非公企业厂务公开工作质量评价活动，共有150家企业开展自查自评，对查找发现的问题及时整改完善。区、镇两级成立工会劳动法律监督委员会，对全区163家规模企业进行劳动法律督查，补签劳动合同3500份，督促参加社保2200人，追发劳动者工资近200万元。开展劳动关系状况季季清活动，建立和完善劳动关系预警网络体系，及时做好职工群体性事件的预测、预警、预报、预控工作，全年共排查劳动关系矛盾纠纷59件96人次，畅通职工依法表达诉求的渠道，提高工会依法维权的水平，促进劳动关系和谐发展。

【女职工关爱行动】 年内，在全区女职工中开展寻找“美丽盐都人”活动。开展“巾帼创新行动”，表彰“五一巾帼标兵岗”10个，“五一巾帼标兵”15名，区公安局出入境管理大队获全国“五一巾帼标兵岗”荣誉称号。“三八节”期间，开展女职工健康援助行动，免费为200多名环卫女工、单亲特困女职工、女农民工体检和“两癌”筛查，举办“做智慧女性创美丽生活”庆“三八”花艺讲座和插花体验活动。为50余名困难女职工、农民工打造就业平台，举办首期育婴师培训班，有49名女工通过考核，获得国家育婴师中级职业资格证书。新建“爱心母婴室”5个，与省市女职委联合开展“爱心助单、亲情助学”活动，为20多名单亲家庭大学生发放助学金2万多元。

【基层工会组织建设】 年内，区总工会按照《关于开展“强基层、补短板、增活力”的行动》部署要求，制定出台《关于在全区开展创建“基层示范工会”活动的实施意见》《关于实施镇(街道)、区直系统工会工作标准化建设工程的意见》等文件。通过现场观摩和示范引领，成功创建区级“基层示范工会”21个，创评“市模范职工之家”10个，“市模范职工小家8个”，江苏剑桥公司工会被省总命名为“江苏省劳动保护示范工会”。依托基层党建示范带建设，实施党工共建活动。全年新建基层工会22家，新增会员1023人。按照全国总工会和省市总工会要求，全面启动盐都工会改革工作，形成《盐都区总工会改革实施方案》。镇(街道)全部成立总工会，配齐镇级工会领导班子，组织实施集中换届。

【加强党风廉政建设】 年内，开展“两学一做”学习教育，通过党组织主要负责人讲党课、专题培训、专家辅导、个人自学等多种形式，引导党员干部牢固树立“四个意识”，争做“四讲四有”合格党员。组织引导职工学习党的十九大精神和省市区委党代会精神，履行工会党组全面从严治党主体责任，严实中央八项规定和省、市、区委十项规定，抵制和纠正“四风”问题。制定下发《机关作风建设问责办法》《机关干部联系基层工作制度》等多项规章，进一步改进工作作风，提升工作效能，强化“一岗双责”意识，将落实党风廉政建设责任制，形成常态化、长效化的工作制度和机制。 （顾泽荣）

共青团盐城市盐都区委员会

【概述】 2017年，全区各级团组织坚持以“两聚一高”为引领，围绕“凝聚青年、服务大局、当好桥梁、从严治团”的思维格局，统筹兼顾、开拓创新，团的各项工作稳中有进，实现新的发展。9月，团中央组织部副部长吕伟考察盐都区基层团建工作。区委常委、组织部长王铁根陪同调研。

【省委改革办群团改革督察组在区调研】 11月，省委改革办群团改革督察组调研全区共青团改革工作。区委副书记冯明印，区委常委、组织部长王铁根陪同调研。调研组一行实地调研区青年创业项目孵化基地，对全区共青团改革工作给予肯定。

【强化青年思想引领】 年内，成立由专家、青年企业家、青年优秀典型等组成的“中国梦、青年梦”宣讲团，在学校、社区、企业等一线阵地，举办以“强国梦”“和谐梦”“创业梦”“致富梦”“奉献梦”等为主题的宣讲。全区共有3000余人次参与。基层团组织举办以“社会主义核心价值观”“诵读学传”“画说”美德、颂读“三字经”等为主题的演讲比赛、座谈会、讨论会、宣讲会等活动50余场次，参与青少年5000人次，培养广大青少年对党、对祖国的深厚感情。

5月，纪念"五四"运动98周年暨青春故事分享会

【服务青年创新创业】 年内，借助盐都共青团官方微信、QQ群等新媒体，向全区广大青年及盐都籍在外务工青年宣传盐都经济发展和青年创业优惠政策。实施大学生总经理助理见习计划。邀请关注青年成长的企业家参与总经理助理见习计划，为创业青年提供学习提升的机会，全区共有3位企业家参加，为青年们提供40个见习机会。开展"青年创业融资直通车"活动。继续实施青年创业小额贷款项目，全年共成功发放贷款320万元。开展青年文明号创建活动，共成功创建市级青年文明号4家。

【服务青少年民生工程】 推进希望工程建设。全年累计筹集资金30余万元，共帮扶贫困大学生60人。弘扬志愿服务精神。结合创建全国文明城市契机，组织青年干部开展"志愿服务乡村行"活动。植树节期间，组织青年志愿者开展"青春助力，绿色盐都"植树造林活动，掀起青少年植绿护绿热潮。开展重点青少年关爱帮扶、教育矫治活动。结成"一对一"或"多对一"关爱帮扶对子，定期开展"面对面"谈心活动。通过心理疏导、亲情关爱、捐资助学、培训就业等形式，对重点青少年群体进行帮教感化。举办禁毒宣传教育活动。作为禁毒委员会成员之一，参与禁毒宣传教育活动，教育引领青年珍惜美好青春，远离毒品。开展"关爱农村留守儿童"活动。6月，联合区教育局在龙冈小学开展"盐都区关爱农村留守儿童"捐赠活动，现场为孩子们捐赠书包等学习用品。

【团的基层组织建设】 深化改革攻坚工作，制定出台《共青团盐城市盐都区改革实施方案》，完成区镇二级团组织换届工作。加强团的基层组织建设。坚持党建带团建，实施基层团建基础工程。9月，团中央组织部副部长吕伟考察区基层团建工作。下发《党建带团建夯实基层团建"凝青聚力"工程实施方案》，为推进团的组织建设和工作发展提供科学化、制度化、规范化的依据。推进2016—2017学年团员发展工作。2016—2017学年，全区团员发展计划完成率在95%以上，并要求各学校严格执行"十步骤三公示六必须"的要求和"三册滚动"制度，开展不定期检查、互查等活动，确保全区所有学校的团员发展工作有序开展。推进青少年综合服务平台建设。全区共有12个镇（区、街道）建成青少年综合服务平台，占全区镇（区、街道）总数的100%，其中创成省级平台2个。

【发挥共青团的育人职能】 五四期间，举办"为榜样点赞 向青春致敬"盐都区纪念"五四"运动98周年暨"青春故事分享会"活动，进一步激励全区广大团员青年向榜样学习，争做青年榜样。以"六一"儿童节为契机，在全区各学校开展社会主义核心价值观主题宣传月等活动来培育和践行社会主义核心价值观。10月，举办盐都区辅导员风采大赛，全区30余名辅导员参加比赛。最终评选出特等奖1名、一等奖1名、二等奖2名、三等奖3名。开展"红领巾寻访'强军梦'"活动。全区共征集寻访作品30篇。组织全区中小学生参加"我是美丽江苏小主人"生态环保活动，共上报环保课题5个，环保社团5个。开展"争当江苏好少年"展评活动。全年全区共有92名学生被评为"江苏好少年"。开展"入团第一课"、14岁集体生日和18岁成人礼等仪式教育活动。5月，联合市一中隆重举行"责任 感恩 理想 奋斗"十八队成人仪式主题教育活动。

（丁 毅）

盐城市盐都区妇女联合会

【概述】 坚持围绕中心谋发展，关注民生办实事，各项工作有力有序推进，多次为全国、省、市妇联提供调研观摩现场，展现盐都妇女儿童工作成效，全年新申报市级巾帼示范基地10个。

【巾帼创业工程】 拓展创业培训。年内，成立以妇女为主体的，以种植、畜禽、水产、果品、瓜菜等为主导产业的专业合作经济组织53个，形成具有区域特色的妇女创富项目；组织开展"百项技能助万名妇女增收"为主题的实用技术、职业技能、创业知识等创业就业能力提升培训2100多人次。注重典型引领。三八节期间通过在盐都电视台制作播放巾帼创业专题片，在《盐都日报》上开辟"创业之星风采录"专栏等多种途径，集中宣传巾帼创业典型。上半年在各镇（区、街道）调研，鼓励广大女企业家、女能手创建示范基地，组织条件成熟的基地申报省、市各级巾帼创业示范基地。9月5日，市妇联妇女工作示范点家家到活动观摩盐都区绿之岛家庭农场等女性创业现场。突出活动推进。开展观摩交流、创业大赛、家政服务技能大赛等活动5场次；举办女性人才专场招聘会4场，推介适合女性就业岗位8300多个,实现城镇新增就业妇女4583人,城镇失业人员再就业妇女681人。组织优秀女企业家参加省、市、区各类创业创意大赛，盐渎街道摩度空间“玩家”情感关怀创意家居产品开发项目代表盐城市参加省妇联“创响江苏”巾帼创业创新大赛获提名奖；北龙港街道传承非遗共筑梦想、发扬盐都特色剪纸项目，潘黄街道滕月红盐都好苏嫂产妇护理项目,龙冈镇刘桂萍柳编项目,台创园杨金淦惠民酱醋厂“酱”心独具项目参加市巾帼巧手齐心创富大赛,其中“酱”心独具项目获市三等奖；松立太阳能照明有限公司参加区创业大赛获三等奖。加大资金扶持。用足用好妇女小贷政策,注重在区域上向农村倾斜、项目上向农村种养加倾斜、对象上向农村低收入妇女和就业困难女大学生倾斜，让更多的妇女群众从中受益。

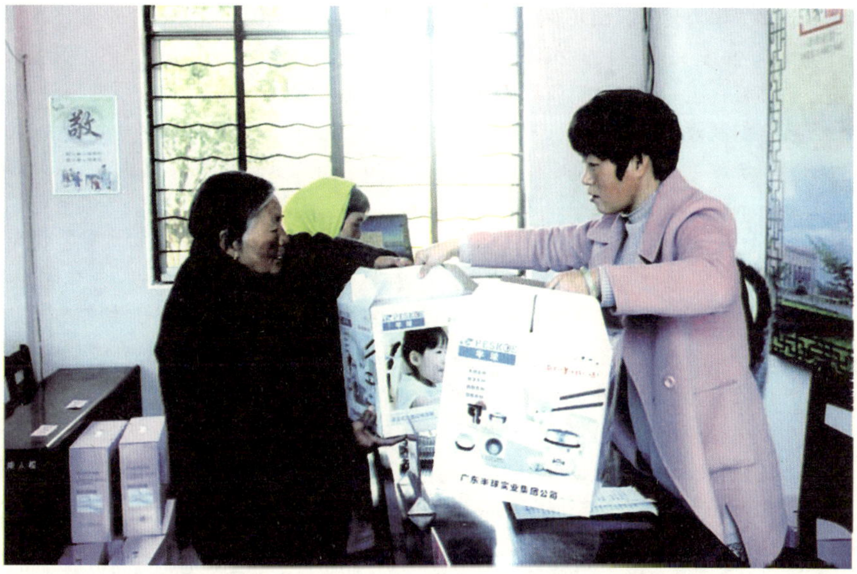

3月,慰问敬老院老人　　　　朱正亚　摄

【妇女思想引领工程】　持续深化“寻找最美家庭”活动。以潘黄街道宝才社区家风教育基地为示范点,组织开展“品读万千经典、弘扬传统美德”“培育好家风、传承好家训”等道德宣传教育,开展“寻找最美家庭”“好婆婆、好媳妇、好妯娌”评选、“妇女争创绿色庭院”等系列活动。全区全年培树各类最美家庭典型1065户,开展家教培训、婚姻咨询等各类活动近千场次,征集“好家风故事”80多篇、书画300多幅、家训格言500多条。9月22日,区妇联举办“弘扬好家风　传承好家训”故事分享会,全区各镇(街道)妇联主席及多名群众代表参加活动。创新开展巾帼志愿服务活动。组织200多名巾帼志愿者在上下班高峰期间和节假日,在主要路段开展文明交通志愿者劝导服务活动。4月24日,在潘黄街道宝才社区为全市妇联系统创文现场推进会提供观摩现场。开展“邻里守望,姐妹互助”巾帼志愿服务活动。组织巾帼助困志愿者为30个帮扶家庭、困难妇女送去大米、食用油等物品。运用“盐都女性悦刊”微信公众平台，各级妇联系统微信工作群和各类专业服务群，以及新开通的盐都女性频道，开展“巾帼心向党，喜迎十九大”、巾帼网络素养提升、巾帼网络承诺、巾帼网络好声传播、巾帼网络清朗五大丰富多彩的女性网络文化行动，弘扬向上向善的正能量。

【妇儿民生关注行动】　继续实施“关爱留守儿童”暖心工程。春节、六一节期间,组织区疾控中心、司法局、财政局、大冈镇、秦南镇等单位的“爱心妈妈”为结对的孩子们赠送衣物、玩具、书籍、营养品等物品,并通过电话、书信联系及节日相聚等形式，常态化呵护留守儿童的健康成长。7月,区妇联邀请南京信息工程学院20名大学生志愿者在尚庄镇开展为期一周的蒲公英公益课堂，为该镇儿童开展生动有趣的暑期英语口语辅导。争取公益项目和资金支持。全年新申报三个公益项目：分别是楼王镇电商培训助力巾帼创业项目；郭猛镇杨侍村利用互联网提升妇女创业就业能力项目和尚庄镇“四点半空间”——留守儿童阅读计划。3月,区妇联向省妇儿工委申报两个“小候鸟图书角”，分别设在北蒋实验学校和尚庄镇绍琪书屋，第一批图书和多套蓝牙音响于5月20日送达学校和书屋。并先后向省儿基会申请资助金5.7万元,帮扶30名困境初中生、15名贫困孤儿和三名贫困女大学生。10月,向省儿基会新申请10万元将在盐城一中开办一个高中春蕾班。多措并举依法维护妇儿权益。组织开展“三八”妇女维权周法律咨询宣传服务列活动6场，受益妇女近万人。3月,举办全区妇联系统“反家暴”培训班,邀请法律专家对各镇(区、街道)、区直单位和部分村(居)妇联干部共150人进行专题辅导，提升各级妇联干部的法律素质和依法维权水平。推进规划和妇女儿童实事项目的实施。5月,区妇儿工委根据省、市妇儿工委意见,发布《盐都区关于实施2017年妇女儿童实事项目的通知》。通过调研和两轮广泛征求意见,盐都区“十三五”妇女儿童发展规划于9月19日正式颁布实施。十项妇儿民生实事扎实推进,其中农村妇女“两癌”免费检查项目每年区财政安排80万元项目经费，并纳入项目实施单位区妇幼保健所年度预算,实行专款专用。8月23日,区卫计委与区妇联联合召开全区农村妇女宫颈癌和乳腺癌检查动员会议，至10月中旬，实际完成两癌筛查10350人，超额完成年度一万人的目标任务。

【基层组织建设】　推进区、镇妇联换届工作。制定《盐都区妇联改革实施方案》,并获区委常委会讨论通过。与区委组织部联合下发《关于做好基层妇联换届选举工作的通知》,以新一轮妇联组织换届选举为契机，团结更多各行各类优秀女性，汇聚更多的社会资源为妇女群众服务,更好地代表妇女群众利益。9月底,全区各镇（街道）妇联换届工作全部完成。各镇(区、街道)新增加副主席3~5名,增加执委7~15名,调动群众积极性,增强基层工作力量。区妇联换届工作于11月28—29日完成。11月2日下午，省委改革办督察组一行实地调研潘黄街道宝才社区妇联改革建设情况，并对盐都区妇联系统改革工作给予高度评价。提高妇联干部综合素养。鼓励妇联干部参与社工、心理等专业知识学习和职业资格考试，至年底，盐都有149名女性取得社工师资格证书。同时组织基层妇联干部观摩大冈镇争创绿色庭院现场、潘黄街道社区妇女儿童之家建设现场、盐渎街道巾帼电商创业现场，促进相互学习提高。加强和改进妇联机关作风。4月，组织开展“妇女联系日”“三带三联大走访”等活动，多次到村(居)累计走访帮扶贫困妇女群众173人次，结对帮扶5户贫困家庭，协调解决矛盾问题130起。

【庆“三八”系列活动】 3月3日上午，区妇联和区教育局、区体育局联合举行庆“三八”妇女运动会。来自20个区直单位的近300名妇女代表参加乒乓球、踢毽子、跳绳、羽毛球等比赛项目。3月10日下午，全区纪念“三八”国际劳动妇女节107周年暨“魅力巾帼，团队致胜”团训活动在世纪公园举行。区委常委、组织部长王铁根出席活动并讲话。活动现场，培训师组织大家开展团训、知识抢答竞赛等项目活动，并对本次团训表现优异的团队给予奖励，活动表彰全区“巾帼建功标兵”和2016年度妇女工作先进集体。

【宋秀岩在盐都调研】 6月1日，全国妇联党组书记、副主席、书记处第一书记宋秀岩率领全国妇联督导组在盐城调研。市委书记王荣平，省委副秘书长刘松汉，省妇联主席缪志红，市长戴源等陪同。在区电商快递产业园物联大厦，宋秀岩详细了解巾帼电商创业联盟、南京大学电子商务研究院等单位的成立运行以及妇联组织建设情况，要求把妇女工作作为党的群众工作的重要内容，坚持哪里有妇女，哪里就有妇联组织，哪里就有妇联工作，发挥好妇联联系妇女群众的桥梁和纽带作用。

【省督导评估区妇女创业项目】 8月1日，省妇儿工委项目督导组在盐都对盐都妇儿工委2016年度妇女儿童公益社工服务立项项目进行督导评估，副区长刘锐陪同。“湿地逐梦”妇女创业项目，由盐城市心灵绿洲心理服务中心于2016年9月开始实施。该项目主要通过开展培训辅导、实践指导的方式，鼓励待业妇女开展自主创业或求职就业实践，力争使她们能够成功创业或就业。至年底，中心开展创业就业讲座、心理辅导等活动24场次，5人成功创业、42人成功就业。省督导组通过听汇报、看台账和考察现场，对区“湿地逐梦”妇女创业项目进行全面督查，肯定盐都区服务实施妇女创业项目取得的成效。

【市督查妇儿实事项目推进情况】 8月11日下午，市妇儿工委办主任王艳一行在盐都督查2017年妇女儿童实事项目的推进情况。副区长刘锐出席。市督查组一行实地察看市第三人民医院，听取盐都区实施妇女儿童实事项目进展情况的汇报。

【市妇联在区开展“家家到”活动】 9月5日下午，市妇联主席盛艳一行在盐都区开展妇联工作示范点“家家到”现场观摩活动。区委常委、组织部长王铁根等陪同。盛艳一行实地察看大冈镇农村留守儿童关爱之家和台创园绿岛家庭农场，听取相关情况汇报，对盐都区开展妇女儿童工作的主要做法和取得的成效给予肯定。

【区妇女第十六次代表大会召开】 11月28—29日，盐都区妇女第十六次代表大会召开。市委常委、秘书长、区委书记羊维达出席大会开幕式并讲话。区长吴本辉，市妇联主席盛艳，区人大常委会主任顾其斌，区政协主席张建洋，区委常委、组织部部长王铁根，副区长、区妇儿工委办主任刘锐出席会议。开幕式上，盛艳致辞。区妇联负责人代表区妇联第十五届执委会作工作报告，区总工会负责人代表群团部门致祝词。大会通过关于盐都区妇女第十六次代表大会工作报告的决议，选举程稚为盐都区妇联第十六届执行委员会主席，陈尚莲、王少华(挂)、杨万霞(兼)为副主席。 (吴蓉蓉)

盐城市盐都区科学技术协会

【概述】 2017年，区科协在区委区政府的正确领导和市科协的指导下，按照深化科协系统改革工作要求，围绕中心工作，在服务科技人才项目、提升公众科学素质、助推创新驱动发展、加强自身建设等方面主动作为，各项工作取得新的成效，被市科协表彰为全市科协工作综合先进单位。

【系统改革工作】 为推动深化改革工作的有效开展，成立区科协全面深化改革工作领导小组和方案起草小组。在基层科协(学会)召开座谈会听取意见，对照上级改革实施方案，起草方案征求意见稿。在征求吸纳市科协、区分管负责人和基层科协(学会)意见的基础上，召开专题会议，认真讨论修改。至年底，全区科协系统深化改革方案已经区委深改组通过并下发实施。

【科技人才服务工作】 宣传推荐人才，根据市十佳科技标兵和优秀科技工作者评选表彰活动要求，组织推荐潘平雷等四人为候选人。其中潘平雷、吴文杰分别被评为市十佳科技标兵和市优秀科技工作者。5月30日，在首个“全国科技工作者日”活动期间，盐都电视台对多名科技工作者先进事迹进行宣传报道，并召开部分科技工作者代表座谈会。开展学术交流，为科技工作者搭建学术交流平台。指导盐城华本健康科技有限公司举办中国(盐城)首届中医健康高峰论坛，7月，联合盐都七星农场与香港盈福健康产业集团举办中国(盐城)首届“养生与养心”专题学术高峰论坛，并举行中国(盐城)养心文化节暨心博物馆开馆仪式。发动广大科技工作者参与2015—2016年度全市自然科学优秀学术论文成果评选工作，共征集论文32篇，其中获得一等奖1篇，二等奖2篇，三等奖4篇。加强招才引智工作。组织海智工作站的创建工作，指导江苏康杰机械股份有限公司成功创建成市级海智工作站。3人参加省科协组织的第五届中国江苏创新创业大赛海智分赛，获三等奖1名，优胜奖2名。4个单位参与省、市科协组织的青年会员创新创业大赛省决赛，1个单位入围决赛，其中1个单位获得工程与制造领域(创业组)决赛一等奖，1个单位获得能源与材料领域（创新组）决赛三等奖。签订意向性合作协议3家。充分利用省科协海智办、市科协签约的海外科技社团组织平台，收集海外高层次人才信息55条。

【创新驱动发展服务工作】 邀请参加“智能制造驱动企业转型升级百城巡讲”活动的6名专家，在盐城高新区智能终端产业园指导考察，召开企业家座谈会，请专家现场为13家企业解答企业在生产、管理、销售中遇到的技术难题。与区发改委、高新区协助市科协、市发改委举办“融合创新，智造盐城”为主题的“智能制造驱动企业转型升级百城巡讲”活动。5月下旬，区科协全体成员在高新区数字鹰科技盐城有限公司走访，帮助企业排忧解难。开展“企会协作”行动，区水产学会与盐城顺丰渔业科技发展有限公司结成技术协作联盟，帮助公司解决研发等方面的技术难题。区涉农学会组织开展稻田综合种养、农作物植保员等专题技能培训班，提升农民科学种养能力。加大科技专利信息企业推广应用的宣传发动，专门下发关于推广应用企业科技信息资源库网络平台的通知，对企业做好指导服务工作，全年新增推送33家企业，上报应用案例6家。

【开展主题科普活动】 举办科普宣传周、科普日重大科普活动。联合区委组织部、宣传部、尚庄镇政府在尚庄番茄主题公园举行区第二十九届科普宣传周活动启动仪式，并现场开展科普展览、科技咨询、科普互动等一系列科普宣传活动。9月，联合龙冈镇科协，借助龙冈第五届金秋采摘节活动，举行全国科普日相关活动。组织高端科普报告会。邀请中国科学院科学家夏青教授分别到市二小、神州路小学作《航天与气象》科普报告会。邀请中科院老科学家科普演讲团成员韩莉到潘黄街道开展《生活方式与生命质量》健康科普报告会。邀请中国科学院南京地理与湖泊研究所研究员、博士生导师吴瑞金教授为盐城高新区初级中学学生作环境保护方面的科普专题讲座。邀请市科学传播专家团专家高红兰主任到盐渎街道刘朋社区为居民作《指南在手，吃饭不愁》的专题讲座。组织电视科普专题讲座。在电视台开设电视科普大讲堂栏目，年内播放24期健康安全类科普讲座。开展防震减灾应急演练。联合区教育局、区科技局在龙冈中学组织防震减灾应急演练、防震减灾图片展览，发放防震减灾宣传资料。参加上级组织的各类科普活动。组织社会公众参加省首届全民科学素养大赛，青少年参赛工作得到区教育局大力支持。组织青少年学生参加第十七届盐城市青少年科技创新大赛、盐城市青少年机器人竞赛暨金钥匙仿生机器人创意大赛。龙冈中学、郭猛实验学校、毓龙路实验学校获得市青少年科技模型竞赛优秀组织奖，多名学生和老师获奖。区预防医学会参与中华预防医学会组织的“寻找最美接种医生圆梦行动——首届全国妈妈班科普视频评选活动”，上报的《按时接种预防针，撑起健康保护伞》作品获得全国“十佳科普视频”。

【推动科普示范创建】 年内，组织指导毓龙路实验学校，潘黄实验学校、盐都区实验学校分别创建成省、市“十三五”科学教育综合示范学校，市二小、七星现代化农场创建成市级科普教育基地。指导北蒋厉民苗木种植协会创建成省级科普惠农服务站，学富镇白阳村、楼王鼎绿蔬菜专业合作社创建成市级科普惠农服务站。

【青少年科技教育工作】 9月22日，《江苏科技报》利用一个整版以《创建科技教育特色　促进学校优质发展》为主题，对全区省级青少年科学教育特色学校如何开展科技创新工作进行宣传报道。加强青少年科普基础设施建设，与市二小腾飞路校区联合共建生命科学馆。

（马贤兵）

盐城市盐都区工商联(总商会)

【概述】 2017年，盐都区工商业联合会(总商会)按照新修订的《中国工商业联合会章程》认真开展工作。围绕盐都经济发展这个中心，引导非公有制经济健康发展和非公有制经济人士健康成长，提高服务能力，构建良好“亲、清”新型政商关系，为决胜全面建成小康社会，建设“强富美高”的新盐都做贡献。

【完成换届选举工作】 1月中旬，召开区工商联(总商会)第十二次会员代表大会。大会推荐产生第十二届执委会主席(总商会会长)、常务副主席(副会长)、副主席、常委和秘书长，推选十二届执委会委员95名、常委会委员35名，完成区工商联(总商会)换届相关工作，并推选出席盐城市工商联第八次会员代表大会的代表。

【中小微企业应急互助平台】 中小微企业应急互助基金协会自2014年9月组建，在政府的大力支持、银行的积极配合、会员企业的共同努力下，从无到有，互助工作从探索尝试到初步打开局面，在帮助解决会员企业向银行续贷过程中出现的临时性借贷难题上发挥一定作用。全年“过桥”次数70余次，总金额1.2亿元。

【组织民营企业家学习培训】 上半年组织区内15家企业50余名企业管理人员，在市委党校参加“向华为学管理”的专题培训。之后组织荣南机械制造有限公司、江苏雨燕模业科技有限公司等企业参加全省年轻一代民营企业家培训活动。传承老一辈革命家艰苦卓绝地斗争精神，组织相关非公有制经济人士赴井冈山进行红色传统教育和“四信”教育培训。

【加强商会间的合作交流】 接待淮安市工商联、泰州市海陵区工商联，对全区非公经济发展、商会和行业协会组织建设、全国“五好”工商联创建以及搭建融资平台为企业提供过桥资金服务等方面进行交流，并与海陵区工商联(总商会)签订友好商会合作协议；组织企业家分别赴太仓市盐城商会、徐州市盐城商会、重庆市永川区江苏商会、滨海县工商联等地开展学习、沟通、交流，并就一些沟通感兴趣的项目达成投资合作意向。

(孙 飞)

盐城市盐都区文学艺术界联合会

【概述】 2017年，在市文联和区委的正确领导下，始终坚持“二为”方向，贯彻“双百”方针，认真学习和弘扬社会主义核心价值观的重要思想，唱响主旋律，传播正能量，克服了经费、人员等方面的困难，围绕全区的中心工作，抓创作、促繁荣，建阵地、搭平台，重展示，惠民生。通过联络、协调、服务、指导，引导会员积极投身文艺创作，创造性地开展了一系列活动，使全区的文艺事业呈现出健康、蓬勃发展的良好局面。大型现代淮剧《过江》获得文华大奖(榜首)入选国家和省艺术基金2017年资助项目，签约江苏省文化厅2017年度舞台艺术重点投入剧目；大型古装淮剧《二妹子升堂》获得文华表演奖。小剧场话剧《为钱癫狂》获得中国小剧场艺术荟萃比赛话剧类一甲一等奖，7件作品获市政府文艺奖。

【实施舞台艺术精品工程】 盐都坚持以人民为中心的创作导向，实施舞台艺术精品工程，坚持创造性转化和创新性发展，在坚持传统戏、现代戏和新编历史剧“三并举”原则的前提下，发挥盐都在创作现实题材现代戏方面的特长。现代淮剧《菜籽花开》亮相第十五届中国戏剧节，并获“江苏省文华大奖”。10月，大型现代淮剧《送你过江》受中国剧协、中国戏曲现代戏研究会邀请，在北京献礼党的十九大演出两场，成为国家和江苏省艺术资金2017年度大型舞台剧和作品创作资助项目，剧本获得江苏省戏剧文学剧本评选一等奖，入选文化部艺术司戏曲剧本孵化计划一类作品。群口快板《小城大爱》晋京参加“说唱中国梦·喜迎十九大”全国优秀曲艺节目展演。小剧场话剧《为钱癫狂》获得中国(张家港)小剧场艺术荟萃一甲第一名。大型现代淮剧《菜籽花开》、剧本《遍地月光》《歌声不再遥远》《大湖泱泱》国画《志愿者》纪录片《生死离别》、公益广告《规范人生、廉洁自律》7件作品获市政府文艺奖，在各县(市、区)中位列前茅。

【推进文化交流品牌工程】 坚持“以文立足、以拓展、以创繁荣”工作思路，围绕区委区政府中心工作，提高组织化程度。艺术展演，精品交流、共同出彩。以人民为中心的创作导向，努力做到出人、出戏、出精品。全区全年上演市淮剧团的《过江》、区文化馆的《为钱癫狂》、区群艺馆的《二妹子升堂》大戏三部。其中，大型现代淮剧《过江》晋京献礼党的十九大，入选国家和省艺术基金2017年资助项目，签约江苏省文化厅2017年度舞台艺术重点投入剧目；举办“盐都文学现象”研讨会；李有干、曹文轩、曹文芳师生、兄妹“感恩”系列新书发布会；及“曹文芳纯真的天空”“回望文学的故乡”作品研讨会(北京)惠民演出，丰富多彩、共享盛宴。开展“欢歌笑语走基层”村村到文化惠民巡演活动500多场。举办农民读书节暨华泽书社读书月活动、古诗词大赛预赛、故事分享会，开展和悦主题阅读活动80多次。群艺馆开展专题文化活动260多场次。兴办艺术展，全面开花、共绘新卷。围绕节庆及十九大主题组织承办《喜迎十九大》等书法美术作品展11次.9月盐都第二届台海菊花节以“风情台创园，多彩花卉港”为主题的活动，举办以“菊影风情”为主题的摄影大赛和摄影讲座活动。广大摄影家、摄影爱好者及旅游爱好者积极参与、踊跃投稿。区书法家协会与区纪委联合承办了廉政家风专题书法展，书法家协会和美术家协会联合承办书画联展。文艺图书大量涌现，为区域文艺再添新彩，出版高质量的文学图书：“喜鹊班的故事”系列丛书(9本)，纯美绘本系列丛书(7本)，“水乡童年系列”丛书(8本)；李有干文集(8本)出版；孙曙的《燃情书》《盐城生长》《文字欢场与声色天下》出版；年内，出刊文学刊物《盐渎》四期、《大纵湖》六期。

【加强人才队伍建设】 繁荣文艺，人才为先。年内，采取一系列措施，坚持以人为本，确立“人才是第一资源”和“人才支撑”理念，把加强文艺队伍建设作为一项重要任务。着眼于“珍惜人才就是培育精品”的意念，着眼于精品生产，培养优秀中青年文艺人才，加大对本土文艺人才的培养和使用。同时注意发挥老文艺家的优势和作用。大力倡导和鼓励文艺家深入实际，深入生活，从群众火热的实践汲取创作灵感，抒发诗情画意。组织文艺家下基层。区文联各协会组织会员下基层进社区用书法美术摄影等形式开展十九大精神、核心价值观等主题宣传.同时还承办全市重点题材文艺作品规划研讨会。创建教育基地。通过中国曲协专家组综合验收，6月5日被中国曲协授予“中国曲艺之乡”称号，成为苏北第一个“中国曲艺之乡”。10月10日，“中国曲艺之乡”授牌仪式在盐都区文化艺术中心隆重举行，中国曲艺牡丹奖艺术团在授牌仪式上演出。出台文艺创作激励政策。为鼓励多出精品，研究出台盐都政府文艺奖，重奖文艺工作杰出人才和优秀作品，调动广大文艺工作者创作更多更好的艺术作品。区财政对文艺人才培养和文联的经费逐年增加，社会各界的支持力度不断加大。大型现代淮剧《过江》获得文华大奖(榜首)入选国家和省艺术基金2017年资助项目，签约江苏省文化厅2017年度舞台艺术重点投入剧目；区财政为《菜籽花开》的付排投入了250万元，保障剧团的排练及赴常州、北京、天津参加全国、全省重要艺术活动，取得良好的社会效益和经济效益。启动盐都区政府文艺奖评选活动，在收到的63件参评作品中，遴选25件作品予以表彰。2017年江苏省音协盐都考点社会艺术水平音乐考级工作在盐都区社会教育基地——乐嘉琴行举行，市区、盐都的二百多名考生参加考级。这项工作既给广大的学习艺术的青少年提供一个真实、合理的艺术水平衡量标准，同时也为全国各院校的艺术特长生考核工作，提供参考标准，使广大青少年艺术水平得到更加真实的验证。音乐考级涵盖声乐、键盘、民乐3个大项,涉及钢琴、古筝、二胡等数个乐器种类。考生大多是在校中小学生,也有部分成年音乐爱好者,年纪最小的只有5岁。利用媒体平台推出人才。盐都报《大纵湖副刊》不断推陈出新,在内容形式上注重文学性, 宣传展示文艺工作个人艺术成绩的——盐渎人物专刊, 推出曾汉才等一批青年剧作家的代表文艺新人, 区政府网站开设文化盐都频道,开辟网上文化阵地,为广大文艺人才提供展示、交流平台。有重点地推出文艺名人,支持帮助他们举行研讨会、举办个人作品展等,定期召开青创会,邀请名家讲课辅导,提升创作水平。 (吕友权)

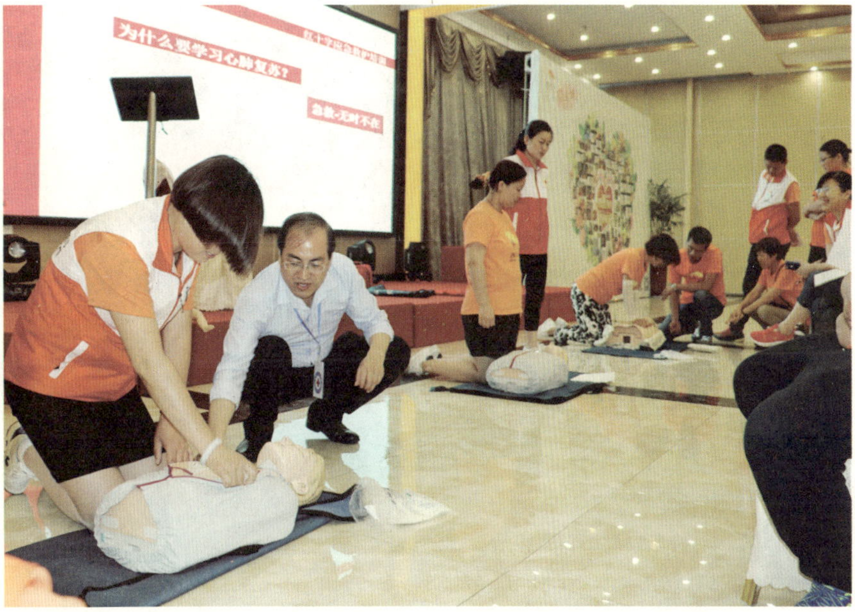

7月,培训麦田团队 张长兵 摄

盐城市盐都区红十字会

【概述】 2017年,区红十字会围绕政府民生服务要求,推进“三救三献”(救灾、救护、救助,献血、捐献造血干细胞、遗体器官捐献)核心业务,红十字会公益体系和发展环境进一步优化, 公信力、救助力、影响力进一步提升。

【加强依法治会】 学习新修订并于5月8日施行的《中华人民共和国红十字会法》。区红十字会理事会议后,专题举办2期全区红十字会专兼职干部培训班,邀请红十字国际委员会官员、市红十字会专家进行法律解读、实务指导和重点工作培训; 组织机关全体人员向红会法集中宣誓, 对辖区内红十字标志使用情况进行综合检查;依法推进20个镇(区、街道) 和教育系统红十字会组织标准化建设工作,规范红十字会员、志愿者的责任义务,提升工作能效。

【增强人道实力】 5月, 启动年度博爱救助金筹资工作,至年底,共募善款316万多元;通过依法搭建公益平台、有效提供人道服务方式,衔接劲牌公司、上海市交通电子行业协会、江苏仁禾中衡集团、区卫生计生系统,年内分别为市一中、神州路小学学生和楼王白血病患儿争取助学、助医款80多万元,并为新都路党建联盟“敦品励学”冠名基金开设专户,为江苏洋河集团有限公司等爱心企业和相关爱心人士定向捐赠推荐提供救助对象,人道资金募集思路拓宽、范围扩大、额度增加。同时加强捐赠资金管理,使用和审批手续规范, 捐款及使用情况通过网站、微信或简报形式分类向区领导、理事会及群众公开。

5月,盐都红会向新修订实施的《中华人民共和国红十字会法》宣誓活动

【开展救助活动】 元旦、春节期间集中开展“博爱送万家”活动,慰问城乡10类对象,投入91万元,受益3000余人。投入32万元博爱助医款,用于困难群众免费体检、手术和医药费减免,受益1500多人次。投入17万元,与教育部门联动,资助留守儿童、困难学生1300多人。投入10万多元, 帮扶麻风村残老休养人员、聋哑学校和龙冈培智校残障学生。投入5万元,设立“红丝带”博爱慰问基金,关爱100多名困境艾滋病病毒感染者。投入经费37万元, 办好9家博爱超市,精准帮扶群众822人。投入5万元,开展重阳助老活动,慰问帮扶240多位老人。通过“三带三联”大走访活动,对排查出的及经基层红会审核到区会求助的困难

对象进行应急救助，投入超过60万元，受益500多人；通过宣传推荐和帮助申报中国红基会“小天使”和“天使阳光”救助项目，为区内接受治疗、符合救助条件的多名贫困白血病和先心病儿童每人争取救助资金1~3万元。

【实施项目工作】 年内，继续推进省政府“应急救护百万培训”为民办实事项目，重点对卫计系统干部职工、相关企业和社会报名人员分期分批进行初级救护员培训；融合盐城师范学院“博爱青春”项目，对区内5所高中3000多名高一新生全员开展普及培训；组织盐渎街道“白金十分钟”广场舞验收，纳入救护培训宣传活动。全年共培训28班次初级救护员1009人，普及性培训受益10227人，分别占省、市下达任务数的100.09%和113.63%。率先全市试点中国红十字会总会养老服务项目工作，选拔5名骨干到总会和省受训，组建35人专业红十字养老照护志愿服务队和42人红十字世纪舞蹈队，集中采购服务装备，依托福才社区“博爱家园”和康年颐养院、大冈、郭猛敬老院等服务基地，开展养老照护知识技能培训11场次，558人受益，入户赠送家庭小药箱、发放“志愿服务联系卡”，提供生活照料、康复保健、文体娱乐、精神慰藉、安全援助等志愿服务69户164人，被省红十字会表彰为实施省政府2017年度重点工作—养老照护志愿服务成绩突出单位。自主打造“明亮眼·都有爱”红十字光明项目，落实8.5万元经费，依托北龙港眼科医院，对全区首批200名贫困白内障患者托底实施免费复明手术。

【推进三献业务】 在“5·8”世界红十字日、“5·12”防灾减灾日、“6·14”世界献血者日及“公民道德宣传日”等涉红纪念日，集中组织7场次、近1000人次参加的无偿献血活动，献血总量超过20万毫升(不含自主献血人员)，其中教育红会会员连续第17年、区级机关干部职工连续第6年、郭猛镇机关干部连续第3年参与，形成品牌效应。造血干细胞捐献工作有新突破，新增采样志愿者109人，再动员21人，进入高分辨4人。陈国莲、施兵2人分别在11月和12月实施捐献，

11月，陈国莲捐献造血干细胞归来 王金海 摄

占全市年度捐献数一半。遗体、器官(组织)捐献服务工作稳步进行，新增登记志愿者3人，并接受市电视台专访，有针对性推荐。

【传播博爱文化】 年内，发动基层红十字会，组织2.5万名红十字会员参加《中华人民共和国红十字会法》暨全国红十字应急救护知识竞赛活动，获全国最佳组织奖一等奖，自2012年起连续六年保持全国领先。做好节日和报刊宣传，组织“5·8”世界红十字日等大型广场宣传活动5场次，助力大冈镇兴隆村残疾人杨长春入选中国好人，全年刊发各类稿件120余篇次，被总会表彰为报刊宣传工作先进集体，1人被表彰为先进个人，并在全国红十字宣传工作会议上作经验交流。参与不同层次交流有话语权，在全国“2017年红十字会软实力建设研讨会”上，作为唯一县级红会代表作专题发言，在江苏省红十字会九届四次理事会上，代表苏中、苏北县级红会作先进典型发言。接待红十字国际委员会官员及省内外红十字会组织在盐都观摩，将博爱文化作为重点予以推荐。

【提升基层效能】 年内，强化基层组织提档升级工程，提高镇(区、街道)红十字会等基层组织在突出区域(行业)特色、服务民生改善、助力科学发展中的作用。秦南、龙冈、潘黄、盐龙、张庄、大冈、盐渎、区卫计委、区教育局荣获中国红十字会会长陈竺签字的红十字人道服务奖章，市三院获评中国红十字会团员特别会员，龙冈镇红十字会作为全市唯一受省表彰的镇级红十字会在全省红会基层组织培训班上作经验交流，教育系统红十字会强化红十字青少年工作，将楼王小学创成省红十字示范校，高新区盐渎街道配合区红十字会推进博爱家园与养老照护相结合工作，被市人社局、市红十字会联合表彰为全市红十字会工作先进集体，区红十字会应急救援队参加盐城微马比赛保障与东台、楼王雷雨大风灾害救援工作获得好评，市三院红十字会发挥冠名红十字会医疗机构优势推进医疗救助和红十字志愿服务工作结合，提高收治患者的获得感。

(陈海高　王金海　陈国庆)

盐城市盐都区归侨侨眷联合会

【概述】 年内，围绕“一极一园一业”，发挥侨联自身优势，积极凝聚侨心，汇集侨智，发挥侨力，较好地完成全年目标任务，所做工作得到省市侨联的表彰。区侨联主席陈荣山被表彰为全省归侨侨眷先进个人，区侨联被表彰为全市侨联系统参政议政先进单位。

【注重学习培训】 注重用党的创新理论成果武装侨界代表人士的头脑，加强侨联自身组织素质的能力建设。年内，组织侨界代表人士认真学习贯彻党的十九大会议精神，通过学习会、座谈会、交流会以及侨界微信群发布，宣传学习党的十九大精神，坚定四个自信，树立四个意识，在思想上、政治上、行动上与党中央保持高度一致。传达学习8月召开的省七届侨代会精神，按省市侨联的布置，创新侨联工作，把创新与盐都发展结合起来，推动侨联事业科学发展，跨越发展。加强侨联干部队伍的培训，提高干部能力水平，5月，区侨联主席陈荣山参加市委党校为期一个月的脱产系统培训，其他干部11月参加市委党校为期一周的脱产培训，通过培训，侨联干部做好本职工作的水平与能力得到明显提升。

【助推经济发展】 年内，区侨联围绕中心，服务大局，充分运用海内海外"两个平台"，积极发挥财力智力"两个资源"，主动配合区有关部门开展招商选资、招才引智工作，重视区侨港资企业的服务工作，关注侨企发展状况，倾听侨企意见与呼声，走访金惠甫山、康林达等多家侨企，积极帮助侨企排忧解难，维护企业合法权益。推荐3名优秀海外成功人士参加5月江苏省发展大会，其中南大欧洲校友会会长、德国江苏商会会长王荣虎博士成功入围并参加大会。9月，协助区人才办在德国成立盐都海外(慕尼黑)人才工作站，为盐都在德国招引区内急需高科技人才，提供平台。向市侨联推荐市侨商会与侨青会优秀8名会员人选，推荐的程德林、赵丙来二位博士分别担任市侨青会的正副会长。按照区委部署做好郭猛镇护陇村陆益军特困户脱贫工作，介绍到郭猛镇政府食堂打工，既照顾家里病人又能有稳定收入。

【服务侨眷】 春节、中秋期间开展上门走访慰问与茶话恳谈活动，夏季开展高温送清凉活动，为30位重点代表人士的父母连续11年订报纸，与区民政局居家养老相结合，对空巢侨眷家庭进行认真细致的调查，对特殊困难家庭给予帮扶，为空巢侨眷老人实施生活照料、心理抚慰、健康咨询、文体健身等关爱行动，做好侨界群众的维权工作，帮助协调解决侨眷在买房、拆迁、上学、工作和工资遗留问题10个，与市侨联一道帮助一名美国侨眷做好息访工作。

【"五个一"文化宣传】 年内，制定实施"五个一"文化宣传工作，即编织一张网、创建一批基地、举办一个活动、打造一个平台、发放好一本书，推动侨界文化宣传工作，确保以侨为桥、以文化为纽带来讲好盐都故事，保证盐都区侨联文化宣传工作落到实处、做出实绩、展现实效。

(注:"五个一"文化宣传工作)

"五个一"文化宣传工作中编织一张网是指陆续成立欧洲、日本、美洲、非洲、大洋洲华侨华人盐都同乡会和国内的眷属联谊会，把以前零散的个人联系提升为组织化联系；创建一批基地是指积极申报草房子乐园、盐城市淮剧团、郝氏故居、盐都民俗博物馆等为国家、省、市华侨文化交流基地；举办一个活动是指举办"侨二、侨三"看盐都夏令营活动，带他们裹粽子、学剪纸、看民俗，领略大纵湖湿地风光，参观盐都机器人项目等新兴产业；打造一个平台是指在《盐都日报》和盐都电视台分别推出《盐都人在海外》和《海外人看盐都》专栏，建立盐都侨联微信公众号，推介盐都、增进交流；发好一本书是指向盐都海外侨胞和归侨侨眷发放《美丽盐都》一书，向他们并通过他们向世界展示盐都和历史、人文、经济、风景等各方面，进一步扩大传播受众群体。

【热情接待日侨】 6月17日，接待盐都籍日本华侨、大生工业株式会社首席研究员、盐城康林达生物科技有限公司董事长程德林博士。区侨联主席陈荣山详细了解康林达公司的经营情况，向程德林介绍盐都区的产业发展规划和相关经济政策，并赠送《美丽盐都》一书。

【推荐在欧侨胞和留学生加入侨社团】 年内，推荐英国希捷科技公司研发工程师李国栋、德国杜伊斯堡大学留学生戚汶龙等在欧侨胞和留学生加入欧洲盐城同乡会，得到欧洲盐城同乡会的感谢和肯定。欧洲盐城同乡会是旨在凝聚盐城籍旅欧人员，为他们提供交流互动互助平台的社团组织。同乡会会长是盐都籍德国华人、栗田欧洲公司研发经理、中国旅德学者化学化工学会理事长王荣彪。

【增进与市外侨联交流】 6月16日，由盐城市盐都区侨联和南通市崇川区侨联牵线对接而举办的座谈交流会在盐都举行，南通市崇川区政协副主席、区工商联主席吴佳培，区委统战部副部长、区民宗局局长严晓蓓，区侨联主席、统战联合支部书记陆军等一行14人参加，盐都区政协副主席、区工商联主席阮宜春，区工商联党组书记姚天，区侨联主席陈荣山，区委统战部副部长刘玉春等出席。双方就侨联、民族宗教、工商联工作及大统战党建工作进行座谈交流。会后，南通市崇川区一行参观盐城新四军纪念馆，感受盐城红色文化底蕴和"铁军"精神内涵。

【提升侨界参政层次】 区侨联与区委统战部、区政协办沟通，侨界政协委员名额从3人增加到5人，最后确认专职侨干、新归侨、侨企主、侨中介、侨高新人才5名政协委员，在区"两会"期间，向区人大提交议案3件，向区政协提交团体提案4件，多数提(议)案得到相关部门的督办落实。在区"两会"上，张春梅、张石广、吴玉林等侨眷被评为优秀委员并登台接奖。

(宋莺萍)

盐城市盐都区残疾人联合会

【概述】 2017年，以全心全意为残疾人服务的理念，服从服务于区委区政府中心工作，贯彻落实上级残联下达的各项工作任务，创新工作方法、完善工作机制，切实强化残疾人社会保障、完善残疾人社会服务，努力推动广大残疾人共享社会发展成果。7月，区级残疾人服务中心投入试运营，采用"公建民营"的运营模式开展托养服务，进一步减轻残疾人及其家庭的压力与负担。工作中强化培

7月12日,区残疾人服务中心投入建成并投入试运营　　葛国连　摄

训、注重沟通协调,落实入户调查率指标和“双签字”制度。全区13715名残疾人基础信息全部及时录入系统。

【建成“残疾人之家”】 年内,在郭猛镇、秦南镇、龙冈镇、张庄街道新建4个“残疾人之家”,实现新增托养残疾人60名。“残疾人之家”坚持就业优先鲜明导向,争取当地创业能人、爱心企业家的支持,分别设置辅助性就业项目,60名有就业困难的中轻度智力、精神残疾人和重度肢体残疾人实现辅助性就业。与中国人寿保险公司开展合作,按每人200元的标准办理意外伤害保险。

【落实为民办实事项目】 年内,为190名0~6岁残疾儿童免费实施基本康复服务,为40名7~14周岁肢体(脑瘫)、孤独症儿童实施巩固性康复服务;为50名符合条件的听障儿童和有服务需求的贫困听障成人适配助听器;对有手术适应症的183名贫困白内障患者进行免费复明手术;精神病人门诊免费拿药11630人次,免费住院治疗368人次;投入6万元为6个村级康复室购置康复器材;投入34万元,为572名残疾人适配辅助器具831件,电话回访满意度达99%以上;在区残疾人服务中心建成残疾人辅具服务大厅,在郭猛镇民乐村建成第一个共享辅具点,为有康复需求的残疾人进一步提供便利。

【改善贫困残疾人生活质量】 7月1日起,配合民政部门全面落实困难残疾人生活补贴和重度残疾人护理补贴政策,全区低保外无固定收入三级、四级智力(精神)残疾人纳入“两项补贴”发放范围。全年免费为25户残疾人家庭发放、安装太阳能热水器,免费为残疾人送上20台全自动洗衣机、20台电视机、200台电风扇、200台电饭锅、6台电脑。对高中及高等教育阶段残疾学生发放教育专项补贴3.9万元、对下肢残疾的机动轮椅车车主发放燃油补贴3.2万元。完成贫困残疾人家庭危房改造104户。依托残疾人基本服务状况和需求信息数据动态更新工作对建档立卡低收入残疾人进行全面核查,3937名贫困残疾人纳入建档立卡范围。

【提高残疾人就业服务水平】 年内,超额完成市下达的新增实名制就业、培训任务。组织残疾人参加就业专场招聘会,成功培育盐城市禾康残疾人扶贫基地,大力宣传按比例就业、辅助性就业等优惠政策,全年新增实名制就业残疾人110名。组织残疾人参加高级盲人按摩师、插花、蛋糕装饰等各类培训,委托盐城市特校对20名残疾人集中进行电子商务培训,指导各乡镇根据自身特色、因地制宜举办各类培训班,培训残疾人114名。配合地税部门做好按比例安置残疾人就业年审暨残疾人就业保障金征收工作,按比例安置残疾人440名,征收残保金483万元。鼓励支持残疾人自主创业,对符合自主创业条件的28名残疾人每人给予3000元的资金扶持。

【残疾人宣传文化体育活动】 5月20日,第二十七次“全国助残日”活动期间,携手盐城师范学院文学院在潘黄街道残疾人之家举办以“帮扶贫困残疾人,传递

5月20日,第二十七次全国助残日活动　　侍向前　摄

社会正能量”为主题的助残日慰问演出，演出结束后为残疾人送上慰问品。鼓励镇(区、街道)残联、社会助残组织开展助残日宣传工作。依托大冈镇躬休乐园残疾人之家多次组织残疾人参加踢毽子、拔河比赛等各类体育活动，鼓励更多的残疾人参与到体育锻炼活动中来，展现广大残疾人乐观自信的精神风貌。（王月梅）

盐城市盐都区老促会（扶贫协会）

【概述】 区老促会、扶贫协会(以下简称“两会”）在区委区政府正确领导下，在省、市老促会、扶贫协会和扶贫基金会关心指导下，以精准扶贫、精准脱贫为重点，服务“三农”，做一些力所能及的工作。至年底，全区“两会”共有理事420人、会员单位76个、特约研究员88人、村(居)会员小组253个、会员7500人。

【召开会员代表大会】 3月28日，召开老促会第六次暨扶贫协会第四次会员代表大会。出席会议的有区“两会”理事(会员)单位负责人及各镇(区、街道)“两会”分管领导、理事长(会长)、大户会员等100多人。区委常委、常务副区长陈志会参加会议并作重要讲话。会上，审议通过区“两会”五届暨扶贫协会三届理事会工作报告及新的《章程》(修改稿)，徐学坤、侯寿华、刘安林当选为区“两会”正、副理事长，袁辉为秘书长。

【做好广东国华中学招生工作】 5月中旬，区“两会”一行13人专程去广东国华中学进行实地参观考察，并与学校代表广泛交流，临行前慰问并看望盐都籍学生王裕杰、季丰。8月，按照市扶贫协会要求，区“两会”经过层层挑选及考试，从潘黄实验学校成功推荐品学兼优、家庭贫困的刘永顺、周扬两人赴广东国华中学就读高中。

【开展扶贫助学活动】 6月至8月底，为帮助全区城乡贫困学生，使之不失学、不辍学，圆读书梦、成才梦，区“两会”实施新一轮扶贫助学工程，共资助100名中、小学生，资助金额达32.3万元。

【搞好技术培训】 年内，各镇(区、街道)“两会”根据不同农时季节，结合农民生产需求，协同相关涉农部门，全年共举办200期科技培训班及讲座，参加培训和听讲座的群众达15000多人(次)。

【加强调查研究】 3月，区“两会”就专业大户会员近年来的发展状况进行跟踪了解，撰写的《发展规模养鸡　帮助乡邻致富》《勤劳致富的模范“两带”工作的标兵》等4篇调研文章被市老促会编印的《情系盐阜老区》选录。（袁　辉）

盐城市盐都区退休干部协会

【概述】 区退休干部工作协会围绕区委区政府建设强富美高新盐都的总体要求，坚持以人为本，服务大局，实现“六个老有”为目标，开展“不忘初心献余热·与党同心做贡献”系列活动，各项工作取得新成绩。

【创新学习方式】 3月16日，举办区直机关退休干部学习十八届六中全会精神心得交流会，殷春玉、高波、刘旭、邵玉田等老干部交流自己的学习体会。11月28日，召开学习十九大文件精神座谈会，教育、水务、农委、学富、北蒋、司法等分会理事长做学习体会交流。理事长孙万青在传达区委学习贯彻十九大精神的工作部署后，和大家一起交流学习体会。

【举办文体活动】 2月11日，在县前社区服务中心举办“欢欢喜喜闹元宵·老少同乐猜灯谜”娱乐活动。区直机关退休干部和县前社区部分中小学生在社区服务中心一起搓元宵、猜灯谜，吸引不少社区居民的自觉参与。3月5日，举办退休女干部“庆三八”联谊座谈会。主要为城乡各行各业各条战线的20多名退休女干部。4月14日，协会组织40多名退休教师赴大丰区观看荷兰花海和麋鹿保护基地，让退休教师在家门口领略异国风情。5月5日，组织各分会理事长参观考察江苏特色小镇安丰镇和盐城五个一工程项目实施现场，让老干部了解盐城新城区建设宏伟蓝图。8月13日和11月28日，分别举办区直机关退休干部和退休教两场师扑克牌掼蛋比赛。10月28日，与县前社区联合举办退休干部“庆重阳趣味运动会”，包括托球跑，你来比划我来猜等项目的比赛。9月27日，协会在高新区研创大厦举办由退休干部主持、退休干部演出、退休干部观看的盐都退休干部“不忘初心续写忠诚、喜迎十九大才艺展示会”，来自全区一百多名退休干部通过演唱、快板、舞蹈、器乐、朗颂等形

10月，退休老干部参观考察　　美忠湖人　摄

式登台展示才艺，全区300多名退休干部观看演出。

【开展“六进”系列活动】 在全区退休干部中开展不忘初心献余热，老有所为做贡献“六进”系列活动。结对助学进农户。1月17日，由理事长孙万青带队自筹资金在郭猛实验学校慰问留守儿童，给20名留守儿童每人送上200元慰问金、书包及学习用品，鼓励孩子们树立信心、克服困难、勤奋学习、快乐成长。法制教育进校园。夕阳红法制宣传队对全区42所中小学生进行50场次的法制和道德主题教育活动。诗词教育进课堂。胡玲珑等在义丰等中小学开展“五四如诗、青春似歌”诗词进课堂活动，和学生们面对面交流，300多名中学生聆听古典诗词解析。科技普及进基层。不老松科技服务队不断充实和拓展“三扶两创”内容、为精准扶贫做实事。积极建言献策。发动广大退休干部为政法队伍建设、夏粮收购、水利设施建设，农业产业化生产等工作积极建言献策。

【提高服务水平】 春节期间，对协会老干部及已退下来的分会理事长，75岁以上的理事长和生病的理事长进行登门慰问。对20位80寿辰的退休干部赠“福寿康宁”铜匾表示祝贺，对逝世的退休干部进行吊唁并慰问其家属。4月12日，协会提供车辆，由其家属陪同，组织徐春延等10多位老干部观看盐都新区、双新大道、新农村典范三官村，亲身感受盐都城乡变化和农村建设的快速发展。6月22日，邀请太极拳老师在区老年大学对区直退休干部进行太极九转还阳功式等健身知识解析。对退休干部医药费报销问题及时与有关乡镇及部门协调解决，并积极争取为退休干部进行健康体检。

【加强退协组织建设】 注重调研指导。协会负责人在龙冈、葛武、大纵湖、郭猛等镇调研基层退协组织建设、阵地建设，学习制度执行、活动开展、老有所为等工作情况，并进行针对性指导。强化分会班子建设。对滨湖、潘黄、教育分会的理事长进行调整充实，把年龄轻、事业心强、德高望重、热心服务的人员充实到基层退协组织中来。加强工作交流。7月4日，在葛武老干部活动中心召开分会理事长会议，参观葛武老干部活动中心，听取葛武分会退协工作经验介绍，11月，分别在楼王、北蒋、潘黄组织基层分会退协工作经验交流。年终总结会上，潘黄、教育、司法等分会交流退协工作经验和退休干部郭玉龙、杨长春介绍老有所为的体会，收到良好的效果。加强阵地建设。葛武、楼王、尚庄、卫计委、农委、人社等分会为退休干部装修新的活动阵地，增添必要设施，使老干部有舒适温馨的活动之家。（陈荣豹）

盐城市盐都区老龄协会

【概述】 2017年，在区委区政府的正确领导和市老龄协会、区民政局、老龄办的关心指导以及镇、村、区直协(分)会、各有关方面的配合支持下，围绕全区工作大局和“五个老有”目标，开展“让老人幸福，促社会和谐”尊老敬老爱老助老系列活动，各项工作取得新成效，为助推“强富美高”新盐都建设和全区老龄事业发展发挥积极的作用。

【协会建设】 2017年，针对区、镇、村三级协会换届后新班子和协会工作的新形势，始终把协会建设摆在重要位置，加强三级协会建设和完善工作。开展调研。3月上旬至4月底，采取“家家到”的办法，对全区20个镇级协会、99个村（居）分会和区直7个分会工作开展调查研究活动，及时发现、现场解决存在的问题。12月中旬，对8个镇级协会和7个区直分会进行跟踪回访调研。组织培训。5月中旬，利用两天时间分别在潘黄街道和秦南镇举办《老年人权益保障法》和《江苏省养老服务条例》讲座暨老龄工作业务培训。各镇(区、街道)分管负责人、民政助理、老龄协会会长和秘书长、敬老院长，村居老龄分会会长、居家养老服务站长，区直各分会会长和秘书长共500多人参加培训。参与考察。主动向区人大常委会和民政部门汇报工作，并配合区人大常委会对全区贯彻实施老年法律法规情况和老龄协会工作进行考察调研。

【基层基础建设】 年内，全区20个镇级协会、253个村(居)和7个区直分会基本都落实办公场所和老年活动阵地。学富镇、葛武街道投入30余万元资金，改造原政府机关用房，浇筑水泥广场，添置器材，安装照明，作为老年活动阵地。台创园投入50多万元，将三湾村原幼儿园腾出来，建成设施和功能比较齐全的老年活动中心。楼王镇和北蒋、北龙港街道村(居)老年活动阵地整体推进，其中楼王镇公兴、蟒河、仁和等村分别投入近30万元新建老年活动中心。秦南镇盛花村投入10万余元改造原卫生室，作为老年活动阵地。潘黄街道宝才居委会、大冈镇同心村、郭猛镇新星村老年活动阵地和居家养老服务站档次高、设施齐全、环境优美。盐龙街道丁晏居委会放弃将位于居民住宅区中心地段的220平方米、每年租金3万元的超市用房出租计划，改作居家养老服务站和老年活动阵地。龙冈镇储巷村投入近60万元改造原村小学，建起卫生室、居家养老服务站和有棋牌室、健身室、图书室、代餐点等设施的老年服务中心。大纵湖镇的村(居)老年活动阵地继续向自然村(居)延伸。统一为全镇20个村购置棋牌、麻将桌和小方凳。鞍湖街道九曲村，投入8万元改造原村老龄分会办公室和居家养老服务站。洪渡村新村部建好后，率先安排老龄分会和老年活动室。区直7个分会都较好地落实办公和活动阵地，流通和管理分会还按会员单位建立工作小组。

【宣传工作】 年内，坚持采用召开会议、举办讲座、组织培训、印发材料、张贴标语等形式和电视、报刊、网络等媒体搞好正常的老龄宣传。敬老月、老年节、老艺节期间，通过组织宣传日、宣传周、宣传一条街等形式和方法大力度地开展宣传活动。组织全区老龄协会工作图片展览。组织和发动各镇级协会、区直分会结合实际，围绕领导重视、社会支持、老龄宣传、基础建设、调查研究、典型宣传、为老服务、老有所为等方面内容，每家制作一块反映自身工作特色和亮点的图板，由区协会组织集中会展和巡回展览。组织召开“身边好人”先进事迹报告会。邀请“中国好人”、全国见义勇为英雄、区人武部军事教员徐兆学，全国公安系统二级英模、区公安局郭猛派出所“独腿”民警孙益海，“中国好人”、大冈镇断臂退休干部杨长春三人为协会工作人员作事迹报告会，传递崇德向善的正能量。

【敬老惠老工作】 年内，组织召开老年人座谈会。听取老年人的诉求和进一步做好为老服务工作的意见，整理后，就老年人体检、有关疾病纳入大病统筹和重视困难的退伍老人、独生子女老人、知青老人的生活保障等问题分别向有关方面作反映。组织特困老人情况的调查建档工作。专门发出通知，组织对失能、失智等特困老人情况进行调查，形成台账资料。组织走访慰问活动。发动各镇、村、区直分会对高龄、孤寡、空巢、病残老人进行看望慰问。区协会看望慰问龙冈镇兴福老年庄园的37名病残老人，向庄园赠送5000元慰问金，并组织文化艺术团走进庄园慰问演出。

【走基层活动】 组织十支“老字号”服务队在“10·1”和重阳节前后，结合实际，在镇村和老人家庭，分别开展法制宣传、农技指导、健康讲座、义诊义演等多项服务活动，通过面对面的服务，心贴心的关怀，进一步增强老人的幸福感。每支“老字号”队伍都能结合实际，认真谋划，精心组织好走基层服务活动。老法制工作者服务队，坚持按计划实施，坚持送法进社区、进农户、进校园，坚持以案说法。全年共为全区42所中小学作50场法纪和道德报告，40000多名中小学生受到教育。在学富实验学校看望留守儿童，赠送3000多元的学习用品。老农技畜牧水产工作者服务队，在队长王云玲带领下，坚持常年走村串户，在田间地头为农民和群众无偿提供种、养、加方面的技术服务。老文艺和老医卫工作者服务队坚持每年组织走基层活动两次，每次活动安排3天时间，分别去3个镇，坚持将“送健康、送欢乐、送祝福”作为走基层服务的主要内容。组织为老年人和群众进行养身保健讲座和义诊义演。春节前，组织

7月，“喜迎建军90周年”军民联欢专场文艺演出　　黄恬恬　摄

5名书法家自带笔墨纸张，在潘黄和北蒋街道免费为群众书写春联，送去新春祝福。老企管工作者服务队坚持将普及企业管理和安全生产知识作为走基层服务的主要内容，6月和10月先后两次组织安全生产讲座，协助为企业培训安全员，帮助企业解决生产技术和安全生产方面的难题。

【科技服务】 协会设立于2016年5月的农民创业科技服务工作室，通过建立“农技服务QQ群和微信群”，与全区10个科技服务示范基地和其他一些种植养殖大户保持着紧密的联系，安排各类专家15人值班。全年共有20个种养大户在网上咨询解决养猪、养鸡、养蜂、长葡萄等方面的技术问题。对于要求登门现场指导的，工作室一般在3天之内安排到场，情况紧急的随时安排前往，深受农民的欢迎。年内，推广EM生物工程技术，并通过自制生物反应器和引导建立农牧结合、良性循环的模式，解决畜禽场粪尿污染的问题。

【文化艺术团组建】 年内，协会组建文化艺术团，12月1日正式揭牌。创作编排《老伴的情怀》《夸夸咱们的居家养老服务站》《带着父母去旅行》等节目，在潘黄等镇村和区消防大队等单位举行“迎七一·颂党恩”“庆八一军民联欢”和“宣传十九大·共圆中国梦”等专场文艺演出。文化艺术团获区老龄委第七届老年文化艺术节风采奖，《老伴的情怀》等三个节目被评选为优秀节目。情景剧《带着父母去旅行》作为全市唯一被省老龄委入选节目参加省老年春晚演出，获得好评。表演唱《老伴的情怀》被（北京）盛世中国梦组委会选调参加在香港举办的“撸起袖子加油干，一张蓝图绘到底——庆祝改革开放40周年成果献礼系列大汇演”活动，获“最佳编导奖”，并获得组委会颁发的奖杯、证书和奖金。

【完善老年议事制度】 年内，发动和督促各镇、村通过进一步健全议事组织，完善议事制度，开展议事活动，落实议事意见，发挥议事会作用，受到较好效果。冈中街道6个村（居）的老年议事会，坚持每季度活动一次的制度，围绕老年民生、村（居）经济社会发展和群众生产生活的突出问题，选择议题开展议事活动，并得到村（居）党政组织的重视和支持。全年，6个村（居）分会的老年议事活动共提出意见和建议58条，绝大部分被采纳。凤楼村老年议事会协调村部投资12万元在村里建一个1400平方米、有舞台、有投影仪的活动场地，方便老人文体健身活动。同桂村境内有一座危桥得到修理。花吉村村委会根据老年议事会的建议，及时更换居家养老服务站24床被褥及其他生活用品。　（刘善余　胥　俊）

盐城市盐都区慈善会

【概述】 2017年，区慈善工作秉持理论创新，机制创新，制度创新，举措创新的“四创”追求，聚握现代慈善建设的工作方向；聚焦社会民生保障和扶贫攻坚；聚推慈善募捐，慈善施救齐驱并进，提升慈风善行整体水平。

【坚持学习引导】 年内，组织全会人员观看电视影频实况，聆听习近平总书记十九大报告，加深对十九大精神认知和感悟。采取“一周两学”制度，通过读原著、学原文、悟原理，帮助全会人员从10个方面对十九大精神进行深刻领会。结合十九大提出廉政建设相关规定要求，在查找问题的基础上，建立和完善科学、规范、高效的“四位一体”工作机制，强化内部管理落实廉政责任。

【拓展慈善募集途径】 开发慈善资源，创新募集方式，探索稳定、持续的慈善募捐形式，广辟资金募集渠道，在上年累计募捐善款3000多万元的基础上，年内借助《慈善法》实施周年和9月5日“中华慈善日”宣传活动的契机，加大系列宣传教育的力度，采取城乡结合，上下驱动，各层互动，社会齐动的一线宣传法，调动社会各方参与慈善捐赠的积极性，主动性。8月12日上午，区政府会同区政协在龙冈镇凤凰幼儿园大会议室组织部分政协委员、企业家、农村经合组织、工商大户、进行善款募集。现场募集资金300余万元，其中为大病患者定向捐10万余元。

【助推精准施救措施】 创新救助品牌项目，扩大救助范围，提升救助效果，坚持精准施救与精准扶贫相结合，主打特色救助项目。儿童大病救助项目。对全区患有白血病、先天性心脏病和其他重大疾病的18周岁以下儿童实施医疗救助，并按省、市、区比例施行全额报支，资助额14.5万元。拯培希望工程项目。为加强全区留守儿童的管理，区总会会同区民政局制定出台“拯培希望工程（留守儿童）”扶援项目措施。为全区100名家庭困难的留守儿童提供10万余元的经济援助。特教、特残资助项目。资助5万元改善市聋哑学校现代化教育条件，增添必要的教学设备，使聋哑学生心智得到有效开发。资助3万元帮助麻风村改善居住条件，提高特残人员生活质量。困难大学生救助项目。8月16日下午，在市一中报告厅举办“不让一位考取大学因家庭困难而失学”的庄严承诺兑现仪式。全区共资助困难大学生39人，每人4000元（社会孤儿5000元），计发资助金15.8万元。大病患者、困难城镇职工救济项目。为应对平时特殊上访、病患者和困难城镇职工，帮助他们解决临时困难和实际问题，全年共支付临救资金达10万余元。爱心超市扶援资助项目。为构建在建制村建立“慈善爱心超市”，根据上级要求，拟在55个村（居）建立“慈善爱心超市”，扶援额达到225万元。

【加强分会建设】 加强基层慈善分会管理和建设，采取“五抓”法，抓阵地建设。所有分会必须要有一至两间办公用房，也可与镇（街道）民政办合署办公。抓体系建立。所有分会必须要有完整的工作班子，强化分会工作领导和管理。抓人员到位。所有分会必须配有1~2名工作人员，做到有人管事，有人理事，有人办事，服务于民众。抓制度完善。所有分会必须按照区总会要求，制定和完善一套分会各项规章制度，用制度管人管事，筑牢固体强基。抓资金募集。所有分会采取不同渠道，不同的募捐方式，组织和动员区域社会各界为人人做慈善，行行助慈善，奉献一片爱心。年内，秦南镇泾口村慈善分会，募集善款300万元，将急救难问题解决前沿。张庄街道慈善分会的工作人员，访贫问苦，并筛选瘠贫瘠弱的人员名单登记造册，定期不定期地进行走访慰问。9月初，区总会组织审计人员对各镇（区、街道）慈善分会进行审计，从抽查的情况来看，各分会都能严格执行财务规定，对大病救助和扶贫对象都及时公示到村组，做到公开、公平、公正。

（包云祥）

盐城市盐都区老年人体育协会

【概述】 2017年，在区委区政府的关心重视和区体育主管部门的指导支持下，区老年人体育协会围绕中心，主动服务大局，按照区老年人体育协会第七次会员代表大会确定的工作目标，广泛动员、组织、指导老年人开展丰富多彩的体育健身活动，为老年人科学健身、快乐健身做好事、办实事、解难事，较好地完成全年各项工作任务。

【召开第七次会员代表大会】 1月7日，区协会第七次会员代表大会在区老年大学会议室举行，各镇（区、街道）和部门的50名代表出席会议。会议审议通过徐克铭代表区协会第六届委员会作的题为《振奋精神，扎实工作，努力推进全区老年体育健身事业再上新水平》的工作报告。选举产生由王天荣等36人组成的区协会第七届委员会。在区协会第七届委员会第一次全体会议上，选举武进甲为主席，杜建豪、徐克铭为副主席，应文忠为秘书长。

【老年人体育节活动】 全区老年人体育节由区教育局、体育局、老龄委办公室和老年人体协联合举办，主题是健身中国，共享共建，宗旨是参与·康乐·和谐·风范。在全区老年人体育节期间，区协会举办或组队参加老年人体育健身竞赛、展示、培训活动20场次，参与活动的老年朋友超过600人次。组织盐渎、张庄、冈中、郭猛等街道的百余名老年体育健身爱好者参加全市第十二届长江经济带全民健身大联动启动仪式暨区千人健步走活动。各镇（区、街道）、部门按照小型、多样、就地、分散的原则，共组织开展不同层次的老年体育健身活动200多场次，参与活动的老年人超过2万人次。

【创建“省老年体育健身太极系列之乡”】 8月中旬，区协会联合区体育局制定《盐都区创建“省老年体育健身太极系列之乡”实施方案》，并成立区创建“省老年体育健身太极系列之乡”工作协调小组和太极系列项目指导委员会，具体负责创建工作的协调和业务指导。9月，各镇(区、街道)按照区《实施方案》的要求，对行政区域的老年人口、老年体育人口、老年太极系列项目健身人口及正常活动情况进行调查，制定本镇(区、街道)创建工作规划。至年底，完成区《实施方案》中确定工作任务。

【体育竞赛活动】 年内，组队参加市老年人体协举办的健身球操、中国象棋、健身气功、门球4场赛事。盐渎街道组队参加全市老年人健身球操比赛，以第2名的成绩获"最佳展示奖"；区老年象棋代表队参加全市老年人中国象棋比赛，夺得团体冠军，参赛的3名选手全部进入个人前6名；北蒋街道组队参加全市老年人健身气功比赛，以第3名的成绩获"最佳展示奖"；区老年人门球队参加全市老年人门球比赛，以第4名的成绩获优胜奖和道德风尚奖。北蒋街道老年体育健身团队参加中国武术协会主办的第二届中国(徐州)国际武术比赛，获2金、4银、4铜。

【评选、表彰"老年体育健身明星"】 10月中旬，区协会在全区开展第二届"盐都区老年体育健身明星"的评选工作，确定"第二届区老年体育健身明星"10名，"区老年体育健身先进个人"18名。姜中怀(滨湖街道)、朱普超(北龙港街道)、丁红云(尚庄镇)、吕小红(北蒋街道)、茆长顺(龙冈镇)、朱爱民(大冈镇)、刘干英(冈中街道)、孙莉(盐渎街道)、王道德(区教育局)、沈庄英(区粮食局)获"第二届区老年体育健身明星"称号；严坚(大纵湖镇)、顾汉扣(楼王镇)、辅忠成(学富镇)、王龙珍(中兴街道)、沈桂英(葛武街道)、任燕(秦南镇)、周芳(北蒋街道)、邹相玲(滨湖街道)、顾玉培(郭猛镇)、罗金英(潘黄街道)、董爱华(张庄街道)、郑如国(盐龙街道)、黄丽琴(盐渎街道)、潘万华(盐渎街道)、仲美芬(区商务局)、张萍(区直机关)、徐兰芳(区农口系统)、戴卫星(区政法系统)被评为"区老年体育健身先进个人"。 (徐克铭)

盐城市盐都区殡葬协会

【概述】 2017年，区殡葬协会践行协会宗旨，履行协会职能，致力服务好殡葬改革工作，服务好全区殡葬事业发展，服务好会员单位和个人，各项工作顺利开展，取得预期成效，较好地完成全年目标任务。

【强化宣传教育】 利用清明节、中元节、冬至、春节等重大节日，指导各殡葬服务单位和机构，采取印发宣传资料、悬挂横幅、更新宣传栏以及协会网站等多种形式和手段，突出殡葬改革新精神、新要求的宣传贯彻，使《殡葬改革条例》、"两办"精神、七部委关于推进节地生态葬、民政部负责人清明节讲话精神等，引导社会公众关注并热情参与殡葬改革，为加快推进节约文明殡殓、节地生态安葬、绿色环保祭祀进程创造条件。

【注重交流与调研】 加强与上级协会和外界行业先进典型的沟通交流，掌握各类讯息和动态。4月25—27日，由省殡葬协会主办、区殡葬协会承办的省辖市殡葬协会会长座谈会在盐城召开，省民政厅、省殡葬协会、各省辖市殡葬协会的负责人和工作人员共30多人参加会议。会上，区殡葬协会作为基层协会建设典型作专题汇报。加强与主管部门、镇(区、街道)民政办的对接联系，重点搞好各公益性公墓运转情况的调研。加强与外界殡葬机构的沟通联系，形成互动发展态势。9月29—30日，省殡葬协会第八次会员大会在南京召开，区殡葬协会派出副会长张兆明、高卫星参加会议。选举产生省殡葬协会第八届理事会，高卫星当选为理事。10月26—28日，2017江苏省殡葬协会公墓年会在苏州市吴中区召开，区殡葬协会委派副会长张兆明、高卫星参加年会。12月12—13日，组员参加省殡协在徐州组织召开的八届二次理事会，听取工作报告，讨论2018年工作计划，通过协会改革后的相关制度，张兆明增补为省殡葬协会八届理事会理事。6—7月，协会利用10多天时间，对全区29个公益性公墓逐一进行实地调研，形成可资参考和决策的第一手资料报民政局并提出建议，为促进公益性公墓规范运转和长足发展提供依据。

【发挥工作职能】 年内，协会顺应殡葬改革和社会组织改革趋势，服务好散坟整治成果巩固、生态安葬计划推进、公益公墓建设管理、殡仪服务一条龙建设目标、殡葬运输市场规范管理等工作。在注重学习借鉴的基础上，提出合乎区情实际的合理化意见建议，使创建等级殡仪馆、公墓提档升级、加强殡仪服务队伍建设等有参考依据。围绕社会组织改革要求，加强与行政脱钩前的适应能力建设，并围绕创建等级社会组织不断克服薄弱环节。

【做好会费收缴】 通过汇账、登门服务、承办活动等途径，及时做好会费收缴工作。年内，区财政预算安排10.99万元，使用10.4万元，结余5900元；共收缴会费4.79万元，未支出，做到各项会费收入、支出按规章制度执行，按规定流程审批。坚持做到量入为出，规范管理，透明使用。

【加强学习培训】 12月15日，区殡葬协会举办区第四期殡葬业从业人员培训班，殡仪馆全体员工、全体殡葬车车主、兰园公墓相关人员近60人参加培训，邀请殡葬界、交巡警界、消防界的专业人士授课，就《新时代殡葬之美》、交通法规和安全文明驾驶、消防业务知识等进行专业培训。区民政局局长季严彪局长到会讲话。加强横向协作交流，创造条件，分批组织从业人员到市内、区外等周边地区加强学习交流。11月30日至12月2日，在区民政局局长季严彪的带领下，区殡葬协会组织重点镇(区、街道)民政助理和殡葬车主代表，以及经营性公墓、殡仪馆负责人共19人，赴镇江、南京、无锡等殡葬业发展先进典型进行为期两天半的专题考察学习活动。先后考察学习扬中市三茅街道璟春园骨灰堂、扬中市殡仪馆集中守灵、南京市雨花台区功德园节地生态葬、溧水区殡仪馆殡葬车管理模式、宜兴金鸡山公墓金鸡堂室内葬等全国殡葬综合改革试点地区、殡葬业发展先进典型等现场。5月至8月，协会先后组织两批共6名殡葬服务一线人员分别到连云港、无锡等地参加职工健康疗养活动。11月27日，由区民政局工会主办、区殡仪馆和兰园公墓承办的庆祝活动在区殡仪馆举办，40多名殡葬职工参与拔河、乒乓球、台球等趣味运动项目，观看由殡仪馆职工自导自演的花艺展示和遗体告别、覆盖党旗演示等节目。 (高卫星)

军事与安全

- ◆人民武装
- ◆武装警察
- ◆人民防空
- ◆民兵预备役

人民武装

【概述】 2017年，区人民武装工作紧紧围绕实现党在新形势下的强军目标，狠抓思想政治建设，确保干部职工和民兵对党绝对忠诚、绝对纯洁、绝对可靠。扎实学习习主席系列重要讲话和治国理政新理念新思想新战略，学习习主席关于国防和军队建设重要论述，特别是“强军兴军篇”“国防动员篇”，强化“四个意识”，增强“四个自信”，坚决维护权威、维护核心、维护和贯彻军委主席负责制。狠抓各项工作落实，人武部全面建设呈现出良好势头。

【思想政治建设】 年内，认真组织每季度党委机关理论学习，参加分区组织的集中授课辅导，以“学习身边典型”讲用会形式开展主题党日活动，引导党员干部支持改革、服从改革、投身改革。参加省军区组织的“新体制新职能新使命”改革整编运行教育，引导大家以奋勇争先姿态干事创业。集中组织收听收看《将改革进行到底》大型政论专题片，参加军分区组织的建军90周年影视片首映仪式等活动。进行“维护核心、听从指挥”主题教育，推进开展“两学一做”教育活动常态化制度化，坚持每周三、五由干部组织领学《习近平总书记系列重要讲话读本》等书籍，把学党章党规、学系列重要讲话作为经常性学习教育的基本内容。开展反邪教警示教育，邀请地方610办人员进行反邪教知识普及。开展枪弹专项清查整治“回头看”，对干部职工进行政治考核，人人签订承诺书，确保不发生涉枪涉弹案件问题。

【加强战备值班】 严格落实战备制度和改革期间战备规定，严格组织干部职工值班资格认证考核，落实民兵值班分队。至年底，共投资30余万元购买战备物资器材，基本满足作战任务和非战争军事行动基本需求。组织修订人武部防卫作战总体方案和配套方案，修订完善非战争军事行动总体预案和专项预案。

【突出干部训练】 年内，区人武部组织干部参加省军区、军分区网上以军事思想、作战理论、非战争军事行动理论为主要内容的军事理论学习，进一步打牢人武干部军事理论基础。定期组织干部开展新的《作战标图规定》、作战计算、识图用图等学习训练，提高军事技能。12月，参加军分区组织的年终军事考核，完成军事思想、作战理论、识图用图、作战计算、指挥作业和体能的考核，提高履行使命任务能力。

【专武干部和民兵骨干训练】 年内，区人武部组织专武干部参加省市基层专武干部集训，完成理论知识、日常业务、军事技能和体能的学习训练。6月中旬，组织民兵骨干分队进行抗洪抢险演练，提高分队处置突发险情的能力。抽调民兵骨干参加全市跨区联训，完成工程保障和反恐维稳等课目的学习训练。按照民兵军事训练大纲要求，组织全区应急连分队民兵训练考核。组织专武干部参加全省基层专武干部集训，完成理论知识、日常业务、军事技能和体能的学习训练，取得前10名的好成绩。

【民兵整组和基层规范化建设】 年内，区人武部认真贯彻军民融合发展的重大战略决策，推动国防动员建设，推动民兵调整改革，推进基层规范化建设，做好征兵准备工作。联合地方相关单位加强国防潜力调查核准，确保数据及时更新。依托《人民武装工作管理系统》，对全区基干民兵个人信息实施精准录入，整组点验严格刷卡核查，促进兵员大数据管理和精准化编组。按照应急、支援、储备三类队伍，扩大编组范围，提高科技含量，完成民兵组织结构和力量布局调整优化。按照军分区规范化建设标准要求，全区15个基层武装部全部达标。

【兵员征集】 区人武部组织征兵工作人员开展征兵业务知识学习考核，学习军委国防动员部纪委《关于8起征兵违规违纪问题的通报》和省军区军分区首长关于廉洁征兵工作的指示精神，确保征兵工作廉洁高效。建立廉洁征兵“零报

6月，开展军事训练

告”制度和廉洁征兵监督员制度，健全廉洁征兵监督机制，加大压力传导力度，从严规范权力运行。按照《江苏省征兵工作条例》，高标准落实义务兵优待金、大学生奖励金和一次性安置补助金。全年完成全区男兵的征集任务。

【干部职工管理】 年内，细化落实《省军区部队教育管理若干规定》，印刷成口袋书，方便大家学习。开展“学条令、学法规、正秩序”和条令条例学习月活动，组织条令法规普考、军容风纪检查、队列训练考核和“两个以外”管理，落实好“双四一”要求。对照军委国防动员部“十七”个方面，突出人员车辆、涉密信息等管理不放松，确保动态掌握。坚持每月组织1次防暴恐演练，提高部机关处置突发事件的能力。分别邀请区公安局交警大队、消防大队负责人授课，帮助大家增强安全意识。加强对电线电路和消防等硬件设施进行检查改造，确保安全可靠。认真学习军委国防动员部6个规范性文件、省军区1个贯彻意见、《江苏省军区在外人员管理规定》等法规文件，通过自查互查等形式，查漏补缺，确保安全稳定，高标准做好迎接全军安全大检查准备。

【干部队伍建设】 年内，区人武部围绕对党忠诚、善谋打仗、敢于担当、实绩突出、清正廉洁的军队好干部“五条标准”，做好党委班子和干部队伍建设。深化党委班子岗位练兵，党委班子成员通过学理论、学科技、学管理，向群众学习，努力掌握和运用一切科学的新思想、新知识、新经验，提高能力素质。学习《党内政治生活的若干准则》和《党内监督条例》，落实党的组织制度，严守党的政治纪律和政治规定。坚持党委集体领导，分工负责。严格党内政治生活，党委成员除参加本级民主生活会外，还参加所在科室党小组的组织生活，向党小组汇报思想、学习和工作情况，自觉接受党组织和党员、群众的监督。坚持把纪律规矩挺在前面，学习《廉洁准则》《处分条例》和《问责条例》，填报《军队领导干部个人有关事项报告表》和《军队人员家庭住房情况报告表》，明确个人情况。

【落实党管武装工作】 年内，区委召开区委常委议军会，研究解决人民武装工作建设中的矛盾问题，补助武装工作专项经费。全年协调解决5名随军家属到相应单位就业，提高军人军属的荣誉感。与区司法局建立军人军属法律援助工作站，最大限度满足军人军属法律援助需求。

【开展拥政爱民活动】 年内，发挥民兵人员在完成重点工程建设、维护社会治安、抗洪抢险等急难险重任务中的作用，参加植树造林、义务献血、捐资助学、扶贫帮困、创文创卫等公益事业，协助有关部门做好退役人员稳定工作。开展“双百双建”活动，挂钩帮扶2个经济薄弱村，结对帮扶12户贫困户，结对共建学校1所，资助贫困生10名，累计出资50余万元帮助结对村建设村庄道路。（李越山）

武装警察

【概述】 2017年，按照“党政同责、一岗双责、失职追责”“管行业必须管安全、管业务必须管安全、管生产经营必须管安全”的要求，强化政策支持和资金投入，全力推进各项消防重点工作，全区消防形势平稳向好，全年共发生火灾484起，直接财产损失约137万元，与上年同期相比，火灾起数下降35.7%，无较大以上火灾，与上年相比各项指数均有所下降，维护社会的安定和谐和群众的生命财产安全。年内，成功处置“7·1”苏豪名邸小区楼顶起火、“8·12”杰美莱服饰仓库起火、“9·26”郭猛门市爆炸等灾害事故，保障全区的消防安全。年内，2人被市消防支队记三等功。

【全区消防工作会议】 4月6日，区政府召开2017年全区消防工作会议，区消委会各成员单位、各镇区分管领导及各派出所所长参加会议。会议首先观看2016年以来典型火灾案例，随后表彰2016年度全区消防工作先进集体和先进个人。区政府与各镇区、部门签订2017年《消防工作目标责任书》。

【新综合执勤楼搬迁典礼】 7月9日，盐都大队官兵搬进新综合执勤楼。新建综合执勤楼主体4层，集办公、宿舍、餐厅、红门影院、会议室等一体的综合执勤楼。期间，大队军政主官为新综合执勤楼进行揭牌仪式。

【全区火灾防控工作会议】 7月28日，区政府召开全区火灾防控工作会议。会议由区政府办副主任张步森主持，副区长、公安局长连大猛出席会议并讲话。会议首先观看英国伦敦“6·14”高层公寓火灾典型案例视频，通报上半年全区消防安全形势及重点工作开展情况，副区长、公安局长连大猛就做好火灾防控工作提出要求。

【全区老旧小区消防安全专项整治会议】 8月2日，区政府组织召开老旧小区消防安全专项整治会议。区长吴本辉出席会议并讲话。区住建、城管、规划、财政、公安、消防等部门及潘黄、盐龙、盐渎、张庄等街道负责人参加会议。会议就全区老旧小区消防安全整治工作做出部署。

【全区十九大消防安保集中约谈会】 9月15日，区政府组织召开全区十九大消防安保集中约谈会。各镇(区、街道)、区消防安全委员会成员单位负责人，各派出所所长参加会议。会议通报全区各镇(区、街道)消防安全网格化管理、夏季消防安全检查及全年工作任务完成等情况，分析全区火灾风险点，副区长连大猛就做好十九大消防安全保卫工作提出要求。

【物流园区隐患整治推动会】 9月30日上午，区长吴本辉组织召开物流园区隐患整治推动会，区公安、安监、交运、邮政、消防等部门相关负责人参加会议。

【全区幼儿园达标创建现场会】 9月30日，盐都大队在盐都幼儿园组织召开全区幼儿园达标创建现场会，各幼儿园负责人、管理人员约40余人参加会议。与会人员实地参观盐都幼儿园达标创建相关现场及档案台账，大队监督员就做好幼儿园消防管理达标创建工作提出要求。

【全区冬春火灾防控工作动员部署会】 11月9日，区政府组织召开全区冬春火灾防控工作动员部署会。副区长、公安局长连大猛，区政府办副主任张步森，区公安局副局长邹桂群及区消委会成员单位、各镇(区、街道)分管负责人参加会议。

【出租屋安全隐患集中整治推进会】 11月20日，政府召开出租房屋安全隐患集中整治推进会，各镇(区、街道)主要负责人、各派出所所长、治安、消防大队等有关部门负责人参加会议。副区长连大猛分析当前出租屋、群租房消防安全工作面临的形势和存在的问题，并提出要求。

【新建微型消防站】 年内，区政府同意一次性投入288万元，在全区偏远农村及火灾防控基础薄弱区域新建36个村(社区)微型消防站，并纳入2018年为民办实事项目，所需经费纳入2018年区财政预算。

【新建消防训练塔】 年内，经区长办公会研究，区委副书记、区长吴本辉签署意见，同意拨付65万元用于新建一座长约7米、宽约6米、高约21米的六层框架结构消防训练塔（内含燃烧训练室)，经费统一纳入2018年区财政预算。

【推广安装电气火灾监控系统】 年内，针对各镇(区、街道)政府办公楼设施设备老旧、电气线路老化、火灾危险性大等问题，区政府同意在各镇(区、街道)政府办公楼推广安装电气火灾监控系统，明确所需经费由各镇(区、街道)财政自行承担，要求消防大队联合相关部门，对各镇(区、街道)政府办公楼逐一开展排查，制定安装方案，尽快实施安装，力争年内全部安装到位。

【推广安装火灾自动灭火系统】 年内，为提升养老福利机构火灾防范水平，盐都大队与区民政局联合开展单体建筑高度大于15米或体积大于10000立方米的设置室内消火栓系统，单体建筑面积超过500平方米的设置自动喷水灭火系统，500平方米以内的需设置简易喷淋系统。 （周万东）

6月，消防演练活动 丁晓岚 摄

人民防空

【概述】 2017年，围绕全区民防工作要点，创新思路，务实奋进，开创盐都人防事业发展新局面，被省民防局表彰为全省民防工作先进单位。

【人防宣传】 推进人防宣传进机关、进企业、进学校、进社区、进网络，提高宣传覆盖面，增强全民法治化意识。利用《人民防空法》颁布日、国防教育日、“防灾减灾日”等重要时间节点，在社区、机关、企业等地，用展版、印发资料、张贴悬挂标语、接受社会咨询等多种方式，开展人防宣传活动。9月18日，在市一中组织防空警报试鸣及中学生疏散演练活动，让广大市民、学校师生更多地了解防空疏散知识，正确识别警报信号的类别，提高人防应急通信保障能力。落实年度人防宣传教育计划，全区23所中学开展中学生人防知识教育，开课率达100%。小学生普及人防知识教育工作推广到主城区的4所小学(神州路小学、崇礼路小学、高新区小学、潘黄实验小学)1600人。6月，征订中学生人防知识课本6950册，供中小学生使用。在盐都电视台、《盐都日报》分别开设"盐都人防"专版专栏，使人防知识更加普及，人防宣教更加深入。

【社区民防】 从区情实际出发，年初开展"人防工作进社区"规范化管理活动。在街道社区，开辟专门的宣传教育阵地，开创社区民防建设新格局，落实社区民防志愿者队伍建设工作，提升社区民防志愿者队伍规范化建设水平。强化对基层民防组织考核，下拨民防经费30余万元，确保基层组织工作的开展，形成一体化的人防应急组织体系。启动社区居民家庭应急包发放工作，与区文广新局合作，通过群众喜闻乐见的文娱节目，寓教于乐，增强社区居民的人防观念和意识，提高应急自救能力。

【专业队伍】 进一步充实和完善人防应急救援队伍，按照省、市民防局的要求，对专业队伍进行整组。至4月底，整组工作全部完成，整组后的人民防空队伍共190人，由抢险抢修、医疗救护、交通运输、防化、通信、消防、治安、心理防护、引偏诱爆九个专业队伍组成。对50名志愿者进行调整，调整、整组后的专业队员和志愿者政治素质高、年富力强、有文化、专业性强，大部分都受过部队锻炼，是一支素质高、能吃苦的专业队伍，应急支援力量得到加强。

【通信指挥】 按照城市人民防空袭斗争和应急救援行动对信息化的要求，全区加快人民防空信息化建设，构建与省市联网的集语音、数据、图像于一体的人防应急指挥通信系统，落实通信、指挥人才储备，完善通信设备"周保养、月通联、季拉练"制度。在城市人口疏散基地内新建地面指挥中心，安装多媒体警报器1台，试鸣音响率、主城区覆盖率达100%。5月，通过省民防局的验收并投入运行。6月，参加市组织的在大丰的盐城——常州联合演练，提升遂行应急任务的能力。

【人防工程】 顺应人防"重心下移"工作要求，做好管理承接准备，完善行政审批制度，规范业务操作流程，强化跟踪监督管理，把军事化斗争思想贯彻在人防工程建设之中。对高速圈外的人防工程，重点从项目立项、图纸审查、工程招标、质量监管、竣工验收、规费收取等方面加强管理服务，推进人防工程建设实现规范化。贯彻落实结合民用建筑修建防空地下室的政策规定，确保应建必建。全区全年新立项的人防工程3个，开工人防工程项目7个，平时为车库，战时为人员隐蔽部，防核武器和常规武器抗力级别达到6级。 (许欣成)

民兵预备役

【概述】 2017年，区民兵预备役部队着眼有效履行新世纪新阶段历史使命，加强思想政治建设，抓住应急作战准备这根主线，坚持依法从严治军，各项建设保持协调发展、和谐发展、安全发展的良好势头。

【思想政治建设】 坚持理论学习制度，按照上级的统一部署，每季度利用10天时间有计划地、系统地组织以贯彻落实科学发展观、忠实履行新世纪新阶段全军历史使命、学习党的十九大精神为主题的理论学习，提高全区民兵预备役人员的理论素养、思维层次和决策水平。学习中弘扬理论联系实际的马克思主义学风，紧密联系部队和民兵预备役建设实际，研究新情况、解决新问题、寻求新思路，切实做到学以致用，用以促学，学用相长。紧密结合国际国内的新形势、应急作战准备的新任务、国防后备力量建设的新要求，进行学习思考，注重思想观念转变，努力把科学发展观转化为对党的武装事业不懈奋斗的坚定信念，转化为发现和解决问题的科学方法，转化为指导工作、推进发展的行为准则，转化为高标准高质量完成好各项任务的强大动力。坚持在进入思想中提升层次，坚持在学用结合中指导实践，提高学习质量。在政治教育上，利用网络搭建政治教育新平台，提高教育效果。在队伍建设上，针对民兵预备役人员容易出现的精神滑坡、斗志衰退、标准降低等问题，教育和引导大家在任何时候、任何情况下都始终不渝地听党话跟党走，坚决反对思想上、政治上、组织上的自由主义，坚决执行上级的命令指示，确保政令、军令畅通。

【推进应急作战准备】 至年底，区民兵预备役部队结合防区的实际，围绕参加防卫作战、组织动员支前保障、参加军事威慑行动3个重点，加强对军事斗争准备的领导，解决思想准备、人才队伍、设施经费等方面存在的问题，使应急作战准备在原有的基础上推进。严格落实战备教育、形势分析、战备值班等制度，元旦、春节、十一等重大节日前认真组织战备形势教育，进一步增强战备观念；保持良好的战备状态。组织预备役干部重点进行通用参谋作业系统、高科技知识、战术作业、计算机操作与应用、军用文书写作、外军研究、海上武装泅渡等课目的学习和训练。坚持"双月考"制度，细化强化硬化训练质量考核指标，所训科目经考核均在合格以上。预备役普通兵训练方面，突出专业技术兵、"四会"教练员和应急分队人员等重点对象和城市反空袭、反敌小股武装袭扰和抢险救灾、维护稳定等重点内容的训练，提高整体遂行作战任务和应付突发事件的能力。分四期对民兵防化分队、工兵分队、电力抢修分队、"四会"教练员进行集中训练。6月底，组织全区抗洪抢险应急分队开展抗洪抢险训练，并抽调部分人员参加军分区在阜宁开展的军地联合抗洪抢险演习，取得较好的成绩。 (李越山)

法　　治

综　　述

【概述】 推进综治平安、法治社会、政法队伍三项建设，履行维护国家政治安全、确保社会大局稳定、促进社会公平正义、保障人民安居乐业四项任务。获评省平安县(市、区)；被表彰为全省法治创建先进区、全国法治县(市、区)创建工作先进单位”，通过省级公示；在全省各县(市、区）率先举办综治信息化实战应用技能比武大赛，率先建立政法系统思想政治建设述职评议制度，在全市政法条线年度综合评比中位居第二位。

平安盐都建设

【概述】 组织开展金融、房地产等领域涉稳风险专项治理，依法规范市场经济秩序。全年共立案查处非法集资案件8起，稳妥处置僵尸企业、审结破产案件9件，实施“重大项目社会稳定风险评估”48项。全面畅通诉求表达渠道，全区各类调解组织共调处矛盾纠纷1446件，调处成功率98%。参与脱贫攻坚，开展政法干警与困难群众“牵手致富”活动，促进民生改善。

【完成重大安保维稳任务】 年内，开展社会矛盾和安全隐患大排查大整治、组织开展“三到位一处理”“信访积案百日攻坚”等专项行动，全区进京到省上访总量明显下降。完成党的十九大、各级“两会”“一带一路”国际峰会、江苏发展大会等重大活动和敏感时段安保任务，守住“两个决不能”“三个不发生”的底线。

【创新社会治理措施】 包括卫计、教育等系统在内的“村村通”工程基本建成并发挥作用，发放“平安法治宣传大礼包”17万份。推进区镇村三级综治中心提档升级，网格化服务管理试点工作初见成效。村(居、社区)“一站三室”一体化规范化建设达标率85%以上。试点做好“平安江苏手机客户端”推广应用工作，客户端注册数和平安法治志愿者注册人数“两项指标”均位居全省前列。在区、镇两级综治中心推广应用“四频合一”实际运用效能，累计提供服务156场次，其中视频公开接访32期。4月，在全省各县(市、区）中率先举办全区综治信息化应用大比武活动。建成区禁毒管控信息系统，涉羟整治工作取得阶段性成果。楼王镇被市禁毒委摘牌。在全区集中开展“严打”专项斗争，集中开展“黄海”专项行动。有序推进驿都大酒店、海洋打捞公司、金大洋公司以及荣华集团破产重整。加强社会面巡防辅助力量的配备，路面见警率

1月，吴本辉检查督导

明显提高。全区自2011年起，保持命案全破，公众安全感提高到97.5%，创历史新高。

【落实特殊人群服务管理】 至年底，建成全区禁毒管控信息系统，涉羟整治工作取得阶段性成果，多次接受公安部和省市各级领导指导检查。社区戒毒康复社工配备率100%。在全市率先出台易肇事肇祸精神障碍患者排查救治管护工作实施办法和监护责任以奖代补文件，实时定位社区矫正重点管控对象，开展校园欺凌专项治理和关爱农村留守儿童系列活动。织密反邪教“六张网”，无邪教示范创建工作在全省领先。

【提升法治盐都建设水平】 创新开展法治宣传教育和公共法律服务，做好“七五”普法工作，全年共发放“平安法治宣传大礼包”17万份、完成法治建设重点项目30件、新创成“省级民主法治示范村(居)”14个。“基本解决执行难”工作取得明显成效，共执行4794件，案值41.2亿元，被中央媒体现场直播报道，人民群众对法治盐都建设满意率提高到97%。

【提高司法体制改革成效】 落实以审判为中心的刑事诉讼制度改革，全年完成44名法官和30名检察官员额制改革，提高司法质量效率和公信力，区法院审执结案件同比增长36.7%、区检察院提起刑事公诉人数同比增长2%。深化涉法涉诉信访改革，加大联合接访和积案化解力度，全区涉法涉诉信访量同比下降15.6%。

【组织法学会各项工作】 全年在各镇(区、街道)、区直部门及企业等领域新发展法学会会员135名。6月24日，召开盐都区法学会第三次会员大会，完成法学会换届工作；向市法学会报送《生态盐城建设司法保障的路径探析》等法学论文5篇，其中3篇获“建设强富美高新盐城的法治保障”征文三等奖；组织法学会会员参加行政案件公开庭审活动，并召开依法行政工作研讨会，为提高全区行政机关及其工作人员依法行政能力出谋划策。

【提高政法队伍整体素质】 6月，与区委组织部联合开展全区政法干警“永远忠于党”主题教育系列活动，系统学习宣传贯彻党的十九大精神，推动十九大精神在全区政法系统得到落实。开展政法系统思想政治“三项制度”建设、“三带三联”大走访活动以及政法部门科室挂钩服务村(居)等活动，政法队伍素质能力明显提高，全区有35个集体和个人受到省部级以上表彰，人民群众对全区政法机关和政法队伍的满意率达97.4%。全区政法工作的位次得到提升，政法队伍的凝聚力和战斗力得到增强。

(谭　璇)

6月，督导万达广场安保

公　安

【概述】 2017年，全区公安机关以安保维稳为主线，锐意进取、迎难而上，全面推进社会治安防控体系“四个一”工程建设(“四个一”即打造一块压舱石，构建一张防控网，绘制一张全息图，形成一个有机体)，在队伍建设和业务工作等方面取得新业绩、实现新突破。

【安保维稳工作】 以“两会”、建军90周年、“一带一路”国际高峰论坛等重要活动为“练兵场”“前哨战”，实现非访“零登记”。完成“2017畅游盐都金秋行”、盐都首届特色农产品展销会等地方经济旅游活动30余次；9月底，实行十九大安保维稳“三个一”战时工作机制(一律取消休息、一律不得饮酒、一律保持手机畅通)，围绕“两个决不能”和“三个不发生”的总目标，强化信访维稳。

【强化防控体系】 年初，建成35人的特殊警情处置专业队及50人的交警铁骑队，24小时全天候备勤巡逻，全年共处置火灾、精神障碍患者滋事等突发事件20余起，查获布控嫌疑车辆30余辆；社区警务工作有序推进，设立社区民警92人，其中22人为专职社区民警，并按1:2的比例配备专职社区辅警，重点打造大冈可视化警务、潘黄派出所“公调对接”延伸模式、新区派出所福才警务室“1+5”联勤联防等社区警务亮点；着力技防建设，投入千万元，视频监控“村村通”二期、校校通基本完成，升级改造社会面视频监控高清化、智能化217个，对重点部位全部“补盲”到位。

【安全监管工作】 推进“大排查大整治”“五项基础管控集中攻坚”、出租房屋和流动人口安全隐患集中整治行动，全年共登记在册出租房屋29577户、流动人口101647人，共排出各类风险隐患1129处，化解869处，隐患整改率居全

会见外警学员

区第一；常态化对全区9个液化气站、40个燃气供应点、2个管道燃气公司、21家加油站散装汽油购销、163家物流寄递业、42家中小学、50家幼儿园、80辆校车及41家网吧进行巡查；对20处存在安全隐患的场所行业进行查封关停、取缔整治；大力实施“校安工程”，全区71所中小学、幼儿园校门防冲撞措施安装到位，10个无证幼儿园取缔8个。

【提振精神面貌】 开展“内务管理规范年”活动，在十九大安保战时阶段，坚持用“一事一奖”“一事一惩”来激士气、鼓斗志、压邪气，共有2个集体、2名民警获市局嘉奖，启动战时表彰奖励5批计40人次，其中个人嘉奖、通报表扬各20人次，对违反战时纪律的，共战时问责41人次，其中提醒谈话20人次，批评教育18人次；建立“大督查”制度，运用监督执纪“第一种形态”提醒谈话49人、诫勉谈话3人、立党政纪案件2起2人。

【优化服务效能】 年内，推进“放管服”改革，打通服务便民“最后一公里”，建立“盐都公安微警务”微信公众号，户政、交管、出入境等15个群众实际需求多的可实现网上查询、预约、办理，真正实现“让数据多跑腿，让群众少跑路”；在江苏政务服务网开设“盐都公安旗舰店”，上线58项公安业务及26项行政许可事项；共受理各类户籍业务10万余人次，出国（境）申请6487人次，受到群众锦旗、感谢信200余次，出入境管理大队被全国总工会授予“全国五一巾帼标兵岗”。

【开展“110宣传日”活动】 1月10日上午，在盐渎街道恒大广场开展以“公安110，为民保安宁”为主题的集中宣传活动，广泛宣传公安110的受理范围，动员社会各界群众正确使用110、关爱支持110，让110更好地服务打击违法犯罪、守护社会平安，区电视台对活动作报道。

【召开全市DNA技术工作现场推进会】 1月13日，全市DNA技术工作现场推进会在区公安局召开。会议详细介绍区公安局DNA实验室建设及运行工作情况，总结2016年全市DNA检验鉴定工作，并就DNA实验室规范化建设中存在的问题以及如何更好地与现场勘查工作对接进行探讨。

【吴跃章慰问民警家属】 1月18日下午，省公安厅副厅长吴跃章在副市长、市公安局长王巧全，副区长、区公安局长连大猛陪同下，看望慰问“中国好人”“全国好警嫂”、区公安局郭猛派出所民警孙益海家属武红梅，代表省厅党委向其家庭致以新春问候和祝福。

【梁云检查督导禁毒工作】 1月19日上午，公安部禁毒局局长梁云在龙冈镇督导检查禁毒工作，实地察看全区禁毒教育基地，在龙冈镇社区戒毒（康复）办公室、龙冈镇禁毒办进行实地检查，副市长、公安局长王巧全，省厅副巡视员岳金秀，省厅禁毒总队总队长孙春，区长吴本辉，副区长、区公安局长连大猛等参加督导检查。

【羊维达、吴本辉慰问民警】 1月26日，区委书记羊维达、区长吴本辉分别带队慰问公安民警，对公安民警全力维护全区社会政治稳定、创造良好治安环境、服务经济社会发展所做的贡献给予肯定。

【召开全区公安工作会议】 2月11日，区公安局召开全区公安工作会议，区委书记羊维达出席会议并讲话，要求全区公安机关要强化大局意识，在服务发展上展现新作为；要突出重点重抓，在维护稳定上开创新局面；要推进法治建设，在执法能力上实现新提升；要坚持全面过硬，在队伍建设上取得新成效。副区长、公安局长连大猛作主题报告。

【举行授牌仪式】 3月23日，区总工会、公安局、政务服务管理办公室在区政务中心一楼大厅，举行出入境管理大队获评“全国五一巾帼标兵岗”授牌仪式。区政务办主任沈清涛主持授牌仪式，区总工会主席朱步荣宣读中华全国总工会《关于表彰全国五一巾帼奖状（奖章）、全国五一巾帼标兵岗（标兵）的决定》；市总工会副主席周彩枫向出入境管理大队授牌；副区长、区公安局长连大猛要求全区政务服务系统要以出入境管理大队为榜样，开展“学先进、找差距、促发展”活动，提升政务服务的能力和水平。市公安局出入境支队副支队长陈琳琳、区总工会主席朱步荣、妇女部部长卞小燕、区公安局政委宗友林、副局长丁华出席仪式。

【在“警鉴馆”参观学习】 4月24日，区公安局政委宗友林率局班子成员、警种部门和部分派出所负责人在市公安局“警鉴馆”参观学习。期间，参观以“警魂篇”“警训篇”“警钟篇”“警省篇”为主题的廉政教育内容，听取讲解员关于六大纪律、铁军精神、违纪案例等相关情况介绍，观看警示教育片《坚守》，重温廉洁自律誓词，遵守各项廉洁自律规定和警纪条规，筑牢拒腐防变的底线。

【刘志刚督导检查】 5月4日，中央维稳办副巡视员刘志刚带领专项维稳督导组，在省委维稳办副主任金小明，市公安局党委副书记、副局长姜学儒等陪同下，在区公安局督导“一带一路”国际合作高峰论坛安保和专项维稳工作。督导期间，督导组听取区公安局有关工作情况汇报，实地检查安保维稳工作措施落实情况，走访部分重点人员，对安保维稳工作给予肯定，并就下一步工作提出指导性意见。

4月，在警鉴馆参观学习

【实地督导“双创”工作】 5月6日，副区长、区公安局长连大猛带队在新区野丁村、郭猛、张庄等地就“双创”工作进行实地督导，就做好“双创”工作提出进一步加强宣传力度、执法力度、长效机制。随后，连大猛还实地至229省道郭猛博拓线交叉口、新204国道张庄仓头交叉口等地就整治突出交通安全隐患问题进行现场会办研究。

【接待信访群众】 5月9日，副区长、区公安局长连大猛在区信访接待室接待徐明秀等三批信访群众，听取信访群众的来访诉求、详细审阅相关材料、开展说法疏导，并就做好来访事项的处置工作向区有关部门提出明确要求和具体答复时间。

【召开禁毒整治工作推进会议】 5月23日，召开全区禁毒整治工作推进会议。区委书记羊维达出席会议并讲话，区长吴本辉主持会议，区委常委、政法委书记陈育群宣读表彰决定，副区长、区公安局长连大猛作工作部署。会议传达全国、全市禁毒整治工作推进会议精神，总结专项整治工作情况，分析形势，并就做好禁毒整治工作进行部署。会议期间，与会人员观摩区禁毒办关于“涉羟重点人员排查管控平台”的演示以及楼王镇涉羟整治工作展板和台账，对专项整治工作成绩突出的先进集体和个人进行表彰，各板块、区禁毒委成员单位主要负责人签订禁毒整治工作责任状，相关板块和部门进行交流发言。

【督导检查“黄海行动”】 6月5日，副区长、区公安局长连大猛在新区、潘黄、盐龙等派出所就“黄海七号”集中统一行动进行督导检查。重点听取基层派出所关于“黄海七号”集中统一行动取得的成效战果、集中行动的安排部署及具体措施等情况的汇报。

【王巧全检查安保工作】 6月2日，副市长、公安局长王巧全在市区万达广场，实地察看周边交通秩序、场内消防设施和视频监控建设情况，听取前期工作情况汇报，对进一步做好开业活动安保工作提出要求。市公安局副局长王炜，副区长、局长连大猛陪同检查。

【开展“大走访”集中攻坚活动】 6月10日，副区长、区公安局长连大猛在盐龙街道江苏中申智能装备有限公司、盐城圣科球阀有限公司，询问企业生产经营及安全保卫工作情况，并就进一步加强内部安全保卫及消防安全等工作交换意见，在盐龙街道益民居委会，连大猛与村组班子成员进行座谈，对村（居）提出的外来居民管理难、村组工作开展难等问题进行详细记录并提出破题之策，走访结束后，连大猛认真填写企业及村（居）走访信息登记表，逐一录入警务基础平台大走访风险隐患排查功能模块并交“大走访办”存档。

【闵天石检查指导禁毒工作】 6月12日，公安部禁毒情报技术中心副主任闵天石率队在盐都检查指导联合打击制毒犯罪“4·14”专项行动工作情况。市委常委、政法委书记张礼祥会见督导组一行，就开展打击制毒犯罪、推进禁毒重点整治工作交换意见。省厅禁毒总队政委徐新华，市公安局党委副书记、副局长吴柏林，区委常委、政法委书记陈育群，副区长、区公安局长连大猛，市公安局禁毒支队支队长李冬等陪同督导。

【举行禁毒宣传教育活动】 6月26日，系列禁毒宣传教育活动在世纪公园广场举行。中国邮政集团公司盐城市分公司副总经理刘艳梅宣读《国际禁毒日》特种邮票发行公告；区长吴本辉与刘艳梅共同为《国际禁毒日》特种邮票和《人民卫士》个性化邮票揭幕；区委常委、政法委书记陈育群为“禁毒邮路”小分队授旗；副区长、区公安局长连大猛宣读“不让毒品进校园”绘画大赛获奖人员表彰决定，并为获奖学生代表颁奖。活动结束后，全员参观禁毒知识宣传展区，并在禁毒明信片上签名留念。

【召开纪念建党 96 周年表彰大会】 6月29日，区公安局召开纪念建党96周年表彰大会。副区长、局党委书记、局长连大猛通过党课的形式，带领全体党员民警共同学习习近平总书记系列重要讲话精神，并就全区公安机关贯彻执行“对党忠诚、服务人民、执法公正、纪律严明”的十六字总要求提出明确的措施。会上，为受到表彰的基层党组织和党员个人颁发奖牌和荣誉证书。

【陶旭检查指导】 7月21日，省公安厅副巡视员、机关党委副书记陶旭率省公安厅第三督导组在区公安局检查指导“大走访”集中攻坚和五项基础管控攻坚等工作。督导组一行查阅台账资料，对前期工作成效，特别是局主要负责人带头走访、亲自登记录入、带头撰写心得体会等给予肯定。

【带队开展安全生产大检查】 7月27日，副区长、区公安局长连大猛带队开展安全生产大检查。实地检查盐城神龙运输有限公司、盐城中油紫源天然气有限公司、盐城永安烟花爆竹有限公司秦南仓库、烟草物流公司、江苏银宝精品酒店有限公司，听取相关单位负责人关于安全生产工作开展情况汇报，详细询问单位内部安全责任制度及突发事件应急预案的准备落实情况，随机抽查专职消防人员对火灾预案以及应急设施的操作熟悉程度以及住宿人员实名制登记录入传输情况，对现场发现的安全隐患提出整改意见并予以逐项指导。

【开展“当一周社区民警”活动】 7月29日，副区长、区公安局长连大猛在盐龙派出所展开“当一周社区民警”活动。连大猛参加派出所办公会，以学习的态度与派出所班子成员及民警座谈交流，详细了解派出所各项工作和队伍建设情况，特别是“大排查大整治”运行开展情况、接处警、打击破案及社区警务、治安防范等基层基础工作情况，并就基层工作面临的困难等，与社区民警进行面对面的交流探讨。

【开展征求意见恳谈会】 8月5日，副区长、区公安局长连大猛在盐龙街道召集健仁村、合心村、先锋村书记、治保主任、村居组长和群众代表开展征求意见恳谈会，在合心村境内的东山精密工地现场化解矛盾。座谈会上，连大猛听取村居情况介绍，群众的诉求，并结合“大排查大整治”活动，围绕如何加强公安机关社区警务工作这一主题，与群众面对面进行交流，听取群众意见建议。各位与会代表结合辖区实际分别就社区警务、大排查大整治行动、派出所与社区沟通联系等方面提出意见和建议。

【全市刑事执法例会在区公安局召开】 8月8日，全市公安机关上半年刑事执法例会在区公安局召开。会上，区公安局政委宗友林致辞，各地分管刑事审核负责人汇报2017年上半年刑事执法工作情况，法制支队支队长吴宏庆就上半年刑事执法工作提要求。会议还就“两项改革”“四项清理”“三抓三提升” 专项活动以及上半年检查监督等工作中涉及刑事执法活动的经验做法、存在问题、解决办法进行交流讨论。

【陈玉峰督导检查】 8月11日，省交警总队总队长陈玉峰在区公安局督导检查交通管理“四项攻坚”和校车安全管理工作。听取交警大队负责人关于 “四项攻坚”和校车安全管理工作情况汇报，实地察看区中太宏大接送学生服务中心和校车集中停放保管地，并登车检查校车安全设备、刷卡系统、停车指示标志和危险报警闪光灯。

【欢迎专案组凯旋】 8月19日，区公安局举行仪式欢迎“703微信开设赌场案”专案组凯旋，市公安局治安支队政委徐成文、区公安局副局长薛启堂向大家表示祝贺和慰问，要求各警种密切协作，强化证据意识，开展案件侦破工作，为建设平安盐城做出更大贡献。

【开展警务交流活动】 8月19日，公安部印度尼西亚高级执法官员研修班警察部门团长叶妮·芸达媞和移民部门团长菲迪·帕萨亚一行在区公安局开展警务交流活动。期间，实地考察参观滨湖派出所移动警务站和大纵湖旅游度假区。

【召开安保誓师动员会议】 9月4日，区公安局召开全区公安机关“十九大”安保誓师动员会。巡特警大队、新区派出所负责就做好十九大安保进行表态发言，相关人员分别就案件压降、打防竞赛攻坚、“大走访、大排查”等牵头工作进行通报。副区长、区公安局长连大猛要求抓牢安全稳定工作，确保大局平稳；开展严打斗争，保持强大震慑；持续推进重点工作，确保严格执行；继续狠抓队伍建设，激发内生活力。区公安局政委宗友林要求全警进一步增强责任感、使命感和紧迫感，将心思、精神全部集中在当前工作

11月，民警护送老年人过马路。　　秀洋庆宝摄

10 月，市委书记王荣平检查督导

上，要以务实举措迅速发起绩效冲刺，以底线思维持续强化安保攻坚，以严管自律着力锤炼过硬作风。

【召开“创文”工作推进会】 9 月 11 日，召开“创文”工作推进会。区维稳办主任、副局长刘军传达市区两级会议最新精神，并就区公安局“创文”工作中的标准和细节作详细的分工部署。区公安局政委宗友林深刻分析“创文”工作重要性和紧迫性，就“创文”推进工作提出要提高认识、明确任务、压实责任的要求。

【会见外警学员】 9 月 16 日，由公安部主办、省公安厅协办、市公安局承办的巴基斯坦中巴经济走廊培训班的 18 名高级执法官员在区公安局考察移动警务工作。副区长、区公安局长迮大猛代表区公安局党委致欢迎词，并向培训班的学员们介绍全区基本情况、盐都公安基本情况及区公安局外国人管理经验。

【吴本辉考察指导指挥中心】 9 月 29 日，区长吴本辉在区政府办主任李庆銮、区安监局局长宋厚实等人的陪同下在区公安局大数据指挥服务中心视察指导工作。吴会辉详细了解功能区划分、视频实战应用情况和 110 接处警、情报信息研判等工作情况，并观摩社会面监控系统、村村通工程、公路卡口系统、缉查布控等功能的在线演示，对大数据指挥服务中心工作作风给予肯定，并就“两节”和十九大期间安保工作提出要求。

【张礼祥检查国庆中秋安保工作】 9 月 30 日，市委常委、政法委书记张礼祥一行在区公安局交警大队卡口中队马沟卡口点检查国庆中秋安全保卫工作。副市长、公安局长王巧全、市委政法委常务副书记、市综治办主任高维华，市公安局副局长王炜，副区长、区公安局长迮大猛陪同。

【王荣平检查国庆中秋安保工作】 10 月 4 日，市委书记王荣平在区公安局盐龙派出所检查指导国庆中秋安保工作，代表市委市政府向奋战在安保一线的广大公安民警和警务辅助人员表示感谢和慰问。市委常委、政法委书记张礼祥，市委常委、市委秘书长、区委书记羊维达，副市长、区公安局长王巧全，市委副秘书长刘光球，市委政法委常务副书记、市综治办主任高维华，市公安局副局长姜学儒，市公安局党委委员、副局长王炜，副区长、区公安局长迮大猛陪同检查。

【吴柏林检查禁毒工作】 10 月 8 日，市公安局党委副书记、副局长吴柏林在盐都督导检查禁毒工作。吴柏林在潘黄街道、龙冈镇和龙冈镇黄庄村实地督导检查涉羟重点人员和吸毒人员排查管控工作，听取相关工作情况汇报，实地抽查工作台账，并对下一步禁毒整治工作提出具体要求。

【举行重阳节茶话会】 10 月 28 日，区公安局举行“警营喜庆十九大，欢声笑语度重阳”退休老干部重阳节茶话会。区委 610 办主任丁华向退休老干部致以节日的祝福和慰问，并向老干部们汇报公安工作和十九大安保工作情况，希望老干部们一如既往关心、支持公安工作。区政法退休协会公安分会会长吉亚东组织大家集中学习十九大精神。

8 月，开展警务交流活动

【全市现场推进会在盐都召开】 11月14日，全市禁毒整治工作现场推进会在盐都召开。市委常委、政法委书记张礼祥，副市长、市公安局长王巧全，区长吴本辉，市公安局副局长吴柏林，区委常委、政法委书记陈育群，副区长、区公安局长连大猛等出席会议。王巧全主持会议，并就全面深化禁毒整治工作提出具体要求。吴本辉代表区委区政府致欢迎词。

【尚建荣在区公安局指导】 11月27日，省公安厅党委副书记、副厅长尚建荣，治安总队总队长徐敦虎一行在副市长、市公安局局长王巧全，市公安局副局长吴柏林，区长吴本辉，副区长、区公安局长连大猛陪同下，指导盐渎派出所检查工作。尚建荣一行对派出所创新警务模式，实现大数据引领警务工作方面取得的成绩给予肯定。

【安国军检查禁毒整治工作】 12月27日，国家禁毒办副主任、公安部禁毒局副局长安国军在盐都督导检查禁毒整治工作，省公安厅禁毒总队总队长孙春，市公安局副局长吴柏林陪同。督导组一行听取副区长、区公安局长连大猛关于盐都区外流涉羟犯罪专项整治工作情况汇报，观看盐都禁毒整治工作专题片，观摩“涉羟重点人员排查管控信息系统”演示，在潘黄街道禁毒办进行实地检查，参观街道外流涉羟犯罪专项整治工作展板，检查潘黄街道、楼王镇禁毒整治工作台账。

（宗友林　刘　波　李厚奇）

检　察

【概述】 2017年，在区委和上级检察机关的坚强领导、区人大及其常委会的有力监督、区政府、区政协及社会各界的关心支持下，履行检察职能，加强队伍建设，检察工作取得新进展。区检察院被中央文明委表彰为“全国文明单位”，被省纪委等9部门联合命名为“江苏省廉政文化建设示范点”，被市检察院评为“全市先进基层检察院”，先后有15个集体、50人次受到各级各类表彰。

【维护经济发展环境】 年内，依法查处非法集资、非法经营、组织传销、危害税收征管等经济领域违法犯罪活动，杜绝不良记录者参与工程招投标，促进公平竞争。联合公安、法院，对恶意串通，通过虚构债权债务关系等方式进行虚假民事诉讼的案件当事人，依法予以打击，保护各类经济主体的合法权益。

【保障实体经济运行】 年内，突出打击侵害企业合法权益的串通招投标、强迫交易、敲诈勒索、职务侵占等犯罪。加强对知识产权的司法保护，关注企业生产安全，派员介入调查安全事故3起，并重视追究事故背后的渎职犯罪，针对大市区企业安全生产事故的调查分析报告得到市政府主要领导重视批转。

【依法惩治刑事犯罪】 年内，投入市委部署的严打专项斗争，突出打击故意杀人、故意伤害、强奸等严重暴力犯罪，突出打击“盗抢骗”等多发性侵财犯罪，依法办理涉案达数千万元的江苏省电信公司高级督导刘祥光（正处级）诈骗案；突出打击“黄赌毒”犯罪，批捕17人、起诉39人。配合公安机关开展“雷霆二号”“清源二号”“扫毒风暴”等禁毒专项行动，形成有力震慑。对重特大、涉众型案件，坚持提前介入，缩短办案周期，确保打击效果，起诉严某等人利用微信群组织千余名群众非法集会案，公安部督办涉案200万余元的陈某等人伪造货币暨购买、出售假币案，涉及9省30余名被告人的全国首例非法获取车辆维修数据案等一批重大有影响案件。落实刑事和解、轻微刑事案件快速办理等工作机制，决定不批捕19件26人，不起诉13件14人。

【保障民生民利】 年内，开展“危害食品药品安全犯罪专项立案监督”活动，建议市场监管部门开展辖区内含铝“毒包子”制售情况专项检查，对7起犯罪线索督促职能部门移送公安机关立案侦查；依法起诉生产、销售有毒有害食品案件，维护群众舌尖上的安全。全面推进公益诉讼改革试点，围绕生态环境、国土资源保护等重点，试点工作情况得到区人大常委会专题调研组肯定。结合“两减六治三提升”专项行动，督促有关行政机关履行监管职责，促进杨中河等受污染环境的整治。始终聚焦群众关切，联合卫计委开展“远离回扣、廉洁从医”专项活动；针对基层站所工作人员挪用公款购买理财产品、涉农补助资金监管失范等形成的研判报告，推动相关部门整改问题、完善机制。

【参与创新社会治理】 年内，加强未成年人检察工作，对侵害未成年人犯罪零容忍，依法从严惩处猥亵儿童犯罪；落实对未成年人“少捕、慎诉”理念和特殊保护制度，对初犯偶犯、罪行轻微的未成年人依法从宽处理，相关题材的微电影《我的大学路》在第六届中国国际微电影节获奖。依托“法润青春”驻校工作室，开展防范校园欺凌、关爱农村留守儿童等活动。畅通群众诉求表达渠道，完善“信、访、网、电”四位一体举报体系，妥善处理各类来信来访。加强对特殊群体的司法保护，救助刑事案件被害人，为进入刑事诉讼环节的盲、聋、哑及精神病人提供法律援助，彰显司法人文关怀。组织推进“三带三联”大走访、部门科室挂钩服务基层村居、阳光扶贫等活动，真正听民声、察民情、解民忧。

【强化刑事诉讼活动监督】 年内，坚持提前介入、案件信息通报等制度，建立重点案件跟踪、量刑建议等监督机制，强化对有案不立、有罪不究、量刑畸轻畸重等问题的监督。开展危险驾驶、交通肇事等类案专项检查，对应立案而未立案的，监督侦查机关立案，对不应当立案而立案的，监督撤案，对应当提请逮捕、移送起诉而未提请和移送的，追捕1人，追诉5人，其中1人被判处十年以上有期徒刑；对侦查、审判活动中的违法情形及时提出纠正意见；对认为确有错误的刑事判决提出抗诉5件，均得到上级检察院支持。办理的罗某某偷越国境案、唐某某盗窃案分别获评全市“以案释法”优秀典型案例、全市检察机关“优秀监督案例”，侦查监督部门获评盐城市“五一巾帼标兵岗”称号。

【强化刑罚执行环节监督】 年内，开展社区服刑人员脱管、虚管、漏管专项检察活动，配合司法行政机关对全区社区矫正人员接受矫正情况进行常态化检查，对经批准外出就医、入学、务工返乡后的人员开展经常性法制宣传教育，对拒不服从日常管理的13名社区服刑人员建议收监执行，已收监执行到位10人，建议公安机关上网追逃1人。坚持羁押必要性审查制度，督促有关部门对不需要继续羁押的10名在押人员，及时变更强制措施。对侦查机关指定居所监视居住的决定和执行是否合法实行监督16件次。加强与法院的协作，开展财产刑案件执行专项检察活动，监督执行财产刑和没收违法所得133万元。

【强化民事行政诉讼活动监督】 年内，适应修改后《民事诉讼法》《行政诉讼法》新要求，构建提请抗诉、再审检察建议、督促起诉等多元化检察监督格局。先后审查办理民事行政申诉案件61件，对认为确有错误的民事裁判案件提请抗诉8件；发出再审检察建议12件，法院已采纳监督意见3件。加强民事执行活动监督，对执行不规范、不到位问题发出执行监督检察建议4件。加大维护农民工等弱势群体合法权益工作力度，支持起诉29起劳动争议案件，努力钝化社会矛盾。对裁判正确的案件，耐心释法说理，依法息诉4件，共同维护司法权威。

【落实司法体制改革】 完善检察权运行机制，不断强化司法责任，全面激发检察工作活力。基本完成检察人员分类管理改革，择优选任的30名检察官全部配置在一线业务部门，办理各类疑难复杂案件110件。制定职权清单和岗位责任书，赋予员额检察官依法独立对案件作出决定的权力，增强其办案积极性和责任心。健全办案质量评查机制，编发《案件流程监控节点口袋书》，制定流程监控、司法档案管理等实施细则。

【深化检务公开】 年内，建立涵盖微信、手机报、门户网站在内的新媒体宣传矩阵，增强检民互动。完善案件办理进展信息主动推送工作，出台《主动推送案件程序信息实施细则》，明确推送信息范围、时限要求等，保障律师等案件参与人的知情权和监督权。全年公开发布案件信息1216条，法律文书335份，重大案件信息36条，推送各类案件程序性信息110条。举办“检察开放日”活动，邀请代表委员、人民监督员、特约检察员参加案件公开审查听证会、案件质量评查等活动10余次；建立新闻发言人制度，召开新闻发布会2次，及时通报查办和预防职务犯罪等工作情况，提高检察工作透明度。

【打造智慧检务】 年内，加快网络与信息化建设，依托现代科技推动检察工作跨越发展、转型升级。完成案管大数据、司法警务综合管理、检务保障信息、“苏检掌上通”、远程视频接访等平台建设，实现对司法办案、司法服务、决策支持、监控预警和司法研究等全方位的智能服务，促进司法办案效率和检务保障水平提升。高标准改建检察委员会会议室，并上线运行“议事议案子系统”，提升议事议案质量和效率；自主研发“都检云课堂”手机APP，方便干警业务学习和交流，被市检察院评为最佳创新创优项目；规范建设涉密信息系统并顺利通过国家保密局合格认证，正式投入使用，保障检察内网运行安全；整合全院办案、办公场所视频资源，形成高清检务视讯平台，管理工作更加便捷高效。

【检察队伍建设】 年内，加强思想政治建设，通过开办检察道德讲堂，举办“检润书香、诵读时光”主题朗诵、“永远跟党走，岗位争一流”主题演讲比赛等活动，强化职业精神培育，检察院获评盐城市“巾帼建功”先进集体、“市级职工书屋”称号。加强人才队伍建设，创新打造“线上+线下”教育培训体系，定期开展公诉人大讲堂、侦查监督小课堂、“大纵湖杯”检察理论研讨会等活动，实施“星耀都检”先进典型培塑工程。1人在全市基层检察院党组副书记“晒成绩、比素能”擂台赛中获得第一名；1名青年干警参加全省公诉人论辩赛，荣获“优秀论辩奖”；反贪部门被市检察院记集体三等功，反渎部门被命名为全市“公正司法示范点”。

【加强纪律作风建设】 年内，通过纪检约谈、提醒谈话、诫勉谈话等形式，做到苗头性、倾向性问题早发现、早处理；制定落实《员额检察官廉政风险防控工作实施办法》，组织开展“约法四章”专项检查、廉政风险点专项排查，排查风险点230余个，有针对性地制定防控措施；印发《检察干警“八小时以外”十不为行为规范》，通过开展专项教育、廉政家访、督察暗访、主动走访，加强对检察人员的监督管理；自觉接受人大监督、民主监督、社会监督，邀请代表委员、人民监督员和社会人士开展视察评议等活动，充分听取意见和建议，不断改进自身工作。被省纪委、省委宣传部等9部门联合命名为江苏省廉政文化建设示范点。

（谭　冲　丁玲玲）

法　院

【概述】 2017年，在区委领导，区人大及其常委会监督，区政府、区政协和社会各界支持下，区法院紧跟区委工作部署，依法履职，各项工作取得新进展。全年共受理案件15506件，审执结14149件，同比分别增长8.4%和18%；新收案件13170件，同比增长5.2%；结案与新收案比达107.4%，列全市法院第一位；一线法官人均结案250件，同比上升33%。

【服务高新区创新驱动发展】 年内，开展“进万企、解难题、促发展”活动，协助市中院在高新区开展知识产权保护系列宣传活动，走访高新区企业27家。依法促进新业态健康发展，鼓励交易结构创新，化解智能终端、新能源等新兴产业纠纷21件，审结华晓物流、悦达储运等企业纠纷14件，激发企业创新活力。潘黄法庭更名为高新区法庭，服务高新区3个街道。

【服务全民双创园提档升级】 年内，依法平等保护各类经营主体产权，妥善处理创业公司内部治理矛盾，审结公司股东权益等纠纷28件。促进企业投融资渠道健康发展，及时处理涉及双创企业互联网金融、融资租赁、第三方支付等新业态纠纷17件。回应园区发展司法需求，到园区开展“法官大讲堂”活动5次，助力双创企业转型升级、健康发展。

【服务全域旅游发展】 年内，加强全域旅游发展司法研判，及时处理“一湖两带一圈”大旅游格局推进过程中涉及的征地补偿等纠纷11件，服务国家全域旅游示范区创建。在大纵湖旅游景区设立旅游纠纷调解工作室，就地化解旅游合同、旅游服务等纠纷23件。参与“263”专项行动，主动走进环保、市场监督管理等执法部门开展业务交流活动7次，助力生态旅游，促进绿色发展。

【促进平安盐都建设】 年内，全力保障群众生命财产安全，审结“两抢一盗”、故意伤害等案件214件。全力参与严打专项活动，组织3次集中宣判活动，公开宣判10件16人，形成震慑犯罪强大声势。配合“涉羟整治”专项行动，审结毒品案件13件35人，均判处实刑。推动反腐败斗争开展，审结职务犯罪案件11件。坚持宽严相济刑事政策，依法对159名被告人适用缓刑，对5名被告人判决免处。

【促进和谐社会建设】 年内，化解涉及“一张网”等基础设施建设纠纷5件，保障重点工程顺利推进。依法规范房地产市场交易秩序，审结商品房开发、销售等纠纷162件。创新破产管理人选任方式，建立府院联动机制，推进驿都、金大洋等破产案件审理工作，驿都破产重整方案顺利通过。依法保护群众切身利益，审结婚姻家庭1275件、民间借贷1936件、劳动争议382件、道路交通事故赔偿1315件，促进社会和谐稳定。

【促进法治政府建设】 年内，受理案件751件，审结820件，同比分别增长12%和47%，判决行政机关败诉30件，监督行政机关依法行政。创新联动工作机制，推动行政机关负责人出庭应诉565人次，送法进机关21次，召开联席会议2次，实现行政与司法良性互动。专门发布《行政案件集中管辖一周年白皮书》，得到管辖片区行政机关肯定。市人大常委会内司委调研行政案件集中管辖时给予肯定。

【完善诉讼服务机制】 年内，立案大厅设立“全要素”服务窗口，诉讼引导、立案登记、法律咨询均实现“零距离”服务，当场登记立案率达98.7%。信访大厅开通信访接待“绿色通道”，周二常态接访427人次，青年干警轮流接访730余人次，视频远程接访14件次，化解信访案件186件次。执行大厅实行涉执事务集中管理，执行立案、案款收取、信息查询、执行谈话等实现“一站式”服务。

【创新便民利民举措】 年内，提档升级信息化功能，“12368”热线服务群众6000余人次，向当事人发送审判信息3万余条，让群众足不出户就能知晓诉讼进程。推进巡回审判，在村居街道巡回审理2200余件，让群众在家门口就能参加审判活动。完善网上诉讼服务平台，跨域立案23件次，网上接受立案申请8654件次，电子送达650余次，让群众身在异地就能参与诉讼。

【做好普法宣传员】 年内，开展挂钩服务村居活动，进村入户举办法制讲座13场次，提供法律咨询370余人次。推进送法进企业活动，走进企业以案释法16场次，发布典型案例70余件，助力企业规范经营。开展关爱青少年健康发展行动，在楼王中学设立青少年法制教育基地和法庭巡回审理点，并协助市中院在腾飞路小学设立盐城法院法制教育示范点，让法制课堂常态扎根校园。

【优化执行工作体制机制】 年内，调整26人充实执行一线，执行干警增至56人，并设立法警执行中队，保障执行实施工作。完善执行指挥中心建设，设立财产查控、司法网拍等11个小组，推行执行精细化管理，促进规范化执行。加大财产查控和司法网拍力度，查控财产线索16万余条，上网拍卖271次，成交金额1.3亿元。强化执行繁简分流，组建5个快执团队，提高执行效率。开展“阳光执行”活动，邀请代表委员监督执行20余人次，执行公信不断提升。

【加大执行实施和失信惩戒力度】 年内，开展“执行亮剑飓风”行动，保护当事人胜诉权益，受理执行案件5164件，执结4794件，涉案标的41.2亿元。强化财产申报和搜查力度，对申报不实的74名被执行人给予罚款或司法拘留，被执行人家中现场搜查270余次。加大失信惩戒力度，依法惩治规避、抗拒执行行为，纳入失信名单1271人，限制出境5人，司法拘留147人，涉嫌犯罪移送公安5人，对2人判处刑罚。参与全媒体直播“盐阜飓风”执行行动，围观网民达2000万人，最高人民法院院长周强专门批示肯定。

【推进司法责任制改革】 年内，专门出台“1+9”改革系列文件，制定办案人员权力清单，取消院庭长审批审核，真正实现“让审理者裁判、由裁判者负责”。推行院庭长带头办案，院庭长办案达9006件，占结案总数的64%。完善审判委员会工作机制，突出宏观指导功能，审委会讨论案件同比下降46%。完善错案责任追究机制，质评二审发改案件67件，评定4件严重差错案件并落实问责。

【推进案件机制改革】 年内，出台《关于深入推进案件繁简分流和矛盾纠纷多元化解工作的实施方案》及10个配套细则。强制实施案件繁简分流，在立案环节对所有案件进行繁简甄别，符合简审条件的一律纳入“快速审理通道”。完善诉调对接机制，在院机关和5个法庭分别设立诉调对接中心和诉调对接工作站，配备16名专职人民调解员，加大诉前调解力度。加强速裁团队建设，组建15个速裁团队，简化案件审理程序和方式，做到简案快审快结。

【思想政治建设】 年内，学习贯彻党的十九大精神，专门出台学习方案，坚持以习近平新时代中国特色社会主义思想武装头脑、推动工作。推进"两学一做"学习教育常态化制度化，举办"旗帜鲜明讲政治"专题党课，开展党史国史专题教育，永葆干警政治本色。加强理想信念教育，组织70余名干警参观阜宁"6·23"纪念馆，开展"12·4"国家宪法日集体宣誓活动，强化干警政治定力。开展"三带三联"大走访和精准扶贫活动，走访群众3602户，帮扶资金12万元，增强干警群众观念。

【素质能力建设】 年内，加强人员分类培训，组织42名员额法官参加省法院轮训，组织72名书记员参加全市法院书记员技能培训，组织110名干警赴延安参加"增强四个意识、提升综合素能"专题培训，提升干警综合素能。承办全区政法系统喜迎十九大主题演讲比赛，组织参加全市法院喜迎十九大合唱比赛，增强干警工作激情。

【党风廉政建设】 年内，落实"两个责任"，制定党风廉政建设主体责任清单。开展"5·10"自警系列活动，邀请市纪委专家上廉政党课，组织观看警示教育专题片。运用监督执纪"第一种形态"，建立谈心谈话工作制度，常态开展谈心谈话370余人次。召开"从严落实中央八项规定精神"专题民主生活会，自觉接受市中院司法巡查，专题开展纪律作风教育活动，开展审务督查23次，排查整改问题12个，健全完善制度7项，提升司法规范化水平。

（康　燕）

司法行政

【概述】 2017年，全区司法行政系统在区委区政府和上级司法行政部门的领导下，围绕中心、服务大局，各项工作取得显著成效。全区司法行政系统共有5个先进集体、18名先进个人获得市级以上表彰。

【法治宣传教育全覆盖】 开展"法律新六进"工作。开通《盐城盐都普法》微信公众号，运用文字、视频、图像等多种形式及时发布法律资讯180余期，为群众提供实时便捷的法律服务。扩大法律短信的手机用户覆盖面，从上年全区副科级以上领导干部及全区各镇(区、街道)副村级以上干部手机用户，扩大到全区党政机关行政在编人员、各镇站、所负责人、农技人员、区规模养殖、种植大户、全区定报企业经营管理人员、全区教育、卫生系统人员、全区事业单位人员。推进民主法治村(居)创建活动。民强村等114个村(居)申报"省级民主法治示范村"，通过省级验收。至年底，全区251个村(居)，创成国家级民主法治示范村(居)2家，省级114家，市级217家。开展各类法治宣传教育活动。根据部署要求，组织开展"农民工学法活动周""法润盐都·2017春风行动""4·8"司法日及禁毒宣传月等专题法治宣传活动。5月，与物价部门联动，开展《江苏省价格条例》颁布实施一周年宣传活动；7月，与区老龄协会共同举办《老年人权益保障法》和《江苏省养老服务条例》讲座。12月4日，区镇联动，组织30多个部门开展"12·4"宪法日宣传活动。突出青少年和学生的法治宣传教育。印发《2017年度盐都区青年普法志愿者法治文化基层行活动方案》，组织巡回庭审11场，法治文艺演出30场次。邀请"中国好人"乐绍琪、郑巧玲、全国公安系统二级英雄模范孙益海走进盐城市郭猛实验学校，为学生作"美好生活，德法相伴"主题报告。秋季组织区"夕阳红"法治宣传队送法进校园，为全体中小学生上生动的法治课。

【加强基层基础建设】 年内，推进实战化建设。加强局、所、站规范化建设，通过"窗口化""柜台式"服务，推动资源整合。整合司法所、法律服务所资源建设镇级公共法律服务中心，实行"大窗口、小机关"模式，实现内部资源力量整合。12个镇(区、街道)公共法律服务中心全部挂牌运行。探索司法行政服务站实体化运作新路径，以律师、基层法律服务工作者为服务主体，依托专业力量为村(社区)提供优质服务，251个司法行政服务站规范化建设正逐步达标。推进信息化建设。按照省厅、市局信息化建设工作会议的要求，研究制定《区局司法行政一体化智能平台部署推进实施方案》，信息采集、分析研判、指挥协调、监督管理的四级业务架构基本形成。发挥公共法律服务中心和12348公共服务平台作用，拓展大数据信息、12345政府服务等信息来源，构建信息采集的多层次渠道。以信息化为依托，将综合研判和扁平化指挥、实战化应用结合起来，固化工作流程、规范岗位职责，区局实施"1+4"分析研判机制和"2+4"勤务模式，实现以信息化带动基层基础规范化建设。加快推进社会组织作用发挥。结合实际，继续推进全区司法行政领域社会组织培育发展工作，健全社会组织工作制度。年内，培育发展1个枢纽型司法行政领域社会组织；注重发挥区普法、人民调解、社区矫正和安置帮教行业型协会作用；在每个镇(区、街道)发展1个枢纽型司法行政领域社会组织，做好在条件成熟的村、社区、原自然组成立基础型法律服务社会组织。

【推动矛盾纠纷排查化解全覆盖】 年内，构建人民调解基础网络，建成并实际运行的，区调处中心1个，镇(区、街道)级调处中心19个，村级调委会251个，专业性调解组织10个，个人调解室13个，其中村、镇(区、街道)调委会建成率达100%，全区共有专职调解人员308人，兼职调解人员270人，其中一级人民调解员21名，二级人民调解员32名，三级人民调解员80名，四级人民调解员42名。与区人民法院加强沟通，深化"诉调对接"工作，在区法院诉讼服务中心及5个基层人民法庭设立"人民调解工作室"。建立健全重要时期、重大节日矛盾纠纷快报、日报、"零报告"和24小时值班制度，通过拉网式排查，及时发现和掌握矛盾纠纷苗头隐患。为做好十九大安保各项工作，开展矛盾纠纷排查调处"第十六个民调月活动""矛盾纠纷排查调处百日会战""出租房安全隐患矛盾纠纷集中

4月8日，区司法局在紫金大厦举行法治惠民宣传活动。　　许雪峰 摄

排查整治”“十九大”专项排查等活动。全区全年各级各类人民调解组织共共调解矛盾纠纷5940件，调解成功5880件，调处成功率为99%。尚庄司法所所长何同华被评为为“全国模范人民调解员”。

【提高社区矫正规范化水平】 年内，强化风险防控，规范教育管理，全面推进社区矫正信息系统区镇两级平台使用，初步构建一体化技防体系。推进区级社区矫正管理服务中心建设和升级，进一步提升监管实效。扎实抓好社区矫正监管安全防范工作，严格按照标准确定重点对象，将重点管控对象全部用定位手环进行实时定位。发挥社区矫正安置帮教基地作用，每月分片组织社区服刑人员到基地参加社区服务、集中教育，将社区服刑人员劳动成果送敬老院、社区特困户，帮助社区服刑人员以自己的劳动回馈社会。邀请盐城心旅心理研究所的心理咨询师在基地对社区服刑人员开展心理辅导。2017年新接收社区服刑人员228人，解矫222人，收监13人，警告114人，实现监管安全稳定的目标。

【深化安置帮教工作改革】 年内，固化基本制度、流程、方法、平台等内容，完善刑释人员衔接、分类帮教、协议前置、困难救助等制度，按照“互联网+”的工作理念和方式，加快与综治、公安、法院等多部门的数据联通和共享。对内网系统优化升级，开展安置帮教平台应用培训，提升各级使用平台的能力。规范管理使用服刑人员远程视频会见系统，运用信息化手段开展延伸帮教，提高改造效果。全年新接收刑释解矫人员85人，在册278人，保证刑满释放人员稳定可控。

【凸显公共法律服务】 年内，全年办理法律援助案件715件，组织举办或参与大型宣传活动15次，接待来访群众的法律咨询3276人次，12348电话咨询903人次。法律服务工作体现新作为。引导律师、公证员、基层法服工作者拓宽服务领域，向民生领域和基层全面延伸。律师参与刑事辩护与代理案件44件，民事诉讼案件291件，经济类诉讼案件45件，非诉讼法律事务17件，办理各类公证5740件，其中国内经济类公证523件，国内民事类公证5017件，涉外公证316件，涉港(台)7件；接待、解答当事人法律咨询2510余人次；为当事人起草、修改各类法律文书1900余份。加大律师、公证、基层法律服务、法律援助、社区矫正等职能工作与12348公共法律平台的融合度，全力打造半小时法律援助服务圈，为群众提供“一站式”服务。盐都区潘黄社区卫生服务中心、开元路社区服务站等6个“法律诊所”作用进一步发挥。推进公共法律服务平台建设，鼓励律师参与村居法律顾问工作，推进社区、村法律顾问工作全覆盖。法律服务队伍展现新面貌。律师事务所规模化、品牌化及专业化建设进一步加强，律师事务所党建工作开展，教育律师队伍把准政治方向，服务企业。在“法企同行”活动中，全区律师走进企业320家，收集排查企业法律风险服务需求近1118个，帮助企业化解风险、解决问题272个。在公证“进万企、解难题、促发展”助力行动中，主动服务社会经济发展，向企业提供零距离的咨询服务，与重点企业签订常年公证服务协议，为小微企业办理融资借贷合同公证260件。 (许雪峰)

旅游 资源 环境

旅　　游

【概述】 全区旅游工作围绕“一极一园一业”战略部署，以打造全域旅游为抓手，全方位规划、多产业融合、多元化发展，全力构建“一湖两带一圈”大旅游格局，打造“多彩盐都，欢乐水乡”品牌，全区旅游业发展迅速。全年共接待游客520万人次，实现旅游总收入62亿元，同比分别增长25.56%、21.57%。全区休闲农业与乡村旅游综合发展实力跻身全国50强。

【旅游景区建设】 年内，编制全区全域旅游发展总体规划和旅游公共服务体系规划并通过省级专家组评审，围绕时间节点，统筹推进。围绕时间节点，统筹推进。大纵湖旅游度假区东晋古城、龙冈精品民宿、张本古村落等重点旅游项目开工率100%，完成投资19.4亿元。总投资5.75亿元的蟒蛇河景区一期工程开建，整个景区计划在2020年国庆节对外开放。

【旅游市场开发】 6月16—17日，开展“上海百家旅行社逛盐都暨旅游招商推介会”活动，9月，开展“多彩盐都　欢乐水乡”上海、南京(盐都)旅游招商推介会活动，重点宣传推介盐都旅游，招引旅游项目，成功招引龙冈桃园休闲小镇和郭猛镇杨侍片区PPP等旅游项目。启动盐都旅游走进上海社区、在开通上海—盐都旅游直通车的基础上开通“南京—盐都”旅游直通车，全年输送游客4万多人次，产生直接经济效益2000多万元。

【旅游节庆活动】 “花开盐都　春游水乡”活动。4月1日至5月30日期间举办龙冈桃花节、杨侍草莓节、三官农庄美食文化节、大纵湖诗词童趣春游节，成为展示盐都丰富旅游资源的节庆品牌活动。活动期间接待游客突破100万人次。畅游盐都金秋行活动。8月28日至10月20日举办“两大主题”和八个乡村旅游特色系列活动。两大主题”即主题一：2017畅游盐都金秋行暨第三届盐城大纵湖湿地生态旅游节开幕式；主题二：“纵湖水韵”特色活动。“9月15—19日举行大纵湖第三届户外露营节。乡村旅游特色系列活动包括仰徐乡村乐园第三届葡萄节、泾口垂钓英雄会、草房子朗读周、龙冈第五届金秋采摘节、杨侍第二届美食节、台创园第三届台海菊花节、三官第五届民俗婚庆节、尚庄番茄风情节。活动期间共接待游客200多万人，同比增长34%；实现旅游总收入22亿元，同比增长37.5%。

【塑创旅游特色品牌】 年内，立足盐都特色，合力创建国家全域旅游示范区。

8月，大纵湖三官村三官农家　　　　方正育　摄

全区休闲农业与乡村旅游综合发展实力跻身全国50强，获评“最美中国·全域旅游创建典范城市”和“最美中国·全国旅游创新发展示范地”和上海旅游资源推广卓越能力奖，盐都旅游荣获“2017盐城十大品牌”称号，三官农庄创成省五星级乡村旅游区，杨侍农业生态园入选第二批省五星级乡村旅游区创建名单，大纵湖旅游景区获“江苏最美水地标——水景观”，三官村和驿都金陵大酒店荣获江苏“旅游百佳”品牌单位称号；龙冈桃花园旅游景区入选《2017全国优选旅游项目名录》；大纵湖湿地旅游度假区入选省“十三五”旅游业重点项目；大纵湖绿露营基地被评为第二批“江苏省房车旅游标准化示范营地”，并纳入“长三角房车旅游标准化示范营地”；新都旅行社有限公司获水韵江苏欢乐游——“江苏人游江苏”活动首批特约旅行社；盐都参赛选手在第二届盐城市金牌导游员（讲解员）评选活动中占得“十大金牌导游”三席。7家农家乐（客栈）获评星级。

【旅游服务】 年内，开展厕所革命，新建、改扩建旅游厕所20座；新建停车场7座，景区内部旅游标识标牌266块。4月和11月分别举办一期全区旅游管理人员培训班，组织各相关单位进行考察培训，推动“国家全域旅游示范区”创建工作，提高全区旅游服务质量和管理水平。做好旅游企业精神文明创建工作，倡导文明旅游，通过“中国旅游日”“世界旅游日”广场宣传活动，开展旅游品质服务提升活动，以优质的服务和良好的环境吸引游客。

【旅游行业管理】 年内，构建以诚信管理体系为核心的旅游市场综合监管新模式，在全市游客满意度评选中，盐都位居全市第一。坚持“安全第一”方针，以确保广大游客的生命财产安全为立足点，强化对旅游企业的安全监管。全区旅游市场没有发生重特大安全事故。指导旅游行业法治建设，强化投诉受理机制，降低旅游投诉率，切实维护旅游者合法权益。

·景区景点选介·

1. 大纵湖旅游度假区　国家AAAA级旅游景区、国家水利风景区、省级旅游度假区，省级湿地公园、江苏省自驾游基地、江苏省首批房车露营地，大纵湖绿丘露营基地被命名为“江苏省房车旅游标准化示范营地，并纳入“长三角房车旅游标准化示范营地”。芦荡迷宫的景色也曾被多部影片所选中拍摄，《游击兵工厂》《武神赵子龙》等剧中都有着芦荡迷宫的身影。景区东侧新建的“东晋古城”，占地65公顷，由入口综合服务区、历史人文主镇区、旅游商品餐饮购物区、特色会所集中区、酒店休闲娱乐区等组成，整个项目计划2018年建成并开放。

2. 世纪公园　国家AAA级旅游景区，园中设有演出广场、民俗风情、科技文化、儿童活动、密林休闲五大功能区，集科普、休闲、健身、娱乐、集会之大成，是名副其实的生态公园、绿色家园、市民公园。

3.郝氏故里　国家AAA旅游景区，省四星级乡村旅游区，地处里下河合陇圩的郝荣村，距离盐城市区20千米，台湾原军政届知名人士、行政前院长郝柏村先生的故乡。景区现有郝氏故居、郝氏宗祠、净土寺、郝墓及根系两岸第一树——百年银杏等景点。按照郝荣景区郝氏人文、参佛礼拜、观光农业三大功能区的旅游规划，将景区建成一个集人文景观和佛教文化相融合的充满浓郁水乡韵味的休闲度假胜地。

4.“三胡”陈列馆　国家AA级旅游景区，位于盐都区鞍湖街道境内。经过对党内第一支笔——胡乔木、标准草书传人——胡公石、民国国会议员——胡启东三位鞍湖人的资料收集而建成的“三胡陈列馆”，馆内主要陈列胡乔木、胡公石、胡启东三位名人的生平资料、图文光影、作品及生活场景等，真实地还原名人背后的文化故事，是盐都人文之旅的代表景区之一。

5.大云山寺　国家AA级旅游景区，位于盐都区大冈镇镇中心，大云山寺又名山宫殿，始建于唐朝，有1300多年历史。原大云山寺于1942年毁于战乱，后来重新修建，按唐宋建筑风格设计，目前已建成山门、大雄宝殿、观音殿、地藏殿、配殿、厢房、回廊、放生池等。

6. 三官农庄　省五星级乡村旅游区，突出生态、休闲、民生、文化主题，占地75.4公顷、8.5万平方米的明清古村落风貌建筑群，集休闲娱乐、农家美食、精品民宿、民俗文化于一体。分为入口服务、农家乐园、生活配套、村民居住、景观游览、果蔬采摘、特色游乐等功能区。以婚庆文化展示馆、民俗婚宴中心、婚庆特色街、灵犀阁、爱情岛、喜船游湖等系列项目，主打里下河民俗水乡文化；以龙文化展示馆、龙舞、荡湖船、担花篮等表演展示中国龙舞之乡特色；以鱼鹰捕鱼、扳罾、果蔬采摘、农家生活等参与性项目演绎里下河渔耕文化底蕴；以真人CS、骑马、攀岩、滑草、射箭、自驾游等猎奇项目增加游乐情趣；以乡村大米、五谷杂粮、鱼虾螃蟹、家畜良禽、水果蔬菜等美食显示生态养生之道。

7.龙冈桃花园　省四星级乡村旅游景点、省自驾游基地、省最具人气采摘园、盐城市首批风景名胜区，江苏省生态旅游示范区、国家级生态公园（试点）、全国休闲农业与乡村旅游四星级示范企业。目前桃花园景区已建有寿星文化区、宗教文化区、民俗动态展示区、空中栈道、赏花阁、樱花园、梅花园、竹园等多个功能分区和十多个景点项目；精品民宿——桃园·龙栖里、桃园大酒店、自行车环道二期等正在建设中。春赏花、夏看绿、秋采果、冬观景，桃园美景，尽收眼底，养生休闲、醉美四季。休闲观光、生态美食、娱乐健体、拓展训练、乡村野趣、摄影摄像、蔬果采摘、农事体验，资源互补，异彩纷呈。

8.杨侍农业生态园　省四星级乡村旅游区，中国最美休闲乡村、全国五星级休闲农业与乡村旅游示范点、中国乡村旅游模范村、全国美丽乡村创建试点村。位于盐城市区西南20千米，生态园建于2010年11月，总规划面积200公顷，主要由商务服务区、体验互动区、休闲娱乐区、旅游观光区、科技示范区5个部分组成。2012年7月景区对外开放，园内拥

杨侍村游龙湖

有:生态世界、美食世界、温泉世界、游乐世界、冰雪世界;具备“吃、住、行、游、购、娱”旅游六要素,是自驾游游客理想的目的地,都市居民休闲旅游的好场所,青少年教育基地的好去处,商务活动的最佳选择点。

9.仰徐乡村乐园　省四星级乡村旅游区,位于盐城市西郊,地处宁靖盐高速和盐淮高速的交汇处,区位交通优势明显,四季气候分明。仰徐村新农村建设成果丰硕,先后被评为“全国文明村”“国家级生态村”“江苏省最具人气乡村旅游镇村”“江苏省农家乐集聚村示范村”,江苏省乡村旅游创客基地。仰徐乡村乐园建立千亩设施高效草莓园、千亩精品葡萄园、千亩设施蔬菜园、千亩优质稻米示范区、千亩生态景观园林、河道景观长廊、农民休闲广场等集观光、休闲、采摘于一体的乡村旅游观光点。是融乡村度假生态观光、文化体验、休闲娱乐、农家美食于一体的江苏最美乡村旅游目的地。

10.泾口湿地风情园　省四星级乡村旅游区。位于盐城市最美乡村——秦南镇泾口村东部。风情园占地30余公顷,总投资7000万元,内设游览景观及游乐设施,集湿地观光、滨水休闲、民俗体验、农家美食、亲子游乐、采摘垂钓、企业文化展示、狮舞表演为一体,再现里下河地区湖荡湿地生态特色,显现出乡村休闲度假旅游的独有风格。

11.台海花卉港(台创园)　省四星级乡村旅游区,位于盐城市盐都区西南侧,涵盖三湾、郝荣等12个村居,社会面积50平方千米。作为盐城推进与台湾农业交流合作的国家级平台,盐都台湾农民创业园开启盐台农业合作的先河。园区形成“一个中心,五大功能区”的布局结构,即台创园研发孵化服务中心、台资农产品加工区、花卉苗木产业区、设施果蔬生产区、循环农业示范区、郝氏故里农业休旅区。

12.番茄主题公园　省三星级乡村旅游区,番茄主题公园项目占地总面积33.33公顷,总投资2000万元,打造集研发、观光、科普、旅游等功能为一体的科普公园和农业观光基地。项目一期占地20公顷,其中核心展示区为10公顷,种植观光区10公顷,内部的道路、桥梁、灌溉等基础设施全部完善。公园规划包含番茄嘉年华、大棚农创园、二十四节气柱阵、昆虫屋、花海、烧烤区、节水科普区、番茄互联网+、太空作物展示区等多个功能。2016年对公园进行重点提升打造,建有3000平方米的番茄嘉年华,3000平方米的番茄种植园,1公顷地日光草坪区以及4公顷的大棚农创园等功能区。公园入口引进四色高杆玫瑰,新建成4000平方米的七彩玫瑰园和2000米的樱花大道。公园于每年5到8月举办番茄果蔬采摘节,以采摘番茄、黄瓜、西瓜、甜瓜等果蔬为主,同时举办校园科普宣传、烧烤露营、番茄狂欢节等系列活动。

13.朱升文化生态园　省三星级乡村旅游区,以明代大学士朱升命名,位于盐都区西部,东侧临近231省道,南侧临近大纵湖旅游景区,地理位置优越。园内主要景点有朱升文化园、正德庵、五谷树、东岳禅寺等景点。

14.蟒蛇河景区　起于青年路蟒蛇河大桥,终点是大纵湖旅游度假区,全长25千米,一期工程设计到楼王镇的池沟,长17.5千米。该项目借助蟒蛇河水利整治工程的机遇,对蟒蛇河水上、两岸沿线旅游资源进行开发整合,总体定位打造一个以里下河人文底蕴为基础,以沿河乡村自然生态为特色,集健身绿道、水上游览观光、文化体验、乡村度假、美食购物等功能于一体的的滨河生态旅游廊道。

15.草房子乐园　按照“世界儿童文学的殿堂、中国儿童文学的圣地、青铜葵花奖永久颁奖基地”的定位,“突出文化名片和乡村旅游,打造草房子风情小镇”,以儿童文学、地域文化、亲子游乐为主题,以景村合一、农旅休闲为特色,打造盐城乃至江苏首个生态儿童文学乐园。景区将植入苏北里下河地区的乡土人情、古迹遗存、地方美食等融入其中,提升“草房子乐园”的文化品位和魅力,打造草房子风情小镇。该片区域作为亲子农场的选地,完整的农田耕地肌理,结合场地的自然条件,优良的生态环境,依托现状的萤火虫资源,营造萤火虫生境的恢复,融合创意休闲、自然农法、友善耕作的方式,给孩子和父母们提供有机无害的健康食品。(陶林淋)

·土特产品·

盐都郭猛大米　盐都郭猛大米种植区域属于北亚热带与暖温带过渡季风气候,适宜多种农作物的生长。由于临海,气候受海洋影响较大。当地土壤属碱性土壤,富含丰富矿物质,透气性好,尤宜水稻种植。盐都郭猛大米属碱性米,颗粒饱满均匀,晶莹剔透,香醇绵甜,营养丰富,口感独特。随着时代进程,郭猛镇紧紧围绕农业增效、农民增收、农村稳定目标,不断加速农业结构调整,高效种养面

积已达5000亩。农业示范园区已被命名为盐城市现代农业示范园区，被评为江苏省十大农业示范园区。

尚庄番茄　尚庄番茄是江苏省盐城市盐都区尚庄镇的特产。尚庄番茄以色质光亮悦目，个头大而匀称，口感圆滑，酸甜适度，深得消费的厚爱。尚庄番茄始种于上世纪80年代初期，至今已有20多年的历史，最初在该镇尚南、南吉等村零星种植。随着时间的推移，尚庄番茄逐渐为全镇农户接受，成为该镇的一大支柱产业。全镇现有尚庄番茄种植面积10000多亩，种植农户3000多户，年产优质番茄近80000吨，实现产值9500多万元，农民人均增收700多元。2004年被列为盐都区50项农业重点工程。尚庄番茄种植基地通过了无公害农产品质量和产地环境论证。

楼王鲫鱼　楼王鲫鱼为当地特色水产。楼王鲫鱼品种以异育银鲫为主，该鱼具有良好的杂种优势，增产效果明显，且肉质细嫩，营养丰富，离水存活时间长，可在低温、无水条件下中短途运输活鱼。楼王镇境内水网密布，水源充沛，水质清新，

鲫鱼养殖采取常规和快速养鱼相结合的放养方式，多品种、小鱼种合理密放混养，降低放种重量，增加生长倍数，缩短养殖周期，以放常规仔口鱼种为主，扩大罗非鱼、白鲫放养量。楼王为“盐都现代渔业产业园”之一，2012年被省政府确定为省级产业园，成为盐城市首家省级产业园。

大纵湖鲫鱼　大纵湖鲫鱼是大纵湖地区重要的水产品，也是当地淡水养殖的重要鱼类。大纵湖为过水型湖泊，湖底平整，土质坚硬，多为鸡骨土，很少淤泥，湖水清澈见底，可见鱼虾水草，天然饵料丰富，尤其是经过退圩还湖后，当地的养殖条件在原有基础进一步优化。当地水质养殖出的鲫鱼形体黑胖，肚腹中大而脊隆起，成鱼体长15~20厘米，体高而侧扁。大纵湖鲫鱼富含含蛋白质，钙、磷、铁等无机成分以及维生素A、维生素B、维生素D，具有和中补虚、除羸、温胃进食、补中生气之功效。

北龙港青虾　北龙港青虾产于盐城北龙港镇。清朝末年曾被指定为秋季朝贡品。北龙港镇现有青虾养殖面积2万余亩，养殖基地为江苏省推广养殖示范点和农业部科技丰收计划项目，所有养殖区在10公里范围内无工业区，无污染源、无生活垃圾。“北龙港青虾”已获得国家绿色产品证书。近年来，该镇从环境条件、苗种繁育、虾苗放养、饲养管理、虾病防治和捕捞方法等方面切实加以规范，规范无公害青虾的生产环境，

保证无公害青虾苗种培育、成虾养殖和产品质量安全，使北龙港青虾成为名符其实的绿色产品，远销全国各地，深受客户青睐。

大纵湖小龙虾　大纵湖小龙虾成体长约5.6~11.9厘米，暗红色，甲壳部分近黑色，腹部背面有一楔形条纹。幼虾体为均匀的灰色，有时具黑色波纹。1959年6月获得农业部特色水产证书。小龙虾是当地重要的淡水经济虾，具有成熟期短、适应性极广的特点。与其他虾相比体型大，肉也相对较多，肉味鲜美广受人们欢迎。虾肉内还富含镁、锌、碘、硒等微量元素，其含有的虾青素是一种很强的抗氧化剂。大纵湖小龙虾可入药，能化痰止咳，促进手术后的伤口生肌愈合，能保护心血管系统。

学富莲子　盐都学富莲子颗粒饱满均匀，莲肉乳白，生食清甜，煮食易烂，清香味美，素以低脂肪、高蛋白而闻名，含有多种营养保健成分。盐都学富莲子产量好，效益高，进一步促进农民增收致富，充分发挥水乡地域优势，水域宽广，河渠相连，生态环境优美，气候宜人。经过多年的生产种植，规模逐步扩大，并已形成休闲、观光、采摘为一体的乡村特色旅游平台，每年7、8月份开展的“赏花采莲”活动吸引来自四面八方的游客。

国土资源开发与管理

【概述】 2017年，全区准确把握“两聚一高”战略部署新要求，坚持节约集约用地导向，深化“两保一调”新机制，推进“放管服”改革，提升法治国土水平，抓基层基础建设，开展不动产便民利民服务，节地水平和产出效益继续保持全省领先。盐都区国土资源节约集约利用综合评价获省国土厅通报表彰，被省国土厅表彰为“全省国土资源节约集约利用模范县(区)”，三度获评江苏省标准化厂房建设与使用先进地区；盐都国土分局被省人社厅和国土厅联合表彰为“全省国土资源系统先进集体”。

【完成永久基本农田划定】 年内，按照落地块、明责任、设标志、建表册、入图库的工作要求，全面落实永久基本农田划定任务、2016年度高标准基本农田上图入库和耕地后备资源更新工作，开展2016年度耕地保护卫片图斑核查整改，实现耕地保护零违法，永久基本农田划定成果通过省市验收和实地核查。

【建设高标准农田】 全区全年实施高标准农田建设项目4600公顷，增幅规模列全市第一。申报省、市高标准农田建设省级项目10个、市级项目10个、区级项目3个，建设规模1.17万公顷，投入资金5.36亿元。层层签订耕地和基本农田保护目标责任状，更新基本农田保护台账和图册，树立基本农田保护标识，确保全区耕地保有量5.3万公顷、永久基本农田4.7万公顷面积不减少。

【开展土地综合整治】 组织开展耕地后备资源和农村建设用地专项调查，年度补充耕地计划细化到具体项目、落实到责任单位。全年申报耕地占补平衡补充耕地项目库项目14个，建设规模61.6公顷，新增耕地61公顷，并全部通过验收。认真开展年度变更调查，通过上级核查，位列全市各县(市、区)第一。结合全区农村康居工程、新农村建设等工作，申报增减挂钩入库项目10个，项目建设规模29.2公顷，规划新增耕地28.93公顷。

【推进土地执法监察】 完善土地执法监察巡查发现机制，借力“慧眼守土”、三级土地执法动态巡查系统等手段，确保违法用地早发现、早制止。全年完成土地例行督察下发问题整改、违规违法用地专项整治行动以及2017年全天候遥感监测成果数据执法检查，盐都国土分局成功创成2017—2018年“市级依法行政示范点”，盐都区被省国土厅表彰为“全省国土资源执法模范县(区)”。

【规划引领作用】 按照严守生态保护红线和优化土地布局的总体思路，全面梳理“十三五”期间全区重点项目，科学划定永久基本农田，预留区级重点建设项目通道；调整完善土地利用总体规划，年内，增加土地规划空间666.67公顷，土地规划调整完善方案全省首批通过省政府批准。

【规范土地指标使用】 年内，开展全区土地资源调查，出台《关于开展农村宅基地有偿退出工作的实施意见》《盐都区土地指标使用管理办法》，将退出宅基地复垦新增耕地，按420万元/公顷给予补助，复垦新增耕地指标实行区、镇(区、街道)按7:3比例分成；城乡挂钩和工矿废弃地指标由240万元/公顷调整到675万元/公顷。

【保障发展用地需求】 编制盐都区2017年度用地指标预算方案和全区经营性用地挂牌计划，重点保障苏州东山精密、智能终端产业园、新洋港整治等一批市、区重点工程项目用地。全年办结报省农用地转征收22个批次面积249.3公顷；组织经营性用地挂牌出让12宗面积95.1公顷，成交总价46.466亿元。举办土地招商“优秀房企盐都行”活动，共推介拟出让国有土地13宗，面积175.8公顷。

【落实节约集约利用责任】 年内，调整完善各镇(街道、区)存量建设用地盘活利用任务、建设用地地均GDP增长目标、单位GDP建设用地占用下降目标。开展国土资源节约集约利用综合评价考核，对各镇(区)节约集约用地相关目标任务的完成情况实行年度考核评估，2016年度国土资源节约集约利用创建综合评价列全省18位。

【推进高标准厂房建设】 在全省高标准厂房建设与使用先进地区评比中获全省第一。全区全年新建在建高标准厂房160多万平方米。总投资130亿元的东山精密电子项目，一次性建设标准厂房60.8万平方米。

【盘活存量土地】 年内，推进低效产业用地再开发、批而未供和闲置土地清理，将2017—2020年期间城镇低效用地再开发、批而未供土地消化利用等目标任务分解下发给各镇(区、街道)，共盘活存量91.13公顷，消化批而未供土地100公顷。

【提高不动产登记效率】 年初，调整不动产登记窗口布局，增设实体经济企业绿色通道窗口；梳理不动产登记的办理流程、材料清单，对实体经济企业实行绿色通道服务，承诺3个工作日内办结；开展土地登记历史数据、档案整理。不动产交易登记(存量房交易)环节由范例中的11个减少到4个，不动产登记自受理至办结有效压缩到4个工作日（其中实体经济企业3个工作日）。

【开展“放管服”改革】 年内，梳理权力清单，精简审批环节、缩短办理时限，取消法定报件之外的材料。行政许可项目办结时间由原来的平均7个工作日提速为2个工作日。出台《关于开展工业用地全程跟踪帮办服务的通知》和《盐都区工业项目用地全程服务操作细则(试行)》，对全区工业用地开展全程跟踪帮办服务，工业用地供地审批环节由7个环节简化至2个环节，未出现一起群众投诉案件。

【强化基础业务管理】 年内，圆满完成2016年度土地变更调查和农村建设用地调查工作，持续推进农村宅基

6月25日，国土资源法律法规知识宣传　　王道生　摄

地、农房统一调查登记发证试点工作。全覆盖排查整治“问题地图”，加强天地图数据融合和示范应用；做好各类文书、不动产等档案的数据资源共享。按照法定时间，切实做好“两公告一登记”，公开率100%；被征地农民生活补助、社会保障资金、补偿费用，结算准确率、到位率均达100%。

（胥国海）

矿产资源开发与管理

【概述】 2017年，贯彻落实国务院关于全面整顿和规范矿产资源开发秩序的通知精神，全面完成规范矿产资源开发秩序的各项任务。按照上级主管部门要求，结合全区实际，规范矿业审批权限和程序，完成矿产权申请、延续、变更、注销等管理工作。

【规范矿业管理】 严格矿产黏土资源专项考核，黏土采矿企业“一宗一卷”；规范黏土矿产开采，公平公正、科学透明的实施黏土采矿权市场化出让；实行矿业权有偿制度；创建地质灾害防治高标准“十有县”；编制《(2017—2020年)工矿废弃地复垦利用专项规划》，结合正在开展的砖瓦窑厂专项整治工作，关停区内14座砖瓦窑厂，将秦南、龙冈、尚庄3家砖瓦厂，纳入2017年工矿废弃地复垦项目。全年申报实施工矿废弃地复垦项目8个，规划新增耕地32.2公顷。（胥国海）

水资源开发与管理

【概述】 2017年，以生态河湖行动计划为统领，以严格水资源管理制度考核为抓手，以水生态文明建设为主线，围绕打造“五大工程”的要求，充分依托河(湖)长组织体系，既统筹谋划、系统治理，又突出重点、破解难点，全面提升水资源管理现代化水平。

【控制水资源利用】 全区全年总用水量为5.42亿立方米，控制在市下达的用水计划5.5亿立方米以下，农业灌溉水利用系数0.67，省级重点水功能区水质达标率80.6%，万元工业增加值用水量较上年下降5.5%，地下水开采量410万立方米，封填深水井5眼，封存深水井1眼，地下水位回升，创建省级节水型学校一所，对用水项目进行水资源论证，并对其取水申请进行审核发证工作。（徐　豪　王国华）

农业资源开发与管理

【概述】 2017年，全区农业综合开发工作在区委区政府及上级主管部门的领导下，围绕省市农业开发工作的指导思想和总体要求，全面推进和实施项目开发工作，突出特色、注重实效，在加强农业基础设施建设、推进现代农业建设、促进农民增收和农村经济社会稳步发展等方面取得明显成效。区农业行政执法大队查处东源某某加盟店违法经营“白皮袋种子”一案的卷宗获省优秀案卷，教育广大种子经营户。区种子市场环境得到优化。年内，省农委“智慧动监”系统在区试点圆满成功。

【建成1000公顷高标准农田】 全年完成土地治理项目2个，建设高标准农田1000公顷，分别为666.67公顷的龙冈镇高标准农田建设项目，总投资1515万元，其中财政投资1500万元，项目区自筹15万元；333.33公顷的秦南镇高标准农田建设项目，总投资751万元，其中财政投资750万元，项目区自筹1万元。两个项目区整体形象良好，均通过市级验收。

【项目管理】 年内，为实现农业资源开发“理念转型、方式转型、技术转型、队伍转型、形象转型”，运用农业资源开发项目建设管理平台，创新农开项目管理方式。以平台为抓手，建立项目监督、队伍监察、资金监管“三监”的工作机制和全程质量管理、全面质量管理、全员质量管理“三全”的管理模式，全面保障农开项目建设质量。（姚　鹏）

自然资源开发与管理

【概述】 全区土壤分为水稻土、沼泽土两大类，其中水稻土分布面积最广，占耕地面积90%以上，土壤改良有利于种植业、养殖业发展。境内野生动物资源中，鱼纲类有鲤鱼、鲫鱼、乌鱼、鳊鱼等30多种；爬行纲类有龟、鳖、蛇等20多种；鸟纲类有野鸡、野鸭、鹰、雀等30多种；哺乳纲类有野兔、刺猬、鼠等10余种。年内，野生植物资源有数十科几百个品种，分布在田间、河边、滩边，用于农牧渔业生产、手工业编织及治疗疾病。境内土特产品主要有大纵湖清水大闸蟹，北龙港青虾、荷藕、无铅松花皮蛋，龙冈茌梨、柳编制品，葛武嫩姜片，郭猛有机大米，秦南水牛肉，义丰茨菰，尚庄番茄等。建立自然资源档案制度、自然资源许可制度等，对自然资源的开发、利用、进出口等都进行规范。尤其在土地资源方面，有“土地使用权证”；在森林资源方面，有林木采伐许可证、木材运输证；在渔业资源方面，有养殖使用证、捕捞许可证；在野生动物资源方面，有驯养繁殖许可证；在水资源方面，有取水许可证等，有利于对自然资源实行有效的监督、管理和保护。

再生资源开发与管理

【概述】 年内，加大可再生资源利用，发展生态农业：开发无公害农产品、绿色食品和有机食品基地4.13万公顷，全区全年共认定无公害产地23个，绿色食品企业总数达到8家，产品总数达到25个，有9家企业获得有机食品认证，认证证书15张，再认证企业2家，认证证书3张；推进生态渔业健康养殖模式，养殖水面达8333.33公顷；加快林业建设，全区森林覆盖率达到23.4%；加强饮用水源地保护，全区100%以上城镇居民实现集中供水，98%以上农村居民饮用上安全卫生自来水；加强土地资源保护，开展测土配方施肥9.56万公顷，着力提高耕地质量；建设沼气工程2处，有机肥料加工5处，规模畜禽场粪便综合利用率达99.2%；太阳能、沼气和天然气在农村生活中使用面逐年加大，占比达到69.1%，大于60%的目标考核值；推行城市生活垃圾分类回收和废旧物资回收，提高再生资源的综合利用水平，至年底，危险废物安全处置率达到100%，再生资源回收率达到63%。

废弃物资源综合利用

【概述】 2017年突出秸秆机械化还田为重点，夏季秸秆机械化还田面积2.8万公顷，还田率达99.5%；秋季还田面积2.07万公顷。同时加强秸秆离田措施的落实，秋季秸秆离田6000公顷左右，实现农作物秸秆多形式利用。因地制宜推进秸秆能源化、肥料化、饲料化、基料化、原料化利用，全年秸秆收贮与利用量在1.1万吨，综合利用率达99.3%。连续四年实现部省环保监测零火点。

【畜禽粪污治理】 年内，建设畜禽粪便消纳体系，新增沼气治理项目2个，有机肥加工项目5个，江苏绿之岛现代农业发展有限公司畜禽粪便处理中心1个。全区大中型规模畜禽养殖场425家，全年粪便产生量131062吨，无害化处理与资源化利用量13万吨，利用率达99.2%，废弃的畜禽粪便基本得到应用尽用。

【种植业废弃物综合利用】 年内，探索设施农业、大田农业废弃物循环利用新方式，全区培植8个设施农业和规模种养大户废弃物循环利用及1个农膜回收示范典型。全区全年农田薄膜使用总量5490吨，回收量5457吨，回收率为99.4%。全区农业废弃物综合利用率99.3%，比上年增0.2%。（吴德标）

环境保护

【概述】 2017年，以“263”专项行动为抓手，以强化依法、高效、特色服务为重点，实施绿色发展、加强环境监管、坚持减排控污、深化改革创新、强化责任担当，较好完成全区环境保护工作各项目标任务。

【大气污染防治】 严格污染物排放总量控制。全年完成40个建设项目“三同时”验收，实现增产不增污。对重点行业和重点企业，通过技术改造，促进企业对原有污染源进行治理，削减大气污染物排放量。环境空气质量自动监测站从1月3日起进入运行，每天实时监测二氧化硫、一氧化氮、二氧化氮、氮氧化物、臭氧、一氧化碳、PM2.5和PM10等8项参数；11月底完成站址搬迁，并投入运行。通过江苏省检验检测机构资质认定评审组对环境监测站的检验检测机构资质认定评审。全区全年二氧化硫、氮氧化物排放总量分别3206.3吨、1508吨，同比2016年减排削减分别为18.7%、11.65%，完成约束性指标年度减排目标任务。开展挥发性有机物深度治理。全面开展区内工业挥发性有机物排放源的摸底排查，完成25家表面涂装、印刷包装、家具制造等行业整治任务。全面完成燃煤锅炉整治工作。依据省、市、区燃煤锅炉整治要求，通过淘汰、清洁能源替代等方式，完成183台燃煤锅炉三年整治任务。持续抓好秸秆禁烧工作。夏秋两季秸秆禁烧期间，进一步加大人防、技防力度，继续实现环保部、省环保厅卫星“零监测”，省、市巡查“零通报”。

【水源保护】 年内，饮用水源得到有效管护。完成饮用水源一级保护区内秦南镇泾口村123户拆迁工作；全面开展饮用水源一、二级保护区环境隐患整治工作，跟踪督查一级保护区内的关停企业及畜禽养殖的情况；加强饮用水源巡查工作，除每日例行巡查外，不定期对饮用水源沿岸进行巡查；盐龙湖水源保护区调整获省政府批准。重点工程项目稳步推进。提前完成农村河道整治工作，整治农村河道293条，长度达244.54千米；完成区内省骨干河道管护工程，对全区18条省骨干河道进行全天候常态化打捞保洁；蟒蛇河池沟至泾口干法疏浚工程通过竣工验收；龙冈、秦南污水处理厂进入调试阶段。按照排污申报登记与核定工作的要求，全年完成排污申报763家，排污核定763家，按照应收尽收的原则，全年完成排污费征收1097万元。

【“263”专项行动】 年内，全面落实中央环保督察“回头看”。梳理出6条涉及全区的协办事项、15个问题，并制定落实反馈意见整改任务分解表，明确时间要求和责任单位；先后5次专题会办蟒蛇河整治工程水源保护、大吉发电厂超标排放等重大事项,全面提前完成各项整改工作。扎实推动重点项目工程实施。编制11个专项实施方案,启动重点工程建设。筛选出全区16个重点项目,编排出"两减""六治"八大类190个实施项目和"三提升"三大类19条提升生态文明建设水平的政策措施,总投资65.2亿元。落实14家砖瓦窑企业全部暂停生产,签订拆除协议5家,拆除2家;完成66家"小铸造"企业调查摸底,技术升级达标14家、关停铸造项目2个;建成区新增污水收集管网4.85千米并形成1.4万吨污水日处理能力规模,学富畜禽粪便处理中心开工建设。从严从快办理媒体曝光交办环境问题。江苏卫视"263"热线举报线索转交单5件,《盐城新闻》"263在行动"栏目组群众反映交办单15件,均安排专人进行排查核实,落实责任单位迅速整改到位。同时,对区内明察暗访暴露出的19个环境问题进行限期交办,确保专项整治行动落实到位。

【环境质量监管】 年内,连续开展环保专项检查行动。先后开展工业园区和重点企业"家家到"以及砖瓦加工、卫生医疗、污水处理厂等行业专项环保检查活动。专项检查将印染、造纸、涉重、小塑料污染企业作为专项行动的重点,取缔冈沟河沿岸废品收购点12个,其中郭猛段7个、台创园段5个;关闭、淘汰16座冲天炉,对3家中频炉企业大气污染防治设施进行技术改造;关闭8个小塑料粒子加工点、对3家塑料粒子进行整治。开展环保执法大练兵活动。在全区开展环境执法大练兵活动。共查处环境违法案件103件,下发行政处罚决定25件,罚款金额825.7万元,其中按日连续处罚案件3件、查封扣押14件、责令改正28件、限产停产32件,移送公安机关行政拘留1件。在全市环保执法大练兵活动中名列第一,并获评省先进集体。加强企业现场监督检查频次。对全区企业严格按法定的督查监管程序和频次,监察频次达12000多频次。同时开展"双随机"检查,重点查处未批先建、环保设施未正常运转和逾期未完成治理任务等环境违法行为,从源头上加强环境管理,控制和预防新污染源的产生,促进老污染源的治理,共上传移动执法平台记录850条。

【环境监测监控】 做好重点污染源监督和纠纷监测。对7个乡镇污水处理厂在线监控设施进行比对监测,确保在线数据的准确性;对大吉发电厂排放废气进行5次监督监测,为环境执法提供可靠技术支撑;配合处理污染纠纷和监督管理,对39家企业的污染物排放情况进行监督监测,共出具监测报告65份,监测数据近400个。完成1家企业现状监测,3个建设项目"三同时"竣工验收及治理设施限期治理验收监测。做好水环境质量监测。完成饮用水源上游5个断面全年不间断采样;按时序完成1个国控断面、3个市控断面、3个小康考核断面、1个重点流域水质断面的例行监测;完成单月对4个小康地表水考核断面的监督监测;完成一月两次的补偿断面监测工作,半年一次的农村环境质量监测工作。做好技术能力提升工作。环境空气质量自动监测站自1月3日起运行,每天实时监测二氧化硫、一氧化氮、二氧化氮、氮氧化物、臭氧、一氧化碳、PM2.5和PM10 8项参数;11月底完成站址搬迁,并投入运行。通过省检验检测机构资质认定评审组对环境监测站的检验检测机构资质认定评审。

【建设项目审批把关】 全年共审批项目110个,其中报告表项目106个、报告书项目4个。同时,以区"八大类重点建设项目"帮办服务为重点,为东山精密、维信等重大项目开辟"绿色审批通道",促进重点项目早日报批、早日开工建设。对重大项目通过主动提前介入,加强与当地政府、建设单位、环评单位对接与联系,加速项目的推进。实现"一次性告知""一站式服务""一条龙审批""互联网+"的窗口式标准化管理,严格落实"2440"审批要求,全年登记表类别的项目在网上进行登记备案57个。

【环境执法信访】 畅通12369环境污染举报投诉电话,实行24小时值班制。全年共受理环境信访1406件,其中环保热线12369平台613件(部级3件、省级48件、市级562件)、政府网站85件、区12345平台503件、来电、来信、来访共205件,均做到及时、公正、快速的调查处理,回复率达100%。

【环保宣传活动】 全面推动权力运行和政务服务阳光透明,切实保障公众环境知情权、参与权,全年在环保网上公开环境质量、环境监测、突发环境事件以及行政许可、行政处罚、排污费的征收和使用情况等信息400多条。开展"6·5"世界环境日宣传活动,组织近百人摆放宣传展板25张、悬挂横幅12条、发放宣传卡片1500份、传单5000余份。与区内外媒体合作,开辟专版、专栏等形式,广泛报道全区环境保护、生态文明建设等工作进展情况和典型事例,全年被上级刊物和各类媒体采用稿件100多篇。

【整治畜禽养殖污染】 全面划定畜禽养殖禁(限)养区,对禁养区内养殖场全部关闭,限养区内养殖场进行蓄粪池达标改造。至年底,禁养区应关闭养殖场户366个,关闭359个,完成率98%;排查限、适养区问题隐患271个,整治256个,完成94%;建制镇新建病死动物无害化收集点8个,全部投入使用;关闭不合格生猪屠宰场21个。

【加大固体废物处置的监管力度】 制定《盐都区打击涉危险废物环境违法犯罪行为专项行动方案》,加强工业固体废物污染防治,开展非法倾倒、转移、倾埋固体废等环境质量监测、场地污染防控、环境损害评估和修复等工作。至年底,安全转移处置工业危险固废160.62吨、医疗固废441.88吨。

【推动重点项目工程实施】 10个森林村庄建设进度完成100%,成片造林800公顷,千亩朱沥沟生态防护林建设进入扫尾阶段,基本完成盐龙湖"三化"示范片等5个千亩成片林建设。

【完善"一厂一档"档案建设】 推进"一厂一档"的档案建设工作,至年底形成365家企业档案。推进国控源在线监控系统第三方运维工作，确保国控污染源及污染源监控数据上传率达95%以上。

（王亚云）

区环保局下属事业单位

盐都区环境监察局、盐都区环境监测站、盐都环境科学研究所

高新区环保分局

郭猛环保分局

尚庄环保分局

滨湖环保分局

楼王环保分局

生态文明建设

【概述】 年内，构建“种养主体小循环、区域连片中循环、镇域全局大循环”等多层次、多模式的生态循环农业示范体系，重点培育大户、家庭农场、农民合作社和农业产业化龙头企业等新型种养主体，因地制宜地推广种养结合，畜—沼—菜（果、粮）、林牧经济等绿色生态种养模式，促进粪肥消纳，拓展农业生态功能，促进产业融合发展，全区“三品”面积4.8万公顷，占耕地面积的82.2%，远超不小于65%的任务指标。

【畜禽养殖污染整治】 年内，制定《盐都区畜禽养殖区域优化调整暨绿色发展规划方案》，在划定禁养区的基础上，全区共关闭畜禽养殖场（户）424个，其中省级规模场关闭53户，完成率达100%。加快限、适养区畜禽场粪污综合整治，明确整治标准，并由区农委、环保、国土联合认定，对省级规模畜禽养殖场125户开展治理，通过技术认定的90户，治理率达72%，超额完成年度60%的目标任务。905个养殖场（户）开展雨污分流改造，配套建设储粪池（贮存4—6个月）933个，签订粪污消纳协议885份。扶持5个规模养殖企业建设有机肥加工项目，新建江苏绿之岛现代农业发展有限公司畜禽粪便处理中心1个，拓宽畜禽粪便处理的途径。新建并运行病死动物无害化处理收集点8个，关闭不合格屠宰场21个，通过省、市级主管部门的验收。加大畜牧业健康养殖示范创建工作力度，累计创成部、省级生态健康养殖场52个。

3月，市委书记王荣平在盐都参加义务植树节活动

【化肥减量化使用】 年内，制定《盐都区2017年化肥减量使用行动方案》，实行有机肥与无机肥相结合，减少不合理化肥投入。推广测土配方施肥，测土配方施肥技术推广覆盖率达95%以上。推进果菜有机肥替代化肥示范工程，推广水肥一体化技术。全区全年化肥使用较2015年实际削减5.5%左右，超额完成市定2%的目标值，化肥施用强度（折纯）243.6千克/公顷。

【实现农药施用零增长】 制定《2017年化学农药减量提效实施方案》及《2017年植保专业化统防统治推进意见》。年内，新增高效植保机械115台套，新建水稻、蔬菜绿色防控示范区7个、示范点5个，推广应用杀虫灯、防虫网、色板、性诱剂、生物农药等绿色防控措施11.2万公顷次左右，完成水稻绿色防控示范面积333.33公顷，果蔬生物农药绿色防控面积377.93公顷，水稻病虫专业化统防统治用工补贴项目面积1333.33公顷。全区全年农药使用量1695吨，占省定目标数的93.1%，减少6.9%。

【构建土壤环境检测体系】 年内，建立24个省级产地环境预警监控点，优先保护监测点23个（其中国控监测点10个），安全利用监测点1个（为国控监测点）。全面监测农产品产地环境质量状况，长期定位监测产地土壤及农产品的安全指标，构建全区农产品产地土壤环境质量监测网，开展土壤安全利用及修复试点工作。

【实施“一片林”工程】 全区全年完成新增成片造林733.33公顷。建成朱沥沟生态防护林、盐渎海洋路城市生态防护林、盐龙先锋千亩城市生态林、盐龙湖“三化”示范片、大纵湖景区滨湖绿地、S125东延绿色通道等一批规模成片林基地；四旁植树80万株，新建更新农田林网面积5333.33公顷，森林抚育面积1333.33公顷；新建成尚庄联胜村、大纵湖于任村等10个森林村庄；新建大冈胜利居委会、龙冈万家村珍贵用材树种培育示范村2个；实施南环路节点绿化、开创路两侧绿化、冈沟河滨河绿带等46项城市绿化重点项目，新增绿地298公顷，林木覆盖率达到23.4%，盐都区被市委市政府授予绿色盐城建设综合奖。

（吴德标　仇东辉）

城乡建设 交通 供电

规划工作

【概述】 2017年，在区委区政府的领导下，按照省、市、区有关文件要求，进一步解放思想，克难求进，强化重点工作落实。按照年初计划，各项工作有序推进。至年底，分局共计受理报建884件次，验收材料296件；发放设计要点71份，发放选址意见书30份，各类答复意见531份，发放建设用地规划许可证72份，总用地面积约240万平方米，发放建设工程规划许可证589份，总建筑面积约370万平方米，发放各类红线图189份，共收取规费约674万余元。

【完善各项规划】 年内，围绕城市品质打造，开展各项规划编工作。全年完成郭猛镇、龙冈镇总体规划修编报批成果，完善城西片区、高新区、城西南片区控制性详细规划。参与开展小马沟、蟒蛇河旅游观光等重点地段的城市设计及修建性详细规划研究工作，完成教育、基础设施布点等专项规划和楼王镇丁马港村村庄建设规划(含美丽乡村规划)。

【推进城乡统筹】 年内，探索城乡规划工作中城市双修、多规合一以及海绵城市、大数据、城市设计等难点热点问题。根据省住建厅对城乡规划工作的新要求，重新审视新形势下盐都区在盐城市区域定位、职能分工，以《盐城市城市总体规划(2013—2030)》为支撑，以盐城市城市发展战略规划修编为契机，加强研究，做好高新区发展战略规划的深化完善工作，合理确定高新区的发展地位与目标、产业发展战略、空间布局规划。重点对全区空间发展战略，城乡统筹与一体化发展，传统文化保护与文脉传承，城镇景观与风貌特色，全区产业结构与布局等进行综合谋划，加强规划研究深度和广度，切实发挥规划引控作用。

【塑造城市特色】 年内，按照宜居宜业美丽城市和田园乡村的规划思路，做优做强盐都区的特色镇村建设。加强主城区组团发展和高层区控制研究，参与编制小马沟体育公园、蟒蛇河沿线景观设计等规划方案。规划管理中重点加强对新建建筑形态、色彩和功能设计。对城市高度、建筑密度、道路街面整治、城市天际线、建筑色彩造型，以及重要节点地区和地标建筑的建设等进行规划引控，形成良好的城市空间尺度。持续推进美丽乡村建设，开展中心镇建设以及名镇名村、宜居示范村庄创建等工作。至年底，杨侍村被评为全国乡村旅游AAAA级景区，丁马港村被评为省级历史文化名村并向国家申报国家级历史文化名村。协助地方政府、旅游、住建等部门创建大纵

8月，学富镇规划建设水乡十里荷香农业观光区　　仇玉存　摄

湖 AAAAA 级景区、龙冈国家森林公园，打造龙冈国家级特色小镇。

【提升规划服务水平】 年内，把“高效优质服务”作为全年工作的基本要求，全面打造“服务规划、效率规划、阳光规划”行业品牌，推行审批改革，提高行政效能。结合市规划局信息管理系统，对项目单位在办理前期手续过程中已提供的材料，办理后续手续中不再要求重复提供，简化审批手续。推动行政收费“一票制”。实行行政审批涉企收费集中办理，对基础设施配套费等 8 项费用开具一张收费单，减少项目单位缴费过程往返。为使“两重一实”等重要工作进行全面落实，分局对区内引进的东山精密项目以及智能终端产业配套项目、智创园邻里中心、新饮用水源地选址等建设项目做到对点、对人进行全程跟踪服务；办理潘黄中小学、海阔路实验学校、枫叶国际学校、农贸市场等一批民生工程相关规划手续；高效审批服务保障城市重要公共设施、基础设施项目空间落地。通过定期对项目进行回访，了解项目后续办理过程中遇到的实际困难并协助解决。

【加强党建工作】 年内，根据规划分局发生的腐败案件，对照实际项目案例，组织分局全体党员查找近 20 个廉政风险点。制定《“两学一做”学习教育个人学习计划》，全面实施“基层党组织统一活动日”制度，执行“三会一课”、民主评议党员、党员“评定升”等制度，加强党性修养，坚定理想信念，夯实基层基础。

（吴序文）

城乡建设

【概述】 年内，坚持高新区与主城区融合发展，推进盐渎、盐龙和潘黄 3 个街道合力建城，不断加大投入力度，加快基础设施及公共配套设施建设，城市功能持续完善。

【推进城建工程】 全年推进 92 项市区城建重点工程项目建设，夯实产城融合基础。盐渎路跨宁靖盐高速大桥、南环路接线工程全面竣工通车，城市路网更加快捷通达。建成崇礼路幼儿园、南师大盐城实验学校、万达城市广场、科技广场等功能性项目，城市人气有效集聚。大马沟公园果林改造、世纪公园健身步道如期完成，冈沟河景观带建成 1.8 千米，专家公寓三期、开元路改造等工程按期施工。

12 月，潘黄街道的小马沟城市绿廊项目绿化现场　　皋　玲　摄

【城市创森初见成效】 年内，实施 90 个城镇绿化重点工程，完成投入 5.66 亿元，新增绿地 496 公顷。组织绿化会战，实施南环路节点绿化、开创路北段两侧绿化、冈沟河滨河绿带等 51 项城市绿化项目，新增绿地 298 公顷。新都路、盐渎路等道路绿化丰富彩叶树种，打造成园林式景观大道；润都公园、大马沟生态公园等城市公园添种水生植物，打造成生态湿地观赏园；东干渠、第一沟等滨河绿地种植垂悬植物，形成滨河景观长廊，实现水清岸绿景美，城市绿化覆盖率提高到 46.4%。城市园林绿化工作领先大市区。

【整治城市环境】 年内，完成高旺沟、跃北河、九总沟等 26 条城市非骨干河道整治工作，疏通城市雨水管网 63 千米，助推城市安全度汛。铺设新都路、海阔路、腾飞路、蟒龙河等 6 段污水管网 7.5 千米，从源头上管控水污染，城市污水集中收集处理率达到 92.5%以上。完成窑南河、蟒龙河等 7 条黑臭河道整治任务，城市水环境质量不断改善。

【规范房屋征收安置】 年内，依法发放房屋征收决定，完成旭日居委会城中村地块、开创路西腾飞路地块征收工作，征收国有土地上房屋 80 户、建筑面积 3 万平方米。建成保障性住房 1193 套，动迁安置率 100%。

【提升城建档案管理】 年内，区城建档案馆投入 130 多万元，改造库房和新增自动化控制系统，完善软件硬件设施，加快积存档案的整理归档，拓展声像和电子档案，加强档案编研，提升管理服务水平，年底高分通过江苏省城建档案示范馆复查验收。

（丁玉炎）

城市管理

【概述】 2017 年，区城管局紧紧围绕全年目标任务，改革创新激发工作活力，突出关键抓好重点项目，攻克难点抓好牵头工作，城市管理整体水平显著提升。荣获 2017 年度全区目标任务综合考核综合先进奖、生态文明建设工作奖，并创成市级廉政文化示范点和市级巾帼文明示范岗。农村环境“五位一体”长效管理的

9月,全国文明城市创建　　宋进波　摄

做法,被《经济日报》《新华日报》《焦点访谈》等媒体陆续报道,农村生活垃圾信息化管理被住建部列为典型案例。

【双创工作】 年内,共取缔占道经营、出店经营、流动摊点1277处,证据先行登记保存违规占道兜售物品208件;依法拆除违规设置的店招、指示牌等各式广告878(个)块,拆除临时搭建违法设施98起;协同交警部门清拖乱停放机动车183辆(含僵尸车),纠正占用人行道、盲道乱停放的非机动车1300余辆。创建文明城市期间,转变传统城管思维模式,在大市区首家引入市场化服务外包模式,促进市容秩序整治工作更加扎实高效。全年对主次干道冲洗300多次,累计冲洗道路达2000多千米,喷水降尘近千车次,清理道路两侧绿化带内及目击范围内白色垃圾、碎砖杂物及乱倒的建筑装潢垃圾达800多吨。健全"及时发现、快速交办、跟踪督办"的综合管理机制,全年共受理市数字城管处置案件7352件,按期处置案件7344件,处置率100%,按期处置率99.09%。健全城市道路巡查工作机制,全年完成市总队任务派遣案件1487件,及时处置率和结案率均为100%,在全市四大区案件及时处理率排名中,连续两年排名第一。

【城建重点工程】 年内,共实施城市环境综合整治项目7大类15项,完成率100%。推进高架两侧和世纪大道北侧沿线环境专项整治,共拆除沿线石材加工点、废品收购点及各类设施175处,墙面刷白11万平方米,绿化植树20.33公顷,迁坟1080座,屋顶美化3000平方米,安装空调外罩机460台,拆除违法建设2200平方米,整体提升道路沿线环境面貌。推进高架沿线楼宇亮化工程建设,一期工程210幢建设任务全部完成,项目验收率达97%;二期工程主要任务是完成高架沿线新增及纵深拓展的145幢楼宇以及盐城西和张庄2个高速出入口亮化建设,年内完成120幢建设任务。承办的公厕建设、智慧停车项目以及10块大型户外广告牌等城建项目均按期完工。

【城乡生活垃圾分类试点】 在主城区4个居民小区、7家机关单位、2所学校、1个窗口单位推行垃圾分类试点,全年共产生可回收废纸、纸皮、塑料、玻璃、金属等合计46848.17千克,厨余垃圾投放38902次,其他垃圾投放35902次,投放准确率达83.43%以上。推行农村生活垃圾分类试点,郭猛镇占地2560平方米的农村生活垃圾生态化处理站投入使用。

【生活垃圾信息化管理升级】 引入现代信息技术,完善城乡生活垃圾集中处理信息化管理系统,新增车辆实时调度管理子系统,在调度车辆上安装车载摄像机2个,通过适时传播全时段全方位掌握车辆运行情况。年内,共收集转运城乡生活垃圾12.65万吨,清运垃圾渗滤液2250余车次,清理河道水草28万立方左右,垃圾清运覆盖率达100%,垃圾治理覆盖率100%,无害化处理率达96%。

【治理违法建设】 坚持"新增长违建零容忍,存量违建逐步消化"原则,创新运用"一小时"交办制度和"书记第一锤"等方式方法,推进违法建设五年整治计划和日常查处工作。全年共处理违法建设投诉488起,其中,非违建165起,核查属实323起,实际处置323起,结案率100%。全年共拆除新增违法建设面积13670平方米,拆除存量违法建设5240平方米。　(李　浩　顾曼丽)

新农村建设

【概述】 2017年,实施乡村振兴战略,加大特色小镇、康居乡村创建力度,推进宜居宜业的美丽乡村建设,加快新型城镇化步伐。

【推进镇区环境建设】 年内,指导各镇(区、街道)实施41个集体土地非领证项目,完成拆迁19万平方米。加快小城镇建设,大纵湖镇大力实施"4321"工程项目,龙冈镇实施25项城建工程,秦南、郭猛、学富等镇完成集镇道路黑色化、老镇区污水管网铺设等镇区基础设施建设环境不断改善提升,其他各镇(区、街道)涌现一批亮点工程,为建美"一座城"、做强"重点镇"完善配套服务功能。推进大冈、楼王、学富三镇创建森林小镇,新建大冈呈祥公园、楼王利民湿地公园、学富森林公园等主题公园,新增绿地87.4公顷,绿化覆盖率、人均公共绿地和规模公园等主要指标均达市标,进入全市前十强。全区城镇绿化覆盖率达到43.4%。

【创建全国特色小镇】 年内,发挥大纵湖镇全国重点镇、全国生态文明卫生镇等基础优势，将大纵湖自然资源禀赋与涂装产业经济特质有机叠加，按照"涂装智造新样板、文旅休闲新名片、宜居宜业新典范"发展定位，从产业形态、美丽环境、传统文化、设施服务和体制机制五个方面进行挖掘培育，组织申报"纵湖涂装特色小镇"，成功获批第二批全国特色小镇。

【打造人居环境范例】 年内，紧扣"生态文明、幸福宜居"主题，依托楼王镇国家生态卫生镇、省新型示范小城镇、环境优美镇、文明镇等优势，按照"适度控制规模、凸显文化内涵、完善市政设施、强化服务功能"的要求，以整治镇区环境卫生、镇容镇貌为重点内容，突出打造空气清新、河道清澈、镇村清洁的美丽怡人环境，组织申报江苏省人居环境范例奖，通过省专家组验收，获得省住建厅命名。

【建设康居美丽乡村】 年内，按照"拆危房、改建房、建新村"的工作思路，加快全区康居工程建设，完成2227户一般农户C、B级危房改造工作。以棚户区改造、新水源建设、蟒蛇河整治拆迁、朱沥沟航道拓宽等契机，推进动迁农户集中居住，共建美丽乡村。龙冈晓庄村、学富华府村、秦南东方红村等农户集中居住步伐加快，集聚规模不断扩大。秦南泾口村获评全国文明村，大冈佳富村、秦南东方红村创成省级美丽乡村，尚庄塘桥村入选第三届"盐城最美乡村"。实施"燃气进乡镇"工程，铺设燃气管道57.5千米，秦南等六镇(街道)具备通气条件，燃气管网覆盖全区三分之二区域。

【完成援建任务】 年内，加大人财物投入力度，提高施工质量，加快建设进度，全面完成128幢、375套阜宁立新村风灾援建工程，灾民如期入住新房。

(朱 进)

交通运输

【概述】 2017年，加快交通基础设施建设，创新提升服务能力治理水平，强化作风效能建设和党风廉政建设，获全区首家省"健康单位"称号，连续6年获区委区政府综合先进奖、市局综合先进单位，获区委区政府联合表彰的党建工作奖、平安工作奖和市局表彰的所有单项奖。全年完成交通基础设施总投资7.1亿元，占年度计划的105%。125省道四期工程竣工通车，康庄大道实现通车。双新北路跨盐宝河大桥及接线工程完成路基及桥梁主体。农村公路提档升级工程完成290千米农路和135座桥梁升级改造，投资3.01亿元。完成盐邵线航道四期、五期护岸墙前土疏浚250万方，投资2400万元。启动国省干线沿线环境综合整治"五项行动"，做好市区内环高架三期拆迁清障调查等前期工作，协调解决二期施工后续矛盾，为高架三期顺利实施奠定基础。推进"智慧交通"平台建设，完成硬件安装调试。对全区5条公交线路进行优化，完成北龙港市镇公交、抬头镇村公交回转场和10对公交候车亭建设，大冈客运站完成选址等前期工作；62路、B支4城市公交已进高新区公交枢纽运营，服务万达广场周边交通建设，协调开通B支7线，全区群众出行更加方便快捷。交通重点工程质量监管措施有效，建立健全"政府监督、建设单位负责、工程监理、企业自检、社会监督"的五级质量保证体系，开展综合检查3次、专项检查12次，下发监督检查通知书23份、监督指令5份，工程项目监督覆盖率达100%。交工验收项目53个、竣工验收3个，工程质量验收合格率达98.1%。继续委托第三方检测机构对全区大中桥梁进行体检，及时掌握桥梁质量状况，保证区内桥梁安全运行。工程建设领域未发生质量通报事件。行业安全形势持续稳定。始终坚持安全生产"党政同责、一岗双责、失职追责"不动摇，从严落实安全生产主体责任、监管责任。强化安全生产基层基础工作，组织开展专项整治、安全生产月等活动，举行安全应急实战演练，提升应急保障能力。开展安全生产大检查15次，发现隐患357条，全部整改到位，全系统未发生一起安全责任事故。

【整治路域环境】 年内，区公路部门打造畅洁绿安美舒的公路通行环境，清扫车清扫国省干线路面1.3万千米，洒水车清洗国省干线路面泥污630台班，对S231、S233、S331、S229路肩恢复性整修1020千米，清理边沟59.8千米，肩道、边坡割草158万平方米，铲除车辙4260米。集中开展路域环境综合整治4次，清除电杆364根、非标522块、堆积物300多立方米、摆摊设点160余处。加强路政巡查，处理交通事故损坏路产事件56起，收取公路赔(补)偿费135.9万元；办理涉路许可20件，无监管责任事故，保障辖区内公路的安全与畅通。

【规范交通运输管理】 年内，区运管部门加大执法整治力度，开展春季"打黑"行动，重点对盐城至北龙港客运线路及周边非法营运黑车进行整治。配合公安部门开展非法营运客车百日整治集中行

8月，大纵湖镇大力发展高新生态农业 王监书摄

动。稽查违章案件147起，罚没收入10.01万元。年审运输企业“两证”1494份、车辆道路运输证2376本；发放2016年燃油补贴96万元。完成248艘老旧船型标准化拆解改造，发放补贴资金710万元。加强驾培维修市场管理，完成14家一、二类维修企业到期换证工作；推行汽车维修电子档案系统建设，13家综合性汽车维修厂和20家4S店完成安装。加强物流行业管理，配合市邮政、公安等部门落实邮政寄递行业3个100%，对全区6家寄递企业、6家分支机构、4家分拨中心及157个寄递网点进行排查，并建立专门台账。农村物流示范县创建工作获省厅审查通过，全区县、镇、村三级物流网络基本建成。

1月13月，公交K701、K901快线开通

【加强依法行政意识】 年内，强化交通法制宣传，完善局党委中心组学法制度，每月局务会安排学习一部法律条文，加强对党纪条规和交通法律、法规的自学。参加区法制宣传集中行动，在集镇、农村宣传公路保护知识，增强群众爱路护路意识。加强执法队伍管理，突出“三基三化”要求，落实行政执法人员资格管理、年审和持证上岗等制度，注重执法人员全员学习培训，提高执法人员能力素质，3名新进人员参加岗前培训，2名执法人员参加省厅培训。不定期对各执法单位进行监督检查，抽查执法人员执法记录簿，发现问题及时处理，局纪委、法规科联合开展执法检查4次，未发现违纪违规行为。推行不见面审批，全年受理行政许可135件，未发生一起行政复议、投诉事件。

【完善扶贫共建结工作】 年内，机关干部帮扶的郑通村15户贫困户，10户成功脱贫。全年累计投入资金400多万元，帮助张庄街道郑通村、大纵湖镇兴盛村、滨湖街道迎湖村等经济薄弱村改善党群服务中心，新建农路20多千米、农桥15座，解决困难村居群众的生产生活难题。

【提升作风效能】 年内，开展“推动落实、推进服务”主题活动，不断深化作风效能建设。开展承诺践诺活动，局机关和各单位通过区主流媒体、局域网、宣传栏作优化服务公开承诺，并广泛接受社会群众监督。推进“放管服”改革，注重服务窗口建设，加强人员教育管理，缩短审批时限，提升服务质量。开展“进万企、解难题、促发展”活动，帮助企业解决工人上下班等难题3个。充分利用信访投诉、12345政府公共服务热线、公众监督、政风热线、市长信箱等工作平台，认真受理反映损害群众利益的问题线索，调查、问责、整改三到位。办理人大代表建议、政协委员提案20件，各类投诉建议429件，均在规定时间内答复，满意率达98%以上。

【开展党风廉政建设】 年内，强化党风廉政建设“两个责任”落实，严格执行中央八项规定和省市区委十项规定。深化廉政教育，开展“510”警示教育、“四前”教育，搭建“线上+线下”教育平台，在局域网、机关宣传栏、微信公众平台、QQ群等媒介开设反腐倡廉宣传教育窗口。举行“勤廉做表率、迎接十九大”党纪条规知识学习和测试。在双新大道、楼大线、步湖路、盐都政务中心等处选择40个公交站台建立清风盐都站，进行反腐倡廉警示教育宣传；完成区纪委下达的廉政微电影《关隘重重》拍摄任务，在省纪委清风扬帆网站进行展播。参加廉政文化示范点创建，局机关成功创建市级廉政文化示范点。加强执纪监督，局纪委立足“三转”要求，将监督检查延伸至基层站所，强化对纪律制度执行情况的明察暗访，组织明察暗访30余次，对违反工作纪律的人员进行问责。局纪检监察组织被市纪委、市人社局联合表彰为全市基层纪检监察先进集体。

【增强行业文明程度】 年内，常态化开展“道德讲堂”宣讲活动，及时挖掘新人新事；组织“交通红马甲”志愿者服务队开展文明城市创建、“情暖回乡路”和文明劝导等各种志愿服务活动，“交通红马甲”成功当选全区“十佳文明新事”；策应文明城市创建活动，完成全区镇村公交车辆、站台公益广告宣传更新任务，并落实区分配的二汽宿舍区、张庄仓头村的挂钩创建任务。（王银忠）

供　电

【概述】 全年供电量完成16.71亿千瓦时，增长9.64%；完成售电量15.93亿千瓦时，增长9.7%；综合线损率完成4.7%，电费回收率100%。年内，一二批农网共下达项目945个，资金12745.38万元，至年底完成项目662个，施工完成率70.05%，完成资金结算8647.28万元，资金结算率67.85%。配变调档90台，城网电压合格率99.717%、农网电压合格率97.388%，城网和农网的可靠性分别为

99.9962%和 99.9756%，营配调一体化工作完成率 100%。

【安全生产局面稳定】 根据公司年度安全工作会议精神，层层签订安全生产目标责任状，根据人员调整及时修订完善各级各类人员的岗位责任制，正常开展安全例行工作，全方位加强安全生产系统管理。开展“安全警示日”活动，做好年度《安规》考试工作，应参考人数 418 人，实际参加 418 人，参考率达 100%，合格率 100%。成立抢修、抢险队伍，备足备齐各类备品备件，把迎峰度夏、迎峰度冬和“两会”、中考、高考、国庆，以及防台、防汛、防寒、防火工作的各项措施落到实处。对各类检查中发现共计 281 条，6 大类缺陷和隐患进行通报。对安全用电和电力设施保护宣传活动，发放安全用电宣传画 500 多张，张贴标语 200 多块，横幅 30 多条，宣传资料 9000 多份。全年排查安全隐患 77 条，整改 76 条，还有 1 条整改中。督查各类作业现场 236 个，考核 43 人次，违章记分 105 分，经济考核 15300 元，对违章单位负责人安全约谈 4 次、召开现场违章分析会 2 次，发出安全督查通报 12 期，召开安全网例会和安全生产分析会 12 次，遏制各类违章的发生。

【提高配农网运检水平】 夯实配农网信息化基础，通过 10 千伏分线线损达标率进一步检验 PMS2.0 中压台账准确性、规范性的现状，加强 PMS2.0 电缆模块的应用和系统迁移后存量数据的治理工作。推进配电网精益化运维。强化第一责任人制度，建立健全巡视质量、缺陷消除闭环考核机制，及时发现、消除各类缺陷、隐患 256 处。常态化开展低电压治理工作，结合迎峰度夏，做好超重载线路、配变的治理工作，构建规范高效的配网抢修网络，全面做好防汛防涝工作。开展配电网标准化建设改造创建活动，全面推进配电网建设，全年计划总投资 8867.88 万元，其中资本项目 209 项、成本项目 189 项，完成 372 项，完成率为 93.5%。完成执行原居配工程文件的委托设计 7 个小区，完成执行原居配工程文件的项目立项 6 个小区，完成居配工程的施工送电的小区 7 个，完成居配工程项目关闭的 15 个。加快配电自动化建设运维管理，加快推进配电自动化工程建设，完成 42 条线路、96 台柱开、83 台环网柜、5 个开闭所、18 个配电室的自动化改造。

【提升营销管理质量】 加强电费回收管理工作，提高电费风险防范可控率。推进电费预收、电子托收、居民卡扣等传统业务，推广电 E 宝、支付宝、微信等“互联网+”电子交费新型业务。建立健全优质服务考核机制及约谈机制，强化居配工程管理，发挥供电部门社会服务责任职能，为城南新区及盐城高新区重点工程项目提供供电服务支撑，开通绿色通道，服务高效、优质。迎峰度夏期间开展防汛排涝、抗灾抢险等应急准备工作，对防汛排涝涉及用电业务开通绿色通道，特事特办。正常开展保供电工作，高中考、两节期间及十九大重大政治会议特殊时期制定详细保电预案，强化值班力度及抢修准备工作，加强重点客户及相关电力设施巡查，及时发现缺陷及隐患，采取措施加强防范。

【提升农电精益管理】 优质服务质量不断提高。95598 工单完成及时率及准确率均达 100%，退单及回访不满意现象大幅下降，北龙港、葛武供电所上半年实现“零投诉”目标。顺利完成高、中考及政府重大活动等的保供电任务，开展防汛排涝、抗灾抢险及备品备件的增补等工作，配合地方政府完成 407 台排涝泵站巡查，开展重点客户走访活动，全年完成客户走访 6 万余户。星级供电所创建成效显著。对西区、楼王供电所创建四星级供电所进行现场督导，软件资料以省公司精简台账目录为基础，以四星级乡镇供电所评价规范作业指导书为引领，按月归档定期存放闭环管理。葛武四星级供电所于 10 月底顺利通过省公司专家组复检验收。团队绩效工资正式运行。制定兴都公司农电业务所团队绩效工资分配办法，并提出二次分配指导意见，完善供电所月度团队绩效考核体系，每月考评确定绩效得分。

【加强“三个建设”】 全面加强党建日常工作，重视政治理论学习，组织收视收看十九大开幕式，并分支部学习宣传十九大会议精神。开展主业与农电党组织结对帮扶，启动供电所“支部联建”活动。落实党建绩效考核工作，高度重视信访维稳工作，加强新闻媒体舆情管控，尽力缩小网络舆情引发的负面影响，将网络媒体的负面舆情转化成正能量宣传。开展党风廉政建设认真组织开展“履责任、守纪律、促廉洁”党风廉政建设主题教育活动，开展第十二个廉政教育月活动，组织农电人员遵纪守规“家家到”巡回宣讲。开展违规吃喝专项整治“回头看”活动，年内廉政约谈 17 批次，约谈人数达 89 人。组织“金桥行动”下访活动。共收集农电员工的意见或建议 87 条。4 月，按部门进行逐条分析，及时给予处理、答复和反馈。开展供电所党风廉政建设巡查。按照全覆盖、求实效的要求组织对 15 个供电所和兴达农服公司开展党风廉政建设巡查工作，征集意见和建议 28 条，发现问题和不足 8 大类 63 条。推进作风行风建设，开展作风建设专项整治，年内通过明察暗防共发现各类问题 170 多个，考核处理达 52 人次，考核金额达 4200 多元。加强工团组织建设，开展“5980”工程活动，开展班组标准化建设，组织技能竞赛活动，关心青年员工的成长。

（郁洪军）

信息化建设

- ◆电子政务
- ◆邮　　政
- ◆电　　信

电子政务管理

【概述】 2017 年，全区电子政务坚持需求导向，注重统筹整合，完成电子政务外网平台建设，推进政务公开，开展政府网站集约化建设，做好省、市信息平台内容保障及全区电子政务系统应用等工作，使机关各项业务的信息化覆盖水平、政务信息资源开发利用率都持续提升。

【电子政务外网建设】 根据国家和省制定的技术规范与安全标准，4 月上旬，建成开通覆盖全区各镇（区、街道）和区直部门单位的电子政务外网，实现省市区镇四级联通，5 月上旬通过省市联合验收，为全市速度最快、投入实际应用最早的县（市、区）。年内，区委组织部、档案局、财政局、司法局等部门业务系统顺利迁移到电子政务外网。

【政务公开工作】 年内，全区各级政府机关累计主动公开政府信息 13088 条，其中规范性文件 1855 条。全年公布发展、改革、稳定和就业政策 16 条，并进行相关解读。公共资源交易中心网站纳入站群一体化管理，全年共发布项目信息 519 条，结果公示 503 条，答疑更正 88 条。完成全区 6210 项权力清单和办事指南编制入库工作，编制核定包括行政许可、征收、给付、确认、奖励、其他 6 类事项和审核转报事项在内的 1021 项政务服务事项清单，在线率达 100%。纳入全省财政预决算统一平台，区本级财政预决算和 64 个区直预算单位的部门预决算及“三公”经费情况依法依规全部公开。全区共受理依申请公开件 109 件，其中区本级 24 件，部门、镇（区、街道）85 件，在期限内按申请人指定方式回复率 100%。全区共收到行政复议 20 件，其中区本级 0 件，部门、镇（区、街道）20 件；维持具体行政行为 1 件，被依法纠错 6 件，撤回、驳回等其他情形 13 件。全区共收到行政诉讼 48 件，区本级 7 件，维持具体行政行为或者驳回原告诉讼请求 7 件；部门、镇区街道 41 件，其中维持具体行政行为或者驳回原告诉讼请求 7 件，被依法纠错 3 件，其他情形 31 件。

【政府网站运维】 加强政府门户网站信息更新，完善网站服务功能，维护网站运行安全。年内，通过国办和省办组织的四个季度的政府网站普查抽查；全面落实政府网站集约化建设要求，4 月，将全区所有镇（区、街道）、政府机关部门共计 47 个网站进行技术整合，数据全部迁移至盐都区人民政府网站，以单位专栏方式继续实现原子站功能；对照国办《政府网站建设指引》要求，规范政府网站名称和标识，建立政府网站信息发布机制、应急处理和夜间值班制度。在盐都政府网首页设

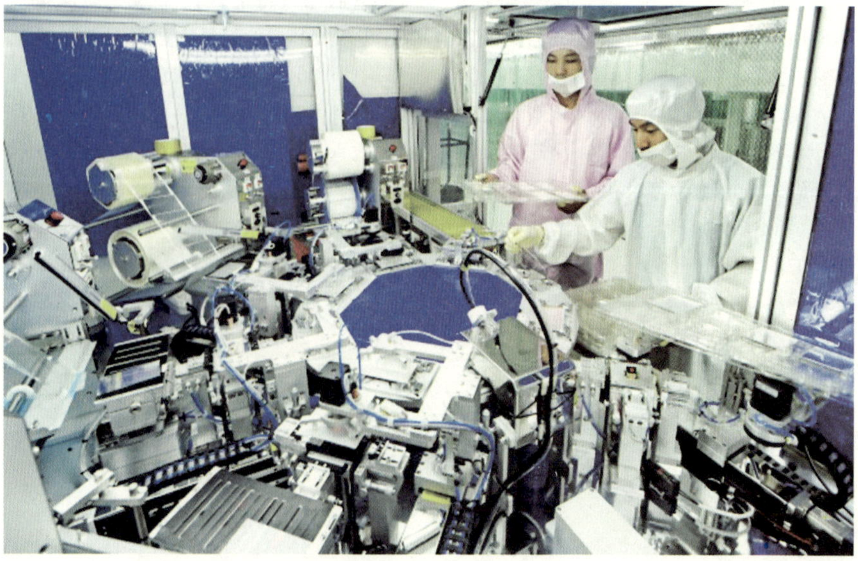

10 月，盐城三鼎电子工人工作场景

立政声传递专栏，及时同步显示国务院网站最新信息。

【电子化政务服务体系应用】 年内，优化三网合一功能，强化政务服务与OA系统(盐都区协同办公系统)的对接。开发档案同步移交、季度年度作风评价、公务员绩效考核、公车智慧化管理等功能，实现纪委作风评价系统、组织部公务员绩效考核系统、电子档案系统与区OA系统无缝对接，区卫生监督管理系统与区政务服务系统双向对接。

【网络宣传】 进行区委区政府重点工作、重要活动和全区发展重大成果的网络宣传报道，全年发布网络新闻与信息8712条，日均24条；新增专题14个，维护专题16个，都收到良好的宣传效果与社会评价。11月，开通县级政府新闻发布会，为全市首家，就全区2017年为民办实事工程进展情况及全区整合城乡居民基本医疗保险工作做两期新闻发布会，国家级和省市级近20家新闻媒体参加发布会并进行跟踪报道。全年共开展25期在线访谈，其中政务访谈9期，法治访谈7期，文化访谈9期。"文化盐都在线访谈"邀请蒋宏贵、陈义海、邵玉田、王红专、李更生、朱冬生、许正和、曹文芳、薛弢等地方文化代表进行交流，讲述盐都文化故事，展现地方文化魅力。

【省信息系统共建共享工作】 12月，区电子政务管理办公室获省信息中心颁发的省信息系统资源共享平台工作先进集体，在县(市、区)中排名第二；商文娣获省信息系统资源共享平台工作先进个人，保持集体和个人连续五年在全省争一保二的成绩。

【市政府门户网站内容保障】 全年上报中国盐城网各类信息549条，录用354条，审核通过率为64%。其中，专题专栏上报10条，审核通过10条；政策解读上报6条，录用6条；新闻发布会上报2期，录用2期；民意征集上报3条，录用2条。全年用稿得分1164分，连续五年全市第一。区电子政务管理办公室获2017年度中国盐城网站内容保障工作先进单位一等奖，曾加祥获2017年度中国盐城网站内容保障工作先进个人奖。

华星光电SMT贴片智能化车间

【农村三资管理系统】 年内，参与推进全区农村三资管理系统建设与部署，率先在全省建成覆盖全区20个板块、246个村(居)的农村"三资"管理信息网，全区农村所有村集体经营性资产、资源全部实现进网管理、平台交易，村集体资金使用全面推行村务卡和非现金结算；村级党务、政务、财务、事务等村务公开事项实现标准化、规范化，建立形成"数据共享一网通、管理责任一单清、阳光村务一点明"为主要特色的"盐都模式"，在全市、全省推广，并作为政务服务成果之一受到省表彰。

【互动平台建设】 进一步做好12345在线服务平台、市长区长信箱、公众监督平台等互动平台建设。全年办结"市长信箱"938件，"区长信箱"105件，"公众监督"事项5610件(其中咨询3081件，投诉1779件，建议480件)，推动民生问题的反馈和解决，加强基层群众与政府的联系。

【电子政务系统平稳运行】 年内，加强各类应用系统日常管理与服务，开展电子政务系统巡查指导，提高全区党政机关信息化日常应用水平。开展全区电子政务核心机房、区行政中心机房以及行政中心大楼近600台办公用电脑日常管理维护工作，每天检查服务器的硬件运行状态，服务器的应用系统运行情况，做好机房巡查工作记录，确保局域网安全高速运行。 (曾加祥)

邮　政

【概述】 2017年，贯彻落实省公司、市公司年初邮政工作会议精神，适应新常态发展要求，以实干、担当、工匠、创新的精神为指导，加快转变发展方式和结构调整，邮政经营发展、服务水平等都得到较快的提升。

【加快金融业务发展】 以"500工程"

为指导，"客群经营"为抓手，全年金融总资产净增10.18亿元，位列全市第五位，其中，年均余额净增5.2亿元，与上年同期基本持平；累计销售保新保3.97亿元，其中五年期1.84亿元，占比达46%，转型效果显著；发放绿卡2.46万张，新增短信1.98万户，新一轮跨赛以来，新增手机银行8928户，完成计划序时的103%。跨年度竞赛活动中，实现余额净增11.7亿元，新保销量4.86亿元，理财保有量新增1.27亿元，金融总资产净增17.79亿元，绝对值位居全市第一位。二三季度，区公司组织18名优秀职工组成外拓经理团队，进行外拓营销活动。同时为提高营销队伍的营销能力，多次组织开展以“精准外拓”为主题的课堂培训，利用每周外拓经理例会，“以训代会”，对营销流程、信用卡、贷款产品实战技巧、客户需求激发管理等进行专项培训。持续推进转型深化工作，做好两会三巡双示范的日常督导工作。每月在全区层面组织开展“一局一策”“一点一策”方案评审。指导网点根据当地的特色经济、特色客群，制定符合实际、行之有效的发展策略，进一步推进网点客群建设开展，做到产能提升有抓手、有方向、有支撑，并加强过程督导，确保营销项目有效落地。各支局确定三大重点客户，以网点为阵地，依托社区平台拓展客户，在农村网点持续开展爱家行动，全区17个金融网点持续开展广场舞、逢九健康会员日、老年生日会、亲子兴趣比赛等活动，服务内容推陈出新，受到各层级客户的一致好评。

【推进邮务类业务发展】 年内，完成业务收入942.0万元，完成市公司下达目标。全年完成函件业务收入55.5万元，完成率100%。实现文传项目的突破。成功洽谈邮政高炮广告业务，实现收入16万元，成功盘活闲置多年的广告牌资源。发行业务。分公司全年完成收订流转额329.06万元，完成计划115.87%，提前20天完成市公司目标。大收订期间，与地方开展第二届“书香盐都”书报刊悦读节活动，进校园开展活动，挖掘校园市场。与校园对接，推进公益讲座，全区59所学校全部实现征订。分销业务。全年累计完成分销业务销售额418万元，完成率114%，完成分销差价收入113.6万元，完成率100%。组织开展春季农资、夏季啤酒订货会、秋季农资订货会。开展“粽情端午”“月满中秋”“秋去冬来　共饮美酒”等专项营销活动，取得较好的销售业绩。车险业务。全年完成代办车险1530笔，提前一个半月完成市公司目标。完成车险保费468万元，完成率达107.5%。全年共开展64场车险产说会，数据掘金全年转化411笔，自邮一族吸粉完成2225笔，完成率100.9%。快递包裹。2017年，分公司将包裹快递业务作为邮务类转型的突破口，坚持高目标引领，重抓大客户开发，发展和效益相结合，推进快递业务发展。全年累计完成收件量130103件，全年计划完成率155.68%。

【推进农村电商发展】 年内，加强新建加盟店的资质审核，确保加盟店的引入符合规范，淘汰部分运营质态差的加盟店，优化、新建加盟店73个，累计建成覆盖所有行政村的“邮乐购”加盟店283个，完成率100%。加大对加盟店的巡店力度，加强过程管控。强化农村电商平台“建设+运营”的理念，确保平台建设量质并举，区局将平台批销、运营质态与支局长、投递员月度绩效挂钩，店铺的达标率、交易额等指标明显提高，平台整体运营质态逐步提升。全年组织开展农村电商加盟店“双向引流”活动165场次，完成率100%。通过将各专业业务整合宣传，采集金融客户信息3500条，车险客户信息36条，销售分销商品9.3万元，极大地提升引流活动的效应。开展邮乐“919”购物狂欢节及农村电商主题月等活动，推广邮乐小店注册1650个，完成率127%；发生代购业务1990笔，完成率166%；实现平台批销16万元，完成率100%。

【加强能力建设】 自提点建设。区公司在全区大力推进自提点建设，至年底建成自提点108个，双十一期间快包自提率达35%。投递能力提升。年内，增加电动三轮车13量，点均近2辆。盐都公司将龙冈支局投递班搬迁离集镇中心，扩大改善邮储营业环境，便于邮车的邮件交接处理。完成双十一”“双十二”投递任务，双十一期间11—21日共进口快递包裹25499件，日均投递2318件，当日妥投率为98%，直投到户占比55.3%，自提量占比39.3%。当日信息反馈100%。没有发生积压延误，客户反映良好。网点改造。上半年，区公司启动南洋支局网点改造工程，建设面积300平米，10月投入使用。下半年盐都分公司对郭猛支局进行改造，年底准备投入使用，对龙冈营业厅进行改造，扩大理财室和客户等候区，为跨赛做好充分准备。五小建设。2017年在全区推进乡镇支局“五小”工程建设，增添设备，建设职工食堂和宿舍，有效解决网点人员的生活问题，支撑网点发展。

【细化财务管理工作】 做好各项业务收入的效益分析工作，提供收入预算的执行情况。确保收入的完整，防止收入的跑冒滴漏，培养效益观念，引导支局效益型发展。年初，区分公司出台《关于明确支局费用管理办法的通知》，理顺各支局费用的使用流程，规范报支手续，明确发放对象和范围，努力使费用管理和发放在支局层面做到公开、公正、透明。按照市公司的要求继续加强欠费管控，实施文化传媒、快递、分销欠费的分类管控。落实欠费责任人，加强管控考核力度，保证各类业务欠费严格控制在市公司限额之内，确保资金安全完整。按月及时上报各项费用、及时报账、及时处理，有效解决客户矛盾，其中较多客户继续在支局办理存款、保险业务。

【加强教育培训】 区公司全年轮岗4批，轮岗108人，理财经理14人、普柜75人、支局长2人、综柜15人、大堂经理2人。全年新增银行从业证12人、证券资格15人。银行从业人员持证率63.8%，证券持证率54.3%，全市领先。参加省公司组织的“金融微课堂”微信培训活动，盐都分公司冯海洋获得9月“十佳讲师”。刘翔、郭亚茜获得全省邮政中邮保险兼职初级讲师。鼓励职工参加北邮网校和中国邮政集团公司培训网站培训学习，参加多项业务学习和培训，全年实现专升本3人，参加中国邮政网院培训1322人次。上半年有1人成功通过营销技师的考试，被市局聘为首位邮政业务(营销)员技师。

【加强风险防范】 年内，以市公司“内控优化年”活动为契机，开展风险管控和案件防控工作，防范和堵截各类资金案件的发生，A类问题及高风险问题的明显下降。利用每周二的视频会对员工进行合规培训，加强日常监督检查工作，进一步提高员工合规意识。根据省市公司要求，在"一带一路"国际合作高峰论坛、金砖国家领导人第九次会晤和中国共产党第十九次全国代表大会、中国共产党与世界政党高层对话会(11月30日至12月3日)、第四届世界互联网大会期间(12月3—5日)，做好寄递渠道安全保障工作，严格做到"四严防、三确保"、"5个100%"。通过合理排班，"双十一""双十二"期间，各支局都能及时妥投大量进口邮件，未发生积压、延误现象。

【加强基层党建】 年内，区局不断加强作风和廉政建设，深化民主管理和局务公开，不断优化对外服务，提升企业形象。切实做好"11185""95580"客户投诉的处理和答复。组织开展合理化建议征集活动。组织员工参加职工运动会。组织职工参加太极、瑜伽等业余文体活动。大冈支局投递员李勇被评为江苏省最美投递员。 (唐永祥)

电 信

【概述】 2017年盐都区局认领收入目标14302万元，实际完成14894万元，占比104.1%，收入同比增幅11.3%。其中码号收入13932万元，项目型收入962万元。天翼全年新增指标：42000部，新装完成51244部，完成目标占比122%；宽带全年净增指标：14100部，宽带净增10378部（不含C+V），完成目标占比73.6%；天翼高清全年净增指标：16000部，天翼高清净增17505部，完成目标占比109.4%。

【组织建设】 至年底，区局共有员工200人，其中合同制员工75人(集体人员19人)；其中外包人员125人：(代办51人、代维74人)。区局下面设三个部门：销售与渠道拓展部：18个农村支局，15个门店承包片区，实体门店数109家。政企部：1个行客支局，1个文卫支局，6个商客支局。维护安装部：综合支撑中心，装维中心，接入中心，驾驶班。下辖19个农村支局、2个商客支局、1个行客支局、1个校园支局合计23个支局，全部同步实施自主经营承包，通过不断完善承包体系，优化体制机制来激发活力、提高经营效率。打破原机制体制，引入市场化用工，全面实施经营单元市场化的实质性外包。

【优化创业承包】 年内，进一步优化"创业承包"激励方案，月度薪酬考核激励根据员工岗位绩效标准和月度KPI考核情况发放，承接市公司各项重点业务劳动竞赛，细分指标到支局，制定考核文件，梳理销售路径，根据支局指标完成情况，进行考核，活动结束后及时兑现到支局。

【优化渠道布局】 年内，依据天翼新增份额达33%的目标，在重点乡镇完成大店建设、TOP商牵手，针对400万以上重点乡镇大店规划，优化以店包片布局，进一步划小。全年新建社区店5个，进一步划小盐渎、潘黄以店包片承包区域；牵手YD门店4家；重点乡镇商圈新建大店7家，新建店中店19家。至年底，共有实体门店109家，合作店19家、专营渠道14家（其中社区店14家）；开放卖场57家(其中牵手11家)；19家店中店。至年底，完成天翼份额达到34.3%、宽带净增8515户，完成率60.4%，天翼高清完成净增14325户，完成率89.5%。

【促进政企业务新增】 年内，政企行客以应用切入，融合家庭宽带拓展员工市场，商客实现客户分级管理、服务，重点进攻专业市场。在全区百日攻坚活动中获全区二等奖。围绕新兴业务发展，聚焦高新区，重点攻坚马沟、盐都、龙冈三大板块，年内实现舆情云签约成功16单，拉动年收48万元；小微ICT实施9单，行业Wi-Fi月租型5单，项目型4单，项目利润8.02万元；物联网江苏海轩科技有限公司签约1.6万张，形成集团大单；神龙物流签约开通物联网卡6000张；城管垃圾车定位试用，停车场项目跟进中。潘黄、张庄递交大数据方案，成功签约大数据业务合作，形成年收入9万元，到账6万元。续约盐都信息中心云盾业务，拉动年收入5万元；签约云专线12条。

【强化后端支撑能力】 通过降本增效，强化执行、提升精确管理，至年底，实现退铜368吨，退铜收益达752万元，14个乡镇实现全光。通过加强用电管控，加快设备退网，压降能耗实现全年电费较上年下降6%，节电18.3万元，完成所有外包营业主厅预付费电表改造工作，完成40个接入网点OLT归并工作。通信保障方面，完成全省重大工程集中开工、新水源工程开工视频会议保障，以及高考、夏季防汛防台、十九大通信保障等保障工作。 (朱保文)

农　业

综　述

【概述】 全年新增设施农业666.67公顷，发展稻渔、藕虾综合种养1333.33公顷，台创园被农业部列入全国农村创业创新园区名录。获批农业“三品”35只，盐都草莓、北龙港青虾通过国家地理标志证明商标审核。创成全国渔业健康养殖示范县。食品加工产业园初具形象，灰太狼自热食品项目、孵化平台项目全面建设。成功举办首届特色农产品展销暨农业招商推介会和青州花卉专题招商会，休闲农业与乡村旅游综合发展实力跻身全国50强。实施“一片林”工程，新增成片林666.67公顷，建成森林村庄10个、朱沥沟生态防护林57千米，林木覆盖率提升到23.4%。扎实开展“263”专项行动，整治畜禽养殖场905家，畜禽粪便无害化处理率达95.3%，秸秆禁烧连续四年实现卫星监测“零火点”、省市巡查“零通报”，董兆付获“全国农业劳动模范”称号。　（陆全华　唐亚东）

农业结构调整

【概述】 2017年，全区农业结构调整锚定富民增收坐标，按照“保证口粮、市场导向、高效增收、绿色发展”的基本思路，统筹规划区域布局，多元选择发展路径，突出抓好载体建设，加快促进融合发展，推动农业结构调优、调特、调高、调强、调新。新增高效设施农业面积533.33公顷，总面积1.16万公顷，占耕地面积比重21.2%，设施渔业面积2660公顷，占养殖水面比重达31.92%。年产蔬菜48.1万吨、水果5万吨，产值达21.3亿元。生猪大中型规模养殖比重达70.7%。河蟹养殖面积达1.03万公顷，产值超11.5亿元。农业供给侧改革工作获《农民日报》头版头条报道。

【建设特色农业园区】 年内，按照“一镇一园一特”的思路，围绕引进一个龙头企业、打造一个主导产品、对接一个行业协会、联合一个科研院所、制定一套激励政策的“五个一”标准，加快推进特色农业园区建设提档升级。盐都台湾农民创业园新入园皇达兰园三期、耿达兰园二期、青州花卉花卉组培项目3个，新建成连栋玻璃温室7万平方米。龙冈万家绿色林果产业园、学富水生蔬菜特色产业园创成市级农业园区，盐都现代农业园区跻身市级甲等农业园区，其红果蔬家庭农场创成省级园艺作物标准园。

【发展休闲观光农业】 年内，休闲农业与乡村旅游综合发展实力跻身全国50强，龙冈桃花园获评全国休闲农业与乡

4月，大纵湖镇胥仇村成片林栽植现场　　刘 军　王监书　摄

村旅游四星级示范企业，龙冈桃园小镇和张庄葡萄小镇入选江苏省农业特色小镇名录，潘黄新民村创成江苏省休闲观光农业示范村，大纵湖芦荡迷宫创成江苏省主题创意农园，尚庄番茄节、龙冈梨木茶具获首届江苏省创意休闲农业设计大赛优秀奖，慧盈生态农业园、盐城四季农庄和国胜鲜果采摘园被评为市最具魅力休闲农业景点。成功举办龙冈桃花节、杨侍草莓节、仰徐葡萄节、台海菊花节等农事节庆活动，大纵湖芦荡迷宫获《新闻联播》报道。

【打造优质农产品品牌】 坚持质量第一，推进质量兴农、品牌强农，全面推行标准化生产，加强质量溯源管理，以质量筑牢品牌基础，进一步加强宣传推介，扩大盐都农产品品牌影响力。年内，新增农业“三品”35个，大纵湖大闸蟹获第四届中国名蟹大赛金奖，盐都区被确定为江苏省农产品质量安全县创建试点县。

（孙岩林　高　扬）

农业产业化

【概述】 全区全年规模农业龙头企业发展到150家，其中省级农业产业化重点龙头企业8家，市级农业产业化重点龙头企业33家。规模龙头企业实现销售292.5亿元，利税27.25亿元，分别比上年同期增长9.34%和9.62%。肠衣、精细蔬菜、特水产品、蜂蜜等10多个产品进入国际市场，形成一定规模的出口生产基地，实现出口创汇5950万美元，比上年同期增长9.17%。农民专业合作社发展到857家，入社人数21.63万人，实现销售37.65亿元。加快农民合作社规范化建设，楼王镇创成省级农民合作社规范化示范镇，秦南综合社、楼王鼎绿蔬菜合作社创成省级档案规范化试点单位。全年实施农业“接二连三”的重点工程项目7个，其中投资5000万元以上项目3个，项目总投资2.57亿元。加快推进盐都区食品加工园建设，投资1亿元的农产品加工小微企业孵化平台一期工程开工建设。康泽源食品、四海香食品、海亚食品和北京庄园4家企业被省农委新认定为农业产业化省级重点龙头企业。灰太狼食品被农业部农产品加工局认定为“全国主食加工业示范企业”。盐都农产品加工集中区、盐都农村经济开发区被农业部认定为“全国农村创业创新园区”。

【省级农业产业化重点龙头企业】 9月26日，在省农委《关于公布省级农业产业化重点龙头企业名单的通知》（苏农产〔2017〕6号）中，康泽源食品、四海香食品、海亚食品和北京庄园4家企业榜上有名，被新认定为省级农业产业化重点龙头企业。

（陆全华　唐亚东）

农副产品加工与销售

【概述】 2017年坚持以实现农业增效、农村繁荣、农民增收为目标，全力推进农业供给侧改革，通过培育新型农业经营主体、强化农产品产销对接等途径，科学引导全区农产品加工销售向高端化、集约化方向发展。成功举办盐都区首届特色农产品展销会暨农业招商推介会，参加农产品推介展销活动，全年共组织31家农产品加工企业、种养基地、合作组织参加第十九届江苏农业洽谈合作会、第十五届中国（北京）国际农交会、第三届江苏优质农产品展销会、盐城名特优农产品（南京）展销会等各类展会，“盐淮”“七星谷”有机大米上架知名连锁超市，“盐都草莓”“大纵湖大闸蟹”等一批盐都特色农产品知名度显著提升。

【首届特色农产品展销会】 9月28日，在盐城万达广场举办首届盐都特色农产品展销会，共有75家企业、108种地方特色产品参展，取得较好的社会反响，大纵湖大闸蟹、仰徐葡萄、张庄藕粉圆、杨侍草莓、秦南水牛肉等一批带有明显地域特色的农产品备受市场青睐。

【农业电商发展】 全年新增农产品网店218个，实现农产品电商销售2亿元，其中大纵湖大闸蟹、小龙虾突破5000万元，江苏灰太狼食品有限公司被评为江苏省农业电子商务示范单位。

【开放型农业】 年内，总投资2亿元的皇达兰园三期、大汉园景等合资项目落户台湾农民创业园，盐城联益肠衣制品有限公司被评为首批江苏农产品出口示范企业，全区全年实现农产品出口3390万美元，位居全市前列。

（孙岩林　高　扬）

种植业

【概述】 2017年小麦播种期间遇到历史上罕见的长期连续阴雨恶劣天气灾害，晚播麦面积极大，出苗严重不全不匀。面对恶劣的天气，各地积极应对，抓抗湿播种和因苗管理，加之暖冬天气和中后期雨水少、温度高、光照足等极为有利的天气条件，夏粮生产在大灾之年获得较为理想的收成，实现丰产丰收和增产增效。全区夏粮实收面积3.85万公顷，比上年减少73.33公顷，减0.19%；每公顷产5716.5千克，比上年增加324千克，增6%；实现总产22.02万吨，比上年增加1.21万吨，增5.8%。小麦商品品质极好，色质鲜亮，容重及面筋率高，无穗发芽和赤霉病粒。国家继续实行小麦托市收购政策，小麦综合售价每千克2.24元，比上年增加0.19元，平均每公顷纯效益4543元，比上年增加1873.8元，增长70.2%。

【水稻生产】 年内，水稻播栽早，前期天气晴好，温度高、光照足，分蘖发苗快，群体足，苗情基础好，中后期雨水多，光照少，温度下降快，严重影响水稻的灌浆结实，结实率和千粒重低，水稻产量保持上年水平。全区秋粮实收面积4.27万公顷，比上年减少220公顷，减0.51%；每公顷9255千克，比上年增加39千克，增0.42%；总产39.52万吨，比上年减少0.04万吨，减0.09%。国家继续实行稻谷托市收购政策，稻谷收购价格一路飙升，水稻生产效益提高。机插秧平均每公顷纯收益4714.5元；直播稻平均每公顷纯收益4486.5元。

【水稻核心示范方通过省级验收】 10月26日，受省农业委员会粮棉油绿色高产高效创建领导小组办公室委托，省农业技术推广总站组织有关专家，对区水稻绿色高产高效创建核心示范方（盐龙街道北港村23.33公顷）进行实产验收。核心示范方长势平衡，故选择典型2块田，采用久保田收割机收割，装袋后用磅秤秤取鲜重，扣除皮重，杂质和收割损失相抵，按照粳稻标准含水率这算单产，所测田块平均每公顷产10507.5千克。全区全年共组织实施水稻绿色高产高效创建示范片8个。区粮油站组织人员对项目区的核心方进行实产抽测，实收平均每公顷产10525.5千克，全部超过高产创建核心方每公顷产9750千克的目标要求。

【推进扩大稻田综合种养示范】 2017年全区被列入省级稻田综合种养试点补助县，在郭猛镇护西村、盐渎街道书楼村、学富镇大成村、楼王镇凌庞村新建示范基地四个，建设面积近千亩。七星农场稻田综合种养，在农场西部新扩稻田套养小龙虾21.33公顷，结合省农业三新工程项目的实施，试验示范稻田套养泥鳅、鳖、黄颡鱼、稻鸭共作生产有机米等稻田综合种养模式，建成千亩稻田综合种养示范基地。稻田综合种养示范方围沟埂上种植桃树、葡萄等经济林果，在外围进水渠中养殖一千多尾观赏锦鲤，在稻田综合种养匡口中投放白鲢、蟹等进行套养，着力打造集观光、采摘、种养于一体的综合型基地，全年共接待吴江、金湖、洪泽、大丰等地县市区农委组织的观摩考察30多次，并为农业部全国水产健康养殖示范县验收提供现场。至年底全区稻田综合种养面积1万余亩，其中稻田套养小龙虾200公顷，稻田育扣蟹166.67公顷，番茄—水稻轮作66.67公顷，西瓜—水稻轮作133.33公顷，畜禽—水稻生态种养66.67公顷。获评江苏省稻渔综合种养示范县。

【推进植保专业化统防统治】 年内，制定《2017年植保专业化统防统治推进意见》，明确2017年专业化统防统治工作思路、目标任务和推进措施。结合实施小麦“一喷三防”项目、水稻统防统治用工补贴项目，支持植保专业化防治组织开展专业化防治服务，新发展植保专业化防治组织9个，新增高效植保机械115台套，培植秦南、好兄弟、红太阳、田欢、汉和、昕奇、数字鹰等一批各具特色的植保专业化防治组织。植保无人机飞防取得跨越式发展，累计飞防面积2326.67公顷次，其中水稻全承包飞防达133.33公顷。全年植保专业化统防统治累计面积138466.67公顷次，其中稻麦统防统治面积达13.27万公顷次，占重大病虫防治面积63.4%，绿色高产创建示范区达到100%。水稻全承包统防统治面积达到1800公顷。

【依法开展植物植检工作】 3月检查53个门店水稻种子检疫情况，共检查稻种41批次，85.035万千克，9月，开展植检宣传月，悬挂宣传横幅100条，通过盐都电视台、《盐都日报》、盐城市盐都区人民政府—农委网、12316短信平台进行多种形式的植物检疫法规和疫情防控知识宣传。在大冈、郭猛进行现场宣传，举办植物检疫专题培训，与种子企业、西瓜种植户签订检疫承诺书。10月上中旬抽查48个门店小麦种子检疫情况，共检查麦种39批次，148.85万千克，检查种子标签植物检疫证明编号、植物检疫证书带证率，未发现无产地检疫编号种子。按照产地检疫规程，在小麦、水稻制种田苗期、拔节期、成熟期进行产地检疫检查，检疫品种29个，产地检疫率100%。在大冈、大纵湖建立植物疫情阻截点2个。在全区开展加拿大一枝黄花、黄瓜绿斑驳花叶病毒病等检疫对象及外来有害生物调查，组织加拿大一枝黄花防除300多公顷次，有效地控制加拿大一枝黄花的发展、蔓延。

【联合开展梨枯梢病检疫调查】 5月10日，区植保植检站会同市植保植检站，一起在龙冈果树良种场，对该场种植的200多公顷梨树进行检疫调查，市区专职检疫员按照《江苏省农业植物检疫工作细则》要求，对不同品种、不同区域梨树认真踏田调查，重点检查梨枯梢病等检疫性病虫，未发现梨枯梢病等疫情。在调查同时，检疫人员与梨农进行梨树病虫害绿色防控技术交流和辅导。

【组织植保防治新技术科研攻关】 年内，承担全国农业有害生物抗性监测和风险评估、全国农药、植保机械使用情况调查、水稻化肥农药减量增效技术集成示范、绿色防控与专业化统防统治融合示范、叶菜类蔬菜病虫、黄瓜绿斑驳花叶病毒病全省协作攻关等部省市植保新技术攻关及新农药试验、示范15项。获省推广二等奖、市科技进步二等奖各1人次，全国农技中心优秀论文二等奖1篇、省植保优秀论文三等奖1篇。编纂《2017年植保资料选编》1本。

【举办水稻生产培训会】 10月28日，区农委与省农科院植保所合作，在北蒋举办水稻绿色高效生产模式现场观摩培训会。全区各镇（区、街道）农业中心主任、植保技干、有关专业化服务组织、家庭农场负责人、种植大户代表及建湖县部分农技人员和种植大户代表共120多人参加活动。省农科院植保所程兆榜研究员、市植保站长林付根、区农委副主任陈志清及区植保站、粮油站负责人出席活动。观摩考察秦南镇江窑村、大冈镇北杨村两个“江苏省单季粳稻区水稻化肥农药减施增效技术集成与示范展示区”现场、并进行现场实收测产。观摩结束后进行培训交流，省农科院研究员程兆榜就“水稻绿色高效生产模式”的技术、指标和要求进行培训辅导，市植保站长林付根对考察观摩活动进行点评和指导。通过现场考察观摩培训，参加活动的人员对水稻绿色高效生产模式有直观了解，为做好来年水稻绿色防控的工作奠定良好的基础。

（仇学平　袁玉富）

畜牧业

【概述】 2017年，全区生猪饲养量同比减少30%，其中，栏存17.44万头，同比减少40.5%；家禽饲养量1129.6万只，同比减少12.4%，其中，栏存410万羽，同比减少8.9%。生猪规模养殖比重90.97%、蛋禽规模养殖比重98.72%、肉禽规模养殖比重98.71%,生猪大中型规模养殖比重70.7%。

【重大动物疫病防控】 按照“春季防疫集中行动、夏季补免及高温大消毒、秋季防疫集中行动”的统一部署,全区认真落实以免疫注射为基础的“防、检、消、杀、管”等重大动物疫病综合防治措施,高致病性禽流感、小反刍兽疫、牲畜口蹄疫等重大动物疫病应免畜禽的免疫密度、抗体合格率分别达到国家规定的100%、80%要求。累计免疫生猪45.83万头、家禽940.17万羽,开展血清学样品检测12688份,全年无重大动物疫情发生。区农委、学富镇被盐城市防治重大动物疫病指挥部表彰为“全市动物防疫工作先进集体”,施才堂、马仁军、仇国琴、朱爱华被表彰为“全市动物防疫工作先进个人”;区畜牧兽医站被市农委表彰为“全市动物防疫职业技能竞赛二等奖”,单正明、宋桂芬、张莲被表彰为“全市动物防疫职业技能竞赛先进个人”,张莲荣获区“五一劳动奖章”。7月7日,农业部下发《关于切实做好全国高致病性禽流感秋季免疫工作的通知》(农医发〔2017〕24号),制定《全国高致病性禽流感免疫方案》,自8月起,在家禽免疫H5亚型禽流感的基础上,对家禽全面开展H7N9免疫,统一使用重组禽流感病毒(H5+H7)二价灭活疫苗(H5N1 Re-8株+H7N9 H7-Re1株),全区,按照“镇不漏村、村不漏户、户不漏禽”总体要求,开展拉网式集中免疫,累计免疫家禽377.29万羽,使用H5+H7二价灭活疫苗220万毫升,免疫抗体抽检合格率达94.9%。

【保证畜产品质量安全】 年内,开展生猪“瘦肉精”监测工作。严格按照“瘦肉精”监管工作职责的要求,实行生猪“瘦肉精”监测月报月检制度,规模养殖场检测全年全覆盖。全年共检测生猪“瘦肉精”尿样4259头份,结果全为阴性。严格病死生猪无害化处理工作。按照“申报认定到位、现场核查到位、数据审核到位”的三到位要求,认真做好病死生猪无害化处理工作。全年养殖环节无害化处理病死生猪74808头。开展生猪屠宰监管“扫雷行动”。区动监所对全区21家关闭生猪屠宰企业强化监管,确保应关尽关,严防死灰复燃,巩固生猪屠宰整治工作成果。累计张贴通告680份,发放宣传材料672份,签订承诺书280份,设立举报电话,突出重点时段、重点区域、重点场所,集中行动,严厉打击各种违法行为,全年共查处生猪屠宰违法案件10起。

【动物检疫技能操作受表彰】 7月5日,市农委组织开展第六届全市动物检疫技能操作大比武竞赛,区动物卫生监督所荣获团体一等奖,徐海荣获“检疫状元”,宋加明、何富红、蔡继标荣获“检疫标兵”。11月27—28日,省农委举办全省动物检疫技能竞赛决赛,宋加明、徐海荣获全省“动物检疫技术标兵”称号。

【省农委“智慧动监”系统试点成功】 5月,省农委首选区开展智慧动监系统试点工作,试点涉及区本级、各镇(区、街道),试点内容包括:对动物卫生监督管理应用系统的基础信息、检疫管理、无害化处理管理,以及兽药管理、饲料管理、监督检查、行政执法等模块进行测试;运营“苏动e通”APP系统的产地检疫、屠宰检疫、无害化处理等模块;对远程视频监控系统运行维护、智慧动监系统软硬件配置使用效果等进行综合评价。区动监所按照试点方案,年底按期完成试点工作各项目标任务。其做法得到省农委的肯定,并为全省推广应用提供现场模板。

【无害化处理收集点投入使用】 7月1日起,全区8个建制镇病死动物无害化处理收集点建成并启动,为保障全区动物疫病防控和畜产品质量安全提供有力支撑。7—12月,收集点收集处理病死生猪35409头。

经济林产业

【苗木花卉】 2017年,全区继续以老S331、新S331、S231、S125省道及郭猛镇郭西路为中心,建设区特色苗木花卉生产基地,增强向周边辐射带动能力。以台创园为主阵地,青州花卉、呈祥园艺等企业为龙头,创造良好的投资环境,招引投资主体到区发展苗木花卉产业,建成4万平方米兰花、5万平方米盆花大棚设施。至年底,全区花卉苗木面积累计达1600公顷。

【果树生产】 年内,结合农业结构调整,以现代农业示范带、示范园、示范村为载

12月,吴本辉调研“一片林”建设工作

体，发展经济林果种植，新落实经济林果面积200公顷，不断做大林果产业。大冈现代农业园利用沙质土壤优势，新增20公顷葡萄、33.33公顷油桃，形成133.33公顷连片规模，成为区继龙冈万亩梨园后的又一个林果产业基地；佳友农业科技公司在大冈、龙冈、郭猛投资的药用银杏项目新扩种53.33公顷，累计近133.33公顷，成为区林业经济又一特色亮点。引进枇杷、火龙果、猕猴桃等特色果品，种植规模进一步扩大，新增面积均在13.33公顷以上。至年底，全区经济林果面积1466.67公顷，其中梨340公顷、葡萄613.33公顷、桃233.33公顷，其他280公顷。

【草莓生产】 至年底，设施草莓拓展到680公顷，种植规模位居全市第一，潘黄、郭猛、张庄、秦南四镇区生产面积占全区的90%，草莓年总产达1.8万吨，产值近3亿元，每公顷均纯收益18万元以上。至年底全区共有“盐城市盐都区草莓合作联社”“盐城市兴民草莓专业合作社”“盐城市唯佳草莓专业合作社”等草莓专业化产销组织20多家，“仰徐”“张庄”“潘桃园”“味可佳”等多个草莓品牌畅销市内外。“盐都草莓”申报国家地理标志品牌商标。

（俞世海　周　晶　丁亚燕）

农业科学研究

【概述】 2017年，区农业科学研究所紧扣现代粮食生产发展主题，不断转变发展理念，落实工作举措，加速农作物新品种选育研究进程，品种研发、项目实施、成果转化、技术推广等各项工作取得较好成绩。

【品种研发】 年内，围绕优质、高产、多抗、广适这一主攻目标，务实创新，科研育种工作稳步发展。水稻新品系“盐粳18号”和“盐两优1号”“盐两优2号”，分别参加省常规粳稻区域试验和杂籼区域试验。小麦新品系“盐麦0730”“盐麦0712”和“盐麦085”分别进入省淮南和淮北小麦区域试验；同时，组织水稻、小麦中低世代育种材料到海南、昆明进行加代繁育，品种研发水平不断提升、创新速率不断提高。

【项目实施】 年内，省农业三新工程——水稻盐粳13号机插高产高效栽培技术研究与应用项目完成实施并顺利通过省市专家组的验收。“水稻盐粳16号机插高产高效栽培技术研究与应用”项目通过申报，进入实施阶段。

【成果转化】 年内，与省内外种业企业强强联手，不断加大新品种的推介力度。新审定的水稻新品种“盐粳15号”“盐粳16号”分别与江苏瑞华科技有限公司、江苏大华种业有限公司独占许可经营成功签约。小麦新品系“盐麦0712”“盐麦0730”分别与江苏中江种业股份有限公司、安徽荃银超大种业有限公司签订小麦战略合作申请审定协议。

（李进永）

水产养殖业

【概述】 2017年，全区水产养殖面积1.62万公顷(含稻田综合种养)，其中：河蟹养殖1.033万公顷，常规鱼类养殖2340公顷，南美白对虾养殖433.33公顷。全年水产品生产总量10.4万吨，其中：淡水养殖9.8万吨，淡水捕捞0.5吨，渔业总产值40亿元。

10月，创建国家级健康养殖示范县验收

【创成国家级渔业健康养殖示范县】 2017年，完成《盐都区“十三五”渔业发展规划》和《盐都区养殖水域滩涂规划(2017—2030)》的编制，盐都区人民政府办公室以都政办发〔2017〕84号文件下发，重新核发水域滩涂养殖许可证。完善渔政管理、渔业服务、质量安全、环境条件、健康养殖措施、产业化、组织化等方面薄弱环节。10月，通过农业部专家组验收，成为省首批通过的5个国家级渔业健康养殖示范县之一。

【建成池塘生态养殖示范基地】 盐都区碧水蓝天家庭农场在省级高效设施渔业项目资金的支持下，投入资金1380万元，建成池塘生态养殖示范基地，占地26.67公顷，建成养殖水槽33个，总面积5200平方米。养殖区安装先进的涌浪、投饵、排污设施以及物联网控制系统，配套建成自发电供电系统和生态净化区，基本实现养殖污染的集中清除和尾水的净化，基本达到养殖用水零排放。项目开展加州鲈鱼、鲫

4 月，碧水蓝天家庭农场俯瞰图

鱼、草鱼、鳙鱼等品种的养殖示范。4 月 7 日，碧水蓝天家庭农场作为全市渔业产业带建设会议现场点接受全市观摩。

【创成水产健康养殖示范场 2 个】 盐都区界河水产品养殖专业合作社、盐城市碧水蓝天生态科技有限公司所属基地被农业部认定为第十二批农业部水产健康养殖示范场，至年底，全区农业部水产健康养殖示范场达 14 家，居全市之首。 （宋长太 王 忠）

农林执法

【概述】 2017 年是《种子法》推进实施、新修订的《农药管理条例》正式施行的一年，是农业执法工作力度不断加大、执法规范化努力提升的一年。为确保农业生产安全，突出重点时段、重点区域、重点场所，全区集中行动，重拳出击，严厉打击各种违法行为。

【培训与宣传】 强化业务培训，提高农业执法人员业务水平和综合素质，全年共举办 2 期农药经营人员培训班，培训 357 人次。开展驾驶人安全培训班、农机安全进校园、安全月咨询日等活动 37 场次，印制发放农机宣传资料 2450 余份，悬挂标语、横幅、开设宣传专栏 320 余条，有关媒体宣传报道 67 篇，农机安全宣传现场受益人数达 2200 余人。张贴生猪屠宰整治通告 680 份，发放宣传材料 672 份，签订承诺书 280 份。

【执法检查和专项整治工作】 年内，区农业执法大队组织开展种子"双打"工作，共检查种子企业 6 次，检查种子门店 120 次，种子监督抽样 61 份。查处种子违法案件 4 起，至年底全部结案。全年组织开展各类农资及农产品生产经营专项整治行动 4 期，共出动执法人员 360 人次，检查经营企业 310 家（次），抽检农资产品 112 批次，立案查处违法案件 14 起。区动监所开展生猪屠宰监管"扫雷行动"，对全区 21 家关闭生猪屠宰企业强化监管，确保应关尽关，严防死灰复燃，确保生猪屠宰整治工作成果。查处生猪屠宰违法案件 10 起。区渔政监督大队队组织实施以打击非法捕捞为主的"打非治违"执法行动，共组织渔政执法检查 273 次，其中开展专项行动 43 次；共出动执法车 214 辆次、执法艇 31 航次、执法人员 774 人次；共查获渔业违法违规行为 79 起，其中立案处理 19 起；共没收电鱼船 17 条、违法工具 245 台（套）、罚款 3.72 万元，维护管辖水域捕捞生产秩序。区农机安全监理所全年共检查各类农业机械 360 多台次，纠正 70 余人次的违法违规行为，协助公安部门处理违章记分、处罚 40 余人次，排除各类农机事故隐患 48 个。联合开展道路检查 5 次。新创 2 家市级"平安农机"专业合作社。

【农产品质量安全】 年内，新增无公害农产品 41 个，省、市农产品质量例行监测，共抽检 190 个样品，合格率 100%。农产品质量安全工作在省、市绩效评价中均获第一，成功获批 2017 年江苏省农产品质量安全县创建试点单位。

农业招商引资

【概述】 年内，成功举办首届盐都农业招商推介会、青州花卉专题招商会和盐城名特优农产品（南京）展销会盐都专场，现场签约生态种养、休闲农业等现代农业项目 30 个。年内，由上海海之澜农业科技有限公司投资的海之源铁皮石斛项目落户台创园，项目总投资 5000 万元，占地 7.33 公顷，主要发展铁皮石斛组培研发和大棚种植。

（孙岩林 高 扬）

农业机械化

【概述】 2017 年是盐都粮食生产全程机械化整体推进之年，区农机化工作成效显著，超额完成省市下达的目标任务。全区购置财政补贴机具 652 台套，受益农户 326 人，共享受财政补贴资金 1168.175 万元，其中报废更新补贴 28.2 万元，带动农户和服务组织投入购机资金 4808.04 万元。全区发放跨区作业证 485 份，投入作业联合收割机 1120 台次，跨区作业为民增收 6800 余万元。至年底，全区农机原值达 5.79 亿元，农机总动力达 52.63 万千瓦，主要农作物综合机械化水平达 93%。区盐龙平安农机合作社、区大纵湖镇农业综合服务合作社被评为省农机示范合作社。区农机推广站代表队获市农业机械技术服务技能竞赛团体三等奖。

【秸秆机械化还田】 全区全年累计完成秸秆机械化还田面积达 4.87 万公顷，其中夏季完成 2.80 万公顷，秋季完成还田面积 2.07 万公顷，机械化还田率达到

85%，超额完成省下达的3.13万公顷目标任务。全区共投入作业的大中型拖拉机1335台，带切碎装置联合收割机1810台套。全区秸秆还田作业补助资金2190万元，其中省补1474万元。

【农机新机具新技术推广】 年内，全区新推广大中型拖拉机27台；全喂入收割机47台；半喂入联合收割机10台；插秧机65台；旋耕机107台；条播机19台；粮食烘干机206台；植保机械110台。

【农机社会化服务】 年内，全区新增农机合作社7个，农机合作社达78个，新建300~1000平方米不等的机库15个。全区农机合作社固定资产达6714万元，合作社社员达2376人，拥有农机具近4026台套（其中收割机、拖拉机、烘干机、插秧机等大中型机械近2800台套），全年作业面积22万公顷左右，年服务总收入达6300万元，平均每个合作社营业收入120万元。（徐 皓）

12月，盐都区新洋港（蟒蛇河）整治工程

水利建设

【概述】 水利工程是推进全区水利现代化和农业现代化建设，保障全区安全度汛、农业增产增收、改善生态环境的基础。2017年，全区水利工程建设投入近11.4亿元。蟒蛇河整治工程水下工程顺利通过省市验收，55座闸站完成机电设备安装，42千米生态护坡铺设到位；小型农田水利重点县工程9座排涝闸站、10座防洪闸和17座灌溉站汛前全部完成并接电调试到位；农村河道整治水下土方工程全部结束，26条共45千米城市非骨干河道整治工作春节前全面完成；2017年城防工程全部完工，市政府投资4000万元的20立方米/秒冈中河闸站通过验收；6个镇（街道）共19千米重点隐患圩堤加固工程、9个镇（街道）共43座病危圩口闸拆建工程全部进场，年底全部完工。（徐 豪 王国华）

防汛抗旱

【概述】 2017年6月23日入梅，至7月11日出现2次大雨，7月9—10日平均降水量为46毫米，降雨强度和降雨量都比较大。8月18日18时至8月19日平均降水量为128毫米。

【雨水基本情况】 雨情。入梅降雨累计平均降雨量达95毫米。8月18日18时至8月19日降雨量最大的张庄街道累计降雨202毫米，其他如盐渎降雨量达到181.7毫米，龙冈镇24小时降雨达169.7毫米。水情。由于连降暴雨，加之上游客水压境，全区河水位急剧上升，北龙港镇8月18日7时河水位为1.0米，8月19日达1.56米，中东区水位也达1.45米，水位上涨特别快，西区低洼圩区均超警戒水位。

【抗灾措施】 8月19日，区防指连续召开会商会议，通报防汛形势，研究对策措施，启动防汛应急体系和责任体系，部署工作任务。同时根据汛情变化，转发市防指《关于做好防御强降雨工作的通知》等，并结合盐都区实际情况，下发相关通知，要求第三防洪区19日开机排涝、第七防洪区和西部四镇（街道）低洼圩区也全部开机排涝，进行腾空预降，为迎战强暴雨做好充足的准备工作。同时，落实防范应急措施，把抢排涝水作为首要任务。做好城市防洪排涝工作，城市防洪区不但是全区政治中心，也是经济的重要增长极，其防洪安全事关全区经济社会发展的大局。第三防洪区、第七防洪区提请开机排涝，进行腾空预降，为圩内降雨提前找出路，有效地缓解防汛压力。低洼圩区启动防汛紧急预案，区防指根据水情、雨情，又决定低洼圩区全部开机排涝，选派专家组督导低洼镇（区、街道）防汛排涝工作，保证群众正常生产生活，减少群众受灾损失。（徐 豪 王国华）

工　业

综　述

【概述】 2017年,全区工业条线坚持以新发展理念为引领,围绕“两聚一高”和“产业强市”战略部署,落实稳增长、调结构、促转型各项措施,工业经济稳中提质,创新驱动步伐加快,为全区经济持续健康发展提供支撑。

【提升发展质效】 年内,全口径工业和规模以上工业开票销售首次突破300亿元和200亿元,分别达到323亿元、211亿元,增长16.4%、13.2%。实现规模以上工业增加值208亿元、增长7.8%,其中高新产业产值占比达40%,完成工业投资224亿元、增长7.9%,固定资产抵扣达2.14亿元、增长31%。规模以上工业企业增长面从55%提升到66.3%,新增规模以上工业企业43家,开票销售超亿元工业企业增加14家、总数达到51家。宝鼎电动工具获评省科技小巨人企业,盐芯微电子建成省智能制造示范车间,悦达纺织集团跻身市四星工业企业,华盛电气在“新三板”成功挂牌,挂牌企业总量达10家、全市第一。

【产业培育】 年内,设立“1+3”产业引导基金50亿元,支持产业做大做强。智能终端产业园累计集聚项目66个,投产达效企业45家,新增规模以上工业企业15家,赛博宇华成为全市新增长点20强工业企业,园区共实现开票销售80亿元,占全口径工业开票销售的近25%。传统产业提档升级,实施千万元以上重点技改项目79个,完成投资42亿元,剑桥涂装获批省互联网与工业融合创新试点企业。开展“263”专项行动,淘汰高耗低效产能,关停小铸造企业10家,万元GDP能耗下降3.7%。

【科技创新】 全年新认定国家高新技术企业24家、省高新技术产品141只、省企业技术中心11家、省首台套重大装备10只,总量稳居全市第一。新签约产业研究院7家,南理工技术转移分中心、省技术产权交易市场盐城分中心建成投运,智能终端产业研究院创成省级质检中心。获批中国驰名商标3件,万人发明专利拥有量从6.22件升至13.93件,发明专利授权总量实现翻番,获“国家知识产权强县工程示范区”称号。康杰机械、东九重工获得省重大科技成果转化项目,“苏科贷”立项数和贷款额连续三年位列苏北第一,创成省金融生态优秀县。引进院士团队1个、“千人计划”专家9人、领军人才65人。

【增强创新能力】 建设创新载体,高新区成功获批省“两化融合”示范园区,电商快递产业园列入省经信委与市政府合作共建的互联网产业园,惠普盐城创新基地平台搭建基本完成。亚特电缆、沙子电器等7家企业通过省级企业技术中心认定,盐电阀门、苏力机械被认定为省科技小巨人企业,中色锐毕利评为市自主创新示范十强企业。聚焦产品创新,以新产品开发支撑企业自主创新,全年通过省新产品投产鉴定110只,东九重工、恒力机床等8家企业新产品通过省首台(套)重大装备认定,荣意来纺机被认定为省专精特新产品。15只新产品开发列入省115个重点技术创新项目计划、3只产品入选市十大新技术新产品推广应用示范工程。推进管理创新。以管理创新提升企业核心竞争力,驰翔齿轮、申源塑胶获评省管理创新示范企业和优秀企业。兰丰环境获批省信用管理示范企业,8家企业通过省信用管理贯标。东九重工刘祥斌被省委省政府表彰为“优秀企业家”,华鸥实业列入全市企业家能力十强企业。强化品牌建设。推动企业实施名牌和标准化战略,汉印机电机床精度检验与技术条件2个行业标准,获工信部批准发布。华东砂轮“华扬”、艾斯特器材“锐科特”和亚特电缆获批中国驰名商标,兰丰环境、昶桦户外用品等企业获评著名商标和江苏名牌。

【保障生产要素供应】 年内,在土地供给上,国土部门加大土地指标保障力度,保证重点工业项目用地需要。在企业用

4月，大纵湖镇的江苏荣邦机械制造有限公司　　　　刘金章　王监书　摄

工上，人社部门针对智能终端企业用工需求，开展招聘活动，发展劳动力中介机构和市场，促进企业与务工人员广泛对接。在金融服务上，金融办常态化开展政银企对接活动，扩大信贷投放，全年确保贷存比达75%以上，工业贷款增速高于中长期贷款增速和全部贷款增速。提供便捷高效的政务服务。坚持“放管服”改革协同推进，强化政务服务“一张网”系统应用，规范高效运行高新区行政审批局，推进多图联审、预审代办、多评合一等制度，提升政务服务满意率。

（王　进）

汽车配件

【概述】 年内，推进电商物流、汽车消费、商务商贸等产业发展壮大。电商物流园内悦达摩比斯、悦达包装储运等物流企业、宠银垂直电商平台等电商企业运营质态良好，EMS、韵达等8家快递企业快递日处理量占大市区近80%，全年实现主营业务收入100亿元，税收超3亿元；东方汽车广场全年销售新车4.8万辆，新车销售额80亿元，税收5.5亿元（含车购税4.7亿元），乘用车销售占大市区份额约67%，实现汽车消费服务业总产值135亿元。

粮食工业

【概述】 2017年，全区粮油工业坚持抓住“粮头食尾”“农头工尾”向现代农业精准发力，调整农业种植结构、壮大绿色食品产业、创新产品营销模式、发展新型经营主体。加大招商选资和挂大靠强力度，不断培育新的粮油经济增长点，全区粮油经济继续保持平稳较快发展。全区粮油工业定报企业实现工业增加值7.8亿元，占年计划115%，同比增长12%，实现销售收入16.9亿元，占年计划108%，同比增长5.6%，实现利税2350万元，占年计划115%，同比增长71%，超额完成年度目标任务。

（李　勇）

镇村工业

【概述】 2017年，全区重视镇村经济基石作用，镇村经济保持持续向好发展势头。

【镇村园区建设】 年内，推进全民双创园和高标准厂房建设，张庄、郭猛、大冈新启动28幢23万平方米的双创园二期建设。张庄启动全民双创园二期9幢15万平方米厂房建设，大冈启动全民双创园2期6幢3万平方米厂房建设，郭猛启动全民双创园2期13幢5万平方米厂房建设。推进高标准厂房建设，盐都区被授予“省国土资源节约集约利用模范县（市、区）”“全省高标准厂房建设与使用先进地区”称号。至年底，累计3次获得“全省高标准厂房建设与使用先进地区”称号。

【镇村企业培育】 培育“隐形冠军企业”、制造业“单项冠军企业”“科技小巨人企业”“专精特新产品”“高成长型中小企业”“科技型中小企业”。年内，1家企

7月，韩国进阳株式会社投资盐城国家高新区汽车油封项目签约仪式

业获批省科技小巨人企业。2家企业获批省优秀高成长中小企业。9家企业获批省科技型中小企业。全区全年累计获批5家省科技小巨人企业，占全市50%，累计获批4个省专精特新产品，仅次于大丰区(5个)，位列全市第二，获批94家省科技型中小企业。

【“双创”工作】 年内，培育“双创”基地；组织各类创业载体对照省、市小型微型企业创新创业示范基地建设意见，推进基地建设。打造“众创”平台；加快中小企业公共技术服务平台建设，加快打造为创新创业服务的“众创”平台，实施高校平台服务中小企业技术创新行动，推进依托产业的专业化众创空间建设。完善中小企业服务体系建设，联合起来满足企业的各项服务需求。组织企业参加各类创新创业大赛，企业进高校、高校进企业等创业扶持活动。组织企业申报工业和信息产业转型升级专项资金等各类财政专项资金。做好“苏微贷”企业入库推荐工作，推进“苏微贷”业务发展。支持企业申报江苏进出口银行中小企业贷款项目，开展融资性担保机构发展情况调研，推进全区融资性担保机构和中小企业服务平台建设。引导高新区融资性担保机构增资至5亿元，解决中小企业发展资金问题。推动支持省专精特新产品企业和省科技小巨人企业在江苏省股交中心“专精特新板”挂牌。推荐企业加入市创业型、成长型中小企业库，搭建中小企业和金融保险机构直接对接交流平台。利用中小企业经贸合作交流平台，组织中小微企业开拓国内外市场，激发创业热情。组织企业参加省农业机械协作配套会、福冈中日友好交流会、十四届中国国际中小企业博览会、省中小企业汽车产业协作配套对接会等各类合作交流会议。 (王 进)

棉纺工业

【概述】 年内，纺织行业持续低迷，江苏日升纺织有限公司面对市场不振、资金压力增大、招工补员困难、生产管理成本上涨、扭亏增效压力巨大等不利形势，以产品结构调整为主线，强化基础管理，在品牌塑造、市场开拓、产品升级、管理创新、降本止亏等方面精准发力，企业运营质效得到稳步提升。全年累计完成棉纱产量6692吨(其中白纱产量4582吨，色纱产量2110吨)，产品销售6468吨(其中白纱4400吨，色纱2067吨)，实现销售收入1.63亿元，实现入库税收631.68万元。产品质量一等品率白纱达96.45%，色纱达96.48%；实物质量主要品种达乌斯特2013公报25%~50%以上的水平，乌斯特水平合格率达99.6%。成功申报江苏省企业首席技师1名，盐城市技能大师工作室1个。全年工艺上车合格率达95.5%。操作质量检查得分平均为94.8分，文明生产检查平均得分为98.4分，ISO 9001质量管理体系顺利通过监督审核。完善13个大项，47个考核项以及143条考评内容的安全基础台账，通过省二级安全生产标准化验收评审。 (陈玉林)

私营个体工业

【概述】 全区个私协会工业围绕上级协会和区局工作中心，立足协会“三自”职能，突出非公党建、民关工委、服务企业及队伍建设等四项重点工作，完成各项目标任务。帮助会员办实事好事217件，区协会党委被评为“五好基层党组织”。

【服务兴会工作】 全年共开展培训服务8次、440人次，维权服务52次，协调服务328次，年报等代理服务13500次。注重加强和工行、民生银行等金融机构的联系，帮助企业融资4400多万元。

【非公党建工作】 按照上级党委统一部署，对每个支部和每个党员的基本信息逐一调查摸底，核实登记输录。结合“进千家门、知千家情，帮千家忙、解千家难”活动，强化全区“小个专”领域党建工作组织建设、队伍建设、机制建设，不断扩大党的组织覆盖和工作覆盖，增强党组织的凝聚力、创造力和战斗力。

【民企关工委工作】 围绕全省民营企业关心下一代工作现场推进会议精神，把民关工委工作与协会大项工作同步部署、同步督查、同步考核。按照“五有五好”要求，重点抓巩固提高、发展延伸、典型示范、组织指导。江苏金盛高空工程有限公司、盐城市华森嘉辰机械有限公司被区关工委表彰为先进集体；盐城市金昌汽配有限公司和盐城市康泽源食品有限公司被市关工委、市工商局、市个私协会联合表彰为先进集体。 (苗才清)

10月，江苏柚尊家居制造有限公司工人生产家具 皋 铃 摄

建筑和房地产业

建　筑

【概述】 2017年，房地产和建筑业是两大主导产业，建好管好房地产业，做大做强建筑业，不断提升建设产业贡献份额。

【加快富民产业发展】 2017年，发挥“陆海空”建筑施工特色优势，内提素质、外拓市场，全年完成建安产值303亿元，规模总量继续位居全市第一板块。壮大建筑人才队伍，全区现有一二级建造师2840名，项目管理师894名，中高级工程师3773名。激励企业创优夺牌，创成省“扬子杯”优质工程4项、市“盐阜杯”优质工程3项。全区建筑业从业人员近10万人，年均收入6.5万元以上，建筑业成为名副其实的富民产业。

【促进企业资质升级】 年内，促进企业资质升级，金贸集团创成全区首家建筑工程国家特级资质企业，被省人社厅、住建厅表彰为全省优秀建筑企业。兴达公司晋升国家一级建筑施工总承包企业。

【推进建筑产业现代化】 年内，推动金贸集团建筑产业现代化示范基地建设，发挥引领带动作用，推进装配式建筑发展。金贸集团中标承建高新区纬三路1.5千米装配式地下管廊项目，为全省第一条预制拼装双仓管廊。推动碧桂园、恒大名都等商品住房全装修。

【加强质量安全管理】 全年监督在建工程112项、372万平方米，组织安全生产专项检查，质量安全隐患整改合格率98%以上，创省市文明工地29个、市优质工程27项。燃气供应、房屋拆除等实现安全生产无事故。

【维护系统信访稳定】 年内，与17家银行合作，对41个房产项目实施预售资金监管，监管资金达59.5亿元，从根本上稳定资金流，保障工程款兑付和农民工工资支付。妥善处置御景湾、蝶湖湾等5个重点房产项目遗留问题，重点协调处理31起拖欠农民工工资问题，营造稳定的社会环境。 （朱　进）

2017年度江苏省“扬子杯”优质工程

表2

序号	工程名称	施工单位(参建单位)	监理单位
1	智能终端(手机)产业园6#11#厂房	江苏金贸建设集团有限公司	江苏全成建设顾问有限公司
2	盐城市盐都区大马沟农业生态工程BT（建设、管理、移交)项目	江苏富邦园林建设有限公司	江苏科苑建设项目管理有限公司
3	瑞祥110千伏变电站新建工程	国鹏建设江苏有限公司	江苏省宏源电力建设监理有限公司

2017年度盐城市“盐阜杯”优质工程

表3

序号	工程名称	施工单位	项目经理
1	龙冈凤凰幼儿园	盐城市兴达建筑工程有限公司	武泽敏
2	金航财富大厦工程	江苏金贸建设集团有限公司	伏文杰
3	盐城市国投嘉园酒店写字楼工程	江苏金贸建设集团有限公司	柏宝勤

房地产开发

【概述】 全区办理商品房预售许可82件，预售面积181.87万平米，商品房销售实现180万平方米，收取物业维修基金13392万元。办理存量房交易4510套，托管资金总额16.77亿元。发放政策性购房补贴1589户，发放资金1854万元。

【促进房地产业健康发展】 年内，针对城市区房源紧缺、刚需旺盛的新形势，注重完善小区配套服务、提升住房建设品质、组织房源上市促销，满足群众购房需求。组织“秀美盐都·人居典范”2017优秀房企盐都行——全区房地产项目招商推介会、全市春秋房博会，引进品牌房企入驻新城，香城世家、荷塘月色、朗达壹号、尚海滩等楼盘一房难求，碧桂园、创元金域、华侨新城等商品房均价突破万元，上市楼盘基本售罄。房地产业呈现量价齐升、库存下降的发展态势。

5月，龙冈小学南校区建设工程施工现场　　皋　铃　摄

【加大保障性住房建设力度】 年内，及时办理全区保障房申请审批和材料上报工作，全年共受理廉租房申请14件，经济适用房申请4件，实现应保尽保。全年新开工建设保障性住房1193套，占任务数的119.3%；基本建成1193套，占任务数的119.3%。完成汇文花园6、7、16号楼主体建设、配套装修工作和家具家电采购，确保及时交付使用。（朱　进）

8月，盐龙街道电子项目建设现场　　宋进波　摄

商贸服务业

综　　述

【概述】 2017年，全区实现社会消费品零售总额232.3亿元，占年度计划的101%，同比增长11.3%，列全市第1位。农贸市场改造升级，市场体系更加完善。农贸市场建设改造工作严格按照《市区农贸市场建设与管理规范标准》执行，实行统一规划、统一标准（标识）、统一设计、统一验收的模式。新建成龙冈龙韵农贸市场、大纵湖新义丰农贸市场和改造潘黄杨坝西城农贸市场，累计市场面积1.5万平方米，总投资额1.55亿元。

（祁晓红）

商业流通

【概述】 2017年，全区实现社会消费品零售总额232.3亿元，占年度计划的101%，同比增长11.3%，列全市第1位。

【推进汽车流通管理】 年内，开展汽车经销企业入库备案的管理工作。通过调查摸底全区录入全国汽车流通信息管理系统备案汽车销售企业4S店34家、2S店29家、二手车交易市场1家，二手车店2家。加大对二手车交易市场专项整治，在主要街道悬挂宣传横幅20余条，散发宣传单350份，图片展示板11块。9家企业、20多个名特优产品组团参展市名特优产品展销会，提高盐都名特优产品的知名度。

【电子商务快速发展】 2017年，全区电子商务交易额200亿元，其中网络零售额约30亿元。2017年江苏中恒宠物用品股份有限公司、盐城市松鑫贸易有限公司、江苏南盐电子商务研究院有限责任公司、江苏第六通道科技有限公司继续获批2017—2018年度省级电子商务示范企业；盐城电商快递产业园继续获批2017—2018年度省级电子商务示范基地（园区）。江苏中恒宠物用品股份有限公司继续获批2017—2018年度国家级电子商务示范企业。新创建省级电子商务示范村1个（郭猛镇杨侍村）、市级电子商务示范村2个（楼王镇仁和村、龙冈镇冈北管理区）。农村淘宝项目累计建成服务站点162家，全年完成订单31.3万单，交易额达3302.77万元。

（祁晓红）

供销合作商业

【概述】 2017年，全区供销社系统学习贯彻省、市、区关于深化供销合作社综合改革的实施意见，加快基层建设，增强服务“三农”实力；构建新型业态，延伸服务

2月，举行新春圆梦行动暨双创服务会　　仓士华 邹永生 储启广 摄

"三农"链条;深化综合改革,增添服务"三农"后劲;提升服务"三农"能力;创新工作机制,集聚服务"三农"合力。

【加快网点改造提升】 年内,对中兴综合门市、义丰商场、郭猛生产门市、楼王超市等网点进行改扩建、招主体,提高资产利用率;完成北龙港商贸中心地面建筑拆除、规划许可证办理等工作,桩基建设结束;落实省定经济薄弱村(大冈光明、张庄郑通)的农村综合服务社建设任务,兴办10个村级为农综合服务社,并通过验收;创建义丰、大纵湖两个"三体两强"基层社,对鞍湖社按照"六有"基层社标准进行改造升级。整合全系统资源,采取上联生产厂家、下接种植农户的经营模式,组建盐城农益惠公司,打造现代农业综合服务中心,公司与七星农场签署合作协议,流转土地112公顷,开展功能性水稻种植,示范引领生产高端农产品,项目作为全省供销社系统6个农业综合开发土地托管项目之一列入全国总社项目库。

【培育服务载体】 建成秦南现代农业综合服务中心,开展测土配方、农资直供、庄稼医院、统防统治、农技培训等专业化服务。5月,与秦南镇政府联合主办首届"惠农节",与种植大户现场签订水稻全程飞防服务协议400公顷、测土配方施肥173.33公顷,同时开展农技培训讲座、化肥农药厂价直销,受到农民欢迎。义丰供销社组织开展"农综社"试点,组建的丰环湖农业综合服务专业合作社联合社拥有成员单位19个,农民成员1000名,农民社员享受生产、生活服务优惠让利达50万元,为社员提供互助资金300多万元。完善大冈都冈、北蒋惠宝等8个专业合作社联合社,探索从良种育繁、新技术推广、精准化施肥、病虫害防治、农机作业到生产加工全程社会化服务,服务面积达到2000公顷。

【健全治理机制】 1月6—8日,区供销合作社召开第八次代表大会,修订区供销合作社章程,选举产生新一届理事会、监事会,省供销合作总社监事会主任郭乃红、市供销合作总社主任施建霞、区委副书记冯明印等出席开幕式。在全省县级社中率先完善联合社治理机制,得到中华全国供销合作总社监事会主任诸葛彩华、省供销合作总社主任诸纪录等批示肯定。向区委区政府汇报供销社改革发展的新形势、新要求,推动区委区政府《关于深化供销合作社综合改革的实施意见》等文件的出台和落实。

【推进电商兴农】 年内,与供销网城签订合作协议,依托"屏联网"模式,发展与农村综合服务中心相配套的乡村电商服务站,打造"最接地气"的农村电商综合服务平台。大冈供销社与佳富村合作,开辟大冈佳富生态农场网站,作为盐都馆入驻"地平线商城"电商平台,与全区多家农产品加工企业(合作社)对接,首批上线产品达100多个。组织区内10多家农产品加工企业、20多种优势特色农产品,参加全国农资科技暨农产品展示会、2017海峡两岸农产品展销会,收到较好效果。同时大力组织农产品经纪人培训,受训200人次。

【压实党建责任】 年内,下发党建工作责任清单,制定出台《基层党建工作考核办法细则》,转发市委组织部关于《关于加强流动党员管理的实施办法的通知》,整合5个破产企业和2个已撤销企业党组织,将所在的党员组织关系转移到其户籍社区或重新就业单位。实行区总社党委领导成员联系点制度。将党委领导成员和机关中层干部分成4个组,分别联系破产歇业单位党组织,帮助破产歇业企业党组织恢复组织功能,完善党建基础工作,督促指导基层党组织党员活动正常组织开展,解决基层党组织薄弱问题。

【落实巡察整改】 6月,区委巡察组对本社党委进行巡察。对巡察组反馈的问题和意见,组织制定《区供销总社党委贯彻落实巡察组反馈意见整改方案》,围绕巡察反馈的3个方面9个问题和4条整改建议,落实9项共28条整改措施,建立整改台账,逐条明确整改责任人和整改时限,确保整改事事有落实、件件有回音。落实中央八项规定精神和市委"十二项纪律规定",出台《盐都区供销合作总社机关效能建设十项规章制度》《盐都区基层供销社财务管理制度》,强化"三公"经费管理使用纪律约束和过程管控,组织开展对全系统公务接待问题进行专项集中排查整治,排查处理不正之风和小贪微腐问题线索,对个别单位相关负责人和责任人进行诫勉谈话。严格费用审批手续。进一步落实《基层供销社社有资产和财务管理制度》《内部会计控制规范—基本规范》和《内部会计管理制度》,严把费用入账审核关口,自觉接受各方面监督。 (陈玉林)

粮食购销

【概述】 2017年,为落实国家粮食收购政策,促进农民增收,充分发挥粮食部门的职能,坚持早分析、早研究、早部署,认真做好粮食收购工作,实现粮食收购33.39万吨,其中:小麦22.08万吨、稻谷11.31万吨。占市粮食局下达任务数20万吨的166.9%。

【库存粮食安全良好】 至年底,全区各类性质库存粮食34.3万吨,其中:托市粮29.02万吨、国储粮1.16万吨、省储粮1.43万吨、区储粮2.33万吨、商品粮0.36万吨,粮食库存超历史。为确保储粮安全,执行"以防为主、综合防治"的保粮方针,提高仓储管理水平。库存粮食顺利通过中储粮总公司"四查一补"和省"粮食安全隐患大排查快整治严执法"集中检查。

【获中央电视台报道】 7月10日,中央电视台《新闻直播间》栏目,以《优质优价供给侧结构性改革见成效》为题,报道盐都区夏粮收购优质优价保护农民利益的新闻,引起社会关注。

【推进粮食仓储设施和粮食智能化建设】 全年总投资4310万元,其中获得省级补助资金1360万元。仓库建设。投资2450万元新建6幢高大平房仓,其中

10月16日，庆祝第37个世界粮食日　　黄恬恬　摄

北蒋库新建2幢，仓容量1.9万吨；学富库新建4幢，仓容量1.8万吨。烘干中心建设。新建3个国有烘干中心，各建日处理粮食300吨低温循环烘干机1座。智慧粮库建设。秦南库和尚庄库2个库点建设数字粮库，全面进入数字化管理模式。

【成立粮食种植公司】 年内，推进优质品种规模化种植试点，挂牌成立种植公司，并与龙冈镇桂吴、大吉、留璜村签订土地流转合作协议，作为种植优质粮食试点，探索经验。　　(余风明)

商务监管执法

【概述】 建立各岗位工作职责、岗位责任制、行政执法案件办理程序、重大行政处罚集体讨论制度、行政执法过错责任追究制度等执法工作制度。年内，"12312"商务举报投诉服务站健全工作职责、保密制度、举报投诉岗位制度等，建立行政执法大队与"12312"快速反应机制，"12312"中心实行24小时报案受理。建立健全内部管理制度，建立考勤、财务、文书、会议、车辆等制度，建立财务管理制度，实行一支笔审批，收支两条线，对罚没款要求当事人缴存指定银行，进行专户管理。

【加强酒类流通执法】 执行《酒类流通管理办法》，做好酒类流通备案登记证的办理、随附单的发放和管理等工作，提高酒类经营者的备案登记率和酒类商品流通随附单的使用率。年内，开展酒类经营者备案登记和执行随附单溯源制度等的专项检查，对没有履行备案登记手续，未执行随附单溯源制度的，依据《办法》或有关法律、法规、规定进行处罚。加强酒类流通管理基础工作，以备案登记制度和随附单溯源制度为基础，建立监测制度，定期调查全区酒类流通行业的企业数量、规模，酒类商品的销量、销售额等行业数据，对部分大型流通企业要进行重点监测。加大培训力度，加强对监管人员的培训，提高执法水平，加强对酒类经营者的培训，使经营者知法、懂法，做到守法经营、规范经营。

【加强"12312"投诉服务功能】 年内，"12312"商务局举报投诉服务站按照"12312"工作职责，将举报、投诉、咨询等内容详细录入电脑，及时准确地按分级、分类原则，分流到相关单位，做到事事有着落、件件有回音。加大商务综合执法信息收集、整理、上报，在注重信息数量的同时，更注重信息时效性。全年共接受举报投诉16起余起，查案58起，立案33起，办结33起，接受咨询50件，答复率100%。　　(朱素云)

物　流

【概述】 10月，成立盐都区邮政业服务管理中心，协助市邮政管理局在区内开展相关业务监督检查，承担市邮政管理局交办的具体事务性工作。全年新增道路普通货物运输业户155户，新增货运车辆174辆，吨位2103吨。至年底，全区共有道路货运物流企业126家，货运车辆3248辆，总吨位28559吨，从业人员约6231人。盐都区神龙明物流有限公司获2017年江苏省认定物流企业技术中心称号。

【"苏食杯"物流技能大赛】 年内，"苏食杯"物流技能大赛圆满落幕，盐都在大赛中取得综合成绩全省第一得好成绩。代表盐城参赛的选手王成、严安富(江苏悦达摩比斯贸易有限公司)在职工组叉车作业项目中包揽该项目一等奖，分获第一名、第二名。　　(王　进　王银忠)

成品油销售

【概述】 认真贯彻落实《安全生产法》《成品油市场管理办法》等法律法规，做好成品油市场日常监管工作，确保全区42家加油站(点)的正常营运。规范加油站建设的各项审批程序，做好新修公路加油站的网点规划工作，切实解决新修公路加油难的问题。严厉整治非法经营行为，坚决取缔黑加油点，对非法经营者进行严肃处理，保证成品油市场健康发展。　　(朱素云)

市场建设

综　　述

【概述】　按照政府领导，统筹规划，合理布局，有利交易，方便群众的要求，加强市场的规划与建设，引导各类市场逐步走向规范化、效能化、现代化。至年底，全区共有各类有形市场32个，其中生产资料市场3个，农贸市场23个，小商品市场2个，装饰材料市场4个。建筑总面积49.23万平方米，总投资8.34亿元，总成交额25.58亿元。

【市场主体管理】　至年底，市场主体年报40790户，年报率93.8%；注销企业1926户、个体工商户5984户，吊销企业67户；检查户外广告经营单位134户次，查处广告案件6件；“工商网监”电子标识亮标147个，入选“诚信电商”8户、“特色电商”2户、“规模电商”7户，查处涉网案件8件。全区未发现一起传销活动。

【市场监管】　主动适应“宽进严管”新要求，行政许可、抽查等核心工作信息全部输入工商信息系统内网，并推送至全国企业信用信息公示平台外网。年内，107户查无下落企业列入经营异常名录，出具信用证明42份，办理异常名录移出639户·次。办理一般程序案件126件。

【推进民生工程建设】　完善食品快检中心建设，进行农产品快速检测1156批次，处理可能违法添加非食用物质8例，涉及23个农贸市场，为推进全区食品安全监管工作提供技术支撑。并配合食品安全督查，完成“两会”、节日、“小高考”“高考”等13次重大活动食品安全保障任务。

（苗才清）

生产资料市场

【概述】　至年底，全区共有生产资料市场4个，其中钢材市场2个，分别是盐城明都金属材料有限公司、江苏兴宇钢材市场有限公司，年交易额近3亿元；江苏浩通旧机动车二手车交易市场，年成交二手车近万辆；东方汽车广场，年交易额近10亿元。市场监管局对生产资料市场定期进行专项整治或不定期进行抽查，场内经营秩序良好，产品质量明显提升。

农贸市场

【概述】　年内，结合创文工作，不断加大农贸市场整治力度，重点对农贸市场内食品经营户的证照，如健康证、经营许可证等补充完善。筹建食品安全快速检测

7月，楼王镇农贸市场内景　　　　皋　铃　摄

室，全年进行农产品快速检测1286批次，完善食品快检中心建设，进行农产品快速检测1156批次，处理可能违法添加非食用物质8例，为推进全区食品安全监管工作提供技术支撑，为辖区人民营造一个放心安全的食品消费环境。

小商品市场

【概述】 至年底，全区共有2个小商品市场。盐城市佼隆招商场有限公司，市场位于龙冈镇，内有摊位112个，建筑面积2457平方米，年成交额近亿元。万达广场2017年6月29日开业，共有经营户272户，行业有餐饮、服装、小食品、超市、杂货店、黄金珠宝等，年底税收1200万元。

装饰材料市场

【概述】 至年底，全区有4个装饰材丰盛市场，共有经营户135户，年底税收近2500万元。新高力装饰城，经营户383户，年底税收650万元；红星美凯龙家居，经营户440户，年底税收1600万元；金太阳装饰城，经营户90户，年底税收92万元；丰盛装饰城，经营户58户，年底税收56万元。4个装饰材料市场主要经营卫浴、灯具、陶瓷、木地板、板材、家具、窗帘等装饰材料销售。

演映市场

【概述】 全区演出市场按照省、市的要求，严格遵守演出审批手续，全市共接待演出团体4家，共演出场次4场，单位证照不全或者与不健康内容的营业性演出。形成良好的演映市场。 （陈卫红）

人才市场

【概述】 开展"双招双引"活动。坚持人才服务零距离，送政策、送服务到企业，帮助企业申报省、市各类人才项目。开展高校毕业生就业跟踪服务活动，征集全区骨干企业高校毕业生就业信息，建立企业毕业生需求信息库，推行重点企业"毕业生配送"、政策咨询等个性化服务，促进毕业生就业，为全区经济和社会发展提供人才支撑。

【开展招才引智活动】 以双招双引活动为契机，盐城市"515"人才引进三年行动计划为抓手，与西安科技大学、南京理工大学、安徽工程大学、安徽信息工程大学、兰州理工大学、长春工业高级技工学校等高校达成人才合作协议。全年共组织120多家企业到清华大学、北京大学、上海复旦大学、西安科技大学、安徽工程大学、兰州理工大学等高校参加校园招聘活动，推介盐都区情和人才政策。 （王 俊）

【"515"引才计划】 积极实施市委市政府"515"人才引进三年行动计划，强势推进"515"引才政策。全年招引5835名大学生，1092名专门人才。设立省外高校"江苏盐都515引才工作站"12个，组织校园招聘活动24场。推进高技能人才工作，全年新增高技能人才1014人。引进外国专家11人，新增留学回国11人。 （王 俊）

文化市场

【概述】 全区文化市场管理根据省市、区行政权力"互联网+政务服务"一张网建设，深化"放管服"改革，推进"不见面"审批工作精神，对全局行政权力事项进行细致的排查与核对，共有行政权力事项50项，其中：行政许可24项、行政奖励6项、行政确认6项、行政其它14项。对其中25项许可事项实行"外网受理、内网办理、全程公开、快递送达、网端推送、无偿代办"不见面审批，并重新编制政务服务清单和内部流程图，省政务服务"一张网"平台于4月1日在全省上线运行，在全系统内进行宣传，完成600个实名下载量，5000个下载量和1500个注册量，提前完成区政务服务中心下达的指标任务，全年共完成新审批电子游戏经营场所3家，互联网上网营业场所1家，电影放映场所1家，出版物经营场所6家、印刷企业3家。并对全区37家印刷企业和35家出版物经营场所、1家电影放映场所及所有娱乐场所进行网上年检并全部换发文化部2017新版文化市场经营许可证。其中区帝豪网咖网吧等5家行政许可卷宗报市文广新局参加全市行政许可卷宗比赛。 （陈卫红）

3月15日，高力装饰城广场开展宣传活动 顾正山 摄

财政 税务 审计

财　政

【概述】 2017年,全区财政部门贯彻预算法,坚持稳中求进工作总基调,以新发展理念为指导,以推进供给侧结构性改革为主线,规范预算管理,深化财税改革,为建设"强富美高"新盐都提供财政保障。

【财政预算稳中提质】 全区全年实现一般公共预算收入327700万元预算目标,增幅和税比均居全市前列,财政收入预算运行"稳""进"。坚持保压相济,调优支出结构,新增财力以及调整存量腾出的资金,优先用于重点领域,全年民生类支出609600万元,占一般公共预算支出的80%,新增财力90%以上用于民生投入,财政保障能力持续增强。

【助推经济转型发展】 年内,围绕供给侧助推产业转型升级,统筹落实营改增等减税降费政策,纳税人减税效应显现;开展涉企收费和行政事业性收费专项清理,取消、暂停和减免行政事业性收费项目117项、政府性基金17项,推动企业降成本,让政策充分释放改革红利。设立并及时兑现供给侧结构性改革系列专项资金20000万元、旅游业发展专项资金4000万元,重点支持"三去一降一补"。设立产业发展引导基金,母基金首期注册资金2亿元,推进高新区所属街道3支10亿元级子基金组建和增资扩股,支持新兴产业发展,助力"一极一园一业"战略实施。

【民生保障工作】 加大对基本民生保障和扶贫、农业、教育、生态文明建设等领域的投入。全年投入城乡居民基本医疗保险和新农保区级配套资金累计3.2亿元,新农合人均筹资标准提高至680元。全年用于农业农村、教育助学、社保救助等扶贫类支出2.3亿元,支持打好扶贫攻坚战。投入5.1亿元,推进"263"环境整治专项行动;筹措资金4.24亿元,实施以蟒蛇河为重点的省级骨干河道整治和中小河流治理。全年累计投入3.9亿元,完成农村公路提档升级290千米、实施小型公益设施农桥250余座。

【投资融资工作】 年内,制定全区政府性债务风险预警办法和风险应急处置预案,在全市各县(市、区)率先设立100000万元政府性债务风险资金池。争取省新增债券资金35000万元。做好投融资工作,7个政府投融资平台创成AA级信用等级。直接融资产品和政策性银行中长期贷款比例进一步提升。制定方案和薪酬改革制度,盐高投集团、市城镇化集团进入首批实体化运营改革试点。推进政府和社会资本合作(PPP),小马沟体育主题公园等3个项目新入省项目库,完成杨侍片区旅游等项目物有所值评价、财政承受能力论证等政府采购前的基础性工作。

【财政财务监督管理】 年内,行使法律法规赋予的职能,常态化开展涉农资金以及政府采购、"三公"经费监督检查,重点开展会计信息质量、财政预决算公开专项检查,实施"正风肃纪镇村行"专项行动和文化产业发展等专项资金使用情况联动检查,查处违背预算法和财经规章制度资金451.5万元。利用"阳光扶贫"监管系统,强化扶贫资金监管。率先全市启动村级集体资金乡镇财政所管理改革试点,涉农补贴"一折通"发放实现全覆盖,纳入财政监管的乡镇涉农资金达3.5亿元。苏北首家构建区镇村三级公务卡结算制度改革全覆盖格局,对公务消费等实现"全天候"实时监控,全区"三公"经费和津补贴发放制度规定得以较好执行。

【深化财政改革】 年内,推进权责发生制政府综合财务报告制度,健全预算稳定调节基金制度和结余结转资金回收制度,"限期留用、到期收回"的管理机制基本形成。"政府账本"全面公开,区本级财政预决算和64个区直预算单位的部门预决算及"三公"经费情况依法依规全部公开。成功开通区人大预算联网监督综合查询系统,为进一步提升人大预算审查监督实效提供平台。开启财政内部监督进程,实现财政局机关内部监督检查与财政所基础工作互审联动。立足财政工作风险点防控，编制涵盖财政管理架构、控制目标和控制方法流程的《盐城市盐都区财政局内部控制制度》，形成规范科学、安全高效的财政内部运行制度体系。 (陈恒林)

国家税务

【概述】 2017年，全区国税系统围绕税收现代化目标，科学研判、应对各种矛盾和挑战，持续改革，各项税收工作取得新成效。区国税局继续保持全省文明单位荣誉，连续12年被区委区政府表彰为综合先进单位。

【税收收入量质齐升】 年内，面对东风悦达起亚销售严重滑坡，韩资汽配企业全面短收等困难和挑战，全区国税系统全面落实“坚决依法收好税、坚决不收过头税、坚决落实减免税、坚决打击偷骗税”要求，着力提升征管主观努力度，全年累计入库工商税收收入32.1亿元，较上年同期增收7.6亿元，增幅31.3%，入库公共财政预算收入11.03亿元，增幅达64.4%。全年落实税收优惠5.9亿元，其中办理出口退(免)税4.2亿元。

【推动改革项目】 年内，逐项落实省、市局改革要求，在做好规定动作基础上，结合盐都国税实际，凸显自身改革特色。承担省局“网上办、快递送、不见面”发票邮递业务办理试点、“线上风险应对”试点和行政执法“三项制度”试点、智慧盐都国税项目试点等改革任务，各项试点工作稳步前行，得到省、市国税局肯定。推进包括指挥中心、展示中心、应对中心、支持中心和档案中心在内的风险应对标准化建设和应对、稽查团队化建设。5月10日，省国税局在区国税局举办“网上批、快递送、不见面”——“互联网+税收服务”全省发布仪式，“线上风险应对”等改革经验也在全省优化税收营商环境会议上作工作交流。

【优化营商环境】 取消非行政许可审批类别，仅保留行政许可7项。全年实现所有许可事项的零超时。区国税局连续四年获得市“依法行政示范单位”称号。聚力“2440”改革，营造高效创业环境。建立以15项具体目标为主要指标的营商环境建设评价体系，成立优化税收营商环境研究团队，并细化出台58项具体措施。全区全年纳税人网上办税38.8万户次，全区1.73万户次纳税人实行邮寄配送发票，网上领票面达73%。结合纳税人的实际需求，在现有基础上增设“自助办税厅”4个，自助机18台，安排专人指导操作，实现自助服务系列化、网点化。提升特服号咨询效能，全年共接听近万个热线电话，是其他县平均(市、区)接听量的3.4倍，热线接听总量和接听率均位居全市前列。

【强化风险管理】 全年实施风险应对181户，应对总成效1.8亿元，全市排名第二。实际入库成效1.6亿元，全市排名第一，保持在全市范围内的领先态势，管理性增收成效显著。探索“线上风险应对”试点，初步实现转变方式与提升质效的相互促进。

【加强队伍建设】 年内，加强领军人才、“115”工程等骨干人才的锻炼培养，樊蓉在全国税务系统纳税服务类岗位大比武中取得个人成绩、团队成绩两个全国第一，先进事迹被省局嘉奖并被区委主要负责人批示肯定。苏晓文在全市国税系统纳税服务类岗位大练兵笔试中取得个人第一。多人通过注册税务师资格考试。两人入选省局人才库。深化文明创建和税务文化建设，继续保持全省文明单位称号。全系统参加上级局和区委区政府组织的各项活动，落实“三带三联”大走访、党员干部“牵手致富”结对帮扶工作要求，在各种活动中展示盐都国税人的素质和力量。

(王 凯 孙 凸)

地方税务

【概述】 2017年全区地税系统落实市局党组和区委区政府决策部署，推进“四个地税”工程建设，各项工作稳步推进，1—11月共组织各项收入29.85亿元，其中税收收入15.64亿元，公共财政预算收入12.77亿元，占序时93.14%。全年预计入库税收收入总额比年初计划数超2000万元，占全区公共预算收入的43%以上，比上年增长3%。推行社会保险费税式管理，加强部门联动，排查欠费死户114户。征收社会保险费13.14亿元，同比增长27.3%；代收残保金、工会经费0.49亿元，为全区民生改善提供资金保障。

9月，“地税杯—德法进万家”文艺巡演活动　　沈海欧　摄

【完成收入任务】 全年共组织各项收入32.4亿元。其中税收收入16.73亿元，同比增长3.7%；折合公共财政预算收入13.15亿元，同比增加5.9%；入库教育费附加0.65亿元，合计入库公共财政预算收入13.8亿元，占全区财政收入总额的42.1%；征收社会保险费14.42亿元，同比增长近30%，入库各类基金0.59亿元，为全区民生改善提供资金保障。

【税源管理】 年内，做好《税源管理事项清单》及相关操作规程修订完善工作；梳理清单外、机外事项，细化标准要求；出台文件对存量房交易申报受理和办理、核准类事项受理和办理等十类税源管理事项进一步细化分工，规范征管流程。开展实有税源调查，建立和完善全区税源管理台账，将税源既排到各镇（区），又细排到具体项目和税种，为完成税收收入任务提供保障。制定《房地产项目土地增值税管理操作办法》，建立土地增值税基础管理台账，强化后续管理。行政事业单位个人所得税扣缴面达99.47%，人均扣缴税额达100元。加强征管指标监控，征缴率、催缴率、清欠率等指标均居全市前列。在基础税源管理局设立执行股，出台《工作指引》，规范执行程序，加大执行力度，全年累计执行入库各项税费1240万元。

【纳税服务】 年内，落实“放管服”改革要求，全面推进2440改革，梳理政务服务权力事项清单及网上审批事项清单，减少简并报送表证单书763种。优化办税服务方式，提高办税效率，开设“绿色通道”，对业务明确的涉税事项坚持“先办后审”“容缺受理”“接号即办”，实现70%以上的办税事项即时办结，报送资料减少60%左右，办理环节压缩50%以上，办税时限减少40%左右。与不动产管理等部门协作，开设房地产大市区通办业务窗口，实行“一窗受理，集成服务”，全年累计为286户小微企业减免所得税433.09万元，落实研发费用加计扣除2510.46万元、减免税款627.62万元，提升企业发展活力。推进国地税合作，在实现大厅互派、共驻、共建的基础上，又相继出台国地税联合注销、联合清欠、联合风险应对、税库银“四方网签”等四项合作制度，国地税合作进入深度融合阶段。

6月，服务中心地税窗口引导人员　　沈海欧　摄

【法治建设】 年内，制定完善中等风险应对案头评定、实地核查工作标准模板，推行风险闭环式管理，明确无缝对接要求，共计实现中、高等应对绩效14082.04万元。配置执法记录仪26台，基本达成税收执法行为监控全覆盖，防范和化解执法风险；设置标准化询问室，实现询问过程全时段记录，规范执法行为。强化税收稽查，全年共结案40户，入库查补收入4027万元，其中千万元以上案件1起，百万元以上案件5起。推进国地税联合稽查，实施联合稽查4户，入库税款180多万元。成功清理14户积案，积案清理率100%。健全和完善内控机制，开展存量房交易税收管理、土地增值税管理等12项专项督审活动，发现并整改问题22个。法治工作被市局评为“法治税务示范基地”，被市政府评为市级“依法行政示范单位”。上报的稽查案例获“全省十大稽查优秀案例”称号，在市局行政执法案卷评查活动中获得3个一等奖及多个其他奖项，获奖总数及一等奖数均高居全市第一。

【项目推进】 年内，研发的车船税收入归集分配系统，9月1日在全省正式上线运行，为后“营改增”时期“小税精管”塑造典型，相关做法相继得到省地税局长江建平和省委副书记黄莉新的批示。承接省地税局“地方十税治理”课题研究任务，专题报告被省地税局采用。为解决社保费缴费难，多头跑的问题，加快实施灵活就业人员社保费缴纳方式多元化改革，并上报省局测试。配合市地税局开发公职律师平台并上线运行，律师资源配置更加优化，国税总局法规司负责人调研指导并给予肯定。开发应用基础管理绩效平台，为个人绩效管理工作提供信息支撑。全面参与省地税局环保税开征准备工作。上报合理化建议46条，被省地税局采用4条，被市地税局采用5条，列全市前列。

【干部队伍】 年内，深化干部人事制度改革，两人走上基层分局长岗位，14人进入分局中层领导序列。开展各类教育培训活动，在武汉大学举办全员培训班，在扬州税院等地举办专业培训班7期，成立风险管理、行政管理、征收管理、信息化管理四个专业化团队，举办“青蓝工程传帮带”主题活动。组织开展以“比、学、赶、帮、超”为主要内容的劳动竞赛活动。强化绩效管理，科学制定考评体系，并严格执行，按季评选“绩效之星”，调动干部职工积极性和创造性，绩效管理指挥棒作用不断体现。创建“税悦·盐渎风”盐都局文化子品牌，实施门厅文化改造工程,初步形成"崇德尚法、知行日新"的核心价值理念,造浓地税文化氛围。组建舞蹈、游泳、乒乓球等多个兴趣小组,组织"地税 e 家志愿服务队"开展志愿者服务,开展"送税法进军营、强纪律勇担当"主题活动,参加市局盐风税韵演讲比赛并获二等奖,获市地税局"美文朗诵"一等奖,参加市地税局主办的全市地税系统"筑梦新时代·盐风税韵情"主题文艺汇演并获优胜奖,通过 2015—2016 年市级文明单位复审,再次通过省级检查验收,办税服务窗口再次获全市"巾帼文明岗",两名人员被省地税局评为"地方十税治理工作先进个人",一名人员被省地税局评为"区域稽查工作先进个人"。

(高　婧)

·盐都区地税各直属分局一览·

(1)稽查局

负责人:程章红　电话:88436368

组织落实税务稽查法律、法规、规章及规范性文件,拟订具体实施办法;监督检查全区地税系统征管对象执行地方税收法规、政策及制度情况;查处税收违法案件;牵头组织全区地方税收专项检查工作;组织全区或区域性地方税收专项整治工作;协调公安、检察、审判等机关处理税务稽查有关工作。

内设综合管理股、案件审理股、检查一股、检查二股。

(2)第一税务分局(纳税服务局)

负责人:万育明　电话:81088288

负责全区纳税人的宣传辅导、纳税咨询、办税服务、权益保护、信用管理、社会协作等工作;负责内部网站内容更新和维护工作;承担注册税务师的管理工作;受理纳税人发起的各类事项,征收税款、基金(费),纳税人设立、变更登记信息的审核确认,承担涉税备案及涉税审批的受理、税种(基金、费)认定、建筑房地产项目登记、税款划缴协议签订以及发票资格认定、申领、缴销、核销等部分管理事项,对前台工作中一般性违法行为的处理。

内设综合管理股、纳税宣传股、办税服务一股、办税服务二股。

(3)第二税务分局(风险监控局)

负责人:宋春田　电话:88436296

负责对全区税收风险监控工作的管理;承担风险识别、风险等级排序、风险推送、风险应对结果评价;统筹、管理风险识别模型(指标)的建设和维护;组织实施大企业税收风险管理工作。统一受理税务违法案件的举报(含上级督办、交办、转办的案件)。

内设综合管理股、信息采集股(与举报中心合署办公)、风险识别股。

(4)第三税务分局(基础管理局)

负责人:张俊　电话:81081588

负责全区所有纳税人的户籍管理、认定管理、发票管理、涉税事项的调查核实、涉税审批事项的后续管理、催报催缴及其后续管理、欠税管理、任务执行等基础税源管理工作;承担有关发票投诉和举报的快速应急处置,一般涉税违法违规行为的处罚及其他特定的税源管理事项的调查处理工作;承担相关协税护税工作;参与定期定额管理中的典型调查,依流程组织初始定额调查核定;负责所辖纳税人的其他基础税源管理工作。

内设综合管理股以及按区域和事项设立四个基础管理股,其中:基础管理一股负责全区"房地产业""建筑业""金融业"上市公司及其关联企业等重点税源企业基础管理;基础管理二股负责盐渎街道(含冈中街道)、盐龙街道、大冈镇、尚庄镇(含葛武街道)、大纵湖镇(含滨湖街道)、郭猛镇、农村经济开发区等行政区划内一般税源企业基础管理,并负责除区直、盐渎街道、潘黄街道、盐龙街道、张庄街道等主城区以外的对应区域个体零散税收管理;基础管理三股负责区直、潘黄街道、张庄街道、龙冈镇(含鞍湖街道)、秦南镇(含北蒋街道)、学富镇(含中兴街道)、楼王镇(含北龙港街道)等行政区划内一般税源企业基础管理,并负责除区直、盐渎街道、潘黄街道、盐龙街道、张庄街道等主城区以外的对应区域个体零散税收管理;基础管理四股专门负责区直、盐渎街道、潘黄街道、盐龙街道、张庄街道等主城区范围内个体零散税收管理。

(5)第四税务分局(中等风险应对局)

负责人:王晓春　电话:88690222

负责"房地产业""建筑业""金融业"、上市公司及其关联企业的中等风险应对等工作。

内设综合管理股和风险应对一股、风险应对二股、风险应对三股。

(6)第五税务分局(中等风险应对局)

负责人:王卫华　电话:88535666

负责"制造业"中等风险应对等工作。

内设综合管理股和风险应对一股、风险应对二股、风险应对三股。

(7)第六税务分局(中等风险应对局)

负责人:徐思勇　电话:81088306

负责除第四、五分局应对范围以外的中等风险应对等工作。

内设综合管理股和风险应对一股、风险应对二股、风险应对三股。

审　计

【概述】 全区审计工作紧扣"强改革、强主业、强队伍"主题,推进审计全覆盖,审计监督成效显著。全年共完成财政财务收支和经济责任审计项目 17 个,查出违规金额 672 万元、管理不规范金额 24.07 亿元,完成区委区政府交办事项65 件,共对 893 个政府投资预(概)算和结算项目进行审计,投资总额 51.71 亿元,核减和节约财政建设资金 3.62 亿元,其中结算审计核减 2.71 亿元。区审计局被表彰为"盐城市文明单位",获"全区目标任务考核综合奖"。

【财政审计】 年内,在同级财政审计中,坚持构建以财政专项资金审计为主线,与专业审计相结合的财政审计新格局,将审计重点放在具体使用财政资金的单位和项目上,拓展审计内容,查处严重违反财经法纪等问题,向有关部门移送案件线索 11 条。对全区政府性债务和融资平台坚持"一年两审",及时揭示和纠正违规集资、担保、外借和对外投资中的不规范行为,促进"控规模、保兑现、降成本、强规范、可持续"目标实现。

【投资审计】 将服务高新区作为助推全区"一极一园一业"发展的"头版头条",为智能终端产业园、东山精密等一批重点项目建设提供高效服务。贯彻落实《审计署关于进一步完善和规范投资审计工作的意见》,依法开展投资审计工作。对2000万元以上的项目和有问题反映的项目全部实行第三方独立复审,全年抽查复审项目62个,发现50多处影响造价的问题,影响投资造价80多万元,及时责成相关审计组进行整改,提高项目质量。

7月11日,区人大专题调研审计工作　　陈伟达　摄

【经济责任审计】　年内,加大任中审计比重。对楼王镇党委政府主要负责人经济责任实行同步审计,并与"三责联审"有机结合,促进各自全面正确履行职责。开展"正风肃纪镇村行"专项行动,对全区10个重点村(居)党组织主要负责人进行任期经济责任审计,规范扶贫资金使用、惠农政策落实和农村"三资"管理等方面问题。郭猛镇原党委书记吴军经济责任审计项目荣获市优秀审计项目。

【审计核查巡查工作】　参加全区招商选资和金融企业考核,对全区绿色盐都建设、全民创业资金和支持企业转型升级资金、"三公经费"使用等事项进行专项核查,全年共选派6人次参与区委巡察工作,及时向巡察组提供被巡察人员经济责任审计及其他审计结果的相关情况,作为巡察工作的重要参考依据。

【审计整改工作】　年内,贯彻执行区政府《关于进一步加强审计整改工作的意见》,构建整改主体责任、多部门联动、责任追究等制度,推动审计整改工作。针对全区投融资审计和财政"同级审"中发现的19大类、92个问题,制发34份《审计整改通知书》,责成相关责任部门和单位制定具体整改措施,限期进行整改。整改中主动介入,全程跟踪,共出具4份审计整改督查报告。对审计整改不到位和屡审屡犯的难题,提出针对性综合整治措施,为建立长效预防和化解机制提供决策依据。

【内审工作】　全区全年内审机构共完成各类审计项目568个,涉及总金额5.18亿元,促进增收节支484万元,提出合理化建议198条。各内审机构除配合区审计局开展8个村居党组织负责人经济责任审计外,各自开展村居(单位)负责人经济责任审计29项。龙冈镇审计室联合农经、财政部门完成对全镇22个农业村居2016年财务收支审计,大冈镇审计室对民政办、水务站等21个单位2016年7月至2017年6月财务收支进行审计。大冈镇新利村党总支书记顾宏江任中审计项目和龙冈镇人民政府审计办公室2016年度村级财务收支审计项目分获全市优秀内部审计项目二等奖和三等奖。

1月,区审计局宣传审计法律法规

【队伍建设】　年内,加大职称教育、学历提升推进力度,4人通过审计师资格考试,2人高分通过国际信息系统审计师考试。组织全员参加审计署网络培训,区审计局分两批次赴厦门大学进行专业学习,安排2名业务骨干分别赴审计署和省审计厅跟班学习,提升教育培训的质量和效益。定期开办"道德讲堂",开展志愿服务活动,开展创卫、创文、"六下乡""公民道德宣传日"等活动,落实党风廉政建设责任制,形成"一级抓一级、层层抓落实"的工作机制。对审计完结的项目,开展回访,征求被审计单位意见,并将结果纳入工作人员年度考核,实现对所有审计项目廉政巡查全覆盖,有效改进机关作风,防范审计风险。

(严　华　刘连宽)

- 工商银行
- 农业银行
- 中国银行
- 建设银行
- 交通银行
- 农发银行
- 江苏银行
- 盐城农商行
- 邮政银行
- 财产保险
- 人寿保险

中国工商银行股份有限公司盐城盐都支行

【概述】 2017年，在市分行党委和区委区政府的领导下，执行国家的金融方针政策和金融监管要求，落实省行、市行各项工作部署，强化基础管理，引导和凝聚全行力量，开展各项业务攻关和市场拓展，安全运行无事故，发展基础得以进一步巩固。

【加强行业管理工作】 2017年，根据上级行业务经营转型的要求，工行结合实际，把系统争先和同业争先作为全年业务经营和管理工作的目标，通过扩大总量抢份额，加快转型增收益，完善机制激活力，强化管理防风险四个方面的全面启动，实现竞争能力、内控管理水平的明显提高。为实现“两争两高”的工作目标，主要抓住“三个关键”，激发全员热情。实行“分值+直通”绩效考核办法，对所有营销产品统一绩效计价，全行上下一个标准、一杆标尺。营造竞赛氛围。通过一季度个金业务旺季专项竞赛、结算与电子银行专项竞赛、公司业务旺季专项竞赛、二季度分期付款专项竞赛、三四季度对公存款专项竞赛、贵金属专项竞赛等活动的开展，季季有竞赛、月月有活动，在全行上下形成比营销业绩、比绩效收入、比贡献大小的浓烈氛围。提质经营业态。有效配置经营资源，提高劳动生产率，用加快转型的战略措施推进业务经营提质发展，个人中高端客户5600户、其中500万元以上客户25户。

【加强业务经营和管理工作】 突出负债业务基础地位，把组织存款工作放在突出位置，发动全员全力抢市场争份额。全行在仅有3个网点的情况下，各项存款净增2.61亿元。开展“行商”行动，维增客户群体。构建以优质个人客户群体为核心，以精品网点和个贷经营平台为主体的零售业务经营体系，扩大中高端客户金融资产份额，开展“工银支付联眼福，万马奔腾e生活”对高力装饰城、金派装饰城以及万达购物广场等市场进行宣传和营销“工银e支付”活动工作，收到较好的经济效益和社会效益；出台以优质客户提质增效为考核目标的专项考核办法，配套N+3、工行融e联、融e购，手机信用卡等活动，丰富考核内容。在高端客户维护方面，工行借助渠道二维码和融e联等营效模式的创新，突出盐都工行营销的专业化、产品的个性化，服务的亲情化，品味的高端化。举行多层次多形式的活动，以职场营销和沙龙及营业场所微沙龙等形式，并借助“理财节”所推出的多品种的产品优惠活动，满足客户的多层次产品需求，促进产品的销售。全年实现理财销售14352万元，借记卡8466张，福农卡7232张，信用卡3316张。保险销售在一季度就实现销售1011万元。资源储备有重大突破。与市级平台的盐城市市政公用投资有限公司、盐城高新区投资集团有限公司、盐城市城市建设投资有限公司、盐城市海兴投资公司以及盐都区的平台公司进行对接，至年底盐城市市政公用投资有限公司2.6亿元项目贷款全部发放到位。公私联动有重大突破。以公私联动为突破口，组成以银行、公司、个金、网点等部门负责人为成员的营销突击队，拜访域内信贷企业和重点私营企业，大额存单、节节高、薪金溢等产品，实现公转私及批量业务累计发生额达1.2亿元。突出中间业务重要地位。推进业务经营由抓业务向抓产品转型，提升中间业务对全行效益的贡献率，全年实现中间业务收入4150万元，完成序时计划131%。

【加大风险防控力度】 加大案防思想保健。把员工的内控案防思想保健工作作为防范各类事故案件发生的有效手段，确立“三个一”工作机制。每周召集各部门负责人集中沟通一次，相互交流单位情况和员工的思想动态；每月找重点员工谈一次心，了解思想状况。每年到重点关注人群家庭走访一次，了解其本人及家庭成员的状况；廉洁观摩教育。组织网点负责人、支行管理人员参加市纪委的廉洁自律教育和亭湖检察院反腐倡廉教育，通过实地参观审讯室、听取案例讲解，使党员干部受到一次深刻教育。开展主题教育。召开全行职工大会进行“十大禁令”、《员工违规行为处理规定》的宣讲学习，参加上级行的视频学习参学率均是100%，引导全员形成合规守纪的工作态度和作风。加大人事监管力度。对全员进行仔细分类排队，列出重点监控对象，定期、定时、定向进行沟通和教育。落实重要岗位轮换制度的要求，岗位轮换面达到100%；加大排查工作力度。成立排查专项领导小组，分层明确责任。支行主要负责人带队不定期对部门负责人或重点岗位进行突查，包括钱箱、实物、重要物品，以及“十大禁”的相关事务；在节假日期间，组织全行人员开展全天候的巡查工作，及时发现问题苗头，化解风险隐患。加大纪检监管力度。重点对全员8小时以外活动情况进行监督。同时，发动全员对存有“三风”的人员向纪检部门举报，实施“举报者奖，查实者重处”的纪检监管制度。加大安全防范监管力度。在物防、技防基本到位的情况下，对全员定期开展不同形式的安全教育，加大安全检查力度，突出班前、班中、班后和电视监控资料的突击检查，一旦发现违规，予以重处。年内，安防服务通报10期，处理安全责任人3人次，处罚金额200元。加大执行能力建设。加强制度建设，先后制定下发“屡查屡犯处理办法”“内控案防整改实施方案”等各类内控案防文件6件，对内控安防的文件的学习，一律签字明责；加强履职管理，对各部门的负责人以及现场管理开展内控履职考核，实行名单制管理，并梳理细化各种业务、各类岗位、各个人员的风险点，形成基础管理与风险控制人人防的管理网络，培养敬业、尽责的尽职文化；加强系统执行力建设，年内，先后自查通报处理4起，处罚金额4500元，结合上级行的检查处理达到47人次，金额59300元；扣罚积分65人次，110分。加大风险预警力度。强化对客户、产业、产品走势的预警，从销售量、现金流量变化分析，采取有进有退、该进则进，该退则退的策略；强化法人代表信誉变化情况的预警，从货款入行数量的增减、对外签约合同的履行、还贷付息的主动程度分析，适时预警，适时调整信贷策略；强化客户财务变化状况的预警，侧重分析经营效益及其变化的原因，对劣变客户采取行之有效的退出措施。通过现金清收不良贷款529万元、压降潜在风险贷款2145万元，通过再融资、展期和合同要素变更等，共对5户企业到期贷款办理转化，总额55496万元，风险贷款进一步得到有效遏制。（丁云霞）

中国农业银行股份有限公司盐城盐都支行

【概述】 2017年，中国农业银行盐都支行围绕“六维方略”（“六维方略”，即坚持党的领导、加强各级行班子建设这一个中心；筑牢业务工作和党建工作这两根支柱；坚守服务“三农”、做强县域，突出重点、做优城市，集团合成、做高回报这三大定位；强化风险管理、人才队伍、科技系统、公司治理这四大支撑；增强服务实体经济、案防风控、价值创造、市场竞争和稳健行远这五大能力；推进经营理念、组织结构、盈利方式、业务流程、动力机制和商业模式这六大转型）和“6633”工作部署的各项措施，走做大资产业务、做强城市业务、做实县域“三农”业务、做精中间业务和新业务，走信贷拉动、产品支撑、新业态创新的多元化发展之路，全面加快一流支行建设进程。

【发展转型成效显著】 年内，实现年初制订的存贷款经营规模超110亿元的工作目标，达成119.69亿元。至年底，在存款业务上，全行本外币各项存款余额达成78.74亿元，比上年净增6.41亿元，其中本外币个人存款达成55.21亿元，比上年净增2.38亿元，本外币对公存款达成23.53亿元，比上年净增4.04亿元，人民币核心存款日均增量9.56亿元，完成市分行下达目标的112%，其中个人核心存款日均增量3.1亿元，完成市分行下达目标的69%，对公核心存款日均增量6.46亿元，完成市分行下达目标的144%。

【体现社会责任】 年内，全行本外币各项贷款达成39.36亿元，比上年净增3.69亿元。个人贷款业务提速发展，全行个人贷款余额达成21.19亿元，比上年净增3.61亿元，其中个人住房贷款比年初净增3.12亿元；法人客户贷款营销成效显著，全行人民币法人实体贷款达成28.02亿元，比上年净增12.17亿元，其中投放项目贷款10.72亿元，加强与企业合作，发放流动资金贷款17.3亿元，新拓展中小微企业7户，新增贷款投放1.24亿元；“三农”业务拓展取得新突破，全年累计发放农户贷款1096笔，累计投放55267万元。

【提升党建统领作用】 年内，按照“抓党建，带队伍，促经营”的工作思路，全面落实从严治党、从严治行各项措施，全行党员干部党性观念、纪律意识、责任担当进一步增强。开展“两学一做”专题教育，切实践行“党委班子带头做、基层党员比赶超”的务实作风；组织开展党风廉政建设警示教育活动，通过观看《永远在路上》《打铁还需自身硬》专题教育纪录片，进一步塑强党风党性、警戒违法乱纪；按照“8866”责任清单，扎实推进“从严治党、从严治行”专项治理，及时并妥善处理违规违纪问题；全面推广“三线一网格”管理，按照“网中有格、格中定人、人负其责”的基本要求，全面加强网格化管理；建立健全基层党组织，对全行各党支部配精配齐支部班子成员，基层党组织“三会一课”、考评考核机制、民主评议等机制得到有效开展和实时监督。

【提升管理水平及能力】 全行全年未发生重大业务差错、客户投诉、安全事故等风险事件。继续以内控一类行、运营“三化三铁”、信贷“三化”、安全“三化三达标”、市及区两级文明单位、金融业发展工作先进单位为载体，开展“三线一网格”管理工作、信贷客户风险排查“家家到”、C3数据质量自查、运营风险操作“大排查”专项整改活动；开展打击非法集资、诈骗案件防控、反洗钱、金融消费者权益保护等户外宣传活动；在全行范围内开展员工行为“三违反”“四套利”“四不当”专项治理工作；全面开展网点线路清理工作，保障营业网点安全运营。

【丰富企业文化】 年内,在全行开展“两微”活动下网点、“金鹰广场”对公营销;网点开展“小积分·大梦想”掌银平台公益行动;在全行员工中先后开展首季存款“增稳保”“金点子”征集、“三八”妇女节户外素质拓展、“五四” 青年演讲、“我是党员”宣讲,以及参加省市农金学会、盐城市金融学会专题研讨征文等活动;做好 “金手指” 俱乐部青年员工技术练兵,在市分行南部赛区“金手指”PK 赛中荣获团队第 1 名,在市分行第十八届业务技术比赛中获得团体第 3 名;在全行一线员工中开展“运营提升年·争当合规人”专题活动季,组织全行网点员工进行合规宣言演讲比赛;召开区农村金融学会第 28 次年会暨第三届青年研究会专题研讨会议,致力打造一支善思考、会写作的青年先锋“笔团军”;举办首届青年员工产品营销场景演练大赛;在全行青年员工中继续开展“读书强素质·实践圆梦想”读书活动;代表市分行参加省分行“家园·家风”主题演讲比赛,获得“家园”单元一等奖;组织 30 名选手组成代表队参加市分行首届职工运动会,获得比赛总分第 4 名,被市分行授予 “精神风貌奖”;在市分行互联网金融产品综合技能大赛中荣获团体总分第 1 名。

【启动“信贷营销年”活动】 优先拓展个人类贷款业务。通过加大一手房、二手房、网捷贷、房抵贷、随薪贷等重点业务的拓展,个人住房贷款营销取得突破性进展。全年共投放个人住房按揭贷款 48596 万元,新拓展网捷贷 2600 万元,个人理财自动质押贷款 22 笔、450 万元,房抵贷 20 笔、973 万元。加大项目贷款营销。围绕“房、水、路、地、商、民、公”7 个领域的基础设施建设跟踪到位、营销到位、服务到位。全年共营销项目贷款 7 个,投放项目 1 个,用信 5.5 亿元,在手获批 1 个,批准用信 3.5 亿元;申报省分行审批项目 4 个,申请用信 14.5 亿元;上报市分行预审项目 2 个,申请用信 6.5 亿元。持续加大小微企业信贷支持力度。年内,全行新拓展小微企业 19 户,新增用信 6305 万元。拓展“三农”业务。开展“进镇入村”行动,带领网点走进 561 家家庭农场、824 家农民专业合作社和 147 家产业化龙头企业,“靠船下篙”制定服务方案。并通过“苏微贷+农户”“金农贷+农户”等新产品,打破营业网点“资产荒”,全行新增投放农户个人生产经营贷款 4389 万元,使全行“三农”业务实现历史性突破。

【实施“12 个 1+N”策略】 批量+。重点在代发工资、拆迁补偿、政府集资退款、城乡居保、财政补贴、企业年金托管业务上,加快业务由零售向批量转型步伐。全年共新拓展批量代发业项目 6 个,资金归集业务量达到 11.35 亿元。产品+。充分利用上级行推行的零售产品组合模型,加大与个人存款绑定的各类卡电产品的推广营销力度,推广零售产品组合优惠套餐,以量补价、以价赢客。。理财+。2017 年,全行累计归集理财资金 8.913 亿元,其中对公理财 1 亿元、个人理财 7.913 亿元。数据+。各网点把 OCRM 系统作为挖掘客户和二次营销的重要工具,在运用系统过程中,各网点员工完成“一日常规 11510”动作,即每天进一次 OCRM 系统、登记一次责任管户日志、短信推送不少于 5 个客户、营销产品不少于 10 款。账户+。2017 年,全行共营销各类对公账户 878 个,累计归集对公资金 3 亿元。工具+。推广“账户+”“票据池+”“现金管理+”等组合模型,提升对公存款业务规模、质量和稳定性。渠道+。围绕三级核心客户、系统性客户支付结算中心、农村“三资”平台和账户现金管理系统、“E 商管家”、大型优质商户营销 POS 收单业务等,有效锁定低成本资金。机构+。全年共营销机构类账户 8 个,累计归集资金 30 亿元。国际结算+。全年实现国际结算额 21578 万美元,完成市分行下达目标的 135%,实现中间业务收入 197 万元。

【提升中间业务收入水平】 加大与政策性银行、国有银行合作力度,做成银团贷款 1 笔,达 5.5 亿元;理财业务,进一步优化理财结构,做大高附加值开放式理财规模,2017 年,全行开放式日均理财增量 10878 万元,其中对公日均理财增量 1700 万元、零售日均理财增量 9178 万元;电卡业务,重抓管家等产品的营销和交易量,全年共新开借记卡 32756 张、网上银行 21569 户、掌上银行 22481 户、收单商户 151 户、农银 E 管家核心商户 3 户、E 收款 1273 户、E 缴费 1 户;贵金属业务,全年营销贵金属 (折合白银 5 克),账户金交易达到 2933 公斤,实现中间业务收入 58.84 万元;代理保险业务,全行代理各类保险 15345 万元,完成市分行下达全年目标的 108%,实现中间业务收入 683 万元;结算业务,通过不断扩大单位结算卡和电子对账客户规模以及银行承兑汇票开票业务等,以扩大流量提升结算收入,全年新增单位结算卡 220 张、电子对账 3914 户。

【推广“三线一网格”管理模式】 年内,成立“三线一网格”推广工作领导小组,由行长担任组长,分管行长任副组长,支行网点管理部、运营财会部、综合管理部主要负责人为成员,统一领导推广实施工作。明确重点任务,着力加强基层党支部建设,推进基层党组织规范化、标准化运转;着力明晰网点运营主管职责,强化其在班子成员定位,把网点内控机制做严做实;着力搭建员工行为管理网络系统,“以岗定格、以格定责”,实现对员工行为的全方位管控。强化措施,在党建线,按照《支部建设若干规定》和《营业机构党组织量化考核评价工作指导意见》《党支部书记工作指引》明确履职清单,严格履职要求,使“一岗双责”真正落实;在纪检线,确保纪检监察工作沉到网点,在所有支部和部门配齐纪检监察委员;明确运营主管选拔、管理模式和绩效考核方式;细化运营主管对营业场所操作风险和员工行为管理职能;提出每个时段运营主管的工作内容及要求;在“网格化”管理上,完善员工行为“责任区”管理办法,初步形成“网中有格、格中定人、人负其责”的管理机制。

【严控信用和操作风险】 上半年,全行先后组织开展法人信贷客户 “家家到”、安全检查“家家到”、运营现场监管“家家到”现场尽职监管工作;组织全行员工开展内控合规知识竞赛、运营重点项目竞赛、消费权益知识竞赛、服务工作竞赛、信息宣传竞赛等;对外组织开展打击网络电信诈骗专题宣传、“3·15”专题宣传、

反洗钱专题宣传等活动，提升员工合规操作质量和意识。（万正娟）

中国银行盐城盐都支行

【概述】 2017年，支行认真贯彻落实省、市行工作会议精神，立足省行"攻坚突破发展年"的工作定位，围绕市行党委提出的"站稳一类行、融入一类行"的战略目标，坚持以党建为统领，以服务客户、服务地方经济为中心，以提高经营质效，强化基层风险防控、提升服务质量为抓手，注重文化建设、队伍建设、人才储备，主动作为，巩固发展。

【主要经营业绩】 经营效益。1—11月，实现拨备前利润8751万元，较上年同期增长94.24%，实现营业净收入10132万元，实现中间业务收入3211万元，公司条线中收获得2017年开门红标王奖项。负债业务，人民币存款业务。至年底，支行人民币存款余额为23.58亿元，较年初增加2.18亿元，增幅为17.72%。其中，人民币储蓄存款余额为10.94亿元，较年初增加0.69亿元，增幅为6.31%；人民币公司存款余额为12.64亿元，较年初增加1.49亿元，增幅为13.63%。人民币存款日均余额24.41亿元，较年初增长5.58亿元，增幅为29.78%。人民币储蓄存款日均余额11.11亿元，较年初增长1.35亿元，增幅为12.15%；人民币公司存款日均余额13.30亿元，较年初增长4.23亿元，增幅为46.21%。外币存款业务。至年底，支行外币存款余额为491.45万美元。其中外币储蓄存款余额为471.74万美元，外币公司存款余额为126.85万美元。行政事业机构存款。至11月底，行政事业机构存款日均余额5.86亿元，较年初增加1.39亿元，目标完成率达174%。资产业务，本外币贷款。至年底，支行各项人民币贷款余额为20.99亿元，其中零贷余额15.97亿元（含分期），较年初增加1.82亿元。公司贷款较年初负增长0.81亿元，其中净贷款增加2.28亿元，增加贷款户9户。中小企业贷款。至年底，支行中小企业全口径贷款余额2.67亿元，较年初增加8496万元，计划完成率867%，其中，中小企业净贷款增加10723万元。客户拓展。至年底，支行公司四层加权对公有效客户数347户，较年初增长40户，完成率202%；大公司贷款客户增加4户，已取得批复2户；中小企业贷款客户69户，较年初增加5户。个人有效客户增加4070户，网均进步率1093%。战略产品。公司板块：至年底，增加有效结算账户182户，完成率110%，，企业网银动户662户，完成率94.57%，中银保保费新增116.5万元，完成率106%，中银保手续费新增43.86万元，完成率146%，对公寿险手续费41.5万元，完成率104%，非标资产投放量3.5亿元，完成率117%，即期结售汇业务量5814万美元，完成率145%。个金板块：至年底，个人电子银行累计新开户13219户，完成全年计划165.24%，贷记卡增加3417张，完成全年计划117.83%，卡分期增加8290万元，完成全年计划51%。

【服务地方情况】 加强与盐都区政府下属平台公司的合作。2017年支行与盐都国投下属全资子公司盐城市大纵湖湖区资源开发有限公司、盐城市盐都区医疗产业投资有限公司确立合作关系，支持大纵湖公司"东晋古城"项目建设投放2.5亿元非标理财资金；支持医疗产业投资公司"学富医疗产业园项目"建设1.5亿元非标理财资金。盐城中咏投资发展有限公司与公司部合作为公司新增投放1亿元项目贷款用于"科技广场建设"。另有盐城万达华府5亿元安置房建设项目、盐城盛州集团有限公司"东方汽车后服务市场"项目1亿元预计明年可实现投放。加强对弱周期行业的支持力度。获批盐城市第一中学5000万元流贷资金贷款，同时与盐城市大冈中学、盐城市第三人民医院、盐城市盐都第二人民医院、盐都区大冈卫生院建立合作关系，合计金额1.46亿元。为中小企业提供市场信息。支行拓展江苏省信用担保有限责任公司，建立信息、资源共享机制，新增盐城恒隆源建材有限公司和盐城欣丰利农业科技发展有限公司各2000万元中小企业贷款；同时对接高新区智能终端产业园，迎合盐都区招商政策指引，以高新区担保公司为依托，叙做盐城乐洲科技有限公司、盐城泰康供应链有限公司、江苏聚泰科技有限公司等公司合计1800万元中小企业贷款。

【党建工作】 年内，推进"两学一做"学习教育常态化制度化，严格落实"三会一课"制度，组织学习贯彻十九大精神。11月获批成立盐都党总支。班子重视党建共建工作，先后与市银监分局第六党支部及悦达保理党总支结成共建单位，共同开展慰问帮扶村、七一回顾历史、十九大专题学习等活动。至年底，盐都党支部共计党员20名，网点党员覆盖率100%，提交入党申请四人、发展对象两名。

12月，中行开展党建工作

【内控管理情况】 支行2015、2016年内控管理考核列同组第一，年初，班子即提出要将支行打造成“合规促发展”的典型，争取三连冠。同城优化、接管城南支行内控运营等因素给支行的内控管理带来巨大压力，但全行上下始终洋溢着“我要合规”的良好氛围，紧绷合规弦，用实际行动筑牢一道防线。2017年内控考核列小组第一，连续三年荣获“内控合规先进单位”称号。

【人才选拔任用工作】 年内，支行严格贯彻执行干部选拔任用政策，公开透明选拔人才，新提拔团队牵头人3人、网点负责人1人。落实“166”人才工程工作要求。支行“166”人才留库7人，其中2人为“166”经营管理梯队。落实支行后备人才队伍建设。支行组织“腾飞”人才后备选拔，经过笔试、面试、综合测评，专业管理序列4人入库、经营管理序列3人入库。落实专业序列队伍建设工作要求。通过公司、个金两个序列队伍建设培养，新晋8级以上人员1人、9级以上人员4人，公司/个人客户经理专业资格全行人员覆盖超90%。组织等级柜员评定，开展业务技能训练。全年评定五等级柜员1人，四等级柜员4人。技能测试中，支行取得参测率100%，必测项目能手率100%，综合能手率100%。 （胡婷婷）

中国建设银行股份有限公司盐城盐都支行

【概述】 2017年，在市分行党委的正确领导下，盐都支行多项业务实现历史性突破，员工收入持续增长，内外部形象提升。两项存款健康高速增长，超额完成市分行全年目标任务；全面完成“一把手工程”指标，中间业务收入连续两年全面完成且位次靠前。

【收入增长】 支行通过加大投放和客户营销，通过做大做强综合融资业务，实现主营收入和利润稳定增长，至年底，实现主营业务收入7749万元，较上年增长3112万元，增长率67%，实现税前利润5736万元。

【存款营销工作】 通过贷款投放争取平台客户存款，通过全额保证金银票等产品稳定存款，通过争取基金、信托等资金监管账户等方式来争取存款，争取商品房预售资金监管账户，为支行日均存款增加提供有力的保障。至年底，支行对公存款时点余额96128万元，较年初增加32142万元，列系统系统第4位，增长率50.23%，对公存款日均余额80201万元，较年初增加21335万元，列系统第5位，增长率36.24%。支行储蓄存款日均余额93171万元，比年初增加5081万元，列系统第7位。

【贷款投放工作】 至年底，支行对公贷款增加50751万元，较上年末增长197%。通过与客户沟通谈判，提前收取中收，在上级行几次调增支行中收任务的基础上，均超额完成上级行下达的中收计划。全年实现中间业务收入约2998万元，较上年增加1253万元。

【拓展客户基础】 年初，支行对公基本户、对公账户、个人全量客户数量均列系统最后一位，在上一位的60%左右，仅有最高支行的30%不到。支行发动全行网点、部门共同努力营销客户，至年底，全年基本户和对公账户计划完成率均列系统第一。拓展龙商户101户。在拓户的同时，提高客户贡献度，在开户的同时，增加存量和增加客户的代发营销，至年底，支行基本户代发率和信贷客户代发率均为系统第一。

【拓宽业务范围】 年内，完成养老金业务首单突破，通过基金监管账户实现存款增长和机构业务收入。12月，营销盐城市高新区投资集团私募债业务主承销行，并完成15亿元私募债的注册业务。

【风险防控工作】 年内，支行全面推动合规建设，强化内控管理，信贷资产质量继续保持较好水平。至年底，不良贷款处置891万元，全行不良贷款率为0.17%。信贷资产质量和风险条线全年综合排名列全行较好水平。定期召开安保会议，通过例会、晨会、部门会议、自学等多种形式，把安全保卫规章制度作为学习重点。对于上级行制订的各项安全防范规章制度和处置突发事件的应急处置预案，组织员工学习，进行演练，提高全体员工安全防范能力，保证支行安全发展。

交通银行盐城盐都支行

【概述】 2017年，交通银行城南支行在市分行党委的领导下，认真贯彻执行上级行发展战略，围绕经营管理目标要求，开拓创新，统筹发展，较好地完成各项工作任务，综合竞争能力持续提升。

【扩大业务规模】 至年底，支行人民币各项存款余额达9.07亿元，人民币对公存款余额达6.17亿元，人民币储蓄存款余额达2.90亿元，人民币存款年均余额达10亿元；实质性贷款余额达10.21亿元，其中对公实质性贷款余额3.72亿元，小企业实质性贷款余额0.69亿元，个人消费贷款余额7.91亿元。

【深入转型发展】 年内，调整内部营销体制，重新划分营销版图，确保目标明确、守土有责；优化客户结构，坚决退出风险高、贡献度低的存量授信客户；改善业务结构，通过扩大一般授信、投行项目的营销范围和优势产品的组合运用，促进支行业务多元化发展。

【提高运营质量】 年内，信贷资产质量良好，在成功收回最后一笔存量不良个贷后，保持全口径贷款零不良运行；内控管理规范有力，全年安全营运无投诉、无事故；抓好人才队伍建设，员工战斗力不断增强。 （胡芳芳）

中国农业发展银行股份有限公司盐城盐都支行

【概述】 2017年，围绕年度全行经营目标，认真贯彻落实省、市分行年度工作会议精神，围绕业务提速、绩效提升、管理提优、党建提强四大工程，坚持“稳中求进，进中求优”的工作基调，推进“党小组建在项目上”活动、基础管理、业务营销、风险防控等重点工作，促进业务有序、安全运行。

【主要经营指标完成情况】 累放各类贷款66130万元。其中政策指令性贷款36594万元；政策指导性贷款27500万元；自营性贷款2000万元。各项存款增长幅度较大。至年底，实现日均存款97851.2万元，比年初增加30538.8万元。中间业务收入完成情况有待提升。截至12月末，共取得中间业务收入12.35万元，占市行下达的全年任务数90万元的13.72%，序时任务的13.72%。至年底，代理保险业务收入为5.66万元，完成任务的7.41%。账面利润序时完成。至年底，账面利润3944.89万元，占市行下达的全年基本利润目标3446万元的114.48%，完成发展利润目标3872万元的101.88%。

【组织推进贷款投放】 做好项目贷款的投放及管理。经本行申报、上级行审批，审批待放项目为3个，涉及金额为25.25亿元，分别为：郭猛水环境整治项目1.25亿元、整体城镇化项目12亿元、棚改项目12亿元。全年共投放项目贷款2.75亿元，分别为郭猛水环境整治项目1.25亿元、棚改项目1.5亿元。同时，根据企业申请，做好2016年申报、获批并实现投放的整体城镇化项目部分抵押物进行置换，做好手续对接、资料收集。做好粮食储备贷款的轮换管理。支行粮食收储企业4个，其中龙冈粮库为过渡性企业(11月份储备贷款收回全部转入龙冈收储公司)。为持续做好传统性业务的服务工作，信贷客户经理除按要求做好库存监管外，与企业对接储备轮换计划、收储等情况，在企业取得轮换计划后，做好粮食轮出后贷款的收回入储备贷款申报、投放工作。至年底，累计投放地方储备贷款36594万元，其中：轮入小麦5125万公斤、稻谷6703.08万公斤。做好悦达纺织的对接和沟通。针对年初因CM2006系统刚性控制悦达纺织批待放的2000万元贷款无法投放问题，向客户做好解释工作，并联系协调处理方法。经向行长室回报、与上级行沟通，贷款于3月成功投放。对悦达纺织申请的更换承贷主体工作进行对接，初步完成悦达棉纺评级资料。至年底，悦达纺织的贷款全部收回，悦达棉纺的评级授信流程到省分行信贷管理处。

【项目营销工作】 就扶贫、创新、基础实施三方面进行项目对接和营销。对接新项目。年内对接的项目为3个，分别为：盐都新区的河道整治工程，项目总投资1.6亿元；龙冈的林业项目筹备立项，采用自营方式；龙冈的生态林一期项目，初步完成可研的编制。持续做好客户维护。为保持国际业务营销工作的不断档，在国际业务年度目标任务完成的情况下，通过上门拜访、电话沟通等持续做好国际业务客户的维护工作。

【存款营销】 争取棚改资金的直接支付。关注棚改项目进度，在符合放贷条件后就关于资金支付方式与企业进行沟通，达成对农户拆迁补偿款由支行直接支付的共识。5月，发放首笔棚改贷款，贷款用途均为拆迁补偿款，1.5亿元的贷款全部采取自主支付方式。协调引入客户的验资资金。做好项目贷款下游企业和关联企业营销，成功营销中咏公司追加担保人的注册资金10亿元进行验资。做好存款客户的维护工作。做好与财政部门的沟通，在维持目前财政性存款不下降的基础上，争取新增部分财政性存款。做好前期营销成功的存款客户维护工作，采取上门服务、电话跟踪等方式，进行全方位的结算服务。加大回笼货款的管理力度。明确要求粮棉企业货款回笼率必须达100%，并对货款回笼率情况进行严格考核，与客户经理绩效奖励进行挂钩。

【营销中间业务】 确保应保尽保。年内，支行对全部抵押的抵押物进行清单管理，细排保险到期情况，提前与企业进行对接。除悦达纺织因主动退出支行信贷支持外，其余所有抵押物均办理保险，同时，加大粮食库存保险的推进，对支持的粮食企业库存按在库时间进行测算办理粮食库存险。动员全体营销。根据行务会的要求，信贷业务部初步草拟全行经营绩效考核办法并提交行务会。办法中明确全行所有人员的保险营销目标。同时，为保证业务的合规性，对上级行明确的保险合作公司范围、保费缴纳等要求重新进行明确。依托平台公司营销国际业务。通过对智能产业园引入的投资企业营销，实现1个国际业务客户的账户开立。至年底，国际业务客户为5个，国际业务结算量为810.21万美元，完成年度目标任务的162%。

【严防信贷风险】 做好驿都置业项下世贸大厦变现清偿对接工作。根据法院通知召开的债权人会议，清偿方案确定支行受偿率均未达100%，支行明确提出信贷资产必须足额受偿；在法院送达《驿都置业案件支付方案》后，及时提交异议申请，明确要求支行债务全额受偿，并向区领导汇报，争取区领导的理解和支持。同时，提请律师对该支付方案进行分析，寻求法律支持，力保支行债权最大程度的受偿。督促企业追加担保。在日常工作中对所有贷款保证担保能力均进行检查，经检查发现，中咏公司的整体城镇化项目、咏创的棚改造项目担保人均出现担保能力不足、下降的现象，立即与客户对接，至年底，与中咏公司达成整改方案，以抵、质押物对目前余额8亿元进行全覆盖方式进行整改，相关资料12月上旬完成上报。开展贷后管理及风险排查。在收到总行贷后管理办法文件后就组织信贷人员进行学习，并要求6月末完成贷后管理资料上传的企业全部按新文件要求启用新格式文本，同时要求各客户经理每月20日前完成贷后管理工作及相关资料，每月下旬召开贷后管理例会，由各客户经理对分管的企业经营情况、财务情况、库存等情况进行分析，信贷主管、行长分别进行提示和要求。

【配合地方政府做好债务整顿】 根据财政部《关于进一步规范地方政府举债融资行为的通知》(财预〔2017〕50号)和《关于坚决制止地方以政府购买服务名义违法违规融资的通知》(财预〔2017〕

87号)，区政府通过召开专门会议、发送书面整改函告等方式，要求支行交回贷款材料中涉及贷款本息偿还的承诺函、人大批复等相关资料。7月，支行收到5个平台公司提交的政府要求收回相关函件的函告及高新区集团出具的函告。至年底，除棚改项目政府购买协议、农发基金涉及的2份政府承诺函以及三方监管协议未退外，其余9份资料退回。

【开展合规创建工作】 年内，为贯彻落实上级行关于"法治农发行"总体要求，提高全员依法经营、合规操作水平，根据"依法经营、合规管理"相磁要求，推进合规创建工作。组织保障。成立"依法经营、合规管理"达标创建领导小组，领导小组下设办公室，具体负责创建活动的组织开展。办公室设在信贷业务部，明确各部室指定专人作为办公室成员，统筹安排，密切配合，将创建活动落到实处，达到预期效果。支行行长作为第一责任人，负责合规创建的统筹安排、协调落实，两名主管作为具体责任人，负责组织协调监督创建活动的有序开展，同时，以行务会形式，按月分析全行自查自纠及创建工作开展情况，提升创建水平。确定目标。经领导小组讨论并形成一致意见，支行年度创建目标为：总得分90分(含)以上，年度等级行评定为三类行（含）以上，内控评价等级为一类。各司其职。各部室对照经营行内控评价"过程评级"标准按月开展自检自测，填写《自检自测表》、建立问题台账，按月分析问题成因，严格落实人员限期整改到位。同时，加强创建资料档案管理，将创建方案、自检自测、学习测试、月度分析、会议记录、检查台账、督促整改、责任追究等各类资料分类整理归档，并完善登记"创建达标手册"。

【提高财务业务水平】 开展联系行制度，财会基础专项治理活动持续进行。根据高级主管联系行制度，市行财会处到支行进行为期一周的检查。检查重点为企业文化及队伍建设情况、财会基础环境建设情况、会计管理情况、财务收支核算情况、系统操作管理情况、固定资产管理情况、内外部检查发现问题的整改落实情况、重点工作及统一事项执行情况八个方面。加强学习，实时演练，集中授权系统平稳上线。在省行和市分行重视下，经过10月的模拟演练，11月4日，集中授权业务顺利上线，会计生产系统工作顺利开展。为做好系统上线准备工作，前后3次组织人员参加上级行的培训。

【加强宣传报道】 年内，做好信息报道、文章调研工作。按照市分行年度工作要求，将理论文章和信息报道工作落实到全行干部员工，实行专项考核。全年共发表理论文章和信息报道13篇，其中：《江苏经济报》3篇；《财讯》杂志1篇，《省行行务信息》1篇；《市行行务信息》1篇；中国经济网2篇；人民网1篇；《粮油市场报》1篇；《员工天地》3篇。

【抓好党建、保卫工作】 加强党风廉政建设。对市分行廉政目标责任书的条款进行分解落实，并由行长与主管、主管与职工分别签订党风廉政责任书，把责任分解落实到各部门和员工本人。3月，支行与企业签订银企廉政共建协议书12份。主要工作实行"阳光操作"，建立健全行务公开制度、财务管理制度、领导班子述职述廉制度、党支部议事规则和办事程序等一系列规章制度。做到严格执行财务管理制度不逾越"五条红线"，严格执行信贷管理制度不放人情贷款、超范围贷款，健全社会监督网络，不定期召开座谈会、发函征求党风行风方面的批评意见，并及时落实整改。成立领导小组，制定实施计划，明确学习时间和学习内容，撰写学习心得体会。加强安全保卫工作。强化对职工防范意识教育，进行多层次的安全检查。落实柜面每天必须进行的安全检查外，注重职能部门、分管行长、行长的安全检查，提高全行职工特别是柜面员工的安全意识。加强安全保卫工作的组织领导、建立健全安全保卫工作的各种制度、落实安全保卫工作的各项防范措施。全年安全保卫工作未发生责任性事故。

【业务结构问题】 存款结构不合理。日均存款指标虽达序时任务要求，但从存款结构来看，仍存有不合理的地方。至年底，存款余额为11.71亿元，其中因中咏公司抵押物置换暂用存单质押过渡的存款8亿元、项目贷款存款质押1.7亿元，剔除该部门存款外，存款仅为2.18亿元；同时在营销财政存款上取得成效不大，这也是影响支行存款结构的重要因素之一。中间业务收入指标完成不理想。至年底，中间业务收入为10.66万元，完成全年任务的11.84%、序时任务的12.92%，完成率较低。代理保险开展缓慢，目标客户群未实现有效壮大。代理保险业务收入仅为5.66万元，仅完成任务的7.45%。项目贷款推进暂无突破性进展。虽多方进行项目营销，但未能实现受理表的上报；已批待放项目仅实现投放2.75亿元，仍有22.5亿元贷款未能实现投放，除因项目本身建设进度影响外，高新区的整体城镇化项目因抵押物、担保人置换也处于停滞状态。

(谢玉玖)

江苏银行股份有限公司盐城盐都支行

【概述】 围绕年度目标任务，按照"稳中求进"的总基调，落实各项工作措施，全力做好稳存增存工作，加快业务转型，严控各类风险，取得良好的经营业绩，实现各项业务的稳步发展。至年底，各项存款余额为27.52亿元，较年初增长2.88亿元，日均27.09亿元，完成全年分行下达的任务数114.75%，其中储蓄存款余额为4.73亿元，比年初增长0.50亿元，完成任务数的47.86%，保证金存款余额为1.91亿元，较年初压降4.99亿元。各项贷款余额16.93亿元，比年初下降0.22亿元，其中小微企业部全口径贷款余额9.07亿元，较年初增长1.56亿元，全年完成率130%；资本节约口径贷款余额1.32亿元，较年初增长0.12亿元，全年完成率166%；全部科技贷款余额2.11亿元，较年初增长0.53亿元，全年完成率254.24%；科技型小微贷款(3000万元以下)余额1.53亿元，较年初增长0.16亿元，全年完成率197%。资本口径户数63户，较年初增长10户，全年完成率143%；授信客户工资户数33户，较年初增长9户，全年完成率150%；新增授信客户数5户，全年完成率100%；单位结算卡有效户新增65户，全年完成率144%；稳赢计划年度累计4.12亿元，全年完成率633.85%。个贷新增1.69亿元，完成任务数的166.88%；理财产品销售18.46亿元，完成任务数的90.07%，理财保有量3101万元，完成任务数的16.76%；基金销售1847万元，完成任务数的64.34%；保险销售721万元，完成任务数的41.92%；贵金属销售165万元，完成任务数的86.79%，VIP客户、准VIP客户折算新增165户，完成任务数的33%；手机银行新增3139户，完成任务数的56.97%；营销互联网新增商户1380户，完成任务数的102.99%。

【围绕优质客户促提升】 年内，全面提升"保、抢、挖"营销成效。抓好大客户、大系统、大项目营销。做好存量大客户挖潜工作，扩大合作范围，全面提升存量客户的综合竞争能力和服务水平。做好新客户、新项目的营销工作，发挥各类产品的增存、稳存功能，争取与新增大客户、大项目建立密切的合作关系。挖掘优质中小客户。把营业网点作为优质中小客户的营销主体，着力提升全员的营销意识和能力，利用"老带新"等各类沙龙活动挖掘优质中小客户。做大做强优质个人客户群体。按照分层维护要求，实行名单制管理，落实对应维护关系，将客户划分到每个员工的名下，实行全员营销维护的管理模式，加大对个人优质客户维护的考核力度。加大业务分流力度，努力提高电子银行和自助业务的分流率。

【严格风险管控】 年内，加大对信贷风险的问责力度。平时清降不良贷款取得成效，如出现新的逾期贷款加大处罚力度，追究相关责任人决不手软。加大对操作风险和安全风险的处罚力度。在平时要多加强检查，对各类风险进行排查，同时制订相应的惩罚措施，对发生的问题对照制度进行处罚，决不姑息。抓好计财、营运、内审、行保等后台的管理工作，做好合规经营，实现安全无事故。

【丰富企业文化】 提倡"服务是资本、服务是资源、服务是事业、服务是乐趣"的服务理念，时刻践行"真诚与您同在，服务就在身边"的承诺。开展争创文明单位活动，做到有方案、有目标、有组织、有计划、有步骤，建立责任制，层层抓落实。加强服务制度建设，做到日有晨夕会，周有例会，月有测试，季有考核，年有评比，进一步增强全员的服务意识，规范员工的服务行为。按照总、分行"党员进社区"统一部署，贯彻落实"党员进社区"的各项工作，为困难员工和贫困居民排忧解难，送去党和组织的温暖，春节前夕向困难职工送去慰问金，6月，向社区困难家庭送去大米、油等日常生活用品。7月，向社区困难党员送去慰问金，重阳节前夕向鞍湖敬老院捐赠现金一万元，以改善孤寡老人的生活条件。建立合理有效的利益分配机制，把员工的价值与行里的利益追求结合起来，通过科学的考核激励机制向一线员工倾斜，逐步提高员工对报酬的满意度，让员工有认同感、归属感、价值感和成就感。加强支行人才队伍建设，增强履职尽责意识。让"想干事、能干事、干成事"的员工有为有位，推进人才工程建设，使一批年轻力量充实到管理岗位。丰富员工的业务生活，增强团队的凝聚力。4月，组织员工到扬州进行户外拓展活动，多次开展掼蛋、乒乓球、歌唱比赛等活动。 （贾万华）

江苏盐城农村商业银行股份有限公司

【概述】 2017年，盐城农商银行进一步完善法人治理结构，理顺内控管理架构，完善全面风险体系，各项经营指标持续增长，经营品质不断提升。省联社等级行考核达成AAAAA级，在盐城市银行业金融机构2017年度执行人民银行政策综合评价等级考核中，被评为A类机构。

【金融创新成果显现】 年内，结合市场需求，创新开发"市民通""福农通""消费通"，满足城乡居民消费需求；开发汽车分期、车位分期、装修分期，满足居民住房购车需求；开发贷记卡、自助贷，满足客户资金周转需求；通过科技贷等产品助力科技型企业增强发展动力。在由中央国债登记结算有限公司发起的评比中，理财发行能力位列全国所有银行第24名，在全国农商银行中位列第2名。

【各项存款稳健增长】 至年底，各项存款余额达到236.37亿元，比年初增加32.17亿元，增幅15.76%(其中盐都区支行各项存款余额达135.31亿元，较年初增加20.73亿元)，市场份额稳步提升。其中储蓄存款余额139.92亿元，比年初增加2.72亿元；对公存款余额83.16亿元，较年初增加26.43亿元，增幅46.59%(其中盐都区支行对公存款余额达成44.21亿元，较年初净增14.96亿元)。

【信贷投放持续有力】 至年底，各项贷款余额167.07亿元，比年初增加17.45亿元，增幅12.07%(其中盐都区支行各项贷款余额90.13亿元)。其中，公司贷款65.78亿元，比年初增加13.18亿元，增幅25.06%；三农及小微贷款22.7亿元，比年初增加1.25亿元；消费贷款22.79亿元，比年初增加7.76亿元，增幅51.53%。

【经营效益稳步增加】 全年实现各项收入15.41亿元，比上年增加1.88亿元，增幅13.93%。实现账面利润3.57亿元，比上年同期增加1.29亿元；实现净利润2.46亿元，比上年同期增加1.06亿元。

【优化资产质量】 年内，不良贷款占比1.95%，比年初下降0.43个百分点。不良贷款余额3.26亿元，比年初下降1453万元。贷款拨备覆盖率达208.18%。

【发展网络金融】 全年新版手机开户数达114183户，较年初增加70406户，增幅为161%，全年交易118.25万笔，交易金融达316.01亿元，净增111.4亿元。全行电子银行柜面平均替代率达78.96%，比上年增加7.5%。

【履行社会责任】 年内，履行社会责任，

全年纳税1.23亿元。开展各类公益活动，树立良好企业形象。在阜宁“6·23”龙卷风灾害后，累计向阜宁捐款43万元，连续11年开展贫困大学生捐资助学活动，累计发放助学资金174.8万元，资助100名贫困学子实现大学梦想。

【争先创优工作】 年内，先后被市相关单位评为“年度最具社会责任金融机构”“年度盐城市银行业消费者权益保护工作先进单位”“年度盐城银行业文明规范服务工作先进单位”“年度计算机学会先进集体”“年度全市银行业舆情工作先进单位”。两人获“盐城市三八红旗手”称号。 （郝其栋）

中国邮政储蓄银行盐城盐都支行

【概述】 2017年中国邮政储蓄银行盐都支行围绕年初制订的各项工作目标，在业务发展上，以争优创先为主线，以收入、利润为导向，坚持科学发展。在管理上，改进机制，严控风险，强化营销，以高品质、专业化服务为手段，扩展市场、培育客户，各项工作再上新台阶。

【主要业务发展】 个金业务，至年底，支行存款余额为45528万元，金融总资产为55263万元，年日均净增4678万元，年计划完成率为100%。增加激活手机银行3632个，计划完成率为85.4%，列全区第二。信用卡发卡2374张，计划完成率为132%，列全区第五。零售信贷业务，至年底，支行零售信贷余额为108200万元，年净增42927万元，计划完成率为111%，列全区第四，净增绝对值列全区第三。对公业务，至年底，支行对存款余额为52654万元，年日均净增28195万元，年计划完成率为512%，计划完成率列全区第一、净增绝对值列全区第二。至年底，支行小微企业贷款余额为18294万元，年净增4255万元，年计划完成率为376%。计划完成率列全区第二、净增绝对值列全区第二。

【小企业贷款恢复性增长】 通过在2016年对盐都区域内的园区小企业客户的营销和相关获客渠道的建立等，取得恢复性的增长，全年支行小企业贷款余额净增4255万元（其中主动退出二户、450万元），完成市分行下达的小企业贷款净增计划指标的376%。

【新业务层出不穷】 年内，在开办第一个监管账户并取得较好的效益基础上，通过前期的营销、跟踪和公司部相关部门的协助，成功开办全市第一笔国际信用证、全省第一笔保函业务，相继为支行带来9万多元、1万多元的收益，为支行在新产品拓展方面树立信心。

【员工能力建设】 通过支行每周一固定的柜员岗位练兵活动日，每月开展区支行岗位练兵大比武活动。在2017年市行组织的岗位练兵活动中，支行列全市第三名，市区第一的好成绩。通过对审查审批人员所提出的问题进行汇总和定期请审查审批人员现场沟通，提高客户经理的实战处理能力。 （王　霞）

中国人民财产保险股份有限公司盐城市盐都支公司

【概述】 至年底，盐都支公司内设综合部、直销业务一部、直销业务二部、直销业务三部、中介业务一部、中介业务二部、电子商务业务部、运营支持部/客户服务部、农村保险事业部/农村普惠金融事业部，以及3个营业部、7个营销服务部。各类性质用工60人，其中总公司版本劳动合同员工9人、地方版本劳动合同员工28人、劳务派遣人员1人，其他用工22人。

【主要经营绩效指标完成情况】 绩效指标：2015年保费增速达起始目标、考核口径利润达起始目标，2016年市场份额达预算目标、考核口径利润未达起始目标，2017年市场份额达起始目标、考核口径利润达起始目标。

【开拓车险市场】 新车业务坚持一店一策，深化车商渠道精细化管理，细化每一个店内新车份额考核，协调每个店与理赔端的衔接。加强二网业务的展业对接和营销拓展，提升4S店合作的新高度。建立存量业务团队，稳固现有存量业务，提高客户黏性，从其他主体获得新增资源。重视司控业务的维护和拓展，保持政府采购、校车、新能源汽车、规模物流车队。开拓新车商、新车队、新客户，提升公司可持续发展能力。车险业务从2014年底的4875万元，增加到2017年的8256万元，2015—2017年增长率分别为26.74%、16.09%、15.11%，分别超越市场2.05PP、3.84PP、4.93PP。

	保费收入		应收保费率		市场对标			综合成本率		利润	
	考核口径（万元）	同比增长率（%）	考核口径（%）	预算（%）	市场份额（%）	市场增速比值（%）	目标值（%）	考核口径（%）	预算（%）	考核口径（万元）	计划完成率（%）
2015年	10183	19.5	1.7	1.6	6.7	98.7	—	84.6	—	1293	99.4
2016年	11546	13.4	2.6	1.7	6.8	125.4	—	98.2	—	177	12.5
2017年	12654	9.6	2.6	2.6	6.8	98.9	—	92.4	—	1157	81.1
合计	34384	—	—	—	—	—	—	—	—	2627	—

注：盐城市分公司财务数据反映，盐都支公司车险、非车险增长速度连续三年均超越市场平均增速，但因农险增速下降，故2015年、2017年总体增速未超越市场

【深挖农网业务】 非车险方面，开拓农村市场，在全市率先推出财政补贴型农村家财险业务，保费收入250万元，取得较好的社会效果。抓住轿运车物流市场规范转型的机遇，对接市场需求，创新推出商品车物流货运险附加贬值保险，2017年实现保费收入近千万元，掌握这一领域的主动权。非车险保费收入自2014年的1559万元，增加到2017年的2565万元，增长率分别为20.66%、13.18%、20.46%，连续三年超越市场4.19PP、5.16PP、1.57PP，2017年保费规模在全市9个县区经营单位中名列第二。

【保持农险稳定】 协调与农办、镇（街道）、政府（管委会）、经管站的关系，强化服务，农网布局初步达成，镇（街道）农险队伍建设进一步夯实。2017年在张庄、尚庄、七星农场推广农作物火灾保险和补充保额保险。年内，顶住竞争对手的巨大压力，争取到85%的农险份额，签订三年的联办共保合作协议，保证公司利益，将政策影响降到最低。

【加强队伍建设】 年内，有计划地培养年轻员工，为公司可持续发展储备人才。进一步完善车商专业团队、非车险专业团队建设，通过多种办法提高团队的专业能力和市场拓展能力。筹建存量团队和农网团队，逐步形成“车商、存量、非车、农网、综合”五支专业团队共同发展的格局。

中国人寿保险股份有限公司盐城市盐都支公司

【概述】 2017年，中国人寿盐都支公司发挥经济补偿、社会管理和资金融通功能优势，不断探索服务政府、参与地方民生建设的新路径，推进大病保险、安康关爱老年人保险、基本医疗经办、扶贫保险、新农补保险等一系列具有广泛社会影响的业务。全年实现保险费总量3.78亿元，主营大短险3366.78万元，完成年度目标的105.08%，完成率全市第二。团短险保费达成1209.21万元，完成年度目标的112.08%，同比增长50.21%，完成率全市排名第一。个险新单保费6873.65万元，银邮代理新单保费4525.05万元，完成情况均排全市前列。全年处理各类理赔案件3348件，赔给付金额522.71万元。业绩指标综合完成情况位列全省县级支公司排名前30名，理赔“一站式”服务平台建设、扶贫保险项目落地实施2个创新型项目经验在全省推广。

【服务城乡居民大病保险】 全年经办全区52万人参保农村居民大病保险，累计处理大病保险赔案8783人次，赔付金额662万余元。下半年，在原新农合基础上，根据政府新医保政策，平稳实现新农合与城镇医保平台整合。通过开展城乡居民大病保险，有效缓解居民特别是农村居民因病致贫、因病返贫的问题，构成全区城乡居民医疗保险“双保障”。

【开展城乡医保小额补偿保险】 全年参保群众达11.39万人，其中个人缴费参加的有83762人，医保免缴人员参加的有30173人，政府补助资金204.45万元，合计保费达455.74万元，参保人数及筹资金额分别上升60.42%、279.78%。

【推广“安康关爱行动”老年人保险】 “安康关爱行动”老年人保险推广工作再上新台阶。全区全年完成参保老年人11.27万人，较上年净增加4万人，同比增长55.18%，老年人保险覆盖面达82.4%，全市领先，较好地完成区政府确定的2017年覆盖面70%的年度工作目标。潘黄、龙冈、葛武、新区等镇（区、街道）覆盖面实绩超过100%。

【创新保险方式】 年内，由中国人寿盐都支公司牵头承办的“民生三项”保险项目被《中国保险报》等国家级媒体报道创新做法。民生三项保险项目包括自然灾害民生保险（人身意外伤害综合保险和家庭财产综合保险）、托底救助对象特别重大疾病专项保险、五保及“三无”对象护理保险，保费由市、县两级政府分别承担。区扶贫办和中国人寿盐都支公司落实省政府、国务院开发工作领导小组办公室保险扶贫文件精神，探索和创新保险扶贫的有效方式，为全区建档立卡低收入人群办理“贫困农户综合保险”。

【开展社会公益活动】 组织开展“客户节”“老年春晚”、联系点“共建”等公益活动。联合区金融办、民政局、农办、人社等部门，开展“国寿大讲堂 保险进万家”活动，对接各镇（区、街道）基层，开展保险知识宣传，解读政府政策，辅导理赔知识。与区农办联合编制《民生服务手册》彩印本20000份，全面解读各级政府特别是盐都区在民政救助、健康援助、教育资助、保险保障、医疗救助“3+3”等8项最新重点政策，把政府温暖和保险服务送到群众手中，落到实处。自觉履行纳税义务，全年缴纳地方税收393.01万元。

【建立理赔“绿色”新通道】 年内，建立完善理赔“绿色通道”。商业保险，尤其是老年人保险、扶贫保险、民生三项保险等涉及民生的政策性保险项目的持续推广实施。在区相关部门支持下，在区殡葬系统开通死亡保险金直付业务，投保人可在殡仪馆直接领取保险金。医疗费用报销与基本医保平台成功嫁接，实现“一站式服务”，再次开全省理赔服务先河。

综合管理与监督

政务服务管理

【概述】 全区政务服务工作，以行政审批制度改革为转职能、提效能、激活力、促发展的重点，推进政务服务“一张网”建设与应用，优化审批服务流程。全年共办结行政审批和公共服务事项686223件，按期办结率100%，企业群众评议服务窗口满意率99.4%。连续三年获区直部门综合先进奖。在全市政务服务系统2017年度总结表彰大会上，区政务办获“政务服务工作综合先进单位”“政务服务网建设先进集体”“政务服务工作改革创新奖”“公共资源交易管理工作先进集体”“12345在线平台群众诉求办理工作先进集体”等称号，住建局窗口、业务科被评为“优秀服务科室（窗口）”，三人被表彰为“先进个人”。盐都农村集体“三资”管理工作被评为全省政务服务改革创新成果，公安局出入境窗口被全国总工会表彰为“全国五一巾帼标兵岗”，市场监管局行政许可服务科被省工商行政管理局给予“嘉奖”奖励。

【盐城高新区行政审批局挂牌】 12月28日，盐城市高新区行政审批局正式挂牌。新挂牌的行政审批局，主要负责贯彻执行法律法规和行政审批制度改革政策措施；负责承接、行使省、市下放高新区的市场准入类、企业投资建设类、跨部门重要民生类行政审批职责；负责网上办事大厅和实体大厅“线上线下、虚实一体”政务服务平台的建设和管理工作；负责网上审批和信息公开工作。

【审批制度改革】 年内，深化“三集中三到位”，32家行政审批职能部门的分管负责人和行政许可科，环评、工商代理、税务等21家中介机构以及银行、供水、供电等8家便民服务单位集中进驻；推动区级政务服务中心、乡镇便民服务中心和村级便民服务站标准化建设，实现区镇村服务网点全面联网，搭建“横到边、纵到底、全覆盖”的“三级服务平台”。至年底，全区1021项行政许可服务事项可在区政务服务大厅办理，1011项服务事项能在镇村实现服务代办；组建盐城高新区行政审批局，将投资建设、市场准入和便民服务领域的15个部门、123项行政事项分三步划转至行政审批局，打造“环节最少、流程最短、效率最高、服务最优”的政务服务“升级版”。

【政务服务体系建设】 年内，与国泰新点软件公司对接端口开放事宜并取得成功，推进全区工程建设项目电子化招投标“全覆盖”；筹备成立公共资源交易管理科，做到“管办分离”；出台《盐都区招投标管理实施办法》，建立健全投诉举报受理机制，提高公共资源交易的公开化、

12月，盐城高新技术产业开发区行政审批局挂牌

规范化水平和监管工作的科学化、网络化水平。整合市长热线、市长信箱、区长信箱，拓展12345平台受理渠道和服务功能，落实“单位会商、现场督办和公布示警”制度；加强办件数据分析能力，及时回应社会热点，增强12345在线的集聚效应，实现平台由“热线”向“在线”“咨询”向“协同办事”跨越，为全区编排为民办实事等重大决策发挥参谋作用。全年共接收群众来电来信12645件，到期办结率100%，回访满意率97.3%。

【加强建设政务服务“一张网”】 年内，完成全区6210项权力清单和办事指南编制入库工作，编制核定包括行政许可、征收、给付、确认、奖励、其他6类事项和审核转报事项在内的1021项政务服务事项清单，在线率达100%。完成“江苏政务服务”手机APP下载安装44183人次，用户注册40146人次，实名认证28976人次，在全省县区级排名第1位。建立并动态更新全区行政审批和公共服务事项信息库，对1021个事项配置在线申报功能。同时，在政务服务大厅开通“省政务服务网上体验店”，给企业群众提供自助网上申报、预约、查询、评价等功能。

【实施不见面审批】 6月，在全市率先公示首批“不见面”与“见一次面”审批(服务)事项清单，包含17个单位119项审批(服务)事项，8月份又梳理公布第二批。至11月14日，盐都区“不见面”政务服务事项清单共1011项，不见面率达99%。实施“互联网+政务专递”战略，在服务大厅设立邮政EMS快递送窗口，国税窗口建立全国首家“发票配送中心”，将线下办结或网上审批办结的审批结果以邮寄方式送达企业群众，开启不出户审批的多元化服务模式，省去企业群众跑腿办理的流程。卫计委窗口自4月25日实施公共场所卫生行政许可告知承诺制试点改革，推行信用承诺制，实现由“重审批轻监管”向“轻审批重监管”的转变。同时，区政务办坚持先试先行，大力开展工业企业“零用地”技改项目“不再审批、有效监管”试点工作，突破扩建厂房建设项目。全区全年完成23个项目的承诺手续，其中6个项目为全流程承诺办理。

【推进2440改革】 年内，根据“2440”改革目标，区政务办协同编办编制《盐都区‘三证照’办理流程》，在开办企业、施工许可、不动产交易登记等办理环节、办理时限、申请材料上优化压减。在全市率先建立从立项到施工许可的17个事项的企业项目数据库，兼备查看、上传、下载、打印等功能，实现在政务服务大厅内企业提交过的材料、发放的证件不再重复提交。至年底，所有工业立项项目全部实现数据共享。调优不动产登记服务网点窗口布局，设置总咨询预审台、非涉税不动产登记区、涉税登记交易(二手房)综合区、纳税申报专区和中介服务区5个服务区域，实行不动产登记交易和税收全业务、全过程“一窗受理、集成服务”。设置“多评合一”、“多图联审”窗口，对企业投资建设项目图审和评估业务实现综合受理，减少办事的环节与成本。开办企业和施工许可办理流程也参照“一窗受理、集成服务”的模式进行窗口整合。引进工行、农行、建行等六大银行入驻政务服务大厅，一站式展示、介绍和提供金融服务，解决2440改革中不动产贷款慢、企业开户难等问题，搭建精准、高效、低成本的“一对多”金融服务平台。

【创新便民利企举措】 推行预审代办制度。建立以区级有代办服务中心牵头统筹、部门有跟办人员跟踪协调、乡镇有项目代理员全程代办的三级项目帮办服务体系，提供项目报建审批“一揽子”免费代办服务。涉批部门依法对环评报告、规划设计方案、施工图等进行联合预审，正式办理流程时，审批部门利用预审查结果，快速出具正式审批文件，纵向节省企业的时间成本。开设综合服务旗舰店。在全市区级首家开通政务服务网上办事综合服务“旗舰店”，提供联合验收网上申报、最差服务科室评选、“不见面”审批清单查看、公共资源交易项目信息公示等政务服务功能。在全省首家实现在省政务服务APP内查询、管理、申报全区范围内农村集体资金、集体资产和集体资源等功能。推进项目联审联办。全面推行联合审批、联合勘察、联合验收工作，先后为100多家企业提供联合验收服务，为26家企业提供联合审批服务，压缩审批时限30%以上。

【开展争先创优活动】 开展“服务明星”“红旗”暨“最差”服务科室(窗口)等评比活动。定期组织拓展训练、掼蛋比赛等文娱活动和礼仪培训、业务培训、文明创建、公文知识和招商引资讲座等活动，增强中心凝聚力与战斗力，激发争先创优的内在活力。

【打造“政务天猫”】 10月13日，以“多彩盐都 欢乐水乡”为主题的区政务服务网综合服务“旗舰店”上线，成为全市区级首个全面开通的政务服务网上办事综合服务“旗舰店”，提供联合验收网上申报、最差服务科室评选、“不见面”审批清单查看、公共资源交易项目信息公示、工程建设和政府采购结果公示等政务服务功能。通过与省大汉软件公司对接，设计应用UI、新增查询功能，10月1日在全省首家实现在省政务服务APP内查询、管理、申报全区范围内农村集体资金、集体资产和集体资源等功能。

【加强政务服务超市管理】 完善政务服务网上超市。从平台建设到事务办理，从信息咨询到互动回复，从开门办网到互联互通，对上线内容和服务再审视、再梳理，扩大“盐都区综合服务旗舰店”的功能与应用，切实提高用户体验，增加旗舰店优质服务资源和特色服务，实现集行政审批、便民服务、政务公开、流程监控、互动交流于一体的“一站式”标准化政务服务。规范中介服务网上超市。加大“红顶中介”清理脱钩力度，清理规范涉批的各类认证、评估、审图、代理、检查、检测等中介服务，引入市场竞争机制，并加快发挥“盐都区行政审批中介服务网上超市”功能，实行区级行政审批中介服务事项申请、业务对接、结果反馈、监督管理全程网格化。建立健全金融超市。为提升金融服务实体经济的精准化水平，在进驻银行的同时，引进融担公司、证券公司等，缓解金融机构和企业信息不对称的问题，努力实现金企对接“零距离”。

【推行招投标全程“电子化”】 规范交易目录。按照应进必进原则，及时编制公共资源进场交易目录，实行动态管理，并实行全过程在公共资源交易平台交易。规范信息发布系统。加强交易场地建设、交易制度建设和交易信息系统建设，构建场地服务、制度规范、信息科技“三位一体”的公共资源交易平台，使整个平台具备交易信息公告发布、交易业务受理、网上开评标、交易场地管理、专家管理、诚信管理、交易监控、咨询服务、统计分析、档案管理等功能。实现与省、市电子交易公共服务系统互联互通，探索推行网上竞价、网上商城、电子监察、电子监管系统的建设。规范监管体制。发挥公管办的职能，对全区公共资源交易规则的指导和协调。实施电子化行政监督、行业自律、社会监督三位一体的立体监督格局，建立跨部门协调监管和联合惩戒机制，完善投诉处理机制，建立规则统一、公开透明、服务高效、监督规范的公共资源交易体系。 （周晶晶）

招投标管理

【概述】 2017年，全区招投标工作以确保招投标交易活动“规范、高效、诚信、有序”为目标，规范执行招投标相关法律法规，规范全区招投标交易市场秩序，打造一流的招投标交易平台，全年办理进场项目1358宗，实现交易总额42.65亿元。

【各项指标增长】 针对大市区公共资源交易市场统一、限额以上项目纳入市级平台交易的实际，努力开创服务发展，组织实施区级及市级平台工程类招标发包项目491个，全年累计预算金额51.11亿元，中标金额41.34亿元，节约资金9.77亿元，资金节约率为19.26%。其中区级平台工程类招标发包项目277个，累计预算金额6.19亿元，中标金额4.42亿元，节约建设资金1.77亿元；市级平台工程类招标发包项目214个，计219标段，累计预算金额44.92亿元，中标金额36.92亿元，节约建设资金8亿元。全年工程建设重点项目有东山精密项目、智能终端产业园总部研发区工程、张庄全民双创园项目、盐城枫叶国际学校工程、汽车后服务市场项目、高架两侧楼宇亮化工程等。对区重点项目的招标条件实行容缺受理，先核准后补材料，提前进入招标程序，缩短时间，同时对重点项目招标文件采取联席评审的方式，保证重点项目招投标顺利完成。

【优化业务流程】 年内，按照“统一管理、统一监督、统一交易”的要求，增强公共交易信息的透明度，对进入中心交易的项目除网上公示外，还对除评标工作外的招投标全过程透明，即预算、公告、招标文件、评标办法、中标结果等主要内容全部向社会公示，确保交易信息公开，过程公平，结果公正。至年底，完成中心“电子化”平台建设工作，探索电子招标投标交易平台的技术创新，将项目进场交易申请、公告发布、招标资料传递、招标文件获取、质疑答疑、投标报名、投标受标、开标解密、评标定标、中标信息发布等全流程“搬”到网上，实现招投标活动电子化、网络化、规范化、程序化操作，减少招投标各方当事人多次往返于招标人、招标代理机构和交易场所的次数，降低交易成本，提高工作效率，规范交易行为，促进公平有序竞争。

【创新方法监管国有资金项目】 年内，全区招投标工作从严规范国有资金招投标项目的监管工作入手，建立招投标监管流程体系，强化重点环节监管责任，防止出现监督缺位的情况发生。在监管国有资金项目工作中，推行资格后审制度。提高公共资源交易监管能力，提前介入、主动服务区“两重一实”项目。跟踪政府重点项目及政府实事工程，参加各类协调会，主动与建设单位联系和对接，推进项目的招投标工作完成。督促检查、跟踪服务招投标重大项目。做好招标信息发布、招标文件上传、质疑答疑、资格预审、抽取评标专家、递交投标文件、开标、评标、公示中标候选人、签发中标通知书等重点环节，运用网上交易服务管理系统，做好跟踪服务，及时发布短信提示；对所有进场交易项目的当事人，加强秩序管理，发现异常情况，及时向行业主管部门或监管部门反映，力促交易活动的公开、公平、公正。根据相关要求和《盐都区社会中介机构预选库使用管理暂行办法》，实行中介机构准入管理，重新筹建盐都区招标代理机构名录库，实施代理机构入库的招选工作，整个招标过程在中心网站公开发布，全程接受公众监督，招标代理机构名录库的建立，促进招标代理机构规模化、规范化，制定《盐都区公共资源交易项目招标代理机构名录库考评管理办法》，对招标代理机构实行动态管理，根据考核办法，组织相关管理、监督部门、委托单位进行年度考评，对招标代理机构的执业情况进行评分，并将考评结果作为下一期入库的依据。对招标代理机构的管理，有效防范无资质、超越资质和挂靠资质代理行为的发生；加强对招标人、招标代理机构、评标专家和投标人的行为监管，畅通投诉渠道，严肃查处违法违规行为。 （徐华芹）

国有资产管理

【概述】 2017年，区国有资产监管工作按照区委区政府部署要求，贯彻国资监管法律法规，履行职能，强化监督管理，推进政府投融资平台转型，加快国企改制扫尾，完成年度各项目标任务。

【粮食购销企业投资】 年内，在完成国有粮食购销企业集团化重组的基础上，江苏盐粮控股集团有限公司投资控股盐城日新棉业公司优化粮食购销区域布局，增强企业竞争实力。

【推进投融资平台转型】 年内，制定出台政府投融资平台公司实体化运营改革试点工作方案，盐城市城镇化集团、盐高新集团公司实体化运营改革正式启动。同时，参照中央、省市文件意见，制定《区管企业负责人薪酬管理及经营业绩考核暂行办法》，市城镇化集团、盐高新集团公司、盐粮控股集团公司成为首批试行薪酬管理及经营业绩考核的企业。

【处置原国有企业改制遗留问题】 年内，完成国企城中商城的清算、化学厂的破产清算，盐都区原84家普通地方国企改制(破产)工作完成程序终结。

【规范国有资产处置行为】 执行国有资产监督管理规定，规范国有资产处置行为。年内，共实施国有(集体)产权转让划拨2宗，拍卖处置闲置资产近200万元，清理核销报废资产账面价值近500万元。

【重点项目绩效评价】 年初，从全区500万元以上的财政重点专项资金项目中综合筛选出8个项目开展财政支出绩效评价，在项目单位、主管部门自评价的基础上，选择其中的3个涉及面广、关注度高、社会影响大的重点项目进行第三方再评价，在全区初步形成规范资金使用行为，提高财政资金配置效率和使用绩效氛围。

【开展资产清查登记】 年内，对全区地方政府性债务投资项目资产进行全面清查登记。摸清全区国有资产家底，完善国有资产台账，建立比较完整的区国有资产数据信息库。 (蒋素云)

会计集中核算管理

【概述】 2017年，区会计集中核算中心贯彻会计法及会计管理制度，严控行政运行成本，大力压缩一般性支出，着力规范“三公”经费、会议费、培训费和津补贴发放，会计集中核算工作步入制度化、规范化和精细化轨道。

【推行“阳光财务”】 年内，将涉及日常工作的5项服务规范、6项报账业务规范和19项经费支出管理制度，印发给中心业务人员和各报账单位，对服务承诺、业务核算、报支规定、管理要求等进行全面公开，确保公平、公正，规范区直部门单位的财务收支行为。

【提高核算质量】 年内，实行AB岗交叉审核的基础上，简化内部审批程序，提升工作效率。坚持每季度末月的中旬开展季度互审，互审结果及时通报，存在问题及时整改，提升核算业务质量。

【提升服务形象】 设立“党员先锋岗”，在中心窗口开展“季度服务标兵”评比活动，促进工作规范和服务水平的提升。业务二科荣获省总工会颁发的“工人先锋号”称号。制定并落实《内部管理考核办法》，实行全员轮岗机制，严格按季考核，规范工作秩序。 (任冠祥)

市场监督管理

【概述】 2017年，优化服务，创新监管，营造良好的市场服务环境、市场竞争环境和市场消费环境，促进经济社会新发展，开创市场监管新局面，各项工作成效明显。区局被表彰为“全省工商和市场监管工作先进集体”“市文明创建先进集体”“全市政府法制信息工作先进集体”，获区委区政府商标品牌发展“特别贡献奖”；机关党总支被评为“五好示范基层党组织”，药械科、盐渎分局被表彰为“全市食品药品监管系统先进集体”，尚庄分局被表彰为“市级廉政文化示范点”“模范职工”小家；全系统未发生一起党风廉政建设责任制追究案件，制作廉政动漫1篇被省级媒体采用；并涌现出杨根、谷峰等一批先进个人”；落实“三带三联”大走访活动，70名党员干部走访尚庄镇8个村42个组3025户农户，处理84个问题。

【组织机构】 至年底，共有在岗在编人员162人，其中公务员131人，附属17人，事业14人(编制数：公务员157人，附属26人，事业20人)。另有离退休93人(离休2人，退休91人)。局领导班子6人，其中局长1人、副局长4人、区食安办副主任1人。下设盐渎、高新区、郭猛、大冈、龙冈、秦南、尚庄、楼王、大纵湖9个基层分局，1个直属机构稽查大队。内设办公室、组织人事科、法制科、行政许可服务科、食品安全监管科、食品安全综合协调科、市场规范监管科、消费者权益保护科、特种设备安全监管科、药品医疗器械监管科、质量管理与监督科、标准计量科12个科室，及监察室、学会、放心办和个私协、消协2个挂靠社团。

【市场主体发展】 年底，贯彻“放管服”改革，新设企业3228户，个体工商户2909户；股改公司12户；“五证合一”9242户，登记全程电子化营业执照3户，发放电子营业执照58户；办结药品、医疗器械登记、备案104件；发放食品经营许可证1717户；开展服务直通车活动11次；完成“2440”案例13个；招商引资中华联合财产保险、苏州台通智能工程、江苏嘉鑫新材料3户；办理股权质押、动

12月，文化市场执法检查

12月，食品安全专项检查　　刘晶晶　岳立中　成汉高　摄

产抵押36件，助企融资27.9亿元；办理守重企业公示255家。

【商标名牌发展】 全年申请注册国内商标2200件、马德里国际商标10件，盐城市知名商标20件、省著名商标17件、中国驰名商标5件、地理标志商标4件；全年共获批国家驰名商标锐科特、万勤、蛟龙、德瑞奇4件，申报省名牌产品企业11家；悦达家纺、盐电阀门申报市长质量奖；获批2016年度"区长质量奖"企业2家；龙冈输变电产业集群获省"省级优质产品生产示范区"荣誉称号，张庄精密齿轮产业集群获市"市级优质产品生产示范区"荣誉称号。

【市场执法监管】 年内，主动适应"宽进严管"新要求，行政许可、抽查等核心工作信息全部输入工商信息系统内网，并推送至全国企业信用信息公示平台外网。筹备创安工作，健全食品安全监管网络。全区聘用297名食品安全协管员；推行家宴厨师上岗证制度、食品安全倒逼机制和填写"聚餐报告记录表"奖励制度"三项制度"；完成1240批次食品抽检计划；整治14家食品经营户涉嫌违法添加非食用物质行为，并移送区公安局查处。药品批发、医疗机构药械使用及医疗器械经营单位检查覆盖率100%；处罚21家严重违反GSP规范的药店，查处3家非法渠道购进药品的村级卫生服务站；23家药店被评为"4S文明示范药店"荣誉称号；全区未发生一起特殊药品流弊事件。告知备案和注册登记9台锅炉、257台压力容器、135台起重机械、50台场内机动车辆、313台电梯使用单位，核销锅炉等特种设备144台，新上特种设备注册登记100%。安全监察检查111个特种设备生产、使用单位，下发《特种设备安全监察指令书》88份，处理严重事故隐患87条、一般事故隐患153条，立案查处12起超期未检、气瓶非法充装、未注册登记特种设备单位。组织1232户餐饮场所燃气安全专项整治，检查气瓶4036只，处理违规瓶1940只，盐城市康泽源等30户经营户改用生物或天燃气等燃料，9家液化气充装站上传二维码信息37101个。

【标准计量工作】 年内，大纵湖大闸蟹生态养殖、东方汽车广场服务业、剑桥涂装省级涂装生产线战略新兴产业、闳业机械高新技术自主创新4项标准化项目通过验收；锐毕利实业主起草2个行业标准、悦达家纺主起草1个行业标准均获得区政府20万元奖励资金；驰翔齿轮、盐电阀门采用国际标准获得采标证书；完成18家乡镇卫生院、23家农贸市场在用强制检定计量器具免费检定。东九重工报2018年标准化试点项目，培植锦江麦德龙超市、楼王农副产品市场、盐龙街道社区卫生服务中心3家"省级诚信计量示范单位"。 （苗才清）

统计管理

【概述】 2017年，全区统计工作以"提高统计能力、提高统计数据质量、提高统计公信力"为中心，发挥统计部门信息、咨询、服务的职能，完成上级部门及区委区政府交办的各项工作任务。

【提升统计数据质量】 围绕区委区政府"两聚一高"的目标，坚持"用数据说话，为决策服务"，加强"三新""双创""四众"统计监测，对高水平小康、高新技术产业、GDP、三次产业结构、"两个收入""四上"企业等指标科学引导。全年共发布统计分析78篇，统计信息272篇，"量"与"质"均位全市前列，获得上级统计部门及新闻宣传机构的一致好评，被中国信息报社评为2017年度统计宣传工作先进单位。

【推进统计规范化建设】 围绕"强基固本夯基础、开拓创新促提升"的工作目标，区、镇、村"三级联动"，抓统计层基础建设。全区12个建制镇统计站全部通过省级规范化验收，5家被评为省级示范单位，全市数量第一。"先试先行"，加大组织力度，是全市第一家在全区所有村(居)全面推行统计室建设，建成40家区级示范单位，其中宝才、远景通过市级示范单位规范化验收。华兴汽车、步高汽配同时被评为市统计守信企业。被省人社厅、省统计局和国家统计局江苏调查总队联合表彰为全省统计系统先进集体，成为全省市县镇三级统计系统中获此荣誉的18家集体之一，也是盐城全市唯一获奖的集体。 （侯兴安　王其虎）

价格管理

【概述】 2017年，贯彻落实省市价格工作会议精神，围绕实现全年价格调控目标任务，履行部门职责，在服务发展、改善民生、维护社会稳定等方面创新价格服务，为促进全区经济社会发展营造良好价费环境。

【稳定价格总水平】 落实省市价格调控政策措施，细化分解目标任务，加强市场价格监测预警，对主要农产品、重要农业生产资料和区内10家平价直销店实行常态化监测监管，新增龙冈农贸市场农副产品价格监测点，健全价格监测区镇村三级网络，动态掌握、日常跟踪主要农副产品、农业生产资料价格行情，适时反映稻麦成本、收成、收益变化，及时启动托市粮收购政策，开展农贸市场价格巡查，建立居民消费商品价格预警机制，与大市区衔接，全年市场价格运行平稳。

【清费减负】 落实市区各类收费减负政策，减轻企业负担，优化发展环境，促进经济发展升级。全年清理规范103项行政事业性、经营服务性收费，实现“放管服”改革的目标，降低企业负担超千万元；对全区部分公办养老院的收费情况进行调研，出台集镇污水处理费收费标准，对区水务局开展污水处理费收费政策和污水处理费差别化水价政策巡访；编制公布并动态调整《盐都区行政审批中介服务项目及收费清单》《盐都区行政事业性收费目录》等“二目录、五清单”，编印《盐都区物业服务收费政策汇编》2000多份，定期不定期对物业收费公示、收费行为进行巡查，物业收费公示率达100%。加强停车场收费和景区门票价格公示工作的巡查，景区做到常年公示价格；编印《涉农收费手册》1万份，分发到农户家中。对环保、教育、水务、民政、卫生等部门20多家收费单位进行巡访，对不规范的收费行为责令相关单位及时整改。

【服务改善民生】 年内，依法核定盐城枫叶国际学校、南京师范大学盐城实验学校学费、住宿费及盐城市兰园公墓“园中园”墓穴管理费标准，调整区域供水到户水价，并在全区实施差别化水价政策，疏导非居民用管道天燃气销售价格矛盾，完成市保障住房中心提请的两批次，涉及“西城府邸”“腾飞新城”“西城华寓”等11个小区安置房价格核定工作，向政府提供全区商品房销售价格变动情况的报告。开展公立医疗卫生机构收费公示工作检查，贯彻省市关于公立医疗机构改革工作、公立医院医疗服务改革，实施家庭医生签约包收费政策，全区共签约服务超万人次。

【维护社会和谐稳定】 建立“五位一体”价格举报服务联动工作机制，“12358”价格举报投诉电话实时畅通，及时快速受理查办价格投诉举报，办理价格投诉举报185件。年内，成立价格应急舆情处理工作领导小组，保持价格突发事件和重要舆情得到及时处理，维护社会大局和谐稳定。落实“两随机一公开”价格执法工作机制，提高价格执法公信力和效果；在春节、中秋、国庆等重大节日以及重要时段开展市场价格巡查，组织涉企、涉房、教育、医疗、房地产和停车场等价费问题专项检查，查处各类价格违法案件4件，实施行政处罚10万元。创新监管方式，变事后监督为服务前置，做好万达广场开业前价格服务工作，帮助万达广场完成自身具有个性化特色的商品标价签设计、监制工作。推进价格诚信单位和价格诚信区域建设，帮助指导居然之家、杨侍生态园等单位开展价格诚信区域创建工作，向区信用办报送价格诚信单位“红黄”名单，营造全社会遵法守信氛围。做好涉案、涉纪、涉税和涉政府事务价格认定工作，全年共接受委托办理各类价格涉案、涉纪、涉政府事务价格认定认证案件189件，认定认证标的额1213万元。实施23辆殡葬车回购价格认定工作，为民政部门殡葬事业改革提供支持。开展价格矛盾调处工作，在大纵湖旅游度假区等地设立6个价格争议调解处理工作站，正式挂牌开展工作，调处一起网络电商销售价格矛盾。

【塑创特色工作品牌】 推进价格信息宣传工作，全年上报政务信息260篇，被省物价局网站采用202篇，市物价局网站采用211篇，《江苏价格简报》采用6篇，《双新盐都报》采用2篇，《盐都通讯》采用2篇，价格政务信息宣传位列全市前列。在作出涉及受众群体广、可能引起社会矛盾的价格监管、服务、价格认定的决定的过程中，通过前期周密调研、借助外智外脑、规范办事决策程序、征求服务对象意见、登门送达决定、定期回访了解等方法措施，依法行政创品牌。 （王　华）

·区价格认证中心·

盐都区物价局价格认证中心系盐都区物价局下属的财政全额拨款事业单位，主要职责是：承担司法机关、行政执法机关和仲裁机构案件办理涉及财产的价格认定；承担纪检监察机关查办案件涉案财物的价格认定；承担税务机关税收征收管理涉及财产的价格认定；承担价格争议行政调解处理。

价格认证中心法定代表人：孙万忠，地址：盐城市盐都区新都路618号盐都区行政中心209室，联系电话：88353558，邮编：224005

卫生监督管理

【概述】 2017年，全区卫生计生监督工作，落实“全面履职、主动履职”工作要求，突出信息化和执法办案二项核心指标，重抓业务创新和卫生城市、文明城市创建二项重点工作，强化管理，优化服务，完成各项工作任务。卫生计生监督协管工作两次在全省会议上交流；公共场所许可告知承诺制为省编委全省推进“放管服”改革试点工作介绍经验并提供现场；被市卫生监督所表彰为“全市卫生监督工作综合目标管理考核特等奖”。

【推行移动执法APP执法全过程记录】 年内，区卫生监督所被列为省卫生计生行政执法全过程记录制度试点单位，是全市唯一的县(市、区)基层试点单位。区卫生监督所行政执法人员在执法活动结束当日，将没有剪接、删改的录音录像资料，按照执法单位名称、执法记录设备编号、执法人员信息、使用时间、案由及案件当事人等项目，按照规定时限及时上传数据中心存储，严格管理。至年底，区卫生监督所现场科室人员每人一部便携式执法记录仪，执法过程实现正常使用，实现执法全程留痕、可追溯，进一步规范卫生行政执法行为。

【推进“双随机一公开”抽查工作】 年内，落实国务院办公厅《关于推广随机抽查规范事中事后监管的通知》精神和省市卫生计生委要求，建立“双随机、一公开”抽查机制。建立“两库一清单”，制订工作制度和方案，随机抽取监管单位名单，随机分配卫生监督员，开展“双随机一公开”抽查。按“双随机、一公开”检查传染病防治、医疗机构、学校等各类单位98户，取得良好成效。

【推行卫生行政许可告知承诺制】 4月25日，启动实施公共场所卫生行政许可告知承诺制试点改革，对公共场所卫生行政许可申请实行一次性告知，申请人以书面形式承诺其在规定期限内经营场所现场能够达到法定条件，当场作出行政许可决定，实现审批“提速”。卫生行政许可办结时间由原来承诺的5个工作日缩短为1个工作日。至年底，实施行政告知承诺许可20户，其中17户承诺到期，承诺到位率88.2%。公共场所卫生行政许可告知承诺制做法为省“放管服”改革现场会提供现场点。

【召开学校卫生工作联席会议】 8月22日下午，区卫计委和教育局在卫生监督所召开学校卫生工作联席会议。会议通报“学校卫监1号行动”工作开展情况、存在问题以及督促各校迅速整改的措施，对国家“双随机”抽检不合格学校的情况进行反馈；讨论“卫监2号、3号行动”工作重点和难点；确定暑期学校保健老师培训班内容；通过秋季学期学校卫生专项检查工作方案。

【实施全区末梢水余氯快检项目】 年内，各镇（街道）水务分公司配备水质快检设备，开展增压站、管网末梢水余氯、浊度、色度等水质指标检测。在8个基层卫生计生监督协管室配备余氯快检设备，每周至少开展1次余氯检测，并上传现场快检结果照片到卫生计生监督协管平台，检测不合格的上报协管信息。

【开展打击非法行医整治行动】 年内，召开“6·29”全区打击非法行医工作会议，各卫生院分管院长、医务科长、防保科长，区直医疗卫生单位相关负责人及全区卫生监督员、协管员共127人参加会议。编制《打击非法行医工作手册》，新出台4个规范性文件，明确区、镇、村三级打击非法行医工作职责和具体做法，进行专题讲座。10月23日至11月9日，突击查处医疗服务案件27起，其中：非法牙医门诊13起，退休、在职乡村医生非法开展诊疗活动9起，无证非法行医1起，其他类“黑门诊”1起，医疗废物处置不规范3起。

【开展“服务质量提升年”活动】 年内，编制下发《盐都区卫生计生监督协管服务工作运行手册》（镇、村两版），发文确认全区第二批镇、村两级卫生监督协管员名单，组织业务培训。编制《协管服务指导手册》（第二版），强化督查，提高协管巡查、报告、处理及信息化运行水平。开展“卫生计生监督协管服务质量提升年”活动，制定专题方案，组织动员培训，明确分工责任，强化督查指导，郭猛、龙冈2个先进镇获市表彰。

【卫生监督创卫创文工作】 年内，全面培训动员，成立创卫复审和创文迎查工作领导小组和8个工作组，专题召开培训动员大会，对新标准和要求进行培训和讲解。广泛宣传发动，印制专门宣传资料1500份，核心价值观标贴800份。组织调查摸底，摸清责任区域共有“四小”单位底数812户。切实督查整改，实行划片分组、责任到人的网格化监督管理模式，按照《国家卫生城市标准（2014年版）》和文明城市测评标准的要求逐条梳理，针对差距和不足，认真督查整改到位。统一制作发放卫生计生监督信息公示栏684块，各类卫生制度、等级标识600余份，皮肤病患者理发专用工具盒275个，消毒记录1300多本等。把创卫、创文与建立完善长效管理机制结合起来，通过复审、迎查将卫生计生监督工作水平推上新台阶。

【强化卫生计生监督员教育管理】 年内，健全执法责任制和责任追究制，汇编《党纪条规汇编》，开展预防职务犯罪警示教育，组织“大走访”和文明创建，开展卫生监督员、卫生监督协管员“十项禁令”执行情况稽查活动。编制《考核手册》，探索建立科学的考评机制。组织“七五”普法学习，举办卫生计生监督员业务培训班6次，网络教育人均达60学时以上。 （周广海）

房地产行业管理

【概述】 加强房产信息化建设工作，配合市局顺利完成市、区两级业务平台的迁移、合并工作，切实保障全区房产信息网络安全。加强新建商品房预售资金监管工作，对41个房产项目256幢新建商品房，实施预售资金监管，重点监管资金达59.48亿元。对17家监管银行进行检查，整改违规使用资金5000多万元。加强对开发企业的销售行为管理和房产中介备案管理，落实宏观调控政策，切实维护全区房地产市场健康平稳发展。 （朱 进）

安全生产

【概述】 2017年，全区共发生生产安全事故64起，死亡41人，事故起数和死亡人数同比分别下降5.9%和4.7%，其中：生产经营性道路交通事故56起，死亡35人；建筑施工事故3起，死亡3人；工商贸企业事故2起，死亡2人；农机事故3起，死亡1人。全区没有发生较大以上事故，特别是在国庆、十九大期间等重点时段未发生生产安全事故，保持全区安全生产持续稳定健康发展的态势。

【安全生产责任落实】 年初，在区政府第一次常务会议上，区长吴本辉分别与区各分管负责人、各镇(区、街道)和安委会各成员单位签订2017年度安全生产目标管理责任书，将安全生产各项管理指标、工作任务和要求落实到基层单位；各镇(区、街道)、区各部门和单位按照安全生产目标管理责任书要求，又将安全生产目标管理责任书签订到所属村居、单位、企业，切实把安全生产责任全面落实到基层一线，全区共签订安全生产目标责任书9万余份。区委区政府针对重大事故隐患和安全生产突出问题2次专门召开区委常委会，进行专题研究会办解决。区政府常务会议6次列入安全生产议题，区长办公会议7次研究会办安全生产工作、协调解决重大事故隐患整改事宜和相关安全生产工作。9月12日，出台《盐城市盐都区人民政府有关部门和单位安全生产工作职责规定》(都政发〔2017〕73号)，明确区各有关部门安全生产工作职责。以区政府、区安委会、区安委办的名义召开12次全区安全生产工作会议，部署落实安全生产工作任务，全年4次对区直部门工作落实情况进行督查，各部门都能够按照各自职责，按照"三个必须"的要求，认真落实部门的安全监管责任。开展"落实企业安全生产主体责任专项行动"，全区有2239家企业签订安全生产承诺书。按照市安委会统一部署，开展落实企业安全生产主体责任考核评估工作，对349家企业进行考核。

【严格奖惩兑现】 区委区政府在年度目标任务绩效考核中，安全生产分值是1分，且将安全生产作为单项考核，联合表彰。将安全生产与政法综治、信访联合考核和表彰，安全生产占30%。在星级企业评定、科技技术企业的认定等严格落实安全生产"一票否决"，并增加干部业绩考核中安全生产的权重。1月，全区召开安全生产工作会议，按照区政府《关于印发盐城市盐都区安全生产目标管理考核办法的通知》精神，兑现2016年安全生产考核奖惩。并对各镇(区、街道)安全生产八项重点工作完成情况进行单项考核和奖惩兑现。

【隐患排查治理】 建立行政执法与刑事司法衔接制度。根据《行政执法机关移送涉嫌犯罪案件的规定》(国务院令310号)的规定，建立"两法衔接"工作制度。共计移送司法机关3起。5月10日，下发《标本兼治遏制重特大事故工作方案》，推进隐患排查治理体系建设。全区录入企事业单位1565家，共排查事故隐患13545条，整改13488条，整改率为99.6%。对到期未整改的事故隐患单位，在盐都QQ群、盐都安监微信工作群和电话等形式及时进行提醒，确保隐患及时得到整改并销号，每季度还对全区隐患排查治理体系建设情况进行文字通报。

6月16日，宣传安全生产法律法规和安全知识　　顾仁洋　潘秀中　摄

【开展安全生产大检查】 全年开展元旦、"一节两会""清明""五一""安全生产大排查大整治""国庆中秋"等7次安全生产大检查，查出事故隐患13545条，整改13488条。大排查大整治期间，全区共组织352个排查小组，检查督查组108个，出动1587人次，对17个行业进行全面拉网式排查，聘请安全生产专家172人次、86批次，对海亚冷冻、加油(气)站、液化气站等93家重点企业进行专业排查。全区共排查出各类安全生产隐患3247条，整改3012条，限期整改235条。6月，第一批区级挂牌督办15项重大事故隐患，大排查大整治期间，第二批区级挂牌督办15项重大事故隐患，全部摘牌销号。

【重点行业领域安全专项治理】 年内，危险化学品方面共派出检查组93个，排查企业426家，整改隐患375条，立案3起。依法取缔盐城市腾达热溶胶有限公司不符合生产安全条件组织生产和盐城市神彩墨业有限公司违规生产，对盐城市龙祥加油站逾期申请换发许可证和大冈镇卞红珍危化品的储存方式、方法不符合国家标准或者国家有关规定2起案件进行行政处罚。烟花爆竹方面累计开展联合执法检查90次，共联合执法检查烟花爆竹零售户546户，排查整改安全隐患388条，收缴各类烟花爆竹制品1956件，立案查处3件，行政拘留3人，行政处罚3人，移交公安处理烟花爆竹私储案件3起。5月27日上午，区公安局、安监局在盐龙街道集中销毁一批收缴的非法烟花爆竹，共销毁烟花1200箱、响炮860箱、仔鞭930箱，市场价值约30万元。建筑施工方面重点检查脚手架搭设、临边防护、起重机械、消防安全等方面存在的事故隐患，共排查出事故隐患500多条，发出安全整改单28份，下发3次安全检查通报。道路交通方面共查处各类道路交通违法行为55199起，排查道路交通事故隐患11处，整改交通标志、交通标线和隔离设施70处，恢复安装道路监控系统14处、路口交通指挥信号灯控制系统9个；查处酒驾3起，毒驾1起，醉驾13起，无证驾驶5起，取保候审23人，行政拘留3人。消防方面共检查单位637家，发现隐患1103处，督促整改隐患1052处，下发《行政处罚决定书》35份，下发《临时查封决定书》9份，责令"三停"5家，罚款29.99万元。特种设备方面现场监察特种设备生产、使用单位105家，其中气体充装单位13家，发出特种设备安全监察指令书45份，事故隐患整改率达100%。涉氨制冷和粉尘防爆方面聘请专家参与执法专项行动，对重点企业进行专业安全检查指导。专项行动以来，聘请专家36人次，对126家各类企业进行专业检查，对2家涉氨制冷企业开展液氨使用专项治理验收工作、对6家存在有限空间作业企业和12家涉爆粉尘企业进行重点检查，指导整改各类事故隐患916条。

【开展职业危害专项整治】 年内，把铸造、木质家具制造、汽车制造(含汽车维修保养)和箱包制鞋、船舶修造等职业危害严重的企业作为专项整治和执法检查的工作重点，坚持全面覆盖、彻查隐患、严格整治的原则，共检查企业80余家，出动检查200人次，共检查出隐患310处，整改310处。加大对职业病违法违规行为的查处力度，强化高危粉尘、高毒物品等职业病危害前期预防和源头治理，组织开展铸造冶炼、陶瓷生产、耐火材料和木质家具制造企业粉尘危害专项治理工作。对江苏鱼跃医用仪器有限公司“未及时向职工告知体检结果和企业发现职业病患者未报告”的违法行为罚款6万元。

【开展安全生产执法年活动】 安全生产行政执法工作全年共立案114起(不含简易程序89起)，行政处罚317.4万元，实际到账317.4万元，到账率100%。其中事前立案107起，比上一年同比增长98.6%，行政处罚144.6万元，比上一年同比增长285.7%，事前处罚占立案数93.86%，5万元以上立案数6起，占事前处罚案件比例数5.6%。执法计划检查立案率占86%，日常监察检查立案率占72%。

【开展“百日执法”专项行动】 开展以“安全大排查、大整治”为主题的安全生产百日执法行动，开展跨板块、跨部门联合执法行动36次，检查企业235家，发现隐患692条，整改隐患692条，隐患整改率100%；对重点地区和企业实施暗查暗访63次，查处安全生产违法行为768次，责令暂时停产停业42家，责令停产停业21家，实施关闭10家，实施停止供电强制措施2家，向社会公告列入“黑名单”企业1家；百日行动期间共立案56起，行政处罚65万元，向市局报送典型案例9件。在相关媒体开辟专栏，宣传报道执法专项行动开展情况。宣传报道专项行动43次、全年刊登各类稿件226篇，悬挂横幅标语682条，运用LED显示屏滚动播放宣传标语2326条。

【安全生产投入】 年内，安排专项资金258.5万元，比上一年增长13%。同时专门设立改善安全生产教育培训专项资金50万元。增大区级安全生产投入，安全生产条件、监管监察装备等。区安全生产监察大队新招录2名执法人员，新增办公用房14间300多平方米，投入50多万元添置80多台(套)执法装备，执法机构标准化建设顺利通过上级达标验收。各镇(区、街道)均安排15万元以上的安全生产监管经费，基层安监站日常工作、检查执法经费均得以保障。

【推进安全生产标准化建设】 年内，全区新创建二级标准化企业22家，三级标准化企业47家。全区累计通过二级标准化企业54家，二级标准化奖励资金55万元，三级安全生产标准化417家，开展安全生产标准化运行质量审计15家，工贸行业企业安全生产标准化创建居全市领先。

【基层安监能力建设】 区安监局在各镇(区、街道)自行投入的基础上，为基层安监站配备执法电动车50辆、单兵式执法记录仪20部、监管执法检查数据上传终端20部，以及电脑、打印机、摄像机、照相机等若干办公设备、监管执法装备。全区12家建制镇(区、街道)安监站，有9家通过省级基层安监能力建设达标验收，8月，区安监大队实现整体搬迁并通过上级验收。

【开展安全生产宣教培工作】 全年共组织各类安全生产培训班71期，共培训8601人。举办主要负责人和安全管理人员培训班41期，培训5046人，特种作业人员培训班26期，培训2938人。安全生产监管人员(包括村居安全员)培训班3期，培训497人。《中共中央国务院关于推进安全生产领域改革发展的意见》专题培训班1期，培训120人。4月13日至5月12日，在“安全盐都”微信平台上开辟专栏，每天推送《意见》全文，增设“有奖答题”栏口，开展《意见》知识竞赛答题活动。活动共计3000余人参与，活动结束后抽奖产生一等奖10名，奖励100元话费；二等奖50名，奖励80元话费；三等奖100名，奖励50元话费。

【加强应急救援能力建设】 年内，编制修订《盐城市盐都区工商贸企业较大安全生产事故应急预案》《盐城市盐都区烟花爆竹事故应急救援预案》《盐城市盐都区危险化学品事故应急救援预案》《盐都区较大以上农机事故处理及应急救援预案》《盐城市盐都区自然灾害救助应急预案》《盐城市盐都区燃气安全事故应急预案》《盐城市盐都区建设工程安全事故应急预案》等一系列预案。春学期开学后，全区46所中小学开展知识讲座，参加的师生有68000多人，提高广大师生的应急处置的意识和素质。春节假期后，区红十字会专门落实专门工作人员进行衔接和统计，分期分批集中进行心肺复苏，气道异物梗阻清除和伤员止血、包扎、固定、搬运等急救知识的传授；并在操作室创设溺水、火灾、中毒、事故受伤等情景，指导学员进行个人和合作操作演练，并为高新区盐渎街道社区卫生服务中心、悦达纺织等单位专门开设培训班。6月25日，区交运局进行模拟航道航标事故进行突击抢险修复演练，提高职工面对突发事故的应急救援能力。在消防方面，对每位职工要求亲自操作灭火器和消防栓，按规范要求进行灭火训练。6月，全国安全生产月期间，在北蒋实验学校等20所学校、幼儿园进行校车突发事件应急演练，提高学校师生们对应急逃生的认识，增强师生、驾驶员、照管员应对突发校车事故的处置能力。

【社会共治及其他工作】 年内，建立健全诚信体系，曝光安全生产“黑名单”企业。百日执法行动期间，向社会公告列入“黑名单”企业1家。推进安全生产责任保险。全年实现30家企业投保安全生产责任险。全市委托执法工作现场会和全市百日执法工作现场推进会分别在区召开，承办全市第四届安全生产行政执法综合比武竞赛活动并获得团体一等奖。 (张　和)

科学技术

综　　述

【概述】 2017年，全区科技系统围绕年度目标任务，以科技工作“项目化”管理为抓手，推进平台建设、企业创新、知识产权等“科技引领”五项工程，科技工作在全市年度考核中名列第一。全区省级以上创新载体及平台、国家高企、省高品、专利申请及授权等科技创新主要指标增量和总量均列全市第一。

【载体建设】 年内，重点服务高新区创新载体和创新能力提升，南理工技术转移分中心、盐城大学科技园、省技术产权交易市场盐城分中心等载体落户建设，智能终端产业园获批省级科技产业园，智能终端产业研究院获批省级质检中心，南大梦工场、加法创客空间获批省级众创空间。推进“一镇一产一院”建设与运行，签约落户吉林大学盐城智能终端产业研究院、盐城中矿大输变电技术研究院、盐城西南石油大学流体控制技术研究院、哈尔滨理工大学盐城动力传动及智能装备研究院、盐城兴冈制鞋装备研究院、大纵湖涂装产业研究院。

【高企发展】 实施“小升高”计划，通过宣传、逐企摸排、重点辅导，年内，组织华星光电、柚尊家居等63家企业申报国家高新技术企业，组织兰丰科技、盐电阀门等27家高企进行复审，全区净增国家高企17家，高企总量达125家，稳居全市第一；组织92家企业申报省高新技术产品162只，获得认定141只，认定数占全市总数的23.34%，列全市第一；助推企业增强自主研发能力，神农大丰获批省院士工作站，申源新材料、吉能达环境等16家企获批省研究生工作站。高新技术产业产值占规上工业产值比重达40%，全社会研发投入占GDP比重达2.4%。

【项目申报】 年内，组织申报省级以上科技项目48项，获得立项21项，争取项目资金2500多万元，项目申报数和立项数列全市第一。省重大成果项目取得突破，康杰机械、东九重工2个项目获得立项（全市5个、全省138个）；哈德机电、金麦穗等4个创业大赛获奖项目获中央财政支持立项（全市10个、全省50个）；新永佳石油、华跃纺织等5个项目获省重点研发计划立项（全市13个、全省168个）；康杰机械获省知识产权战略推进计划立项；盐都林果农业获省星创天地项目立项；富民花卉、绿茗花木等8个项目获省苏北专项立项。组织盐电阀门、兰丰科技等19个项目申报市科学技术奖。组织105家企业申报“苏科贷”项目，发放科技贷款2.7亿元，贷款余额突破4.3亿元，“苏科贷”规模连续三年稳居苏北县（市、区）第一，获评全省“苏科贷”A类合作地区。

【专利工作】 推进知识产权创造、运用、管理和保护工作，重抓发明专利申请与授权、企业贯标与认证、大户及优势示范企业的培育，促进专利申请、授权、实施同步增长，提高知识产权工作总体水平。全区全年完成专利申请7345件、专利授权2433件，其中发明专利申请2411件、发明专利授权495件，万人发明专利拥有量达13.93件、在2016年底的基础上翻一番。组织71家企业创建国家企业知识产权管理标准化规范单位，悦达纺织、远华装备等20家企业获得知识产权管理规范国标认证，金贸科技、广盛源科技等23家企业获江苏省企业知识产权管理标准化合格单位，培育专利大户16户，顺利通过国家知识产权强县工程试点区验收，获批国家知识产权强县工程示范区。

【提升协同创新层次】 组织产学研活动，推进企业与知名高校、科研机构开展深层次合作，全年新签产学研合作项目165项。组织企业参加全市赴宁“招才引智”活动、江苏大院大所合作对接会、韩国创新合作交流会、中国盐城沿海发展人才峰会、江苏现代农业科技大会、吉林大学首届科技服务地方发展大会等，现场签约数量、签约项目质量及合作高校层次均居全市第一。神农大丰优质水稻产业技术创新战略联盟和爱菲尔菌菇食用菌装备产业技术创新战略联盟获得省级认定。成功举办第二届盐都区科技创业大赛，100多家企业(团队)参赛；推荐35家企业(团队)的优质项目参加第四届盐城市科技创业大赛，获行业总决赛各组第一名6个、第二名3个、第三名3个；14家企业晋级参加江苏省科技创业大赛，其中汉印机电、华星光电分别获省大赛行业赛第四名和第二名，获省大赛决赛三等奖；10家企业参加全国第六届科技创业大赛，盐都区5家企业获奖，参加国家、省、市大赛企业总数和获奖数均列全市第一。

【管理服务】 年内，出台《盐都区科技局主要业务工作申办流程》，严格市级以上科技项目申报程序，确保规范有序、公开公正；注重三项资金管理，完善区级三项资金管理办法，强化过程控制，提高资金使用绩效；注重项目立项后管理，制定《关于科技计划项目立项后的管理意见》，层层落实监管责任，实施"痕迹化"管理。加强规划管理，编制《各类科技项目(平台、政策)申报工作手册》，对800多家企业逐企摸排、精准指导、详细登记，制订三年培育申报计划；严格现场考察，对拟立项项目，组织专家现场察看，严把立项关口。加强内部管理，完善《党组会议议事规则》《局长办公会议议事规则》，明确党组议事原则、范围、决策与纪律，提高决策水平；建立廉洁从政制度，落实主体责任，强化"一岗双责"，局党组书记与班子成员、班子成员与科室负责人逐级签订《个性化党风廉政建设责任书》，建立联系点制度，推进科技创新工作。

科技活动

【概述】 全区上下以加快建设创新型盐都为契机，开展各类科技活动，带动各项科技工作开展，推进全区科技创新和经济社会发展。

【召开工作会议】 3月4日上午，全区工业经济和科技创新工作会议召开，区委书记羊维达出席并讲话，会议回顾总结2016年工业经济和科技创新工作，全面部署2017年工作任务。区长吴本辉作大会主题报告，区委常委、常务副区长陈志会主持会议。

【通过国家知识产权强县验收】 3月7日，省知识产权局受国家知识产权局委托，组织专家对盐都国家知识产权强县工程试点区工作进行验收，专家组在听取汇报、审阅资料、质询问答的基础上，一致认为盐都国家知识产权强县工程试点区建设推进扎实，知识产权创造、运用、保护、管理和服务能力大幅度提升，完成国家知识产权强县工程试点的各项目标任务，验收合格。

【举办科技创新推介会】 5月5日上午，盐都举办盐城高新技术产业开发区科技创新服务平台推介会，并正式启用该平台。省知识产权局副局长张春平出席推介会并致辞，省专利信息中心主任杨玉明介绍盐城高新区科技创新服务平台主要功能，区委常委、高新区党工委书记商建明出席会议并讲话，副区长肖乐农主持推介会。

【苗广文考察工作】 5月9日，淮安市清江浦区政府副区长、科技镇长团团长苗广文一行6人在盐都考察科技创新工作。副区长、科技镇长团团长廉武卫，区科技局、人才办等相关部门负责人参加座谈活动。廉武卫向考察团介绍盐都经济社会发展和科技镇长团工作情况，区科技局负责人介绍盐都科技创新工作以及"十三五"科技人才规划编制等方面的情况。

【西安科技大学在盐都考察】 5月16日下午，西安科技大学组团在盐都参观考察智能终端产业园发展情况。区委常委、组织部长王铁根，副区长廉武卫陪同。考察团一行实地参观高新区智能终端产业园规划展示馆和盐芯微电子有限公司，详细了解高新区智能终端项目建设和产业发展等情况，对盐都高新产业快速崛起、智能终端产业集聚发展的良好态势给予高度评价。

【江磊在高新区调研】 5月17日，省知识产权局副局长江磊一行4人到盐都国家高新区调研知识产权工作，市科技局副局长倪晓峰、区科技局局长刘桂琦及高新区科技人才部门负责人陪同。调研组在中恒宠物、东九重工、三鼎电子三家企业参观调研，听取企业负责人的相关介绍，观看企业专利墙、产品展示平台及图片视频资料，了解企业生产经营、产品行业竞争、专利维权等方面情况。

【参加科技创新资源对接会】 5月18日下午，中国盐城丹顶鹤国际湿地生态旅游节暨第十届海盐文化节科技创新资源对接会召开。市委常委、副市长陈红红，副区长肖乐农、廉武卫出席对接会。盐都区签约5个产学研合作项目，分别是江苏东九重工股份有限公司和东北大学的锅炉余热回收装备研发项目、盐城华星光电技术有限公司和吉林大学的液晶模组技术研发项目、江苏盐电阀门有限公司和西南石油大学的流体控制系统产学研项目、江苏中联电气电缆有限公司和中国矿业大学的矿用变压器和变流开关的研发及产业化项目，江苏剑桥涂装工程有限公司和清华大学的涂装成套装备智能化系统关键技术研发及应用项目。

【第二届科技创业大赛开幕】 6月25日，为期2天的区第二届科技创业大赛开幕，104个单位报名参加比赛，其中企业组86个、团队组18个。参赛的企业和团队涵盖新材料、先进制造、电子信息、互联网和移动互联网、新能源及节能环保等高端技术领域，具有行业先进性、创新亮点多、成长潜力高等特点。区政府成立大赛领导小组，出台资金奖励、计划支持、金融扶持等一系列政策措施。

【在高新区举行培训】 7月6日下午，市知识产权司法保护中心专项培训在高新区举行。培训班上，高新区汇报盐都知识产权工作情况，介绍司法保护中心培训、审判、服务、宣传四大职能。副庭长贾娟结合相关典型案例，为企业讲解知识产权司法保护中的相关法律条文。。

【举办"高企申报研讨"科创沙龙】 7月14日，高新区在科技创新服务平台举办

“高企申报研讨”科创沙龙，16家企业相关负责参加活动。沙龙讲授高企申报的具体流程以及一些注意事项，各企业互相交流，咨询高企申报有关问题。

【智能终端产业研究院落户高新区】 7月23日，总投资4.3亿元的吉林大学盐城智能终端产业研究院在高新区正式签约。研究院以智能终端核心技术研究与应用为重点，每年服务20家企业、培训100名高级专业人才、完成3~5项科研成果在高新区转化或技术合作；3—5年时间形成研发人员规模超150人的智能终端产业研发团队，建成智能终端研发与产业化基地，确保3年内建成省级研究中心；5年内形成国家发明专利超500项、带动智能终端产业链，力争实现产值50亿元，创成国家级研究(工程)中心。

【参加上海人才峰会】 10月28日，中国盐城第七届沿海发展人才峰会在上海圆满结束，会议以“聚力创新、共赢未来”为主题，举办“1+6”系列活动。盐都区组织企业赴会参加科技资源对接、产学研合作等活动，共签订科技合作项目12项，其中江苏坤泰机械有限公司与上海交通大学、江苏华盛电气股份有限公司与上海大学2个科技合作项目在峰会主会场集中签约；中国矿大科技园(盐都)有限公司与东华大学、盐城申源塑胶有限公司与上海高分子功能材料研究所等6个科技合作项目在盐城科技资源对接会专场集中签约，签约项目数列全市第一。

【高新区与盐城工学院签约共建大学科技园】 11月25日，盐城工学院举办科技成果推介会暨第十二次校友年会。会上，高新区与盐城工学院签订合作共建盐城大学科技园协议。高新区党工委书记商建明和盐城工学院副校长王资生参加签约。

【举办科技人才对接活动】 12月7日，区科技局组织12家企业主要负责人和相关科技工作者在吉林省参加吉林大学首届科技服务地方与合作发展大会，并在吉林大学南湖校区举办科技人才对接洽谈和签约活动。副区长廉武卫出席相关活动，参观吉林大学的有关重点实验室，并向吉林大学的专家、教授介绍盐都社会经济发展情况以及科技创新工作成果。在吉林大学期间，盐城华星光电技术有限公司、江苏华东砂轮有限公司、江苏峰汇智联科技有限公司等12家企业的主要负责人与有关专家、教授就技术和产品等合作事宜进行探讨，全部签订科技人才合作协议。

科技成果

【概述】 2017年，区委区政府注重提高企业的科技开发水平，采取一系列措施促进企业多出成果、快出成果、出好成果。组织企业申报省市科技进步奖，以促进企业技术创新能力提高，全区有15个项目获得盐城市科学技术奖。

【LSCR系列烟气脱硝成套装备】 LSCR系列烟气脱硝成套装备项目针对炭素、生物质发电等行业烟气污染严重、多种有机物并存的特性，研制出新型蜂窝状低温催化剂，创新采用自主设计的双向扩径漏斗自旋叶片式均风技术、脉冲漩涡扩口清灰技术、氨氮双联双控反馈等技术，脱硝效率高达90%以上，$NOx \leq 50mg/Nm^3$，氨逃逸率$<2.5mg/Nm^2$，自动化程度高，具有能耗低、噪音小、使用寿命长等优点，取得2项发明专利、3项实用新型专利，通过科技成果鉴定，技术水平国内领先。项目完成单位是盐城市兰丰环境工程科技有限公司，被评为2017年度盐城市科学技术奖一等奖。

【经肘肌瓣入路改良肘关节外侧手术途径的解剖与临床研究】 项目创新点在于改良肘肌瓣入路，在不影响术后功能锻炼的基础上，提供近似于肱三头肌翻转肘肌蒂入路(TRAP)的显露范围。手术入路与TRAP及肘肌瓣入路作比较，最大的优越性是不造成尺骨鹰嘴与三头肌肌腱连续性中断，不造成尺骨鹰嘴的骨折；改良肘肌瓣入路入路可作为肱骨髁间骨折的首选手术入路。项目完成单位是盐城市第三人民医院，被评为2017年度盐城市科学技术奖一等奖。

【YHRF-2600型无溶剂热熔复合机】 项目采用新型双辊调偏及储料技术，解决透气膜因塑性变形量小，生产牵引过程中易拉撕裂等难题。设计固定架、上下移动架、升降气缸及传动结构和方便引料的上导辊，可以降至下导辊的下方装置，采用测力式传感器和力矩电机可根据工艺要求设定张力，通过双辊调偏结构，保证透气膜在生产过程拉伸不拉撕裂，解决生产速度变化或急刹车，收卷张力变化导致透气膜变化的问题。项目完成单位是江苏远华轻化装备有限公司，被评为2017年度盐城市科学技术奖二等奖。

【HSSZ-3000型自动步进送料四柱式热压成型生产线】 项目根据市场需求和工艺特点，结合服装、包装、汽车内饰等行业高弹性、隔音棉材料的特点，以及本身的技术结构特征，为各种合成非金属弹性材料的一层或数层成型冲裁作业而设计，适用于隔音棉等非金属材料的送料、热压、冲裁成型作业。采用伺服控制技术，成型刀模与模切砧板在模切作业过程中相对位置微移技术，避免因刀模在模切砧板上同一位置模切所带来的模切砧板易损、刀模使用寿命短以及频繁调整刀模行程等问题，实现模切精确定位。项目完成单位是盐城市华森机械有限公司，被评为2017年度盐城市科学技术奖二等奖。

【稻麦秸秆活性炭粉人造石墨摩擦材料刹车片】 项目产品采用稻麦秸秆为原材料，经过贫氧炭化、活性化、通过2400~2600℃高温石墨化、玻璃脆化、增强处理及精细加工而成的铁黑色不规则颗粒，主要颗粒度在8目至100目之间，产品具有含碳量高、气孔率高、硬度低等特点，作为刹车片减摩材料，加入增摩材料混合后，再经过高温压制、机械加工、热处理等先进工艺制成刹车片。项目完成单位是江苏金麦穗新能源科技股份有限公司，被评为2017年度盐城市科学技术奖三等奖。

【超级稻新品种扬育粳 2 号的选育与应用】 项目通过有性杂交育种手段，采用扩大遗传变异、低世代多项同步鉴定技术，提高选择效率，将高产、抗病、优质基因进行有机结合，实现高产株型与多抗、优质的高水平协调，使品种在大面积上具备较强竞争力。同时，对扬育粳 2 号品种特征特性及其高产高效配套栽培技术进行系统研究，研制市级地方标准，实行良种良法配套。建立实用有效的“育、繁、推”“产、加、销”一条龙的种子产业化运行体系，促进超级稻品种扬育粳 2 号的迅速推广应用，并创造显著的社会经济及生态效益。项目完成单位是盐城市盐都区农业科学研究所，被评为 2017 年度盐城市科学技术奖三等奖。

【机械式降噪材料高速半切机】 项目产品采用精密四柱曲轴偏心机构、伺服进料装置、数控电气系统三个方面组成等先进技术，应用开放式数控系统信息处理能力强、开放程度高、运动轨迹控制精确、通用性好的特点，提高高速半切过程中加工制造的精度和生产效率。采用精密四柱曲轴偏心机构通过四根立柱与曲轴联成一体，由曲轴的圆周运动而带动上工作台运动，并通过曲柄与连杆保持高精度平衡。采用 PLC 智能编程，使该机的进料、高速半切、收料流水作业生产。项目完成单位是盐城庆隆机械有限公司，被评为 2017 年度盐城市科学技术奖三等奖。

【XYJ-3/CD2000 型 PVCWPE 装饰材料智能裁切码叠一体机】 项目产品属于光机电一体化新型 PVCWPE 装饰材料模切机械产品中的专用机械范畴，主要适用于利用成型刀模裁切幅面宽、片状 PVCWPE 装饰材料的建材装饰品、高档地板等，尤其对裁切料无规律、模具要求高的零部件进行批量连续裁切作业。具有独创滤波检测材料功能，便于提高工作效能；具有独创材料加工区域光电控制技术，能保证加工精度。项目完成单位是盐城雄鹰精密机械有限公司，被评为 2017 年度盐城市科学技术奖三等奖。

【HPGZ-1 型聚酯瓶片再生料用清理装置】 项目产品旨在对冲切成型机器在自动化、高效化等方面进行研发。技术创新之处，主要采用醇解法清除污物。三甘醇（TEG）是一种无色透明的中性油状液体，在加热到沸腾温度时，对高聚合物溶体（PET）有醇解及溶解作用。利用这一特性，将三甘醇加热到 275℃沸点，使粘在过滤芯上的聚芯上的聚合物醇解或溶解，从而达到清洗的目的。项目完成单位是盐城市华普轻纺机械有限公司，被评为 2017 年度盐城市科学技术奖三等奖。

【7LZ-Φ172 7.0MPa D W G 页岩气用耐油基螺杆钻具】 项目的技术领域为新型的电力、石油、化工设备、合成材料加工设备，行业领域为机械制造。页岩气开采的介质为油基，普通油气田开采使用的螺杆钻具橡胶材料不耐油，油基成分使得定子橡胶易丧失机械物理性能，导致橡胶剥落。页岩气开采要求螺杆钻具具备耐油基、耐高温、大扭矩、长寿命等高性能特点。项目完成单位是盐城市新永佳石油机械制造有限公司，被评为 2017 年度盐城市科学技术奖三等奖。

【钎接—扩散复合焊柔性生产线】 项目产品集聚多层回流复合焊新工艺、多点探测智能温控、保护气层流和压力感知、在线实时自适应调控、机器视觉伺服装配、机器人智能涂覆、工艺与质量数据库等单元智能化技术，形成多层回流智能整体钎接—扩散复合焊接工艺与智能化成套装备；集成钎接—扩散复合智能焊接规划和智能下达、二维码焊缝与零部件识别、机器人组装与智能输送、机器视觉协同智能精准组装、过程与工艺信息感知与质量智能评价、生产过程数字化管控等技术，形成整套智能焊接数字化生产线产品。项目完成单位是江苏康杰机械股份有限公司，被评为 2017 年度盐城市科学技术奖三等奖。

【三级医院护士相关性研究】 盐城市三级医院护士心身健康状况、工作满意度与离职倾向的相关性研究项目采用横断面调查的方法，采用整群抽样对盐城市 2 所三级综合性医院和 4 所三级专科医院的护士进行问卷调查。了解盐城市三级医院护士心身健康现况、工作满意度及离职倾向的现况，并分析三者之间的相关性分析，分析结果为护理管理者采取针对性人力资源管理提供参考；为医疗机构制定稳定临床护士队伍的有效措施、减少临床护士的离职、缓解护理人力的短缺并建立临床护理人才可持续发展的长效机制提供科学的依据。项目完成单位是盐城市第三人民医院，被评为 2017 年度盐城市科学技术奖三等奖。

【新型左心耳封堵器研制及动物实验研究】 项目的特色与创新之处：经皮、经胸途径行左心耳封堵、夹闭技术安全性、有效性的比较；进口封堵器价格昂贵，难以在国内广泛开展及应用，通过改进、研发封堵装置、严格技术培训，提高操作技术可降低早期并发症；封堵器可重新定位，便于释放、回收；实验动物的选择，与人类有相似的左心耳解剖形态、影像学观察角度以及 LA、LAA 连接处缩紧的出口。项目完成单位是盐城市第三人民医院，被评为 2017 年度盐城市科学技术奖三等奖。

【急性等容血液稀释对体外循环术后凝血机制的影响】 急性等容血液稀释（acute normovolemic hemodilution，ANH）是在麻醉诱导后，根据患者的红细胞压积、体质量及估计失血量，由静脉或动脉抽取一定量的血液，同时由另一条静脉通路输入与采血量等量的胶体液，维持患者血容量稳定。在手术中或术后出现输血指征时可将经 ANH 获得的自体血回输给患者。ANH 是一种安全的血液保留技术，可减少库血的使用及输血相关并发症。项目完成单位是盐城市第三人民医院，被评为 2017 年度盐城市科学技术奖一等奖。

【精细化管理在医院服务中的实践与研究】 精细化管理以规范化为前提、系统化为保证、数据化为标准、信息化为手段，把服务者的焦点专注到满足被服务者的需求上，以获得更高效率、更多效益和更强竞争力。用精细化管理的手段查找分析原因，以“人本管理”的理念对医务人员进行教育培训和激励，从人性化服务的观点出发，为患者提供安全、方便、快捷、温馨的就医环境，从而提高患者、职工满意度，构建和谐的医患关系。项目完成单位是盐城市第三人民医院，被评为2017年度盐城市科学技术奖三等奖。（陈加强）

盐都区2017年度获市科学技术奖项目一览表

表4

序号	项目名称	完成单位	奖励等级
1	LSCR系列烟气脱硝成套装备	盐城市兰丰环境工程科技有限公司	一等奖
2	经肘肌瓣入路改良肘关节外侧手术途径的解剖与临床研究	盐城市第三人民医院	一等奖
3	YHRF-2600型无溶剂热熔复合机	江苏远华轻化装备有限公司	二等奖
4	HSSZ-3000型自动步进送料四柱式热压成型生产线	盐城市华森机械有限公司	二等奖
5	稻麦秸秆活性炭粉人造石墨摩擦材料刹车片	江苏金麦穗新能源科技股份有限公司	三等奖
6	超级稻新品种扬育粳2号的选育与应用	盐城市盐都区农业科学研究所	三等奖
7	机械式降噪材料高速半切机	盐城庆隆机械有限公司	三等奖
8	XYJ-3/CD2000型PVCWPE装饰材料智能裁切码叠一体机	盐城雄鹰精密机械有限公司	三等奖
9	HPGZ-1型聚酯瓶片再生料用清理装置	盐城市华普轻纺机械有限公司	三等奖
10	7LZ-Φ172 7.0MPa D W G页岩气用耐油基螺杆钻具	盐城市新永佳石油机械制造有限公司	三等奖
11	钎接—扩散复合焊柔性生产线	江苏康杰机械股份有限公司	三等奖
12	盐城市三级医院护士工作满意度与离职倾向的相关性研究	盐城市第三人民医院	三等奖
13	新型左心耳封堵器研制及动物实验研究	盐城市第三人民医院	三等奖
14	急性等容血液稀释对体外循环术后凝血机制的影响	盐城市第三人民医院	三等奖
15	精细化管理在医院服务中的实践与研究	盐城市第三人民医院	三等奖

盐都区2017年获省科技计划立项项目汇总表

表5

序号	项目类别	项目名称	承担单位	争取资金（万元）
1	省重大成果转化专项资金项目	高温散热传导余热回收装备研发及产业化	江苏东九重工股份有限公司	900
2		钎接—扩散复合焊柔性生产线和智能装备研发及产业化	江苏康杰机械有份有限公司	600
3	省重点研发计划（产业前瞻与共性关键技术）	页岩气钻采高性能耐油基螺杆钻具关键技术研究与产品开发	盐城市新永佳石油机械制造有限公司	40
4		稻麦秸秆制成石墨烯摩擦材料技术的研发	江苏金麦穗新能源科技股份有限公司	50
5		基于多源信息融合的智慧消防穿戴设备和指挥系统	江苏峰汇智联科技有限公司	120
6		高效柔性集成加工中心与智能制造平台研发	江苏恒力组合机床有限公司	120
7		再生纤维增强气凝胶无缝滤袋关键技术及设备的研究	江苏华跃纺织新材料科技有限公司	120
8	省电子平台保护项目	省电子商务平台知识产权保护项目	江苏第六通道科技发展有限公司	28
9	省知识产权战略推进计划	省知识产权战略推进计划	江苏康杰机械股份有限公司	30
10	省企业院士工作站	省企业院士工作站	江苏神农大丰种业科技有限公司	15

续表

序号	项目类别	项目名称	承担单位	争取资金(万元)
11	省研究生工作站	江苏省企业研究生工作站	江苏康杰机械有限公司	15
12		江苏省企业研究生工作站	江苏贸隆机械制造有限公司	15
13		江苏省企业研究生工作站	江苏闳业机械股份有限公司	15
14		江苏省企业研究生工作站	江苏申源新材料有限公司	15
15		江苏省企业研究生工作站	江苏鸿华特种装备有限公司	15
16		江苏省企业研究生工作站	江苏广盛源科技发展有限公司	15
17		江苏省企业研究生工作站	江苏新海科技发展有限公司	15
18		江苏省企业研究生工作站	江苏江宇动力机械有限公司	15
19		江苏省企业研究生工作站	盐城永悦新材料有限公司	15
20		江苏省企业研究生工作站	盐城利维线缆有限公司	15
21		江苏省企业研究生工作站	江苏中贵重工有限公司	15
22		江苏省企业研究生工作站	盐城市天驰汽配有限公司	15
23		江苏省企业研究生工作站	江苏飞亚利机械有限公司	15
24		江苏省企业研究生工作站	江苏柚尊家居制造有限公司	15
25		江苏省企业研究生工作站	江苏怡通控制系统有限公司	15
26		江苏省企业研究生工作站	江苏悦达家纺有限公司	15
27	省科技副总	省科技副总	江苏闳业机械股份有限公司	10
28		省科技副总	盐城申源塑胶有限公司	10
29		省科技副总	江苏亚峰科技集团有限公司	10
30		省科技副总	江苏申江环境科技有限公司	10
31		省科技副总	盐城市昶桦户外用品股份有限公司	10
32		省科技副总	盐城市盛丰机械有限公司	10
33		省科技副总	盐城市自强化纤机械有限公司	10
34		省科技副总	江苏荣邦机械制造有限公司	10
35	省级农业产业技术创新战略联盟	江苏省优质水稻产业技术创新战略联盟	江苏神农大丰种业科技有限公司	
36		江苏省食用菌装备产业技术创新战略联盟	盐城爱菲尔菌菇装备科技有限公司	
37	苏北专项	突尼斯软籽石榴绿色栽培技术研究与示范应用	江苏华荣正泰科技发展有限公司	45
38		雏菊组培快繁及周年生产技术研究与示范	盐城富民花卉园艺有限公司	45
39		优质高产高效猕猴桃果园立体种养技术集成示范	盐城市盐香猕猴桃开发有限公司	45
40		江苏沿海地区重阳木繁育及栽培养护技术集成示范	盐城市峨山园林建设有限公司	42
41		观赏梅优良品种引进及快繁关键技术工程化开发	盐城绿茗花木有限公司	40
42		油桃智慧化设施高效生产技术集成与示范	盐城紫燕农业科技有限公司	40
43		水蜜桃绿色省力化栽培技术研究与示范	盐城市萌桃农业科技有限公司	40
44		常绿树种侧柏苗木高效培育与栽培关键技术集成示范	盐城市广源苗木花卉发展有限公司	40

续表

序号	项目类别	项目名称	承担单位	争取资金(万元)
45	省重点研发类(现代农业)	水产高效生态养殖关键技术研发	盐城市碧水蓝天生态科技有限公司	50
46	省农业科技社会化服务奖补资金	盐都主要农作物产业分店	盐城市都丰种业有限公司	9
47		盐都苗木花卉产业分店	江苏翡翠湾花木有限公司	9
48		盐城市盐都经济林果产业分店	盐城市仰徐现代农业科技有限公司	14
49	省级星创天地	盐城市兴农星创天地	盐城市农副产品行业协会	

盐都区2017年获省认定高新技术产品汇总表序号

表6

序号	产品名称	企业名称	认定证书编号
1	添加增粘树脂的乒乓球拍高强度套胶	盐城市艾斯特体育器材有限公司	170928G0038N
2	HY-HY1900CW 汽车内饰除味火焰复合机	江苏闳业机械股份有限公司	170928G0003N
3	一种可钻式下套管漂浮接箍	江苏航天鸿鹏数控机械有限公司	17GX23G0006N
4	自控密封冲击式螺杆钻具	江苏航天鸿鹏数控机械有限公司	17GX23G0007N
5	钢丝绳输送式堵塞器	江苏省金峰石油机械制造有限公司	170928G0011N
6	XHSM-1200 型树脂磨具压合生产线	盐城旭华机械有限公司	170928G0012N
7	XHFQ-2A 型免换模高效窄幅多刀分切机	盐城旭华机械有限公司	170928G0013N
8	大吨位保压免设定成型裁断机	盐城雄鹰精密机械有限公司	170928G0016N
9	PVCWPE 装饰材料智能裁切码叠一体机	盐城雄鹰精密机械有限公司	170928G0017N
10	环保 70℃电梯电缆护套料	盐城申源塑胶有限公司	170928G0022N
11	MLGY-3000 型全自动隔音材料热定型裁切一体机	江苏贸隆机械制造有限公司	170928G0024N
12	MLMX-600 型智能型面膜高速生产线	江苏贸隆机械制造有限公司	170928G0025N
13	YHLF-150 型 EVA 铝板自动复合机	江苏远华轻化装备有限公司	170928G0026N
14	YHLC-220 型耐高温滤材多功能复合	江苏远华轻化装备有限公司	170928G0027N
15	页岩气钻采高性能耐油基螺杆钻具	盐城市新永佳石油机械制造有限公司	170928G0032N
16	用于水平钻井的分节式造斜螺杆钻具	盐城市新永佳石油机械制造有限公司	170928G0033N
17	10KV 及以下电线电缆用硅烷交联聚乙烯塑料	江苏申源新材料有限公司	170928G0057N
18	JF-LW 型电热毯专用火焰复合机	江苏金峰轻工装备有限公司	170928G0061N
19	抽屉式分层砂干燥箱	江苏都盛科技发展有限公司	170928G0009N
20	过滤器碟片 TEG 循环清洗装置	江苏鑫龙化纤机械有限公司	170928G0020N
21	YD-3000 型挂镀线阴极移动装置	江苏泰利达实业有限公司	170928G0040N
22	涂装框式整体电动升降平台	盐城市龙强机械制造有限公司	170928G0058N
23	LCW 组合式除雾器	盐城市兰丰环境工程科技有限公司	170928G0014N
24	LSCR 烟气脱硝成套装备	盐城市兰丰环境工程科技有限公司	170928G0015N
25	芳纶悬臂式牵伸机	江苏广盛源科技发展有限公司	170928G0018N
26	六叠丝辊叠丝机	江苏广盛源科技发展有限公司	170928G0019N
27	多功能高效可调式硼硅防爆玻璃酒精灯	盐城市华鸥实业有限公司	170928G0002N
28	抗拉伸抗干扰控制电缆	盐城利维线缆有限公司	170928G0035N

续表

序号	产品名称	企业名称	认定证书编号
29	耐低温丁腈软电缆	盐城利维线缆有限公司	170928G0036N
30	双砂轮复合型智能化磨削装置	盐城盛鼎机电工业有限公司	170928G0054N
31	NHTL 型合金铝线连续退火装置	江苏南海线缆设备有限公司	170928G0030N
32	DFTC G-3 三轮摩托车车厢、车架组挂吊挂输送装置	盐城东方天成机械有限公司	170901G0043N
33	商用车 GMT 复合型一体式脚踏板	盐城市步高汽配制造有限公司	170928G0004N
34	商用车自动变速换档用电控式操纵器	盐城市步高汽配制造有限公司	170928G0005N
35	XH619 环保低能耗快速导热固化炉	盐城市力铖汽车配件有限公司	170928G0050N
36	多功能涤纶涡流纺面料	江苏悦达棉纺有限公司	17GX23G0051N
37	PJ600 型高密封智能插秧机左齿轮箱体	盐城瑞升齿轮有限公司	170928G0031N
38	干式变压器用双层特种防腐粉末涂料	盐城永悦新材料有限公司	170928G0041N
39	带有梯形凹槽摩擦片的制动蹄总成	盐城市天驰汽配有限公司	17GX23G0179N
40	紧密纺甲壳素/天丝/棉混纺针织面料	江苏悦达纺织集团有限公司	17GX23G0166N
41	紧密赛络纺白竹炭/腈纶基功能纤维/天丝/木代尔/棉混纺纱	江苏悦达纺织集团有限公司	17GX23G0167N
42	KTTF-4000 型 4m 幅宽提花布针边热定型复合机	江苏坤泰机械有限公司	17GX23G0169N
43	KTRR-2200 智能型环保固体胶热熔转移复合机	江苏坤泰机械有限公司	17GX23G0170N
44	独幅 LOGO 色织小提花面料	江苏悦达家纺有限公司	17GX23G0171N
45	粘胶加捻丝与莫代尔/棉交织大提花家纺面料	江苏悦达家纺有限公司	17GX23G0172N
46	汽车隔音材料热压定型机	盐城市华森机械有限公司	17GX23G0174N
47	自动步进送料四柱式热压成型生产线	盐城市华森机械有限公司	17GX23G0175N
48	多功能定位、手摇进给、固定工位切割机	盐城市海通机械制造厂	17GX23G0177N
49	自由升降、可移动式厚工件加工切割机	盐城市海通机械制造厂	17GX23G0178N
50	钎接—扩散复合焊柔性生产线	江苏康杰机械股份有限公司	17GX23G0168N
51	高性能纤维三辊集束机	江苏神鹤科技发展有限公司	17GX23G0173N
52	一种新型静密封结构球阀	盐城圣科球阀有限公司	17GX23G0176N
53	可书写医用腕带	盐城市高聚塑业有限公司	17GX23G0180N
54	一种 YT03 大功率温度保护器	江苏怡通控制系统有限公司	17GX23G0181N
55	FKT-L4000 多功能智能型靶材生产线	法柯特科技(江苏)有限公司	17GX23G0182N
56	DY-120 自吸液压缸内置的精密皮革压花机	盐城市裕正精密机械有限公司	17GX23G0183N
57	全自动偏光片贴附机	盐城华星光电技术有限公司	17GX23G0184N
58	侧入式 LED 超薄高亮背光模组	盐城华星光电技术有限公司	17GX23G0185N
59	HY-PD1800Q 汽车高端内饰专用平带复合机	江苏闳业机械股份有限公司	170928G0187N
60	超大捆料切边机	盐城旭华机械有限公司	170928G0195N
61	环保 PVC WPE 片材自动吸取翻板机	盐城雄鹰精密机械有限公司	170928G0197N
62	PTFE(聚四氟乙烯)长丝绞综结构高效环保滤料基布	江苏华跃纺织新材料科技有限公司	170928G0200N
63	耐寒电梯电缆护套料	盐城申源塑胶有限公司	170928G0203N
64	YHRF-260 型无溶剂热熔复合机	江苏远华轻化装备有限公司	170928G0204N
65	新型化纤碱性废水脱硫装置	江苏申江环境科技有限公司	170928G0211N
66	柔性材料裁断机	江苏华驰机械有限公司	170901G0224N

续表

序号	产品名称	企业名称	认定证书编号
67	高分子聚合物溶解炉	江苏都盛科技发展有限公司	170928G0193N
68	双通道POD纤维高温烘干机	江苏鑫龙化纤机械有限公司	170928G0201N
69	SF-I型高密封带电除尘设置的风管	盐城市盛丰机械有限公司	170928G0214N
70	基于节能环保纳米红外电加热圈的加热器	盐城市新星科技有限公司	170928G0219N
71	WDW164-2X4高温静电除尘器	江苏维尔思环境工程有限公司	170928G0212N
72	高精度超耐磨低消耗变速箱齿轮	江苏中力齿轮有限公司	170928G0196N
73	PJ600型高速插秧机用新结构右齿轮箱体	盐城瑞升齿轮有限公司	170928G0210N
74	镂空冷却砂布轮	盐城市久恒工贸有限公司	170928G0222N
75	二元旋转式高效智能太阳能板	江苏松立太阳能科技有限公司	170928G0220N
76	基于渗碳淬火工艺的耐磨耐腐蚀汽车配件	盐城圣奥热处理有限公司	170928G0226N
77	商用汽车辅助减震装置	盐城市步高汽配制造有限公司	170928G0189N
78	数字电视接收馈线	江苏宝华电线电缆有限公司	17GX23G0314N
79	同轴网线组合式传输电缆	江苏宝华电线电缆有限公司	17GX23G0315N
80	YZ自动化长效灭菌智能衣柜	江苏柚尊家居制造有限公司	17GX23G0319N
81	3WPZ-自走式喷杆喷雾机	盐城市荣南机械制造有限公司	17GX23G0317N
82	基于物联网云服务技术的穿戴式健康监护智能终端	江苏峰汇智联科技有限公司	17GX23G0320N
83	LGEV104B型节能环保电动巡逻车	江苏爱派电动车有限公司	17GX23G0321N
84	警用蓄电池观光车	江苏爱派电动车有限公司	17GX23G0322N
85	环保节能型双孢菇工厂化生产装备	盐城爱菲尔菌菇装备科技有限公司	17GX23G0316N
86	YK7550A数控内齿成型磨齿机	盐城秦川华兴机床有限公司	17GX23G0318N
87	耐磨损高稳定R505乒乓球台	盐城市艾斯特体育器材有限公司	170928G0354N
88	HY-PUR1600D塑胶地板专用热熔胶复合机	江苏闳业机械股份有限公司	170928G0328N
89	XHYT-1000圆筒布复合机	盐城旭华机械有限公司	170928G0334N
90	自动整纬宽幅提花布复合机	江苏远华轻化装备有限公司	170928G0342N
91	XYJ-3/KC8000型精密四柱大吨位快速裁切冷压定型一体机	盐城雄鹰精密机械有限公司	170928G0336N
92	DZ电阻合金新材料	盐城市鑫洋电热材料有限公司	170928G0343N
93	弹力布无张力复合分条机	盐城精通源机械有限公司	170928G0373N
94	高效布料自动圆形切割器	江苏鸿华特种装备有限公司	170928G0372N
95	螺杆钻具沉砂总成	盐城市东荣石油机械有限公司	170928G0361N
96	LZK高效保温易开关立式真空清洗炉	盐城市盛丰机械有限公司	170928G0356N
97	SJ-II耐腐蚀阻燃型玻璃钢排风管道装置	江苏申江环境科技有限公司	170928G0347N
98	HP-YGQ-1型预过滤器	盐城市华普轻纺机械有限公司	170928G0351N
99	HPGZ-1型聚酯瓶片再生料用清理装置	盐城市华普轻纺机械有限公司	170928G0350N
100	YF-4钢线免酸洗除锈装置	江苏亚峰科技集团有限公司	170928G0346N
101	涂装智能化传动链驱动装置	江苏苏力机械股份有限公司	170928G0338N
102	喷涂自动翻转装置	江苏苏力机械股份有限公司	170928G0339N
103	安全高效平面砂布轮	盐城市久恒工贸有限公司	170928G0371N
104	小型高效一体化污废水处理装置	江苏维尔思环境工程有限公司	170928G0348N

续表

序号	产品名称	企业名称	认定证书编号
105	鞋底自动印刷生产线	盐城市华森机械有限公司	17GX23G0434N
106	智能节能型火焰复合机	江苏华驰机械有限公司	17GX23G0438N
107	荣南 RN30 小型马力现代农业前驱动前桥	盐城市荣南机械制造有限公司	17GX23G0435N
108	YK3140 全自动数滚齿机	盐城秦川华兴机床有限公司	17GX23G0437N
109	高强高模聚乙烯纤维超宽热辊牵伸机	江苏神鹤科技发展有限公司	17GX23G0433N
110	超薄型 LED 筒灯	江苏明钰新能源有限公司	17GX23G0436N
111	带有报警装置的全液压动力头顶驱钻采装备	盐城市华谊石油机械有限公司	170928G0450N
112	涤纶短纤熔体过滤芯超声波清洁机	盐城市自强化纤机械有限公司	170928G0483N
113	自动分色理管机	江苏海马纺织机械有限公司	170901G0474N
114	智能自动转挂无人装置	盐城东方天成机械有限公司	170901G0468N
115	JFY241-108 型石油机械轴承	江苏省金峰石油机械制造有限公司	170928G0445N
116	MLBX-800 型 ScA 材料半切成型机	江苏贸隆机械制造有限公司	170928G0452N
117	XHMF-300 型铝箔连续模压复合成型绕线机	盐城旭华机械有限公司	170928G0447N
118	YHYF-1700 型高速双火口火焰复合生产线	江苏远华轻化装备有限公司	170928G0453N
119	超精密传动链条	江苏鸿华特种装备有限公司	170928G0480N
120	军用防伪网自动成型机	盐城雄鹰精密机械有限公司	170928G0448N
121	超声热粘合擦拭用高密聚乙烯复合纤维丝束	江苏中石纤维股份有限公司	170928G0470N
122	热塑性低烟无卤阻燃护套料	江苏申源新材料有限公司	170928G0477N
123	锌蒸镀金属化容薄膜	盐城市同齐电气制造有限公司	170928G0489N
124	带有平直叶圆盘涡轮的发酵罐	盐城市大明化工机械有限公司	170928G0476N
125	智能鞋面电脑缝合机	盐城市鑫亚机械厂	170928G0485N
126	湿法烟气脱硫废水的一体化零排放装置	江苏维尔思环境工程股份有限公司	170928G0461N
127	SL-S 三分离选粉机	盐城市赛隆节能技术工程有限公司	17GX23G0595N
128	RJGP-00 型鼓泡式烟气脱硫装置	江苏瑞洁环境工程科技有限责任公司	17GX23G0596N
129	钢铁抛磨类钎焊金刚石磨盘	江苏哈德机电科技有限公司	17GX23G0598N
130	多相位凸轮高压恒流泵	江苏同济分析仪器有限公司	17GX23G0602N
131	组合式铜覆钢接地极	江苏金合益复合新材料有限公司	17GX23G0591N
132	新型带 CD 光驱手机	江苏央科科技有限公司	17GX23G0603N
133	高强度超轻钢结构模块化住宅	江苏跃发建设工程有限公司	17GX23G0604N
134	具有除臭及高吸盐水性能宠物尿垫	江苏中恒宠物用品股份有限公司	17GX23G0592N
135	抗菌自净塑料宠物用具	江苏中恒宠物用品股份有限公司	17GX23G0593N
136	高性能液压裁断机	江苏华驰机械有限公司	17GX23G0601N
137	一种多金属摩擦材料制动蹄总成	盐城市天驰汽配有限公司	17GX23G0597N
138	危废固废余热锅炉	江苏东九重工股份有限公司	17GX23G0589N
139	废棉包自动解包一体化装备	盐城爱菲尔菌菇装备科技股份有限公司	17GX23G0594N
140	科睿网络搜索引擎模拟抓取工具系统	盐城科睿网络科技有限公司	17GX23G0600N
141	转底炉余热锅炉	江苏东九重工股份有限公司	17GX23G0590N
142	数码相机用高亮度背光源	盐城三鼎电子科技有限公司	17GX23G0599N

教　　育

综　　述

【概述】 2017年，全区共有普通中小学46所(其中小学18所、初中16所、九年一贯制学校7所，高中5所)，在校中小学生62005人(其中小学36516人、初中16147人、高中9342人)，专任教师4453人。有成型幼儿园49所，在园幼儿17533人，有教职工1697人。另有聋哑学校、体育学校、教师发展中心各1所，社区教育中心17所。录聘用新教师117人。引进高层次教育人才6名。新增省人民教育家培养工程培养对象2人，省正高级教师3人，市学科带头人、教学能手和教坛新秀77人。组织教师参加市级以上培训，其中出国培训18人。教师吴建柱在省级论文评选中获得全市唯一特等奖，多名教师获省优质课、基本功比赛特等奖、一等奖。2017年，盐都区被评为全国中小学校责任督学挂牌督导创新区、群众体育先进单位，全省县级体育工作先进单位和社区教育示范区，被确定为全市唯一的省依法治教改革试点区，区教育局获得全国全民终身学习、学生防灾减灾知识竞赛优秀组织奖，蝉联全区目标任务综合考核先进奖。崇礼路幼儿园、义丰小学、南师大盐城实验学校和盐城枫叶国际学校(小幼部)投入使用。校舍安全工程年度计划全部达成。11个镇(区、街道)建成全民健身广场。南师大盐城实验学校和盐城枫叶国际学校招生开学。盐城一中与上海格致中学、龙冈中学与奉贤中学缔结联盟学校。全域推进中小学生廉洁教育成为全国首创。市二小一项教学成果获省特等奖。新教育实验、教学共同体、“让学引思” 课堂改革成为质量提升新引擎。首批认定普惠性民办园3所，学前教育督导得分全市第一。承办全市初中内涵建设现场会广获点赞，学生吴童被表彰为省 “百名美德少年”，市二小成为省首批书香校园建设示范点，毓龙路实验学校被表彰为全国未成年人思想道德建设工作先进单位。盐城一中获评全国“五四”红旗团委。楼王社区教育中心获全国表彰，滨湖、北蒋社区教育中心跻身全省40强，“三家春”终身学习共同体成为省级品牌。镇(街道)健身广场建设实现全覆盖。盐都体校被命名为省级高水平体育后备人才单项训练基地，“未来之星体育俱乐部” 成为全省示范。16所中小学校被命名为“全国青少年校园足球特色学校”。大纵湖旅游度假区被推荐申报省体育旅游示范基地。校园安全无事故、零伤亡；各类考试无差错、零投诉。37所学校幼儿园外墙瓷砖脱落隐患全部消除；校园视频监控实现全天候、全覆盖。从严治党责任全面落实，开展“七个专项行动”，大走访、千名教师访万家等活动密切教育与社会联系。

学前教育

【概述】 制订出台《盐都区学前教育第二期五年行动计划》，推进学前教育转型发展，在省优公办园建设、课程游戏化推进、教师素养提升等方面都取得较好成绩，在市学前教育发展专项督导考核中积分位居全市第一。

【王荣平在大冈看望留守幼儿】 5月31日上午，市委书记王荣平在大冈镇第一幼儿园看望留守儿童，他强调要用爱心呵护每一位少年儿童，特别要关心留守儿童的教育和成长，让每个孩子都对童年留下美好记忆、都有出彩人生。

【刘锐在张庄中心幼儿园调研】 4月6日上午，副区长刘锐到张庄中心幼儿园调研走访。参观班级活动室、功能室、配套设施等室内外环境，听取幼儿园办园条件、办园理念、办园特色和发展情况汇报，对幼儿园充分利用空间创设幼儿游戏环境，注重特色内涵建设等方面的工作给予肯定。

【学前教育专项督导全市第一】 7月24日，市政府教育督导室督导组对区学前教育工作进行专项督导。督导组听取学前教育工作情况汇报，查阅相关台账资料，访谈政府办等有关部门负责人及部分园长、教师和责任督学，实地察看高新

5月27日，楼王镇幼儿园家庭亲子创作活动　　王　兰　唐春燕　摄

区幼儿园、郭猛杨侍村幼儿园、崇礼路幼儿园、龙冈凤凰幼儿园、钱庄幼儿园、维尔森幼儿园。经综合评估，全区考核得分全市第一。

【省教育厅调研课程游戏化】 11月30日上午，省教育厅基教处副处长殷雅竹在区调研学前教育课程游戏化推进情况。殷雅竹一行实地参观潘黄中心幼儿园幼儿学习和生活环境，了解幼儿园课程游戏化项目推进情况，对幼儿园环境改造和课程建设取得的成果给予肯定，并就如何通过课程游戏化促进幼儿深度学习等议题进行交流，对幼儿园探索弹性作息管理、游戏活动改进等提出指导建议。

【省课程游戏化项目组在潘黄督导】 1月5日下午，省幼儿园课程游戏化项目专家组到潘黄中心幼儿园督导课程游戏化实施情况。专家组从幼儿园环境创设、课程资源库建立、幼儿一日活动及游戏中的师幼互动等方面进行全方位的了解。听取建设园与共建园(盐都幼儿园)的情况汇报，了解盐都区教育局扶持项目建设，推进全区幼儿园课程游戏化建设的情况。

【出台《普惠性民办园认定与管理细则》】 2月，区政府办发布《盐城市盐都区普惠性民办幼儿园认定与管理实施细则（试行）》，对普惠性民办园的认定条件、认定办法、管理机制及经费扶助等内容进行明确与规定。经过申报、审核、公示等程序，张庄钱庄幼儿园、红星幼儿园和大冈成才幼儿园通过首批认定。

【召开学前教育课程游戏化推进会】 11月2日，全区学前教育课程游戏化推进会在盐都幼儿园召开。会议要求各幼儿园加强学习提高，全面把握课程游戏化建设的重要意义，深刻了解课程游戏化建设的内容，加强课程游戏化建设组织领导，全面推进课程游戏化建设。会前，与会人员参观潘黄中心幼儿园、机关城西幼儿园和盐都幼儿园。

【组织学前教育宣传月活动】 5月20日至6月20日，全区各幼儿园围绕“游戏——点亮快乐的童年”之一主题，组织开展学前教育宣传月活动。各幼儿园通过制作宣传展板、印发宣传材料、组织家长开放日等活动，大力普及科学育儿知识，营造有利于幼儿健康成长的社会环境。

【新增5所省优质公办园】 6月，省教育厅公布2016年下半年省优幼儿园评估结果，西环路伟才幼儿园、腾飞新城幼儿园、高新区幼儿园、张庄中心幼儿园、海阔路幼儿园通过评估获得命名。至年底，全区共有30所幼儿园获得省优质园命名。

【10所幼儿园通过省优复审】 10月，北龙港、楼王、学富、高新区(东园)4所幼儿园代表全区接受省优质幼儿园复审现场评估，评估组通过看现场、听汇报、走访、座谈等方式对4所幼儿园进行评估。最终认定全区申报的盐都幼儿园、机关城西幼儿园、义丰幼儿园、郭猛幼儿园、楼王幼儿园、高新区东园、学富幼儿园、潘黄幼儿园、北龙港幼儿园和钱庄幼儿园10所幼儿园通过省优复审。

【对幼儿教师进行全员培训】 8月17—18日，区教育局组织暑期幼儿教师全员培训，培训旨在进一步贯彻落实《3~6岁儿童学习与发展指南》，推进幼儿园课程游戏化建设，引领教师专业成长。培训班期间，南京市实验幼儿园老师朱建华、南京市实验幼儿园老师朱静、《东方娃娃》杂志社讲师季贵林围绕“综合课程主题的实施”“综合课程下主题环境的创设”“家庭教育”等主题作讲学。

【崇礼路幼儿园新园投入使用】 9月，总投入5000万元的盐城市崇礼路幼儿园新园投入使用。新园内设30个幼儿标准活动室，同时配备科学发现室、木工坊、美工坊、体验厨房、童心剧场等配套设施及用房。

【2所扩建幼儿园投入使用】 秋学期开学，北龙港幼儿园和葛武幼儿园扩建工程全部完工并投入使用，两所幼儿园的扩建对于改善当地办园条件，整体提升全区学前教育发展水平具有一定的意义。

【召开幼儿园消防达标创建会】 9月30日上午，全区幼儿园消防达标创建会在盐都幼儿园召开。会议解读消防达标工程的具体要求，明确幼儿园安全工作的重点和难点，对新形势下如何做好消防安全管理工作进行交流、探讨。会前，与会人员参观区幼儿园消防控制室、微型消防站、厨房、水泵房、消防提示标识、消防通道等。

【学富幼儿园举办首届冬季亲子运动会】 12月6—8日，学富中心幼儿园分年级段组织首届冬季亲子运动会。运动会的主题是“家园互动显和谐，游戏运动真快乐”。整个运动会以“竞技游戏、亲子游戏”为主要形式，体现“面向全体幼儿，人人参与运动，增强幼儿体质，促进幼儿健康成长”办会宗旨。比赛中幼儿和家长合作竞技，增进家长和孩子之间的情感交流，让家长感受到孩子的成长和进步。

【大纵湖镇幼儿园组织教师家访活动】 暑假期间，大纵湖镇幼儿园组织教师在每一个幼儿家庭，与家长交流幼儿在园情况，了解幼儿在家表现，征求家长对幼儿园工作的意见和建议。同时宣传学前教育政策，推广先进家教理念，做好留守儿童关爱工作。幼儿园还专门印制家访情况记录表、暑期安全教育告家长书等材料，要求教师客观真实记录整个家访过程。

【楼王幼儿园组织莲湘特色开放日活动】 6月15日，楼王中心幼儿园举行特色开放日活动，小朋友的莲湘表演赢得观摩家长的一致好评。楼王幼儿园把莲湘作为园所文化引进课堂并渗透到一日活动中，作为园本课程进行开发，旨在让这一活动得到更好的传承。

【潘黄中心园为新疆培训班放现场】 9月21日，盐城师范学院“国培计划”——新疆幼儿园骨干园长培训班的学员走进潘黄中心幼儿园进行学习观摩。潘黄幼儿园展示环境布置、教师课堂，园长为学员们做讲座，并与学员进行互动。

【海阔路幼儿园在福利院开展志愿服务】 6月2日上午，海阔路幼儿园组织青年教师志愿者团队在市社会福利院看望、慰问孩子们。志愿者与孩子做游戏、讲故事……并送上精心准备的绘本、玩具、衣物等。

九年制义务教育

【概述】 全区义务教育以办人民群众满意教育为宗旨，以全面提高学生核心素养为目标，以“让学引思”课改为抓手，以深化教育综合改革为动力，以合理布局、充足投入和优良作风为保障，实现办学水平、办学质量和人民群众满意度的新提升。

【区政府召开工作部署会议】 2月13日，区政府召开教育体育文化卫计工作会议。会上，区教育局提出“聚力改革创新，聚焦内涵建设，高水平建设教育现代化示范区”。会上，区政府与各镇(区、街道)签订发展学前教育、社区教育等工作责任状，对2016年度教育体育工作先进单位进行表彰。大冈等镇作交流发言。

【专题调研教育资源优化整合】 8月9日，区人大常委会副主任郝汉金带领部分区人大常委会委员和人大代表在教育局及部分中小学幼儿园，就全区教育资源整合优化工作进行专题调研。听取教育局工作汇报，实地察看神州路初中、小学，崇礼路幼儿园，南师大盐城实验学校和龙冈中学，召开部分校长、园长和家长代表、教师代表座谈会。

【召开全区中小学教学工作会议】 8月25日，全区中小学教学工作会议在市一中召开。会议总结上学年教学工作成绩，分析教育发展形势和要求，对新学年教学工作进行安排部署。会上，印发《盐都区2017/2018学年度新教育实验工作方案》和《“盐都悦读·书香氤氲”大阅读活动实施方案》，颁发中小学教育教学质量奖，分学段进行教育质量分析，市一中、毓龙路实验学校等5个单位作交流发言。

【出台《农村留守儿童关爱保护专项行动方案》】 1月，区民政局、综治办、法院、检察院、教育局等十部门联合出台《开展农村留守儿童“合力监护、相伴成长”关爱保护专项行动实施方案》，明确农村留守儿童家庭监护责任、政府属地责任及各相关部门职责要求，努力为农村留守儿童健康成长创造良好环境，坚决杜绝农村留守儿童无人监护现象，确保兜住农村留守儿童人身安全底线。

【建立留守儿童关爱保护联席会议制度】 2月，区政府办发文建立农村留守儿童关爱保护工作部门联席会议制度。联席会议由区委常委、常务副区长担任第一召集人，由27个部门(单位)组成，主要职能包括统筹协调农村儿童关爱保护工作，研究拟订关爱保护工作政策措施和年度工作计划，协调和指导农村留守儿童关爱保护工作，推动部门(单位)沟通协作，完善关爱服务体系，健全救助保护机制；督促检查所属镇(区、街道)和部门工作落实情况。

3月31日，市毓龙路实验学校“缅怀革命先烈，弘扬爱国精神”清明祭扫活动　　韩志伟　摄

【获全市教育教学综合考评一等奖】 2月27日，全市教育工作会议召开，区教育局获全市教育事业发展综合考评先进奖第一名，同时获得学前教育、小学教育、初中教育、高中教育、社会教育、德育法治、学校安全、留守儿童关爱（学生资助）8个单项工作先进（进位）奖。

【教育局获全区目标考核综合奖】 2月4日上午，区委区政府召开2016年度目标任务综合考核表彰大会。区教育局获全区目标任务综合考核综合先进奖，并获得宣传思想和文化发展工作奖，反腐倡廉和作风建设工作奖，科技与人才工作奖，民生幸福和社会事业工作奖，脱贫致富奔小康工程实施工作奖等5个单项奖。

【承办全市初中内涵建设现场会】 4月27日，盐城市初中教育内涵建设现场推进会在盐都召开。会议总结全市初中教育内涵发展的成绩，明确全市初中教育“五新”发展目标，即学生有新素养、教师有新发展、校长有新境界、教学有新气象、学校有新特色。与会代表参观毓龙路实验学校综合实践活动、高新区初中课堂教学改革、区实验学校特色建设、神州路初中课程建设现场，观看盐都初中教育内涵建设专题片。

【成立“朱永新新教育思想研究所”】 3月20日，盐都区“朱永新新教育思想研究所”在区教育局挂牌成立。朱永新新教育思想研究所的主要任务包括开展朱永新新教育思想基础研究，开展新教育实验实践研究，开发和拓展新教育文化资源。研究所下设秘书处、基础理论研究部、新教育实践研究部等部门，研究人员由教育局相关科室人员及学校管理干部、骨干教师兼任，同时聘请省内外知名学者、一线教科研名师组成顾问团队。

【新教育思想研究所组织赠书活动】 5月27日，盐都区“朱永新新教育思想研究所”向学校赠书活动在区教育局举行。全区所有中小学获赠朱永新创作的系列专著两套。

7月7日，楼王小学与南京财经大学签约社会实践基地　张志根　刘秋玲　摄

【召开质量提升推进会】 3月16日，全区初中“新教育实验”暨质量提升推进会在神州路初级中学召开。会议对全区初中上学期期末检测成绩进行分析，对开学工作检查及教学常规视导督导情况进行通报，对“1+X”教学质量发展共同体前一阶段的工作进行总结。会前，组织“新教育实验”文化论坛，毓龙路实验学校、龙冈初中和马沟初中陈群、教师发展中心研训部陈书桂分别作发言。

【举行“读书节”启动仪式】 12月22日，全区新教育实验现场会暨“读书节”启动仪式在腾飞路小学举行。上午，参加活动人员观摩腾飞路小学课堂教学和大阅读活动展示，下午观摩腾飞路小学特色活动、社团活动。活动结束前还组织专题研讨交流。

【组织师生诵读中华经典优秀节目展演】 10月17日，盐都区师生同台诵读中华经典优秀节目展演在神州路初中举行。参加展演的13个节目配上音乐、舞蹈、场景等，演绎中华经典诗歌中蕴含的独特魅力。

【召开关心下一代工作推进会】 10月25日，全区教育系统关心下一代工作推进会在义丰小学召开。会议总结前一阶段工作成绩，对工作进行部署安排。会前，与会同志参观义丰小学新校园和校外辅导站活动现场。会上，盐渎街道冈中社区和义丰初中围绕校外辅导站建设作交流发言。

【成立家庭教育讲师团】 5月19日，盐都区家长学校总校家庭教育讲师团首场报告会在大冈初中举行。区家庭教育讲师团由区家长学校总校与区未成年人成长指导站联合招募组建。讲师团有成员80余人，成员中有退休教师、分管德育的校长、在职教师、心理咨询师、道德模范、社会志愿者。

【校外教育辅导站（员）获省表彰】 9月，在全省校外教育辅导站工作经验交流会上，龙冈镇校外教育中心辅导站被表彰为“省优秀辅导站”，秦南镇校外教育中心辅导站被表彰为“省示范辅导站”，尚庄镇的乐华泽、乐洪粉被表彰为全省先进个人。

【组织“学史立志”主题教育活动】 3月22日上午，盐都中小学生“学史立志”主题教育活动启动仪式在尚庄小学启动。区委副书记冯明印，区关工委、教育局负责人出席启动仪式。

【组织“给父母写一封信”活动】 为笃深亲子情，营造良好沟通氛围，搭建家长与学校、与孩子之间沟通的桥梁，区教育局与邮政局在寒假前夕联合组织开展“给父母写一封信”活动，要求在校中小学生借助书信的方式，向父母表达自己真实情感和真心话语，以引导和增进孩子对父母的认识和理解，感恩父母。为保证活动的开展，区教育局专门设计制作统一的信封，区邮政局免费提供挂号邮寄服务，确保每一封信都能及时、准确、无误地寄送到家长手中。

【市初中课程基地建设研讨会在盐都召开】 9月26日，盐城市初中课程基地建设与使用研讨会在神州路初中举行。神州路初中作题为《开拓视野 聆听世界》视听英语课程建设与使用情况汇报。与会嘉宾观摩神州路初中课程建设现场展示。

【获市小语赛课和英语优质课一等奖】 在2017年盐城市小学语文优质课大赛中，盐城市第二小学王静，毓龙路实验学校小学部唐云香，腾飞路小学王霞均获一等奖。10月23—25日，盐城市小学英语优质课评比活动在市第三小学举行，全市各县（市、区）共有23名老师参加。马沟小学的徐甦老师和毓龙路实验学校的刘颖老师分获农村组和城市组一等奖。

【组织《民防知识》优秀课例展示】 12月1日，盐都区中小学《民防知识》优秀课例展示活动在北蒋实验学校举行。《民防知识》优秀课例展示活动由区教育局和民防局联合发起，旨在推动全区中小学用好《民防知识》教材，推进民防知识在中小学生中普及与提高。

【举办物理实验教学技能大赛】 9月16日，盐都区初中物理实验教学技能大赛在高新区初中举行。大赛分笔试和实验操作两部分，按笔试成绩占40%、实验操作成绩占60%计算总成绩。共有12名选手获得一等奖。

【15名学生获市阅读竞赛奖】 9月23日，全市小学语文课外阅读知识竞赛落幕，全区共15人参赛，其中8人获特等奖（全市共30名），4人获一等奖，3人获二等奖，成绩位列全市各县（市、区）之首。

【尚庄小学邀请中国好人参加升旗仪式】 2月13日，尚庄小学特邀中国好人、市道德模范——乐绍琪到校给师生作国旗下讲话，乐绍琪在讲话中告诉同学们，要想成为一个“中国好人”，就要做一个有益于社会的人、有益于他人的人；作为新时代的学生，要传承社会美德，想他人所想、急他人所急、尽心尽力帮助需要帮助的人，让每个人都能感受到社会的温暖、社会的正能量。

高中教育

【概述】 全区高中围绕优质化、多样化、特色化发展思路，深化课程改革，推进“育人模式”转变，全面提升课程实施水平和教育教学质量，时杨中学、大冈中学通过省四星级高中现场评估。

【时杨、大冈创成省四星级高中】 11月，时杨中学、大冈中学接受省四星级高中创建现场评估，省教育评估院专家委员会认定两校通过评估验收，至年底，全区四所高中全部创成四星级高中，成为全市首家县域高中四星级全覆盖的县区。

【洪流在盐都调研】 5月10日上午，省教育厅副厅长洪流率领省教育厅第十一党支部成员在区开展“找问题、补短板、改作风、提质量”抓落实行动。调研组一行参观大冈中学校园，听取学校情况介绍，与教育局负责人、部分学校校长和教师代表进行座谈。

【鞠勤在区检查高考准备】 5月24日上午，省教育考试院院长鞠勤在盐都检查高考准备工作，要求进一步强化认识，狠抓落实，确保考试安全、平稳、顺利进行，全力实现“更高满意度的平安高考”。

【周明指导大冈中学四星创建】 11月22日，省教育评估院副院长周明在大冈中学考察。周明参观学校综合楼各功能教室，听取创建四星级高中情况介绍，对学校创建工作给予肯定。

【高考实绩迈上新高地】 2017年，全区3455人参加高考，比上年少517人，本一达线691人，比上年增加332人；本科以上达线总数2675人，比上年增加894人，绝对数列全市第二。高分层有明显突破，400分以上1人，390以上4人。

【在大丰学习高中创建经验】 4月13日，区教育局组织时杨中学、大冈中学校长、分管校长、处室负责人和局机关相关职能科室负责人在大丰南阳中学学习四星级高中创建经验，以推动两校晋星升级创建。

9月18日，市一中举行应急疏散演练　　黄恬恬　摄

【举行困难大学助学金发放仪式】 8月16日上午，盐都区2017年"献爱心·圆梦想"困难大学生资助金发放仪式在市一中举行。全区共确认资助困难大学生39人，每位困难大学生得到4000~5000元不等的慈善资助，累计发放资助金15.8万元。

【陈琰获省作文大赛特等奖】 12月3日，2017年江苏省中学生作文大赛（高中组）现场决赛在镇江科技大学举行，区学生陈琰获得特等奖（全省仅20人），区教育局获得省教育厅颁发的该项赛事优秀组织奖，另有7人获得现场比赛一等奖。

【徐川宣讲十九大】 12月23日下午，十九大代表、全国辅导员年度人物、南航马克思主义学院党总支书记"网红"徐川应邀在盐城市一中宣讲十九大精神。宣讲以青年人的视角对党的十九大进行解读，分享自己作为党的十九大代表的参会经历和感悟体会。

【盐城市一中上海校友会成立】 12月17日上午，盐城市一中校史上第一个校友会——上海校友会成立大会在上海召开。大会由1992届初中校友、上海第一财经栏目主持人黄伟主持。大会审议通过校友会章程，选举产生校友会会长和秘书处名单。

【全国教师志愿服务示范点】 9月7日，盐城市一中受邀参加全国教师志愿服务"课后服务示范点"建设启动仪式。仪式上，教育部教师司司长王定华宣读全国教师志愿服务"课后服务示范点"建设单位名单，盐城市第一中学在内的全国34所学校接受授牌。

【盐城市一中获评全国"五四红旗团委"】 5月22日上午，盐城市一中在行政楼广场举行"全国五四红旗团委"授牌特别升旗仪式。团市委书记尹同阳、区委常委、组织部长王铁根等参加。团市委书记尹同阳向盐城市一中授予"全国五四红旗团委"荣誉奖牌。

【大冈中学课程基地获省立项】 大冈中学围绕办学目标，开展课程改革研究，8月，学校语文课程基地建设计划通过省教育厅考核答辩，获得立项。

【大冈中学"双信"超市引发社会关注】 年内，大冈中学承继学校"德育超市"助力学生诚信教育的成功做法，放弃校园超市承包经营收益，创办"双信"超市，学生在超市内自主购物、自助结算，考验的是学生诚信，给予学生的自信。《中国教育报》、江苏卫视、《江苏教育报》等主流媒体予以介绍。

职业教育和社会教育

【概述】 全区职业教育与社会教育以建设学习型社会为总目标，以创建省社区教育示范区为载体，以提高服务能力为关键，不断提升发展内涵。

【建成省社区教育示范区】 11月18—19日，省社区教育示范区考核专家组在区对申报的省社区教育示范区和标准化社区教育中心进行现场考核。专家组察看尚庄镇、北蒋街道、学富镇、秦南镇、高新区盐渎街道的5个社区教育中心以及仰徐、宝才、杨侍、周伙等村（居）的4个居民学校，通过查阅相关工作资料、进行反馈交流等形式，详细了解创建省社区教育示范区的情况。12月26日，盐都区被命名为江苏省社区教育示范区。

【推进社区教育发展】 年内，区政府将社区教育经费按照人均2元标准足额纳入财政经费预算，并建立逐年增长机制。秦南、盐渎社区教育中心阵地建成投入使用，盐渎、盐龙、葛武3所社区教育中心创成省级标准化社区教育中心。4人获省社区教育优秀工作者、优秀志愿者和百姓学习之星表彰。

【举办社区教育业务培训班】 9月24日，区教育局举办社区教育业务培训班。培训班上，省社区教育专家库成员、省成协副秘书长郑青就社区教育品牌建设计划进行解读。市教育局职社处负责人对教育部和省教育厅两个《意见》进行解读。

【"三家春"和"三叶草"结盟】 5月11日，盐城"三家春"终身学习发展共同体和苏州"三叶草"社区教育联盟共同体建设研讨会暨结盟仪式在苏州举行。省教育厅社会教育处副处长罗厚礼和省成人教育协会会长孙曙平在讲话中充分肯定"三叶草"、"三家春"社区教育联盟共同体结对这一创新之举，希望联盟共同体努力打造社区教育品牌项目，优

9月，枫叶国际学校学生和家长参加开学典礼　宗国峰　卞桂富　薛　飞　摄

势互补，携手共进，共创江苏社区教育美好的明天。

【“三家春”终身学习共同体建设课题开题】 3月1日，市职教学会重点委托课题《“三家春”终身学习发展共同体建设实践与研究》开题论证报告会在北蒋社区教育中心举行。“三家春”终身学习发展共同体由滨湖社区教育中心、楼王社区教育中心、北蒋社区教育中心发起组建，潘黄社区教育中心和亭湖区新兴社区教育中心为加盟单位。

【规范民办教育秩序】 年内，协助盐城枫叶国际学校和南师大盐城实验学校办理办学资质。组织民办教育机构年检，合格21家，整改单位4家，民办教育机构办学秩序良好。无证幼儿园整治力度进一步加大，民办幼儿园发展更加规范。

【两社教中心成为省“百强单位”】 4月，省成人教育协会和省社会教育服务指导中心发文公布“省首批社会教育百强单位”评选结果，滨湖社区教育中心和北蒋社区教育中心成功入选。全省首批社会教育百强单位共有40家入选，盐城市共有4家，盐都有2家。

【北蒋举办水稻规模化栽培现场培训】 10月28日，北蒋成人教育中心校邀请省农科院专家程兆榜博士就水稻“两减一增”规模化栽培进行现场培训。水稻“两减一增”栽培培训是国家重点种植培训项目，旨在探索规模化种植新模式，追求农业生产绿色高效。“两减”是指减少化肥、农药使用量，“一增”是增加水稻的亩产量。

【大冈成人校组织就业技能培训】 2月5日上午，盐都区2017年首场农民工就业技能培训在大冈镇社区教育中心多媒体教室举行。49名农民工学员通过培训考核合格后，全部输送到海安至启东高速公路建设工地上担任公路施工旁站监理，实现当地劳动力的顺利转移。将专家请到家门口、培训具有实用性的做法，赢得参训学员和当地群众的认可。

盐都开放大学

【概述】 盐都开放大学是以现代信息技术为支撑，学历教育与非学历教育并举，实施远程开放教育的地方新型高等学校，隶属于区政府，并同时挂有盐都区社区学院校牌。学校坚持面向社会、面向基层、面向农村，为地方服务，为经济建设服务的办学宗旨，依托开放大学系统形成融多层次、多规格、多功能、多种办学形式和多种教育教学手段为一体，大专、本科并举，学历教育、非学历教育并行的办学格局，培养大批管理型、应用型、技艺型人才。

【更名为盐都开放大学】 8月，结合广播电视大学转型发展的契机，按照省政府苏发〔2012〕146号文件《关于筹建江苏开放大学的通知》精神，为完善开放大学系统建设，区电大参与开放大学的建设工作，建设方案获省政府同意，经区委常委会研究决定和市、区编委批准，“盐城市广播电视大学盐都分校”更名为“盐都开放大学”。

【提高教学服务水平】 区开放大学针对成人学员特点，将教学与服务有机结合，按照国家、省、市开放大学要求，加强教学过程管理，提高技术支持服务水平。学校聘用盐城工学院、师范学院等高校专家学者担任兼职教师，在教学过程中充分发挥现代远程教育手段，为学生的学习提供捷径和指导，全校全年毕业844人，其中开放教育本、专科学员504人、网络教育本、专科学员340人，毕业率达95%以上。

【拓宽招生工作渠道】 与盐城华威教育科技有限公司、泰州华文教育咨询有限公司实行校企合作，联合参与招生工作，取得良好成绩，全年招收新生1504人，其中开放教育本、专科学员1130人，网络教育本、专科学员374人，继续保持全省县级电大靠前的位置。

【整改校舍安全隐患】 按照市、区政府的统一要求，将教学楼划转给市口腔医院使用，为确保教学楼划转后学校秩序的稳定，将原学生宿舍、餐厅改造成临时教室。学校争取财政70万元专项经费，进行房屋改造、电路改造、路面维修等，排除隐患，确保学校和师生生命财产安全。 （夏　军）

教育管理

【概述】 认真落实省、市教育工作会议精神和教育教学管理规范要求，全面规范学校办学行为，全面提升教育管理效益，全区学校幼儿园呈现出规范管理、精致管理的良好态势。

【刘锐检查校园安全】 3月22日上午，副区长刘锐率区教育局、区公安局、区综治办等部门负责人检查校园安全工作。刘锐一行实地检查盐都区中太宏大接送学生服务中心、马沟初中、马沟小学和高新区幼儿园。

【阮宜春调研学校法治教育】 4月13日下午，区政协副主席阮宜春带领部分区政协常委、委员专题调研全区学校法治教育工作情况。阮宜春一行现场察看潘黄实验学校、郭猛实验学校法治教育阵地，听取两所学校工作情况介绍。潘黄实验学校的法治文化走廊、小公民法制学校，郭猛实验学校的留守儿童之家、法润青春工作室、心理健康滋养室等得到委员们的肯定。

【设立特殊教育指导中心】 12月，区教育局等4部门联合发文设立盐都区特殊教育指导中心，负责全区特殊教育业务指导、师资培训、教科研和信息资源建设等工作。指导中心隶属区教育局，为非法人、无行政级别的业务组织。特殊教育指导中心办公室设在聋哑学校。

【建立特殊教育联席会议制度】 年内，建立区特殊教育联系会议制度，成员由教育、编制、发改、民政、财政、人社、卫计和残联八部门负责人组成。联席会议负责统筹解决区域特殊教育发展中的重点、难点，指导特殊教育学校和各地做好特殊教育工作。具体职责包括统筹特殊教育规划布局，建立特殊教育资源网络，建立服务特殊教育儿童成长协同机制，提升特殊教育保障水平，实现部门间的信息共享。

【灌云县、连云港市教育局学习校车管理经验】 1月10日下午，灌云县副县长颜东率有关部门负责人在区考察校车安全管理经验，副区长廉武卫陪同。考察团听取盐都区实施校车安全工程，强化校车安全管理的汇报。5月3日上午，连云港市教育局组团在区考察学习校车安全管理经验，对区校车安全工程运营模式和实施成效表示肯定。

【组织校车运行专项检查】 4月17—21日，区教育局联合区公安局、交通运输管理局、安监局开展校车安全运行专项检查。专项检查内容包括校车运行情况、安全管理情况及属地范围内校车通行的道路、桥梁安全状况。

【盐城枫叶国际学校召开新闻发布会】 3月15日上午，盐城枫叶国际学校新闻发布会在金鹰尚美酒店举行。副区长刘锐出席会议并讲话。

【召开全面从严治党专项会议】 7月3日，区教育局召开系统落实全面从严治党主体责任，推进党风廉政建设工作会议。要求各学校各单位按照市教育局扎实开展好建章立制、廉洁从教、走访督查、问责通报、风险排查、后勤审计、夯实基础“七个专项行动”的部署要求，坚决整治包括违规招生、乱收费、私设“小金库”、体罚学生、在职教师有偿补课等群众反映强烈、社会关注度高的热点、难点问题，坚决打击各类有损教育形象的违纪违法行为，共创风清气正的政治生态和教育生态。

【举行廉洁教材首发式】 10月14日，地方教材《廉洁伴我行》首发式暨“廉洁教育进国民教育体系”座谈会举行。地方教材《廉洁伴我行》丛书共分4册，分别供小学低年级、小学高年级、初中和高中学生使用。全区中小学在校学生人手一册，每两周安排一个课时。教材出版发行费用由区财政承担，以后每年教材修订和增印的费用也由财政予以保障。

【南通市纪委参观廉洁文化教育基地】 8月28日下午，南通市纪委常委、秘书长周斌一行在区参观青少年廉洁文化教育基地。周斌一行详细了解相关情况，对区利用青少年廉洁文化教育基地，加强学生廉洁教育取得的成绩给予肯定。

【举办廉政教育专题讲座】 5月19日，全区教育系统廉政教育专题讲座在神州路小学举办。培训班特邀市纪委常委、宣传部部长张国锋作题为《顺应全面从严形势，廉洁履行岗位职责》的讲座。

【教育系统“大走访”活动】 3月27日下午，区教育局召开专项会议，对系统党员干部“三带三联”大走访活动进行部署。教育系统共有707名党员干部参加“大走访”活动。

【组织“万名教师进万家”走访活动】 7月，区委教育工委、区教育局决定在全区教育系统开展“万名教师进万家”暑期走访活动，号召全区教师利用暑期开始时、暑假中途和暑假结束前的三个时间段，在学生家庭进行走访，指导学生规划暑期生活、帮助学生解决学业疑难，听取家长意见或建议。区教育局还同步开展机关管理干部走访学校活动和学校校长走访教师家庭活动。

【获省教育网络联盟先进单位】 5月31日至6月2日，江苏教育新闻工作者协会、江苏教育报刊总社在南京联合举办第四期江苏教育网络新闻采编研修班。研修班上，区教育局被表彰2016—2017年度“江苏教育网络联盟先进单位”，是全市唯一获奖的教育局。

【举行“敦品励学——党员零钱捐”仪式】 11月16日上午，“敦品励学——党员零钱捐”资助仪式在教育局二楼党员活动室举行。区委组织部、区级机关工委、区委教育工委、新都路党建联盟理事长单位相关负责人将26000元助学金分别交到市一中、区实验学校、神州路初中、神州路小学负责人手中，用于资助4所学校22名毕业年级生活困难学生。

【成立新教育研究所德育工作坊】 12月8日上午，区教育局新教育研究所“德育工作坊”成立，并在毓龙路实验学校举行第一次研讨活动。工作坊围绕学校德育工作如何落实立德树人的根本任务，从细、从小、从实抓好养成教育这一主题展开研讨。

【组织“上好一节政治课”优秀课例展示】 11月10日，盐都区中小学“上好一节政治课”优秀课例展示活动在毓龙路实验学校举行。区教育局自5月起在全区中小学教师中发起“上好一节政治课”活动，整个活动分教案征集、展示评选和交流学习3个阶段，历时5个月。

【启动“冬季送法进校园”活动】 12月4日，盐都区法宣办组织的“冬季送法进校园”启动仪式暨首场报告会在高新区初级中学举行。2017年“冬季送法进校园”活动由“夕阳红”法治宣传队担纲主讲，分中学和小学高年级两大板块，对全区43所中小学4万多名学生进行普法教育全覆盖。

【举办女教工演讲比赛】 3月2日，全区教育系统“岗位建新功，巾帼展风采”演讲比赛在区实验学校举行，共有49名女教师参加。经过评选，产生一、二等奖和优秀奖各若干名，其中6人被授予“巾帼教育标兵”称号。

【12项课题获省规划课题立项】 1月17日，江苏省教育科学规划领导小组公布省教育科学“十三五”规划2016年度课题评审结果。全区共有12项课题获准立项，课题获准立项数量全市各县(市、区)最多。

教师队伍建设

【概述】 2017年，通过招录、培养、引进等多种途径，全力打造名师云集的教育发展高地。重视教师师德行风建设，全面

8月，“万名教师访万家”活动　　卞桂富　摄

提升队伍整体水平和素养，为区域优质教育全覆盖提供强大的人才支撑。

【区委区政府召开教师节座谈会】 9月9日下午，区委区政府召开座谈会向全区广大教师和教育工作者致以节日的问候。市委常委、秘书长、区委书记羊维达出席并讲话，区长吴本辉主持座谈会。区委常委、宣传部长葛建华，副区长刘锐等出席座谈会。会议宣读《关于公布优秀教育工作者、优秀教师和优秀班主任评比结果的决定》，8位获奖教师代表上台领奖，教师刘堂林、于洁和郑亮作交流发言。

【高层次人才培养】 年内，李建国成为省人民教育家培养工程培养对象，李建国、易兴无、洪从兵3人成功晋升正高级教师。引进省人民教育家培养工程培养对象沈斌，省特级教师周静忠、南京市名校长陈汇祥，大市学科带头人刘承制4名高层次教育人才；同时柔性引进倪娟、蒋园园2名紧缺型人才。

【全方位加强教师培训工作】 年内，组织5300名教师参加省中小学教师信息技术应用能力提升工程网络培训。同时安排青年骨干教师参加出国和国家、省、市级各类培训，其中出国培训18人、国家级培训20人、省级培训107人、市级培训113人。

【规范做好新教师招录】 年内，按照公平、公正、公开的原则，采取自主择岗的方式，共录聘用新教师117人，其中星级高中教师17人，乡镇义务教育阶段学校教师93人，免费男幼师7人。

【教师集中宣誓拒绝有偿家教】 9月1日，盐都区中小学幼儿园的7000多名教师在国旗下进行“履行教师职责，拒绝有偿家教”主题集中宣誓活动，各学校幼儿园家长委员会成员、家长代表、社区干群参加活动。

【成立首个区级名师工作室】 3月16日，区教育局举办首个名师工作室——“陈群名师工作室”授牌仪式。

【省人民教育家培养对象活动在盐都举行】 8月19—21日，江苏省人民教育家培养工程第三期培养对象中学校长组研讨活动在区举行。教育部中学校长培训中心原主任、华东师范大学博士生导师、教授陈玉琨，省人民教育家培养对象导师、南京外国语学校校长邹正，省教育科学研究院教授徐兆兰出席研讨活动。其间，陈玉琨和邹正分别为区教育管理干部和学校中层干部代表开设专题讲座。

【“雷燕、李建国名师工作室”举行教学研讨观摩活动】 10月22日上午，“雷燕、李建国名师工作室”古诗词教学研讨观摩活动在毓龙路实验学校举行。毓龙路实验学校教师王冬林和盐城市实验小学的蔡绪稳分别执教《江雪》、《观书有感》两首古诗。工作室领衔人李建国现场作点评。市小学语文名教师梅艳、吉建和分享自己的成长之路。工作室校长雷燕校长作题为《不忘初心，十八年阅读教学改革的三次跨越》的专题讲座。

【省信息化教学能手大赛在盐都举行】 11月28—29日，2017年“领航杯”江苏省信息化教学能手大赛在盐城举行。盐都区承办其中初中英语、地理和高中语文、物理四个学科的比赛。中央电教馆馆长王珠珠、省教育厅副厅长苏春海等在区赛点观摩比赛。

【教师省级比赛和课题研究】 盐城市二小王静、于晓宇和毓龙路实验学校苏明生分获省小学语文、数学、英语优质课大赛一等奖，盐城市一中邵蔚、南师大盐城实验学校赵静静分获省“领航杯”信息化教学能手比赛高中物理、初中地理一等奖，市一中高萍、毓龙路实验学校胥小燕分获省高中语文、小学品德教学基本功大赛一等奖。全年教师发表省级以上论文477篇，郭猛实验学校吴建柱获省“行知杯”论文竞赛全市唯一特等奖。市二小杨传冈等研究课题“基于思维发展的小学数学开放题教学探索与实践”和毓龙路实验学校赵维坤等课题“初中数学实验的课程建设和教学建构”获省教学成果奖特等奖。毓龙路实验学校徐正洲等的课题“小学数学文化校本化建设的实践研究”获省中小学教学研究课题评奖一等奖。

【举办管理干部高级研修班】 7月31日，为期三天的全区学校幼儿园管理干部高级研修班在盐城市第一中学开班。培训班授课专家中有国家教育督学、有教育部课程教材专家委员会委员、有教育管理杂志社社长、有知名学校校长，围绕推进教育现代化、构建人文理想学校、课程与课堂建设、教职工素养培育、创新学校管理策略等专题为区学校幼儿园管理干部作报告。

【组织教师教研能力提升培训班】 11月11日,全区中小学教师教研能力提升培训班在崇礼路小学举行。省特级教师、省教学成果特等奖获得者杨传冈从什么是课题、为什么研究课题、课题题目的表述、研究课题的方法等方面作题为"课题研究的方法与路径"的讲座。

【培训中小学骨干教师】 11月,区教育局组织中小学骨干教师培训班。培训班特邀省教科院基础教育研究所副所长、南京师范大学博士、研究员、博士生导师倪娟开设讲座。

【举办小学语文学科教师培训班】 12月9日,全区2017年小学语文学科教师培训班在神州路小学梦想剧场举办,全区350名小学语文骨干教师参加培训。省特级教师、区教师发展中心研训部副主任蒋爱东、汪明华分别作讲座。

【举办教育宣传与舆情应对培训班】 8月5日,区教育局教育宣传与舆情应对培训班在神州路初中开班。培训班特邀市网信办负责人、新媒体建设和教育宣传工作经验丰富的相关人员,围绕不同的主题,对参训人员进行实务性培训。

教育经费与设施改善

【概述】 全年教育总投入达15.06亿元,其中公共财政预算教育经费投入13.96亿元,分别比上年增长12.8%和14.33%,为全区教育发展提供保障。

【王珠珠等调研教育信息化建设】 11月29日上午,中央电教馆馆长王珠珠、省教育厅副厅长苏春海在区调研教育信息化建设。先后参观神州路初级中学和盐城市第一中学,看望"领航杯"江苏省信息化教学能手大赛参赛选手、专家评委与有关工作人员,并观摩大赛现场。

【新建和改扩建学校投入使用】 9月,新建的义丰小学、南师大盐城实验学校、盐城枫叶国际学校幼小部、崇礼路幼儿园和扩建的北龙港幼儿园、葛武幼儿园全部投入使用。

【校安工程完成年度计划】 2017年校安工程共实施项目18个,面积约1.9万平方米,投入资金3605万元,其中:新建项目7个,面积11700平方米;加固项目4个,面积4821平方米;拆除项目7个,面积2236平方米。

【安全"三项攻坚"全面完成】 年内,各学校幼儿园按要求配备专职保安313人,合格率100%。校园警务室均配备"八小件"等防卫器械,重点部位物防建设全部达到规定要求,所有校门口防冲撞设施全部安装到位。完成技防设施升级改造,学校幼儿园全部装有一键报警装置和视频监控。

【实施视频监控升级工程】 年内,投入资金829万元,升级改造学校视频监控系统,建成区级监控中心,并与公安联网,实现校园监控全天候、全方位、全覆盖。

【整改校舍外墙瓷砖隐患】 暑期,投入资金200万元,对27所中小学、10所幼儿园存在安全隐患的外墙瓷砖进行改造,改造面积33660平方米,其中中小学31173平方米,幼儿园2487平方米。

【高标准完成维修改造任务】 年内,投入424万元维修改善农村中小学校园,涉及校舍面积约12万平方米,浇筑砼道路及场地1万平方米,新建围墙等构筑物3125米,美化校园环境,改善办学条件。

【新增6所市平安校园】 年内,张庄中心幼儿园、钱庄幼儿园、红星幼儿园、西环路伟才幼儿园、西环路开智幼儿园、童林幼儿园6所幼儿园获2017年"盐城市平安校园"命名。

【盐都助学基金情暖困难学生幼儿】 11月30日上午,盐都区助学基金会资助部分困难学生幼儿助学金发放仪式在张庄街道举行。盐都区助学基金会由区政协原副主席、江苏宏大集团总裁徐守清2017年暑假期间个人捐资200万元设立。首期助学金发放仪式上,对28名考上高校的大学生资助近60万元,11月30日又出资40.8万元,对全区300名困难中小学生和幼儿进行捐资助学。

教育督导

【概述】 教育督导工作紧紧围绕全区教育工作重点,坚持改革创新,充分发挥教育督导"监督、检查、评估、指导"的职能,有力促进全区教育优质、均衡、协调发展。

【教育工作年度考核全市领先】 3月31日,接受市政府教育督导室对区2016年度县级政府教育工作督导考核,考评得分位居全市第一。

【举办挂牌督导业务培训班】 为推进中小学(幼儿园)责任督学挂牌督导工作,8月3日,举办2017年度挂牌督导业务培训班。全体专兼职责任督学、中小学校督导联络员、公办幼儿园园长参加培训。镇江市润州区人民政府教育督导室主任陈晓鸽、市政府教育督导室主任刘广平应邀为培训班作报告。

【组织义务教育学校标准化建设监测】 10月12日,召开义务学校分管校长、监测工作负责人会议,贯彻落实省会精神,培训监测人员;11月底前完成数据采集、填报、审核上报工作;12月底前完成监测报告。全区义务教育学校标准化建设监测工作得到省教育厅领导的高度评价。

【承办全市责任督学挂牌督导推进会】 6月13日,全市2017年度中小学校责任督学挂牌督导创新县(市、区)创建工作现场推进会在盐都召开。与会人员观摩市二小教育集团腾飞路校区责任督学工作开展现场、区责任督学工作中心,听取区政府教育督导室创建"全国中小学校责任督学挂牌督导创新区"的经验介绍并观看专题片。

文化　新闻

综　　述

【概述】 2017 年,全区文广新系统坚持推进文化精品工程和文化普惠工程,文化事业取得新发展。文艺精品力作迭出。瞄准"高原出高峰"的目标,实施舞台艺术精品工程。现代淮剧《菜籽花开》亮相第十五届中国戏剧节,并获"江苏省文华大奖"。大型现代淮剧《过江》受中国剧协、中国戏曲现代戏研究会邀请,于 10 月 30 日、31 日在北京献礼党的十九大演出两场,成为国家和江苏省艺术资金年度大型舞台剧和作品创作资助项目,剧本获得 2016 年度江苏省戏剧文学剧本评选一等奖,入选文化部艺术司 2016 年戏曲剧本孵化计划一类作品。市淮剧团被表彰为全省艺术创作工作先进单位,杨念明获省第六届戏曲票友大赛"十佳票友",市淮剧团梁锦忠荣获第 27 届上海白玉兰奖戏剧表演艺术奖主角提名奖。启动区政府文艺奖评选活动,在收到的 63 件参评作品中,遴选 25 件作品予以表彰。群文曲艺再创辉煌。盐都区顺利通过中国曲协专家组综合验收,6 月 5 日被中国曲协授予"中国曲艺之乡"称号(是苏北第一个)。群口快板《小城大爱》晋京参加"说唱中国梦·喜迎十九大"全国优秀曲艺节目展演。小剧场话剧《为钱癫狂》获得中国(张家港)小剧场艺术荟萃一甲第一名。文化普惠成绩斐然。建成标准化村级综合文化服务中心 58 家,建成农家书屋图书馆分馆 150 家,更新出版物 40000 余册,建成数字化农家书屋 255 家,农家书店 3 家,阅报栏(屏)200 个,星级农家书屋 42 家。开展"欢歌笑语走基层"村村到文化惠民巡演活动 500 多场。举办农民读书节暨华泽书社读书月活动、古诗词大赛预赛、故事分享会,开展和悦主题阅读活动 80 多次,群艺馆专题文化活动 260 多场次。楼王镇莲湘代表队获江苏省莲湘舞邀请赛银奖(排名第一)。新闻宣传引导有力。广播和电视新闻节目同步推出 40 多个主题宣传,持续保持外宣工作全市前列的位置。推广全民阅读活动,推进"书香盐都"建设。成功举办红领巾读书征文、"盐都大讲堂""农民读书节"古诗词大赛""故事分享会"、诗歌朗诵会等活动。文化市场管理成效明显,开展文化市场专项整治行动,全面整治广电违规行为,开展"扫黄打非"工作。　(王晓亮)

文化场馆建设

【概述】 2017 年全区公共文化服务体系建设水平进一步提升,以区图书馆、博物馆、文化馆、村镇(社区)文化服务中心为主体,以企业、校园、广场文化阵地建设为补充的全区公共文化服务体系,推进各级文化服务中心的建设工作,并取得突破性进展,提升全区城乡人民群众的小康文化幸福指数。

【文化场馆数字化建设】 年内,区博物馆、文化馆、群艺馆、图书馆、各文化站均免费开放。区数字图书馆建成,设备齐全,并与省、市相关单位开展多个项目,其中有少儿数字图书馆触摸体验等。区文化馆、博物馆的展厅均设置相关展览的数字化信息的多媒体滚动播放,方便群众在观看展览之余,了解文化普及的相关知识和信息。各馆的官网及微信平台建成,并且及时更新相关的活动安排及后续报道,让群众能够随时掌握最新动态,进行活动参与及文化学习。

【文化场馆阵地建设】 2017 年,全区在公共文化场馆建设方面收获颇丰,区图书馆有 24 小时自助图书馆、监控工程、移动图书馆平台、数字图书及视屏数据库等多个项目;区博物馆增设高级文物库房,24 小时机房监控,并安装 110 自动报警系统装置;群艺馆于 1 月正式对外免费开放。12 月底最终确定通过验收的标准化的基层综合文化服务中心 52 家,在抓好村(社区)文化服务中心建设的同时,推进镇(街道)、村(社区)文化服务中心建设工作。8 月,秦南镇 6000 平方米的文化服务中心建成正式投入使用。楼王镇 4000 平方米的文化服务中心主体封顶。至年底,全区共有 13 个文化站站平面积达2000平方米以上。

（苏万才 耿君 赵娜）

戏剧创作及演出

【《菜籽花开》亮相第十五届中国戏剧节】 6月28日晚，盐城市淮剧团创作演出的大型现代淮剧《菜籽花开》在宁夏大剧院参加由中国文联、中国剧协、宁夏回族自治区政府主办的第十五届中国戏剧节。演出现场，该剧以其独特的艺术魅力征服现场1200余名观众。中国戏剧节始创于1988年，每两年举办一届，是全国戏剧界规模最大、档次最高的艺术盛会。第十五届中国戏剧节于6月18日—7月5日在银川市举行。

【《菜籽花开》获省文华大奖】 9月15日，淮剧《菜籽花开》在第三届精彩江苏艺术展演月分会场——徐州睢宁演艺馆演出，并获第三届省文华奖文华大奖。编剧陈明、袁福荣获第三届省文华奖文华编剧奖。主演王雷获第三届省文华奖文华表演奖。

【多个剧目获国家和省艺术基金资助】 大型现代淮剧《送你过江》入选国家艺术基金2017年度大型舞台剧和作品创作资助项目；《送你过江》入选江苏艺术基金2017年度大型舞台剧和作品创作资助项目；《菜籽花开》入选江苏艺术基金2017年度传播交流推广项目。

【《送你过江》签约省舞台艺术重点投入剧目】 10月20日上午，2017年度省舞台艺术重点投入剧目签约仪式在省文化大厅会议室隆重举行。大型现代淮剧《送你过江》被列入年度省文化厅重点投入的四部剧目之一签约。

【梁锦忠获白玉兰表演艺术奖主角提名奖】 4月7日晚，以"在人民中间生根开花"为主题的第27届上海白玉兰戏剧表演艺术奖颁奖晚会在上海大剧院举行。凭借在淮剧《半车老师》中饰演"田半车"角色，市淮剧团演员梁锦忠获主角提名奖。

【两部剧目竞技盐城市艺术展演月活动】 12月8日，2017市艺术展演月闭幕，并公布获奖结果。市淮剧团创作演出的大型现代淮剧《送你过江》、区群众艺术馆创作演出的大型古装淮剧《二妹子升堂》，分别获得文华大奖（榜首）、文华优秀剧目奖。《送你过江》还获得文华编剧、导演、表演、音乐、舞美等多个单项奖，《二妹子升堂》获得文华表演奖。

10月，全区欢歌笑语走基层村村到文化惠民巡演　　唐春燕　刘秋玲　摄

【《送你过江》入选文化部艺术司2016戏曲剧本孵化计划】 2月20日，文化部艺术司发布《文化部办公厅关于公布2016年度戏曲剧本孵化计划第一次专家评审结果的通知》，其中《送你过江》入选文化部艺术司2016戏曲剧本孵化计划一类作品第一名。

【《送你过江》获省戏剧文学剧本评选一等奖】 3月，省文化厅网站公布"2016江苏省戏剧文学评选"获奖名单，由区著名剧作家、国家一级编剧陈明创作的大型现代戏曲《送你过江》，在82件作品（均为大戏）获一等奖。

【7部作品入选2016年市政府文艺奖】 11月28日至12月4日，2016年度市政府文艺奖通过初评、终评两轮评审，最终获奖的90个项目在《盐阜大众报》、中国盐城网站进行公示。淮剧《菜籽花开》、剧本《遍地月光》获得一等奖；剧本《歌声不再遥远》、剧本《大湖泱泱》获得二等奖。

【《送你过江》晋京献礼党的十九大】 10月30、31日晚，应中国戏剧家协会邀请，省文化厅2017年度舞台艺术重点投入剧目、市淮剧团创作演出的现代淮剧《送你过江》晋京献礼党的十九大，文化部副部长董伟，中国文艺评论家协会主席仲呈祥，中宣部文艺局副局长孟祥林，文化部艺术司副司长吕育中，省文化厅副厅长方标军等分别观看两场演出。

【开展首届区政府文艺奖评选活动】 1月，首届区政府文艺奖申报评选活动正式启动。活动共收到参评作品63件，最终评出特别荣誉奖1个、金奖2个、银奖5个、铜奖6个、荣誉奖1个、入选作品奖12个。

（曾汉才 方演）

电影放映

【概述】 区电影公司按照"企业经营、市场运作、政府购买、百姓受惠"的农村电影发展思路，推广电影数字化和农村公益电影放映，逐步建立起公共服务和市场运作相协调，固定放映和流动放映相结合的农村电影放映体系，推动全区农村电影放映工程的实施精神。“农村电影工程”全年放映3060场，放映额近70万元，“影教育人工程”学生爱教片放映80场，放映额近41万元。区电影公司在省新希望院线的领导下，利用先进的GPS定位技术对农村放映进行管理，加强对农村放映的监督，确保全年放映任务保质保量地完成。区电影公司还多方联系放映“体育电影下乡”公益项目，配合省委宣传部“纪念建军90周年——军旅影片进校园活动”，在做好公益活动的同时，让广大村民和青少年享受到优质的精神食粮。（宋晓华）

10月13日，喜迎党的十九大胜利召开书画展　　宗国峰　摄

社会文化

【概述】 全区社会文化工作以文化改革发展这条主线，突出公共文化服务体系建设、培育现代文化市场体系两大工作重点，全力推进系列文化惠民和非物质文化遗产保护工作，提升全区城乡居民的小康文化幸福指数。

【盐都区被授予“中国曲艺之乡”称号】 1月11日，由中国文联、中国曲协主办、省文联、省曲协承办、市文广新局、市文联、市曲协、区文广新局协办的“我们的中国梦——送欢乐走基层”活动，中国文联、中国曲协文艺志愿服务团专场演出在区文化艺术中心举行。6月5日，盐都区被中国曲艺家协会授予“中国曲艺之乡”称号。10月10日，“中国曲艺之乡”授牌仪式在区文化艺术中心举行。全省现有“中国曲艺之乡”6个，全区创成苏北第一家“中国曲艺之乡”。10月11日，省曲协“中国曲艺名城、曲艺之乡”管理协调委员会成立仪式在区文化艺术中心举行。

【文化惠民活动】 年内，文化惠民活动以日常活动为重点，节庆活动为突破，城乡联动为手段，部门联办为补充，开展一系列活动。节庆活动。博物馆的“鸢飞雉皋”风筝展，书画院的“笔随心象”书画作品邀请展，美术馆的“新春新韵”美术书法作品巡回展，图书馆的“和悦读书会”专题读书活动等，同时全区文艺小分队在基层，给群众送春联、踩街等文体活动，其中较有特色的有大纵湖镇的龙舞、秦南镇的青狮舞、尚庄镇的庙会、北龙港的踩街等。重大文艺活动。1月11日晚，由中国文联、中国曲协等部门主办、区文广新局协办的“我们的中国梦——中国文联、中国曲协文艺志愿服务团专场演出在区文化艺术中心举行；1月14日晚，由区文广新局主办，区文化馆承办的“两会”慰问演出在区艺术中心举行；6月5日晚，由中美联合制作大型多媒体舞剧《春江花月夜·赛珍珠》在区艺术中心上演；7月7日下午，在区文化馆百姓剧场举办区直机关中华古诗词大赛的决赛；8月18日晚，省第二届快板大赛在区文化馆百姓剧场落幕。9月26日，盐都曲艺参加由中国文学艺术界联合会和中国曲艺家协会主办，在北京民族文化宫大剧院上演的“说唱中国梦喜迎十九大”全国优秀曲艺节目展演。9月29日上午，由市文广新局主办，市文化馆承办，区文化馆、亭湖区文化馆协办的“喜迎十九大·畅想祖国颂”庆国庆广场文艺演出举行。12月4日晚，由市文广新局主办、市文化馆及各县（市、区）文广新局承办的盐城市宣传“五个一”战略工程优秀文艺节目展演在市艺术中心举行。“文化四送工程”。全区全年送戏551场，其中文化馆35场，淮剧团76场，群艺馆20场，三个片组织342场，各镇（街道）自送78场；送电影306场，送图书3.2万册，在各镇（街道）学校巡回展览45次。

【文艺精品提升文化影响力】 8月，群口快板《小城大爱》（原名《大爱无疆》）获江苏省首届快板大赛一等奖，并受邀赴京参加“说唱中国梦·喜迎十九大”全国优秀曲艺节目展演，这是区曲艺节目第一次进京献礼演出；区文化馆的小剧场话剧《为钱癫狂》获得中国（张家港）小剧场艺术荟萃一甲第一名；区群艺馆的“京韵社”受北京长安大戏院邀请，赴京参加“走进长安戏曲之门，京剧票友联谊会”演出；区群艺馆“乡韵淮腔艺术团”演员花延伟录制中央电视台CCTV—3《群英汇》栏目。

【书香盐都建设】 年内，新建“先锋书吧”，区图书馆被评为一级馆，建有图书馆分馆169家，24小时自助图书馆1家，实体书店44家；农家书屋出版物更新达32000余册，建成数字化农家书屋257家，新创五星级农家书屋1家，建成阅报栏（屏）200个，开展全区农家书屋管理员培训班3次，257家农家书屋全部实现与区图书馆通借通还；组织开展

10月26日，在尚庄镇界河村举行文化巡演　　黄恬恬　摄

农家书屋各类活动，发挥基层阅读阵地作用。　（苏万才　耿　君　赵　娜）

图书工作

【概述】 2017年，区图书馆。做好基础设施建设，努力为读者提供舒适的阅读环境；坚持“读者第一，服务至上”宗旨，围绕“动、静、研、新、宣、恒”六字诀开展工作。抓阵地服务，促进业务建设，最大限度满足读者阅读需求；注重发挥社会教育职能，利用图书馆阵地和人员，为读者开展形式多样的读书活动；强化内部管理，搞好综合配套改革，保证图书馆工作协调发展。至年底，共有藏书221000册。由省文化厅组织的全省公共图书馆业务竞赛，盐都区图书馆喜创佳绩，荣获团体二等奖。

【举办元旦主题读书活动】 1月1日下午，和悦读书会举办迎元旦主题读书活动。书友们对元旦的起源变化、民间习俗等内容进行探讨。

【举办主题读书活动】 1月21日，盐都区和悦读书会在区图书馆四楼研讨区举办讲春联　写春联　送春联主题读书活动，书法家们现场书写200多副春联和“福”字赠与书友。

【区图书馆举办消防知识讲座】 1月22日下午，区图书馆特邀盐城市安居防火培训中心教官进行消防安全知识培训。通过真实案例视频、幻灯片的方式向大家讲述火灾发生后的严重后果及发生火灾后的安全疏散与逃生知识，最后还讲解灭火器械的正确使用方法。

【“红读”征文活动】 2017年度省红领巾读书征文活动中，全区共收到稿件175篇，择优报市送省30篇，多篇征文省市获奖。

【举办系列图书展览活动】 2月11日，盐都区和悦读书会在区图书馆四楼研讨区举办闹元宵主题读书活动。3月4日，区图书馆和悦读书会志愿者服务队进社区，为前来咨询的市民讲解借书证办理、图书借还等一系列相关流程，同时发放宣传册和杂志。承办盐都区民间藏品进农村展览，累计10多万农民参与。4月23日，举办“世界读书日”“全民读书月”及“图书馆服务宣传周”活动，10月1—31日，区图书馆举办“迎国庆——书香中国”主题图片展。展览由区文广新局主办，区图书馆承办。

【举办四季中医养生讲座】 3月25日下午，区图书馆举办中医养生主题讲座。邀请老中医熊安俊谈四季养生的基本知识，从中医保健、四季预防多发病等多个角度，讲述有关四季保健养生及常见疾病预防的相关知识与技巧。

【举办文创产品主题读书活动】 4月8日，区和悦读书会在区图书馆四楼研讨区举行文创产品主题读书活动。书友们围绕文创产品的符号意义、美学特征、人文精神、文化元素及如何开发文创产品等进行研讨。

【区直机关中华古诗词决赛】 7月7日，由区级机关工委、区文广新局联合举办2017盐都区直机关中华古诗词决赛，经过预赛选拔，全区共有8支代表队进入决赛。决赛分为必答题、抢答题、风险题三个环节。区农委代表队获一等奖，区人社局、公安局获二等奖，区教育局、国土局和财政局获三等奖。

【区图书馆暑期社会实践活动】 7月8日，盐城师范学院数学与统计学院的20余名师生在区图书馆开展“文化传承，书香致远”的暑期社会实践活动。

【举办“叶挺城战役”胜利七十周年】 8月12日，叶挺城战役胜利70周年纪念日，书友齐聚区图书馆，围绕叶挺城战役背景、过程及影响等进行讨论交流，并参观收藏家准备的相关红色藏品。

【曹文芳亮相上海书展】 2017上海书展暨“书香中国”上海周于8月16—22日在上海展览中心举行。区图书馆阅读推广大使、作家曹文芳携新作“水乡童年精品书系”——《肩上的童年》《我们的父亲》《水边的故乡》《紫糖河》《石榴灯》《银杏树》亮相上海书展。

【获市读书节诗文诵读比赛优秀组织奖】 9月23日下午，2017“盐渎风”市第五届读书节诗文诵读比赛决赛在市图书馆成功举办。区图书馆获得优秀组织奖。本次比赛中，来自全市各县（市、区）的14名选手围绕“现代经典诗歌”和“经典散文诗”两个体裁展开角逐。区图书馆推荐的王蒙获得一等奖。

【第五届读书节读书征文活动】 市政府组织开展以“倡导全民阅读共建书香盐城”为主题的“盐渎风”盐城市第五届读书节系列活动。区图书馆共收到征文200多篇，推选出100篇送市参加评奖。区图书馆获市委宣传部、市文化广电新闻出版局等颁发的组织奖。

【区举办阅读讲座】 11月4日，由区文广新局主办，区图书馆承办的和悦讲堂在区图书馆三楼学术报告厅举办。图书馆学者、南京图书馆副馆长许建业、研究馆员应邀为区图书馆区、镇、村、户四级服务网络从业人员做题为“公共图书馆阅读推广实务与创新”的讲座。

【区图书馆时杨中学分馆开馆】 11月20日，区图书馆再添一个分馆——时杨中学分馆正式对全体师生和家长开放。至年底，区图书馆机关、学校、企业、镇、村、户分馆总数达到316家。图书馆时杨中学分馆使用面积为1800平方米，共有管理计算机6台、纸质藏书168822册、电子图书12万册，学校每年订阅各类报刊300多种，配齐配足各类教学参考资料。分馆管理系统实现开放式、自动化，分馆学生阅览室共有240个座位，教师阅览室共有40个座位，电子阅览室2个(共90台电脑)，分馆实行开架借阅，阅览室每天开放。

11月30日，新都路党建联盟“先锋书屋”开门迎客

【区图书馆先锋书屋分馆（区政府分馆）开馆】 11月30日，区图书馆先锋书屋分馆在区行政中心大楼一楼开馆，以资源共享为原则，以打造“全民阅读的载体、新书推荐的窗口、党性教育的平台”为目标，开展服务。上架图书3000多册，内容涵盖政治、经济、法律、文学、历史等方面。现场可办理借书证，与区图书馆实行“通借通还”。放置一台云屏数字借阅机，可免费下载5万册数字图书和3万集听书。西侧与盐都新华书店合作，依托区新华书店的人力优势、平台优势、资源优势，正常开展新书推荐、书籍展销、预约订购和代购服务。分馆内部设置图书漂流角，干部职工可将自有图书进行漂流置换。通过“盐都大讲堂”平台，邀约专家学者作“中华优秀传统文化”“经典阅读”“名著欣赏”等读书主题讲座，开展“盐都区图书馆先锋书屋分馆”读书月、“盐都区图书馆先锋书屋分馆”读书演讲比赛等主题活动。

盐都区区、镇两级图书馆藏书一览表

表7

区(镇)街道	现有藏书	区(镇)街道	现有藏书
区图书馆	221000	大　冈	28050
大纵湖	20000	盐　龙	28700
楼　王	16000	潘　黄	30000
北龙港	20000	张　庄	23000
学　富	16000	新　区	15000
尚　庄	12000	滨　湖	15000
葛　武	12000	冈　中	11000
秦　南	22526	中　兴	9000
龙　冈	34562	鞍　湖	10000
郭　猛	11000	北　蒋	22300

【宣传《公共图书馆法》】 12月30日，区图书馆组织全体职工参加《公共图书馆法》解读网络培训。本次培训由国家公共文化服务体系建设专家委员会主任、北京大学信息管理系教授、博士生导师李国新进行解读。

【《岁月的馈赠》被区图书馆收藏】 12月31日，区作家邹凤岭的散文集《岁月的馈赠》被区图书馆收藏。作者用大量的篇幅赞美社会底层劳动人民，颂扬乡土人文精神与美德。

【学术研究】 年内，王登佐论文《基于社会力量办读书会的几点思考》《公共文化服务体系构建背景下的县域全民阅读推广》分别在《河南图书馆学刊》《黄海学坛》2017年第1期发表。王登佐论文《公共文化服务体系构建背景下县域全民阅读推广研究——以盐城市盐都区为例》在《新世纪图书馆》2017年第10期发表。4月，王登佐主持的盐城市社科联课题《盐城地域文化与文化产业发展研究》结项并获一等奖。项目编号：16skyy10。7月，王登佐主持的“省社科应用研究精品工程”课题《公共文化服务体系构建背景下县域全民阅读推广研究》立项，项目号17SYB—032。7月，王登佐论文《公共文化服务体系构建背景下县域全民阅读推广研究——以盐城市盐都区为例》荣获江苏省图书馆学会二等奖。10月，论文《基于盐城红色文化保护开发的几点思考》入编江苏省炎黄文化研究会出版的《中华优秀传统文化与党内政治文化建设理论研讨会论文汇集》。

（王登佐　蒋英姿）

书刊出版管理

【概述】 区文化市场管理科严格执行新闻出版（版权）管理法律、法规，遵循加快发展，加强管理的工作思路，对全区印刷、出版物企业等新闻出版行业坚持常态化管理，做好证照年审等服务工作。全年，对全区37家印刷企业和35家出版物企业进行网上年检及换证工作。日常开展“扫黄打非”工作，以整顿和规范出版物市场秩序，严厉打击侵权盗版行为为重点，共开展打击侵权盗版工作宣传活动3场次，出动执法人员1012余人次，检查经营单位500余家次，查处文化市场违规行为21件，收缴非法出版物390余本，查缴盗版音像制品460余张。

（陈卫红）

新闻信息中心

【概述】 2017年，中心围绕区委区政府中心工作，以领导的关注点、群众反映的热点、社会关注的焦点作为报社宣传工作的着力点，细心制定宣传报道计划，开辟专栏，以消息、时评、通讯、大众快语、图片新闻、专题报道、系列报道等形式，灵活多样开展宣传报道。

【重策划，创特色】 全年共出版报纸150期，刊登文字图片5000多篇（幅）。加强新闻策划。围绕区“两会”“两学一做”、全市“家家到”观摩、“三带三联”大走访等重点工作和重大活动进行宣传。优化栏目设置。宣传区委区政府的决策和部署，开设《返乡创业盐都人、精彩动人好故事》《民生实事》《深入开展大走访、增创发展新优势》《正风肃纪镇村行》《砥砺前行的五年，喜迎十九大、开创新业绩》等20多个栏目，运用图片、现场、特写等多种形式，全方面、多角度的报道全区各条战线取得的成绩。加大外宣力度。邀请《新华日报》《盐阜大众报》等主流媒体人员在盐都采访，聚焦报道全区经济社会发展的新亮点、新业绩。邀请上级媒体采访30多人次，刊发重点稿件100余篇。仅《新华日报》《盐阜大众报》就刊登90余篇，新华日报刊登的《盐都经济转型又添新动能》《盐城高新区“高新产品”申报通过率100%》《智能终端产业深化“转移+转型”运作模式》在多家网站得到迅速转载，外宣工作全市排名前列。拓展新媒体建设。推出新版数字报，并推出数字报手机版，新版数字报的转发分享功能使《盐都日报》的内容即时分享至微信、微博、QQ等社交媒体。

11月，江苏广电总台融媒体新闻中心与龙冈镇政府联合开展文化宣传

孙雪松　储启广　摄

【出版发行工作】 年内，制定完善《编辑出版大纲》《采编质量差错类别及责任认定办法》《岗位目标管理办法》《关于进一步规范区委区政府主要领导活动新闻稿件采编流程的通知》等，完善中心管理制度，按照正规化、制度化、科学化要求强化内部管理，促进中心整体工作健康发展。做好文字和图片的处理工作，按照排版流程，做好《盐都日报》的排版、传输、出版等工作，做到及时、准确、无差错。在发行工作上，进一步调优发行模式，整合发行资源，扩大覆盖范围。进一步巩固对单位、个人、私企投递赠阅力度。全年投递赠阅量始终保持在每期8800份。

（王礼芹）

9月，首届戏剧表导演孵化班在区文化馆百姓剧场举行展演　　黄恬恬　摄

【概述】 2017年，区广电台做强新闻、做响品牌、做大产业、做优保障、做实基础，盐都广电的竞争力和综合实力明显提升，5月，面对经营发展困境，坚持新闻立台，加快经营转型，开辟发展新路径的成功做法在全省交流、推广。

【提升宣传层次】 围绕区委区政府中心工作、重点工作，按照新闻宣传全年有筹划、每季有谋划、每月有规划、每周有企划、每日有计划的“五划”要求，加大新闻策划力度，在广播和电视新闻节目中同步推出“新跨越、新辉煌”“创建全国文明城市”“砥砺奋进的五年”“喜迎十九大”“奋进新时代　开启新征程”等40多个主题宣传。完成区“两会”、全省道德模范和身边好人现场交流活动、“中国曲艺之乡”授牌等20多个区重大活动的宣传报道和服务工作，持续保持外宣工作全市前列的位置。全年累计在市台以上用稿678篇，在央视新闻频道用稿20篇，其中《新闻联播》9篇，《朝闻天下》3篇，《新闻直播间》5篇，《焦点访谈》2篇；在江苏卫视用稿79篇；在市台用稿579篇，提升盐都的影响力和知名度。先后完善《盐都新闻》栏目工作规范、《盐都新闻》节目工作流程、时政新闻采编规范、新闻中心重点选题规范、广播新闻节目工作规范、外宣工作考核办法等一系列的规章制度。在《盐都新闻》中开辟盐都“263”在行动舆论监督专栏，强化媒体舆论监督功能，增强电视媒体的权威信和公信力、影响力。

【开拓创收新路】 整合资源增活力。按照经营与管理分离的原则，将广告部电视广告与公司业务进行全面整合，由公司统一运营。经营负责人在经营条线竞岗产生。广告部改为经营管理办公室，主要承担经营管理职能。内部调剂充实经营一线人员，组建一支专业经营创收团队，集中精力拓面增收。加大考核增动力。制定出台《盐都广播电视文化传媒有限公司2017年创收目标任务绩效考核奖励办法》，开启全员参与创收的新模式。实行个人业务与部门总任务捆绑式考核办法，强化总量创收意识，促进年度总目标任务达成。加强营销队伍培训，提高业务技能，全台上下比学赶帮积极创收的良好风气形成。创新经营增效益。立足主阵地，在办好相关栏目、提高收视率的同时，优化传统广告结构，尝试为客户量身定做广告套餐，搭建“盐都广电”微信公众平台等新媒体渠道，以拓宽市场，确保传统广告经营的良性运行。深挖合作通道，顺应对方需求，抓好栏目创收，年内，9个联办节目创收超百万元，实现社会效益和经济效益双丰收。打响“盐都广电文化传媒”品牌，以举办、承办各类活动、制作专题片等各类服务为抓手，拓展商机，拉动增量。成功接洽省好人交流汇报演出视屏制作、全区人才工作专题片、高新区深圳招商专题片、全区现代服务业推介片、区首届农洽会广告片等20多个专题片制作任务。4月，与商家联手举办婚博会。全年创收突破300万元。

【保障播出安全】 加大广电硬件投入，为节目安全优质播出提供高水平的硬件保障。推进前期采访和现有演播室等设备的更新、改造工作，年内新增微信直播设备1套，新增高清摄像机4台，14倍广角镜头1支及相关配套设备，实现采编人员人机定位的保障。完善台安全管理制度，制作播出机房管理制度，值班制度，安全播出应急预案及操作流程等，织密制度规范笼子。明确专职安全员，每周一查，列出清单，现场交办，限期整改。执行节目“三审”制，重播重审制，播出带审看、签字制，监播监看制，确保节目内容的安全；严格播出机房日检、周检、月检制度；严格机房24小时值班制度。完成党的十九大安全播出工作和4次现场直播技术服务任务，实现安全优质播出。经常性地组织技术业务培训，引导员工加强技术研究，适时组织业务演练。制作部编制完成技术手册，为相关岗位人员提供参考，提高工作人员应对突发事件的快速处置能力。推广普及DTMB无线数字电视工作。《盐都新闻》栏目和《多彩盐都》专题获金帆奖，全市第一；5篇科技论文获市科技论文奖。

【打造精英团队】 建立部门工作考核制度、月度工作督查推进会制度。加强能力建设提升技能。通过实施师徒结对工程，“请进来、走出去”、开设新闻业务“每月讲坛”、点评交流、岗位练兵等手段，打造高素质的宣传管理队伍、专业化的采编播队伍、强有力的技术保障队伍和职业化的市场营销队伍。年内组织集中培训10多次，外出学习20多人次，组织“大纵湖杯”乡村旅游好新闻大赛并共评出12篇获奖作品。4月，通过面向社会公开招聘，成功引进2名主持人，1名记者。11月，再次面向社会公开招聘记者、编辑、技术等6名人员，进一步充实人才队伍，为盐都广电事业可持续发展提供人才保障。通过组织部门文化墙评比、记者节采风等活动，常态化做好全台文化氛围的营造。（戴启健）

卫生 人口

综　　述

【概述】 2017 年，在区委区政府领导下，全区卫生计生工作以提升全民健康水平和人口素质为目标，坚持深化医改，对标先进，各项任务全面完成，为促进全区经济社会发展作出贡献。医改试点工作取得实质进展。远程影像、远程心电等 6 个远程临床系统试点运行，区域卫生信息平台在全市首批通过省四级测评。家庭医生签约服务常住人口签约率 31.45%、重点人群签约率 65.89%，进入全市先进行列。出台薪酬制度改革试点实施办法，楼王中心卫生院开展薪酬制度改革试点。张庄卫生服务中心启动医养结合试点。区级卫生计生服务机构合并到位。卫生机构标准化建设任务提前完成。全年完成 12 家卫生院改造，镇级 18 家卫生院全部完成标准化建设；村卫生室实际调整安排新建 180 个、改扩建 22 个，超市下达计划 99 个，基层基本医疗公共卫生服务功能配置在全市率先达省标。名院名医建设实现重大突破。市三院在成功创成三甲综合医院的基础上，新创成 3 个省级临床重点专科，总数达 7 个。市三院与北京天坛医院、省人民医院等国内名院合作建立 6 个名院名医工作室；楼王卫生院、学富卫生院分别建立全市首家乡镇名医和名中医工作室。示范特色创建全市领先。国家慢病综合防控示范区通过复审，再获"国家慢性病综合防控示范区"称号；开展省卫生应急示范区创建活动，通过省评估验收；第三轮全国艾滋病综合防治示范区考核全省第二；新创建国家群众满意的乡镇卫生院和国家优质服务示范社区卫生服务中心 3 个。

（陈志龙）

妇幼保健

【概述】 2017 年，贯彻落实《江苏省实施〈中华人民共和国母婴保健法〉办法》，以推进妇幼健康联合体和分级服务为抓手，科学防治妇女儿童疾病，努力降低孕产妇死亡率、婴儿死亡率和出生缺陷发生率，超额完成省、市下达妇幼重大公共卫生服务项目任务。免费婚检率 95.29%，孕产妇、7 岁以下儿童保健管理率分别为 98.92%和 99.16%，孕妇产前筛查率 92.47%，新生儿遗传代谢疾病筛查率 100.93%，新生儿听力筛查率 99.75%，婴儿、5 岁以下儿童死亡率分别为 2.26‰和 2.71‰，出生缺陷发生率为 2.48‰。在全市率先建成县级孕产妇和新生儿危急重症救治两个中心；全区 13 家镇(街道)卫生院妇幼健康规范化门诊通过市级验收，总数全市第一。

9 月，通过国家卫计委"全国慢性病综合防控示范区"现场复审　　胥建军　摄

【启动宫颈癌和乳腺癌检查项目】 印发《盐都区2017年农村妇女宫颈癌和乳腺癌检查项目实施方案》,下达全年完成1万人的检查任务。年内共完成宫颈癌筛查10484人,乳腺癌筛查10529人,筛查人数在大市区总数第一。其中建档立卡和低保家庭两癌筛查人数378人。共转诊乳腺钼靶191例,共查出乳腺癌8例;阴道镜检查1011人;宫颈病理457人,共查出原位癌5例,浸润癌12例,其他恶性肿瘤1例。

【推进妇幼健康联合体和分级服务】 年内,在与市级的联合上,通过开展科研合作项目、高危儿转诊、产前筛查结果阳性病例转诊等工作,优化妇幼健康服务资源,提升区级妇幼健康队伍业务素质和管理水平。在与镇级的联合上,发挥区级龙头和妇幼健康机构的纽带作用,通过技能培训、专家督导等形式,进行多方面、多层次、广深度、多元式合作,继续对孕产妇危急重症救治规范和新生儿窒息复苏等适宜技术进行推广与应用,持续增强基层妇幼保健服务能力。全区孕产妇产前筛查高危转诊132人,中危转诊239人,新生儿遗传代谢疾病筛查中苯丙酮尿症(PKU)阳性召回12人,先天性甲状腺功能减低症(CH)阳性召回233人,先天性肾上腺皮质增生症(CAH)阳性召回135人,串联质谱检查标志物及疾病(MS/MS)阳性召回130人,共确诊种类阳性23人。

【加强妇幼健康规范化门诊建设】 年内,按照省级基层医疗机构妇幼健康规范化门诊评审标准,围绕完善硬件设施、严格规范管理、紧抓队伍建设三方面,推动基层妇幼健康规范化门诊建设工作深入开展。在巩固2016年创建成果基础上,加大对楼王、学富、北龙港、大冈等单位改扩建和新建工作督导,通过典型引路、示范带动,引导各单位高标准创建。13家乡镇卫生院妇幼健康规范化门诊通过市级验收,总数全市第一。

【开展妇幼公共卫生服务项目】 年初,印发《盐都区母子健康手册推广使用实施方案》的通知(都卫〔2017〕79号),举办全区母子健康手册推广使用培训班,进行系统的手册宣传,为妇女儿童提供系统、规范的优生优育全程服务。推行孕产妇住院分娩补助项目,实行现时结报;加大叶酸补服知识的宣传力度,提高目标人群的知晓率和服用依从率;对首次接受保健服务的孕产妇提供免费的艾滋病、梅毒和乙肝检测,对检出的阳性孕产妇及所生儿童,实行“一人一档”管理,提高项目实施质效。农村孕产妇住院分娩补助3406人,农村妇女免费补服叶酸3801人。预防艾滋病、梅毒和乙肝母婴传播工作继续推进,母婴阻断率达100%。

【落实爱婴医院长效管理】 年内,依据《江苏省爱婴医院标准(2014版)》、《江苏省助产技术服务评审标准》和《江苏省医疗保健机构助产技术服务质量评价标准》,强化爱婴医院创建重点环节的督导、检查和复核评估。科学调整全区产科资源规划配置,满足全面两孩政策生育高峰需求。加强全区产科资源配置和利用情况监测,坚持定期(双月、周、日)报告、分析和适时通报制度。引导产科床位使用率超标的医疗机构进行内部挖潜,调减特需病区,增加普通产科住院床位供给,并对产妇进行合理分流,确保产科床位使用率控制在100%以内。

【实施出生缺陷综合防治工程】 推进一级预防,全区全年免费孕前优生健康检查4884对,筛查出有风险因素的746人,并及时进行转诊及随访;免费婚检工作保持良好态势,参加婚检人数为6996人,率达95.29%;检出疾病2516例,疾病发生率为35.96%。对检出的疾病及时给予分类治疗指导。不断强化二级预防,全年有4052名孕妇接受产前筛查,筛查率达92.47%,产前筛查率稳步提升。落实三级预防,29项遗传代谢疾病筛查9346人,筛查率达100.93%,确诊种类阳性23例;新生儿听力筛查9237人,筛查率达99.75%,确诊耳聋13例,患儿得到及时康复治疗,避免残疾发生。

(侍瑞军)

疾病控制

【概述】 至年底,报告传染病乙类14种692例,发病率96.78/10万,同比2016年下降4.81%,前三顺位有肺结核272例(38.04/10万)、梅毒239例(33.43/10万)、病毒性肝炎86例(12.03/10万),新发病例有狂犬病、乙脑和登革热(各1例);丙类5种2296例,发病率321.12/10万,其中手足口病1402例(196.08/10万)、其他感染性腹泻841例(117.62/10万)。

【传染病防控取得新进展】 至年底,结核病防制共发现活动性肺结核病265例,完成全年任务数的115.2%(265/230)。制定下发《结核病分级诊疗和综合防治服务模式实施方案》和《重点人群主动筛查实施细则》,结合基本公共卫生服务中“老年人健康管理和糖尿病患者健康管理”项目,启动65岁以上老人和糖尿病患者等高风险人群的肺结核主动筛查。在全市率先探索结核病患者家庭医生签约服务,免费为225位结核病患者签订服务协议。

【全国艾滋病综合防治示范区建设】 年内,新建新区艾滋病检测点,指导东方妇产医院检测点创建,完成400例孕产妇和200例性病门诊男性就诊者国家级哨点监测工作任务。与区红十字会联合设立“红丝带”博爱慰问基金,向30多名感染者和病人发放慰问金2万元。实施省麻风病防治一体化项目,举办全区村医生麻风病防治知识竞赛。

【国家“慢性病综合防控示范区”通过复审】 年内,全区建档管理高血压60541人、糖尿病17951人,高血压、糖尿病规范管理率分别达87.13%和82.01%。持续做好淮河流域癌症早诊早治项目,完成10105人的健康因素调查,内镜检查2039人,病理检查698人,检出癌症和癌前病变14例。深入推进全民健康生活方式行动,继续开展“万步有约”职业人群健走激励大赛,吸引全区教育、交运、国税、民政等23个代表队323名队员参赛。9月1日，盐都区通过国家卫计委“全国慢性病综合防控示范区”现场复审。

【免疫规划规范实施】 年内，适龄儿童接种一类疫苗166544针次，基础“五苗”接种率99.90%，初免接种率流脑99.91%、乙脑99.88%，接种率甲肝99.89%、麻腮风99.87%。推进预防接种门诊规范设置工作，建成全省一流的三级儿童预防接种门诊一家，三级门诊覆盖率15.8%，二级以上门诊覆盖率89.47%。11月14日，《按时接种预防针，撑起健康保护伞》，参与“中华预防医学会首届全国妈妈班科普视频评选活动”，获全国“十佳视频”称号。

【开展卫生应急知识技能培训】 年内，与区红十字会联合下发《关于做好全民自救互救知识与技能培训工作的通知》，推进全民自救互救知识与技能培训，组织全区医疗卫生机构骨干人员培训540余人。举办全区卫生应急技能竞赛活动，市三院、区疾控中心和19个卫生院(社区卫生服务中心)共75名医务人员参加竞赛。组队参加全市卫生应急技能竞赛获得团体第二名，2人被表彰“全市五一创新能手”。

【创成“省卫生应急规范区”】 强化业务培训和技能演练，举办“理论考试、实践技能操作考核、桌面推演”三个阶段的全区技能竞赛。制订下发《盐城市盐都区突发公共卫生事件应急预案》和《盐城市盐都区突发公共事件医疗卫生救援应急预案》，在大马沟生态公园新建全市首家卫生应急主题园。12月19日，通过省卫计委现场验收，盐都区创成“省卫生应急规范区”。

【突发传染病疫情处置】 规范处置学校暴发疫情2起、聚集性疫情63起。年内重点处置流感暴发疫情1起，人感染H7N9禽流感2起、手足口病聚集性疫情42起，诺如病毒感染性腹泻暴发疫情1起、2起人感染布鲁氏杆菌病疫情。疫情处置及时规范，无二代病例发生。其中诺如病毒感染性腹泻、人感染H7N9禽流感和人感染布鲁氏杆菌病均为盐都区有记载以来首次发生。

【精神病免费治疗】 持续推进区委区政府惠民实事项目，强化精神疾病患者救治救助，不断提高精神疾病治疗稳定率，维护社会稳定。全年共为3200名患者提供免费门诊治疗，发药1.3万余人次，为425名重性精神疾病患者提供免费住院治疗，投入医疗救助资金900余万元，全区严重精神障碍患者免费救治率达100%、服药率74.2%、规律服药率59.8%、稳定率98.4%。在免费治疗的基础上，对住院治疗的特困精神病人减免伙食费136人次、计12.4万元。

【严重精神病有奖监护政策实施】 年内，根据区综治办、公安局、卫计委等六部门《关于贯彻以奖代补政策落实严重精神障碍患者监护责任的实施办法》要求，在全区正式实施有奖监护政策。区卫计委与区综治办、公安局2次组成工作组对各镇(街道)上报的易肇事肇祸严重精神障碍患者奖补对象进行审核，确定奖补对象356人，累计发放奖补资金63万余元，家庭监管积极性明显提升，全年未发生有影响的精神病人肇事肇祸案(事)件。 (胥建军　杨东升)

基层卫生

【概述】 全面实施村级卫生机构达标提升工程，2017年，对照市相关文件，继续追加村级卫生机构标准化建设任务9个，其中新建6个、改扩建3个，2015—2017年累计新建180个、改扩建22个，超出市下达目标99个。2015—2017年全区组织投入8550万元（审计中）用于村卫生机构建设，新增业务用房2.98万平方米，统一添置医疗器械和设备9708件(套)；对照市《考评标准》，村级卫生机构达标率100%，其中：全面达标199个、占83.97%，基本达标38个、占16.03%。同时，区财政按每个村卫生室(站)每年1万元经费标准，落实村级机构运行经费240万元，确保村级机构标准化建设及运行管理取得实效。

【医改试点工作取得进展】 年内，远程影像、远程心电等6个远程临床系统试点运行，区域卫生信息平台在全市首批通过省四级测评。家庭医生签约服务常住人口签约率31.45%、重点人群签约率66.49%，进入全市先进行列。出台薪酬制度改革试点实施办法，楼王中心卫生院开展薪酬制度改革试点，张庄卫生服务中心启动医养结合试点，区级卫生计生服务机构合并到位。

【基本公卫项目创新】 年内，全面组织实施14大类55项基本公共卫生服务、6项重大公共卫生服务，全区公共卫生服务均等化水平明显提高。围绕“基本公共卫生·我服务你健康”主题，组织开展项目宣传月活动，顺利通过国家卫计委组织的全国慢病综合防控示范区复审，创成省卫生应急规范区等，按人均60元标准落实基本公共卫生服务项目补助，全区投入3825万元。在实施省基本公卫服务创新试点项目——糖尿病重点人群筛查项目的基础上，与全球糖尿病基金会、东南大学医学院、省疾控中心合作开展“基本公共卫生服务省级创新试点、国家重点研发计划—重大慢性非传染性疾病防控技术研究”项目，在大冈、潘黄、龙冈、北蒋、中兴、盐渎等6地累计筛查居民4000户，对筛查出的糖尿病前期人群和糖尿病患者落实综合强化干预、无创血糖监测等措施，项目运行模式得到省市专家肯定。

【家庭医生签约服务】 贯彻国务院医改办等七部门《关于推进家庭医生签约服务的指导意见》、全省和全市家庭医生签约推进会议精神，年内，制定下发《关于切实做好2017年家庭医生签约服务工作的通知》(都卫〔2017〕127号)，专题召开家庭医生签约服务推进工作会议。全区组建健康服务团队98个，在加强常见病、多发病诊治的基础上，合理选定包含基本医疗、公共卫生服务在内的基础包和个性化服务包，落实基本公共卫生服务重点人群对象的基础上，将农

12月19日，盐都区创成“省卫生应急规范区”　　胥建军　摄

村建档立卡低收入人口、残疾人、严重精神障碍患者、城乡低保五保等特殊群体列入优先服务范围，为签约居民提供基本医疗、公共卫生和约定的健康管理服务。针对特殊群体免费提供基础包和初级包服务，费用由区按人均50元标准统筹安排。依托区家庭医生信息管理系统以及居民公众健康网、微信公众号、孕产妇管理APP等“互联网+健康”平台，为签约居民提供在线预约、在线咨询、健康管理、检查检验结果查询等服务，开展对签约居民的健康随访，提供远程医疗服务，实时监测家庭医生服务工作质量、提高服务绩效。全区常住人口和重点人群签约率分别达31.06%、66.49%，农村建档立卡、城乡低保五保和残疾人等特殊群体家庭医生签约实现全覆盖，家庭医生签约服务覆盖率处于全市前列。

【推进示范机构创建】 对照国家和省市工作标准，通过组织申报、督查创建、组织评审、落实整改措施等，积极组织开展各类示范、特色创建活动。全区全年共创成国家满意卫生院2所、优质服务示范社区卫生服务中心1所，省示范乡镇卫生院2所、家庭医生服务模式创新单位1个、基层卫生人员实训基地建设试点1个、社区医院建设试点1个、基层医疗卫生机构特色科室1个、示范村卫生室43个，市基层医疗卫生机构特色科室5个，全区年度和累计创成的示范、特色机构总数位列全市第一。　（徐玉国）

爱国卫生

【概述】 2017年，全区爱国卫生工作以文明城市创建为契机，以卫生镇村创建、农村改厕为载体，开展城乡环境卫生整洁行动和健康教育、控烟禁烟活动，倡导全社会健康文明生活方式，努力建设和谐、绿色、宜居盐都，城乡环境面貌进一步改善。

【卫生镇村创建】 大冈镇创成国家卫生镇，学富镇创成省卫生镇。7月14日，全市创建卫生镇现场推进会在楼王镇召开，各县(市、区)卫计委(社事局)分管负责人、爱卫办主任，年内创建卫生镇的36个建制镇分管镇长、创卫办主任等参加会议。会中邀请省卫计委监察专员、省爱卫办常务副主任陈晓进对创建卫生镇的相关指标和资料建设的相关要求作深入的剖析。楼王镇、大丰区新丰镇、东台市富安镇、射阳县新坍镇分别作交流发言，市爱卫办张国瑞主任作重要讲话。

【完成农村改厕年度目标任务】 年内省、市下达全区农村改厕任务数6000座。区爱卫办组织各地申报改厕项目村，调研论证并报市爱卫办确认25个项目村。区爱卫会印发《盐城市盐都区2017年农村卫生改厕工作实施方案》，将任务落实到7个镇(街道)25个项目村，明确农村改厕目标任务和要求。年内，省爱卫办组织人员，对全区农村改厕工作进行调研指导，肯定全区的农村改厕工作。全区农村改厕6462座，完成年度任务的107.7%。

【全区开展爱国卫生月活动】 为纪念爱国卫生运动65周年，4月开展以“为了人民的健康——65年的历史与展望”为主题的爱卫月活动，4月7日配合市卫计委、爱卫办在盐渎公园开展纪念爱国卫生运动65周年宣传活动。活动期间全区共悬挂过街宣传横幅198条，发放各种宣传资料76390份。通过“盐都疾控健康在线”微信平台宣传爱国卫生运动，利用这次宣传活动向广大群众介绍爱国卫生运动历史成就，宣传新时期爱国卫生运动的重要意义，提升群众参与爱国卫生运动的积极性和主动性。

【开展病媒生物防制工作】 年内组织开展全区病媒生物防制专项检查3次，共清除四害孳生地145处，完善防制设施220处，预防和减少病媒生物传播性疾病的发生流行，10月，顺利通过省病媒生物防制单项控制达标先进城市复审现场考核评估。

【加强生活饮用水监测工作】 加强卫生监测。加强部门合作，与区水务局联合下发《盐都区2017年生活饮用水卫生监测工作方案》，供水管网末梢水监测覆盖全区各乡镇。全年共采集水样299份，合格276份，合格率92.3%。省级监测点采样176份，合格水样170份，合格率96.6%，其中农村水144份，合格138份，合格率95.8%，城市水32份，合格32份，合格率100.0%；区级监测点采样41份，合格水样40份，合格率97.6%。加强卫生监督。开展饮用水专项检查，组织春节前饮用水安全和涉水产品经营市场专项检查，对全区供水、二次供水单位和涉水产品生产经营单位进行执法检查。开展水处理器专项检查，抽查6个品牌10种型号的水处理器，对1起伪造卫生许可批件经营涉水产品进行立案查处。对饮用水2个水质监督抽检不合格点进行跟踪、分析，提出加强消毒的监督意见，督促整改。将各镇（街道）水务分公司纳入监管范围，加强培训，开展增压站、管网末梢水检测，在8个基层卫生计生监督协管室开展余氯、pH值等项目检测。

【健康教育新举措】 年内，开展宣传栏、健康巡讲、街头宣传、义诊咨询等常规健康宣传工作。疾控中心和全球糖尿病基金会、东南大学医学院、省疾控中心合作开展"基本公共卫生服务省级创新试点、国家重点研发计划—重大慢性非传染性疾病防控技术研究"项目。推进健康场景建设，将专项行动与"创卫、创文"工作有机结合，累计建成各类健康单位71个、健康主题公园13个、健康一条街10个、健康小屋12个、健康社区覆盖率41.9%，与区交运局合作开辟公交站台宣传阵地，区内公路交通主干道、各乡镇所在地近80处公交车站全覆盖。全年累计下发各类健康支持工具2万件，印制12种健康知识折页材料近60万份。针对社会关注的热点健康问题，推送"盐都疾控健康在线"微信47期。 （孙书全）

医政中医

【概述】 2017年，盐都区区、镇两级有医疗机构21所，其中三级医院1所：盐城市第三人民医院，二级医院2所：盐都区第二人民医院、盐都区中西医结合医院，专科疾病防治院1所：区精神病防治院，卫生院13所，社区卫生服务中心4所；村级卫生室198所，社区卫生服务站63所；厂矿企业医务室（所）25所。区、镇两级有执业（助理）医师1987人，执业护士1544人。村级有乡村医生857人。医疗机构共开设病床2942张。全年区、镇两级医疗机构门诊诊疗253.89万人次，收住入院82270人次，实施各类手术29786台（次）。围绕方便、高效、安全、规范、控费的原则，组织实施改善医疗服务行动计划。开展平安医院创建，充分利用保险等手段，化解医疗风险，区、镇、村三级医疗机构投保总金额达238.51万元，年内发生的医疗纠纷得到妥善处理。继续组织实施中医药服务能力提升工程，大力推进基层中医药服务能力建设，4家国家级中医馆项目通过市级评审；村级医疗机构建成149家中医阁；市三院肛肠科、区中西医结合医院糖尿病科、盐都二院疼痛科创成市级中医重点专科。

【市三院晋级三级甲等综合医院】 1月12日，据江苏省卫生和计划生育委员会官方发布的《省卫生计生委关于确认2016年三级医院复核评价和评审结果的通知》（苏卫医政〔2017〕2号），市第三人民医院成功晋级三级甲等综合医院行列，是全省首批成为三级甲等综合医院的县（区）级医院。市三院成功晋级三甲，标志着全市的医疗卫生资源配置进一步得到优化。为人民群众提供更加安全、有效、方便价廉的医疗卫生服务。在成功创成三甲综合医院的基础上，新创成3个省级临床重点专科，总数达7个，全市综合医院省级临床重点专科累计18个，盐都区占近40%。三院与北京天坛医院、省人民医院等国内名院合作建立6个名院名医工作室；楼王卫生院、学富卫生院分别建立全市首家乡镇名医和名中医工作室。

【开展《医疗质量管理办法》贯彻落实年活动】 年内，为贯彻落实《医疗质量管理办法》，进一步加强全区医疗质量控制体系建设，在全区医疗机构组织开展"《医疗质量管理办法》贯彻落实年"活动。区卫计委召开专题会议，对开展"《医疗质量管理办法》贯彻落实年"活动进行部署落实，制定下发"《医疗质量管理办法》贯彻落实年"活动实施方案和考核细则，通过创新医疗质量持续改进方法，不断提升医疗质量管理的科学化、精细化水平，建立完善医疗质量管理长效工作机制，切实保障医疗安全。调整充实区医疗质量管理委员会及影像、药事、急诊、病案等9个专业质量管理委员会成员，新成立区医疗质量管理督查委员会，有计划组织开展医疗质量的督查、指导，不断提升医疗质量管理水平。

【强化医疗机构医疗安全管理】 年内，为落实医疗质量安全行业监管和单位主体责任，提高医疗机构医疗质量安全目标管理力度，区卫计委制定下发《盐都区基层医疗机构医疗质量安全目标管理考核办法（试行）》，与各相关医疗单位签订年度《医疗质量医疗安全目标管理责任书》，明确各责任单位全年医疗质量安全管理工作目标。统筹安排医疗质量安全管理专项资金，用于医疗质量安全培训教育、表彰奖励、隐患整改等。实行医疗质量安全抵押金制度，各责任单位医疗质量安全抵押金30多万元，存入区卫计委专用账户，实行量化考核，年终考核奖惩兑现。印发《关于切实加强基层医疗质量安全管理的实施意见》，推行"医疗安全问题清单销号管理制度"，对全区各级医疗机构医疗安全问题实行"统一报备，销号管理"。

【组织"5·12"护士节操作比赛】 5月9日，区总工会、区卫生局联合举办全区基层医疗单位护理操作技能竞赛活动。18所镇（区、街道）卫生院、社区卫生服务中心、区精防院22人参加竞赛，区总工会授予区中西医结合医院严琳"盐都区五一劳动奖章"；授予区中西医结合医院陈小艳、区二院陈年"盐都区五一巾帼标兵"荣誉称号。

【组建第14期援圭亚那医疗队】 年内，根据国家整体外交部署和省卫生计生委印发的《2016—2030年江苏援外医疗队组派计划》安排，市第三人民医院经过宣传动员、自愿报名、资格审核等环节，筛选出妇产科副主任王锋，儿科主治医师李静、普外科主治医师崔恒峰、麻醉科副主任医师刘鹏4人，组建第14期援圭亚那林登点的医疗队，代表医院参加第14期援圭亚那林登点的医疗队。

【市三院接诊新疆先心病患者】 年内，"爱心护疆工程"为全市实施对口援疆的重大举措，市第三人民医院作为市卫计委指定的市儿童先心病定点医院、盐城市唯一通过省卫计委1~3周岁儿童先心病手术能力审核的医院，与新疆察布查尔县人民医院联合实施为期三年的爱心工程。6月1日，首位新疆先心病患者各静静由市三院专车接至医院。6月6日，市三院心胸外科手术团队顺利完成手术并捐款5000元。

【盐城市卒中学会在市三院挂牌成立】 8月15日，市第三人民医院神经内科副主任侍海存从市民政局领取“盐城市卒中学会”社会团体法人登记证书，这标志着“盐城市卒中学会”在市三院正式挂牌成立。盐城市卒中学会是全省首家成立的市级卒中学会，致力于推进脑卒中一二级预防干预性研究，指导并制定有效的预防治疗手段。

【组建医疗队在青海省同德县开展结对帮扶工作】 9月12—19日，区卫计委派出6名专家，赴青海省同德县开展结帮扶工作。医疗专家实际考察同德县人民医院、同德县藏医院、同德县疾控中心和部分乡镇卫生院。举行“盐都—同德乡镇卫生院结对帮扶签字暨医疗设备捐赠仪式”。学富镇卫生院、大纵湖镇卫生院分别与同德县河北乡中心卫生院、唐干乡卫生院结为对口帮扶单位。区卫计委向同德县卫计局援赠价值20多万元的彩超、呼吸机、除颤仪等医疗设备。在同德期间，通过专家坐诊、教学查房、示教操作、业务讲座、现场指导等形式开展对口援助工作，得到当地同行的肯定和广大老百姓的欢迎。在同德，开展工作对接会1场、座谈会3场、教学查房5次、示教操作58人次，组织业务讲座8期。领队祁俊撰写的《援青日记》和组织编印的《雪域高原医路情》——盐都区医疗队援助青海同德纪实宣传画册，在盐城、同德两地引起良好反响。

【市三院成为国家药品不良反应监测哨点】 10月23日，国家药品不良反应监测哨点建设暨中国药物警戒系统(CHPS)系列培训大会在市第三人民医院顺利开展，标志着国家药品不良反应监测哨点正式在市第三人民医院工作运行。市三院是全国“十三五”期间首批确定的11家国家不良反应监测哨点的医疗机构之一，也是盐城地区首家哨点单位。

9月17日，对口援助青海省同德县捐赠医疗设备暨帮扶协议签订仪式

祁 俊 摄

【全面推进基层医疗机构中医馆（阁）建设】 年内，根据市卫计委“关于下达基层中医馆、中医阁建设计划的通知”要求，制定全区中医馆(阁)建设计划及目标，明确中医馆(阁)建设要求。按照《江苏省村卫生室、社区卫生服务站中医综合服务区建设指南》，区卫计委为每一个村卫生室、社区卫生服务站统一配备神灯、电针仪、火罐、刮痧板、针灸针、推拿床等中医基本诊疗设备和古色古香的办公桌、椅、凳、柜等设施。内部装饰统一标准、统一规格，充分体现中医药文化特色。至年底，全区226家村卫生室、社区卫生服务站已建成149家，建设率达65.93%，超额完成市卫计委下达的50%的建设任务。楼王、学富、郭猛、潘黄4家国家级中医馆项目通过市级评审。（祁 俊 韦 英 孙书全）

人 口

【概述】 以新一轮计划生育优质服务先进单位创建工作为抓手，完善生育登记服务制度，全年发放生育服务证明5166份，审批发放67份再生育一个孩子生育证。推动流动人口卫生计生基本公共服务均等化，向流动人口送政策、送宣传、送服务、送温暖，帮助解决实际困难，流动人口卫生计生基本公共服务实现全覆盖。建立卫生计生信息共享互补机制，开展流动人口个案信息比对工作。

【开展卫生关爱专项活动】 年内，在全区范围内推动让流动人口在春节期间将“健康身体、健康知识、健康用品”带回家的多项活动，使其感受到“人在他乡，健康共享”，同时增强“家乡”带来的幸福感、获得感。

【落实计生家庭奖扶政策】 年内，全区17597人计划生育奖励扶助金、城镇非从业人员和区属企业退休职工1367名一次性奖励金发放到位，其中农村计划生育家庭奖扶金对象14661人、独生子女伤残家庭特别扶助金对象188人、独生子女死亡家庭特别扶助金对象449人、计划生育并发症特别扶助金对象860人。

（王玉明 胥爱国）

体 育

综　　述

【概述】 2017 年，全区体育工作全面贯彻落实《全民健身条例》，完善公共体育服务体系，不断满足城乡人民日益增长的体育健身需求，全民健身、青少年体育、体育产业等体育重点工作发展态势良好。在 2017 年全省县级体育重点工作考核中得分为 90.78 分，名列全省前列，苏北第三、全市第二，被省政府表彰"江苏省县级体育重点工作先进单位"。8 月 28 日，盐都区被国家体育总局表彰为"全国群众体育先进单位"。

全民健身

【概述】 围绕全民健身场地建设、活动组织、社会体育指导员培训等重点，加大全面健身投入与指导力度，经常参加体育锻炼人口比例明显提高。

【公共体育服务体系建设全省领先】 切实加强公共体育设施建设，全面建成城市社区 10 分钟体育健身圈，镇、村公共体育设施覆盖率达 100%，2017 年新建 10 个符合省定标准、体现盐都特色、深受百姓喜爱的健身广场，实现镇（区、街道）健身广场全覆盖。推进体育休闲设施项目建设，2017 年新建健身步道 10.7 千米，完成 16 处体育设施的提档升级，全区万人拥有公共体育设施面积达 3.12 万平方米，社会体育指导员数量、比例和经常参加体育锻炼人口比例稳步提高。

【全民健身活动如火如荼】 6 月 11 日，在万达广场举行"绿色骑行"活动，来自学校、机关、企业等 700 多人参加。6 月 12 日，在区世纪公园举行"长江经济带"全民健身大联动启动仪式暨千人健步走活动，有 1100 人参加活动。8 月 8 日，在秦南镇举行全区"全民健身日"活动暨第十一届乡镇全民健身运动会，来自各镇（区、街道）近 2000 人参加舞龙、腰鼓、舞狮等项目的活动。11 月 18 日，承办江苏省第二十届"康杰杯"体育舞蹈锦标赛暨全国体育舞蹈邀请赛，参赛运动员、教练员达三千多人，到场观众一万多人。12 月 23 日，分别在盐都体育中心、神州路初中、腾飞路学校举行盐都区第四届"体彩杯"教育系统职工运动会，本届运动会参赛项目多，参赛人数多，创历史之最。

【举办 2017 年区级机关运动会】 11 月 17 日，举办区级机关运动会。比赛设拔河、中国象棋、乒乓球、8 字跳绳、羽毛球、游泳、螃蟹背西瓜、腿夹球跳混合接

4 月，区级机关乒乓球比赛　　丁晓岚　摄

力8个项目,32家机关单位近500名干部职工报名参加比赛。

【举办庆“三八”妇女运动会】 3月6日,盐都区2017年庆“三八”妇女运动会在区体育中心举行,来自区直19个部门和单位的近260名女干部参加踢毽、跳绳、乒乓球、羽毛球等活动项目的比赛。

【组织“舞动江苏”盐都海选赛】 6月28日,由省体育总会、省广场舞运动协会组织,市体育总会、区体育局主办、区广场舞协会承办的2017年“舞动江苏·南京银行杯”广场舞大赛盐都海选赛在区体育中心举行。共吸引盐都区、亭湖区、开发区和城南新区39支广场舞代表队报名参加。

【举行教育系统职工运动会】 12月24日,盐都区教育系统第四届“体彩杯”职工运动会在盐都区体育馆落幕,共有来自各镇(区、街道)学校和区直学校的34支代表队,250多名运动员参赛。最终龙冈中学获得拔河、乒乓球团体冠军,腾飞路初中获得篮球“三对三”比赛的冠军,龙冈镇王长清、北龙港街道张双分别获得羽毛球乡镇组男、女冠军,盐城市一中徐兴华、毓龙路实验学校王冬林分别获得羽毛球区直组男、女冠军,楼王镇陆军、中兴街道徐靖靖分别获得跳绳项目乡镇组男、女冠军,盐城市第二小学江建伟、教师发展中心胡中琴分别获得跳绳项目区直组男、女冠军,大纵湖镇葛建刚、中兴街道吴宗芹获得足球踢准男、女冠军,毓龙路学校庄辉、龙冈中学王婧获得足球踢准男、女冠军。

【创建省级国民体质监测工作指导站】 10月25日,区国民体质监测工作指导站经过省专家组的验收,成功创建省级国民体质监测工作指导站,并向社会挂牌。

学校体育

【概述】 围绕学生体质提升,全面加强学校体育工作,全力保障学生每天有一小时的体育锻炼活动时间。组织开展学校体育活动,尤其是校园足球普及活动,学校体育成绩斐然。

【省校园足球颁奖典礼】 1月7日,2016江苏省青少年校园足球年度颁奖典礼在南京举行。龙冈中学、毓龙路实验学校、神州路初中、大纵湖初中、郭猛实验学校获得全国青年少年校园足球特色校命名,盐渎路幼儿园获得省首批足球特色幼儿园命名。获国家和省足球特色学校(幼儿园)命名数位居盐城各县(市、区)之首。

【未来之星体育俱乐部成为全省示范】 7月,区“未来之星体育俱乐部”被江苏省体育局命名为“2017年江苏省示范性青少年奥林匹克体育俱乐部”,市体育局专门发来贺信祝贺。

【校园足球成为区域特色】 16所学校成为全国青少年校园足球特色学校。举办第三届“区长杯”校园足球联赛,组织高中组比赛12场,义务教育阶段学校比赛316场次,比赛贯穿全年。

【承办“市长杯”校园足球联赛(初中组)总决赛】 3月11—13日,2017年盐城市“市长杯”青少年校园足球联赛初中组总决赛在区举行。全市各县(市、区)的14支男、女球队参加。

【组织校园足球夏令营】 7月3日,2017年区校园足球夏令营在郭猛实验学校开营。19个代表队的领队、教练、运动员,各足球特色校校长、足球活动指导员等参加开营仪式。夏令营活动由区教育局、江苏中体机会体育娱乐科技有限公司主办,整个活动分校园足球驻训、权健专业队驻训、足球邀请赛三个阶段。

【举行中小学生田径运动会】 10月28—29日,区中小学生田径运动会在高新区初中举行,本次运动会共设置小学男、女,初中男、女,高中男、女等6个组别,来自全区48所中小学的900多名运动员参加100米、400米、800米、1500米、4×100米接力、4×400米接力、跳高、跳远、铅球、一分钟跳绳等项目的比赛。毓龙路实验学校、大冈小学、崇礼路小学分获小学组团体总分前三名;毓龙路实验学校、腾飞路初中、楼王初中分获初中组前三名;龙冈中学、市一中、时杨中学分获高中组前三名;龙冈中学等10所中小学校荣获体育道德风尚奖。2人2次打破区运动会记录,12人13次打破赛会记录。

【举办中小学足球、篮球教练员培训班】 8月19日和8月25日全区中小学足球、篮球教练员培训分别在神州路初级中学、毓龙路实验学校举行。培训班分别邀请盐城师院足球教练和市体校的篮球教练授课,培训内容主要包括少儿足球基本功训练,基本技、战术配合和足球训练理论以及篮球的基本功训练,基本技、战术配合等。

竞技体育

【概述】 认真办好市对区办项目,加强竞技体育训练和教练员队伍建设,组队参加市级以上各项赛事,展示盐都竞技体育的水准和实力。

【备战省十九届运动会】 年内,备战省十九届运动会,篮球、田径、举重、击剑等训练有新进展,盐都体校击剑队获得2017年江苏省青少年击剑锦标赛团体二个第一名,一个个人第一名。参加全市中小学生羽毛球比赛总分第二,获7块金牌。在全市中小学生乒乓球比赛中包揽金牌总数、奖牌总数和团体总分三项第一。参加全市中小学生田径比赛,初中组第五、小学组第二、高中组第四。省县组田径比赛总分79分,在第二赛区排名12名。参加全市中小学生游泳比赛,获4块金牌,4块银牌,总分全市第四名。参加全市中小学生举重比赛,获7块金牌、8块银牌,团体分190分,金牌总数和团体总分均列全市第三名。

【体育传统校参加篮球、乒乓球比赛】 10月14—16日,2017年盐城市体育传

11 月 17 日，2017 年运动会拔河比赛现场　　丁晓岚　摄

统项目学校篮球比赛在区举行，高中男、女组冠军都被盐城市第一中学代表队获得，小学男子组冠军被毓龙路实验学校代表队获得，神州路小学代表队获得小学组亚军。10 月 29 日，2017 年盐城市体育传统项目学校乒乓球比赛在响水县举行，区代表队夺得所有金牌 18 枚中的 13 枚，成为所有参赛单位最大赢家。

【承办江苏省青少年篮球锦标赛(U16)】 7 月 16 日，江苏省青少年篮球(U16)在区体育中心和腾飞路学校举行。来自全省 8 个地区 12 支代表队 250 多人参加比赛，本次比赛是省青少年篮球(U16)比赛各年龄组系列赛中水平最高、实力最强的比赛，也是区承办篮球比赛水平最高的一次，承办工作得到参赛单位的一致好评。

【组织第三届儿童足球夏令营比赛】 7 月 28 日，2017 年华东地区第三届“创元·金域花苑杯”儿童足球夏令营比赛在神州路初级中学足球场揭幕。本次比赛为期 3 天，共有来自上海市和省内苏州、扬州、南通、连云港、盐城等地的 8 支代表队报名参加。创元金域队获得冠军，盐都代表队获得亚军，南通锐星俱乐部队获得第三名。

【全国部分城市体育舞蹈邀请赛在盐都举行】 11 月 18 日，2017 年江苏省第 20 届“康杰杯”体育舞蹈锦标赛暨全国部分城市体育舞蹈邀请赛在区开幕。来自全国部分省市及全省各市(县、区)的舞蹈代表队近三千名运动员参加比赛。比赛共产生 12 个团体冠军。

体育产业

【概述】 围绕全区“一极一园一业”总发展思路，引导地方体育产业发展，打造体育休闲产业品牌，全区体育产业发展水平全市领先。

【体育彩票工作获国家体总表扬】 2017 年全区体彩销量综合评估、大乐透销售、竞猜型彩票销售、即开型彩票销售等四项重点项目评估中成绩突出。2 月，国家体育总局体育彩票管理中心发文进行表扬。

【32 家单位进入省体育产业名录库】 至年底，全区共有 32 家体育产业进入省体育产业名录库，其中以明翔健身、悦达包装储运、兴泰体育健身服务等为代表的大型体育场馆品牌，以艾斯特、国星、国正为代表的乒乓产品品牌、以昶桦、启恒、佰瑞达为代表的户外用品品牌、以杨侍生态园、大纵湖旅游度假区、三官农庄、龙冈桃花园为代表的体育旅游品牌以及以沿海城市羽毛球邀请赛、湿地国际公路自行车赛、大纵湖房车节、泾口舞龙、舞狮邀请赛等为代表的赛事品牌，提升全区体育产业在全民健身中的地位；同时推出以中体机会体育娱乐科技公司、明翔体育场所服务有限公司为代表的青少年运动训练品牌。全区共获上级体育产业补助资金 540 万元。

人民生活
社会事务

事业单位改革改制

【概述】 推进全区事业单位岗位设置管理工作，按照事业单位岗位设置管理规定程序，对全区岗位变动的2776名事业单位工作人员进行审批备案。8月，组织召开全区乡镇事业单位岗位设置聘用与管理工作部署及业务培训会议，督促各镇（区、街道）加快推进乡镇事业单位岗位设置聘用与管理工作。至年底，全区共有216家事业单位、7689个岗位完成人员聘用工作和聘用信息库建库工作。

（田莉莉）

就业再就业

【概述】 以新春行动服务企业用工百日行动系列招聘会为开局，组织新春、高校行动、国庆等大型招聘会等各类招聘活动31场次，进场求职者近3.35万人，达成就业意向14025人。区人力资源市场每周一、三、五正常开市，吸引各类人员20215人次进场求职。全年完成新增就业13581人，完成市目标151%；城镇失业人员再就业3011人，完成市目标125%；就业困难人员再就业1311人，完成市目标327%。

【开展就业援助月活动】 2月、7月，开展“就业援助月”活动，宣传各类就业创业政策，鼓励企业吸纳就业困难人员，帮助各类就业困难人员实现就业。全年为2954人次符合再就业援助条件的贴补养老、工伤、生育、失业、医疗五项保险1429.7万元。

【开展毕业生实名登记活动】 9月，开展离校未就业高校毕业生实名登记服务活动，涉及区内880名大学生。11月中旬，实现实名登记率100%、就业创业服务率100%和就业创业率100%目标。

【规范技能培训】 从前台登记入手，享受政策人员一个不漏进行培训登记，每月循环开班。乡镇培训班开班前严格实行培训申报，开班和考核时全程督查，确保培训人员的到课率和培训质量。全年完成城乡劳动者就业技能培训7590人，完成市目标任务的223%；城乡新成长劳动力技能培训4293人，完成市目标任务的286%。

【个性化服务提升技能】 开展智创园千人岗前培训活动，送培训到企业、送鉴定进车间，全年为8家企业培训员工1632人，鉴定发证率92.2%，获证奖补率100%。促成江苏盛安资源与市二职中开展企业新型学徒制培训，定向培养数控车工、磨工等机械操作工50人。中心自

8月，创业就业咨询会现场

办失业人员创业培训班 7 期，培训学员 393 人。（陈学兵）

创业盐都

【概述】 2017 年支持成功自主创业 2995 人，完成市目标任务的 272.2%；扶持农村劳动力自主创业 1639 人，完成市目标任务的 409.8%；引领大学生创业 160 人，完成市目标任务的 133.3%。创业带动就业 10342 人。

【创业大赛】 8 月 30 日，葛武街道创业者夏吉萍在“创响江苏”大学生创业大赛盐城市级赛创业标兵赛中获第 1 名，大纵湖郭涛的连铸铜包钢的开发和应用项目、张庄街道陈思源的餐厨垃圾黑水虻生物法处理技术开发及产业化项目在创业项目赛中分获第 2 名、第 3 名。大纵湖郭涛的连铸铜包钢的开发和应用项目参加第二届“中国创翼”大赛创业项目赛江苏省复赛、决赛，并获得全省第 14 名。9 月 26 日，全市返乡创业大赛中，高新区孙从贵 3D 精密高效节能汽车饰件模具的研发及产业化项目、大纵湖聂春 C919 国产大飞机隔音绝热材料生产设备的研发及产业化项目”获评全市十大返乡创业之星第 3 名、第 9 名。10 月 31 日，在盐都区 2017 年度创业富民大赛中，李子考的侧入式背光模组应用与推广项目获大赛一等奖，高新区孙从贵 3D 精密高效节能汽车饰件模具的研发及产业化项目、张庄街道陈思源的餐厨垃圾黑水虻生物法处理技术开发及产业化项目在创业项目分获二等奖、三等奖。12 月，在盐城市第四届创业之星大赛中，高新区孙从贵 3D 精密高效节能汽车饰件模具的研发及产业化项目获得第 4 名，被表彰为 2017 年盐城市十大创业之星并荣获创业富民励志奖。

【创业载体建设】 全年依托科技企业孵化器、开发园区、创业园区、农业产业园、城市配套商业设施、闲置厂房等现有资源，新建市级创业示范基地 3 个——大纵湖镇三官农家乐创业园、秦南镇泾口生态观光农业产业园、尚庄镇双创园，新建区级创业载体 11 个。

【返乡创业工作获市表彰】 1 月 16 日，区政府召开新春返乡圆梦行动部署会议。春节期间，全区共组织返乡恳谈等活动 20 场次，邀请在外有成人士 600 多人参加，达成返乡创业意向 300 多个。春节期间，圆梦行动共举办系列活动 29 场次，获评盐城市 2018 年春节期间返乡创业工作先进县(区)。

【宣传造势引导创业】 在《盐都日报》、电视台开辟创业宣传专栏，利用盐都人社网、盐都公共就业服务网、盐都 e 就业微信公众号等渠道，宣传创业政策、创业典型，开展对外宣传。在市级以上媒体发表信息、报道 22 篇。其中在《人民日报》刊登一篇——《江苏盐都创业带动近万人就业》，在《新华日报》上刊登一篇——《聚能造势，“创业盐都” 一路劲歌》，《江苏新时空》 新财经特别报道以《金领返乡，一帐成名》为题专题报道盐都创业典型事迹。

【落实政策鼓励创业】 全面推进一次性创业补贴、创业场地租金补贴、创业带动就业补贴、社会保险补贴、创业担保贷款、创业担保贷款贴息等政策的落实，符合政策兑现条件的做到应兑尽兑。至年底，共发放创业担保贷款 2970 万元，创业担保贷款贴息 46 万元，兑现各类创业补贴近 100 万元，实现创业带动就业 7000 余人。

【举办返乡创业大赛】 年内，组织举办盐都区返乡创业大赛和创业富民大赛。在省首届乡土人才技能技艺大赛中，盐都区“洋子面塑”项目获二等奖；有 3 个项目代表市参加“创响江苏”大学生创业大赛复赛，有一个项目进入决赛最终获得第十四名；在市第五届家庭服务业职业技能大赛中，养老护理、家政服务两个团体项目名列第一，有 3 人进入前 6 名；在全市返乡创业大赛中，2 名选手进入前十强。在全国“乡土人才征文”活动中，两篇征文获得三等奖。（陈学兵）

职业技能培训

【概述】 全年职业技能鉴定总人数 2543 人，其中初级工 888 人、中级工 641 人；高技能人才 1014 人。

【实施高技能人才培养】 年内，开展在岗职工技能提升培训，通过企业内技能人才评价和日常鉴定二种方式相结合，主动进企业，送培训、送鉴定。引导悦达棉纺、日升纺织等企业建立技能人才评价薪酬待遇挂钩机制。新增江苏省技能大师工作室一家和江苏省首席技师 2 名。（丁 祥）

劳动关系

【概述】 调整全区最低工资标准，转发落实盐城市人力资源和社会保障局《关于发布 2017 年度全市企业工资指导线的通知》《关于发布盐城市企业人工成本水平的通知》和《关于发布盐城市区 2017 年部分职位工资指导价位的通知》的文件精神。全年共审批特殊工时 16 件，涉及 12 户企业，其中审批不定时工作制 8 件，综合计算工时工作制 8 件，保证职工的工作、休息时间得到合理安排。全年，审查集体合同 1075 份，审查企业工资集体合同 315 份。（季 鹏）

劳动监察

【概述】 全年劳动保障投诉、举报案件 193 起，符合立案条件结案率 100%。完成对 2336 户用人单位的劳动保障审查工作，书面审查完成率达 90%。主动监察用人单位 460 户，人均 92 户，组织开展 4 次专项行动。劳动保障监察联动平台覆盖率 100%、运行率 100%。在维权、法律法规宣传、书面审查工作、劳动合同签订、专项检查、解决拖欠农民工工资、建立健全劳动用工管理长效机制等方面取得好成绩。

【组织专项行动】 全年开展劳动保障监察“互联网+书面审查”专项行动、清理和规范人力资源市场秩序专项执法检查活动、用人单位遵守劳动用工和社会保险法律法规情况专项检查，以农民工工资支付情况专项检查为重点，督促检查重点用人单位1086户，排查出56户重点监控单位，安排专人跟踪督促，责令支付农民工工资近500万元，确保农民工能够足额领到工资返乡过节，较好地完成农民工年度考核工作。加强部门合作，建立长效机制，涉嫌拒不支付劳动报酬罪案件及时移交司法处理，促进工资支付保障机制进一步健全。

【劳动保障监察联动平台建设】 根据行政区划调整，重新合理布局监察网格，全区划分为12个一级网格、24个二级网格，覆盖率达100%，使行政执法、网格监控更高效。一、二级网格日常运行包括：协办记录、监测预警、指导服务、法规宣传、咨询、简单纠纷调处等工作。全年基层平台业务咨询达4393条，指导服务317次，法规宣传139次，基层矛盾调处873件，调处成功率90%，平台运行率100%。提高企业的规范用工意识，实现劳资双方利益共赢。

（宋传标）

劳动人事争议调解仲裁

【概述】 全年接待来电来访群众和用人单位代表约1600人次，均妥善进行答复处理。立案受理劳动争议仲裁案件149件，结案149件，按期结案率100%，其中调解结案95件，裁决结案54件，案件调撤率60%以上。通过省劳动人事争议调解网解决劳动人事争议案件160件。基层调解组织调解劳动人事争议500多件，占劳动人事争议案件总数的近80%。在立案受理案件中，涉及劳动报酬23件，占受理数17.55%，涉及社会保险待遇35件(其中工伤待遇35件)，占受理数26.72%，涉及解除、终止劳动合同73件，占受理数55.73%。受理案件涉案金额933.3万元。裁决支付劳动者劳动报酬22.36万元、支付经济补偿金11.5万元、支付工伤待遇125万元，其他费用19.1万元。调解支付劳动者劳动报酬12万元、支付经济补偿金66万元、支付工伤待遇182万元，其他费用15万元。

【基层调解组织建设】 在全区19个镇(区、街道)建立劳动人事争议调解中心的基础上，推进示范调解中心建设。组织基层调研组织在大丰区南阳镇、苏州吴江市同里镇参观学习。潘黄、大冈调解中心达到示范调解中心标准。潘黄调解中心被评为江苏省优秀基层调解组织，大冈、潘黄调解组织被评为盐城市优秀基层调解组织。9月中旬，组织全区劳动人事争议调解员培训班，邀请市局专家库成员到会授课，解读法律法规、调处技巧等，提高基层调解员的业务水平及能力，60多名劳动人事争议调解员参加培训。

【仲裁工作】 年内，规范案件处理流程，强调调解为先，力促和谐稳定。完善案件的登记、受理、处理、信息汇总统计工作。严格按照劳动人事争议案件受理、处理工作规范，确保一般案件45天结案，复杂案件不超过60天结案。采取各项措施，促进案件调解，提高案件调解的成功率，追求案结事了的处理结果。实时上传仲裁案件信息，推进管理信息化，仲裁案件的网上运行率100%。通过省劳动人事争议网上调解平台解决争议。利用各种机会宣传劳动法律法规，引导用人单位依法用工。组织开展“仲裁开放月”活动，增强劳动人事争议调解仲裁工作的社会影响力，加强社会各界对调解仲裁工作的了解，提升劳动人事争议调解仲裁机构的公信力和服务水平。

（陈云林）

失业保险

【概述】 全区全年失业保险参保55781人，参保缴费率达95%以上，实现失业保险基金征缴收入2435.1万元，完成市目标任务的115.96%。

【失业保险企业缴费费率下降】 根据省人社厅、财政厅、地方地税局等三部门联合下发的《关于调整失业保险费率有关问题的通知》(苏人社发〔2017〕103号)，失业保险费率自1月1日起，由1.5%降至1%，其中用人单位缴费0.5%，个人缴费保持在0.5%不变。

【发放稳岗补贴】 3月，根据市人社局、财政局联合下发的《关于进一步做好失业保险支持企业稳定岗位工作的通知》(盐人社〔2016〕18号)，区人社局都人社发〔2017〕66号文《关于申报2016年度稳岗补贴的通知》，组织全区符合条件企业申报2016年度稳岗补贴。共审批区内176家企业稳岗补贴442.32万元，8月，资金全部拨付到位。

企业职工养老保险

【概述】 以“巩固创建省级社保经办服务示范窗口成果和推进社保全覆盖工作”为载体，以社保扩面征缴为重点，以确保养老金按时足额发放为中心，突出“为民务实清廉高效”主题，关注服务民生，坚持务实创新，社保工作稳步推进，全面完成或超额完成年度各项工作目标任务。全年新增参保13478人、基金征收9.61亿元，分别完成年度目标任务的268%和136%。

【养老保险金发放】 至年底，全区企业离退休人员为41726人，全年按时足额支付基本养老金9.79亿元。养老金按时足额发放率、社会化发放率均达100%，企业退休人员档案接收管理率和社会化管理服务率均达100%。

【社会保险扩面基金征缴】 与地税部门联合行动，摸底排查全区面上欠费企业情况，扩面征缴专班不撤，实行包乡镇、包企业，排出时间表，登门服务、登门宣传、登门催征。全年新增参保13478人，

基金征收总额达9.61亿元(其中6月高峰期征收职工养老保险费达1.2亿元,创单月征收历史新高)。 (胡文魁)

工伤、生育保险

【概述】 2017年,全区机关事业单位职工工伤、生育保险实现全覆盖,制度衔接并轨运行平稳。工伤、生育保险参保分别达83317人、55653人,分别完成年度目标任务的101%和101%。基金征缴收入分别为2332万元、1286万元,分别完成年度目标任务的166%和116%。

【工伤生育保险待遇支付】 继续保持与市同城同待遇,工伤保险基金待遇支出1703万元,共1432人次享受工伤保险待遇(含旧伤复发人员)。生育保险基金待遇支出1828万元,共有1568名女职工领取生育保险待遇。 (胡文魁)

医疗保险

【概述】 2017年,中心完成市区局下达的各项工作目标任务,重点完成城乡居民医疗保险制度整合工作,全年新增扩面5059人,职工保险参保人数达10.9万人,居民保险参保人数达55.58万人,累计征收各类医保基金7.68亿元。

【医保扩面征缴】 根据市区下达的扩面征缴目标任务,明确责任、层层分解,采取宣传发动、政策驱动、服务带动的办法,形成工作联动机制。结合"万名党员进万家"大走访活动,在基层、居民家中宣传;与地税部门一起开展医疗保险费专项清理工作,当期基金征缴率一直保持在96%以上的高水平;加强改制企业清欠力度,年清欠达500多万元。

【推进城乡医保整合】 4月,启动城乡居民医保整合工作,6月底,完成机构整合和整体交接,9月底,完成基金审计、数据整合、职能划转、机构合并、人员划转等相关工作。12月2日,区政府召开城乡居民基本医疗保险工作推进会,启动2018年度城乡居民医疗保险参保续接和基金征收工作,决定2018年1月1日起,实施《盐城市城乡居民基本医疗保险办法》,56万名城乡居民开始享受统一的城乡居民基本医疗保险待遇。

【维护基金安全】 年内,对转外就诊病人医疗费用支付情况进行核查,抽查住院病历1154人次,外调现场核查256起,核退交通事故、酗酒及工伤等不符合医保报销规定的外伤26起,医疗费用达百万余元。加强实时监控系统建设,用4个月时间基本完成医保远程视频监控系统建设,给医保基金加上一道安全网,通过监控系统结合现场核查,全年取消8家医疗机构及零售药店医保定点。

【提升医保经办能力】 自8月1日起,在原有31家公立医院基础上,新增83家定点社区卫生服务站作为慢性病刷卡结算医疗机构。患有符合医保政策规定并已确认慢性病报销待遇的参保职工,可就近在定点社区卫生服务站就诊购药、实时刷卡报销。方便慢性病患者就医购药,免除慢性病患者年底到医保中心集中报销的麻烦,共有5500多名慢性病人受益。 (成 萍)

城乡居民社会养老保险

【概述】 按照区委"全市率先、苏北领先、全省争先"的工作要求,推进城乡居民养老保险工作。全区全年累计参保人数为15.11万人,完成市下达任务的100%,征收基金12298万元,完成市下达任务的136.64%,基础养老金发放率100%,被征地农民保障覆盖率100%。

【完善政策】 出台《关于进一步完善城乡居民基本养老保险制度实施意见》(都政办发〔2017〕3号,进一步惠民利民。参保补贴分档,2017年正常缴费档次标准为500元,参保人可自主选择缴费标准(100元的整数倍)。个人正常缴费财政分档补贴,从每人每年补贴30元到补贴90元不等;提高领取待遇,对于连续缴费超过15年的参保人员,每超过1年,增发1%基础养老金。年内,对于缴费享受待遇人员增发奖励性养老金,增发标准为其个人账户养老金的10%,最高标准定为30元/月。增加支出部分由区财政负担,年增加支出500万元以上,8.2万人于春节前发放到位;明确老农保转入新农保,1992年在盐都实施新农保试点期间参加的老农保人员应转入城乡居保,多次按年缴费的,每缴费一年转入城乡居保后视同缴费一年;间断缴费的,按缴费本金合计除以城乡居保正常缴费档次(2017年为500元)折算年限,不足一年按一年算;发放丧葬补助金,参保人员(按年连续缴费人员和领取人员)去世的,个人账户余额可继承,并享受一次性丧葬补助金1300元。

【调整基础养老金】 根据苏人社发〔2017〕52号文件精神,自1月起,将全区城乡居民社会养老保险基础养老金由115元/月提高至125元/月。全区13.2万名已经办理待遇核定并正常领取待遇的人员享受调整后的待遇发放。

【核查领取资格】 年内,加强城乡居民养老保险发放管理,维护基金的安全完整,对部分享受城乡居保待遇领取人员进行领取资格的核查。共核查19530人,发现已死亡停发销户744人,并追回多发养老金66.6万元。

【新老农保衔接工作】 按照"制度并轨、账户统一、待遇叠加、平稳过渡"的原则,稳妥处理"老农保"历史遗留问题。9月,指导大冈镇"老农保"转移清理工作先行试点,效果明显。9月底在大冈镇召开城乡居民养老保险专题会议,全面部署老农保的转移衔接工作,整体推进。至年底,核实转移79316人,清退33558人,另有313人无法查找。

【规范管理被征地农民社会保障工作】 对被征地农民社会保障不符合享受待遇

人员进行核减。对全区163名疑似机关事业单位养老保险或财政供养公务人员重复享受征地保障待遇的发放稽查函，并作暂停发放处理。出台文件规范工作开展。10月24日，政府办出台《关于进一步做好被征地农民社会保障工作的通知》（都政办发〔2017〕74号），明确被征地农民社会保障相关工作处理意见。组织全区被征地农民社会保障业务培训。11月4日下午，区政府举办全区被征地农民社会保障政策业务培训班，共240人参加培训。会上，邀请省人社厅农保处副处长陈焱解读省政府93号令，农工办对农村集体经济组织成员的认定和被征地农民名单的确定进行业务辅导，人社局对被征地农民社会保障业务作辅导，为基层做好被征地农民社会保障工作提供“操作指南”。（王杰章）

机关事业养老保险

【概述】 推进机关事业养老保险制度改革，对参加机关事业养老保险的人员参保资格进行重新核定，11月，全区机关事业单位6504名退休人员实现社保卡发放养老金，围绕年初制定的各项目标，加大机关事业单位养老保险工作的宣传力度，做好养老保险基金征缴工作，强化内部基础管理，为参保单位和参保人员提供更优质的服务，按时并超额完成全年各项工作任务。全年养老保险基金收入39294.54万元，其中基本养老保险基金收入22271.4万元，基金利息收入123.14万元；财政补贴收入16900万元；养老保险基金支出41501.54万元；上年结余3820.27万元，基金年末滚存积累1613.27万元。

【保险稽核】 加强缴费基数申报审核工作，有效防止瞒报缴费基数现象，确保人员参保率达100%。加强退休人员养老保险待遇核准工作，确保离退休人员支付准确率达100%。由乡镇各社保中心做好离退休人员资格认证工作，离退休人员资格认证率达100%。全年稽核在职8196人，退休1752人，稽核率达72.9%，完成目标任务的182.3%。

【为离退休人员免费体检】 8月14—25日，组织乡镇898名实运转事业单位离退休人员在市三院进行免费体检。体检后，及时为参检人员建立健康电子档案。

【积累基金专户存储】 年内，加强全区机关事业养老保险经办机构内部管理与监督工作，防范和化解运行风险，规范业务经办工作行为和社会保险管理服务工作，坚持财务科和业务科养老保险基金收缴与支付记账互审制度，按季、按月填报各类报表，记载各个单位缴费明细账和银行日记账，并根据基金收支分开核算的要求，在银行开设收入户和支出户，月底将收入户余额全额转存区财政专户，积累基金全部由财政专户存储，确保社会保险基金安全。（薛 翔）

收入与消费

【概述】 2017年，全区全年城镇居民人均可支配收入35663元，增长8.7%，农村居民人均可支配收入20548元，增长9.1%。

【提高城镇居民生活质量】 全区全年城镇居民人均消费支出25497元，比上年增长2.2%。其中人均食品烟酒支出8073元，人均衣着支出2135元，人均居住支出5605元，人均生活用品及服务支出1165元，人均交通通信支出1995元，人均教育文化娱乐支出4611元，人均医疗保健支出1020元，人均其他用品和服务支出894元。城镇居民人均住房建筑面积达53.22平方米。全区百户城镇居民家庭拥有汽车35辆、洗衣机106台、电冰箱100台、彩色电视机197台、电话356部、空调221台、计算机99台。

【改善农村居民生活水平】 全区全年农村居民人均生活费支出13816元，比上年增长9.9%。其中农民人均食品烟酒支出4739元，增长9.3%；人均衣着支出788元，增长15.2%；人均居住支出3329元，比上年增长10.8%，人均住房建筑面积达54.13平方米。农村居民意识到知识和信息对发家致富的重要性，重视并加大对文化教育娱乐的消费投入。全年农民人均教育文化娱乐支出2379元，交通通信支出868元，医疗保健支出619元，生活用品及服务支出699元，其他用品和服务支出396元。全区百户农村居民家庭拥有汽车6辆、洗衣机91台、电冰箱93台、彩色电视机137台、电话265部、空调72台、计算机38台。

（王悦峰）

【全面建成小康社会综合得分居苏北前列】 至年底，省定县级全面建成小康社会五大类22项36个指标中，全区有33个指标达到验收标准，22个指标达到或者超过目标值。人均地区生产总值、城镇居民人均可支配收入、城乡居民收入达标人口比例3个指标尚未达到验收标准。综合实现度为96.7%，比2015年提高2%，综合得分在苏北29个监测县中列第2位。（季 勇）

社会救济

【概述】 2017年，全区社会救济工作坚持公开公平公正原则，不断加大投入，着力提升社会弱势群体的保障水平和救济质量，努力改善社会弱势群体生活，建立常态化、长效化的社会救济工作机制，促进社会救济工作开展。

【完善留守儿童关爱保障体系】 年内，开展“合力监护 相伴成长”专项行动，构建区镇村三级关爱保护网络，与所有委托监护人签订《农村留守儿童委托监护责任确认书》，落实监护责任。与区慈善会开展“情暖童心，关爱成长”等爱心捐助活动，取得较好社会效应。

【发放残疾人两项补贴】 至年底，全区享受两项补贴的残疾人数约13474人，区财政共补贴为3714.89万元。其中全区重度残疾人12659人，累计发放3649.06万元；享受无固定收入重残生活补助的残疾人共有4330人，共发放资金2394.85万元；享受一户多残生活补助的残疾人共有1314人，共发放资金477.21

万元；享受依老养残生活补助的残疾人共有149人，共发放资金39.37万元；享受低保内重残补贴金的残疾人共有898人，共发放资金160.01万元；享受低保内非重残补贴金的残疾人共有877人，共发放资金101.57万元；享受重残护理补贴的残疾人共有5091人，共发放资金476.04万元。

【推进殡葬改革工作】 完成殡葬车改革工作，全年投入200万元完成全区社会殡葬车的收购，在全市率先建立殡葬呼叫96444平台，有序推进改革运行，提高镇(区、街道)丧户骨灰集中安置率，规范殡葬服务市场。加强对辖区内散坟整治和公益性公墓建设管理巡查力度，提升基层殡葬管理水平，镇级实现公益性公墓100%全覆盖。加大散坟整治力度，实现区域内主干道及园区两侧500米范围内无坟头目标。

8月，区民政局开展“八一”慰问活动

社会救助

【概述】 2017年，认真贯彻落实国务院《社会救助暂行办法》《江苏省社会救助办法》及市委市政府《关于建立市区困难群众托底救助制度的实施意见》《关于做好社会救助制度和扶贫开发政策有效衔接的实施办法》等文件，以“托底线、救急难、可持续”为方针探索创新托底救助模式，整合社会资源，拓宽救助门类，优化救助效率，放大救助范围，建立最低生活保障、特困人员供养、受灾人员救助、医疗救助、教育救助、住房救助、就业救助、临时救助、托底救助及社会力量参与的“8+1”综合救助模式。自7月1日起，城乡低保标准分别达到每人每月560元、480元，同比增长5.7%、11.6%。

【救灾应急机制建设】 年内，有效应对“3·1”涉7个镇(街道)风雹、“7·15”楼王风雹、“8·19”台创园暴风等自然灾害，保障受灾群众基本生活。定期组织对分散五保户、低保户等困难对象的住房进行重点排查，跟踪“康居工程”房屋改造情况，确保人民群众的财产和生命安全。

【构建社会救助网络】 年内，全区实施医疗救助16.05万人次，累计支出医疗救助金2349.87万元；实施临时救助7286人次，支出临时救助金601.16万元；支出托底救助资金129.8万元。民生三项保险全面实施，全区共投入74万元，自然灾害保险覆盖全民，重大疾病保险、五保(三无)老人护理险惠及全区5万多托底救助对象和3500名特困供养救助人员。

【社会救助信息化建设】 年初，对申请社会救助家庭经济状况采取市区两级核对，开展“阳光低保”活动，确保动态管理下的“应保尽保，应退尽退”落实到位。全年共核退不符合低保的家庭882户1493人，其中收入超标的653户1210人，减少财政支出101.4万元；新批低保140户323人。完善城乡低保信息平台。及时录入数据并进行更新，按月进行平台资金发放，实现民政、财政、银行三位一体的发放监管体系。

双拥优抚安置

【概述】 2017年，开展军民共建、军地互动活动，促进军地融合发展。全面贯彻落实各项优抚优待政策，切实维护优抚群体合法利益。全力做好退役士兵接收安置和权益保障工作，拓展退役士兵安置渠道，维护社会和谐稳定。

【双拥共建】 结合建军90周年，“八一”建军节期间开展对驻盐部队、享受国家抚恤补助的优抚对象以及军休人员等走访慰问活动；开展对约3.5万名现(退)役军人发放一把雨伞、一封慰问信和一块“光荣人家”荣誉门牌活动，对重点困境家庭和困境优抚对象进行“一对一”登门慰问，有效帮助解决各类实际困难。完善双拥工作组织网络体系，加大建设双拥工作指导中心和工作站力度，培植双拥先进典型，拓展双拥文化建设，健全社会化拥军服务网络。利用国家公祭日开展凭吊先烈活动，营造缅怀烈士、祭奠英灵浓厚氛围，强化爱国主义教育。加强“慰烈工程”规范管理，将零散烈士墓和烈士纪念设施建设纳入长效管理机制，发挥爱国主义教育基地功能，继承发扬革命传统，培育民族精神。

【落实各项优抚政策】 年内，全力推动省59号文件落地见效，转发印发各类配套文件，涉及优抚对象的柔性化关怀、生活补助提标、免费乘坐公交和游览公园、困难转业志愿兵生活补助和再就业援助等方面，着力提升优抚安置对象的荣誉感、幸福感。认真做好优抚定期生活补助

9月，全区各界代表参加国家公祭日活动缅怀革命先烈

申报工作，不断提升优抚对象精神抚慰水平，提高优抚对象满意度。

【退役士兵安置】 结合退役士兵村官培养工程"千人计划"，实现退役士兵生活有保障、社会有地位、个人有荣誉。依托盐城技师学院等高等院校为1543名退役士兵进行免费职业技能培训，参训率达95%。同时全力化解涉军信访矛盾，全年未发生重特大信访事件。做好军队退休干部和伤病残退役军人及无军籍职工接收安置工作，推进军休服务提档升级，巩固"两个待遇"落实，搭建军休活动载体，开展多样化的文体活动，丰富精神文化生活，强化军休干部服务保障工作，提升军休服务保障水平。

社会行政管理

【概述】 2017年，推进社区治理创新，增强城乡社区服务功能，健全基层群众自治体制机制，形成党委领导、政府主导、多方参与、共同治理的社区治理格局，不断提升城乡社区治理体系和治理能力现代化水平。

【村（居）委会换届选举后续工作】 年内，按程序推选产生新一届村（居）务监督委员会和村（居）民代表，成功举办全区第十一届村民委员会和第六届社区居民委员会主任培训班。

【社区治理改革】 社区"减负增效""政社互动"、民主协商等社会治理实践成效明显，年内，城市社区居委会依法自治达标率达到97.5%，农村村委会依法自治达标率达到98.5%；城乡社区综合服务中心建设达标率分别达到96.5%和96.2%。全区250个村（社区）与镇（街道）签订"一份协议，两份清单"，政社互动运行机制实现全覆盖。

婚姻家庭

【概述】 婚姻登记处主要负责为内地居民办理婚姻登记、补发婚姻登记证、撤销受胁迫的婚姻、建立和管理婚姻登记档案、宣传婚姻法律法规、倡导文明婚俗。

【婚姻登记】 2017年，全区全年共登记结婚6534对，其中补办结婚登记1882对；离婚登记1842对，因婚姻登记证件遗失，补发结婚登记证2010本，补领离婚登记证75本。

消费者维权保护

【概述】 年内，紧扣"网络诚信、消费无忧"年主题，综合"12315、12365、12331"窗口职能，调处消费纠纷1236件，同比上年增长180%，终止调解9件，未办结87件，投诉办结率93%，为消费者挽回经济损失300余万元，其中大冈镇抬头村孙仁珠电动车短路火灾获赔4.2万元；完成电线电缆、建筑钢材、成品油、汽车摩擦材料、成人服装等商品质量抽检54批次，查处2批次。 （苗才清）

民族宗教事务

【概述】 2017年，围绕中心、主动作为，贯彻落实中央统战工作会议、中央民族工作会议、全国宗教工作会议精神，着力推进三化进程、认真组织两项创建，全区保持民族和睦、宗教和顺、社会和谐的良好局面。

【推进扶贫精准化】 年内，以"知民情、晓民意、解民忧、暖民心"为主题，组织开展"百名党外代表人士进千户大走访"活动，每人结对一户困难少数民族家庭，走访9户困难家庭。争取少数民族发展资金15万元，培植大冈侗族村民袁金红年出栏生猪千头以上等致富典型3个。根据产业结构特点和群众需求，分别在郭猛、龙冈、秦南、大冈等地组织开展少数民族业务技能培训班5期，培训432人次。

【推进宗教法治化】 年内，充分利用"宗教政策法规宣传月"等载体，采取印发资料、媒体宣传、培训讲座等形式，宣传宗教法律法规，增强宗教界人士、信教群众以及基层广大干群的法制意识。根据"放管服"改革的意见，全面落实"一张网"和"不见面审批"的有关要求，对全区35个宗教活动场所进行统一社会信用代码赋码信息登记，全部换发新的宗教活动场所登记证。推行重大活动报备制度，依法管理宗教事务。

【推进管理规范化】 年内，坚持宗教中国化方向，用社会主义核心价值观引领宗教，支持宗教界对宗教思想、教规教义进行符合时代要求的阐释，引导宗教界人士和信教群众增进"五个认同"。开展教职人员述职评议活动，加强爱国主义和法治教育，强化思想素质建设，健全教务、财务、档案、活动和人员管理制度，推进管理规范化。

【组织民族团结进步创建】 年内，组织开展“民族团结进步宣传月”活动，促成杨侍村与锡伯村结对友好对子，新开工新疆薰衣草民俗风情园项目，传播民族文化，弘扬民族团结正能量。全面落实民族政策，协调公安、教育等部门为1名少数民族群众办理民族成分变更手续，为6名参加中高考学生办理加分证明。全面落实回族等10个少数民族群众清真食品补贴政策，全区143人享受补贴6.6万元(含补发)。聘请3名律师，成立全市首家少数民族权益法律援助工作站。

【组织星级宗教场所创建】 年内，出台星级宗教场所认定意见、评分标准，分教别专题召开星级场所现场推进会，组织场所负责人进行档案和非营利会计制度培训，提升场所管理水平。龙冈基督教堂创建成三星级宗教场所。潘黄街道把市基督教堂纳入53.33公顷小马沟体育公园规划，大冈镇在大云山寺创成AA景区的基础上，建设西侧云山公园，全力冲刺AAA目标。葛武街道在将以净土寺为重要景点的郝氏故里创成国家AAA景区的基础上，“禅修小镇”规划方案编制形成。 (万立娟)

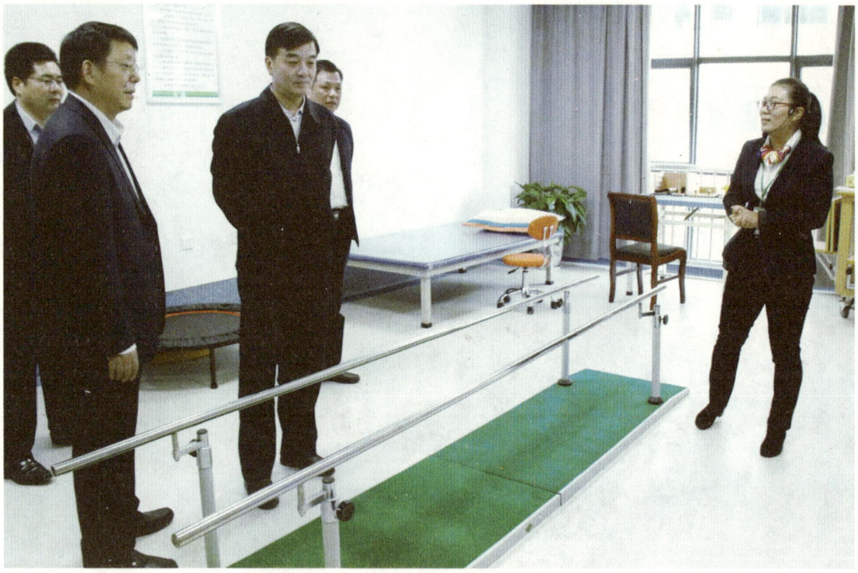

10月，慰问社会福利院老人

老龄工作

【概述】 至年底，全区60周岁老年户籍人口16.54万人，占户籍总人口的23%，人口老龄化形势严峻。全区250个村居实现居家养老站点建设和服务全覆盖；共有养老机构19所(公办敬老院17所，公建民营1所，民办1所)。民办占比10%；各类养老床位4734张(其中社会力量举办的床位2953张，占比62%)；养老机构床位数2109张(其中护理型床位849张，占比40%)。

【居家养老工作】 年内，在全区推广居家养老服务第三轮转型升级工作，各镇(街道)共选择77家居家养老服务站点，重点推进“分类服务、精确服务、购买服务”的居家养老服务模式，做好做实做强居家养老，进而向全区推广复制，凸显居家养老的基础养老作用。

12月，区第七届老年文化艺术节

【老年人助餐体系】 年内，以北蒋街道为试点，借助区12349居家养老指挥平台，建立老年人助残服务中央厨房，以该街道童成村居家养老服务站为试点，建立村居集中助餐点。设立系列运行规范和标准，为村居内有需要的老人提供就餐服务，打造“中央厨房+村居居家养老集中就餐点+老年人家庭”的助餐体系，并向全区推广复制，形成盐都特色的老年人助餐系统，实现资源共享，精准发力。

【完善养老服务体系】 在全区范围内推进第三轮改革转型工作，全市唯一入选省级居家和社区养老服务试点地区；推进敬老院服务质量专项提升行动。区社会福利院一期试运行效果明显，护理康复、养老服务功能齐全，社会反响较好；二期工程建设进入试桩阶段，年底开工建设；秦南敬老院7100平方米主体工程封顶。9月，省民政厅、财政厅对省级社会养老服务体系建设绩效考核情况进行通报，盐都区列全市第一、全省第三；10月，市民政局、财政局对大市区养老服务体系建设专项资金绩效考核情况进行通报，盐都列全市第一；12月，中国社会福利与养老服务协会会同省民政厅对全省29个养老机构标准化建设试点机构进行验收，盐都区社会福利院项目位列第一。

【创新养老服务新模式】 围绕国家省市文件精神，结合实际，提出以“居家养老

10月，“喜庆十九大、共圆中国梦”专场文艺演出 丁晓岚 摄

为基础、社区服务为依托、机构养老为补充、信息服务为辅助”的社会养老服务体系。按照“三有、三能、六达标”要求，加强对17家农村公办养老服务机构建设管理，至年底，全区共有三星级敬老院3家，二星级敬老院5家，一星级敬老院9家。根据居家老人对社工专业化、优质化服务需求的不足，推进机构养老和居家养老相结合的工作模式，打开公办敬老院的“围墙”，借助区居家养老指挥平台，通过老人呼叫服务的方式，将敬老院内的医疗、助餐、康复护理等各种专业化、优质化的服务延伸到周边村居老年人，将专业资源发挥最大效用。同时探索在村居社区内发展嵌入式养老机构，就近就便为辖区内老年人提供家庭病床、康复护理、精神关爱等专业化服务，实现机构养老专业化与居家养老亲情化的结合。 （颜玉洪）

关心下一代工作

【概述】 2017年，在区委区政府的领导下，配合相关职能部门，开展主题教育活动，发挥“五老”作用，为青少年弱势群体办实事，主动做好关心下一代工作，并取得一定的成绩。

【开展主题教育活动】 开展“学史立志”主题教育活动，3月22日，在尚庄小学举行主题教育启动仪式，举办“喜迎十九大，童心永向党”演讲会，开展“学史立志跟党走”特色活动。区夕阳红法制宣传队到全区45所中、小学巡回演讲，受教育青少年3万多人。党的十九大胜利闭幕后，区关工委及时《关于认真学习宣传贯彻党的十九大精神的通知》，各级关工委举办多种形式的培训班，组织“五老”宣讲团，进村入校，宣讲十九大精神，听宣讲的“五老”和青少年达3万人次。

【组织“五老”参与创新】 组织普法宣讲团队，全年进村入校宣讲120多场次，受教育青少年4.2万人次；组织1560多名“五老”结对帮教“五失”青少年；组织87名“五老”志愿者义务监督网吧、游戏厅等文化娱乐场所；组织138名“五老”参与社区矫正，做好失足青少年的转化工作；动员组织160多名“老科技”，帮扶青年农民就业创业。12月8日，市关工委和市农委关工委在盐都召开“三扶两创”工作现场会，听取区农委关工委的经验介绍。

【帮扶青少年群体】 发动各级关工组织和“五老”志愿者，开展扶困助学活动，申报《关心下一代周报》“冰凌花助学金”1.6万元；推荐南京“爱德基金会”贫困学生资助1.2万元；申报《扬子晚报》“阳光利群助学金”21人，每人获助5000元。动员民营企业、社会团体、爱心人士，资助贫困留守儿童和学生超千人，资金总额33.75万元。组织中小学生“快乐文化行”、与孤、弃儿一起吃年夜饭，为留守儿童举办生日会、向贫困家庭的孩子献爱心，送温暖等形式多样的关爱活动。5月3日，省政府调研报告，介绍尚庄镇南吉村关工委做好留守儿童关爱工作的做法和经验。

【推进校外教育辅导站发展】 全年新建28个村(居)校外辅导示范站，全区80%的乡镇中心站与驻地的中、小学实行联办共建。4月中旬，在盐城国际软件园，举办为期6天的电子阅览室骨干培训班，建立全区镇(区、街道)关工委微信、QQ、电子工作群。省关工委组织的“全省校外辅导站优秀特色活动推广项目”活动，龙冈镇、冈中街道报送的视频，分别获二等奖。龙冈镇中心辅导站被评为“全省优秀辅导站”，秦南镇中心辅导站被评为“全省示范辅导站”。

【基层关工委队伍建设】 11月3日，区委区政府召开纪念区关工委成立25周年大会，表扬36个先进集体和66个先进个人，区委书记羊维达要求各级党委把关心下一代工作“放在心上，抓在手上”，区关工委在省委组织部和省关工委联合召开的关工委基层组织建设工作会议作《抓好自身建设，提升“五老”素质》专题交流发言。 （徐文彬）

防震减灾

【概述】 2017年，按照省市防震减灾工作会议的部署，认真落实区政府与市政府签订的《2017年防震减灾目标管理责任书》，突出地震监测预报、灾害预防、应急救援等三大体系建设，完成全年的防震减灾工作任务。区地震局获2017年度“全市防震减灾工作综合考核先进单位”“省防震减灾工作综合考核县级优秀单位”。

【防震减灾投入】 在编制财政预算时将防震减灾经费作为专项费用进行编制，全年区财政投入的防震减灾专项经费为30万元。区科技三项经费也不断加大对防震减灾项目的支持力度，对大冈镇卧龙居委会创建省级地震安全示范社区、

盐渎街道福才社区居委会创建国家级地震安全示范社区各安排经费3万元。

【震情监测预报】 对测报人员进行业务培训，要求测报员每天做好监测记录，准确记录动物活动情况，发现动物有异常情况立即上报，选择4个宏观测报点向市地震局备案。11月，在秦南镇新建测氢前兆资料观测平台。

【防震减灾会议】 8月3日，召开全区防震减灾工作联席会议，盐龙、盐渎、潘黄、张庄、龙冈镇(街道)主要负责人，其他镇(区、街道)分管防震减灾工作负责人，区防震减灾工作联席会议成员单位分管负责人，区地震宏观测报点观测员出席会议。会议对全区防震减灾工作联席会议的各项工作进行总结，邀请市地震局作震情趋势分析，市地震局分管局长及副区长彭向洪分别讲话。区政府调整防震减灾联合指挥部和联席会议成员名单，并与各镇(区、街道)签订2017年防震减灾目标管理责任书。

【抗震设防审定】 年内，将建设工程抗震设防要求管理纳入基本建设程序，加强抗震设防要求事中事后监管，做好新一代地震动参数区划图实施工作。对全区所有新建、改建的重大建设工程、可能发生严重次生灾害的工程和生命线工程进行抗震设防审定。地震局窗口现场办理一般建设工程审批事项16件，转报至省地震局窗口办理的重大建设工程审批事项3件。

【防震宣传演练】 自5月1日起，在全区范围内开展“防震减灾宣传活动”，主要以宣传版展、知识咨询、分发资料、综合演练等形式开展。5月12日，在盐都实验学校举行“5·12”防震减灾宣传暨应急演练活动。利用《盐都报道》、盐都防震减灾网进行宣传，营造防震减灾科普宣传氛围。全年共组织开展防震减灾宣传活动4次，发放《防震减灾法》《防震减灾科普知识》等读本2000多份，受众面达1万多人次。

【安全示范创建】 年内，做好地震安全示范社区创建工作，组织盐渎街道福才社区申报国家地震安全示范社区，组织大冈卧龙社区申报省级地震安全示范社区。组织龙冈中学、盐都实验学校分别创建国家级防震减灾科普示范学校和省级防震减灾科普示范学校。 (陈加强)

4月，开展赤霉病气象服务田间调查

气象服务

【概述】 2017年，贯彻执行《中华人民共和国气象法》《江苏省气象管理办法》《江苏省气象灾害防御条例》，坚持“观云测天为人民，优质服务创一流”的方针，做好日常各项气象服务工作，在春运春播、夏收夏种、防汛抗旱等工作中，及时主动向区关部门提供重要天气信息，在全市气象部门综合考核排名前三，获评盐城市文明单位，五好基层党组织，龙冈镇获得“省级标准化气象灾害防御示范镇”。

【气象服务工作】 全年共发布各类气象传真1000多份、重要天气报告3份、气象信息参考10份、专题气象服务66份、预警信号发布52次，服务短信发布150条。各类气象监测数据在全市位列第一，各项现代化仪器高质量稳定运行，为全市气象预报和预警服务提供基础支撑，对暴雨、大风、冰雹、台风等灾害性天气，预报服务及时准确。为“两会”、高考、中考、春运等重要活动，“五一”“国庆”黄金周等节假日提供准确的定时、定点、定量气象预报。做好公共气象服务，及时发布气象预警信息。充分利用电视、广播、微博、微信、大喇叭、显示屏等多种大众媒体，广泛发布日常天气预报并及时更新，不定期发布灾害性天气实况和警报，在重大天气前及时发布预警信息。观测方面保证日常观测数据的及时收集上报，灾害天气情况的及时发现，同时新加入气溶胶和反应性气体和土壤水分的监测，充实监测内容，加强气象保障能力。

【社会活动】 1月1日，与区住建局完成防雷审批交接，强化气象防灾减灾社会管理，对防雷检测技术服务机构资质等合法化进行检查或抽查，组织开展“双随机、一抽查”等工作。开展气象科普宣传，利用“3·23”世界气象日，“5·12”组织开展气象开放日等活动，气象观测环境保护取得实效，出台盐都国家气象观测站气象探测环境保护专项规划，争取省局对仁禾大厦项目建设的行政审批。

【服务三农】 盐都被列为气象为农服务示范县，建立2个示范镇、1个示范村、1个示范点，年内，完善示范县的后期服务、保障工作，每天定时向农村气象预警机和显示屏发送天气预报和预警信号，并定期在农村调查农情，进一步推进气象为农服务建设。通过雷达、GPRS等技术实现定区域、同步语音发布，提高气象灾害防御的精细化水平，更好地为建设社会主义新农村服务。与农业部门联合建立农业气象灾害预警服务体系，组织全局进行应急演练，得到政府部门肯定。 (胡 雯)

镇　街道

◆盐　龙　◆郭　猛
◆盐　渎　◆楼　王
◆潘　黄　◆学　富
◆滨　湖　◆尚　庄
◆龙　冈　◆鞍　湖
◆大　冈　◆北　蒋
◆张　庄　◆北龙港
◆大纵湖　◆中　兴
◆秦　南

盐龙街道

【概述】　街道土地面积5263公顷，其中耕地面积2657公顷，下辖6个村、9个居委会，总人口56920人。全年实现一般公共预算收入5.8亿元；全口径工业开票销售123亿元，同比增长28.6%；定报工业开票销售96.15亿元，同比增长37%；注册外资实际到账7937万美元，实现进出口总额5.2亿美元。

重大项目取得突破。聚焦智能终端、高端装备、新能源产业，绘制招商图，建立信息库，精心组织四季招商、专场推介，成功举办东山精密电子开工、赛博宇华新品发布等系列活动10多场，开辟“企业主唱、政府吆喝”以商引商新路子。全年新招引、新开工、新竣工项目20个、17个、19个。其中，全球柔性板行业排名前5的上市公司东山精密落户园区，总投资130亿元，投产达效后将带动智能终端产业倍增发展，实现高新区龙头项目重大突破。

创新创牌保持领先。年内，清华大学盐城智能技术联合研究院、盐城大学科技园落户园区，创成省首批知识产权交易市场分中心；智能终端产业园获批省级科技产业园，智能终端研究院获批省级质检中心。新增国家高新技术企业8家，加法空间获批省众创空间，院士工作站、工程技术研究中心等省级以上研发机构11家；华星光电获全国科技创业大赛优秀企业奖，东九重工等2家企业入选省互联网提升计划，康杰机械等2家企业获批省重大科技成果转化项目；新引进千人计划专家3人，领军人才22人，“515”人才申报量大市区领先。

集约发展水平提升。注重产业集聚，智能终端产业在有效弥补汽配行业销售同比下降29%的同时，还带动定报企业销售增长32%，智能终端定报企业达15家，实现外贸进出口2.5亿美元，贡献额占全区半壁江山。注重项目集中，智创园40个项目竣工投产，10个项目加快建设，16个项目签约落户，55个项目重点跟踪，呈现出梯次落户、集聚发展的强劲势头。注重土地集约，全年新建多层厂房100万平方米，容积率达1.2以上，土地集约利用水平位居全省开发园区前列。

产城融合加快推进。实施动迁项目12个、安置1062户，有力保障重大项目、重点工程顺利实施。鹿鸣路、纬三路、经二路等道路工程建成通车，构建起对外互通、内部循环“快速交通网”。智创园三期、高新区消防站、南师大盐城实验学校建成使用，地下综合管廊、智创谷、科技广场等加快建设。大马沟生态公园西拓、冈沟河景观带、振兴路绿化提升等绿色示范工程扎实推进，新增绿化面积166.6公顷，园区绿化覆盖率达46%以上，商品房开发49万平方米，销售21.86万平方米，增长36%，园区人气快速集

8月，盐龙街道沃达智能试听项目调试现场　　宋进波　摄

5月5日，盐龙街道废弃地复垦项目通过验收　　陈以贤　陈中华　摄

聚，城市形象不断彰显。

发展活力有效提升。在资金运作上，盐高新集团新设立30亿元产业引导基金和10亿元高创人才基金，成功发行中票、短融、企业债等9支直融产品，顺利通过AA+信用评级，全年融资108亿元，自营创收7.6亿元，集团总资产达460亿元、净资产150亿元。在全面从严治党上，强化意识形态工作力度，进村入企开展60多场次宣讲。制定党建三年发展规划，推行"民情日记"，精准脱贫率达80%以上，选聘多名退役士兵到村居任职，建立稳定的薪酬激励增长机制，有效调动基层干部积极性。

【参加重大项目集中开工活动】 2月12日，省、市、区同步举行重大项目集中开工活动，盐龙街道共有高新区智创谷、迈腾通讯终端、佑顺发智能视听等12个项目参加集中开工活动，累计总投资140亿元，其中11个工业项目累计总投资40亿元，全部投产达效后，年可新增开票销售83亿元，创利税10亿元。

【创文首次模拟测评名列前茅】 5月12日，参加全市创建全国文明城市第一次模拟测评情况通报会，创文模拟测评按照全国文明城市测评标准和程序，采取实地考察和问卷调查两种方式进行。盐龙街道以81.92分在大市区18个街道中名列前茅。

【加法创客创成省级众创空间】 12月14日，省科技厅公示2017年第二批省级众创空间，盐城高新区盐龙街道加法创客空间位列其中。至年底，盐龙街道累计拥有众创空间6家，其中省级众创空间1家，市级众创空间5家；孵化器2家，其中国家级孵化器1家，省级孵化器1家；省级科技企业加速器1家。

（张荣峰　陈中华　薛传刚　李建军）

2017年盐龙街道各村（居）主要负责人
表8

村（居）名	村（居）书记	村（居）主任
乔庄	孙安林	王兆林
黄刘	刘基坤	刘基坤
吴徐	徐智权	吴文进
大李	裔　江	许荣良
丁晏	孙红祥	曹红斌
先锋	徐银山	徐祝培
合心	薛文灿	张鸿学
健仁	韩剑琴	徐月春
古亭	张　军（副书记、主任主持工作）	
跃马	王国权	张学粉
北港	张玉国	张玉国
蟒南	张文杰	秦以奎
益民	徐洪祥	韦正军
方向	徐大亚	徐秀娣
孙吴	吴玉华	孙大勇

盐渎街道

【概述】 盐渎街道总面积约61平方千米（含冈中街道），下辖15个社区、村居，户籍人口5.57万人，常住人口约12.5万人。全年完成一般公共财政预算收入9亿元，占全区实际完成数的28.1%；实现地区生产总值41.4亿元，同比增长8.4%；固定资产投资57.3亿元，同比增长13.4%；社会消费品零售总额56.2亿元，同比增长12.2%；新增规上企业16家；城镇、农村常住居民人均可支配收入为39951元、21890元，分别同比增长8.3%、9%。服务业主体地位不断巩固，二三产业占GDP比重达99.4%，全年完成服务业增加值28.3亿元，同比增长10.7%，服务业增加值占GDP的比重较上年提高6.7%；完成规模以上服务业固定资产投资超46亿元，同比增长28%。规上工业企业运行平稳，25家工业规模以上企业中，3家韩资汽配企业受悦达起亚销售影响业绩下滑，其他大多运行平稳；街道内的7家规模以上纺织企业实现销售11.5亿元，同比增长8%。现代农业不断提质增效，加快农业结构调整，流转23.33公顷土地用于稻田套养龙虾等农业项目，探索现代农业发展新路；重视秸秆双禁和综合利用，夏季共还田1267公顷，联耕联种267公顷；全力抓好"三清"工作，实行现场督查、逐匡销号，实现未着一把火、未抛一条河的目标。

【产业发展】 年内，推进电商物流、汽车消费、商务商贸等产业发展壮大。电商物流园内悦达摩比斯、悦达包装储运等物流企业、宠银垂直电商平台等电商企业运营质态良好，EMS、韵达等8家快递企业快递日处理量占大市区近80%，园区全年实现主营业务收入100亿元，税收超3亿元；东方汽车广场全年销售新车4.8万辆，新车销售额80亿元，税收5.5亿元（含车购税4.7亿元），乘用车销售占大市区份额约67%，实现汽车消费服务业总产值135亿元；房地产市场全年实现商品房上市面积66万平米，住宅上市面积42.8平米，销售总面积80.4万平米，销售总金额55.3亿元；冈中全民创业园内，闪奇电器、森福装饰、亿豪塑业等规模工业企业运行形势良好，园区全年工业企业开票销售3.7亿元，入库税收1600万元；集团公司不断壮大，盛州集团公司下设的市政、绿化、物业3个子公司实体化运营，公司实现业务量5718万元；全年新增融资76亿元，新增合作金融机构25家，中路盛州产业基金多次登上中央二套“创业英雄汇”，投资的“智能云贴”和“共享充电宝”等项目发展前景良好。

10月，高新区盐渎街道村民抢收成熟水稻　　刘丛华　摄

【项目引建】 年内，新开工项目16个，竣工项目10个，新签约包括投资50亿元的吾悦广场城市综合体、10亿元的蕴之宝粮果食品加工、10亿元的宠银电商基地、2300万美元的盐城保时捷等项目20个。海外海·盐城汽车城、顺丰盐城智慧电商物流园等重点项目有序推进，平行进口车、滴滴速配等新业态项目建成运营。

【创新创牌】 年内认定国家高新技术企业5家、省民营科技企业7家、省高新技术产品13支，申请专利650件，新增授权发明专利56件；悦达纺织、步高汽配、坤泰机械、华森机械入选省级科技项目申报；申报省级研究生工作站1家，省工程技术研究中心2家，省院士工作站1家，南大圆梦谷获批省级众创空间，省级科技孵化器“盐渎慧谷”新增33家入孵企业；电商物流园成功创成“2017—2018年度江苏省电子商务示范基地”；盐渎盆栽在盐都十大特色农产品评选活动中位居第二，在省市区组织的农产品展销会上深受好评。

【环境建设】 年内，秉承“生态优先、绿色发展”理念，科学规划城镇发展，完善基础配套，治理环境问题。对城西南片区规划发展空间进行调整、盐渎路南北侧和冈中中心区进行控规修编；收储企业20家，收回土地50公顷；加强路网建设，修建良友路、盐润路、弘智路、海阔路4条主次干道；优化城市污水管网，对街道内污水主管网进行清理维修，并配套建设二级管网；以国家卫生城市复检、全国文明城市创建为抓手，突出整治出店经营、乱停乱放、牛皮癣广告等重难点、易反弹问题；完成133.33公顷海洋路城市生态林，有序开展125省道53.33公顷爱心经济林建设，纵深推进亮化工程，城市面貌焕然一新。

9月，盐渎街道百世汇通员工正在处理派发快件　　仇玉存　摄

【社会事业】 年内，实施房屋拆迁项目5个，拆除房屋面积约5.3万平方米，新建安置房1150套，保障693户被拆迁户的顺利入住；开展精准扶贫，组织街道机关、事业单位党员干部，结对帮扶711户“低收入户”、380户“一有三缺户”，协调就业482人；社会救助惠及381户544人，共发放各项救助金115万元，老年人意外伤害综合参保率达到96%；壮大社区（村居）集体收入，启动投建蔬菜大棚等农业项目，带动群众致富增收；稳步推进盐渎农贸市场、盐城枫叶国际学校等7项为民办实事工程，10轨30个班的崇礼路幼儿园在秋季开学前按期竣工交付，社区成人教育中心创建省优；改造扩展街道卫生服务中心接种门诊，对2个社区卫生服务中心医疗设备进行更新换代；成立社区文体俱乐部，免费向居民开

放;建成2个2000平方米的综合性群众健身广场,新增5个健身场点,年内组织送戏下乡25场次,送电影下乡195场次,开展广场舞、腰鼓舞等比赛30余次,举办第七届老年文化艺术节,丰富居民业余生活;开展"三带三联"大走访活动,与群众近距离接触,共走访5595户,发现问题199个,解决185个,切实帮助群众解决问题。

【党建工作】 年内,全体党员干部落实十九大会议精神,学习中央、省、市、区委全会等重要会议部署;组织开展学习总书记"1·5"讲话学习、"两学一做"学习教育、反腐倡廉警示教育、预防职务犯罪教育,基层党组织的凝聚力、战斗力和号召力全面提升;规划建设花吉、同桂等7家社区(村居)党群服务中心;协助区委、区委组织部开展"新都路党建联盟"工作,按照"四个一"要求,搭建组织框架、健全联盟阵地,将福才社区党总支升格为二级党委,成立紫金大厦、东方汽车广场等党总支,新都路党建联盟工作在全市组织系统推广;注重村级干部年轻化选配,选聘优秀退役士兵充实到村干部队伍中。

2017年盐渎街道各村(居)主要负责人
表9

村(居)名	村(居)书记	村(居)主任
福才	孙祥银	刘寿富
刘朋	王　军	王　军
兴城	张　华	张　华
万胜	秦加灿	徐建明
兴民	刘荣贵	刘荣贵
野丁	严绍林	丁文斌
新伙	柏友华	唐　卫
福利	蔡金顺	蔡金顺
伍康	徐永祥	李正兵
同桂	陈　芳	陈　芳
民生	丁文兵	刘汉剑
杨韦	罗维华	李　芳
凤楼	王长德	王传红
花吉	吴晓华	范金存
书楼	戴汝琪	王学俊

潘黄街道

【概述】 街道区域面积27.72平方千米,总耕地面积950公顷,户籍人口47158人,外来流动人口近10万人,下辖11个居委会、2个行政村。街道党委下设一个二级党委,21个党总支,120个党支部,共有党员2239人。全年实现地区生产总值59.59亿元,同比增长8.50%;公共财政预算收入3.48亿元;服务业增加值33.82亿元,同比增长10.60%;规模以上工业增加值16.90亿元,同比增长7.70%;固定资产投资52.61亿元,同比增长13.40%;城镇居民可支配收入实现41141元,同比增长8.40%;农村居民可支配收入实现23793元,同比增长8.90%。

经济工作稳中有进。主要经济指标保持较好增幅,2017年获全区年度综合考核经济转型升级特别贡献奖。项目招建成果丰硕,年内新签约北大科技园、东进路商业综合体等项目8个,新开工项目13个,竣工项目6个。企业科技创新能力不断增强,新认定国家高新技术企业5家,省民营科技企业3家,省高新技术产品6个,新增专利授权133件。新培育外贸出口企业5家,电商企业5家。楼宇经济集聚效应逐步凸显,盐西大厦、明华大厦、兆泉商务中心等十大实体与十大虚拟平台,初步形成一批以信息产业、中介咨询、建筑安装为特色的总部经济楼宇,全年新增总部经济企业147个,全年总部经济纳税总额达1.5亿元。

筑牢项目基础。街道66项重大项目和重点工程,共计完成29项。盐城北大资源产城融合项目先期运营团队入驻盐西大厦,盐龙体育公园、潘黄中小学、万达商圈立体停车场等项目启动实施。2万平方米的明华大厦竣工投入使用,建筑面积8万平方米的东进路商业综合体完成地下人防工程。小马沟景观绿廊、2000平方米的全民健身广场进入扫尾阶段。实施完成西城中央北侧、何桥交投等8个地块房屋征收工作,新整理可出让商住用地67公顷。

城市形象不断提升。年内,大力开展"两减六治三提升"专项行动,集中整治3家、关停2家燃煤锅炉企业,清退畜禽养殖场8个,取缔大理石加工点23个。全面推进"河长制",完成15条、22.8千米城市非骨干河道整治以及水下部分污水管网建设,绿化驳岸16.69千米。稳步实施"一片林"工程,新增绿地面积8.89公顷,栽植苗木45900棵。人居环境持续改善,集中开展"六小行业"、老旧小区等专项整治行动,创成兆泉农贸市场、圆梦小区等多个特色示范点。城市路网不断完善,建成腾飞路跨油坊沟大桥,完成旭日路、惠民路、镇中路等城市道路改造提升。全面实现"零违建"目标,拆除违章建

9月,盐城仰徐葡萄节开幕式　　张惠夷　摄

筑128处、4120平方米。

乡村振兴提速推进。年内，编制完成10平方千米仰徐板块特色田园乡村规划，生产、生活、生态融合发展布局不断优化。农村道路提档升级稳步推进，农村康居工程50户危房改造全部竣工验收。管道燃气进镇工程顺利实施，仰徐镇村公交专线如期通车。高效农业效益平稳增长，农业技术示范园成功试种无花果、铁皮石斛、芭乐、莲雾等十多个名优品种，并在全区示范推广。新建44公顷“双创”园，引领本地农户走出传统农业、拓宽致富路子。2017年盐城·美丽仰徐第六届草莓节和第三届葡萄节，新民村获得江苏省第四届“紫金杯”草莓节举办资格。

社会事业百花齐放。社区医疗保障水平不断增强，村级一体化管理质量全面提升。腾飞路学校、盐城第二小学、潘黄实验学校获得省、市、区多项先进表彰，潘黄中心幼儿园课程游戏化项目多次作为省、市级优质现场。社区建设等工作走在全市前列，获评“全市综治平安建设先进集体”。社会救助体系逐步完善。实施精准扶贫、文化惠民“四送”等一批为民办实事工程，年内实现脱贫35户80人次，送戏、送电影下乡近百场次，群众生活福祉不断攀升。

全面从严治党。年内，开展“三带三联”大走访活动，走访企业160多家、农户居民24000多户，帮助解决各类问题300多个。新成立西城逸品、新日月等8个城市社区党支部。开展“正风肃纪镇村行”专项行动，审查14个村居、22个单位，排查整改问题89项。妇联、团委多次作为省市区群团改革工作调研现场，老龄委获全市“先进集体”表彰，工会工作连续十年获全区工会系统综合先进一等奖。

9月19日，“公民道德宣传日”活动在大孙社区举行　　黄恬恬　摄

【盐城万达广场建成开业】 6月29日，盐城万达广场正式开业运营。广场位于市区西环路以东、腾飞路以南，项目总投资60亿元，占地面积18.4公顷，建筑面积60万平方米。万达广场商业面积15万平方米，配套商业金街7万平方米，高端住宅29万平方米，停车设施10万平方米。盐城万达广场6个月时间实现销售收入4.5亿元，人流量690万人次，税收1700万元。实现原家家爱、前进工业小区旧城改造地块的形象提升、效益倍增，在传统工业经济向城市经济转型起到龙头带动作用。

【盐城北大产城融合项目签约】 北京大学盐城产城融合项目位于盐都区潘黄街道东进路地块，由北大方正集团下属的北大资源集团投资开发。项目主要建设盐城北大科技园、江苏北大方正软件技术学院、星级酒店、科技生态住宅小区、幼儿园及其他相关配套。5月22日，市政府与北大方正集团在盐都签订《盐城北大资源产城融合项目战略合作框架协议》，盐都区与北大资源集团、北大方正教育集团、北大科技园公司分别签订具体项目合作协议，10月31日，一期用地24.27公顷摘牌。

【省委组织部调研党建工作】 12月5日下午，省委组织部组织三处副处长李一宁一行在潘黄街道新民村调研，对兴民草莓合作社党支部书记工作室在基层党建方面的创新举措及成效给予较好评价，应予学习和推广。

【发展乡村旅游】 3月12日，举办以“‘莓’好生活、快乐仰徐”为主题的2017盐城·美丽仰徐第六届草莓节。9月2日上午，以“‘葡’甜欢乐、‘萄’醉仰徐，醉美仰徐葡萄送给最美盐城人”为主题的2017盐城·仰徐葡萄节开幕，近千名游客品尝亲手采摘的无公害葡萄。通过春季“草莓节”、秋季“葡萄节”，拉动乡村旅游消费，增加农民收入，促进地方经济发展，两次活动累计接待游客22万人次，帮助农民增收180余万元。

【全市基层党员干部冬训试点】 12月23日，街道作为全市2017—2018年度基层党员干部冬训的试点，举行冬训党员干部开班仪式。五个层级的宣讲队伍分层分类进机关、进农村、进社区、进企业、进学校，组织开展凝聚人心的微电影展示新时代、微心愿助力新梦想等“十微主题活动”以及夯实基础的安全整治大落实、拆迁治违大会战等“六大行动”，迅速将各级党员干部的思想统一到党的十九大精神及当前重点工作之中。

【劳动人事调解工作创省优】 12月，街道劳动人事争议调解中心被省人社厅、省总工会确定为2017年全市仅有的两家对省申报的劳动人事争议优秀基层调解组织创建单位之一。

【潘黄禁毒模式在全市推广】 11月14日，全市禁毒整治工作现场推进会在盐都区潘黄街道召开。按照“宣传教育、排查摸底、分类管控、综合治理"的工作方针，街道推行"一宣、二排、三管、四帮扶"的工作模式，对涉羟原形库、影子库、在册吸毒等近 200 个重点人员全部规范建档立卷，分层管理、常态管控，有针对性落实个性化帮教措施。在全市工作简报上进行宣传推广。

【沈国新调研宝才社区】 12 月 5 日，省依法治省办副主任沈国新率省委政法委调研组在宝才社区调研法治建设工作，听取基层法治建设和法治文化建设开展情况的汇报，广泛征求基层对法治建设工作的意见和建议。（沈业文　杨　娟）

2017 年潘黄街道各村(居)主要负责人
表 10

村(居)名	村(居)书记	村(居)主任
新民	董兆付	李亚林
仰徐	徐荣春	徐荣春
朱庄	董金玉	张俊良
何桥	童金顺	朱玉如
大孙	孙建国	孙建国
美丽	郑　明	孙宏祥
新阳	孙　军	孙　海
兆泉	王如斌(主持全面工作)	刘汉萍
吴杨	蔡龙群	徐金霞
宝才	商兆华	陆众山
旭日	朱其冬	朱　亮
东升	陈长林	滕长忠
杨坝	徐建虎	时兰湘
新英	徐兆扣	—

滨湖街道

【概述】 街道地处盐城市西南边陲，位于盐城、泰州两市结合部，距盐城市区 42 千米，总面积 38.47 平方千米，耕地面积 999 公顷，下辖 4 个村、2 个居委会，总人口 16025 人。全年实现地区生产总值 8.7 亿元，增长 8%；固定资产投资 9.8 亿元，增长 12.2%；城镇居民和农村居民可支配收入分别为 39153、22791 元，增长 8.4%和 9.6%；完成一般公共预算收入 861 万元，占年度任务的 107.6%。

旅游开发。选聘国内外旅游行业顶尖规划设计单位加快旅游策划规划，基本完成旅游总体规划初步方案的编制。重点项目东晋古城古建主体工程及游客服务中心、综合服务区广场、停车场等项目全部建成。绿丘露营地实现提档升级，被授予"江苏省房车旅游标准化示范营地"，并纳入"长三角房车旅游标准化示范营地"，国际青年旅舍通过总部验收。老景区提升成效明显，鸟岛项目受到游客好评，生态旅游厕所列入全国十大最具特色景区公厕，芦荡迷宫在央视《新闻联播》精彩亮相，当选省级主题创意农园。放大"畅游盐都金秋行"活动效应，组织"第三届大纵湖湿地生态旅游节"和"第三届户外露营节"等系列活动，举办"诗词童趣春游节""五一观鸟节""全民阅读——阅读纵湖"及世界级水上特技表演等系列活动，大纵湖获选江苏最美水地标(水景观)，并入选江苏"十三五"旅游发展重点项目，大纵湖旅游知名度得到进一步提升。至年底，景区游客接待量和营运收入分别增长 20.6%和 10.5%。在旅游开发的带动下，餐饮、住宿、商贸等三产服务业呈现良好发展势头，全年实现服务业增加值 7.5 亿元，社会消费品零售总额 3 亿元，分别增长 9.9%、11.6%。

农业经济。绿化提升全面实施，鸟岛、水下古城遗址、千亩景观林、生态停车场、双新大道西延道路两侧等项目实施地段累计栽植树木 9 万株，完成成片景观林 66.67 公顷，种植三叶草 5 千米，实现河堤绿化 20 千米，四旁植树 5 万株。"秸秆双禁"继续加强，实现卫星监测零登记、市区巡查零通报，秸秆还田率达 100%。河长制全面推行，强化河、湖保护与管理，疏浚河道 3800 米，完成土方 5 万立方米，河道绿化栽植 3200 棵、圩堤绿化栽植 600 棵。土地复垦投资 400 万元，复垦倪杨村工矿废弃地 44.33 公顷，兴建灌排站 1 座，浇筑机耕道 2725 平方米、斗渠 770 米、农沟 1100 米。

招商融资。年内，招引在手签约项目 2 个。东晋古城商业业态招商取得新突破，与无锡赛博文旅公司合作，组建专职招商团队，编制招商策划方案，共设计零售业态、餐饮业态、休闲娱乐业态等 166 家，接待意向客户 160 余组，拜访客户 500 余组，策划方案商家 70 余组，启动商业业态策划布局。跟进酒店管理合作，确定与浙江开元酒店集团进行合作，聘请无锡赛博、浙江开元和苏州金螳螂装潢设计院共同对东晋古城客栈、精品酒店、主题酒店、民宿等 500 多个房间、近千张床位进行前期策划。累计实现融资到账 5 亿元，保证重点工程推进。

集镇面貌改善。提升集镇建管水平，配强城管队伍，充实集镇建管力量，实行集镇全天候保洁。防违治违力度加大。拆

8 月，滨湖街道倪杨村志龙家庭农场采摘莲藕　　仇玉存　摄

10月，文艺志愿者为滨湖街道陈庄村村民表演民歌对唱　　王　会　摄

除违章建筑6户220平方米，拆除存量违建3户119平方米，阻止违章建设11户1700平方米，整治户外广告牌76家，清理野广告2000多处。集镇环境亮化。年内，投入300多万元启动污水处理支管网建设工程，对学校、小区、公厕、垃圾处理中转站等场所污水实行集中收集处理，投入10多万元对平湖路、宋曹北路等进行修缮，确保集镇环境得到优化提升。加强垃圾处理，按照"组保洁、村收集、镇集中、区转运"的要求，实现生活垃圾收集处理全覆盖率，日产日清。

社会事业进步。发展文化广电事业，举办"纵湖文脉"及里下河地区民俗风情座谈会，为旅游发展注入地方文化元素；兴建全民健身广场，建成篮球、羽毛球、乒乓球及多功能健身场地2000平方米，丰富群众业余生活；加大居民光纤入户工程，完成有线用户数字化电视整转1500户。提升教育教学水平，社区教育中心获批"首届江苏省社区教育百强单位"，社区"家和"系列培训被评为省级社区教育品牌项目，编写《钟灵毓秀》《舌尖弥香》《水乡撷彩》等三本校本材料获省市级课题开题立项；初中教学质量大幅提升，九年级实绩挺居全区前列。扩大社会保障覆盖面。全年新增就业人数256人，职工养老保险扩面170人，均占年度任务110%，新型农村合作医疗参合率达100%。推进精准扶贫，持续开展"结一门穷亲，找一份事做"结对帮扶行动，结对帮扶低收入农户262户，帮助安置公益性岗位32人，解决临时就业人员126人，实现35户低收入户脱贫。

党建水平提升。开展"三解三促一加强""三带三联大走访"等活动，129名党员干部参与大走访活动，走访农户3508户，实现走访联系全覆盖，累计解决问题23个。推进基层组织阵地建设，将北宋、迎湖、镜湖3个村居党群服务中心纳入改建提升计划。提高建党对象的整体素质，全年培养入党积极分子23名，发展预备党员9名，如期转正13名。完成退役士兵村干部培养选聘工作，公开选拔2名退役士兵充实到村(居)书记助理岗位，增强基层党组织的活力和战斗力。执行《干部选拔任用条例》，全年选拔任用单位负责人及中层干部10人。

社会大局稳定。开展社会矛盾和安全隐患大排查大整治专项行动，加大社会矛盾和安全隐患排查，整治重大事故隐患，取缔、撤销烟花爆竹经营户24家，责令建筑工地停建2家；完成上级挂牌督办的事故隐患单位2家，为经济区营造良好的发展环境。推进社会管理创新工作，开展平安建设活动，落实信访"金桥行动"和领导干部信访接待日制度，认真排查精神障碍患者，开展禁毒专项行动，完成技防"村村通"工程，确保重大活动期间的社会稳定。（宋加松）

2017年滨湖街道各村(居)主要负责人
表11

村(居)名	村(居)书记	村(居)主任
北宋居委会	宋传勇	刘顺志
平湖居委会	李兆明	徐德华
镜湖村	宋本山	徐　勇
迎湖村	高洪华	王爱荣
倪杨村	宋孝亮	宋孝标
陈庄村	王顺余	王建磊

龙冈镇

【概述】 全镇面积96.83平方千米，人口96920人。下辖2个办事处(鞍湖、镇街道办事处)、1个果树良种场（盐城市果树良种场)，共有35个行政村(居、管理区、社区)。全年全镇实现地区生产总值57.3亿元，全社会固定资产投资45.5亿元，城镇居民人均可支配收入41153元，农民人均可支配收入23881元；财政一般预算收入1.03亿元；全口径工业开票销售19.3亿元，同比增长18.8%，是国家级生态镇，国家生态公园(试点)镇，省级生态旅游示范区，获得"龙冈桃园特色休闲小镇"称号。被评为"和谐中国·全国百佳历史文化名镇""中国健康养生休闲旅游名镇""中国乡镇综合实力500强""全国工会维护农民工合法权益先进集体""江苏省文明镇""江苏省生态镇""江苏省文明创建先进集体""苏北五十优乡镇""江苏省社会综合治理先进乡镇"、盐城市重点镇等荣誉称号。境内龙冈桃花园素有"桃园胜境""桃园胜境"之美誉，先后被认定为全国农业旅游示范点、全国无公害果品生产示范区、江苏省四星级乡村旅游点、江苏省自驾游基地、江苏省首批园艺作物标准园，盐城市首批风景名胜区。龙冈茌梨为国家级地理标志证明商标，桃花园旅游有限公司获评四星级全国休闲农业与乡村旅游示范企业。境内盐龙湖是国内首个平原上开挖的人工湖，盐龙湖生态风景保护区环境优美，湖面碧波荡漾，鹭鸟翔集，风景独好。

工业经济。强化挂钩服务，深化暖企行动，帮助企业解决发展难题，规模以上工业开票销售9.8亿元，同比增长34.1%。新增定报工业企业4家(区任务3家)，双强管桩和海悦线缆准备新三板上市。年内，工业园区竣工项目9个，在建项目8个，待开工项目5个，鹏飞机械、华鸥玻璃科技园等重点项目竣工投产，新建标准厂房17万平方米。区食品加工产业园基础设施配套全部到位，具备项目入园的各项条件，上海人良生物科技等5个项目开工建设，签约待开工项目2个，跟踪洽谈项目4个。全年申报专利320件，授权128件；中联电气"德瑞奇"变频电流变压器荣获中国驰名商标，输变电产业园成功创成省优质产品生产示范区；中矿大研究院、大学科技园进入实质性运行阶段；江苏春潮科技、康泽源食品等5家企业获批国家高新技术企业，中联电气成功签约"千人计划"专家沈宝龙。

城乡建设。深化农业农村改革，加大土地流转力度，全年共流转土地477.33公顷，新增农业适度规模经营面积446.67公顷。现代农业水平不断提高，新增省级绿色高产高效示范片113.33公顷；现代农业示范园水平进一步提升，新增鑫龙梨果产业园农业结构调整面积24公顷，建成万家怡家农场梨桃园20公顷；全面实行联耕联种，大力实施农业"三新"工程，完成职业农民培训300人。推进基础设施建设，后塘线、龙大线、龙高线实现提档升级，康庄大道、跨盐宝河大桥、蟒蛇河整治等重大工程项目动迁1100多户，多次为省市提供现场；新建污水处理厂和垃圾中转站投入使用，集镇污水管网扩面工程全面推进；新建圩口闸16座、双泵排涝站7座、圩堤驳岸2200米；新增路灯近400盏，全镇基础设施水平得到提升。推进畜禽养殖环境整治工作，在全镇范围内设立禁养区和限养区，投入3800多万元，依法关闭93户，整治148户，新建储蓄池165个；新建晓庄收集池4000立方米；采购吸粪车6辆保障清运，实行畜禽养殖污染环境整治的长效管理。

风景带建设。坚持全域旅游理念，创建国家级生态公园，提升桃花园、凤凰古街和张本古村落等景区品质，融入千年古镇人文底蕴，建设"人文龙冈、生态家园、旅游胜地"，创造更多的绿色财富和生态福利。获批"省级生态旅游示范区"，全力打造国家AAAA级旅游景区，景区基础设施不断完善，污水管网、游客接待中心等建成投入使用；景区品质不断提升，精品民宿、空中栈道二期等景点对游客开放；第五届桃花艺术节、首届灯光节、桃花诗会、金秋采摘节游客数量持续稳定。张本古村落以建设爱国主义教育基地、红色旅游景点和书法艺术交流平台为目标，总体规划200公顷，核心区11公顷，项目总投资1.5亿元，一期工程"乔木故居"基建及内饰装潢与布展、爱国主义纪念广场，游客服务接待中心、古运码头、候船厅如期建成对外开放。按照彩色化、珍贵化、效益化的标准，建成盐龙湖生态保护区113.33公顷一片林"三化"示范片，多次为省市区提供现场，中央、省市区20多家主流媒体先后进行跟踪报道。总投资34.3亿元的桃园休闲小镇PPP项目快速推进，成功进入省财政厅项目库，实施方案报区评审、待市审批，凤凰古街征收工作全面启动实施。

民生福祉。聚焦富民惠民，大力实施民生工程，群众获得感持续增强。城乡居民人均可支配收入分别达41153元、23881元，全面推进社会保险全覆盖工作，各类保险(养老、工伤、失业、医疗)共扩面2760人，全面完成城镇居民医疗保险。大力开展阳光扶贫、精准扶贫，全年实现316户、661名贫困人口脱贫，占建档立卡户的25.8%。率先完成新水源地及引水工程清障拆迁工作，获市总工会"五一劳动奖状"，跨盐宝河大桥开工建设；全面实施集镇污水管网扩面工程，开展"263"专项整治行动(2是指"两减"：即以减少煤炭消费总量和减少落后化工产能为重点，从源头上为生态环境减负；6是指"六治"：即针对当前生态文明建设问题最突出、与群众生活联系最紧密、百姓反映最强烈的六方面问题，重点治理太湖水环境、生活垃圾、黑臭水体、畜禽养殖污染、挥发性有机物污染和环境隐患；3是指"三提升"：提升生态保护水平、提升环境经济政策调控水平、提升环境监管执法水平，为生态文明建设提供坚实保障)，人居环境持续改善；新卫生院春节前整体搬迁到位，村级卫生室全部建成达标并投入使用，龙小教学楼扩建工程竣工；组织开展节日文体活动和群众喜闻乐见的文化活动。"七五"普法全面开展，曲东村、万家居委会被授予"江苏省民主法治示范村"。推进外流涉羟专项整治行动，开展"涉羟(邻)整治示

7月，龙冈镇老党员、解放战争老战士李德才为小学生讲革命故事 郑兆柏 摄

范村居创建”活动。平安法治龙冈建设成效明显，完成村村通技防工程建设，着力推进全镇综治网格化管理。

【红十字工作获省表彰】 围绕“人道救助、博爱超市、志愿服务、无偿献血、示范创建”等特色工作，组织全镇志愿者无偿献血，累计献血量达64200毫升，有效缓解市区临床用血不足的问题；在“四川雅安震灾”“云南鲁甸震灾”“阜宁风灾”及“博爱万人捐”活动中筹集善款近300多万元，增强救助实力，通过“博爱超市”“博爱送万家”等形式救助困难群众计600多人次；加强提升应急救护能力，推动红十字救护培训“五进”活动，应急救护培训达5000余人次，提高应急救护培训在人民群众中的普及率。镇红十字工作连年被区表彰为“红十字工作先进集体”，2013年获“盐城市先进乡镇(街道)红十字会”称号，共接待省内外领导、学者及同行指导、参观达20余次、1000多人次。2017年1月10日，在省红十字会召开的九届四次理事会上，镇红十字会被表彰为2010—2015年度全省红十字会基层组织先进集体，为全市唯一受表彰的乡镇红十字会。

【获批建设国家生态公园(试点)】 实施生态立镇战略，发挥华都森林公园和盐龙湖饮水工程“南水北绿”的生态资源优势，以“森林小镇”“森林村庄”“森林公园”“生态公园”创评为着力点，统筹推进城乡美化绿化工作，天更蓝、地更绿、水更清以及“盐城西花园”成为美丽龙冈建设的新标杆。1月24日，国家林业局发函，批准全国四处新建国家生态公园(试点)，龙冈镇榜上有名，这是江苏省本批次唯一获批的试点单位。江苏盐城龙冈国家生态公园(试点)规划面积1039.14公顷，试点建设期5年。

【罗华军获区“十佳文明新事”】 2月14日，由区文明委组织的2016年度“十佳文明新事”评选活动揭晓，龙冈镇党政办主任罗华军“情系贫困生，助圆大学梦”的先进事迹光荣当选为全区2016年度“十佳文明新事”。罗华军是一名从部队转业到龙冈镇政府工作的军转干部。在部队曾荣获三等功5次，被济南军区空军评为“精神文明建设行业标兵”。罗华军资助贫困学生的事迹引起各级媒体的高度关注，中国文明网、人民网、光明网、新华日报视觉江苏、《现代快报》《盐阜大众报》《盐城晚报》、盐城电视台、盐城新闻网、盐城文明网、《双新盐都报》等媒体都先后报道他的事迹。2016年9月，被区委宣传部评为“盐都好人”。

6月16日，龙冈镇宣传安全生产法律法规和安全知识顾仁洋　　潘秀中　摄

【《古堤神韵》出版发行】 年初，反映龙冈人文风韵的通俗读本《古堤神韵》由线装书局正式出版发行。《古堤神韵》由龙冈镇和龙冈桃花园旅游有限公司共同审定，由徐长源、张维俊、唐红旗共同编写。全书约11万字，以史料记载、神话故事、民间传说、人文景观为主要题材，共分千古传奇、遗迹追踪、名人墨迹、南水北绿、文化遗产等12个章节，是一本“传承龙冈人文、激发爱乡之情”的通俗读本，具有鲜明的思想性、知识性和可读性。

【省安监局检查龙冈镇消防安全工作】 3月9日上午，省安监局副局长喻鸿斌在副区长肖乐农、镇长吴爱群陪同下，在龙冈镇检查消防安全工作。检查组领导检查龙冈镇消防设施运行等情况，并现场观看消防演习。

【海安县政协在龙冈镇考察】 3月15日下午，南通市海安县政协考察团一行在镇长吴爱群、镇党委副书记丁建婷陪同下，在龙冈镇凤凰文化广场，参观考察非物质文化遗产、培训教育基地、图书馆、禁毒展览馆等场所，对龙冈镇高度重视文化工作给予高度评价。

【朱冬生作品报告会在龙冈中学举行】 3月27日下午，朱冬生作品《建文帝避难龙冈》报告会在龙冈中学科技报告厅举行。龙冈中学部分师生和社会有关方面聆听报告，朱冬生作品报告会进一步拓展龙冈千年古镇悠久的人文历史。

【第五届桃花文化旅游节开幕】 4月1日上午，2017盐城·龙冈第五届桃花文化旅游节在龙冈桃花园开幕。黄海国际美食节在景区同步开幕。龙冈第五届桃花文化旅游节以“龙盘福地桃花开，十里桃林沐春风”为主题，在4月1日至15日，举办系列文化活动，包括“醉美桃花园”摄影大赛，“饕餮”——“养生桃花宴”黄海国际美食文化节，“相约桃花园，感受美丽田园”桃、梨树认领签约仪式，地方旅游商品、艺术品展，现场采购林下草鸡蛋、龙冈香干、有机蔬菜、面塑、柳编、根雕等。同时，还将举办“十里桃林沐春风——2017首届中国龙冈诗会”，邀请省朗诵协会朗诵家林杉、陈静美等人和盐城及周边地区朗诵者诵读有关桃花梨花、美丽春天、美丽盐城的优秀诗歌，举行文明旅游万人签名活动，以及“生态单车行，乐在桃园中”“福运连连，桃园祈福”“相约桃花园，邂逅有缘人”300对未婚男女青年大型相亲联谊会等活动。

【信息化技能比赛获“双第一”】 4月16日下午，在区综治信息化实战应用技能比武竞赛中，以仇大伟、刘彩霞、杨峰等组成的龙冈代表队获全区团体一等奖，仇大伟选手荣获个人第一名。技能大比武由区委政法委综治办主办，区电信公司协办，比赛通过“巅峰对决、一战到底、绝地反击”等环节，共基础知识、实战操作、团队协作、PPT演示、必答抢答题5轮比赛。共有6个代表队，18名选手参加同场竞技。

【入选省农业特色小镇名录】 5月15日，《江苏省农业特色小镇名录》公布，全省105个农业特色小镇榜上有名，盐都区龙冈镇桃园休闲小镇名列其间。全省100个农业特色小镇是江苏省“12311”创意休闲农业省级特色品牌培育计划内容之一，同时，200个休闲示范村、300个主题创意农园也将在3—5年内一起培育到位。本次纳入《江苏省农业特色小镇名录》的105个特色镇将被按照“宽进严定、动态管理、优胜劣汰、成熟授牌”的方式。

【成立孔尚任研究会】 孔尚任是清初诗人、戏曲作家，山东曲阜人，孔子六十四代孙。孔尚任历时十余年，三易其稿，完成清代著名的传奇剧本《桃花扇》。6月10日，盐城市盐都孔尚任研究会第一届会员大会在龙冈镇召开，选举产生第一届理事会和当选的理事、常务理事、会长、副会长和秘书长。盐都孔尚任研究会是经民政部门核准的非营利性的、公益性社会组织。将全方位对外联谊，宣传盐都，提高盐都知名度；举办各种联谊活动，促进民间书法、绘画、文艺等领域的交流与合作；为旅游观光提供咨询和服务；研究孔尚任文化，弘扬中华传统文化；运用交流平台，招商引资，为盐都经济建设服务。6月13日上午，“孔尚任《桃花扇》与盐都文化”考现工作会在龙冈镇举行。副区长刘锐出席会议，并为盐城市盐都孔尚任研究会揭牌。会上，省广播电视总台报刊中心视觉总监、史俗学家刘冻，南京师范大学文学院博士、教授蒋俊，南京考古研究所主任、研究员龚巨平，南京财经大学社会历史系教授徐成等8位省内专家，分别从孔尚任与龙冈镇的历史渊源，《桃花扇》的创作素材、创作灵感与龙冈镇桃园的关系等方面，进行科学考证和探讨。

【市淮剧团禁毒专场演出】 7月7日，市淮剧团“送戏下乡”禁毒专场演出在兴福村举行。演出小淮剧《归来》、音乐情景剧《花样百出皆骗钱》《谨防圈套与陷阱》等节目。将禁毒宣传融入到文艺演出中，诠释拒绝毒品、珍爱生命的生活理念，引导群众认识毒品、防范毒品、远离毒品。

【举行区助学基金会成立仪式】 8月12日上午，盐都区助学基金会成立大会暨助学金发放启动仪式在镇凤凰幼儿园举行，会上成立盐都区首个助学基金，用于资助因贫失学儿童的就学和贫困生的继续升学、深造。首期发放助学金60万元帮助28名困难家庭的大学生完成学业。区助学基金会由宏大集团董事长徐守清个人捐资200万元设立，镇华鸥公司等多家企业纷纷捐资，参加公益资助事业。

【第五届金秋采摘节开幕】 9月16日上午，盐城市盐都区龙冈桃花园第五届金秋采摘节在寿星广场开幕。采摘节围绕“梨甜果香，月圆人圆”的主题，自9月16日至10月5日，活动历时20天。龙冈中学组织高一学生参加开幕式并观看文艺演出，并走进果园亲手摘梨。采摘节期间，举办“龙冈梨果甜、幸福欢乐送”“梨香月圆”专场文艺演出，首届“桃源里”杯——全国诗歌（散文）征文朗诵大赛，削梨、吃梨、梨王比赛，以及采摘节特色产品推介等系列活动。

【李敏爱心举动获点赞】 9月26日中午，“喜迎十九大·感恩共产党”敬老孝老共度中秋慰问演出在镇凤阳阁大酒店举行。在中国传统团圆的中秋佳节即将来临之际，凤阳阁大酒店店主李敏心系社会，关爱五保老人，邀请镇敬老院56位五保老人及敬老院员工赴宴，并邀请龙冈桃花园文化娱乐中心的演出人员表演文艺节目，向所有老人赠送月饼、豆奶粉、核桃粉等中秋节礼，与老人们提前共度美好的中秋佳节。这一爱心举动，让敬老院的五保老人们感受到来自社会的关爱，也收获市民们广泛的好评和普遍的点赞。

【许根洋省赛获二等奖】 在10月9—10日举办的江苏省首届乡土人才传统技艺技能大赛中，代表盐都区参加比赛

2017年龙冈镇各村（居）主要负责人
表12

村（居）	村（居）书记	村（居）主任
毓龙居委会	夏东桂	仓定亮
坊桥居委会	李文高	郑兆柏
永明居委会	周凤权	许志军
凤凰居委会	熊洪军	张鹤军
青龙居委会	李仁贵	李晓红
兴龙居委会	周维权	刘金权
新冈居委会	许洪荣	张建红
万家居委会	丁月锋	王正杰
港北村	周文亮	王凤英
曲东村	张国顺	季登成
兴福村	万一明	万宏标
徐庄村	徐龙富	周炳荣
晓庄村	封成林	张　权
三旺村	潘万明	徐金华
大吉村	葛玉军	刘恩旺
桂吴村	吴先兵	夏万胜
大潘村	潘万前	万益圣
留璜村	潘同诗	潘万华
军营村	桂　伟	
仇家村	陈以德	仇必勇
高范村	陈仕林	刘德凤
黄庄村	陈心标	王　林
杨斌村	孙登广	黄兴武
储巷村	许冬春	刘金楼
许巷村	陈秀干	许兆连
冈南管理区	刘志祥	
冈中管理区	许杏东	
冈北管理区	周　海	

的龙冈镇港北村人许根洋荣获面(泥)塑二等奖。

【调研民生实事工程】 12月13日、15日,市人大代表两次在龙冈镇,调研民生实事工程项目。镇党委书记李益、镇长吴爱群等陪同。市人大代表先后视察龙冈镇新卫生院项目建设现场、盐龙湖一片林、工业园区和张本村古村落。

【桃花园旅游有限公司获评四星级示范企业】 12月27日,农业部农村社会事业发展中心、中国旅游协会休闲农业与乡村旅游分会联合在中国休闲农业网发布2017年全国休闲农业与乡村旅游星级示范企业(园区)名单公示,盐城龙冈桃花园旅游有限公司榜上有名,获得四星级全国休闲农业与乡村旅游示范企业称号。 (罗华军)

7月,大冈镇耀翔农场员工喜摘成熟葡萄　　王金祥　摄

大冈镇

【概述】 全镇土地面积101.42平方千米,其中耕地面积48.69平方千米,下辖一个集镇管理中心和16个村、5个居委会,总人口6.31万人。综合实力不断提升。主要指标稳步增长。全年实现地区生产总值35亿元,同比增长8.4%;一般公共预算收入7000万元,完成全年任务;全口径工业企业开票销售13.8亿元,同比增长26.8%;固定资产投资18.7亿元,同比增长13.1%;城镇居民可支配收入36765元、农村居民可支配收入21272元,分别增长8.4%、9%。被评为省级创业型乡镇、省级生态文明镇、获得市"一片林"战略工程先进集体等称号,省级文明镇通过复审。

【主体经济发展】 年内,项目工作取得突破。完成为高新区招商任务,新签约5000万元以上项目3个。天宝卫生用品、华跃芳轮砂带基布等4个项目竣工投产,全民双创园二期、畅悦立体车库等5个项目开工建设。企业运行质态良好。开展"暖企行动",制订出台激励政策,加大扶持力度,企业运行日渐回暖,增长面达87%,税收超百万元企业增加到19家,其中超300万元3家、超200万元4家,新增定报企业4家。

【全民创业】 年内,全民双创园服务中心获评省中小企业二级公共服务平台(全区唯一);全民双创园创成市级创业孵化示范基地、区级创业孵化基地。注册总部经济81家,实现税收1100万元。新发展各类企业163户、个体工商户391户,为高新区智能终端产业园招工130多人,新增就业600多人。中纳科技、江苏天宝在市返乡创业大赛中,分别获"十大全民创业之星""全民创业能手"称号,金锋机械获区创业富民项目大赛三等奖。

【发展现代农业】 年内,编制特色桃果产业园规划,并通过专家组评审。万亩千亿斤粮食产能田间工程、500多亩高标准农田项目立项、开建。完成农业结构调整7000多亩,拓展高效农业500多亩,新发展农民合作社示范社3个、家庭农场10个,注册农业品牌103个,获评盐都十大特色农产品2个。镇农业中心被评为省50佳农技服务先进集体,佳富村建成全区样板式益民信息社,阿玛兰黑羽番鸭二次登上中央电视台。

【"盐城最具魅力休闲农业景点"】 现代农业园区被认定为第三届"盐城最具魅力休闲农业景点"。野绿芳地部省级园艺作物标准园区为示范,完善农业园区配套设施,实现区内道路循环贯通,与工业园区相联互通。突出"水果乐园"主题,做好"四季有果"文章,提升农业项目设施化、标准化水平。以特色化取代"大路货",培大育强22个果蔬类家庭农场,加快建设樱桃、蓝莓、火龙果3个水果项目。

【改善城乡面貌】 年内,基础设施日益完善。广文路拓宽、祥和路南延等4条集镇道路全面实施;新建、维修农村公路40千米,改造公路桥梁30座,为全市观摩会提供现场。新建圩堤防洪墙0.73千米,建成双泵站1座、圩口闸2座,拆建病危圩口闸11座。污水管网三期工程铺设管网3千米,新改建公厕17座、垃圾池50座,安装改造路灯209盏。

【生态环境】 年内,大力实施河道整治工程,疏浚整治河道28条53.5千米,清淤整治河塘22条5.39千米。创建森林小镇,呈祥公园、新冈公园基本建成,新增城市绿地63.4公顷,新造成片林120公顷,新建高标准农田林网666.67公顷,建成森林村庄、珍贵用材培育示范村各1个,森林覆盖率达24%,提高1.5%。贯彻落实"263"专项行动要求,关闭拆除砖瓦厂,改造燃煤锅炉5个,关停冲天炉

1个;拆除禁养区养殖场2个,整治提升规模养殖场220个,病死动物无害化处理收集点投入使用。秸秆综合利用和"双禁"工作继续保持"三不三零"好成绩。申请验收耕地占补平衡项目1个,复垦整治工矿废弃地5.2公顷。

【增进民生福祉】 年内,民生保障切实加强。5月31日市委书记王荣平走访慰问农村留守儿童。7月6日戴源在镇调研基层基本公共服务功能配置情况,给予充分肯定。全面落实精准扶贫措施,依法清退不符合条件建档立卡对象103户316人,实现脱贫220户780人,经济薄弱村争取区光伏项目、帮扶项目资金335万元;禾康农场与区残联创成残疾人扶贫基地。改造新增"四类人群"D级危房69户,棚户区改造一期94户全部安置到位,敬老院二期建成投入使用。建成省级劳动人事争议调解中心,在全区率先发放社会保障卡3万多张,城乡居民基本医疗保险实现全覆盖。

【获多项表彰】 年内,由国家中小城市经济发展委员会、中小城市发展战略研究院,联合中国社会科学院城市发展与环境研究所等单位,通过《人民日报》发布"2017综合实力千强镇"榜单,大冈镇上榜。大冈镇被国务院防范和处理邪教问题办公室授予全国"创建无邪教示范村"荣誉称号。全国爱卫会授予大冈镇2017年度"国家卫生镇"称号。国家林业局授予大冈镇2017年度"国家森林小镇"称号。

【科技创新创牌工作】 年内,在全国、全省科技创业大赛中,以大冈镇为主力的团队,获奖数列全省县(市、区)第一。组织12家企业和团队,参加区科技创业大奖赛,获团队组一、三等奖各1个,企业组二等奖1个,三等奖2个,大冈镇获优秀组织奖;参加市级大奖赛荣获新材料团队一等奖、企业组二等奖各1项,先进制造业企业组分获一、三等奖各1个;参加省级行业大赛,三个单位分获新材料团队和先进制造第一名、第七名,并参加省决赛分别获得二、三等奖,一企业晋级

6月,大冈镇第一幼儿园志愿者与留守儿童在玩游戏　　王金祥　摄

2017年大冈镇各村(居)主要负责人
表13

村(居)名	村(居)书记	村(居)主任
抬头	刘　兵	刘　兵
勤加	王殿宏	王殿宏
光华	卞荣春	徐正华
丰乐	魏朝文	朱友良
联合	张红云	仇正中
傍徐	朱新祥	朱新祥
北杨	杨月凯	卞长荣
岐山	徐蓉蓉	钱龙尧
新利	顾宏江	陈荣友
瓦屋	王翔宏	仇俊豪
吴港	顾桂林	丁仲凤
兴隆	陈荣友	陈汉文
佳富	袁绍波	袁绍波
同兴	颜桂年	陈绍值
戴伙	戴玉军	包发松
光明	施鲁堂	瞿安全
富港	刘晓玲	刘传江
野陆	蒋　坤	王金武
胜利	陈有鸿	王友珠
卧龙	邵　萍	王桂祥
团结	蔡士兰	葛　青

国家半决赛获小组第一名、决赛获优秀企业奖。

【施兵捐献造血干细胞第一人】 11月30日上午,大冈中心卫生院医生施兵在南京捐献造血干细胞获得成功,成功救助一名11岁患者,被评为"盐都好人"。12月6日,大冈镇中心卫生院、区卫计委、红十字会、大冈镇党委、政府相关负责人出席。

【杨长春当选"中国好人"】 由中宣部、中央文明办主办,中国文明网承办的6月"中国好人榜"评选结果中,大冈兴隆村服务残疾人士的断臂老人杨长春当选助人为乐类"中国好人"。　(陈宏元)

张庄街道

【概述】 2017年,张庄街道下辖9个村(居),社会总面积22.8平方千米,户籍人口30586人,常住人口6万人。全年实现地区生产总值25.1亿元,一般公共预算收入8079万元,规模以上工业增加值15.2亿元,规模以上工业开票销售14.6亿元,固定资产投资20.6亿元,城镇居民可支配收入38143元,农村居民可支配收入22065元。

重点项目有序推进。全年新签约项目12个、新开工项目11个、新竣工项目8个，跟踪重大项目8个。中韩汽配、天工机械等区“两重一实”项目，君华光电、盛誉动力、肯莱德机械等产业项目，全民双创园产业综合体、建业路等街道十项工程推进有序；健身广场建成对社会开放；全民双创园产业综合体6栋、共计8.5万平方米厂房年内封顶；康庄大道西延、建业路、东仓路、金都路建成通车；城防工程按期建成，张庄小学、四纵沟风光带、七里沟公园进场施工；全年新增使用土地40.93公顷，其中工业园区用地21.2公顷、公共设施用地18.4公顷。年内新建房地产楼盘500套、6万平方米，新增销售700套、8万平方米。

工业载体规模扩张。按照“节约集体用地，创新创业孵化”的理念，围绕“高起点、高标准、高层次”的要求开发建设的张庄全民双创园一期，园区选址在张庄工业集中区东北角，宁靖盐高速西、皮岔河南，占地约8公顷，建筑面积8万平方米，容积率1.05，绿地率15%，建设厂房10幢。园区的各项基础设施得到进一步完善，企业创新挂牌以及人才的引进也取得新的突破，盛安资源被认定为省级企业技术中心和省级起重机行星减速机工程技术研究中心，与哈尔滨理工大学合作共建的齿轮(动力传动)产业技术研究院成功挂牌。

城乡面貌显著改善。年内新建金都华城三期楼盘500套、6万平方米，新增销售700套、8万平方米，促进集镇区人气的集聚。完成永张线、东仓路、政通路的提档升级改造工程；新建成康庄大道和龙陈路，总长约5.5千米；新修建桥梁11座；对二纵沟闸站、区良种场闸站进行重新改造，对东升、仓头、成庄、王庄、七里沟排涝站电气设备进行保养和维修；创文整治工作持续进行。实施工地围挡整改，加快集镇基础设施、道路、路灯等工程建设；完成“五项整治”行动。全力推动农村危房康居工程建设，完成所有四类人群及C、D级危房的改造工作；启动集镇棚户区改造工程，全年完成128户搬迁安置任务。

民生事业普惠全民。加强集镇污水管道的排查及维护，完成2017年度污水管网扩面工程，并通过区水务局验收；完成污水管网全省农村覆盖拉网式省级验收。强化路灯设施的维护与管理，着力提升集镇亮化；完成3户经济适用房、3户廉租房材料申报，其中3户经济适用房材料已受理并上报住建局；及时处理“12345”政府服务热线投诉问题，做到事事有处理、件件有回复；落实完成对宾达嘉园、惠民花园和海棠花园的房屋维修工作。自备应急水泵，做好夏季防汛抢险工作，确保住宅小区不受淹、财产无损失；完成道路绿化18千米、河堤绿化30千米、康庄大道背景林8公顷以及振兴路绿化提升和草镶边等工作；加强低保工作，规范化管理，为60名低保户、特困人员、支出型人员办理医疗救助手续，发放医疗救助金10万余元，为困难群众发放临时救助金45万余元；投入50多万元对敬老院内部和周边进行整理，给老人们营造一个安逸的居住环境；计划生育率达100%；投入资金80余万元，龙海、郑通、王庄、成庄、11个小区4000余户电视用户实施网络改造。全年新架光缆50千米，增设光点171处，改造线路1万米，“模转数”1100户，提升街道居民的获得感和幸福感。

11月6日，张庄街道举办专场文艺演出　丁晓岚　摄

党的建设不断加强。坚持全面从严治党，多形式学习宣传党的十九大精神，组织党员干部群众近3000人次参加“支部讲习所”轮训，举办十九大精神专场文艺演出。“三带三联”大走访活动取得成效，帮助企业群众解决难题54个。郑通村党群服务中心建成投入使用，基层党建阵地得到巩固。在西徐居委会和成庄村开展以党建为引领的“六进六治”网格化社会综合治理试点，取得阶段性成效。

社会大局和谐稳定。全年共收到各类信访件近100件，接待来访群众226人，其中市、区交办重点事项6件，化解处理积案71件。对区信访局转来的各类信访件加以办理、反馈，做到事事有人管、件件有回音，确保重要时间节点无群访、集访事件发生。按照普法依法治理要求，制定“七五”普法规划和年度普法计划，签订普法责任书，每季度集中开展一次普法骨干培训，依托“法律六进”开展法治下村活动，开展“6·25”土地日、“6·26”禁毒日及反邪教等宣传活动，成庄村申报创省级“民主法治示范村”。开展全国优秀司法所创建申报工作，省司法厅、市人大和市司法局两次在司法所调研人民调解工作及矫正对象管控工作。

【实施“六进六治”网格化社会治理】 围绕加强基层组织建设、创新社会治理模式方面进行尝试，实施以“基层党建进网格全面治理、矛盾调处进网格源头治理、治安防控进网格依法治理、物业管理进网格联动治理、志愿服务进网格自我治理，流动人口和特殊人群管理进网格协同治理”为主要内容的治理模式。“六进六治”网格化社会治理的实施，促进“矛盾纠纷联调、社会治安联防、突出问题联治、重点工作联动、基层平安联创、社会治理联抓”工作机制的纵深推进，为谋求社会治理能力的现代化打下基础。

【与复旦医疗集团共建医疗康复中心】 年内，江苏光明投资有限公司携手上海复旦医疗产业创业投资有限公司，在张庄街道合作建设盐城市医疗康复中心，与公立医疗单位实施错位发展，专业从事救治医疗后端的医疗康复业务，延伸盐城健康服务产业链。项目计划总投资6亿元，占地6.67公顷，建筑面积6.5万平方米，暂定床位1200张，主要开展专业医疗康复、重大疾病筛查、睡眠呼吸监测和抗衰老健康服务等业务。

【张庄葡萄小镇入选省农业特色小镇】 5月，张庄街道葡萄小镇经过上报，入选省农业特色小镇。街道以市场为导向，加大葡萄品种结构调整力度，引导种植户实施早中晚熟品种立体种植，引进和试种20多个葡萄品种。规划133.33公顷葡萄庄园项目，打造以葡萄采摘和观光休闲为一体的都市农业品牌。

【成立盐城动力传动及智能装备产业研究院】 11月30日，街道与哈尔滨理工大学合作成立的盐城动力传动及智能装备产业研究院正式挂牌运营，为全街道企业创新驱动提供科技和人才动力。

（杜殿林）

2017年张庄街道各村（居）主要负责人

表14

村(居)名	村(居)书记	村(居)主任
东升	张文国	孙有华
仓头	刘寿井	
东徐	黄中华	张洪高
西徐	滕长青	徐　捷
钱庄	盛　洪	张　兵
成庄	刘　忠	张文中
王庄	张永清	徐寿刚
龙海	何新龙	郑志友
郑通	徐从波	陈　昆

大纵湖镇

【概述】 全镇土地面积93.03平方千米，耕地面积5143.3公顷，下辖16个村，4个居委会，总人口58000人。全年实现地区生产总值27.03亿元，同比增长8.4%；一般公共预算收入6023万元；规模以上工业增加值6.83亿元，同比增长7.6%；全社会固定资产投资完成22.75亿元，同比增长13%；农民人均可支配收入22311元，同比增长9.3%。特色小镇创建获区综合考核特别贡献奖。

主体经济。全年实现全口径开票销售15亿元，同比增长26.7%，入库税金6454万元，同比增长21.8%；规模以上工业开票销售6.9亿元，同比增长22.5%，入库税金3963万元，同比增长11.1%。将盘活存量厂房、引进外来项目作为招商选资工作的重点，凯果精密科技、宇钻科技、隆久船舶3个项目，盘活闲置厂房25000平方米；征地2.43公顷的上海睿元智能装备项目正式签约。全民双创园三期8幢30000平方米标准化厂房，2幢主体竣工，与上海虹桥机电有限公司、盐城瑞能精密机械、盐城伟杰电热机械有限公司等7家企业签定入驻协议。亚峰集团投入2000万元，新建厂房3000平方米，新上废气处理设备项目；荣邦科技投入1000万元，新上高铁塔体项目；剑桥公司、科奥科技等企业投入数百万元购置设备进行智能化改造。剑桥公司连续6年税收超千万；申江公司开票销售首超亿元，税收达615万元；联益肠衣用工人数多年居全镇首位，税收连续多年超300万元；荣邦机械、硕果科技税收首超200万元；亚峰集团、瑞源科技税收首超100万元。引进劳务公司，全年为企业招工150人；小贷公司采用市场化运作方式，解决企业融资难题；组织本镇30多名“创二代”到苏商学院学习培训3次，为企业可持续发展提供后续人才支撑；与重庆科技学院合作，成立涂装设备产业研究院。全年申请专利584件，授权134件；申请发明专利232件，授权16件；获批专利大户3家。新认定省高新技术产品16只，国家高新技术企业1家。引进领军型人才5人，国外智力人才1人，高层次人才1人，留学回国人员1人，省科技副总6人，“515”领军人才2人，新建研究生工作站和省级以上工程技术中心各1家，跟踪洽谈千人计划专家2名。

农旅产业。4月25日，三官农庄荣获省五星级乡村旅游区称号。占地43.33公顷的现代农业园初步建成，集有机果蔬种植、观光采摘于一体，致力打造“新技术、新品种、新模式”“三新”农业新模式标杆。围绕水产健康养殖示范区创建，

5月24日，省广电总台考察民俗文化旅游资源建设　　徐中平　摄

陈长荣大纵湖大闸蟹养殖公司代表全区顺利通过国家级健康养殖示范县验收。土地确权颁证率97.2%，全区名列前茅。新办家庭农场11家，农业规模化经营水平不断提升。对三官农庄项目、管理进行全方位提升，步行街豆腐坊、馓子坊、酒坊、剪纸铺、群艺馆等项目正常对外开放，新增游船、浑水摸鱼、儿童游乐等项目。新增旅游业从业人口100人，发展个体农家乐3户。先后举办龙虾美食节、民俗婚庆节、大闸蟹美食节等旅游活动，引起新华网、搜狐网、中国水产网、江苏省广播电视总台、盐阜大众报等省内外媒体广泛关注。全年接待游客突破20万人次，实现旅游收入2500万元。

6月，举办"龙舟载粽香·悦读大纵湖"主题活动

镇村面貌。8月28日，正式获批第二批全国特色小镇，成为全省新增15家全国特色小镇中的一家，苏北仅2家。与中国城镇规划设计研究院对接，围绕"涂装智造新样板、文旅休闲新名片、宜居宜业新典范"的规划编制要求，概念性规划已通过评审，和土地利用规划、集镇控制性详规等多规合一；控制性详细规划正在编制。结合规划编制单位意见，启动一批改善环境面貌、提升承载能力的工程。新安装石仇路、231省道路灯800盏，更换振兴路、中兴路路灯120盏。连片化打造"水清岸绿、人水和谐"的水乡新城镇，完成三支河、经二路、石仇路等绿化景观提升工程；投资1500万元的千亿斤粮食产能田间工程、投资1000万元的市级高标准农田项目竣工，改善农田基础设施和项目区群众生产生活条件。完成义永线、义红线、义三线、养殖三场等8.5千米农村公路提档升级工程，方便群众出行。新建圩口闸站6座，公益设施农桥6座，疏浚河道12.6千米、15.12万立方米，防洪排涝能力大幅提升。将朱沥沟、纲要河、中心河、学义线、于任村"三带一路一节点"作为造林绿化工作的重点。按"一座小游园、一圈绿带、一座绿岛、一片森林"思路建设的于任省级林业示范村多次为市区提供观摩现场；完成总长9.6千米6.7公顷的朱沥沟生态防护林建设工程，全镇新增加成片林40多公顷。

民生事业。2017年义丰初中中考，三分之二的学生被星级高中录取，获区"初中教学质量贡献奖"和市"初中内涵建设先进校"称号。义丰小学"经典诵读""龙舞教育"成为全区有影响的品牌。全镇最后一所无证园暑期成功撤并，义丰幼儿园教学设施不断完善，教学条件不断改善，"三色文化"教育特色明显。义丰卫生院成功创建全国"群众满意的乡镇卫生院"。新增就业720人，失业人员再就业240人，就业困难人员再就业36人，转移农村劳动力580人。全镇脱贫农户达500户，超额完成区下达任务。双官等3个经济薄弱村争取上级扶贫资金700万元购置集体资产，年增加集体收入70万元。污水纳管工程新铺设管道5.2千米，增加39个收集点；天然气接通工程完成主管道铺设，建设调压站。义丰小学投资6000万元，8轨48个班，秋学期正式招生，解决原小学生数过多、班级拥挤的民生难题。警民服务中心投入使用；义丰初中食堂主体竣工；一站式农贸市场综合体春节后搬迁。顺利通过全国文明镇复审，集镇出店经营、占道经营得到有效整治，郭玉龙当选2017年盐都十佳好人，冯永康、黄健入选2017年十佳文明新事。全面实施康居工程，完成农村D级危房改造任务；村级标准化卫生室建设工程、村村通技防工程竣工，镇志编纂工作启动，永新、鱼范、陈捷3家党群服务中心建设正在快速推进；持续开展外流涉疑人员大排查行动，开展社会稳定和安全生产大排查、大整治行动，社会大局保持和谐稳定。

党的建设。围绕习近平总书记系列重要讲话、十九大精神等内容组织中心组学习12次，上交各类心得体会100余篇。组建十九大精神宣讲团，在各村(居)、各单位开展宣讲活动，召开"贯彻十九大精神，谋划2018年工作"座谈会。召开全镇"正风肃纪镇村行"专项行动部署大会，下发《大纵湖镇正风肃纪镇村行行动方案》《镇村干部行为规范》等文件。落实班子成员抓党建"一岗双责"，健全抓基层党建工作述职评议制度，约谈村(居)、部门单位负责人80人次。与班子成员签订廉政责任书，与各村、镇直部门负责人签订《廉洁履职承诺书》《党风廉政目标管理责任书》，全年召开作风整顿会议5次，健全完善"月月检查、季季通报"常态机制。对区委巡察组反馈的3大类13项49个具体问题进行销号式整改，大部分整改到位，其余限定整改时间。新建科奥企业等非公企业党支部3个，提拔任用青年干部28人，选聘4名退役士兵到村居工作，建立52名村居后备干部队伍。镇、三官村在全区"四议四公开一监督"工作会议上作交流发言。核减贫困户223户，低保户113户，五保户5户。对6家村(居)、单位进行重点审计，发现共性问题6个，个性问题23个，销号式整改到位。用足"四种形态"，提醒谈话8人，诫勉谈话12人，函询1人；立案查处各类违法违纪案件9件，计25人。开展扶贫和惠农领域套取国家资金问题自查自纠活动，村集体退交资金 13.49 万元，个人主动退交资金 2.58 万元。

【获新春舞龙大赛最佳特色奖】 2月6日，大纵湖镇荷花龙龙舞队参加由江苏省群文学会、江苏省文化馆和兴化市人民政府联合主办的第十届里下河地区新春舞龙大赛，荣获最佳特色奖和优荣获最佳特色奖和优秀表演奖。

【王石调研三官村新农村建设工作】 3月20日，万科董事会主席王石一行在大纵湖镇三官村调研新农村建设工作，副市长李逸浩、区委书记羊维达、镇党委书记冯林宏等陪同，三官是全区 12 个农民集中居住示范点之一，以三官农家乐园为依托，按照明末清初里下河村落的建筑风格设计，共建成农民安置公寓 4 幢 64 户，户均 120 平方米，共 8874.8 平方米；安置别墅 47 幢，户均 230 平方米，共 10138 平方米；目前入住率达 90%以上，居民主要来自项目拆迁和全镇散居户。王石一行对大纵湖镇推进农民集中居住的方式表示赞赏。

【省首批五星级乡村旅游区】 三官村位于盐城市盐都区大纵湖镇，是盐都区区委、区政府打造“双新大道”城乡统筹示范片的重要节点之一，也是打造“美丽盐都”精品旅游的重要项目，占地 75.4 公顷，建筑面积 8.5 万平方米，突出生态、休闲、民生、文化主题，集休闲娱乐、农家美食、精品民宿、民俗文化于一体，于 2013 年底被认定为江苏省四星级乡村旅游区。三官村分为入口服务、农家乐园，生活配套、村民居住、景观游览、果蔬采摘、特色游乐等功能区，以婚庆文化展示馆、民俗婚宴中心、婚庆特色街、灵犀阁、爱情岛、喜船游湖等系列项目，主打里下河民俗水乡文化；以龙文化展示馆、龙舞、荡湖船、担花篮等表演展示中国龙舞之乡特色；以鱼鹰捕鱼、扳罾、果蔬采摘、农家生活等参与性项目演绎里下河渔耕文化底蕴；以亲子游乐、真人 CS、骑马、攀岩、射箭、自驾游等猎奇项目增加游乐情趣；以乡村大米、五谷杂粮、鱼虾螃蟹、家畜良禽、水果蔬菜等美食显示生态养生之道。4月17日，江苏省旅游局公布首批五星级乡村旅游区名单，三官村榜上有名。

【获批第二批全国特色小镇】 2016 年，启动全国特色小镇规划编制工作，近期规划 3.65 平方千米、集聚人口 2.5 万人，远期规划 5.36 平方千米，集聚人口 4 万人，围绕“涂装智造新样板、文旅休闲新名片、宜居宜业新典范”发展定位，加快涂装产业转型升级，提高旅游产业带动作用，不断丰富特色小镇内涵，促进城乡一体化统筹发展。大纵湖镇具有特色鲜明的产业形态，是名副其实的“中国涂装之乡”，辖区内集聚剑桥、申江、自强等一批涂装设备龙头企业，至年底，共有国家高新技术企业 17 家，景区年吸引游客 150 万人次，实现旅游产值 1.1 亿元。打造以“三大旅游”为主题的特色风情旅游产业：发展以民俗休闲、水上婚庆、渔耕文化等为特色的农业观光旅游和以湿地观光、休闲度假、房车营地、景区古建筑等为特色的滨湖休闲旅游，以及以河鲜美食、民俗体验等为特色的生活体验旅游。2017 年 8 月 22 日，住建部公布第二批全国特色小镇名单，大纵湖镇名列其中。

2017 年大纵湖镇各村（居）主要负责人

表 15

村（居）	村（居）书记	村（居）主任
兴湖居	徐　峰	徐正东
鱼范村	宋从武	宋　林
向阳村	季美春	严书元
振兴村	刘继松	刘秀明
陈捷村	姜中周	
兴盛村	倪元福	
晨阳村	姜奎章	刘　洋
胥仇村	仇从祥	王学松
三官村	耿晔成	吕宝刚
花陇村	朱荣华	朱荣华
双官村	刘景勇	王中海
于任村	杜红中	王功章
三庄村	赵明亮	夷叔兵
石庄居	姜大生	胥爱灿
双龙居	宋金奎	郎　荣
迎阳居	郭友春	王其东
骏马村	杨加山	史代兄
永新村	温茂旺	乐兆成
红星村	严志华	严　浩
大范村	聂庭海	王美珍

【召开第五届三官民俗婚庆节】 10月6日，大纵湖镇召开第五届三官民俗婚庆节，镇党委书记冯林宏、镇长杨春出席活动开幕仪式，镇长杨春致开幕词。为期一周的婚庆节期间，三官农庄共接待游客 2 万人次，实现旅游收入 400 余万元。

【举办美食文化节】 10月28—29日，第五届大纵湖大闸蟹美食文化节在大纵湖镇三官农庄开幕。陈长荣大闸蟹分别以 450 克摘得蟹王，340 克摘得蟹后，在随后进行的慈善义拍活动，两只螃蟹经过多轮竞拍，拍出 3 万元高价，所得善款全部捐赠给大纵湖镇敬老院，并进行 12 个项目的集中签约。 （宋全中）

秦南镇

【概述】 全年实现地区生产总值 41.21 亿元，社会固定资产投资 16.73 亿元，定报工业增加值 12.32 亿元，一般公共预算收入 5810 万元，城镇居民可支配收入 37650 元，农村居民可支配收入 21980 元，主要经济指标均实现稳定增长，经济运行质量呈现出总体平稳、稳中向好态势。

转型升级。“产业项目推进年”活动开展，“双招双引”取得突破，敲门招商、亲情招商、以商引商成果显现。高空作业、潜水打捞、机械制造、电缆电气等特色产业不断壮大，规模不断扩张。全年实现全口径开票销售 11.3 亿元，同比增长 19.3%，完成规模工业开票销售 7.2 亿元，增长 18%，规上企业增长 66%，新增定报企业 2 家。

招商选资。在外创业有成人士恳谈

暨无锡招商推介会成功举办，为高新区招引项目1个，落户本镇项目3个，竣工项目3个。园区建设形象提升。投入300多万元的电力改造、绿化、道路等附属工程按期完成，11幢近5万平方米标准厂房建成。

企业创新。蛟龙集团、兴达建筑、三里港高空分别被评定为三星和二星级企业，南海线缆、海马纺织机械2家企业成功申报国家高新技术企业，亚特电缆引进博士1名，列入市“515”人才引进计划，上市前期工作基本完成。蛟龙商标获得国家驰名商标，“三里港”获得省著名商标。亚特电缆、大明重工、久恒工贸、轩源科技、火龙电器申报省、市级工程技术中心，全年完成专利授权105件，发明专利授权2件。吸引在外有成人士回乡注册企业98家，新增税收近1000万元。云仓电商创业基地建成，平台载体服务日趋完善，家纺电商运营团队正在洽谈入驻，特色创业培训有序开展。新发展私营企业200户，新发展个体工商户678户，新增工业一般纳税人企业20家，辅导培训各类初始创业者1000人次。

城乡建设。集镇黑色化出新工程竣工，污水处理厂建成运行，老集镇水系得到集中整治，西环路和三里河大桥建成通车，跨越路、桥工程竣工启用，数字化电视安装全面铺开，田缘世家住宅小区一期工程和御水湾小区正式对外销售。以创建全国文明城市为抓手，“五位一体”环境整治工作成效明显，朱沥沟生态公园法治、健康主题鲜明，流动摊点得到集中规划安置，沿街店面出店经营有效整治，违章建筑得到有效遏制，集镇对外形象全面提升。泾口农业生态示范园创成市级农业园区，43.33公顷高效设施大棚高标准建成，董大水生蔬菜项目在中央电视台宣传推广。盐金线农业园区连片种植规模达千亩以上，新增农业适度规模经营386.67公顷。综合服务试点成果显现，合作社投资500万元日烘干能力达240吨的12组烘干线、5000平方米的仓储建成投入使用。村级集体经营性收入实现950万元，村级债务下降260万元，创建市级以上农产品品牌2个。开展“263”专项行动，每日巡查微信直报长期坚持，养殖户直排、偷排基本杜绝，累计关闭养殖场15个，病死畜禽收集点建成投入使用，全面推行“河长制”，全长19.6千米的蟒蛇河游线整治工程推进顺利，成功搬迁农户352户、企业5个、砂石场8个、迁坟2396座、船只113条、附属设施637处，2家企业拆除异地搬迁到位，朱沥沟、盐龙湖生态保护带建设、“一片林”工程和美丽乡村点建设步伐加快，绿色秦南建设超额完成区下达任务。

5月，村民舞狮过端午　　陆秀全　摄

民生福祉。泽夫幼儿园省级优质幼儿园通过复审，多次为省市区提供观摩现场，学校食品安全和校车运行安全常抓不懈，中小学幼儿园校园专职保安配备到位，校园安全隐患得到快速整改，教育教学秩序安全有序。全区全民健身运动会启动仪式在泽夫中学举行。中西医结合医院病房楼改扩建工程启动实施，19家新建村级卫生室竣工并顺利接受上级验收，泾口、美满等6家卫生室创建成省级示范卫生室，东方红、秦兴等5个村1500座农村卫生改厕任务提前完成，新型合作医疗保险全区领先，红十字会工作被中国红十字会授予“人道服务奖章”。文化体育活动中心正式对外开放，舞蹈、淮剧、快板、器乐自编自演节目参加全区群众文化活动展演，十九大文化巡演活动深受群众欢迎。26条35千米通村公路提档升级工程快速推进，盐金线、新集镇和农村主干道道路亮化工程实施到位。计生服务职能转变，开展“三带三联”大走访活动，重点问题解决率达90%以上。泾口村评为全国文明村，秦南派出所顾芳、南环村王瑞霞新当选“盐都好人”，好儿媳王瑞霞事迹入选“盐都区十佳文明新事”。全面开展社会矛盾和安全隐患大排查大整治，镇、村综治中心规范化建设取得实效，综治信息化水平提升，朱沥沟法治公园建成开放，“村村通”监控运行，社会面监控实现全覆盖；出租房屋排查和安全隐患整治扎实推进；禁毒涉羟整治常态开展，“严打”专项斗争震慑犯罪分子成效显著；特殊人群管理持续强化，易肇事肇祸精神障碍患者“四帮一”管控责任全面落实；社区矫正人员管理规范，矛盾纠纷排查化解成效明显，定期排查、干部接访下访、定期会办机制日趋完善，社会大局和谐稳定。工会、妇联、青年社团组织成功换届，凝聚力不断增强。

党的建设。坚持正确舆论导向，突出盐都西部经济新高地、全国文明城市创建、263专项行动等重大主题宣传，传播好“秦南声音”、讲述好“秦南故事”。“三带三联”大走访活动实现“四个全覆盖”，六村(居)党群服务中心建设按时间节点推进，非公企业党建覆盖面不断扩大。财务公开、财务报支、大额资金管理等不断健全，预算执行、公务接待控制和制度执行力度不断加大，工程项目会签单制度持续推行，村级集体资金乡镇财政所管理试点工作顺利推进，部分党员干部的违纪违法行为得到严肃查处，政治生态得到不断净化。

5月17日，江苏蛟龙打捞航务工程有限公司在滨海县作业　　孙高升　摄

【绿色元素点亮镇村生态】 建设40公顷朱沥沟生态防护林，完善东涡河、团结河等30千米圩堤绿化。不断推进331省道接线两侧背景林建设，实施秦施线、北环线、跨越路、西环路、北陇线等公路绿化30千米，着力打造汞北路草镶边示范带，建设多层次的立体绿色屏障。重点打造工业集中区、泽夫幼儿园两个三化示范单位，新建江窑、东方红2个高标准绿化示范村。新建油桃、蓝莓等经济林果20公顷、农田林网1万亩，结合蟒蛇河生态风光带建设，打造乡村人文景观林、乡村植物林、科普植物园，不断壮大林业经济。

【文化暖基层】 春节前夕，九三学社盐城市中医院支部与民进盐城市新阶层支部走进秦南镇灯塔村，联合组织开展"中医义诊下乡和书画家送春联入村"传统文化暖乡村活动。市政协委员、市美术家协会副主席夏一栋，市书法家协会副主席、民进书画艺委会主任曹万峰和市中医院的徐兆山、张铁流、阮宗武等义诊专家走村入户，为群众送温暖献真情，表达新年的美好祝福。

【培育新型业态】 运营好盐城市高空防腐维修行业协会，组织疏浚打捞企业开展信息交流、技能培训和人才交流活动，帮助特色行业抱团发展、做大做强。新招引注册总部经济100家，企业不少于30家，全年新增总部经济税收2000万元。

2017年秦南镇各村（居）主要负责人
表16

村（居）名	村（居）书记	村（居）主任
亭湖	彭扣芳	彭扣芳
风翔	黄成华	黄玉全
南环	周扣兰	
贺家驿	何国占	秦中琪
孙伙	王红干	顾宏高
关陈	王兰珍	陈忠干
三河	陈友春	陈广红
灯塔	鱼瑞忠	孙宏港
秦北	石春景	
美满	王国军	宋广荣
东方红	严大勇	季中才
秦兴	潘翠粉	王荣中
富康	邱达文	邱林奎
宝奎	还立广	还增奇
千秋	宦扣林	武恒山
泾口	周向东	蔡明祥
南蒋	蒋茂瑞	朱友传
雨生	李加红	吴德宽
楚九	陈高祥	曾万芳
江窑	徐万国	耿青明
盛花	成立中	邵昌盛
红沥	侍山林	杨晓芹
合兴	胡甸兵	孙章生
陇尖	王兆军	成金根
福泉	施中平	陈　强
砖桥	周建林	周建林
虹桥	何俊林	朱广来
虹园	杨明忠	杨　俊

挖掘秦南云仓电商创业基地潜能，突出精准实战式培训和小班化培训，提升创业者的创业技能和创业能力，新增网上销售3000万元以上。

【加快农业经营创新】 在农业结构调整和适度规模经营上，全镇全年控减粮食种植面积33.33公顷以上；以高效设施农业项目为抓手，建成2个百亩、1个千亩示范区，新增土地适度规模经营面积400公顷；培育经营主体，全年新发展家庭农场15个，组建农民专业合作社10个，培养新型职业农民30名。（仓晨光）

郭猛镇

【概述】 全镇总面积43平方千米，人口近4万人，下辖10个村居，相继获"盐城市统筹城乡示范镇""江苏省文明镇""江苏省创新型试点乡镇""江苏省发展散装水泥示范镇""江苏省农家书屋提升工程先进乡镇""江苏省农村电子商务示范镇""国家级生态镇""国家级卫生镇"等称号。全年实现地区生产总值31.1亿元，同比增长8.8%；财政总收入1.13亿元，同比增长16.0%；一般预算收入6466万元，占任务数101%；全年实现全口径开票销售13.9亿，同比增长7%，占计划12亿元的116%；规上企业开票销售9.56亿元，同比增长27.2%，占计划7亿元的136%，增长面为72.7%；培植亿元企业3家，其中兰丰开票1.8亿元，税收超千万元；开票超5000万元2家，新增定报企业2家；农民人均纯收入22785元，同比增长9.1%；超额完成全年各项目标任务，经济形势呈现出良好的发展势头，杨侍村被市人大列为基层民主立法联系点。结合农业产业结构调整工作，组织全镇上下重点学习党的十九大报告中关于农业、农村工作方面的重要论述，紧扣农民增收核心，紧抓乡村旅游主线，调减粮油面积466.67公顷，发展综合种养和规模种植333.33公顷，设施农业133.33公顷。

坚持全域旅游的理念，发展"旅游+"，围绕"乡村旅游、休闲观光、特色果蔬、都市农业”，用工业化理念、产业化意识、企业化机制，组织精兵强将，依托科研院所，紧盯上市公司，采取敲门招商、以商引商的办法，狠抓农业项目的招商。至年底，招引玖仪源玫瑰园、神农大丰院士工作站、连栋阳光大棚、稻田综合种养等发展前景好、资金实力强、技术层次高的项目20多个，为发展旅游观光农业提供项目支撑。

按照“一镇一园一特一品”的要求，不断放大杨侍乡村旅游品牌效应，提档升级杨侍农业生态园，拓展面积达33.33公顷的荷塘功能，在荷花观赏、荷花岛休闲上做文章，在莲蓬、莲籽、藕粉、藕汁加工等产业链上下功夫，不断提升产业层次。还与市农科所结亲，建成13.33公顷的有机大米生产基地。以玖仪源玫瑰园为龙头，建设66.67公顷集玫瑰生产观赏、婚纱摄影、精油加工为一体的产业基地，全力打造护西路观光农业产业带。以国胜家庭农场为龙头，大力发展创意农业，与中国传媒协会、省农科院合作，发展阳光大棚2.67公顷，其中草莓无土栽培0.67公顷，葡萄限根栽培0.67公顷，火龙果架植栽培0.67公顷，冬枣栽培0.67公顷，产品全部实现有机化，建设农产品出口备案基地。全力加快神农大丰院士工作站、诗路花语新疆民族风情园二期、中硒旅休闲保健等项目的建设，精心打造杨侍路观光农业产业带。通过项目建设，使杨侍生态园核心区面积由原来的200公顷扩大至333.33公顷，将杨侍农业生态园打造成国家AAAA级旅游示范区。

发展“互联网+”和农业电子商务，实施信息进村入户推进工程，对照“六有四服务”标准，按照“一镇一示范社、一村一标准站”的要求，整合项目资源，加快建设进度，确保按期建成运营。支持引导龙头企业、合作社、家庭农场、种养大户触线上网，线上与淘宝、美团、58同城等合作扩大销路，抢占市场份额，线下实行田园采摘、体验观光，使农产品不但能卖得出，还能卖出好价钱。同时，实施品牌战略，围绕标准化、绿色化、优质化、产业化的要求，通过各类媒体，举办杨侍草莓节、美食节、草地音乐会、冰雕节等活动，加大宣传推介，加大创牌、塑牌、护牌、用牌力度，重点培育一批特色农产品品牌，叫响杨侍牌，不断提升杨侍农产品知名度、美誉度和竞争力。

强化督查考核力度，各村（居）按照“结构调整项目化、项目建设节点化、节点推进责任化”的要求，将具体责任落实到实施主体和个人，实行挂图作战，纳入年终综合考核的重要内容，实行严格考核，确保农业产业结构调整取得实效。

【科技创新创牌】 全年申报国家高企5家、省高新技术产品6个、省首台（套）项目1个；申请PCT专利2只、专利323只，授权专利68只；获批中国驰名商标1只、国家知识产权优势企业1家、省知名商标1只，申报省民营科技企业6家；引进领军人才3人，组织6名高层次人才参加创业大赛，申报省级人才项目4个，与13家高校、科研院所建立产学研合作关系；建成院士工作站1家。全民双创氛围越来越浓，企业孵化平台建设步伐加快，开工建设标准化厂房9幢6.5万平方米，累计集聚生产型企业30家，新招引各类项目66个，其中工业签约项目16个，总部经济42家；整顿高耗能项目12个，工业技改投入1.8亿元11项目。至年底，疏浚打捞行业协会会员增至39家，新增疏浚打捞设备2.6亿元，年纳税750万元；农业结构调整稳步推进，新增适度规模266.67公顷，新创办家庭农场6个，示范家庭农场4个。

4月，第二届杨侍生态美食节

【发展乡村旅游】 成功举办第二届草莓采摘节、亲子嘉年华、草地音乐节、美食节等节庆活动，生态美食在央视展播，荷塘月色项目加快推进，冰雕项目建成开放，水上世界和温泉项目持续火爆，杨侍旅游品牌进一步提升，全年累计接待游客超百万人次，旅游总收入超亿元；乡村旅游带动效应明显，新疆风情园、玫瑰园等项目加快推进，全域旅游布局初现；农旅深度融合，国胜、秋之恋等家庭农场，加快与美团、58同城等合作，采取线上下单、线下采摘，推动杨侍路休闲农业产业带快速发展；发展吊瓜、葡萄等，打造S229设施农业产业带。

【优化生态环境】 年内，总投资2000万元，推进森林小镇建设和“263”专项整治。实施增绿工程，绿化河堤61条，总长45千米，打造护西—蒋庄3组森林村庄精品点，拓建经济林果23公顷，建设草镶边示范带6.5千米，建成“三化”示范单位3家；拆除居民集中区内养殖场23户，关闭6家塑料粒子加工点；在民乐等村（居），试点垃圾分类工作，建设垃圾分类生态化回收处理站，铺设污水管网2700米，新建生态护坡4000米；结合水利防洪工程，开展中干河、向阳河沿线综合整治；改建修缮康居工程259户，同一乡镇等项目共搬迁295户。

【发展社会事业】 至年底，新建或改建护西、刘垛等4家村(居)党群服务中心、卫生室，基层便民服务阵地不断加强。新建龙郭路北延等10千米农路、7千米防洪墙、合计14个流量的两座排涝站，13座农桥；建设敬老院喷淋及消防通道；创成国家无邪教示范村1家，省级民主法治示范村1家，法治企业1家，常态化关爱留守儿童；化解信访积案15件；建成1200平方米的镇综治中心，推进技防“村村通”，新建监控探头117个，建成郭猛厚德苑；送戏48场次、送电影360场次、送图书5000册，快板《鸡年说鸡》获省第二届快板优秀创作奖和表演二等奖，镇百合花舞蹈队参加国家、省全民健身巡演。中小学均获得全区教育教学质量奖，开工建设10轨30个保教班的新幼儿园；镇关工委牵头，累计为43名特困学生，争取助学金8万元；卫生院创成省示范中医科室、省示范健康单位，基本公共服务日趋完善；全镇450户建档立卡累计脱贫221户。

【全面从严治党】 推进“正风肃纪镇村行”专项行动、科学运用“四种形态”，排查整改各类问题72件，组织各类约谈46起，开展警示教育活动11场次。年内，对3户低收入就业项目予以核减，对31户有房有车的低收入户予以清退，对24户、50人不再符合低保要求的人员予以核销；规范“三资”管理运行程序，清退全部社会借资和借道融资，规范重大资金使用程序，推动“四议四公开一监督”制度长效落实，组织对部分村(居)财务进行彻查，基层微腐败得到有效遏制，整改各类陈旧问题。

【“一片林”建设】 年内，推进造林绿化工作，致力打造具有郭猛特色的绿化景观。该镇结合中小河流治理项目工程，在护西、新星等村境内规划绿化河堤61条、总长45千米，确保整治一条河道，建成一片风景。结合村庄环境整治提升工程，打造蒋庄三组村庄绿化示范精品点；沿护西路、杨侍路建设“草镶边”示范带6.5千米，完善提升全长5千米的东干河西侧绿化带，完善和新建博拓路、王垛接线路等道路绿化32千米，构

6月，“梦想起航、童心飞扬”的主题庆祝活动　　蔡林华　蒋丹云　吴丽娟　摄

建覆盖全镇绿色通道。结合小区绿化创建，把紫郡湾、景苑小区创成“三化”示范单位；结合高标准农田建设项目，新建农田林网666.67公顷，拓建经济林果233公顷。

【推进项目建设】 年内，建成舜诺机械项目厂房，完成垃圾分类处理中心基建，杨侍冰雪大世界项目进入扫尾阶段，厚德苑建成并开放。立足区位优势，提高“双招双引”精确度，围绕环保装备、乡村旅游、精密机械等发展前景好的战略性新兴产业，至年底，全镇签约项目25个，共招引各类专业技术人员180多名。对龙郭路北延、污水管网等项目，实行“一个项目、一套班子、一套方案”的工作推进机制，跟踪服务双菊、诚达、斯凯奇等企业申报技改扩能、国家高企等项目，协调解决企业发展急需的过桥资金，指导企业强化产学研结合，着力提升企业的生产能力和核心竞争力。至年底，累计为5家企业申报国家高新企业，为2家企业申报技改项目，提供过桥资金近8000万元。

【农业创牌】 年内，郭猛镇强化品牌战略，全力打造优质特色农产品，杨侍村牌有机大米，获国家有机认证证书，产品主要销往香港、深圳、上海、南京、苏州、无锡、常州等大中城市；国胜家庭农场蟠桃园牌系列农产品白雪公主草莓、阳光玫瑰葡萄获省金奖；秋之恋牌系列农产品香蜜草莓、夏黑葡萄获省银奖；吉祥牌葡萄、草莓等系列农产品获省银奖，企业采取线上下单，线下采摘，产销两旺；绿发水产的渔琪牌大纵湖大闸蟹、小龙虾，通过“ISO 9001质量管理体系认证”，产品销往香港、深圳、上海、南京等大中城市。

【第二届杨侍草莓采摘节】 4月15日上午9时，以“花开盐都·春游水乡”为主题的第二届杨侍草莓采摘节在杨侍村部广场开幕，杨侍草莓采摘节活动4月15日开始，至4月30日结束，持续16天。组委会为游客安排自采草莓活动，组织系列文艺表演以及各式草莓DIY美食、草莓吃货大比拼竞猜等互动活动。

·致富人物——潘国胜·

郭猛镇国胜家庭农场负责人潘国胜，盐城人，47岁。十多年前，他一直在上海大市区搞豆制品加工，产品供应50多个农贸市场，生意十分红火。既然在上海已拥有一家豆制品生产加工企业，为何还要返乡创业？2013年，潘国胜投资200多万元资金，返乡流转13.33公顷土地，种起蔬菜。然而，既不是农业科班出身，又不了解农产品市场行情的潘国胜所种植的传统农作物，在当地并没有竞争力，忙活半年后，竟然亏损几十万元。经历挫折后，潘国胜决定从农业技术学

起，多次拜访省农科院的专家，从教科书和努力实践中步步摸索。在农业技术专家的指导下，他选择葡萄和草莓种植项目，形成“夏摘葡萄、冬采草莓”的经营模式，并借助当地旅游优势，开辟游客采摘和批发两条销售渠道。敢于创新的潘国胜，还采用无土栽培技术种植草莓，并获得成功，无土栽培的草莓在市场上的价格比普通草莓高出3倍多。潘国胜还热心帮助每位前来取经的人。在他看来，让更多的人学会新技术，种植新品种，更有利于形成集群效应，为品牌推广打下基础。解决周边一部分村民创业就业问题。至年底，潘国胜的家庭农场面积扩大到66.67公顷，并带动周边10多家种植户的发展。潘国胜在带动周边种植户共同致富的同时，还常年吸纳20多个当地劳动力到他的家庭农场做工，每人每年收入3万~5万元不等。现在正处于葡萄采摘的高峰期，国胜家庭农场每天采摘葡萄500多千克，市场价每千克能达到12至15元。

【人才强镇】 以培育高新技术企业为载体，以新产品研发为着力点，强化人才和科技项目的招引，助力全镇工业经济转型升级。年内，规划建设占地266.67公顷的全民双创园，集聚企业71家，为人才引进夯实产业基础；同时，建设园区服务中心，为人才引进提供居住、小孩上学等各种配套政策跟踪服务，确保人才引得进、留得住。开展系列推介活动，春节、元宵、“五一”等节假日组织返乡成功人士参观镇全民双创园、杨侍生态园、乡村旅游产业等创新创业载体，推介郭猛创新创业政策和优势，招引创新人才回乡创业。组织精准招聘联姻活动，摸排本镇企业在人才和技术工人方面的实际需求，编制成册，并主动对接本镇在外在校大学生，牵线搭桥，促成返乡就业；主动了解本土企业新产品研发方向，协助企业寻求大学、科研院所等合作伙伴，鼓励企业建立各种实习基地、研发基地等，实施产学研联动发展。位于郭猛镇的盐城兰丰公司通过申报北京理工大学的唐晓龙教授、中国石油大学的张涛博士为省、市双创人才项目，推动产品不断转型升级，开拓新的市场。 （孟　震）

2017年郭猛镇各村（居）主要负责人

表17

村（居）名	村（居）书记	村（居）主任
刘垛居	王荣来	王荣来
护陇居	侍金华	严根红
新星村	周　晋	陈金平（9月份免）
西湖村	胡安顶	胡兆玉
护西村	陈鹏顺	蒋明富
杨侍村	成正铭	吴金凤
孙英村	孙正堂	侍永红
明朗村	邵井安	孙广安
民乐村	刘万益	卢林顺
新跃村	王广林	成留专

楼王镇

【概述】 全镇土地面积12723公顷，耕地面积5346公顷，21个村，3个居委会，人口55006人。地区生产总值32.5亿元，城镇居民人均可支配收入34415元，农村居民人均可支配收入19943元。

经济发展转型升级。工业经济实现新突破。全年实现全口径工业开票销售13.3亿元，增长85%，其中，定报工业企业开票销售9.1亿元，增长65%；全口径工业入库税收4025万元，增长42.9%，其中，定报工业企业入库税收3083万元，增长22.8%，定报工业企业增长面达68.8%。开展“产业项目推进年”活动，新招引各类项目10个，其中，亿元以上项目4个。新培育定报工业企业4家，新增注册公司18家。企业内生动力增强，斯瑞达、苏力等4家规上企业开票销售超亿元，苏力公司税收超千万元。新申报国家高新技术企业3家、新型专利85个，达成产学研合作项目6个，引进省“双创”博士、市“515领军人才”各1名。“苏力”商标成功申报国家驰名商标，苏力股份进入“新三板”创新层。斯瑞达公司新材料项目作为新经济增长点，被列为市监管的10个重点项目之一。现代农业取得新成效。试点示范新品种、新模式、新技术6个，果蔬示范园创成市现代农业科技园，仁和村获评市农村电商示范村。培育壮大新型农业经营主体，被省农委列为农民合作社规范化建设整体推进镇，新增省级专业合作示范社1家、市级示范社1家、市级示范家庭农场2家。抓实全区“三资”管理信息网试点工作，“三资”管理信息网全面上线运行，连续两年获评全省农村产权交易市场建设先进集体。

镇村面貌日益改善。加强基础设施建设，打通盐泰扬三市县互通互联节点的楼广线建成通车，完成20.1千米农村公路提档升级、59座桥梁改造工程。投入7970万元，推进水利重点县、省投土地整理和高标准基本农田项目，新建道路12.2千米、农桥19座、闸站7座、灌溉站35座。投入600万元，疏浚河道46条、62千米；投入1200万元，新建集镇防洪墙，改造危桥16座，拆建危闸8座。新建镇区污水支管网1.5千米，铺设天然气管道3.2千米，建成健身步道6条、3.6千米和1万平方米健身广场2个；全面实施康居工程，改建危房39户，维修474户，拆除131户。高起点建设“一片林”工程，新建1个高标准绿化示范村，完成圩堤绿化36千米，全民双创园栽植成片生态防护林36.67公顷、女贞林26.7公顷，完成文昌公园提升、文昌河河滨绿化、北环路道路绿化等绿化工程，绿化面积32.7公顷，城镇平均绿化覆盖率达41%以上，森林小镇建设项目全市乡镇首家。配合“一桶水”工程，完成新水源地26户房屋征收和引水工程清障工作；抓好农村环境“五位一体”长效管理，推进市生活垃圾分类试点工作；开展“263”专项整治行动，关停砖瓦厂3家、塑料粒子厂4家，禁养区关闭养殖户27户，限养区整治198户，水产养殖污染得到有效整治；做好全国文明城市创建工作，镇容村貌发生较大变化，森林小镇建设项目全市乡镇首家获得省人居环境范例奖。10月17日，市商务局评选公布第三批全市农村电子商务示范村名单，楼王镇仁和村入选。

社会民生和谐共进。做好“7·15”风灾抗灾救灾各项工作。实施精准扶贫，帮助100个低收入户通过蟹袋加工、果树

3 月，农村公路提档升级工程建设现场

种植、公益性岗位实现就业、增加收入。完成新农保扩面 683 人，续保 1 万多人。南京鼓楼医院名医工作室在区二院挂牌，新建花季园、江庄村卫生服务站 2 个，创成 12 个区级中医阁。被中国成人教育协会评为全国优秀学习型乡镇，楼王小学被表彰为市教育工作先进集体、市教育装备工作先进集体。新祥、仁和 2 个村建成村级文化服务中心，莲湘队参加 2017“张浦杯”全省连厢舞邀请赛获银奖。推进平安法治楼王建设，做好网格化管理，新设 28 个网格站、168 个网格小组，“村村通”工程实施到位，392 个监控探头全部启用，庆丰、姚顾等 8 个村新建村级综治中心。外流涉羟犯罪专项整治取得阶段性成效，被市禁毒委取消重点整治，获区委区政府记集体三等功 1 次。社会矛盾和安全隐患大排查大整治专项行动成效明显，社会大局保持和谐稳定。

【获省人居环境范例奖】 年内，成立楼王镇创建国家森林小镇指挥部，下设 7 个工作组。制定《楼王镇创建国家森林小镇工作实施方案》，对照创建国家森林小镇指标，实施绿化建设项目 19 个，主要为新建 1 个湿地公园，面积 12.6 公顷；新增道路两侧节点绿化 9 个，河滨绿化 5 个，面积 5.5 公顷；提升文昌公园 2.92 公顷；提升庭院绿化单位 3 个；新增公共绿地面积 13.9 公顷；新增河滨绿化面积 13.7 公顷。

2017 年楼王镇各村(居)主要负责人

表 18

村(居)名	村(居)书记	村(居)主任
庆丰	张仁妹	王文彬
花季园	陈翠萍	陈翠萍
江庄	胡海波	胡海波
新祥	仇国伟	丁文龙
姚顾	姚国荣	顾　亮
丁马港	李广仁	刘　斌
仁和	王祝一	王知清
庆西	封开河	张根明
凤南	田爱军	王如桂
莘野	姜金灿	李丰华
潭溪	张益华	彭　海
潭田	司中心	殷永荣
凌庞	顾建成	顾建成
凤池	周青松	朱加根
城头	陶保久	王开法
果林	徐伟年	杨加琪
蟒河	朱玉富	宋扣宏
新楼	黄广亚	马丰群
公兴	蒋瑞华	蒋瑞华
郭杨	王义军	俞石明
汉张	俞文楼	单锦明
文昌	陈友亮	王　刚
朝阳	树玉成	顾立华
利民	王遵刚	王遵刚

【招商选资成效明显】 2017 年，明确所有镇村干部的招商任务，出台具体的奖惩措施，推动全镇上下大招商、招大商。选优配强专业招商队伍，专职招商员增至 9 人。先后举办茶话会、推介会等活动，重点接待一批科技含量高、产品附加值高的电子、新材料企业客商。采取特色招商、代理招商、以商引商等一系列行之有效的招商方式，调动本土企业的招商积极性，通过他们牵线搭桥，广泛联系有投资意愿的企业，斯瑞达公司、万富隆公司等企业提供招商信息 6 条。

【家庭医生团队上门服务签约群众】 3 月，楼王中心卫生院 6 个家庭医生团队在楼王镇 132 个村民小组，开展高血压、糖尿病等疾病防治知识的宣传，免费为签约群众开展健康咨询、健康宣教、血压血糖检测，就高血压、糖尿病、冠心病、脑卒中等慢性病、多发病及妇科病的日常防治与病患面对面的交流。活动期间，家庭医生团队共上门服务签约群众 4011 户、6099 人。　　　　（胡兴扣）

学富镇

【概述】 全镇土地面积 8333 公顷，其中耕地 4630 公顷，下辖 14 个村，2 个居委会，人口 41191 人。全镇完成财政总收入 6505 万元，一般公共预算收入 3335 万元，超额并提前两个月完成财政收入全年目标任务。实现地区生产总值 10.2 亿元，同比增长 8.3%；完成全口径工业开票销售 5.65 亿元，同比增长 32.4%；定报工业开票销售 3.33 亿元，同比增长 15.6%；规模以上工业增加值 3.3 亿元，同比增长 7.8%，服务业增加值 5.3 亿元，同比增长 10%；固定资产投资 10.3 亿元，同比增长 12.5%；城镇人均可支配收入 35516 元，同比增长 8.9%；农村人均可支配收入 20520 元，同比增长 9.4%。

工业经济。全年新开工项目 3 个，金环一次性医疗耗材、普塞利集装箱传动设备、申佳环保设备 3 个项目通过区级评审；投资 1 亿元江苏艾梦床上用品项目和投资 1.2 亿元江苏火焰山环保设备项目，年内全部建成；新增盐城无纺布和富邦建材2家定报企业，完成维尔思环境工程有限公司新三板挂牌上市各项准备工作；全镇新增省科技型中小企业3家，申报发明专利35项，2家企业与高校签订产学研合作协议，2只产品申报省首台套重大装备产品，3家企业申报认定为省级企业技术中心，5家企业先后淘汰落后产能设备158台。

集镇建设。成功创建江苏省卫生镇、江苏省生态文明建设示范镇。在全市首批创成森林小镇；争取省重点和特色镇项目，投资2000多万元的人民路曙光中路，全面改造提升到位。疏堵结合整治镇区环境卫生和经营秩序，实现全天候保洁；主干道路配套路灯和绿化，路灯亮灯率达100%。新建K8和K901公交候车亭各一对，开工建设学义线县道改造工程和34千米农村公路提档升级工程；开展交通干线沿线环境整治“五项行动”，百姓出行更加绿色、方便、快捷。

农业农村建设。创成市级现代农业园区，水生蔬菜特色产业园区初见雏形。基础设施日臻完善，实施小型农田水利重点县工程，新建灌排泵站、双泵站各1座，拆建双泵站1座、防洪闸5座；实施农村中、小沟级河道整治工程，疏浚河道20条、17.5千米11.5万立方米；中小河流治理重点县方向河、富康河、直挺河、略斜河工程项目全部开工建设；投资2300万元的园垛等村省投土地整理项目和投资1000万元的同港等村高标准基本农田项目通过省级验收。精准扶贫精准发力。精准识别、动态调整全镇1095户低收入农户，共清退不符合建档立卡条件对象246户、575人。农村改革稳妥推进。全面完成农村土地承包经营权确权登记颁证工作；执行“四议四公开一监督”制度，全镇16个村居“三资”信息全部录入区“三资”管理信息网；新成立家庭农场9家，倍倍鲜食品成功申报市级农业龙头企业。

人民生活。建成镇敬老院、戚庄村两个老年人助餐点；认真开展第二次全国地名普查工作，采集地名条目11000余条；推进康居工程建设，完成103户居民

5月，学富镇关爱留守儿童活动　　杨　刚　摄

B、C级危房修缮改造，完成蒋河等4个村居卫生改厕，集镇新建公厕2座，改建公厕3座。三永村成功创建省级创业示范村；安置退役士兵2名，选拔培养退役士兵村官4名；8月6日，市委书记王荣平在耀晖人防公司车间对退伍士兵进行走访慰问，充分肯定服务退役士兵创业就业工作；集中开展农村劳动力培训1270人次，新增就业累计4100人次，全年社保登记完成年度任务100%，基本实现城镇职工社保、城乡居民社保和基础养老金全覆盖。基本实现城镇职工社保、城乡居民社保和基础养老金全覆盖。开展“263”专项整治行动，3家砖瓦企业关停到位，68户畜禽养殖污染整治基本到位；成片造林20公顷，建成戚庄村森林村庄1个、圩堤绿化30千米、农田林网733.33公顷；全面推行河长制，河道保洁实行常态化，强化督查考核促落实，制作187块河长制公示牌，清晰标明河道名字、长度、河长电话及河道监督举报电话等信息，随时接受群众监督。打造法治特色村和法治文化墙，开展“涉羟整治示范村居”创建、社会矛盾和安全隐患大排查大整治专项行动，及时化解钝化各类矛盾。

文明创建。做好全国文明城市和卫生城市创建工作；实验学校学生吴童获第四届江苏省“百名美德少年”称号；新发展志愿者620人，网络注册人数达2300人；时杨中学四星级高中创建通过验收，实验学校获第十六批省“绿色学校”称号，中心幼儿园通过省示范幼儿园复审验收，学富卫生院建成全区首家慢病健康管理中心，同港、联河、时杨、戚庄四个卫生室创成省级示范卫生室。略沿、学中两个党群服务中心建成交付使用；开展“三带三联”大走访活动，镇村党员干部走访农户6282户；圆满完成镇团委、妇联、工会、残联换届工作；获批市“515”领军人才项目2个；接受区委第四巡察组的巡察，及时整改、销号反馈问题。

【创建森林小镇】　年内，对照《盐城市森林小镇建设标准》，委托专业机构编制森林小镇创建范围和园林绿化建设计划。专门成立创森指挥部，围绕森林小镇创建的35项实施计划，重点打造森林公园东、西园建设，提升小区、园区、校区、厂区的绿化建设品位。占地4.5公顷的森林公园西园栽植乔灌木10411棵，栽植地被面积40500平方米，占地7.5公顷的森林公园东园，栽植乔灌木19020棵、地被面积58100平方米，工业园区内栽植香樟、女贞林面积达18.6公顷，河滨、道路绿化共补植各类苗木5560棵。按照“四季有绿、应时现花、季相丰富、景观美丽”的总体要求，坚持乔灌花草有机结合，常绿落叶合理搭配，围绕珍贵化、彩

4 月 25 日，学富镇民兵整组活动杨刚摄

色化、效益化，营造具有西部水乡特色的森林生态景观。

【通过省级卫生镇验收】 11 月 10 日下午，由省爱卫办牵头组成的江苏省卫生镇考核评估组在学富镇，通过听取工作汇报，察看实地现场，查阅台账资料，对创建省级卫生镇工作进行考核评估。考评组充分肯定学富镇省级卫生镇创建工作取得的成效，一致认为各项指标达到《江苏省卫生镇(乡)标准》要求，待上报省爱卫会予以命名。

【创成省生态文明示范镇】 12 月 21 日上午，省级生态文明示范镇(村)考核验收组对学富镇生态文明示范镇(村)创建工作进行考核验收。省考核验收组一行实地察看垃圾中转站、时杨中学、学富中心卫生院及时杨居委会等创建现场，详细了解垃圾中转、医疗废弃物处理、镇容镇貌改善、居民小区管理等情况，听取创建工作情况汇报，并查阅全镇创建台账资料。

【水生蔬菜特色产业】 年内，围绕产业富民定位，发挥水乡地域优势，规划建设水乡十里荷香农业观光区，发展莲花观赏休闲特色农业，推广莲藕套养小龙虾、黑鱼等立体种养模式，进一步促进农民增收致富。以 331 省道城乡统筹示范带为引领，新增 133.33 公顷高效设施农业，打造 333.33 公顷水生蔬菜特色园区核心区，串联成片发展荷藕套养龙虾、茨菰、茭白等水生蔬菜项目，围绕“一村一品”“一村一业”，每村建成不少于 13.33 公顷的设施农业，重点打造具有里下河特色风貌的水生蔬菜、龙虾套养特色基地，浅水藕、茨菰等水生蔬菜种植规模达到 1000 公顷，浅水藕套养龙虾和泥鳅立体养殖面积规模达 666.67 公顷。

【开展“正风肃纪镇村行”行动】 按照区“正风肃纪镇村行”专项活动要求，年内对 16 个村（居）、17 个部门单位进行全面审计检查。其中，重点检查审计各村(居)农村集体资产、资金和扶贫资金的管理使用情况，农民负担的“一事一议”等费用的支出和使用情况，村组财务、账务的公开情况，以及各部门单位公务接待、各类因公差旅费支出、津(补)贴政策执行情况等。主要围绕镇村干部作风、扶贫资金使用、惠农政策落实和农村三资管理等四个重点，坚持问题导向，查找问题并及时予以整改落实，坚定不移推动全面从严治党向基层末梢延伸。在全面检查审计的基础上，组织“回头看”，并对各村(居)、各部门单位整改落实和巩固提升情况进行督查指导，将专项行动全、严、实的要求贯穿整个活动全过程，确保专项行动开展、取得实效。 （杨　刚）

2017 年学富镇各村(居)主要负责人
表 19

村(居)名	村(居)书记	村(居)主任
戚庄	姚昌林	张志留
联河	张殿华	郑春华
车林	张　群	林主军
同港	张爱萍	林　刚
白阳	丁扣兰	冯殿国
学中	杨　秀	杨　秀
时杨	杨成林	徐九根
蒋河	刘　平	韩立芹
园垛	张荣义	李峰林
三永	张桂华	张代勇
华府	沙广红	潘金华
大成	滕国民	成　华
大同	姚如新	于万新
陈祁	陈建华	王玉琴
略沿	李仁惠	陈长宏
连心	刘玉仁	苏　江

尚庄镇

【概述】 全镇土地总面积 72.57 平方千米，其中耕地面积 4045 公顷，下辖 14 个行政村、4 个居委会，人口 45149 人。全年实现地区生产总值 23.9 亿元，规模工业增加值 7.2 亿元，公共财政预算收入 3200 万元，固定资产投资 10.8 亿元，城镇居民可支配收入 34967 元，农村居民可支配收入 20170 元。

经济发展。发展实体经济，全镇经济保持良好发展势头。工业企业实现开票销售 7.88 亿元、入库税收 2375 万元，分别占全年计划的 125.76%、106.38%，同期分别增长 63.5%、19.24%；定报企业增长面 87.5%。工业企业实现开票销售 7.88 亿元、入库税收 2375 万元，分别占全年计划的 125.76%、106.38%，同期分别增长 63.5%、19.24%；定报企业增长面 87.5%。龙头企业盐电阀门有限公司实现开票销售 2.17 亿元、税收 1228 万元，同期分别增长 6.46%、25.3%。“一镇一产一院”建设取得突破，西南大学盐电阀门流体控制系统研究院建成运行，新申创发明专利 10 项。江苏金火炬金属制品有限公司钢绵纤维标准被授予“黑色冶金行业标准”，公司通过知识产权管理体系认证。

招商选资。全年招引实体项目 7 个，总投资 4.75 亿元，其中投资亿元以上项目 3 个；开工项目 7 个、竣工项目 5 个、在建项目 2 个，其中投入 2 亿元、占地 4.08 公顷的盐电阀门四期项目 10 月开工建设，赛美特机械、申易自动化、缤诺服饰、森悦机电等 5 个项目竣工投产。

现代农业。紧扣“优粮、控畜、扩设施、提水产”思路，流转土地近 400 公顷，新增蟹虾稻、蟹鱼稻立体种养 307 公顷，开工建设 73.33 公顷北堡精品果蔬基地和 10.67 公顷番茄公园二期项目，番茄主题公园 2 公顷设施大棚建成使用；联胜村 24 公顷猕猴桃果蔬项目、民胜村 3.33 公顷农业休闲观光项目正在规划建设之中；投入近 1000 万元的联胜粮食烘干项目建成使用；建成占地 40 公顷的镇级农场，成功签约建设千亩蔬菜基地、24 公顷水蜜桃等现代农业项目，新组建培育家庭农场 8 家，汉祥家庭农场创成省级示范家庭农场。新建防洪闸站 3 座，疏浚大小河道 44 条、土方 36.5 万立方米、加固圩堤 0.5 千米；全面落实河长制，竖立公示牌 105 块，河道管护到人到位。1333.33 公顷高标准农田、千亿斤粮食项目、农村河道疏浚工程、农路农桥等项目全部竣工。

集镇形象。投入近 1000 万元，提档升级 9.1 千米镇区主干道，完成瑞南大桥、健康路中段拓宽改造，铺装五瑞老街、人民路人行道 6000 多平方米，新建镇村便民候车亭 6 座，改善农贸市场配套设施，新改建公厕 3 座；800 千伏特高压项目顺利完成，集中整治脏乱差环境 60 多处，清理镇区内乱停乱放船只 23 条，镇村添置垃圾筒 260 只、垃圾池 24 座，镇村环境更加优美。实施农村公路提档升级、一事一议奖补等工程项目，拓宽、新建北堡、花村、荣昌等村庄公路 13.2 千米、新建桥梁 20 座、塘桥（原乔村）村河道驳岸 1250 米。古殿渡口成功撤渡，搬迁安置 19 户。“三资”服务大厅、水务大厅、环卫仓库等项目建设手续基本办结，派出所迁建、幼儿园扩建正在规划实施之中。

生态建设。开展“263”专项整治行动，全镇畜禽养殖、高能耗企业全部整治到位，病死畜禽无害化收集点建成运行，两家砖瓦企业按时关停，友谊建材厂拆除复垦；开展水环境整治行动，“禁烧禁抛”实现全覆盖，河水清澈、空气清新成为常态。推进森林小镇和森林村庄创建，加大绿化造林力度，栽植苗木 16.6 万株，成片造林 40 公顷，新建农林田网 826.67 公顷，完成圩堤绿化 30.9 千米、公路绿化 30 千米；集镇新增绿化 9.2 万平方米，建成南腰河缤河绿带、昌盛路等绿化节点，镇区森林覆盖率达 38.2%；联胜村森林村庄成功创成。乡村旅游取得突破，完善提升智能大棚、绿化景观、休闲观光等节点项目，全面启动尚湖景区建设，游客服务中心建成对外开放，完成尚湖河坡水系整治，成功举办第四届尚庄番茄节、盐都金秋行——尚庄番茄风情节。

改善民生福祉。年度为民办实事项目全部完成，一批群众反映强烈的问题得到解决。服务完成高新区、镇内企业用工 308 人，开展创业就业培训 432 人、新型职业农民培训 60 人；安置退役士兵就业 19 人。开展“大排查大整治”活动，投入近 300 万元技防“村村通”投入使用，未发生赴省进京非访和重大安全责任事故，“十九大”期间保持良好稳定环境。全面禁毒措施得力，社会治安平稳可控。加快镇村社区便民服务站建设，农村社保“四个不出村”快速推进，村居网格化管理试点推广，“七五”普法全面展开，社会治理工作多次接受市区领导的视察调

10 月 15 日上午，尚庄番茄风情节在尚庄番茄主题公园盛大开幕　　丁晓岚摄

2017 年尚庄镇各村（居）主要负责人
表 20

村（居）名	村（居）书记	村（居）主任
吉爱	王爱龙	
庆福	宗　俊（11 月免）	赵玉珍
姚伙	牛万华（11 月免）	陈如华
荣昌	王荣芳	任国余
古殿	殷纯传	陈维龙
界河	王　珊	张文生
民胜	尹洪刚	徐炳生
万和	谭义刚	
联胜	刘道胜	胥爱芳
南吉	季中洲	包步宽
塘桥	杨绍宽	厉传忠
北堡	孙开林	王寿丰
五瑞	李俊峰（兼）	刘永根
瑞南	王新春	胥传岗
瑞北	胥家书	胥　飞
上潘	张称华	邹正昌
东塘	刘卫红（3 月免）	朱正满
花村	龚　瑾	

研。重抓精准扶贫，实施精准扶贫，北堡、古殿、万和、联胜4家区定低收入村全部落实增收项目，贫困人口脱贫605人。实施绿化致富工程，共栽植“致富树”4650棵。开展困难群体慰问和救助4293人、183.23万元，慰问建档立卡低收入农户32.5万元；康居工程快速实施，127户D级危房改造、247户C级危房改造全部完成。文化教育、卫生计生服务水平不断提升。无证幼儿园取缔到位，中小学教学管理创新稳步提升；村（居）标准化卫生服务站加快建设，卫生院儿童数字化门诊投入使用，创成市级妇幼保健示范区，新型农村合作医疗参保率100%，为全镇60名周岁以上老人免费体验。

（刘卫红）

鞍湖街道

【概述】 街道总面积833.33公顷，耕地面积740公顷，总人口9902人，下辖大顾、九曲、洪渡、许桥、刘垎、张本6个村居。全年实现公共财政预算收入1190.04万元、实现财政总收入1950.26万元。鞍湖街道全口径工业开票销售21577万元、税收1377万元，年内，承担第三次全国农业普查工作，完成洪渡党群服务中心及张本党群服务中心的建设。

【招商引资及注册经济】 年内，坚持招商选资、注册经济工作，推进全民创业增收。招引汽车配件项目，项目由江苏富源汽配工业有限公司投资建设，新征土地3公顷，新建厂房20000平方米，项目总投资1亿元，并通过评审，新上2条汽车配件生产线，生产各类汽车配件及农机油箱。推进中特特种设备项目及精密模具项目，注册经济11个：盐城苏博贸易有限公司、江苏村田燃气模温机有限公司、盐城市中举捷安装有限公司、江苏新安康保温工程有限公司、江苏前沿建设工程有限公司、盐城市百世达建材有限公司、盐城市峥嵘岁月新能源有限公司、盐城市飞明驾驶员培训有限公司、盐城市博杰自动化科技有限公司、江苏效航新能源科技有限公司、江苏丰阳建设工程有限公司盐都分公司。

【现代农业工程】 年内，街道围绕“一片林工程”开展绿化工作，分别在大顾居委会331省道北侧流转土地2.67公顷，南侧流转土地0.67公顷，许桥村公墓西侧及中干河西侧两个地块1.33公顷土地，张本村公墓东南侧土地1.33公顷，共计流转土地6公顷发展绿化种植，开展抗旱保苗工作，苗木成活率在85%以上。在大顾境内331省道北侧，卢沟路与拥港路之间的4公顷土地引进肖立新发展南美白对虾设施化养殖，在洪渡居委会港北路东侧发展罗金庄进行1.33公顷稻田套养小龙虾模式探索种养，模式基本成功。帮助农业项目单位申报农业项目，帮助盐城市桃缘果蔬专业合作社申报“2017年果蔬生物农药绿色防控补贴项目”、盐城市红太阳植保专业合作社申报“2017年水稻专业化统防统治项目”，组织实施小麦一喷三防物资补助项目的推进落实。

【蟒蛇河整治】 年内，配合蟒蛇河整治工作，开展清障、矛盾协调等工作，共拆农户112户，企业4家，砂石场2个，新建排涝站5个，至年底，街道共有8个排涝站，高标准闸口12个。

【市场监管工作】 年内，加大街道境内农资市场的监管，配合区农业执法大队，多次对境内农资门市进行督查，检查相关台账，对种子市场监管，春播及秋播两季在各门店督查种子备案情况，向门市发放种子管理条例并经销人员签订承诺书，加大种子检疫检查。年内，对街道境内的荷藕、油桃、草莓等农产品加大生产监管，随机抽样，督促台账建设等工作，在重大节日开展农产品质量安全检查等工作，实现农产品质量安全无事故。

【落实耕地质量监测工作】 年内，按规定在街道内定点进行土壤抽样，推广配方施肥工作，服务农药化肥零增长工作。加大外来物种的监管工作，加大对加拿大一枝黄花和美国白蛾的防控工作，至年底，街道境内加拿大一枝黄花发现疫点8个均被清除。

【环境整治工作】 推进和完善农村环境整治“五位一体”的长效管理机制，提升综合管理水平，营造良好的人居环境和投资环境。尤其是263环境整治工作，街道周德军猪场、周国军鸡场、刘汉辉鸡场作为整治重点，起动整治程序，投入全额资金对周德军猪场和刘汉辉鸡场进行蓄粪池硬化处理，对张本村罗新元猪场（23头）建立标准化的硬化蓄粪池。对周国军鸡场和周国祥鸡场进行关闭处理。对新建的三个硬化处理的蓄粪池，在醒目处设立“内有沼气、严禁烟火、禁止攀爬”安全提示牌，对新建的蓄粪池建设资金实行以奖代补的形式予以补助到村。

【致力改善民生】 注重民生投入，提升居民生活环境，提高居民幸福指数。年内，完成残疾人托养中心建设，确保居住在这里的老人在2018年春节前全部入住。新建老干部家属区及九曲两座公共厕所。新建200平方米大顾卫生室，新浇筑居民路2000米，完成部分村居公路的提档升级及亮化。完成张本古村落一期工程的建设，正式对外开放。9月，举办“鞍湖街道2017年第七届老年文化艺术节”。

（周建华）

2017年鞍湖街道各村（居）主要负责人
表21

村（居）名	村（居）书记	村（居）主任
大顾居委会	顾洪左	武炳华
九曲居委会	洪成善	顾永美
洪渡居委会	高长忠	王经经
张本村	武华民	季龙坤
许桥村	张广勇	黄韦党
刘垎村	朱宏祥	姚立萍

北蒋街道

【概述】 北蒋街道土地面积12.75平方千米，人口1.2万人，下辖童成、卢村2个行政村和远景、厉民2个居委会，共有17个村（居）民小组。全年实现地区生产总值 7.1 亿元，同比增长 8.3%；全社会固定资产投资完成 6.34 亿元，同比增长 12.1%，其中工业投资完成 3.6 亿元，同比增长 7.0%，服务业投资完成 2.4 亿元，同比增长 25.9%；规模工业增加值实现 1.2 亿元，同比增长 7.7%；服务业增加值完成 3.19 亿元，同比增长 9.7%；新增“四上”工业、服务业和批零住餐企业各 1 家；全年完成一般公共预算收入 1111 万元，占年度任务 101%；城镇居民人均可支配收入达 34516 元，同比增长 8.9%；农村居民人均可支配收入达19966 元，同比增长 9.6%。提前一个月完成民营经济两大指标任务，新增私营企业 50 户，新增个体工商户 273 户。

工业经济。全年全街道 8 个定报企业，7 个运行正常，企业增长面达 62.5%。全年规模工业实现增加值 1.2 亿元，开票销售 2.8 亿元，入库税收 1300 万元，分别同比增长 7.7%、10.8%和 12.9%。全口径实现开票销售 3.6 亿元，入库税收 1700 万元，同比增长 7.5%、17.6%。规模企业支撑作用日益明显，艾斯特体育器材有限公司全年实现开票销售 4021 万元，入库税收 404.9 万元，首次突破 400 万元大关，同比增长 23.1%和 3.8%。沙子电器有限公司全年实现销售 8010 万元，入库税收 394 万元，同比增长 30.5%和 22.7%；九州汽配有限公司全年实现销售 5423 万元，入库税收 192 万元，同比增长 16.1%和 82.9%。鹏飞机械、苏申疏浚两家注册公司入库税收一家新超 200 万，一家继续超百万元。全街道入库税收 200 万元以上企业 3 家，100 万元以上企业 3 家，50 万元以上企业 5 家。

双招双引。年内，北蒋全民双创园 43.33 公顷核心区基础设施基本完善，振兴路和振兴桥建成通车，入驻企业 19 家，盐城市净友机电设备有限公司上半年全面竣工，投产达效；新招引的鹏琪钢构项目筹备开工建设。全年总部经济招引新增注册企业 15 家，实现销售 3000 万元，新增税收 300 多万元。成功举办秦南（北蒋）在外创业有成人士恳谈暨无锡招商推介会，签约各类项目 10 多个。

农业农村发展。年初，冬春绿化共完成河堤绿化 14 千米，补植东涡河、红九

9 月，秦南镇（北蒋街道）在外创业有成人士恳谈暨无锡招商推介会

河一线圩堤 3 千米，完成省级公路两侧绿化提档升级与种草美化工程。农业全程机械化稳步实施，出台全程机械化实施办法，共落实统一品种机条播面积 73.33 公顷，机械化育秧插秧面积 28 公顷。汛前维修 2 座排涝站和 4 座圩口闸，并落实《北蒋街道 2017 年防汛防旱预案》，确保汛期安全度汛。推进农村环境整治，组保洁、村收集、镇处理的农村生活垃圾五位一体管理形成常态。夏秋两季秸秆“双禁”和综合利用工作，实现“零火点、零抛河、零通报”目标，秸秆全量还田率继续保持在 97%以上。加大畜禽养殖污染整治力度，农村环境日益改善。

镇村建设。年内，实施园区提升工程，工业集中区路灯、绿化等基础设施进一步配套完善，新增腾飞路、文景北路、园区北环路路灯 82 盏。投入 150 万元实施园区振兴桥、振兴路建设。实施盐金线亮化全覆盖工程，童成段新增路灯 75 盏、厉民段新增路灯 22 站；实施朝阳东路路面改造维修工程、朝阳中路下水道改造工程、集镇原有路灯维修工程和沿街绿化补植工程，集镇配套功能进一步完善。抓好农村康居工程及“四类人群”危房改造工作，累计完成 19 户农村“四类人群”康居工程建设任务。

社会事业。年内，教育教学工作取得较好成绩，2017 年中考北蒋实验学校共有 104 人参加考试，其中四星级高中达线 24 人。教育教学条件进一步优化，幼儿园实施绿化提升工程，成人校实施内部环境改造工程，北蒋实验学校暑期实施校安加固工程。成人教育培训工作成为全市亮点，成功举办国家级培训项目“两减一增”绿色高效栽培培训班；“三家春终身学习联盟”—“家和”系列培训被评为省级社区教育品牌；盐都区首家“江苏学习苑”创建成功立项。全民健身工作取得新进展，街道夕阳红老年健身队参加省市区比赛，多次获得优异成绩，体育器材之乡、省体育强镇特色进一步彰显。投入 120 万元实施综合健身广场建设并竣工投入使用。建筑面积 1015 平方米的远景党群服务中心、200 平方米的达标合格卫生室竣工。童成公益性公墓完善视频监控系统，进一步提升公墓管理水平。

社会大局。以维护社会稳定为核心，落实各项安全稳定措施，开展平安系列创建活动、涉羟整治专项行动，及时处理信访突出问题，妥善化解各类社会矛盾，特别是涉军群体矛盾，全面开展普法宣传和法治街道建设，全力维护社会稳定。开展“三带三联大走访”、大排查大整治、领导干部下访金桥行动、“三解三促一加强”和 6 月“安全生产月”、出租房屋排查整治等活动，全年未发生重大群体性事件、非访事件。

【项目载体建设】 年内，北蒋全民双创园启动实施园区提升工程，对园区绿化进行补植和完善，新增路灯 70 多盏，实施园区振兴路和振兴桥建设，至年底全

面竣工通车，全区以机械电子类项目为主，建成核心区43.33公顷，建成四纵四横主干道等基础设施，引进南星科技、欧迈机械、中材环境、九洲汽配、怡达电子、吉盛达环保、忆童年、双泰热能等机械电子类企业落户。

【盐城市诤友机电设备有限公司竣工投产】 8月底，盐城市诤友机电设备有限公司竣工投产，占地1.2公顷，总投资1亿元，新建厂房及研发楼、附属设施等，建筑总面积10000平方米，新增数控车床、数控加工中心、磨床、龙门钻铣床、压机、平衡机、电动机等各类设备57台套，入库税收40多万元，年产各类风机电机5万台、施工护栏2万套，年销售10000万元，利税1500万元。

【提升企业创新能力】 年内，江苏沙子电器有限公司、盐城市艾斯特体育器材有限公司批准为省企业技术中心；盐城市艾斯特体育器材有限公司、盐城市九洲汽车配件有限公司被评为“两化融洽企业”；盐城市艾斯特体育器材有限公司的“锐科特”商标获国家驰名商标，“锐科特”英文板商标创市知名商标，同时在境外20个国家注册境外商标，全年新批两个发明商标，新申报三件国际知识产权国际专利(pct)，同时申报33项发明专利，20项实用新型专利，企业被评为盐城市发明专利20强企业第八名，受到市表彰；盐城市佰瑞达体育用品有限公司成功创建省民营科技企业，市高新技术企业；盐城市九洲汽车配件有限公司为省高新技术企业，公司焊接机除尘装置为省高新技术产品。盐城市艾斯特体育器材有限公司、盐城市佰瑞达体育用品有限公司、江苏沙子电器有限公司全面推行电子商务，其中艾斯特全年电商销售达800万元，佰瑞达和沙子电器也取得一定的成效。江苏沙子电器有限公司新建五层共4000平方米研发楼，上半年投入使用。年内，江苏沙子电器有限公司购置自动波纹成型机、真空钎焊炉、全自动功力测试仪等，盐城市九洲汽车配件有限公司新增全自动焊接机、制管机、弯丝机、弹簧机、弯管机等智能制造设备。

(吴红斌　陈　玉)

2017年北蒋街道各村(居)主要负责人
表22

村(居)名	村(居)书记	村(居)主任
远景居委会	杨秀云	乐学红
厉民居委会	周龙余	潘秀萍
卢村	卢玉江	卢新华
童成村	吉安邦	朱安兵

北龙港街道

【概述】 2017年，全街道土地面积23.15平方千米，下辖1个行政村，3个居委会，人口14438人，国内生产总值7.8亿元，公共财政预算收入1168万元，农民人均纯收入19971元。

经济发展持续加快。主要指标再创新高，公共财政预算收入、全社会固定资产投资、工业开票销售收入、农民人均纯收入等各项主要经济指标全面超额完成区委区政府年初下达的任务。工业经济实现新突破，龙盛公司税收首超500万元，引导铸造、中央空调两大特色产业转型升级，空调企业逐渐由玻璃钢风管向金属风管转型，铸造企业逐渐由传统铸造向精密铸造转型，街道企业实现在经济困境下产销的逆势上扬。严格落实好国家惠农政策，对村级财务进行全面审计，及时落实整改，对相关责任人进行严肃处理，发展绿色水产，通过对100个养殖塘口实际抽样，全部符合食用安全标准；扩大中华史氏鲟工厂养殖规模，“北龙港青虾”通过国家地理标志证明商标审核。

镇村建设。加强基础设施建设，实施3.3千米农村公路提档升级、14座桥改造工程；投入1170万元，推进水利重点县、省投土地整理和高标准基本农田项目，建成1万平方米健身广场1个；全面实施康居工程，改建危房16户，维修34户、拆除15户；新建1个高标准绿化示范村，完成圩堤绿化6千米，完成龙腾路、文华路绿化等5项绿化工程，绿化面积8公顷；开展“263”专项整治行动，关停砖瓦厂1家、塑料粒子厂2家，禁养区关闭养殖户6户，限养区整治36户，水产养殖污染得到有效整治；做好全国文明城市创建工作。

民生保障。实施精准扶贫，完成新农保扩面152人，续保1430多人；新眼科大楼建成开诊，创成4个区级中医阁；新幼儿园投入使用，南龙居委会建成村级文化服务中心；推进平安法治建设，抓好网格化管理，新设4个网格站、26个网格小组，“村村通”工程实施到位，41个监控探头全部启用，南龙居委会新建村级综治中心，社会矛盾和安全隐患大排查大整治专项行动成效明显，社会大局保持和谐稳定。

基层组织。基层组织建设持续巩固，开展“两学一做”专题学习教育；认真组织“三带三联”大走访活动，第一轮走访农户2208户，解决问题38个，第二轮走访42户，解决问题7个；实施党群服务中心提档升级三年计划，建成顺北、龙兴、北龙3个党群服务中心；精神文明建设大力推进，做好各类文明创建工作，推进全国文明城市创建，开展“十佳文明新事”和“身边好人”评选活动；完善党工委中心组学习制度，持续提高党员干部理论素养。

(朱相国)

2017年北龙港街道各村(居)主要负责人
表23

村(居)名	村(居)书记	村(居)主任
顺北	刘景标	刘景标
龙兴	蔡大春	杨步成
北龙	朱党林	朱党林
南龙	潘金冬	郭世明

中兴街道

【概述】 街道下辖河夹、中徐、施湾、周伙4个村(居)，总面积10平方千米，耕地面积608.07公顷，全街道2497户，9106人。街道办事处驻河夹居委会。全街道完成地区生产总值49100万元，同比增长8.20%；固定资产投资35005万元，同比增长12.10%；规模以上工业增加值5036万元；完成全口径开票销售8976万元；完成一般公共预算收入1326.05万元，同比增长10.03%。各项指标均平稳增长，经济社会事业发展态势良好。

基础设施建设。完成施湾、中徐两个村(居)党群服务中心建设；中徐、施湾、周伙3个村(居)卫生室内部设施全部配置到位并投入使用；农村康居工程通过验收，完成C级危房20户，B级危房5户的翻新、修缮任务；总投资945万元的农村公路提档升级工程完成网上招标；裕兴路3千米150盏高效能路灯及支线振华路景观灯亮化工程全部安装到位；润安街东延工程完成网上招标；中兴实验学校幸福桥竣工使用；中徐、河夹土地整理项目全面实施；推进盐淮高速、331省道沿线环境整治工作；启动街道内中小河流集中连片整治，加强闸站的防护管理，扎实做好防汛防旱工作。

项目建设。总投资4000万元，征地1.2公顷、新建厂房12000平方米金麦穗新能源二期项目，完成土地指标、立项、设计、环评、土地摘牌、规划许可证等手续；10月，成功召开稻麦秸秆石墨烯材料、轨道交通合成闸瓦2个省级新产品、新成果鉴定会；玖华机械主体结构竣工，内部装潢中；办理工商注册登记15家；招引总部经济3家；平稳有序推进以曹文轩故居为核心规划的草房子乐园项目建设。

乡村建设。完成绿化造林40多公顷；施湾村新植或补植苗木2万多株、道路绿化7千米、河堤绿化10千米，所有苗木均栽植到位，成功创建省级“森林村庄”；河夹、中徐2个居委会同步建设5000平方米的小游园；开展集镇环境整治行动，补齐配全安全消防设施；巩固现有村庄整治成效，会办出台“五位一体”长效管护机制工作方案；建立区、镇、村三级河长制管理体系；完成畜禽养殖户环境整治，关闭禁养区养殖户3户，限养区14户，全部按照“五”字原则，整改到位，通过区263环境整治验收；新办家庭农场1个，合作社1个，新发展种养大户14户；完成秸秆“双禁”和“三清”工作，秸秆还田率达100%，实现夏秋两季零着火点目标。

民生幸福。9月9日至15日，举办欢乐水乡、多彩盐都“草房子朗读周”及中兴街道第五届老龄文化艺术节等活动，丰富人民群众的文化生活；城镇新增就业180人，新增农村劳动力转移80人，完成城乡居民养老保险扩面240人，续保率达98%，基础养老金发放率达100%，被征地农民社会保险覆盖率达100%。按照“一村一策、一户一策”的办法，精准施策到村到户，落实“一户双扶”精准扶贫措施，全年完成28户的脱贫任务；完成4个村(居)农村土地承包经营权确权登记、颁证工作；推进“三带三联”大走访活动，共走访1264户，完成任务数的100%。

和谐稳定。开展禁毒“雷霆行动”，建立完善涉羟禁毒基础台账，实现动态管理；开展安全生产大排查大整治大落实工作，组织经营场所大检查9次，道路交通、建筑施工、危化品、烟花爆竹等重点行业领域专项检查13次，检查生产经营单位46家，排查隐患266条，全部整改到位；加强对出租房屋安全隐患整治工作，开展排查出租房屋45户。

作风建设。全年组织专题党课3次、专题交流研讨5次，召开班子民主生活会3次，发展预备党员8人；开展奢侈浪费、为官不为等专项整治，作风效能持续优化。

【羊维达观摩强鹿新材料项目】 1月7日，区委书记羊维达在街道党工委书记王权奎陪同下，观摩江苏强鹿新材料科技有限公司项目现场，项目负责人详细介绍概况，该项目主要生产钕铁硼强永磁材料和各种规格多种形状的磁性元器件，产品广泛应用于微特电机，永磁仪表，核磁共振装置，磁悬浮系统等领域。项目计划总投资6000万元，项目全部投产达效后，年可实现销售1.5亿元，利税2000万元。

【开展夏令营活动】 6月15日上午，“纵湖湿地·水乡情”台湾学生夏令营联谊活动在草房子乐园开幕，台湾新北市福和中学学生及部分教职人员一行32人在区台办主任彭俊、街道办事处主任周冉、党工委副书记徐锦荣陪同下，参观草房子、老教室、文轩旧居、小憩凉亭、景观土丘、河湾栈桥、老校门楼、乡野童趣运动场等多个景点，并开展滚铁环、转陀螺等互动游戏；周伙村党支部书记李天庆给全体师生讲解《草房子》《青铜葵花》《细米》等曹文轩代表作品，最后观看中央电视台曹文轩专访《文艺名家讲故事》——用文字造屋，同学们深刻了解到这位世界儿童文学巨匠的成长之路，同时体验70年代苏北里下河地区乡土人情。

【举办“草房子首届朗读周活动”】 9月9日上午，盐城草房子乐园投资发展有限公司在中兴街道周伙村油麻地小学举行“草房子朗读周”启动仪式。“草房子朗读周”自9月9日至9月15日共7天时间，分别开展儿童读书节、儿童文化主题讲座、儿童绘画大赛、“草房子”实景写生绘画大赛、儿童拓展训练等系列活动。

【吴本辉考察绿化造林工作】 11月28日，区长吴本辉、区委副书记冯明印在街道办事处主任周冉、党工委副书记徐锦荣陪同下，考察中兴S331省道接线路两侧绿色通道。S331接线绿化工程全长2千米，建设面积13.33公顷，在接线两侧50米范围内，总投入350万元，根据立地条件，按照“三化”要求，主要栽植池杉、红枫、红叶李等树种，共15000多株，林木保存率达95%。S331接线绿色通道“一片林”列为区绿化样板示范匡口，并在全区进行绿化现场观摩。

【孙九林参观江苏金麦穗科技股份有限公司】 11月28日，中科院院士孙九林在区政协副主席张荣銮、街道办事处主任周冉、党工委副书记徐锦荣陪同下参观江苏金麦穗科技股份有限公司。孙九林实地查看稻麦秸秆堆场、稻麦秸秆碳化炉的生产车间、石墨烯实际应用(刹车片)的生产过程、公司实验室、产品展示中心等场所，听取公司董事长熊万军的详细讲解，及产品未来的发展前景。

(徐锦荣　王月霞)

2017年中兴街道各村(居)主要负责人

村(居)名	村(居)书记	村(居)主任
河夹	曹芳萍	冯　山
中徐	徐　松	徐红军
施湾	徐国群	沈洪章
周伙	李天庆	周友铭

- 新闻人物
- 正高级教师
- 工　匠
- 组织机构负责人名录
- 先进个人
- 先进集体

新闻人物

张鸿新

张鸿新，男，汉族，1964年10月出生，盐都尚庄人，中共党员，江苏农学院农学本科学历，1988年7月参加工作，高级农艺师，盐城市盐都区农业委员会主任、党委书记。2017年12月被人社部、农业部表彰为“全国农业先进工作者”。

1988年大学毕业后，张鸿新成为一名乡镇基层农技员，1990年到区（县）委办公室农业条线工作，2004至2008年担任区农林局局长，后调任大纵湖镇任党委书记，2010年成立农委后，任盐都区农业委员会主任、党委书记。凭借扎实的专业知识，开阔的工作思路，丰富的领导经验，他带领全区农业系统一班人励精图治，创先争优，有力推进了盐都现代农业快速发展。全区农林牧渔总产值达94.58亿元、增加值达45.9亿元，生猪、家禽、河蟹产值均超10亿元，先后被评为“全国休闲农业与乡村旅游示范县”“全国渔业健康养殖示范县”“全国粮食生产先进县”“全国生猪产业大县”“全国蔬菜产业重点县”“中国河蟹之乡”“江苏省蛋鸡产业基地县”“江苏省亩产吨粮县”等。2012年获得农业部“全国粮食生产先进工作者”表彰，2011年获得省农委“粮棉油高产增效创建先进个人”表彰，省绿化委员会、省农林局“绿色江苏建设先进个人”表彰，2012年获得盐城市委“优秀党务工作者”，2016年被盐城市政府记“创成绿化模范城市二等功”。坚持以园区建设引领现代农业发展的理念，推动台湾农民创业园创成国家级园区、盐都现代农业产业园创成全省首批现代农业园区。全区已建成现代农业特色园区11个，实现“一镇一园一特”全覆盖，高效设施农业面积达16万亩，占比达19.5%，多次被表彰为全省发展现代高效农业成效显著县。积极推进农业新型业态发展和农业生态环境提升，休闲农业与乡村旅游综合发展实力跻身全国50强，创成中国大闸蟹电子商务示范县、江苏省稻田综合种养试点县。全区林木覆盖率达23.4%，连续多年被市委、市政府评为造林绿化先进单位。秸秆综合利用率达99.7%，被省认定为秸秆综合利用示范区。农业有效“三品”总数达158个，产量占比超过65%，获评“全国绿色食品原料基地县”。

董兆付

董兆付，男，1968年11月出生，中共党员，高中学历，盐都区潘黄街道新民村党总支书记、盐城市盐都区婧婧果蔬家庭农场负责人。2017年12月，被人社部和农业部表彰为全国农业系统劳动模范。

作为村里领头雁，董兆付始终坚守“做给农民看，带着农民干”的信仰，使新民村农业园区成为盐城市区本地参与农民最多、效益最持续、品种最优、环境最美的富民载体，火龙果的示范推广、草莓椰糠无土水肥一体化栽培等还填补了盐城市的空白，走出了一条转型发展高效农业，融合带动乡村旅游的产业富民之路。开辟富民新路径，随着乡村旅游兴起，他动员广大种植户迎合乡村旅游消费新动向，争取资金购买宁玉、红艳等优质草莓种苗，无偿发放给农户，成功引进椰糠无土水肥一体化架式栽培等新方式，拓展休闲观光、体验采栽等农旅融合发展新业态。为村民带来亩增收益2000元以上，带动人均增收3000元左右。带领园区获得“中国草莓产业基地”“全国鲜食葡萄生产示范区”等众多招牌。董兆付先后被盐城市人民政府授予“盐城市劳动模范”、国家旅游局授予“中国乡村旅游致富带头人”“全国农业劳动模范”、江苏省委组织部、宣传部授予“吴仁式优秀村书记”、盐城市委授予“优秀共产党员”、江苏文明委被推荐为“江苏好人”、江苏省委组织部授予“2016-2017年度江苏省农村基层党建工作突出贡献奖”。新民村被评为“江苏省社会主义新农村建设示范村”“江苏省休闲观光农业示范村”。

曹文轩

曹文轩，男，汉族，北京作家协会副主席，北京大学教授、现代文学博士生导师、当代文学教研室主任，儿童文学委员会委员，中国作家协会鲁迅文学院客座教授，2017年3月31日，获得2016-2017“影响世界华人大奖”。2017年12月，特殊文体长篇小说《蜻蜓眼》获得首届“吴承恩长篇小说奖”。(有关王金海详情请见已出版的《盐都年鉴》“人物”栏目中“新闻人物”分目)

杨书君

杨书君，中共党员，大专学历，盐城市盐都区安监局综合科科长，2018年1月，被国家安全监管总局、国家煤矿安监局表彰为“安全生产监管监察先进个人”。

1995年11月参加工作，注册安全工程师。1995年至2001年在盐都区化建局工作，2001年至今在盐都区安监局工作。从事安监工作以来，先后4次被市政府、2次被区政府表彰为安全生产工作先进个人，多次被市、区安委会表彰为安全生产工作先进个人，2013年被区级机关党委表彰为优秀党员，3次在年度考核中获优秀等次，2015年获区五一劳动奖章。2016年度所在科室获全区政法十佳科室，2017年所在科室获区工人先锋号。

马贤兵

马贤兵，男，1971年2月出生，江苏盐城人，1991年12月参加工作，中共党员，大学学历，2010年9月任盐都区科协办公室主任，2011年5月当选为区科协秘书长。2017年4月，被人社部、中国科协联合表彰为全国科协系统先进工作者。

马贤兵在工作中始终坚持高标准、严要求，不计个人得失，工作大局为重。被省科协表彰为科普宣传工作先进个人，2次被市科协表彰为全市科协工作先进个人，2次被市科协、市发改委等部门联合表彰为全市“厂会协作”工作先进个人，4次被区委宣传部表彰为“六下乡”活动先进个人，连续4年年终考核为优秀。热爱科协工作，有较强的文字表达和组织协调能力，有很强的事业心和责任感，从未休过假，工作不分节假日，经常加班加点，保质保量完成上级和领导交办的各项任务。注重加强科普、学会部门工作的业务学习，积极参与重大科普活动，参与组织10余次科普宣传周、全国科普日等重大科普活动，活动期间组织开展“科普文化下乡行”“科普文艺演出”“农技专家下乡行”“卫生健康进社区”、科普讲座、科普展览等志愿服务活动30多次，发放科普图书15000余册，发放科普光盘600多套，发放科普资料20000余份，受到基层群众的普遍欢迎。2012年底区科协被省科协表彰为全国科普日活动组织先进单位。积极参与科普惠农工作，参与组织区科协组织的科普惠农“双百”工程，组织召开科普惠农“双百”工程动员会议，开展农技专家与农户对接活动，科普惠农工作取得了较好的成绩。2012年10月，区科协为省科协兴农富民工程现场会放了现场，其中“科普惠民生、双百促双新”经验材料在大会进行了书面交流，区科协被省科协、省农工办联合表彰为江苏省万名科技专家兴农富民工程优秀组织单位。2个科普示范基地被表彰为国家级科普惠农兴村计划先进单位，4个协会被省科协表彰为科普惠农兴村计划先进单位。积极参与科普示范创建。在创建工作中，经常加班加点，牺牲休息时间，严格材料把关，精心组织指导，先后2次成功创建成省级科普示范区，2个社区成功创建成国家级科普示范社区，3个社区成功创建成省级科普示范社区，8个科普惠农服务站成功创建成省级科普惠农服务站。积极大胆实践，创新工作方法，先后建言组织开设了盐都电视科普大讲堂栏目，目前已播放26期；组织到河南新乡购买轻便简易环保型科普展板36块，挂图300张；购买科普图书8万余元送给基层。积极做好本单位老干工作和老科技工作者服务工作，及时解决老同志的一些实际困难，为老科技工作者订阅江苏科技报50余份，赠送科普图书2000余册，受到老同志的好评。

乐彩悦

乐彩悦，女，1997年出生于盐都区尚庄镇，中国女子场地自行车运动员。2017年8月31日，在第十三届全运会上获场地自行车女子团体4公里追逐赛金牌，9月6日，在公路自行车女子组个人计时赛获金牌。本届全运会，共取得2枚金牌。

何同华

何同华，男，1965年8月出生，江苏盐城人，大专文化，现任盐城市盐都区尚庄司法所所长，2017年5月，被司法部表彰为全国模范人民调解员。

1984年毕业于盐城农校的何同华，

先后担任过镇农技员、农科站长、农水助理、团委书记、组织干事和监察室主任等职务,2004 年 8 月调任尚庄司法所所长。他怀着对司法行政工作的满腔热情和执着追求,以人为本,定纷止争,爱岗敬业,一身正气,为维护全镇社会治安稳定,促进镇域经济发展,做了大量的工作,并取得较好成绩。尚庄司法所被省司法厅表彰为江苏省社区矫正工作先进集体、江苏省人民调解委员会规范化建设示范点,被市委、市政府表彰为“平安盐城”创建先进集体。何同华先后被评为江苏省“人民调解防激化先进个人”,江苏省人民调解协会会员大会代表,“法润江苏”2015 年度先进个人,江苏省“最美司法所长”提名奖,盐城市“四五”普法先进个人和“五五”普法中期先进个人,市司法局先进工作者,市社区矫正工作先进个人,盐都区十佳政法干警,盐城市优秀政法干警,全国模范人民调解员。

杨长春

杨长春,男,1952 年出生,中共党员,盐都区大冈镇退休干部。1996 年 4 月,他因公出差,遭车祸失去右手。2017 年 6 月,当选由中宣部、中央文明办主办,中国文明网承办的助人为乐类中国好人。

杨长春坚强毅力苦练、坚定信念蛮拼、坚持不懈助残。退休后用 5 万多元伤残赔偿金和自家房屋创建躬休乐园,为更多残疾人营造“健身康复、文化娱乐、培训自立”小天地。多次评为优秀党员、十佳科技人才先进工作者,两次受到区委组织部嘉奖,江苏科协专刊、盐城电视台分别以“无怨无悔三十载”和“身残志坚、科普惠民”专题宣传他的先进事迹,荣获“中国好人”“全省自强模范”“全市十佳自强模范”“盐城好人”“盐都榜样”“盐都区十佳文明新事”“优秀助残团队”“十佳道德模范”等荣誉称号。

刘　军

刘军,男,1965 年 2 月出生,江苏建湖人,中共党员,大学学历,1986 年 8 月参加工作,任盐城市盐都区维稳办主任、区公安局副局长,2017 年 11 月,被省委省政府表彰为全省党的十九大安保维稳工作先进个人。

党的十九大安保以来,刘军按照盐都区公安局党委的各项决策部署,结合区维稳办的职能作用,围绕自身工作分工,全身心投入到十九大安保攻坚战。严格战时工作机制。多次到分管部门召开专题会议,严格落实 24 小时值班和领导带班制度,做好战时思想政治工作,邀请高级警务实战专家给民警传授反恐防突知识,严格执行十九大安保期间“三个一律”的刚性要求,要求分管的法制大队对影响大的案件及时提前介入,跟踪服务。严防死守卡口要道。实行市际卡口、高速公路进出口、大市区治安卡口 24 小时勤务机制,及时发布预警信息和堵控指令,加强全区 79 辆校车的巡查,打击非法接送学生“黑车”,重点严查超限超载和疲劳驾驶违法行为,将有可能肇事、风险较大的驾驶人与警情系统碰撞比对,查处超速、超员、超载、疲劳驾驶、非法改装等五类严重违法行为。

王金海

王金海,男,1974 年 7 月出生于盐都区秦南镇,大学文化。盐都区红十字会办公室副主任、志愿服务部部长、备灾救灾中心副主任,区互联网协会副会长,民建江苏省委第八届理论研究委员会和民建盐城市委社会工作委员会副主任委员,

民建盐都总支二支部主任,政协盐都区十四届常委。2017 年 9 月,被中国红十字会总会表彰为 2017 年度中国红十字会总会报刊宣传先进个人三等奖,12 月,被民建江苏省委办公室表彰为 2017 年度理论研究优秀成果。(有关王金海详情请见已出版的《盐都年鉴》“人物”栏目中“新闻人物”分目)

正高级教师

洪从兵

洪从兵,男,1969 年 1 月出生,江苏盐都人,中国民主同盟盟员,2017 年 12 月,被省人社厅、教育厅评为中小学正高级教师。

1987 年盐城教育学院物理教育专业毕业,2000 年江苏教育学院物理教育专业毕业,大学文化,现任盐城市毓龙路实验学校副校长。政协盐都区第十二届委员会委员,政协盐都区第十三届常务委员会委员,盐都区第十六届人大代表。江苏省中学物理教学研究指导组(初中)成员,盐城市初中物理学科教研中心负责人。2016 年被评为江苏省初中物理特级教师,2017 年被评为中小学正高级教师。发表论文十多篇,其中《初中物理教学中如何让学生体验》等 5 篇论文在《中学物理教学参考》等全国中文核心期刊发表,其中 3 篇论文被人大报刊复印资料索引。2016 年荣获“一师一优课”江苏省级优课,2015 年在江苏省初中物理“名师课堂”中开设题为《光的直线传播》的示范课,2014 年在江苏省实验教学培训班上开设题为《实验教学的行与思》专题讲座。主持的 3 项研究课题成果丰

硕，被推广应用。2009、2012 年两度被表彰为盐城市优秀教育工作者，2013 年被表彰为盐城市教科研先进个人，2002 年被表彰为盐都县优秀教师。

李建国

李建国，男，1969 年 9 月出生，江苏盐都人，大学本科学历，盐城市盐都区教育局副局长，盐城市第二小学教育集团总校长，2017 年被省政府确定为第四批江苏省人民教育家培养工程培养对象，同年 12 月，被江苏省教育厅、江苏省人力资源和社会保障厅评为正高级教师。

李建国 1988 年参加工作，1999 年调盐城市第二小学，历任学校教师、大队辅导员、副校长、校长、党总支副书记，第二小学教育集团总校长，2016 年 8 月起任盐都区教育局副局长。从教以来热爱教育职业，积极争当师德表率、育人模范、教学专家，先后被评为江苏省小学语文特级教师，江苏省劳动模范，江苏省“333”高层次人才工程培养对象，江苏省首批特级教师王兰语文教育思想研究中心学术委员，江苏省教育学会小学教育专业委员会理事，江苏省教育学会情境教育专业委员会常务理事，盐城市有突出贡献的中青年专家、市人大代表、市名校长，盐城市首批名师工作室领衔名师。先后主持国家级、省（市）级规划课题多个，长期的实践研究中，形成了“开放生成，朴实大气”的教学风格，获得省、市课堂大赛一等奖。在《人民教育》《中国教育报》《江苏教育研究》《小学语文教师》《语文教学通讯》等期刊发表论文百余篇，出版专著《追寻理想的语文课堂》。

易兴元

易兴元，男，1967 年 1 月出生，江苏盐都人，大学本科学历，盐城市龙冈中学

教科处副主任，2017 年 12 月被江苏省教育厅、江苏省人力资源和社会保障厅评为正高级教师。

1967 年出生，1986 年参加工作，乡村学校教龄已满 31 年，从教以来一直热爱教师职业，做到师德的表率、育人的模范、教学的专家，先后获得以下称号：江苏省生物奥林匹克中级教练员、盐城市第六批生物学科带头人、全国中小学实验教学说课活动一等奖获得者、江苏省教育学会考试委员会理事、盐都区优秀教育工作者。在课堂改革方面：探究并实践有效教学的三个理念、解决问题的“三问法”、微型课展示要点、“真正学”的概念及思维课堂的策略和措施，荣获市优质课展示一等奖；在考试测量方面：参与盐城市高三市调研测试命题工作，对考试测量有较深的研究，2010 年参与江苏省学业水平测试生物学科命题工作，2014 年在全国中文核心期刊上发表有关考试测量的论文；在全国中文核心期刊上发表高质量论文 7 篇，主持及参与省级课题四项，近年来每年开设区级以上讲座或公开课 3 次以上。

工　匠

宋红浩

宋红浩，男，1976 年 10 月出生于盐都区潘黄街道，大学文化，中共党员，工程师，盐城市兴都农电有限公司中兴供电所所长，2017 年 12 月，被评为江苏工匠。（有关宋洪浩详情请见已出版的《盐都年鉴》“人物”栏目中的“新闻人物”分目。）

熊万军

熊万军，男，1967 年 8 月生，本科学历，江苏盐城人，江苏金麦穗新能源科技份有限公司董事长，2017 年 12 月，被评为盐城工匠。

熊万军毕业于华东理工学院材料物理专业，中国摩擦材料协会理事、中国石墨烯联盟成员、江苏省新材料协会学术委员会委员。2016 年“盐城市创业之星”、2017 年“盐城工匠”、盐城市“诚信经营之星”，取得授权发明专利 16 项，授权实用新型专利 14 项，申请并受理国际发明专利 15 项。在中国第五届科技大赛中取得了前十二强的成绩。2016 年 8 月 25–26 日由国家科学技术部人才中心联合江苏省科技厅、上海市科委、浙江省科技厅、安徽省科技厅在南京举办的“2016 中国科技创业人才投融资集训营（长三角·新兴产业专场）”活动评为优秀项目。

潘荣昌

潘荣昌，男，1974 年 7 月出生，盐城盐都人，大专学历，2017 年 12 月，被评为“盐城制造工匠”，授予“盐城市五一劳动奖章”，在全国细纱知识大奖赛中被授予“细纱工匠”荣誉称号。

1994 年参加工作，2013 年成立“潘荣昌技能大师工作室”，共牵头完成技术改造项目 15 个，开发新品种 6 个，申请国家专利报 3 个，对所有双保人员完成了机电一体化的技术培训，使 46 名双保工基本具备了处理电气故障的能力。12 月，“潘荣昌技能大师工作室”被评为盐城市技能大师工作室。

组织机构及负责人名录

中共盐城市盐都区委员会

书　记　羊维达
副书记　吴本辉　冯明印
常　委　羊维达　吴本辉　冯明印
　　　　朱金南　陈志会　王铁根
　　　　葛建华　商建明　陈育群
　　　　沈潜辉　徐　丹(女)
　　　　张云云(女)

盐城市盐都区人大常委会

主任、党组书记　穆　芹(女,1月免)
　　　　　　　　顾其斌(1月任)
副主任　谭庚山(1月免)
　　　　徐学坤(1月免)
　　　　葛永良(1月任)
　　　　方　平(1月任)
　　　　郝汉金(1月任)

盐城市盐都区人民政府

区长、党组书记　吴本辉
常务副区长、党组副书记
　　　　　　　　陈志会
副区长　肖乐农
　　　　刘　源(援疆,3月免)
　　　　彭向洪　　陈　霞(女)
　　　　徐永生(3月任)
　　　　连大猛(3月任)
　　　　廉武卫(挂职)　刘　锐(挂职)
　　　　李薇莎(女,7月任)

政协盐城市盐都区委员会

主席、党组书记　顾其斌(1月免)
　　　　　　　　张建洋(1月任)
党组副书记　张建洋(1月免)
副主席　徐守清(1月免)
　　　　单际平(1月免)
　　　　季　风(1月任)
　　　　阮宜春(1月任)
　　　　段学标　张荣銮(女)
秘书长　邵仁鸿

中共盐城市盐都区纪律检查委员会

书　记　朱金南
副书记　王建忠　朱正成
常　委　朱金南　王建忠　朱正成
　　　　张永忠　刘春英(女)
　　　　蔡丽莉(女,12月免)　朱道红
　　　　周金辉(12月任)
派驻纪检组第一组组长　胡卫成
派驻纪检组第二组组长　张京宁(女)
派驻纪检组第三组组长　胡　平(女)
派驻纪检组第四组组长　王　领
派驻纪检组第五组组长　曹　坚
派驻纪检组第六组组长　吉采书
派驻纪检组第七组组长　倪同群(女)
派驻纪检组第八组组长　裴余燕(女)
派驻纪检组第九组组长　王成刚
派驻纪检组第十组组长　夏　兵
派驻纪检组第十一组组长　汤永昌
派驻纪检组第十二组组长　刘　川
派驻纪检组第十三组组长　陈　昊
派驻纪检组第十四组组长　朱良众
派驻纪检组第十五组组长　严跃海
(注:派驻纪检组9月成立)

盐城市盐都区监察委员会

主　任　朱金南(12月任)
副主任　王建忠(12月任)
　　　　朱正成(12月任)
委　员　刘春英(12月任)
　　　　周金辉(12月任)

盐城市盐都区人民法院

院长、党组书记　韩　标
副院长　陆鑫森(3月免)
　　　　施　彬(3月免)　张爱武
　　　　徐达丽(女,3月免)
　　　　沈丽娟(女,8月任)
　　　　杨　奇(8月任)
　　　　武中祥(8月任)
党组副书记　张爱武(8月任)
　　　　　　周红冰(女)
纪检组长　沈丽娟(女,8月免)
政治处主任　周建琴(女,3月免)
党组成员、审委会专职委员
　　　　　　杨　奇(8月免)
审委会专职委员　徐银贵(8月任)
党组成员、执行局局长
　　　　　　武中祥(8月免)
执行局局长　沈建华(8月任)

盐城市盐都区人民检察院

检察长、党组书记　钱亚祥
党组副书记　陆生众　赵　萍(女)
副检察长　陆生众　赵　萍(女)
　　　　　侍清华(女)　李　明
纪检组长　滕红梅(女,8月免)
专职检委　滕红梅(女,8月任)
　　　　　董兆军(8月任,12月免)
政治处主任　沈国栋(8月任)
反贪局局长　周金辉(12月免)

区委机构及部门

办公室

主　任　郝汉金(3月免)
　　　　万光清(3月任)
副主任　商兆鑫　孔　军(3月免)
　　　　祁亚洲　张桂荣　张正红

政策研究室

主　任　孔　军(3月免)
副主任　邱必侦(3月免)

区委改革办(2016年8月成立)

副主任　邱必侦(3月任)

重大项目办

主　任　冯明印(兼)
副主任　祁亚洲　陈　峰(3月任)

督查室

主　任　祁亚洲

巡察组

组　长　孙广宇(9月任)
　　　　明庆国(9月任)
　　　　张永忠(9月任)
　　　　顾　斌(9月任)
专职副组长　刘　林(9月任)
　　　　　　蔡长春(9月任)

徐洪金(9月任)
封　浪(9月任,12月免)
刘锦平(9月任)
韦金宏(9月任)
陈友山(9月任)

保密局

局　长　张正红

机要局

局　长　李　刚(3月任)
副局长　李　刚(主持工作,3月免)
　　　　胡建军

组织部

部　长　王铁根
副部长　王益林　黄约波
　　　　蒋跃东(8月兼任)

人才办

主　任　王益林
副主任　曹　阳(3月任)

社区工委

书　记　黄约波
副书记　肖　斌(3月免)
　　　　曹　勇(3月任)

组织员办公室

主　任　曹　阳(3月免)
副主任　曹　勇(3月免)

非公有制企业和社会组织工委

书　记　黄约波
副书记　明庆国(9月免)

机关工委

副书记　刘开东(3月免)

老干部局

局　长　蒋跃东
副局长　孙　帅　祁中林

离退休干部工作委员会(12月成立)

书　记　蒋跃东(12月任)

宣传部

部　长　葛建华
副部长　王迎春　唐　玲(女)　王业先

精神文明建设委员会办公室

主　任　唐　玲(女)
副主任　俞文斌(3月免)

新闻信息中心(《盐都日报》)

主　任　李庆山
副主任、总编　应　伟(女)

统战部

部　长　张云云(女)
副部长　陈玉堂(3月免)
　　　　刘玉春(3月任)

民族宗教事务局

局　长　陈玉堂(3月免)
副局长　刘玉春(3月免)

政法委员会

书　记　陈育群(兼综治委主任)
副书记　崔学祥　王其华

社会治安综合治理委员会办公室

副主任　尹志坚

610办公室

主　任　丁　华(兼)
副主任　陆海荣　王继生

农村工作办公室

主　任　王安根(3月免)
　　　　吴金翥(3月任)
副主任　陈保国(兼农村集体资产办主任,3月免)
　　　　李　宏

编　办

主　任　商兆鑫
副主任　吴中燕
　　　　刘开东(3月任,负责机关工委工作)

信访局

局　长　崔学祥
副局长　曹长勇(3月免)　刘光坚
　　　　刘爱斌(3月免)　黄　永
　　　　朱立荣

档案馆(局)

馆(局)长　徐文才(3月免)
　　　　　孔　军(3月任)
副馆(局)长　吴登才　徐　勇(9月任)

台湾工作办公室(区政府台湾事务办公室)

主　任　彭　峻
副主任　许金山　刘其扣

党史工作办公室(地方志编纂委员会办公室)

主　任　王长江

区人大机关

办公室

主　任　徐金文
副主任　苏　诚(10月任)

人事代表工委

主　任　还正洪

内务司法工委

主　任　沈国亮
副主任　陈立存

教科文卫工委

主　任　陈浩芳(女)
副主任　陈永梅(女)

财政经济工委

主　任　陈桂庚
副主任　周镇彬(3月任,10月免)

农村工委

主　任　孙广宇(9月免)
　　　　周镇彬(10月任)

环境资源城乡建设工委

主　任　黄海威
副主任　曹文静(女)

区政府机构及部门

办公室

主　任　徐永生(3月免)
　　　　李庆銮(3月任)

副主任　吕洪明　沈曰明
　　　　王玉平(3月免)
　　　　徐文才(3月免)
　　　　张步森　袁志红(女,3月免)
　　　　周站军　刘志贵(3月任)
　　　　朱友祥(3月任)
纪检组长　朱友祥(3月免)
　　　　　王敬国(3月任,9月免)

外事与侨务办公室

主　任　吕洪明

法制办公室

主　任　王　荣(3月免)

金融与企业上市工作办公室

主　任　王玉平(3月免)
　　　　沈曰明(8月任)

人防办公室

主　任　刘志贵
副主任　徐　斌(3月免)　鲁　涛

接待办公室

主　任　陆春网
副主任　周　剑

应急管理办公室(总值班室)

主　任　刘国洪(3月免)
　　　　童汉华(3月任)

维稳办公室

主　任　于国成(兼,3月免)
　　　　刘　军(8月任)
副主任　宋传志(3月免)
　　　　孙万虎(8月任)

电子政务管理办公室

主　任　项　涛

发展和改革委员会

主　任　李庆銮(3月免)
　　　　徐文才(3月任)
党组书记　沈清涛(3月免)
　　　　　徐文才(3月任)
副主任　卞金信　吴金翥(3月免)
　　　　刘中斌　张丽华(女)
　　　　王　荣(3月任)
党组副书记　李庆銮(3月免)
　　　　　　董必阳(3月免)
纪检组长　严跃海(9月免)

经济和信息化委员会

主任、党委书记　徐洪顺(3月免)
　　　　　　　　杨正茂(3月任)
副主任　成文军(9月任)
　　　　陈兆根(3月免)
　　　　张晓鸿　陈琪娟(女)
纪委书记　成文军(9月免)

财政局

局　长　杨佩礼
党组书记　杨佩礼
副局长　吴正龙　徐正江　刘宏彬
　　　　卞学德(3月免)
　　　　任　畅(挂任)
　　　　荣　钰(3月任)
纪检组长　卞东海(3月免)

国有资产监督管理办公室

主　任　吴正龙

住房和城乡建设局

局长、党委书记　王　勇
党委副书记　刘志贵(3月免)
副局长　薛鹏程(3月免)
　　　　卞生国(3月免)
　　　　黄才友(3月任)　沈中明
　　　　田　凌　刘加飞
　　　　庄凤兵(3月免)
纪委书记　黄才友(3月免)

商务局

局长、党委书记　陈少华
党委副书记　苏竹林(3月免)
副局长　袁晓军　李庆军(8月免)
　　　　周镇彬(3月免)
　　　　朱龙成(3月任)
纪委书记　胡卫成(9月免)

农业委员会

主　任　张鸿新
党委书记　张鸿新(8月任)
党委副书记　张鸿新(8月免)
副主任　戈　伟(兼水产局局长)
　　　　李书高(兼资源开发局局长)
　　　　郁祖良　韩桂龙(3月免)
　　　　陈志清　韦鸿标(1月任)
　　　　丁　智(8月任)
纪委书记　王成刚(9月免)

水务局

局长、党委书记　朱金标
党委副书记　胡永生
副局长　李晨光　张万根　封书清
　　　　姜晓冬　张　俊
纪委书记　张京宁(女,9月免)

粮食局

局长、党委书记　张丽华(女)
副局长　谷　林　王国钰　张　斌

交通运输局

局长、党委书记　顾　勇
副局长　刘旺军　徐建华
　　　　储启文(3月免)　滕长春
　　　　王权奎(3月任)
党委副书记　朱洪斌(3月免)
纪委书记　吉采书(9月免)

旅游局

局　长　朱洪斌(3月免)
　　　　王权奎(3月任)
副局长　张治中　杨文元(1月任)

民政局

局长、党委书记　陈　镖(3月任)
副局长　夏国宝　陆爱军　季严彪
　　　　吴　海
纪委书记　裴余燕(女,9月免)

教育局

局长、党委书记　熊新华
党委副书记　陈玉芳(女,3月免)
副局长　张爱忠(兼体育局局长)
　　　　沈德成　李建国
　　　　许一虎(3月任)
纪委书记　王　领(9月免)

教育工委

书　记　熊新华
副书记　陈玉芳(女,3月免)

卫生和计划生育委员会

主　任　蔡金道(3月免)
　　　　王安根(3月任)
党委书记　蔡金道(3月免)
　　　　　王安根(3月任)
副主任　李志超　张建才
　　　　明　芳(女,3月免)　胡永新
　　　　武　晴(女)
纪委书记　汤永昌(9月免)

文化广电新闻出版局

局　长　倪自祥
党委书记　倪自祥
副局长　邵秀华(女)　施俊彦
　　　　陈　红(女)　周连兵
　　　　乔立群(3月免)
纪委书记　乔立群(3月任,9月免)

科技局

局　长　陈　镖(兼地震局局长、党组副书记,3月免)
　　　　刘桂琦(3月任,兼地震局局长、党组书记,8月兼知识产权局局长)
副局长　刘仰军　杭加林　郑如素
纪检组长　吴卫红(女,3月免)

监察局

局　长　王建忠
副局长　朱　萍(女,12月免)

公安局

局长、党委书记　连大猛(兼督察长)
党委副书记　张　明(8月任)
政　委　邵益民(兼党委副书记,3月免)
　　　　宗友林(3月任)
副局长　丁　华　于国成(3月免)
　　　　王诗林(3月任)　刘　军
　　　　邹桂群　薛启堂
　　　　宗友林(3月免)　严文斌(3月免)
　　　　戴小勇(10月任)
副政委　王诗林(3月免)
政治处主任　张　明
纪委书记　朱良众(8月任,9月免)
指挥中心主任　朱良众(8月免)
　　　　　　　刘　波(8月任)
交警大队大队长　周万东

司法局

局　长　刘忠奇(8月兼党组书记)
副局长　孙信鸿(3月免)
　　　　侍太华(3月免)　周　军
　　　　张鹤勇(1月任)
　　　　许雪峰(9月任)
　　　　朱　萍(女,12月任)
党组副书记　刘忠奇　孙信鸿(3月免)
纪检组长　刘锦平(9月免)

人力资源和社会保障局

局长、党委书记　马大庆
副局长　季东标(3月免)　岳清泉(女)
　　　　陈　军　吴以军　王跃军
　　　　黄鹤龙　肖　斌(3月任)
党委副书记　季东标(3月免)
纪委书记　胡　平(女,9月免)

专门办

主　任　季东标(3月免)

统计局

局　长　孙云华(12月兼党组书记)
副局长　吴庆兰(女)　徐爱民　蒋正海
　　　　吕洪友(3月免)

审计局

局长、党组副书记　顾学闯(8月免)
　　　　　　　　　陈少华(8月任)
党组书记　刘向阳(女,9月免)
副局长　徐凤琴　严　华　徐晓玲(女)
　　　　丁建婷(女,10月任)
纪检组长　倪同群(女,9月免)

物价局

局　长　吴金翥(3月免)
　　　　王　荣(3月任)
党组书记　王　荣(3月任)
党组副书记　吴金翥(3月免)
副局长　黄　伟(3月免)　史龙存
　　　　王林中

环境保护局

局　长　吕明光
党组书记　夏　明(3月免)
党组副书记　吕明光　唐保山(3月免)
副局长　刘　洪　蔡强胜
　　　　周书法(3月免)　刘东升
纪检组长　高　峰(3月免)
总工程师　蒋明林

城市管理局(区城市管理行政执法局)

局　长　范龙华
副局长　周立根(3月免)　季中斌
　　　　乐绍军　彭炳璋
纪检组长　曹　坚(9月免)

安全生产监督管理局

局　长　万光清(3月免)
　　　　宋厚实(3月任)
副局长　曾瑞平(1月逝)
　　　　范玉尧(3月免)
　　　　龚福柏(3月免)
　　　　沈光林(1月任)
　　　　徐　斌(3月任)
　　　　史龙余(3月任)
　　　　明玉桥(3月任)
　　　　王敬国(9月任)
纪检组长　史龙余(3月免)

市场监督管理局

局长、党组书记　冯国超
副局长　王青歌(兼食品药品监督管理局局长)
　　　　陈　兵　嵇宏宽
　　　　张孝山(食安办副主任)
　　　　孙建锋
党组副书记　陈　兵
纪检组长　夏　兵(9月免)

政务服务管理办公室

书　记　沈清涛(12月任)
主　任　耿龙才(3月免)
　　　　沈清涛(3月任)
副主任　王小华　陆继军　陈广勤(1月任)

区机关事务管理局

局　长　宋厚实(3月免)
　　　　陆春网(3月任)
党组书记　陆春网(3月任)
副局长　夏长秀(女)　陈乃清　徐正亚
　　　　程水发(10月任)

城市工业办公室

主任、党委书记　吴正龙
副主任　丁楼山(3月免)　明　霞(女)

纪委书记　丁楼山(3月免)

供销合作总社

主任、党委书记　刘桂琦(3月免)
陈兆根(3月任)
副主任　卢祥健(3月免)　秦明利
潘晓平
纪委书记　韦金宏(9月免)

虹达茧丝绸公司

副书记　吴春玉

市广播电视大学盐都分校（社区学院，8月撤销）

校　长　张龙刚(兼院长，8月免)
副校长　邢美高(兼副院长)

盐都开放大学(社区学院，8月成立)

校　长　沈德成(兼院长，8月任)
副校长　邢美高(兼副院长，8月起任党总支书记)

区政协机关

办公室

主　任　邵仁鸿
副主任　柏海霞(女)

文史委

主　任　陈明生

提案委

主　任　卞　荣

社法委

副主任　陈　霞(女)

经科委

副主任　武　彬

人民团体

盐都区总工会

主席、党组书记　朱步荣
副主席　胡盛才(3月免)　崔长顺

共青团盐都区委员会

书　记　蔡正平(女)
副书记　曹　虎(10月免)
孙　杰(10月任)
孟　恺(10月挂任)
经海虎(10月兼)

盐都区妇女联合会

主　席　程　稚(女)
副主席　陈尚莲(女)
殷林珍(女，3月免)
王少华(女，11月挂任)
杨万霞(女，11月兼)

盐都区科学技术协会

主　席　邓　华
副主席　成兴祥

盐都区归侨侨眷联合会

主　席　陈荣山

盐都区工商业联合会(总商会)

主　席　徐守清(1月免)
阮宜春(1月任)
党组书记　姚　天
副主席　姚　天　靖　武
周金荣(1月免)
朱成虎(1月免)
李　铭(1月免)
仲　秋(1月免)
刘祥斌(1月免)
徐万书(1月免)　戚风卿
季奎余　邢香楠(1月免)
刘顺荣(1月免)
郭子贤(1月免)
张学礼(1月免)
夏长明(1月免)
陆瑞卿(1月免)　卞绍春
仇　斌　邵胜云(1月免)
陈琪娟(1月任)
陈乃清(1月任)
陈　兵(1月任)
戴　昊(1月任)
王乃伟(1月任)
潘书柏(1月任)
徐永和(1月任)
徐文杰(1月任)
张如剑(1月任)
范　兰(1月任)
郭友春(1月任)
杨志培(1月任)
李海伟(1月任)
会　长　徐守清(兼，1月免)
阮宜春(1月任)
副会长　姚　天(兼)　靖　武(兼)
陈荣龙(1月免)
高大庆(1月免)
成文春(1月免)
文　成(1月免)
许学书(1月免)
邵云霞(女)(1月免)
李海伟(1月免)
徐万良　还伟海(1月免)
周业刚(1月免)
陈乃清(1月免)
王国祥(1月免)　杨建华
刘友忠(1月免)
王乃伟(1月免)
梁小鹤(1月免)
李凤金(1月免)
罗书中(1月免)
花勇生(1月免)　郑加宏
金红祥(1月任)
胡友华(1月任)
吕志聪(1月任)
葛成奇(1月任)
李洪楼(1月任)
何洪才(1月任)
郭宏兵(1月任)
贾国林(1月任)
严正华(1月任)
金生林(1月任)
朱林源(1月任)
程　超(1月任)

盐都区残疾人联合会

理事长　王凤祥

盐都区文学艺术界联合会

主　席　王迎春
副主席　吕友权(3月免)　徐志玉(兼)

盐都区红十字会

会　长　武进甲
常务副会长　陈海高

盐都区老龄工作委员会

主　任　陈志会(兼)

副主任　徐永生(兼)　徐文才(兼)
　　　　杨　森(兼)　孙发金(兼)

民主党派

中国民主同盟盐城市盐都区支部

主　委　郭宗雨
副主委　赵　军　陈瑞秀(女)

中国民主建国会盐城市委盐都总支部

主　委　陈　伟
副主委　姜　涛　荣　钰　吴　迅

中国民主促进会盐城市委盐都总支部

主　委　徐正洲
副主委　蒋爱东

中国农工民主党盐城市盐都区总支部

主　委　单际平
副主委　沈德志　钟建国

九三学社盐城市委盐都支部

主　委　潘永华
副主委　王中林

市驻区单位

盐城市盐都区国家税务局

局长、党组书记　王　智
副局长　朱　华　卞海山　熊文祥
　　　　武荣富
纪检组长　武荣富

盐城市盐都地方税务局

局　长　蒋　红(女)
副局长　徐加根　朱　俊(7月任)
　　　　吴开祥　李光辉
　　　　费传庆(10月免)
　　　　刘　冬(挂职,8月免)
纪检组长　朱　俊(7月免)

盐城市国土资源局盐都分局

局　长　李　恬
副局长　仰　彦(女)　叶东剑(2月免)
　　　　吴明成　周　峰(6月任)
纪检组长　杨　梅(女)

盐城市规划局盐都分局

局　长　张芙蓉(女,6月停职)
　　　　花明生(7月任)
副书记　陈凤玉(7月免)
　　　　倪新春(7月任)

盐都供电营业部

总经理　程　治
总支书记　夏文俊
副总经理　纪海龙　李成超　胡安国

盐都气象局

局　长　唐存良
副局长　贾云河

盐都电信分局

局　长　戚仕才
副局长　刘万海　张永权　李　燕(女)

盐都邮政分局

局　长　孙宏建
副局长　胥小燕(女)　陈荣红　陈中标

盐都移动分公司

总经理　刘维明
副总经理　马春艳(女)　程大军
　　　　　胡三元

金融　保险

中国工商银行股份有限公司盐城盐都支行

行　长　王建民
副行长　华　健(6月任)　李　斌
　　　　赵建新(6月免)

中国农业银行股份有限公司盐城盐都支行

行长、党委书记　郑进顺(7月免)
　　　　　　　　姜龙箭(7月任)
副行长　姜龙箭(7月免)　陆建华
　　　　陆昊帆(女)

中国银行股份有限公司盐城盐都支行

行　长　戴　健
副行长　张海波
　　　　沈蓓蓓(女,6月免)
　　　　智　丽(7月任)
　　　　陈　晨(7月任)

中国建设银行股份有限公司盐城盐都支行

行　长　夏小军
副行长　陶　波

交通银行股份有限公司盐城盐都支行

行　长　卢正环
副行长　赵　波

中国农业发展银行盐城盐都支行

行　长　王晓东
副行长　陈艾兰(女)　崔雨婷(女)

浦东发展银行

行　长　徐　健
副行长　杨　伟

江苏银行股份有限公司盐城盐都支行

行　长　郁　欣
副行长　杨　顺　徐　慧(女)

江苏盐城农村商业银行股份有限公司

董事长、党委书记　李一平
行　长　杭　辉
监事长　李成彬
副行长　陈　旭　姜建南(4月免)
　　　　费　翔　贾中军
　　　　杨书琴(女,4月任)

江苏盐城农村商业银行股份有限公司盐都区支行

行　长　姜建南(4月免)
副行长　杨书琴(女,4月免)　郝其栋
　　　　胥红星(10月任)

昆山农商银行

行　长　洪　军(4月免)
　　　　赵卫国(4月任,10月免)
　　　　朱景峰(10月任)
副行长　龚　静(女)

中国邮政储蓄银行股份有限公司盐都支行

行　长　尹海波

中国人民财产保险股份有限公司盐都支公司

总经理　周　园
副经理　曹树盐　施鸿斌

中国人寿保险股份有限公司盐都支公司

总经理　张兆庆

镇（区、街道）

盐城高新区

党工委书记　商建明
管委会副主任　李薇莎（女，兼，7月挂任）

盐城高新区盐龙街道

党委书记　吴　军
副书记　程廷亚（3月任）
曹志伟（3月免）
栾　罗（女，3月免）　张兴华
陈　军（挂职，8月免）
朱家峰（挂职，8月免）
胡伟达（8月挂任）
人大工委主任　朱　静（女）
办事处主任　曹志伟（3月免）
程廷亚（3月任）
副主任　刘加飞（挂职）　邹桂群
周　冉（3月免）
程廷亚（3月免）　杨正清
朱龙成（3月免）　李一松
孙广传　戚　俊　戴留成
韩传丰（挂职）
李东林（4月辞职）
张　立　吴德辉（3月任）
施海峰（3月任）
徐金根（3月任）
组织委员　施海峰（兼工会工委主任，3月免）
卢雯雯（女，兼工会工委主任，3月任）
纪委书记　徐秀成
统战委员　卞汉江
宣传委员　卢雯雯（女，3月免）
范　雅（3月任）
政法委员　张荣峰

盐城高新区盐渎街道

党委书记　王纯国（3月免）
曹志伟（3月任）
副书记　苗久成（3月免）
汪一江（3月任）
刘　丰（3月免）
朱海霞（女，兼政法委书记）
徐卫国（3月任）
胡广伟（8月挂任）
办事处主任　苗久成（3月免）
汪一江（3月任）
副主任　邵爱红　栾卫红（女）
纪　跃（3月免）　王德华
徐卫国（3月免）　刘富豪（挂职）
组织委员　朱宏伟
纪委书记　顾　斌（9月免）
宣传委员　浦俊兵
统战委员　祁　非
政法委员　周东波（8月任）

冈中街道

党工委书记　王纯国（兼，3月免）
曹志伟（兼，3月任）
副书记　刘　曦（兼政法委书记）
副主任　孙九刚

盐城高新区潘黄街道

党委书记　彭向洪（3月免）
徐启楼（3月任）
副书记　徐启楼（3月免）
韦　琴（女，3月任）
杨正茂（兼政法委书记，3月免）
曹　猛（8月挂任）
人大工委主任　韦　琴（女，3月免）
办事处主任　徐启楼（3月免）
韦　琴（女，3月任）
副主任　时运鸿　刘中荣　李雪松
夏兆芳（女）
达哇彭措（挂职，8月任，11月免）
组织委员　卞杨斌
纪委书记　朱　捷（女）
宣传委员　袁其霞（女）
统战委员　袁其霞（女）
政法委员　施　峰

大纵湖湿地旅游度假经济区

党工委书记　张建洋（兼）
副书记　唐小荣　王　浩　丁美俊
管委会主任　唐小荣
副主任　王　浩　吴勇根　宋鹏程
规划建设部主任　杨瀚清
社会事务部主任　胥加华

滨湖街道

党工委书记　唐小荣
副书记　王　浩　丁美俊
办事处主任　王　浩
副主任　包成龙

农村经济开发区（3月撤销）

党工委书记　冯明印（兼，3月免）
副书记　宋　江（3月免）
朱法来（3月免）
胥加耕（3月免）
管委会主任　宋　江（3月免）
纪工委书记　封　浪（3月免）

台湾农民创业园工作委员会（3月成立）

党工委书记　冯明印（兼，3月任）
副书记　刘　丰（3月任）　朱法来（3月任）
胥加耕（3月任）
管委会主任　刘　丰（3月任）
副主任　李晓斌（3月任）
纪工委书记　封　浪（3月任，9月免）

葛武街道

党工委书记　宋　江（3月免）
刘　丰（3月任）
副书记　季中山（兼政法委书记）
副主任　王宽祥　左印华　王蓉蓉（女）

七星现代化农场

党工委书记　丁兴俊（兼）
场　长　征书和（兼）
副场长　郁祖良

龙冈镇

党委书记　李　益
副书记　吴爱群　王海涛
丁建婷（女，兼政法委书记，10月免）
曹　虎（兼政法委书记，10月任）
张赟彬（挂职，8月免）
人大主席　王启明
镇　长　吴爱群
副镇长　马德海　徐金根（3月免）
孙　琦　陈国良　夏士军（8月任）
组织委员　刘井清
纪委书记　石弘如

宣传委员　孟　恺(8月任)
统战委员　徐保国
政法委员　孟　恺(8月免)
　　　　　许洪华(8月任)
果树良种场场长　许洪华(8月免)
　　　　　　　　周文仁(8月任)

鞍湖街道
党工委书记　李　益
副书记　江　政(兼政法委书记)
办事处主任　王海涛
副主任　赵　喜　孙广芳(女)
纪工委书记　江　政

大冈镇
党委书记　陈　霞(女,3月免)
　　　　　宋　江(3月任)
党委副书记　徐林泉　徐　为
　　　　　　张文灿(兼政法委书记)
　　　　　　张　丁(挂职)
人大主席　徐良贵
镇　长　徐林泉
副镇长　任　浩　王海东　戈　展
　　　　李艳华(女)　顾　军
组织委员　孙　玲(女)
宣传委员　李海涛
统战委员　孙广彪(兼政法委员)
纪委书记　刘道奎

张庄街道
党委书记　张国胜
副书记　吕　杨(女)
　　　　葛长安(兼政法委书记)
　　　　于广滨(挂职)　任贻超(8月挂任)
人大工委主任　倪才春
办事处主任　吕　杨(女)
副主任　刘洪富　商兆沐
　　　　吴德辉(3月免)　施海堂
　　　　李　杰(10月任)
组织委员　洪　萍(女)
纪委书记　赵　震
宣统委员　刘　燕(女)
政法委员　吴国康

大纵湖镇
党委书记　冯林宏
副书记　杨　春(女)
　　　　王伯清(兼政法委书记)
人大主席　蒋树森
镇　长　杨　春(女)
副镇长　张国政　宋建军　樊华勇
　　　　周迎春
组织委员　王家海
纪委书记　徐　勇
宣传委员　郭　剑
统战委员　何　丹(女)

秦南镇
党委书记　徐加晔
副书记　郭宗标
　　　　刘晓祥(兼政法委书记)
人大主席　陈　立
镇　长　郭宗标
副镇长　周向东(3月免)　王少华(女)
　　　　祁国成　何　超　温学良
　　　　周德春
组织委员　张红红(女)
纪委书记　李　杰(10月免)
宣统委员　朱海兵(兼政法委员)

郭猛镇
党委书记　李晓东(3月免)
　　　　　苗久成(3月任)
副书记　李天青
　　　　沈从兵(兼政法委书记)
人大主席　朱法来
镇　长　李天青
副镇长　刘德志　蔡林华　何　立(女)
　　　　嵇金成　马东亚(3月任)
组织委员　黄　河(兼工会工委主任,
　　　　　8月免)
纪委书记　刘兴扣
宣传委员　刘晶晶(女,12月兼工会主席)
统战委员　孙瑞红(兼政法委员)

楼王镇
党委书记　周学东
副书记　顾善荣
　　　　李金宝(兼政法委书记)
人大主席　孙德华
镇　长　顾善荣
副镇长　徐长洪　潘军龙　潘　浩
组织委员　司中心
纪委书记　刘　涛
宣统委员　任野兰(女,兼政法委员)

学富镇
党委书记　黄　典
副书记　马　骏　刘　宁(兼政法委书记)
人大主席　郜顺利
镇　长　马　骏
副镇长　朱友余　夏士军(8月免)
　　　　徐　博　于网扣　黄　河(8月任)
组织委员　陆淦荣
纪委书记　王　惠(女)
宣统委员　吴劲草(兼政法委员)

尚庄镇
党委书记　周志明
副书记　吉连生
　　　　蒋红军(兼政法委书记)
人大主席　刘恩平
镇　长　吉连生
副镇长　金建国　郑巧云(女)　刘国万
　　　　江　军
组织委员　孙正元
纪委书记　李叶秀(女,9月免)
宣统委员　宋传贵
政法委员　徐照军(3月免)　封　浪(12月任)

北龙港街道
党工委书记　周学东
副书记　李晓斌(兼政法委书记,3月免)
副主任　钮留洋

中兴街道
党工委书记　王权奎(3月免)
　　　　　　黄　典(3月任)
副书记　周　冉(3月任)
　　　　徐锦荣(兼政法委书记)
办事处主任　周　冉(3月任)
副主任　卫　峰
纪工委书记　周文进

北蒋街道
党工委书记　汪一江(3月免)
　　　　　　徐加晔(3月任)
副书记　刘晓祥(3月任)
　　　　施凤刚(兼政法委书记)
办事处主任　刘晓祥(3月任)
副主任　王爱骅　陈如萍(女)

盐龙湖生态风景保护区
管委会主任、副书记　杨佩礼(兼)

先进个人

·省(部)级表彰的先进个人·

张鸿新	区农委	12月,被农业部、人社部联合表彰为全国农业先进工作者。
董兆付	潘黄街道	12月,被农业部、人社部表彰为全国农业劳动模范。
杨书君	区安监局	2008年1月,被国家安全监管总局、国家煤矿安监局表彰为“安全生产监管监察先进个人”。
马贤兵	区科协	4月,被人社部、中国科协联合表彰为全国科协系统先进工作者。
何同华	尚庄镇	5月,被国家司法部授予“全国模范人员调解员”称号。
杨长春	大冈镇	6月,当选由中宣部中央文明办主办,中国文明网承办的助人为乐中国好人。
刘　军	区公安局	11月,被省委省政府表彰为全省党的十九大安保维稳工作先进个人。
王金海	区红十字会	9月,被中国红十字会总会表彰为2017年度中国红十字会总会报刊宣传先进个人三等奖。
洪从兵	毓龙路实验学校	12月,被省人社厅、教育厅评定为中小学正高级教师。
李建国	区教育局	省人民教育家培养工程培养对象,12月,被省人社厅、教育厅评定为中小学正高级教师。
易兴无	龙冈中学	12月,被省人社厅、教育厅评定为中小学正高级教师。

·市(厅)级表彰的先进个人·

柏汉全	区交运局	3月,被市委市政府表彰为2016年度全市扶贫开发工作先进个人。
仓公明	关工委	5月,被市委市政府评委“关心下一代工作先进工作者”。
陈步青	关工委	5月,被市委市政府评委“关心下一代工作先进工作者”。
陈　晨	区气象局	2018年4月,被省气象局评为2017年度“江苏省气象局观测网络业务质量先进个人”。
陈荣山	区侨联	8月,被省侨联、省侨办表彰为江苏省归侨侨眷先进个人。
王如英	盐都区红十字会	2018年1月,被省红十字会评为实施省政府2017年度重点工作——养老照护志愿服务成绩突出个人。
陈婷婷	市三院	5月,被省卫计委表彰为“百名优秀护士、“优秀临床一线护士”。
陈绍连	关工委	5月,被市委市政府评委“关心下一代工作先进工作者”。
丁　华	区公安局	7月,被市委市政府表彰为盐城市人民卫士;12月,被省公安厅授予个人二等功。
戴静蓉	潘黄街道	1月,被江苏省中小学教学研究室授予江苏省省优秀校本课程三等奖。
董兆付	潘黄街道	7月,被省委组织部授2016—2017年度江苏省农村基层党建工作突出贡献奖;12月,被省委组织部、省发改委、省教育厅等评为江苏省乡土人才“三带”能手。
辅绍才	关工委	5月,被市委市政府评委“关心下一代工作先进工作者”。
谷　峰	区市场监督管理局	7月,被省工商行政管理局授予商事制度改革嘉奖。
顾爱华	潘黄街道	2017年11月,被教育部关工委《心系下一代》杂志社授予教育部关工委征文优秀奖。
杭宏桂	关工委	5月,被市委市政府评委“关心下一代工作先进工作者”。
胡友华	住建局	2018年2月,被市委市政府表彰为2017年度盐城市杰出企业家。
纪明文	关工委	5月,被市委市政府评委“关心下一代工作先进工作者”。
纪香龙	秦南镇	12月,被省组织部、发改委、经信委、教育厅、人社厅、住建厅、农委、文化厅确定为江苏省乡土人才“三带”新秀。
居会祥	市三院	4月,被省卫计委表彰为“江苏省医学重点人才”。
李俊峰	尚庄镇	11月,在省委组织部、省人社厅、省军区动员局、省军区政治工作间举办的2017年新任职专武部长集训中,被评为“优秀学员”。
刘加飞	住建局	2018年2月,被市委市政府表彰为2017年度全市目标任务综合考核“综合先进个人”。

刘锦平	司法局	2014年9月，被省法制宣传教育工作领导小组评为全省“六五”普法中期先进个人；2017年5月，被市委市政府评委“关心下一代工作先进工作者”。
任　郝	区公安局	3月，被团省委、省人社厅表彰为江苏省杰出青年岗位能手。
商兆鑫	编办	2018年2月，被省人社厅表彰为全省机构编制工作先进工作者。
商文娣	电子政务办	12月，被省信息中心表彰为2017年度“江苏省信息系统信息资源共享平台”工作先进个人。
宋传兆	江苏盐粮集团控股有限公司	10月，被粮油市场报、中国粮油组委会评为“中国十佳粮油创业风云人物”。
沈中明	住建局	6月，获市委市政府“个人三等功”奖励。
石安华	关工委	5月，被市委市政府评委“关心下一代工作先进工作者”。
苏万才	区文广新局	3月，被省文物局表彰为江苏省第一次全国可移动文物普查先进个人。
唐雪梅	潘黄街道	12月，被省统计局表彰为2017年度人口抽样和月度劳动力调查先进个人。
王秀英	大冈镇野陆居委会	12月，被省卫计委表彰为2017年度“百佳计生专干”。
王建忠	区纪委、监察局	2017年9月，被中共江苏省纪委、人力资源和社会保障厅、监察厅表彰为“全省纪检监察系统先进工作者”。
王　谱	尚庄镇	12月，被省组织部、发改委、经信委、教育厅、人社厅、住建厅、农委、文化厅确定为江苏省乡土人才“三带”新秀。
王寿宏	尚庄	5月，被市委市政府评委“关心下一代工作先进工作者”。
王　勇	住建局	3月，被市政府表彰为市区城市建设工作先进个人；12月，被市委市政府表彰为2017年度“一片林”战略工程暨国家森林城市创建工作先进个人。
吴月春	潘黄街道	1月，被江苏省中小学教学研究室授予江苏省省优秀校本课程三等奖。
吴　军	盐龙街道	2018年2月，被市委市政府表彰为2017年度综合先进个人。
吴　童	学富实验学校	6月，被省文明办、省教育厅、团省委等部门表彰为第四届江苏省“百名美德少年”。
吴正权	关工委	5月，被市委市政府评委“关心下一代工作先进工作者”。
徐文彬	关工委	5月，被市委市政府评委“关心下一代工作先进工作者”。
许建新	区委党史办	12月，被省委党史办表彰为2017年度全省党史系统先进工作者。
徐兰芳	关工委	5月，被市委市政府评委“关心下一代工作先进工作者”。
徐启楼	潘黄街道	5月，被江苏沿海地区发展领导小组办公室表彰为工作标兵。
杨　根	区市场监督管理局盐渎分局	7月，被省工商行政管理局授予商事制度改革嘉奖。
杨　剑	潘黄街道	1月，被江苏省中小学教学研究室授予江苏省省优秀校本课程三等奖。
杨大顺	关工委	5月，被市委市政府评委“关心下一代工作先进工作者”。
杨宏照	宣传部	5月，被市委市政府评委“关心下一代工作先进工作者”。
杨　根	区市场监督管理局	7月，被省工商行政管理局授予嘉奖奖励。
乐华泽	尚庄镇	5月，被市委市政府评为“关心下一代工作先进工作者；9月，被省文明办评为“江苏省优秀志愿者”；9月，被省精委办和关代委评为“全省校外教育辅导站工作”先进个人。
连大猛	区公安局	11月，被省公安厅授予个人二等功。
朱　霖	关工委	5月，被市委市政府评委“关心下一代工作先进工作者”。
朱洪顺	关工委	5月，被市委市政府评委“关心下一代工作先进工作者”。
朱学存	区公安局	5月，被省人社厅、省公安厅表彰为全省优秀人民警察。
朱成桂	区公安局	5月，被省人社厅、省公安厅表彰为全省优秀人民警察。

·区委区政府2017年度目标任务综合考核先进个人·

（排名不分先后）

王伯清　司中心　刘　宁　宋传贵
祁国成　孙　琦　何　立　孙广彪
商兆沭　孙广传　卞杨斌　朱宏伟
丁美俊　胥加耕　徐　博　黄才友
成　萍　朱友祥　朱道红　严　华
郭　亮　罗华军　仓晨光　张国兵
刘卫红　卢秀国　刘龙青　倪爱中
朱福林　唐文峰　杜殿林　薛　静
姚　奇　鱼宏洲　孙　勇　葛春松
蒋维兵　万守东　吴　伟　王　鑫

先进集体

·省(部)级以上表彰的先进单位·

盐都区	4月,盐都区休闲农业和乡村综合发展实力被农业部评为全国前50强县;6月,被中国曲艺家协会授予“中国曲艺之乡”称号,成为苏北第一个“中国曲艺之乡”;8月,被国家体育总局表彰为“全国群众体育先进单位”。9月,由新华网主办的“2017最美中国榜”评选结果揭晓,盐都区以优质的旅游资源获得专家及大众的青睐,获评“最美中国·全域旅游创建典范城市”和“最美中国·全国旅游创新发展示范地”称号;10月,通过农业部国家级渔业健康养殖示范县创建;12月,被国家卫计委重新确认为国家慢性病综合防控示范区;2018年1月,被农业部评为全国渔业健康养殖示范县;2018年2月,被国家教育督导委表彰为全国中小学校责任督学挂牌督导创新区。
区教育局	4月,被中国成人教育协会表彰为全国全民终身学习活动周组织奖;8月,被国家体育总局表彰为全国群众体育先进单位;8月,被中国红十字总会表彰为全国应急救护知识竞赛最佳组织一等奖;9月,被中国红十字总会表彰为总会报刊宣传先进集体三等奖。
毓龙路实验学校	9月,被中央文明委表彰为全国未成年人思想道德建设工作先进单位。
盐城市第一中学	5月,被共青团中央表彰为全国“五四”红旗团委。
区公安局出入境管理大队	2月,被中华全国总工会表彰为全国五一巾帼标兵岗。
区检察院	11月,被中央精神文明建设指导委员会表彰为全国文明单位。
区卫计委	10月,被中国红十字会授予红十字人道服务奖章。
盐都区红十字会	8月,被中国红十字会总会表彰为2017年《中华人民共和国红十字会法》暨全国红十字应急救护知识竞赛最佳组织奖一等奖。9月,被中国红十字会总会表彰为2017年度中国红十字会总会报刊宣传先进集体二等奖、盐都区学校红十字工作委员会为先进集体三等奖。12月,盐龙街道办事处、盐渎街道(包含冈中)办事处、潘黄街道办事处、秦南镇人民政府、张庄街道办事处、龙冈镇人民政府、大冈镇人民政府和盐都区卫生局、盐都区教育红十字会获得中国红十字人道服务奖章。
盐都区教育红十字会	8月,被中国红十字会总会表彰为2017年《中华人民共和国红十字会法》暨全国红十字应急救护知识竞赛最佳组织奖一等奖。
大纵湖镇	6月,全国爱卫会表彰为2014—2016周期国家卫生镇;8月,被住建部评为第二批全国特色小镇。
大纵湖镇卫生院	10月,被国家卫计委表彰为2016—2017年度国家群众满意的乡镇卫生院。
龙冈镇	1月24日,被国家林业局评定为国家生态公园(试点)。
秦南镇泾口村	11月,被中央精神文明建设指导委员会认定为“全国文明村”。
台湾农民创业园	6月,被农业部评为全国农村创业创新园区。
楼王镇	6月,全国爱卫会表彰为2014—2016周期国家卫生镇。
尚庄镇	10月,被全国爱国卫生运动委员会评为国家卫生镇。
郭猛镇	6月,全国爱卫会表彰为2014—2016周期国家卫生镇。
大冈中心卫生院	10月,被国家卫计委表彰为2016—2017年度国家群众满意的乡镇卫生院。
潘黄街道	10月,被中国红十字会授予中国红十字人道服务奖章。
仰徐村	3月,被国务院防范和处理邪教问题办公室表彰为创建无邪教示范村;11月,经中央精神文明建设指导委员会复查合格,继续保留“全国文明村镇”。
江苏泰和畜牧实业有限公司	12月,被农业部评为全国畜禽养殖标准化示范场。
学富碧水蓝天生态科技有限公司	12月,被农业部认定为部级水产健康养殖示范场。
尚庄界河水产养殖专业合作社	12月,被农业部认定为部级水产健康养殖示范场。

·市(厅)级以上表彰的先进单位·

盐都区	3月,被省国土厅表彰为江苏省土地执法模范县(市、区);3月,入选省民政局居家和社区养老服务创新示范县区创建;4月,被省国土厅、省经信委表彰为江苏省高标准厂房建设与使用先进地区;5月,被省经信委、省机关事务管理局表彰为公共机构节能示范单位;5月,被省农委确定为江苏省首批“智慧动监”系统建设试点县、省动物检疫规范化示范县建设试点县;6月,被省国土厅表彰为省国土资源节约集约利用2015、2016年连续两年考核成绩优秀地区;7月,被省农委评为江苏省稻田综合种养示范县;7月,被省综治委评为平安县(市、区);8月,新型职业农民及村级后备人才定向培养模式被省委组织部在全省推广;8月,被省教育厅表彰为全省依法治教改革试点区;9月,在省民政厅、财政厅对省级社会养老服务体系建设绩效考核中,盐都区列全市第一、全省第三;11月,被省农委确定为江苏省农产品质量安全县创建试点单位;11月,“葛武嫩姜片”“龙冈茌梨”“瑞尚鲜”“杨侍村”“聚仙”“秦南” 等6个品牌入选省农委评选江苏省农产品品牌目录;12月, 被省卫计委表彰为省卫生应急规范县(市、区);12月,被省新闻出版广电局表彰为2017年度江苏省“无小耳朵社区”创建工作先进县(市、区);12月,被市委市政府评为“一片林”工程综合考核优秀区;12月,被省教育厅表彰为全省社区教育示范区;2018年4月,省国土厅、省经信委“全省高标准厂房建设与使用先进地区”称号;2018年5月,盐都区被省国土厅表彰为“全省国土资源执法模范县(区)”;2018年6月,被省国土厅授予“省国土资源节约集约利用模范县(市、区)”。
区委办	11月,被省哲学社会科学界联合会授予2016年度“省社科应用研究精品工程”奖优秀成果二等奖。
区公安局国保大队	7月,被市委市政府表彰为盐城市忠诚警队。
区检察院	11月,被省纪委、省委宣传部、省级机关工委、省教育厅、省监察厅、省民政厅、省文化厅、省总工会、省妇联表彰为第八批“江苏省廉政文化建设示范点”。
区教育局	1月,被省体育局表彰为全省县级体育工作先进单位;5月,被江苏教育新闻工作者协会、江苏教育报刊总社表彰为2016—2017年度“江苏教育网络联盟先进单位”;12月,获得全省中学生作文大赛优秀组织奖。
盐城市第二小学	1月,被省全民阅读办、省教育厅表彰为全省书香校园建设示范点。
盐城市第一中学	4月,被省总工会授予江苏省“五一”劳动奖状;9月,被教育部教师司、基础教育司表彰为全国教师志愿服务“课后服务示范点”。
区编办	11月,被省哲学社会科学界联合会授予2016年度“省社科应用研究精品工程”奖优秀成果二等奖。
区档案局	9月,被省档案局和江苏省档案学会表彰为全省档案宣传工作先进集体,与区党史办合力开展编研工作,《中共盐城县史》荣获2017年全省档案文化精品奖三等奖。
统计局	8月,被中国信息报社评为统计宣传工作先进单位,被省人社厅、省统计局和国家统计局江苏调查总队联合表彰为全省统计系统先进集体
区供销总社	3月,被省供销总社表彰为全省二十强县级社、农村综合服务社提升工程先进单位。
义丰供销社	3月,被省供销总社表彰为基层社推进为农服务工作先进单位。
盐城市淮剧团	5月,被省文化厅表彰为全省艺术创作工作先进单位。
盐都区博物馆	1月,被省文物局表彰为“江苏省第一次全国可移动文物普查先进集体”、江苏省第一次全国可移动文物普查先进集体。
区民政局	1月,被省老龄办授予“先进单位奖”;3月,被团省委命名为江苏省青年文明号;11月,被中国社会报社评为社会组织新闻宣传工作先进单位。
区信访局	3月23日,被市委市政府表彰为“全市党的十九大安保维稳工作”先进集体。
区市场监督管理局	12月,被省人社厅、省工商行政管理局表彰为全省工商和市场监管工作先进集体。
市场监管局行政许可服务科	7月,被省工商行政管理局授予“嘉奖”奖励。
市三院	6月,被市委市政府表彰为“6·23”龙卷风冰雹特别重大灾害抢险救灾先进集体。12月,获中国红十字会团员特别会员。
区爱卫办	10月,被省爱卫会、省卫计委表彰为省爱国卫生工作先进集体。
公安局出入境窗口	2月,被中华全国总工会授予“全国五一巾帼标兵岗”。
区外侨办	7月,被省政府侨务办公室评为全省侨办系统先进集体。

区统计局	8月，被中国信息报社评为2016—2017年度中国信息报社统计宣传工作宣传单位。
区妇联	2018年1月，被省委宣传部、省精神文明建设指导委员会办公室、省教育厅、省科技厅、省司法厅、省农委、省文化厅、省卫计委、省文广局、团省委、省妇联、省文联、省科协、省红会联合表彰为2017年度江苏省文化科技卫生"三下乡"活动县级集体。
区工会	7月，被省总工会评为县以上工会财务会计工作竞赛一等奖；11月，被全国安康杯竞赛组委会办公室表彰为职工公共安全卫生应急避险知识普及竞赛活动优秀组织单位。
潘黄街道社区卫生服务中心	11月，国家优质服务示范社区卫生服务中心
大冈镇	1月，被省国土厅表彰为省级耕地保护激励单位。
大冈镇卧龙居委会	12月，被省卫计委表彰为省卫生村。
大冈野陆居委会	12月，被省卫计委表彰为省卫生村。
学富镇	12月，被省爱卫会表彰为江苏省卫生镇；2018年2月，被省环保厅表彰为首批江苏省生态文明建设示范镇。
学富镇时杨居委会	12月，被省爱卫会表彰为江苏省卫生村；2018年2月，被省环保厅表彰为首批江苏省生态文明建设示范村。
学富镇同港村	12月，被省爱卫会表彰为江苏省卫生村。
郭猛镇民强村等43个村卫生室	12月，被省卫计委表彰为省示范村卫生室。
潘黄实验学校	5月，被中国教育学会中学语文教学专业委员会表彰为全国作文教学先进单位。
潘黄街道社区卫生服务中心	12月，被中国社区卫生协会评为全国优质服务示范社区卫生服务中心。
潘黄街道劳动人事争议调解中心	12月，被省人社厅、省总工会、省企业联合会、省工商业联合会表彰为江苏省优秀基层调解组织。
何桥居委会	1月，被省民政厅评为江苏省和谐社区(村)建设示范社区(村)
新民村	11月，被省农委评为2017年江苏省休闲观光农业示范村。
潘黄实验学校	12月，被省教育学会初中教育专业委员会评为江苏省初中教学管理创新优秀学校。
北龙港卫生院	12月，被省卫计委评为江苏省示范乡镇卫生院。
龙冈桃花园旅游有限公司	2018年1月，被农业部农村社会事业发展中心、中国旅游协会休闲农业乡村旅游分会评为全国休闲农业与乡村旅游四星级示范企业。
三官农庄	4月，被省旅游局认定为全省首批五星级乡村旅游区。
大纵湖镇	12月，经中央文明办复审，大纵湖镇继续保留全国文明镇称号。
区住建局	4月，被省人社厅、住建厅表彰为2013—2017年度全省住房城乡建设系统先进集体；2018年4月，被市政府评为2017年度城建工作先进集体。
秦南镇泾口村	12月，被盐城市精神文明建设委员会认定为"盐城市文明村(2015—2016年度)"。
江苏盐粮集团控股有限公司	10月，被粮油市场报、中国粮油组委会评为"2017中国百佳粮油企业""2017中国十佳粮油成长型企业"。
盐都区航道管理站"一站通"QC小组	5月，获省交通运输厅航道局全省航道系统2016年度QC成果发布三等奖。
区农委	1月，被省农委表彰为全省农业系统工作效能考核先进单位。
台创园呈祥园艺育苗有限公司	3月，被省农委评为第二批江苏现代农业科技综合示范基地；
台创园夏氏鸽业有限公司	4月，被省农委认定为江苏省畜牧生态健康养殖示范场；
张庄郑农家园生态养殖场	4月，被省农委认定为江苏省畜牧生态健康养殖示范场；
大冈农业技术推广综合服务中心	4月，被省农委、省人社厅评为江苏省农技推广服务先进集体。
张庄葡萄小镇	5月，入选省农委发布的江苏省农业特色小镇培育名录；
龙冈桃园小镇	5月，入选省农委发布的江苏省农业特色小镇培育名录；
秦南农业综合服务专业合作社	7月，被省农委评为全省百强农民合作社；
大纵湖芦荡迷宫	8月，被省农委评为江苏省主题创意农园；
潘黄新民村	11月，被省农委评为江苏省休闲观光农业示范村；
大纵湖盐城联益肠衣制品有限公司	12月，被省农委评为江苏省出口农产品示范企业；

楼王鼎绿蔬菜专业合作社	12月，入选省农委评选的江苏省“十家农民合作社、十个畅销产品品牌”名录；
盐龙平安农机专业合作社	12月，被省农机局评为省级农机合作社示范社；
大纵湖农业综合服务专业合作社	12月，被省农机局评为省级农机合作社示范社；
江苏灰太狼食品有限公司	2018年1月，被省农委评为江苏省农业电子商务示范单位；
盐都区电子政务管理办公室	12月，被省信息中心表彰为2017年度“江苏省信息系统信息资源共享平台”工作先进集体
团区委	8月，被团省委评为全省共青团宣传工作先进单位。
区委党史办	7月，在省政府办公厅举办的第四届江苏省优秀年鉴评选中，《盐都年鉴(2015)》获综合优秀三等奖。
盐都国土分局	4月，被省国土厅表彰为2016年度推进依法行政工作先进单位；6月，被省人社厅、国土厅联合表彰为江苏省国土资源系统先进集体；2018年3月，被省人社厅和国土厅联合表彰为“全省国土资源系统先进集体”。
尚庄小学	5月，被市委市政府评为“关心下一代工作”先进集体。
学富镇	1月，被省民政厅授予“江苏省和谐社区建设示范镇”称号；
潘黄街道何桥社区	1月，被省民政厅授予“江苏省和谐社区建设示范村(社区)”称号
张庄街道钱庄社区	1月，被省民政厅授予“江苏省和谐社区建设示范村(社区)”称号。
大冈镇野陆社区	1月，被省民政厅授予“江苏省和谐社区建设示范村(社区)”称号。
楼王镇仁和村	1月，被省民政厅授予“江苏省和谐社区建设示范村(社区)”称号。
尚庄镇姚伙村	1月，被省民政厅授予“江苏省和谐社区建设示范村(社区)”称号。
秦南镇亭湖村	1月，被省民政厅授予“江苏省和谐社区建设示范村(社区)”称号。
龙冈镇兴福村	1月，被省民政厅授予“江苏省和谐社区建设示范村(社区)”称号。
农村经济开发区民强村	1月，被省民政厅授予“江苏省和谐社区建设示范村(社区)”称号。
张庄街道	2018年7月，被市政府、盐城军分区表彰为“2017年度盐城市征兵工作先进单位”。
大纵湖旅游度假区成人校	4月，被江苏开放大学、江苏省成人教育协会以及江苏省社会教育服务指导中心联合授予“首届江苏省社会教育百强单位”称号。
大纵湖旅游度假区成人校	9月，被省成人教育协会授予“江苏省社区教育品牌项目”称号。
荣南机械制造有限公司	4月，被省总工会授予江苏省工人先锋号。
江苏金火炬金属制品有限公司	10月，被省经信委、省发改委、省科技厅、省财政厅、省国税局、省地税局、南京海关认定为“企业技术中心”；12月，被省科技厅、省财政厅、省国税局、省地税局授予“高新技术企业”证书。
教育局	9月，在全省校外教育辅导站工作经验交流会上，龙冈镇校外教育中心辅导站被表彰为“省优秀辅导站”，秦南镇校外教育中心辅导站被表彰为“省示范辅导站”，尚庄镇的乐华泽、乐洪粉被表彰为全省先进个人。12月7日，从中国成人教育协会农村成人教育专业委员会和教育部社区教育研究培训中心传来喜讯，楼王镇社区教育中心荣获第五批全国农村优秀学习型部门称号(全市唯一、全省仅10家)。7月，区“未来之星体育俱乐部”被江苏省体育局命名为“2017年江苏省示范性青少年奥林匹克体育俱乐部”。

·区委区政府2017年度目标任务综合考核先进集体名单·

综合奖

镇(区、街道)综合先进奖

一等奖

高新区盐龙街道　龙冈镇(含鞍湖街道)

郭猛镇　楼王镇(含北龙港街道)

台湾农民创业园(含葛武街道)

二等奖

高新区盐渎街道　张庄街道

秦南镇(含北蒋街道)　尚庄镇

区直部门综合先进奖

住建局　农　委　财政局　科技局

民政局　教育局　人社局　发改委

城管局　卫计委　商务局　统计局

政务办　水务局　安监局　交运局

信访局　农工办　编　办

机关事务管理局　妇　联

市属驻都单位综合先进奖

环保局　国土分局　地税局　审计局

国税局　移动盐都分公司

市属驻都单位综合先进集体

气象局　农发行盐都支行　邮政局

电信局　农行盐都支行　中行盐都支行
工行盐都支行　建行盐都支行
江苏银行新都支行　邮储盐都支行
盐城农商行盐都支行　交行盐都支行
昆山农商行盐都支行　浦发行城南支行
财保公司　寿保公司

特别贡献奖

1.服务业转型升级工作——高新区潘黄街道

2.创成全国特色小镇——大纵湖镇

3.创成“中国曲艺之乡”——区文广新局

4.商标品牌发展工作——区市场监督管理局

5.服务重大项目建设——盐都供电营业部

·区委、区政府联合表彰单项奖·

双招双引工作奖

招商选资工作奖

高新区盐龙街道
高新区盐渎街道
高新区潘黄街道
龙冈镇(含鞍湖街道)　郭猛镇
住建局　科技局　农　委
水务局　民政局
高新区盐龙街道高端装备招商局
高新区盐龙街道智能制造招商局
高新区盐渎街道商务商贸招商局
高新区潘黄街道总部经济招商局
台湾农民创业园现代农业招商局

招才引智工作奖

高新区盐龙街道　高新区盐渎街道
大冈镇　张庄街道
高新区潘黄街道
楼王镇(含北龙港街道)
龙冈镇(含鞍湖街道)　郭猛镇
教育局　卫计委

生态文明建设工作奖

龙冈镇(含鞍湖街道)　高新区潘黄街道
高新区盐渎街道　郭猛镇
高新区盐龙街道　学富镇(含中兴街道)
农　委　财政局　住建局　水务局
城管局　安监局

党建工作奖

高新区盐龙街道　高新区盐渎街道
高新区潘黄街道　郭猛镇
楼王镇(含北龙港街道)
龙冈镇(含鞍湖街道)　大纵湖镇
张庄街道　大冈镇
教育局　财政局　交运局　检察院
法　院　公安局(610办)　文广新局
机关事务管理局　住建局

平安工作奖

高新区盐龙街道　龙冈镇(含鞍湖街道)
高新区潘黄街道　张庄街道
高新区盐渎街道
楼王镇(含北龙港街道)　尚庄镇
郭猛镇　公安局(610办)　教育局
住建局　安监局　信访局　民政局
财政局　人社局　法　院
卫计委　交运局　商务局

企业争星创优工作奖

江苏悦达摩比斯贸易有限公司(高新区盐渎街道)
江苏金贸建设集团有限公司(高新区盐龙街道)
江苏悦达纺织集团有限公司(高新区盐渎街道)
江苏盐城农村商业银行股份有限公司(区直)
江苏中恒宠物用品股份有限公司(高新区盐龙街道)
盐城之星汽车有限公司(高新区盐渎街道)
江苏东九重工股份有限公司(高新区盐龙街道)
盐城商业大厦股份有限公司(区直)
江苏华晓医药物流有限公司(高新区盐渎街道)
江苏明华建设有限公司(高新区潘黄街道)
中科建工集团有限公司盐城高新区分公司(高新区盐龙街道)
江苏蛟龙打捞航务工程有限公司(秦南镇)

附　录

◆讲话和报告摘要

◆文件选编

◆统计资料

讲话和报告摘要

以党的十九大精神为引领 谱写新时代决胜全面小康盐都篇章

——在区委十四届四次全体会议上的讲话
（2017 年 12 月 29 日）

区委书记　羊维达

一、凝心聚力，砥砺奋进，全区经济社会发展取得新业绩

今年以来，全区上下认真落实中央和省、市委决策部署，紧紧围绕“强富美高”主题，重抓“一极一园一业”建设，致力创新生态富民，经济社会发展继续保持稳中有进、质效提升的良好态势，10 项主要经济指标中有 7 项指标增幅居全市前列。产业强区战略持续推进。二三产业占比达 91.5%，高新技术产业产值占规上工业产值比重提高 8 个百分点。重大项目取得显著突破，总投资 130 亿元的东山精密电子项目主体竣工，总投资 100 亿元的北大科技园正式落户，万达广场开业半年预计实现销售 5 亿元。园区集聚效应凸显，智能终端产业园落户项目 66 个、投产达效 40 个，实现开票销售 80 亿元，新增定报企业 15 家；电商快递产业园实现营业总额 30 亿元，快递日处理量占大市区近 80%；东方汽车广场乘用车销售 80 亿元，占大市区 67%；9 个全民双创园累计建成标准厂房 90 万平方米，入园项目 250 个。乡村旅游发展势头强劲，大纵湖东晋古城主体工程全部建成，成功举办“畅游盐都金秋行”等活动，游客接待量、旅游总收入分别增长 25.6%、21.6%，获评“最美中国·全域旅游创建典范城市”。农业结构调整深入推进，农业规模化经营比重达 47.6%，粮食单产全省前列、全市第一，创成全国渔业健康养殖示范县，台创园被农业部列入全国农村创业创新园区目录。改革创新步伐持续加快。打好“放管服”组合拳，率先全市推行政务服务网“四个一”创新工程，高新区纳入全省首批省级以上开发区相对集中许可权改革试点，获得 220 项市级经济管理权限。财税和投融资体制改革稳步推进，全国首创车船税收入归集分配系统，荣获省“金融生态优秀县”称号，苏北首家实现区镇村三级公务卡结算制度改革全覆盖，率先全市推行村财镇管试点；设立 50 亿元产业引导基金，盐高投、市城镇化集团实体化运营。以数据共享“一网通”、管理责任“一单清”、阳光村务“一点明”为主要特色的农村“三资”管理“盐都模式”在全省推广。获批国家知识产权强县工程示范区，有效发明专利累计数、国家高新技术企业总数和新认定数均列全市第一。新获批科技“小巨人”企业、省智能制造示范车间、院士工作站各 1 个，新增“新三板”挂牌企业 1 家。新增中国驰名商标 4 件、马德里国际商标 7 件，总数均列全市第一。新引进院士团队 1 个、“千人计划”专家 9 人、领军人才 65 人。城乡发展面貌持续改善。八大类 112 项城建交通重点工程完成投资 98.6 亿元，商品房销售 180 万平方米，科技广场、邻里中心、地下综合管廊加快建设。稳步实施“一片林”工程，新造成片林 1 万亩，新增绿地 7430 亩。蟒蛇河整治水下工程通过省级验收，饮用水源保护区调整获省批准。全面推行“河长制”，完成 26 条城市非骨干河道整治，新增集镇污水支管网 40 公里。大力开展“263”专项行动，严肃查处各类环境问题，有序推进城乡生活垃圾分类试点。提前一年完成农村公路提档升级三年行动计划，改造一般农户 C、B 级危房 2227 户。大冈镇入围全国综合实力千强镇，大纵湖镇上榜第二批全国特色小镇，

楼王镇通过省人居环境范例奖验收。民生幸福指数持续攀升。实施十大类35件为民办实事项目，新增财力的90%以上用于民生领域。新增城镇就业1.2万人，支持自主创业2995人。基本养老、基本医疗等社会保险参保人数新增3.7万人，顺利完成城乡居民基本医疗保险制度整合。名校名师、名院名医工程加快实施，社会事业高层次人才引进取得新突破。创成省社区教育示范区，省四星级高中实现全覆盖，南师大盐城实验学校、义丰小学等投入使用。顺利通过国家卫生城市复审，基层卫生公共服务功能配置达省标。入选全市唯一省级居家和社区养老服务试点地区，区社会福利院一期正式运行。积极推进产业脱贫、"阳光扶贫"，6484户13929人实现脱贫，3个省定经济薄弱村摘掉"穷帽子"。创成苏北首家"中国曲艺之乡"，现代淮剧《菜籽花开》获省文华大奖。区检察院被表彰为"全国文明单位"，秦南泾口村获"全国文明村"称号，杨长春当选"中国好人"。扎实开展"大排查大整治"活动，信访维稳工作成效显著，连续十三年获评省平安县。全面从严治党持续深化。扎实抓好十九大精神学习宣传宣讲，分层分类推进"两学一做"学习教育常态化制度化，党员干部的党性观念和宗旨意识明显增强。大力开展"三带三联"大走访活动，帮助企业群众解决问题2567个。加强"基层党建示范带"建设，"四议四公开一监督"全面推行，与高校合作办班的"定制村官"模式在共产党员网推广。组织实施"推动落实、推进服务"主题活动，作风建设力度不断加大。严格落实"两个责任"，加强监督执纪"四种形态"的运用，稳步推进监察体制改革，发挥巡察"利剑"和派驻监督"探头"作用，全年共立案查处违纪违法案件356件，切实维护了风清气正的政治生态。人大、政协充分发挥职能作用，人武、统战、老干部、关工委、工青妇等各项工作有效开展。

二、高举旗帜，引领方向，深入学习贯彻党的十九大精神

党的十九大是在我国全面建成小康社会决胜阶段、中国特色社会主义进入新时代的关键时期召开的一次十分重要的大会，也是一次在党和国家发展史上具有划时代、里程碑意义的大会。全区上下要把学习贯彻党的十九大精神作为首要政治任务，持续掀起学习宣传贯彻热潮，在学懂、弄通、做实上下足功夫，确保党的十九大精神在盐都全面落地生根、开花结果。

学习贯彻十九大精神，要坚持在"学懂"中武装头脑。党的十九大报告以马克思主义的宽广视野，深刻洞察世界发展大势和中国进步大局，回答了新时代坚持和发展中国特色社会主义一系列重大理论和实践问题。各级党组织和广大党员干部要深入学习领会中国特色社会主义进入新时代的重大论断，深入学习领会习近平新时代中国特色社会主义思想的核心要义，深入学习领会我国社会主要矛盾发生历史性变化的重大意义，深入学习领会新时代党的建设总要求，真正想清楚弄明白党的十九大精神的政治意义、历史意义、理论意义、实践意义。重中之重是要学深悟透习近平新时代中国特色社会主义思想这个十九大的灵魂、全党奋斗的精神旗帜，坚持原原本本学、原汁原味学，读原著、学原文、悟原理，将学习经常化、制度化，不断汲取真理的力量、信仰的力量，切实铸牢在新的历史方位奋斗前进的思想之魂。

学习贯彻十九大精神，要坚持在"弄通"中指导实践。融会贯通，方能学以致用。要深化认识十九大关于党和国家事业各项战略部署的整体性、关联性、协同性，坚持系统全面联系的观点和思维，紧扣盐都实际，做好转化文章。要把学习贯彻十九大精神同全面加强和维护党中央集中统一领导贯通起来，牢固树立"四个意识"，以实际行动和成效拥戴习近平总书记这个党中央的核心、全党的核心；要把学习贯彻十九大精神同贯彻省市委全会精神贯通起来，把准方向、找准路径，推动改革发展不断取得新成效；要把学习贯彻十九大精神同把握社会主要矛盾转化的新特点贯通起来，抓住机遇、奋力作为，更好满足人民群众对美好生活的向往；要把学习贯彻十九大精神同谋划盐都今后发展贯通起来，自觉挂好"大局之图"、对表"小康时间"，持续发力"五个迈上新台阶"，合力续写"强富美高"新篇章。

学习贯彻十九大精神，要坚持在"做实"中推进工作。学懂是前提，弄通是关键，做实才是落脚点。要把习近平新时代中国特色社会主义思想作为做好盐都各项工作的"定盘星"，对照总书记对江苏工作的最新要求，对发展思路和工作举措进行再审视、再对照、再深化，及早排出任务书、时间表、路线图，拿出实实在在的举措，以钉钉子精神全面抓好落实。特别是要以狠抓落实的自觉、敢抓落实的担当、会抓落实的能力，切实把学习贯彻新思想与推动高质量发展、落实"五个一"重点工程、做好"五篇大文章"要求，与推进"产业强区、生态立区、富民兴区"实践、"一极一园一业"建设紧密结合起来，打造改革开放新亮点，探索精准脱贫新举措，塑创绿色发展新优势，努力走出一条符合客观规律、具有区域特色、体现盐都特点的发展之路。

三、不忘初心，牢记使命，努力开创高质量发展崭新局面

2018年是贯彻党的十九大精神的开局之年，是改革开放40周年，是决胜全面建成小康社会、实施"十三五"规划承上启下的关键一年。党的十九大对决胜全面建成小康社会、夺取新时代中国特色社会主义伟大胜利作出了具体部署。新时代展现新气象新作为，省委十三届三次全会作出了扎实推进高水平全面建成小康社会各项工作、努力在高质量发展上走在全国前列的决策部署，这为我们决胜全面小康明确了新坐标、提出了新要求。对照省全面建成小康社会监测统计标准，预计2017年我区综合实现度为97.7%，五大类22项36个指标全部达到验收标准，得分处于苏北领先位置，但人均地区生产总值、城镇居民人均可支配收入比全省平均水平分别低25.8%、17%，多数产业还处于价值链低端，百姓不够富裕仍是全面小康最为突出的短板。在清醒认识困难挑战的同时，我们更要抢抓难得的发展机遇。当前，"一带一路"、长江经济带、长三角城市群等重大战略在盐都交汇叠加，互联网经济大潮涌动，高铁时代扑面而来，"一座城"发展红利加速释放，智能终端等新兴产业快速崛起，国家高新区产城融合示范效应显著增强，为我们增创发展新优

势开辟了广阔空间、提供了现实支撑。全区上下要坚持以新姿态担当新使命，以新业绩拥抱新时代，丰富完善“产业强区、生态立区、富民兴区”的思路和举措，不断提升“一极一园一业”建设的内涵和成效，自觉在高质量上展示行动力，在走前列上谋求新作为，努力交出得到人民认可、经得起历史检验的小康答卷。

2018年全区工作总的要求是：全面贯彻党的十九大精神，以习近平新时代中国特色社会主义思想为指导，坚持稳中求进工作总基调，坚持新发展理念，紧扣社会主要矛盾变化，按照高质量发展的要求，统筹推进“五位一体”总体布局、协调推进“四个全面”战略布局，以供给侧结构性改革为主线，扎实抓好稳增长、促改革、调结构、惠民生、防风险各项工作，坚决打好防范化解重大风险、精准脱贫、污染防治三大攻坚战，全力推进“产业强区、生态立区、富民兴区”新实践，不断提升“一极一园一业”新成效，把“强富美高”新盐都建设不断推向前进。

主要预期目标是：地区生产总值增长7.5%左右，固定资产投资增长9%左右，一般公共预算收入增长6%左右，全社会研发投入占GDP比重达2.5%，高新技术产业产值占规上工业产值比重达41%，城乡居民收入增长与经济增长同步，节能减排完成上级下达任务。

围绕上述目标，明年要重点打好“五大主攻仗”：

1、打好创新引领主攻仗，做强高质量实体经济。坚持把创新摆在发展全局的核心位置，作为振兴实体经济的战略支撑，推动经济发展质量变革、效率变革、动力变革，增强实体经济的向好性和竞争力。瞄准前沿抓产业转型。实体经济根本在产业，出路在转型，必须紧盯科技最前沿、产业制高点，加快构建以创新为支撑的现代产业发展体系。要引“新”促“高”做大增量，加大高新技术产业和战略性新兴产业投资比重，以华东地区最具规模产业基地为目标大力发展智能终端产业，以智能成套装备、智能机器人为方向做强高端装备制造业，以锂电池、氢燃料动力机组等新能源汽车核心部件为关键壮大新能源产业，通过优质增量扩大中高端供给、提升产业层次，着力形成一批具有爆发力和引领力的创新型增长点。特别是要坚定不移突出智能终端产业首位度，立足建链、补链、强链，积极招引液晶面板、晶圆、存储器等上游企业，品牌整机、研发设计等高端环节，加快推进东山精密电子等重特大项目，确保全年再招引项目30个、竣工20个，产品出货3000万部，开票销售突破120亿元，致力打造十大品牌、百家企业、千亿销售产业集群。推“陈”出“新”做优存量，强化技术改造、管理再造，实施“企业上云”、星级培育，引导现有企业对接智能制造、行业龙头、资本市场、科研院所、“互联网+”，促进大数据、云计算、物联网、人工智能的应用和融合，推动更多企业创建省级智能车间、加快挂牌上市步伐，打造一批“单打冠军”、领军企业。做好服务业创新文章，大力引进一批龙头型、科技型服务业项目，确保顺丰智慧电商物流产业园、海外海盐城汽车城等项目投产达效，推动现代物流、电商快递、汽车销售服务三大业态总量扩大、结构优化，争创快递、物流、电商三个国家级示范园区(基地)；加大对生产性服务业领军企业的培育力度，支持恒力机床等制造业企业从单纯“产品制造者”向兼具“服务供应商”提升转型；积极策应产业发展和市场消费新需求，抓住用好“下一代互联网”IPv6大规模商用部署机遇，扶持发展科技研发、文化创意、服务外包、互联网金融等新兴业态，集聚壮大分享经济、创意经济，致力打造具有盐都特色的高技术服务业集群。着眼高端抓要素升级。创新引领的集成效应，取决于高端资源要素的富集程度和供给能力。要把培主体作为突出抓手，强化企业创新主体地位和作用，实施科技企业“小升高”“小巨人”培育计划，支持骨干企业与高等院校、科研院所组建创新战略联盟，确保年内新认定国家高新技术企业30家以上，争创省级以上企业研发机构10家以上。把聚人才作为主攻方向，用好市“515”引才政策，深化与大院大所合作，完善柔性引才机制，不求所有但求所用，不求常驻但求常来，用更优惠政策、更灵活方式吸引最需要的高端人才，年内新引进“千人计划”专家3人、博士以上高层次人才60人。把建平台作为重要支撑，力促智创小镇总部研发区、北大科技园一期竣工投用，提升各类创新平台运营实效；深化“一镇一产一院”产学研合作模式，共建产业创新联盟，攻克共性关键技术，增强镇级工业园创新水平和承载能级。汇聚合力抓环境优化。牢固树立大抓实体、大兴实业鲜明导向，汇集全社会的智慧和力量，营造创新创业的优良生态环境。要认真落实省科技创新40条、市科技创新10条等政策，健全“孵化器-加速器-产业园”接力式创新链条，修订出台扶持先进制造业发展专项政策，发挥智能制造产业基金、“1+3”产业引导基金和高创人才基金作用，提升科技金融、科技保险服务水平，激发企业大幅增加研发投入的积极性和主动性。弘扬企业家精神和工匠精神，支持企业专注主业、精益求精，持续推进技术革新、产品更新，以“常新”葆“常青”、争创“百年老店”。构建亲清新型政商关系，践行“兑现比承诺更重要、服务比政策更长远”，全面营造安心、舒心、暖心的创新创业氛围，当好服务企业的“店小二”。坚持把创新文化渗透到经济社会发展各个方面，为创新者提供充足的阳光雨露，努力形成创新活力不断迸发、创新成果充分涌现的良好局面。

2、打好改革开放主攻仗，激发高质量内生动力。实践证明，改革开放是推动事业发展的重要法宝，是建设“强富美高”新盐都的根本出路。迈向新时代，要坚持改革不停顿、开放不止步，在全面深化改革中松绑除障、激发活力，在扩大双向开放中集聚要素、拓宽空间。更深层次释放改革红利。改革进入攻坚期和深水区，啃硬骨头、涉险滩的任务更加艰巨，必须坚持问题导向，以经济体制改革为牵引、以供给侧结构性改革为主线，着力在“破”“立”“降”上下功夫，推动重点领域和关键环节改革取得新突破。要深化行政体制改革，聚焦市场准入、投资建设和民生服务等重点领域，打造具有盐都特色的政务、中介、金融网上服务超市，加快构建“不见面审批”“最多跑一次”模式，让数据多跑路、百姓少跑腿。创新高新区运行管理机制，落实“三定”方案，组建“一办七局”，建立“大部制”、扁平化组织架构，用足用活相对集中行政许可权改革试点政策，致力打造审批事项最少、办事效率最高、营商环境最优的区域。深化农业农村改革，引导农户以土地承包权入股各类经营主体，加快推进集体资产股份量化，提升农村生产要素在网上公开、规范、高效配置能力，力争“三资”管理“盐都模式”向全国推广。深化财税和投融资体制改革，调优区对镇财政体制，全面实施财政绩效管理，提高资金使用效益；按照“控规模、调结构、降成本、强规范、保兑现、可持续”要求，主攻直接融资、政策性银行贷款，推进 PPP 项目加快落地和规范运行；完善政府债务预算管理、限额管理和结构成本管理制度，厘清政府债务和平台债务关系，稳步压减存量债务，切实防范地方性债务和金融风险；分类整合十大平台公司，明晰各自权责，提升信用等级，增强平台整合资源、融通资金、投资盈利等实体化运营能力。深化要素市场配置改革，通过二次招商、兼并重组、股权交易等方式，腾笼换鸟处置“僵尸企业”，有效盘活空关厂房、闲置楼宇、低效用地等资产。更广领域拓展开放空间。开放带来进步，封闭必然落后，必须充分用好“两个市场”“两种资源”，为高质量发展汇聚前进动能。要做好“大上海”“大开放”文章，举办上海先进制造业和现代服务业投资说明会等系列推介活动，编排跟踪一批重点产业转移项目，全方位引进金融、人才、科技等资源要素，持续推进闵行盐都工业园建设，不断提升融入大上海成效。抢抓大市区建美“一座城”红利，以市新一轮城市总体规划修编为契机，积极拓展城市规划用地空间，盐龙街道要精心打造盐渎路产业发展、世纪大道公共服务、青年路生活配套三大组团，盐渎街道要超前布局、与“南海未来城”实现联动错位发展，潘黄街道要通过重点项目的实施有效激发城西片区活力，共同在更加开放的舞台上展现城市魅力和实力。按照“一张网”要求优化城乡对外大通道规划，强化与机场、高铁、高速和高架的互联互通，疏通集镇与干线公路的连接“脉络”，抓紧实施阜兴泰高速盐都段工程，使外联内畅的交通体系成为盐都开放发展的重要支撑。更实举措对接重大战略。明年是改革开放 40 周年，改革开放的领域将更广、举措将更多、力度将更强，必须精准把握政策机遇和战略资源，乘势而上抢占更高平台，顺势而为实现更好发展。要主动参与“一带一路”建设，大力创新外资引进方式，提高利用外资质量和水平；加快“走出去”步伐，支持中恒宠物等本土企业借助亚马逊、阿里巴巴等平台开展跨境电子交易，鼓励东九重工、盐电阀门等企业到境外建立生产基地、研发机构和营销中心，开拓非洲和拉美等新兴市场，提升经济国际化水平。积极融入国家重大战略，主动寻求与先发地区的产业合作，精准编制产业招商规划、项目清单和招商地图，组织参加深圳手机产业年会，举办 10 场以上境内外专题招商活动，全力推动中韩产业园联动区建设，实现招商选资“量质双升”。紧密跟踪大型国企、央企、上市公司，及时掌握动态信息，切实加强服务对接，积极争取国家重大产业布局，努力引进一批带动性强、关联度大、附加值高的龙头企业和配套项目，在新一轮发展“风口”上抢占战略制高点。

3、打好乡村振兴主攻仗，推进高质量城乡融合。新时代全面建成小康，农业不能落后，农村不能落下，农民不能落伍。要按照产业兴旺、生态宜居、乡风文明、治理有效、生活富裕的总要求，科学制定乡村振兴行动方案，落实强农惠农富农举措，促进城乡融合发展，让农业成为有活力的产业、让农村成为有魅力的家园、让农民成为有吸引力的职业。做强绿色新农业。食为人天，农为正本。要深入推进农业供给侧结构性改革，紧盯市场需求，瞄准优特方向，积极调整优化产业结构，大力发展生态种养、设施园艺、休闲农业、农村电商等新产业新业态，增加绿色优质农产品供给，提高农业综合效益和竞争力。加快实施质量兴农战略，推进农业标准化生产、全程化监管、智能化追溯，加强大纵湖大闸蟹、盐都草莓等区域公共品牌培育，加快龙冈桃园、张庄葡萄 2 个省农业特色小镇建设，打造“一村一品”特色集群，争创全国农产品质量安全监管示范县。挖掘西部乡镇水资源优势，做好水产、水稻和水生蔬菜“三水”结合文章，发展稻田综合种养、藕田套养小龙虾等生态复合经营，把“水财富”实实在在地装进农民的口袋。推进食品加工区建设，力促特色农业园区转型升级，提升产业化经营和“接二连三”融合发展水平。推动台创园聚焦花卉主导产业，深化与青州、台湾等地的交流合作，强化科技创新支撑，力争跻身全省花卉“第一方阵”。建设美丽新农村。城市与农村既各美其美，也美美与共。要立足宜居、着眼融合、彰显特色，打造景美民富人和的新时代新农村“升级版”。稳步推进以人为核心的新型城镇化，以产业特色鲜明、人文气息浓郁、生态环境优美为追求，促进空间、产业、人口“三集中”，实现业态、风貌、功能“三提升”，发挥大纵湖镇全国特色小镇示范效应，推动龙冈、大冈等镇争创全国特色小镇，让功能完备、富有特色、充满活力的新型集镇成为振兴乡村的“催化剂”。加快美丽乡村建设步伐，实施农村环境综合整治五年提升行动，有序推进宅基地自愿有偿退出和土地复垦，丰富特色田园村庄建设内涵，打造集循环农业、创意农业、农事体验于一体的田园综合体，让乡村不仅有颜值更有经济价值。推动基础设施、公共服务向乡村延伸，教育、文化、卫生等优质资源向农村覆盖，着力抓好“四好农村路”建设，为乡村振兴提供有力支撑。加强农村精神文明建设，传承创新传统民俗文化，推动自治、法治、德治“三治融合”，以文明新秩序新风尚不断提升乡村内在美。培育职业新农民。实现乡村振兴，阵地在农村，主体是农民。要从根本上解决好“人”的问题，努力留住人，积极提升人，更多引进人，为乡村振兴注入生机活力。按照“懂农业、爱农村、爱农民”的标准要求，加强农村干部和农技人员的培养、配备和使用，大力发展专业大户、家庭农场、农民合作社等新型经营主体和各类社会化服务组织，切实增强带头致富、带民共富的能力。围绕农业结构调整、生产加工、市场营销等内容，有针对性地开展实用技术培训，不断提高农民的科学文化素质、农业生产技能和经营管理能力。深入推进“凤还巢”工程，吸引在外务工人员、市场经纪人、高校毕业生、退伍军人、科技人员等各类群体，带着资金、带着技术返乡下乡创业，使“归雁经济”成为乡村振兴的重要引擎。

4、打好绿色生态主攻仗，建设高质

量美丽盐都。良好的生态是最普惠的公共产品，也是最宝贵的发展财富。要以创建国家生态文明建设示范区为契机，强化生态建设，绘浓生态底色，不断满足群众日益增长的优美生态环境需要。全力打造生态城市。把全域美丽作为执着追求，着力补齐建设短板、完善功能形态、提升环境质量，进一步彰显城市"水绿"特色。要树立"精明增长""紧凑城市"理念，统筹"地、水、绿、文、美、产、居"多种要素功能，优化教育医疗、商业金融等功能布局，加强"海绵城市"、地下综合管廊等环境设施建设，提升数字化、精细化管理水平。着力推进"一片林"工程，紧扣"彩色化、珍贵化、效益化"要求，精心设计重要道路、重点园区和关键节点绿化，大力实施盐龙体育公园、小马沟城市绿廊等重点项目，确保国家森林城市创建走在大市区前列。扎实开展"三治三化"专项行动，久久为功解决河道黑臭、城中村破旧、违法建设等突出问题，持续亮化、绿化、美化城市，为广大市民营造干净整洁、秀美宜居的生活空间。大力发展生态旅游。将绿水青山转化为金山银山，需要用好生态旅游这个"点绿成金"的"金手指"，创造更多绿色财富和生态福利，把旅游业打造成新的支柱产业，全力争创国家全域旅游示范区。要在精致建设上下功夫，立足"一湖两带一圈"新格局，挖掘人文底蕴，彰显水乡特色，稳步建设蟒蛇河水上游览风光带，精心打造大纵湖度假区旅游风情小镇，加快推进东晋古城等重点项目，使精品景区成为盐都旅游业发展的龙头引擎。在"生态+"上创特色，更多培育乡村民宿、农家乐、休闲农庄、观光农场等新型业态，提升杨侍农业生态园、草房子乐园等项目品质，将生态旅游景点串珠成链，带动更多农民增收致富。在旅游环境打造上求突破，完善智慧旅游系统，持续推进"厕所革命"，加强停车场、购物中心等基础设施建设，建成并启用全域旅游服务中心，以一流体验、一流服务提升游客的舒适度和满意度。致力坚守生态红线。环境保护只有刚性，没有弹性，绝不能以牺牲生态环境为代价换取经济的一时发展。要提高产业准入门槛，严把"产业导向、项目准入、节能减排"三个关口，凡排放不达标一律不引、环评未通过一律不建、影响和破坏生态一律不要。深入实施"263"专项行动，强化燃煤锅炉、建筑施工扬尘、秸秆禁烧等大气污染治理，让群众享有更多蓝天；开展蟒蛇河饮用水源地综合整治，推进盐龙湖生态涵养建设，抓好农业面源污染防治，持续改善水质；加强土壤污染重点区域综合治理和修复，有效保障农产品质量和人居环境安全。严格落实生态文明建设党委和政府主体责任，严格执行生态环境责任追究制度，把"环保成绩"作为领导干部综合考评的一项硬指标，真正以绿色考核导向检验绿色发展成效。

5、打好共建共享主攻仗，创造高质量美好生活。发展的根本目的是增进民生福祉。要将以人民为中心的发展思想落细落实，在发展中保障和改善民生，在发展中补齐民生短板、促进社会公平正义。让群众生活质量越来越高。小康不小康，群众的感受最直观。要抓住人民最关心最迫切最需要的利益问题，扎实办好十大类26项为民办实事工程，让人民群众不断感受到生活新变化。深入推进就业创业，积极落实省"富民33条"和市、区"富民10条"，加快区人力资源市场和基层人社平台标准化建设，实现更高质量和更充分就业；降低创业门槛，落实支持政策，用好全民双创园这一优良载体，使更多人通过创业之手推开财富之门。不断完善社会保障体系，实施全民参保计划，创新"8+1"社会救助体系，织牢具有盐都特色的保障"兜底网"。优化居家养老，深化医养融合，引进社会力量，对失能半失能特困老人实现集中供养，全面提升养老服务水平。关注留守儿童、空巢老人等特殊群体，健全政府、社会、家庭联动关怀帮扶体系。坚持"房子是用来住的、不是用来炒的"定位，完善促进房地产市场平稳健康发展的长效机制，引导房企合理定位房价，有效压降集镇商品房库存，加大保障房供给力度，加快建立多主体供应、多渠道保障、租购并举的住房制度，在住有所居上作出更多努力。让扶贫脱贫成效越来越好。确保小康路上一个不少、一户不落，是高水平全面建成小康社会的一场硬仗，也是实现共同富裕的必然要求。要加大产业扶贫力度，积极发展蔬菜、食用菌、家禽等一批立竿见影的"短平快"项目，帮助低收入农户与产业发展主体建立利益联结机制，扶持经济薄弱村发展户外广告、设备租赁、光伏发电等项目，增强贫困人群、低收入村的"造血"功能。继续开展"结一门穷亲、找一份事做"主题帮扶活动，帮助有劳动力的贫困户实现就业脱贫。建立贫困群体"3+3"兜底保障机制，实现"一站式"费用结报和"一平台"保险赔付，有效预防和减少因病因灾因祸致贫返贫现象，确保80%的低收入人口年内实现精准脱贫。让公共服务供给越来越优。公共服务水平的高低，是衡量民生福祉的重要标准。要认真执行省、市基层基本公共服务功能配置标准，强化服务供给，创新提供方式，普遍增加群众的"隐形财富"。持续加大教育投入，优化城乡教师队伍配置，引进更多高端教育资源，建成海阔路中小学、潘黄中小学等新校，逐步解决"大校额""大班额"等突出问题，满足人民群众在家门口"上好学"的需求。深入推进综合医改，完善远程临床诊疗系统，健全分级诊疗体系，充实基层医技人员队伍，让老百姓看得上病、看得起病、看得好病。开展"欢歌笑语"走基层等文化惠民活动，加强基层文化服务中心建设和文艺精品创作，不断丰富群众文化生活。深化全民健身活动，推进村居健身设施全覆盖，满足群众多样化健身需求。让社会治理能力越来越强。高水平社会治理既是全面小康的重要体现，更是重要保证。要全面推进依法治区，加强法治政府建设，广泛开展"七五"普法工作，营造尊法学法守法用法的良好法治氛围。创新矛盾纠纷多元处理机制，按照"三到位一处理"要求切实解决好信访突出问题，从源头上主动预防和钝化社会矛盾。深化平安盐都建设，完善社会治安防控体系，开展"黄海"系列行动，加大外流涉羟人员整治力度，实施安全生产领域专项治理，不断提升人民群众的安全感。以市"全要素"网格化服务管理试点为契机，打造区镇村三级网格化服务管理平台，建成覆盖城乡、条块结合、横向到边、纵向到底的基层服务管理网格，以每个网格的精细治理保障全区的和谐稳定。

同志们，打好"五大主攻仗"责任重

大、任务艰巨，需要全区上下勠力同心、奋发有为。区委将充分发挥党委总揽全局、协调各方的领导核心作用，坚持“有事好商量，众人的事情由众人商量”民主真谛，支持人大及其常委会依法行使监督权、重大事项决定权和选举任免权，支持政府依法行政，支持政协发挥政治协商、民主监督、参政议政作用，支持法院、检察院依法独立行使职权，推动人武、统战、工青妇、对台、老干部等各项工作有效开展，广泛动员各方力量在建设高水平全面小康社会的宏伟征程中建功立业。

四、明责守纪，务实担当，推动全面从严治党迈上新台阶

牢牢把握新时代党的建设新要求，坚持和加强党的全面领导，坚持党要管党、从严治党，让干部鼓足干劲，让群众满怀希望，为建设“强富美高”新盐都提供坚强政治保证。

1、履行从严管党的政治责任。各级党组织要把抓好党建作为最大政绩，强化主责主业意识，将全面从严要求落实到党的建设全过程。突出政治建设“塑魂”。坚持把党的政治建设摆在首位，切实增强“四个意识”，坚定“四个自信”，始终在政治立场、政治方向、政治原则、政治道路上同以习近平同志为核心的党中央保持高度一致，坚定维护党中央权威和集中统一领导，确保上级决策部署在盐都不折不扣落实。严守政治纪律和政治规矩，自觉尊崇和坚决维护党章，严格执行民主集中制，健全完善“三会一课”、组织生活会、民主评议党员等制度，规范党内政治生活，不断提高政治觉悟和政治定力。强化思想引领“清源”。扎实推进“两学一做”学习教育常态化制度化，精心开展“不忘初心、牢记使命”主题教育，依托党委（党组）中心组、基层党组织统一活动日等载体，深入学习贯彻习近平新时代中国特色社会主义思想，切实用党的创新理论武装头脑、指导实践、推动工作。始终坚持党管宣传、党管意识形态原则，落实党委（党组）意识形态工作责任制，深入践行社会主义核心价值观，提升舆论引导水平，传播好“盐都声音”。夯实基层基础“固本”。认真落实好干部标准，把紧把严政治标准这个硬杠杠，大力选拔敢创新、勇担当、善作为的干部，充分调动各年龄段干部的积极性。突出“组织力”统筹推进基层党建，推动党的工作在各领域各方面有效发挥作用。以“基层党建示范带”建设为抓手，加大党群服务中心阵地建设管理和资金补助力度，开展基层党组织书记集中轮训，循环整顿软弱涣散基层党组织，提升农村党建水平，建强一线战斗堡垒。以新都路党建联盟为载体，找准开展活动、发挥作用的着力点，创新党建工作内容、形式和方法，打造城市党建特色，培树可复制、可推广、叫得响的党建品牌。

2、恪守清正廉洁的为政底线。一身正气、两袖清风，是共产党人的立身之本；清正廉洁、克己奉公，是领导干部的从政之基。持之以恒正风肃纪。坚持纠正“四风”不止步、作风建设永远在路上，锲而不舍贯彻落实中央八项规定及实施细则精神，认真查找“四风”突出问题，特别是表态多调门高、行动少落实差等形式主义、官僚主义的新表现，找准症结所在，切实加以整改，坚决打好作风建设持久战。精准实践监督执纪“四种形态”，把严管与厚爱紧密结合起来，坚持惩前毖后、治病救人，立足于小、立足于早，将纪律挺在前面，用纪律管住大多数，让党员干部始终知敬畏、存戒惧、守底线。充分发挥巡察、派驻等监督作用，及时发现纠治领导班子和领导干部存在的问题，认真查纠发生在群众身边的不正之风。坚定不移惩治腐败。坚持无禁区、全覆盖、零容忍，坚持重遏制、强高压、长震慑，聚焦重点领域、重点项目及关键环节，巩固用好“正风肃纪镇村行”等专项行动成果，使贪腐现象无以生存。组建区监察委员会，确保机构设置、人员转隶和工作衔接落实到位，推动对所有行使公权力的公职人员监察全覆盖。深化标本兼治、堵塞制度漏洞，持续强化不敢腐的震慑、扎牢不能腐的笼子、增强不想腐的自觉。以身作则当好表率。各级领导干部特别是“一把手”要切实担负起作风建设、廉政建设的领导责任和示范责任，带头抓作风、转作风、改作风，带头重家教、立家规、正家风，以“从我做起、向我看齐”的实际行动形成“头雁效应”，用“关键少数”感染带动“绝大多数”。广大党员干部要严格遵守党风廉政建设各项规定，坚决抵制不正之风，努力使自己成为一名党和人民信赖的好干部。

3、造浓担当作为的干事氛围。责任担当是党员领导干部必备的基本素质和精神状态，有多大担当才能干多大事业，尽多大责任才会有多大成就。进一步提振精神状态。切实强化率先意识，坚决摒弃“油腻心态”，以“功成不必在我、建功必定有我”的胸襟和气魄，一门心思谋发展，一心一意干事业，以实际行动回报组织的信任。自觉以“四讲四有”标准严格要求自己，杜绝“担心干错事、宁愿不干事”的错误思想，积极主动挑好担子、担好责任，努力创造出无愧于时代、无愧于党和人民的一流业绩。积极面对改革发展稳定艰难险阻，发扬敢啃“硬骨头”、敢碰“硬钉子”的拼劲，明确主攻点、找准突破口，迎难而上、主动作为，久久为功、善作善成。进一步练就过硬本领。顺应新时代、新思想、新部署、新要求，坚持以如饥似渴的空杯状态提升学习力，加强理论武装、知识更新和信息获取，依靠学习增强本领、依靠学习走向未来；注重以站位全局的宽广视野增强领导力，准确把握中央和省市推动高质量发展的最新要求，坚持系统化思维，注重规律性把握，不断增强工作的前瞻性，牢牢掌握工作的主动权；强化以时不我待的紧迫意识提高创新力，坚决革除思想惰性、工作惯性，结合具体实际，善于运用互联网技术和信息化手段，创造性地开展工作，推动事业发展实现新突破、开创新局面。进一步弘扬务实作风。崇尚实干、力戒空谈，不提不切实际的口号，不做劳民伤财的事情，切实在抓重点上用实劲、补短板上出实招、强弱项上见实效，真正把改革发展任务落下去，让惠及百姓工作立起来。雷厉风行、紧抓快办，对已经明确的工作任务和时间节点，只争朝夕加快干、撸起袖子加油干，力争早出成效、快出成效。问责问效、奖惩并举，建立鼓励激励、容错纠错、能上能下“三项机制”，让能干实干者有平台、受重用，让敢闯敢试者有底气、受包容，让碌碌无为者有压力、受惩戒，使敢于担当、奋发作为在盐都蔚然成风。

盐城市盐都区人大常委会工作报告

——在盐城市盐都区第十六届人民代表大会第二次会议上

(2018年1月11日)

区人大常委会主任　顾其斌

2017年主要工作回顾

一、强化“四个意识”，自觉坚持党的领导

认真学习党的十九大精神。党的十九大召开后，区人大常委会及时召开党组会议、主任办公会议、机关全体人员会议传达学习，精读报告原文，举行专题辅导，开展研讨交流，努力在学懂、弄通、做实上下功夫。党组成员坚持以上率下，先学一步、学深一层，自觉用习近平新时代中国特色社会主义思想武装头脑、指导实践、推动工作，引领学习贯彻活动在全区人大系统普遍展开。

坚决做到旗帜鲜明讲政治。自觉抬高政治站位，把党的领导贯穿于人大履职全过程、落实到人大工作各方面，坚决维护区委总揽全局、协调各方的核心领导地位，确保人大工作与区委思想上同心、目标上同向、行动上同步。坚持重大事项报告制度，重大活动、重要工作及时向区委请示报告；坚持通过法定程序使区委的意图转变为地方国家权力机关的意志，作出决议决定4项；坚持党管干部原则与人大依法行使任免权相统一，任免国家机关工作人员40人次。

致力塑创人大工作新特色。增强坚持和完善人民代表大会制度的责任感和使命感，主动适应全区改革发展需要，积极探索人大依法履职、发挥作用的有效实现形式，坚持在实践中创新、在创新中发展，首次开展人大专题询问，首批推行预算联网监督，首度实现镇年中人代会全覆盖。在全市率先按照新的规范要求行使重大事项决定权，经过认真调研审查和充分讨论审议，适时作出关于批准区政府《蟒蛇河风景区规划》的决定，有力促进了区委、区政府重要决策的顺利实施。

二、坚持围绕中心，倾力服务发展大局

推进经济稳健运行。把握经济发展新特点，找准依法履职着力点，在促进产业强区、推动创新转型中发挥职能作用。听取和审议全区经济运行及国民经济计划执行情况报告，推动区镇政府进一步落实“创新、协调、绿色、开放、共享”的新发展理念，以深化供给侧结构性改革为主线，强化创新驱动，加大招商力度，培强实体经济，全力确保经济社会发展稳中有进。组织视察“两重”项目推进情况和科技创新创牌工作，推动高新区突出智能终端产业首位度，在创新型经济发展上做好示范。加强预算执行调研和审议，作出批准预算调整的决议，跟踪监督财政资金使用绩效和审计查出问题整改情况，拓展了预算审查监督的广度和深度。开通预算联网监督综合查询系统，实现人大与财政国库集中支付系统连接，使预算监督更加及时、完整和透明。

推进城乡融合发展。农业是永恒的基础产业，农村是发展的潜力所在。区人大常委会以组织评议区农委工作为契机，督促相关部门加大为农服务体系建设、农业产业化发展、农业投融资等工作力度，加快农业“接二连三”转型升级步伐。视察全区旅游工作和休闲观光农业发展情况，力促农业结构调整与乡村旅游发展紧密结合，建设田园秀美新农村。把特色小镇建设作为农村产镇融合、特色发展的新路径，倾力推进人大1号议案办理，在广泛深入调查研究的基础上，就“加快培育特色小镇”提出了“立足区情，制定总体培育规划；把握关键，彰显融合培育特色；梯次推进，提升重点培育实效；健全机制，凝聚协同培育合力”等四条建议，并通过组织代表视察力推建议落实。区政府高度重视、重点重抓，特色小镇建设进展喜人、成效初显，成为农村发展的新亮点。

推进生态文明建设。建设生态文明，关系长远发展和民生幸福。区人大常委会秉持“绿水青山就是金山银山”的发展理念，督促推进区镇政府一手抓污染治理、一手抓生态建设。审议全区“两减六治三提升”专项行动开展情况，听取蟒蛇河整治工程情况汇报，视察全区减少高耗低效落后铸造产能、畜禽和水产养殖污染专项整治情况，推动解决重点环境问题，打造天蓝地绿、水清气爽的生态盐都。围绕培育“一片林”，分批组织市、区、镇三级人大代表联动视察持续推进，在深入调研的基础上，先后提出“加强规划引导保质量、坚持多元运作保投入、严格督查考核保进度、重抓长效管护保成活”四项建议和“创新造林用地、调整树种结构、健全管护机制”三项新建议，得到区政府的高度重视和认真落实，“一片林”建设工作走在全市前列。

三、突出富民优先，积极促进民生改善

组织“万名代表大走访”。把大走访作为人大机关践行群众路线的重要载体、人大工作面向基层一线的重要途径、人大代表密切联系群众的重要形式，组织全国、省、市、区、镇五级共1044名人大代表开展大走访活动。围绕“知民情、帮民富、解民难”主题，5个市代表小组、14个区代表小组分别联系1个经济薄弱村，人大代表每人固定联系3个贫困户，通过进村入户走访调研，共收集问题873

个，在代表本人和镇村两级协调处理的基础上，专题会商提交区级层面解决的民生问题，23 项相关代表建议分别交给 11 个政府部门研究处理。代表们在大走访中体察民情、倾听诉求，推动了富民政策落实，为建言督政奠定了民意基础。

推动全民创业促民富。积极响应区委“聚焦富民”“打好富民主攻仗”的号召，高度关注富民，致力促进民富。组织视察各镇（街道）全民双创园建设情况，推动进一步提升项目载体配套水平，大力招商选资，培强特色产业，夯实富民的经济基础。引导鼓励人大代表带头致富、带民致富，选树先进典型，组织各镇（街道）人大负责同志现场观摩，彰显示范带动效应。与秦南镇南环村持续开展结对帮扶活动，协调安排资金帮助该村发展增收项目、增强“造血功能”；组织机关干部“结穷亲”，通过送资金、帮栽树、找事做，助推帮扶对象加快脱贫。

加大监督力度惠民生。视察全区老年人权益保障工作，调研全区留守儿童关爱保护、残疾人康复工作，唤起方方面面对老人、儿童、残疾人等社会弱势群体的关注，推动各项关爱、服务、优惠政策落实到位。评议区卫计委工作，调研全区医疗纠纷预防和处理情况，有效促进卫计部门工作改进和全区医疗卫生、健康服务水平的提高。对全区教育资源整合优化工作进行专题询问，常委会组成人员、区人大代表就群众关注的教育均衡问题争相发问，教育、财政、人社等 9 个部门主要负责人现场答复表态，近百名校长教师代表、社区干群代表和基层人大代表列席旁听，收到了良好的社会效果。

四、推进依法治区，切实维护公平正义

带头学法推动普法。推动开展“12.4”宪法宣传日活动，坚持人大和“一府两院”拟任职人员宪法宣誓及任前法律知识考试制度，引导公职人员和广大群众自觉尊崇宪法法律，牢固树立法治信仰。高度重视干部学法和全民普法工作，在区人大机关建立“每月一法”学习制度，相继组织学习了《监督法》《渔业法》《国歌法》等法律原文，为促进形成全社会学法热潮做出表率。审议全区“七五”普法工作开展情况，举办《老年人权益保障法》等法律讲座，促进普法工作做深、做细、做实，推动形成办事依法、遇事找法、解决问题用法、化解矛盾靠法的良好社会氛围。

配合立法检查执法。加强基层民主立法联系点建设，参与了市人大 2017—2021 年立法规划建议征集及论证活动，组织了对市《城乡规划条例》、市《畜禽养殖污染防治条例》两个地方法规草案的讨论修改，完成了省人大关于县级人大法制委员会建设的立法调研任务，全国人大法工委地方立法工作调研组对我区主动参与、积极配合立法工作予以充分肯定。坚持问题导向，综合运用现场察看、随机抽查、座谈调研等形式，全面认真地检查《预算法》《渔业法》等法律法规在我区的实施情况，并以市、区人大联动方式开展旅游“一法一条例”执法检查，维护了法律法规的权威性和严肃性。视察全区禁毒工作，督促有关部门严格执法，依法打击外流涉羟犯罪行为。

加大司法监督力度。视察区法院执行工作，推动审判机关与政府执法部门加强协作配合，着力破解“执行难”问题；完善人民陪审员选任、培训、履职工作机制，任命人民陪审员 106 名；组织人大代表听庭评议，促进司法公信力进一步提高；调研区检察院公益诉讼工作，要求检察机关善于从舆论热点、控告举报和行政执法信息中发现公益诉讼线索，重点加强对破坏环境资源、危害食品药品安全的立案监督；视察基层法庭、司法所和社区矫正中心，促进夯实基层基础，维护社会公平正义；督办涉法涉诉信访案件 39 件，有效化解了社会矛盾。

促进基层民主建设。视察调研全区村委会换届选举及居委会建设情况，巩固民主选举成果，助力完善“四议四公开一监督”等各项制度。推动民主法治示范村创建，积极促进自治、法治、德治“三治”结合，不断提升基层治理水平。视察乡村基层宗教工作，积极引导宗教与社会主义社会相适应，稳步推进宗教工作法治化，维护民族团结、社会和谐和大局稳定。

五、强化履职服务，充分发挥代表作用

提升代表能力素质。针对新形势新任务新要求，举办代表履职培训班，对全体代表集中进行《宪法》《地方组织法》《代表法》《监督法》等法律知识培训，特邀省内外知名专家、学者进行专题辅导，帮助新老代表进一步增强代表意识和责任意识，不断提高履职水平和工作能力。此外，通过邀请列席区人大常委会议、征求相关意见建议、代订寄送报刊资料等多种形式，积极为代表知情知政、提高素质、增强能力创造条件。

丰富代表履职实践。本着有利于开展代表活动、有利于代表发挥作用、有利于服务选民群众的要求，指导推进“人大代表之家”建设，落实有组织机构、有活动制度、有档案台账、有报刊书柜、有民意信箱的“五有”标准，“人大代表之家”已成为各级代表学习提高、履职交流、议政建言、开展监督、接待选民的平台。高度重视每个季度代表小组集中活动的统筹安排，在选好内容、提前部署、明确要求的基础上，鼓励各镇（街道）人大活化内容、创新形式、争创特色。扩大代表对常委会活动的参与，无论是议题审议、视察调研、执法检查，还是工作评议、专题询问、听庭评案，都邀请部分代表参与其中，全年受邀代表超过 100 人次。精心组织代表述职活动，先后两次召开代表联系选民、履行职责情况汇报会，增强代表接受监督、履职为民的自觉意识，搭建代表与选民沟通联系、互动交流的平台，促进代表在建设“强富美高”新盐都的实践中创先争优、竞展风采。

督促代表建议办理。把推进代表建议办理作为尊重代表主体地位、服务代表依法履职的重要抓手，召开代表建议交办会，及时将代表建议转交区政府及有关单位办理。坚持现场督导、会议督办、联合督查相结合，督促承办单位拟定办理措施、规范办理流程、提高办理效率。专题听取代表建议办理情况汇报，实行“领导带头督办、委室专项督办、代表参与督办”，强化办理工作跟踪问效。在区“一府两院”及各承办部门的共同努力下，74 件代表建议均在规定期限内办结答复。

六、加强自身建设，全面提升工作效能

强化思想作风建设。始终将思想政治建设放在首位，自觉同以习近平同志为核心的党中央保持高度一致，同省、市、区委

保持步调一致。扎实推进“两学一做”学习教育常态化制度化，开展党课教育，强化理论武装，突出党性锻炼，提高了党员干部的思想政治素质。组织参加“三带三联”大走访和“阳光扶贫、牵手致富”行动，主动问计于民、问政于民、问需于民，展现了人大干部的为民情怀。认真落实从严治党要求和党风廉政建设主体责任，严格执行中央八项规定和省、市、区委有关规定，自觉以更高标准从严要求，树立了地方国家权力机关的良好形象。

强化运行制度规范。鉴于人大工作法律性、程序性比较强，坚持从头抓紧，强化制度规范，打牢工作基础。常委会组成人员和机关各委办、各镇（街道）人大负责同志集中学习区委《关于加强区镇人大工作和建设的实施意见》，系统明确人大召开会议、开展活动、行使职权的工作规范，同时修订印发《常委会议事规则》等一系列工作制度，保证了人大各项工作依法、合规、有序进行。根据实际工作需要，及时研究出台了《专题询问暂行办法》，《区本级财政预算审查监督办法》已拟出草案，每月召开一次常委会主任办公会议研究部署阶段性工作已经形成制度。与此同时，积极指导各镇（街道）人大完善机构、配备人员、落实规范，在龙冈镇先行试点的基础上，8个建制镇全部按期召开了年中人代会。

强化调研宣传工作。调研方面，开展了农村公路提档升级、农村街道完善体制、深化医药卫生体制改革等课题调研，形成了一批有见地、有质量、有可行性的调研成果。其中：关于盐城智能终端产业发展的调查报告获市主要领导批示肯定，促进农民脱贫增收工作建议获省人大专题调研评比二等奖。宣传方面，继续办好人大网站、会报，开通了盐都人大微信公众号和代表E点通，加大建设、管理、使用、维护力度，在盐都日报新辟“人大经纬”专页，相继刊出《五级代表大走访　体察民情履职责》《专题询问：问出人大担当　答明政府责任》《学好党的十九大精神　做实新时代人大工作》等特色专版，有效扩大了人大工作影响力。

2018年重点工作安排

一、围绕中心工作，在依法开展监督上争取新作为

认真贯彻稳中求进总基调，始终坚持新发展理念，统筹推进稳增长、促改革、调结构、惠民生、防风险各项工作，围绕深化供给侧结构性改革，突出对产业转型、改革创新、乡村振兴、生态建设等方面开展监督。对“十三五”规划执行情况进行中期评估，对全区经济运行持续跟踪、及时把脉。重点关注实体经济，视察推进“两重”项目，审议中小企业科技创新情况，推动质量变革、效率变革、动力变革，促进经济高质量发展。视察农村“三资”管理工作开展情况，督查“放管服”改革推进成效；深化财税体制改革和预算管理，进一步完善预算联网监督制度，拓展监督功能，提高监督效果；推进财政绩效管理和政府投融资工作，加强债务管控，防范金融风险。审议农业结构调整和农业现代化推进情况，调研田园综合体培育工作，开展《农产品质量安全法》执法检查，视察全区“河长制”推行情况，推动乡村振兴战略实施。

二、顺应群众期待，在增进民生福祉上谋求新成效

坚持以人民为中心的发展思想，密切关注人民日益增长的美好生活需要，围绕促进城乡居民增收、提升民生幸福指数开展工作监督，着力推动热点难点问题解决。视察学前教育和教育培训市场管理工作，调研医养结合、药品供应保障情况，力促文体教卫等社会事业提质发展，推进基层基本公共服务功能配置标准落实，让人民群众共享发展成果。检查《盐城市扬尘污染防治条例》执行情况，视察城市“三治三化”、特色小镇创建、生活垃圾处理工作，深入推进“263”专项行动，让盐都大地彰显生态底色。听取精准扶贫推进情况汇报，调研民生托底保障工作，让贫困百姓真正受惠得益。

三、强化使命担当，在促进依法治区上落实新举措

认真贯彻党的十九大关于“深化依法治国实践”部署要求，推动社会治理方式创新和对公职人员监察全覆盖，促进依法行政、公正司法，维护社会公平正义。继续推进“七五”普法，深化国家宪法日宣传，开展《政府采购法》《档案法》等执法检查和代表听庭评议等执法监督活动，依法进行政府规范性文件备案审查，扎实推进“谁执法谁普法”责任制落实和相关法律法规正确实施。策应司法体制改革，探索对员额法官、员额检察官开展履职评议，实现对“两官”任命和监督有机结合。视察“全要素”网格化服务管理工作推进情况，进一步夯实社会治理基础。重视群众来信来访，加大涉法涉诉信访督办力度，维护群众合法权益。

四、开展履职评价，在发挥代表作用上进行新探索

学习借鉴先进经验，建立代表履职评价机制，从参加活动、走访群众、撰写议案、建言述职、社会口碑等方面对代表履行职务情况进行评价，增强责任意识，激发履职热情，更好地发挥人大代表服务发展、开展监督、为民代言的作用。深入开展“万名代表大走访”活动，进一步发动区内各级人大代表加强调查研究，搞好政策宣传，化解矛盾难题。加强代表议案建议督办工作，着力完善领导领衔指导、工委对口跟踪、代表协力推进督办工作机制，增加刚性约束，提高承办认识，严明办理责任，推动面对面沟通，拿出实打实措施，努力提高建议办成率和代表满意度。

五、突出作风效能，在加强自身建设上做出新努力

按照“成为全面担负起宪法法律赋予的各项职责的工作机关，成为同人民群众保持密切联系的代表机关”的定位，加强常委会自身建设。坚持党的领导，推进“两学一做”学习教育常态化制度化，开展“不忘初心、牢记使命”主题教育活动，把十九大精神真正内化于心、外化于行，切实改进机关作风，不断提升工作效能。改进监督工作，正确行使重大事项决定权，推动区委决策部署加快落实；扩大人大专题询问范围和频次，加强对群众关注的热点难点问题监督；推进部门工作评议创新开展、深化拓展，力争本届人大任期内对“一委两院”、政府组成部门及其他行政服务部门（单位）评议全覆盖。加强调研宣传，突出彰显人大制度优势，多维展示代表履职风采，不断扩大人大工作影响。强化基层基础，通过加强业务指导、开展座谈交流、进行现场观摩、组织创优评先等多种形式，促进各镇（街道）人大工作水平整体提升。

政府工作报告

——2018年1月10日在盐城市盐都区第十六届人民代表大会第二次会议上

区 长 吴本辉

2017年工作回顾

过去的一年，我们在市委、市政府和区委的正确领导下，在区人大和区政协的监督支持下，全面贯彻落实党的十八大、十九大和习近平总书记系列重要讲话精神，自觉践行新发展理念，紧紧依靠和团结全区人民，突出“一极一园一业”，统筹做好“产业强区、生态立区、富民兴区”等各项工作，全面小康综合得分保持苏北领先，实现了新一届政府的良好开局。

一、经济运行稳中有进。

预计实现地区生产总值488亿元、固定资产投资400亿元，分别增长7.8%、15.6%，完成一般公共预算收入32.77亿元，同口径增长6%，二三产业占比达91.5%，10项主要经济指标中有7项增幅位居全市前列。工业经济稳步攀升。在汽配产业销售下降的情况下，全口径工业和规模以上工业开票销售分别突破300亿元、200亿元。20个细分行业有18个实现正增长，规模以上工业企业增长面从55%提升到64.7%，新增规模以上工业企业35家，开票销售超亿元工业企业从37家增加到51家。宝鼎电动工具获评省科技小巨人企业，悦达纺织跻身市四星级企业行列，华盛电气在“新三板”挂牌，挂牌企业总数达10家。现代服务业加速发展。完成服务业增加值210亿元、社会消费品零售总额230亿元，分别增长10.6%、11.9%。30家重点服务业企业实现销售105亿元、完成税收4.3亿元，新增规模以上服务业企业30家。完成服务业投资170亿元，顺丰盐城智慧电商物流园、海外海盐城汽车城等项目主体竣工，万达广场建成开业。城西南现代物流园开票销售超60亿元，东方汽车广场乘用车销售量突破4万辆，电商快递产业园日处理快递占大市区近80%。现代农业扩面增效。划定永久基本农田71.6万亩，新增设施农业1万亩，发展稻渔、藕虾综合种养2万亩，台创园被农业部列入全国农村创业创新园区目录。新增家庭农场105家、农民合作社24家，规模农业龙头企业发展到150家，培养职业农民的做法全省推广，新型农业经营主体适度规模经营比重达47.6%。获批农业“三品”35只，盐都草莓、北龙港青虾通过国家地理标志证明商标审核，成功举办首届特色农产品展销会，休闲农业与乡村旅游综合发展实力跻身全国50强，创成全国渔业健康养殖示范县。

二、产业强区扎实推进。

突出产业集聚，主攻重大项目，提升园区功能，发展后劲持续增强。产业培育迈出新步伐。新兴产业迅速成长，智能终端产业园累计集聚项目66个，投产达效企业40家，实现开票销售80亿元，新增规模以上工业企业15家。特色产业提档升级，实施千万元以上技改项目79个，完成投资42亿元，输变电产业园创成省优质产品生产示范区。乡村旅游活力迸发，成功举办“畅游盐都金秋行”等系列活动，全年接待游客人次、旅游总收入分别增长25.6%、21.6%，三官农庄创成省五星级乡村旅游区。重大项目取得新突破。深入开展“产业项目推进年”活动，举办专题招商推介20场次，新签约亿元以上产业项目82个，其中5亿元以上项目12个，总投资130亿元的东山精密电子项目主体竣工，总投资100亿元的北大科技园正式落户。完善现场督查、月度通报、集中会办的项目推进机制，全年新开工、新竣工亿元以上产业项目分别达68个、49个，列市12个“两重”项目完成年度投资计划。园区建设实现新提升。盐城国家高新区全国综合排名提升15位，被评为“十三五”首批省级先进制造业基地，智创小镇总部研发区、邻里中心等项目快速推进，智能终端产业园创成省级科技产业园。全民双创园建设持续发力，新建标准厂房35万平方米，累计入园项目达到250个，全年新增开票销售30亿元。

三、发展活力日益增强。

以改革解难题，以创新强支撑，以开放扩空间，为发展注入强劲动力。重点改革落地见效。供给侧结构性改革取得阶段性成果，商品房销售180万平方米、库存同比下降6%，“营改增”等减税降费政策全面落实。政务服务“一张网”加快建设，率先全市建成网上旗舰店，高新区纳入全省相对集中许可权试点，高新区行政审批局正式挂牌。设立“1+3”产业引导基金50亿元，3个项目入选省PPP项目库，AA级投融资平台公司发展到7家，盐高投、市城镇化集团实体化运营稳步推进，创成省金融生态优秀县。苏北首家实现区镇村三级公务卡结算制度改革全覆盖，率先全市推行村财镇管改革试点。农村宅基地有偿退出全面启动，全市首批通过省土地确权验收，农村“三资”管理“盐都模式”全省推广。创新能力不断增强。新签约产业研究院7家，南理工技术转移分中心、省技术产权交易市场盐城分中心建成投运，智能终端产业研究院获批省级质检中心。新认定国家高新技术企业36家、省首台套重大装备10只，东九重工、康杰机械获得省重大科技成果转化项目。获批国家知识产权强县工程示范区，万人发明专利拥有量从6.22件跃升到11.56件，新增中国驰名商标4件、马德里国际商标7件，总数与增量均列全市第一。发放科技贷款2.7亿元，“苏科贷”总额连续三年苏北第一。引进院士团队1个、“千人计划”专家9人、领军人才65人，神农大丰获批省院士工作站。开放合作持续深入。新签约外资项目10个，其中超3000万美元项目6个，进典阀门、大兴住理工等项目竣工投产，注册外资实际到账8152万美元，增长19.3%。完成进出口总额7.45亿美元，其中出口5.53亿美元，增长67%，培植外贸企业21家。新设立境外投资企业3家，境外投资规模位居全市前列。

四、城乡建设展现新貌。

以人的城镇化为核心，着力强基础、优环境、提品质，城乡融合发展水平显著提升。城市功能加快完善。八大类112项城建交通重点工程完成投资98.6亿元，盐渎路跨宁靖盐高速大桥、南环路接线工程建成通车，地下综合管廊、科技广场等项目快速推进，新建提升绿地496公顷，城镇绿化覆盖率达43.4%。开展重点路段、环境卫生和城市"牛皮癣"三大专项整治，建立市容秩序、老旧小区、农贸市场长效管理机制，内环高架沿线美化亮化加快推进，整治老旧小区12个，改造棚户区1193户，顺利通过国家卫生城市复审。镇村形象不断出新。大纵湖镇入选第二批全国特色小镇，楼王镇通过省人居环境范例奖验收，潘黄新民被评为省休闲观光农业示范村。实施双新北路跨盐宝河大桥工程，125省道四期、康庄大道等骨干道路建成通车，完成农村公路提档升级290公里，新改建农桥135座，交通干线沿线整治"五项行动"扎实推进。农村康居工程顺利完成，改造一般农户C、B级危房2227户，新建龙冈晓庄、秦南东方红等一批示范点。城乡生活垃圾分类试点在城市板块和郭猛镇有序推进，农村生活垃圾信息化管理被住建部列为推广案例。生态环境更加宜居。扎实开展"263"专项行动，关停小铸造企业10家，改造燃煤锅炉36台，整治畜禽养殖场1329家，畜禽粪便无害化处理率达92%，秸秆禁烧连续四年实现卫星监测"零火点"、省市巡查"零通报"。全面推行"河长制"，整治城市非骨干河道26条，秦南、龙冈污水处理厂建成运行，蟒蛇河整治水下工程通过省级验收，饮用水源保护区规划调整获省批准。大力实施"一片林"工程，新增成片林1万亩，建成朱沥沟生态防护林57公里，林木覆盖率提升到23.5%，龙冈森林公园入选国家生态公园试点，大冈、学富通过省级生态文明示范镇验收。

五、群众生活不断改善。

聚焦惠民利民，实施十大类35项为民办实事项目，新增财力的90%以上用于民生领域。富民增收成效显著。新增城镇就业1.2万人，扶持自主创业2995人，城乡居民人均可支配收入分别达35800元、20600元。新增各类参保人员3.7万人，城乡居民基本医疗保险制度整合到位。脱贫攻坚力度加大，3个省定经济薄弱村和6484户13929人实现脱贫，纳入帮扶体系的44个低收入村有26个年经营收入达18万元。完善困难群体关爱机制，支出各类救助资金1.15亿元。社会事业协调发展。盐城枫叶国际学校幼小部、南师大盐城实验学校开学招生，崇礼路幼儿园、义丰小学建成使用，时杨中学、大冈中学通过省四星级高中创建验收，创成省社区教育示范区。全民健身广场实现乡镇全覆盖，被表彰为全国群众体育先进单位。通过国家慢性病综合防治示范区复审，新改建村卫生室130个，共建名院名医工作室6个，家庭医生重点人群签约率达65.9%，乡镇卫生院中医馆实现全覆盖。开展文化惠民巡演活动500多场次，现代淮剧《过江》、群口快板《小城大爱》晋京献礼十九大，现代淮剧《菜籽花开》获省文华大奖，荣获苏北首家"中国曲艺之乡"称号。入选省级居家和社区养老服务试点地区，区社会福利院一期试运行。社会大局和谐稳定。扎实开展"三带三联"大走访活动，建立问题收集、交办、督办制度，重点问题解决率达90%。全面开展社会矛盾和安全隐患大排查大整治，依法治访机制不断完善，安全生产事故起数、死亡人数实现"双下降"。秦南泾口获评全国文明村，杨长春当选"中国好人"，董兆付当选"江苏好人"，区公安出入境管理大队被授予全国五一巾帼标兵岗，毓龙路实验学校被表彰为全国未成年人思想道德建设工作先进单位。"七五"普法全面开展，创成省级民主法治示范村(居)10个。深入开展"黄海"系列行动和外流涉羟犯罪专项整治，技防"村村通"工程基本建成使用，刑事案件发案率下降11%，连续十三年获评省平安县。与此同时，人武、监察、审计、外侨、物价、人防、双拥、气象、消防、保险、邮政、电信、妇儿、残联、老龄、慈善、红十字、民族宗教、关心下一代以及援疆、援青等工作也都取得了新成绩。

各位代表，过去一年的成绩来之不易。这是上级党政组织和区委正确领导的结果，是区人大、区政协和社会各界支持监督的结果，是全区干群凝心聚力、团结奋斗的结果。在此，我谨代表区人民政府向各位代表和委员，向全区工人、农民、知识分子、各级干部和离退休老同志，向驻盐都部队官兵、驻盐都单位干部职工，向各民主党派、人民团体和社会各界人士，向在盐都投资创业的各位客商和本土企业家，向关心支持盐都经济社会发展的各级领导、海内外朋友，表示衷心的感谢和崇高的敬意！

在肯定成绩的同时，我们也清醒地认识到，着眼人民群众对美好生活的向往，盐都发展还有不平衡不充分的地方，工作中也存在不少薄弱环节，主要表现在：经济总量仍然偏小，龙头型大项目不多，大企业支撑力不强，新增长点带动作用还需强化；发展质量有待提升，创新驱动能力不强，价值链处于中低端，转型升级步伐仍需加快；民生领域还有不少短板，基本公共服务仍需对标补差，促进富民增收还要付出更大努力；少数政府部门的担当意识还不够强，行政效能和服务水平有待进一步提高。对这些问题，我们一定会高度重视，采取有效措施，认真加以解决。

2018年工作安排

2018年是贯彻党的十九大精神的开局之年，是改革开放40周年，是决胜全面建成小康社会、实施"十三五"规划承上启下的关键一年。今年政府工作的总体要求是：全面贯彻党的十九大精神，以习近平新时代中国特色社会主义思想为指导，按照中央经济工作会议和省、市、区委全会部署安排，坚持稳中求进工作总基调，坚持新发展理念，紧扣社会主要矛盾变化，按照高质量发展要求，以供给侧结构性改革为主线，统筹做好稳增长、促改革、调结构、惠民生、防风险各项工作，坚决打好防范化解重大风险、精准脱贫、污染防治三大攻坚战，持续推进"产业强区、生态立区、富民兴区"，重点重抓"一极一园一业",推动质量变革、效率变革、动力变革,以"五大主攻仗"的新实践、新成效,把"强富美高"新盐都建设不断推向前进。

全区经济社会发展的主要预期目标是:地区生产总值增长7.5%,一般公共预算收入同口径增长6%,固定资产投资增长9%,城乡居民收入分别增长8.5%、8.8%,全社会研发投入占GDP比重达2.5%,高新技术产业产值占规模以上工业产值比重达41%,节能减排完成市定目标。

重点抓好以下七个方面的工作:

一、突出创新驱动,提升经济发展质量

坚持质量第一、效益优先,大力破除无效供给,积极培育新动能,降低实体经济成本,致力形成以创新为主要引领的发展模式,推动经济由高速度增长向高质量发展转变。以产业创新转换发展动能。坚持把发展先进制造业作为主攻方向,在扩增量中调结构,在优存量中提质量,推进产业迈向中高端。突出先导性和支柱性,推动智能终端产业向全链式拓展,高端装备产业向智能化转型,新能源产业向规模化扩张,继续突出智能终端产业首位度,抢抓互联网协议第六版规模部署机遇,以招引智能穿戴、智能视听等项目建链,以重抓半导体、传感器等项目补链,以突破品牌整机、研发设计等项目强链,加快建设永创滤波器、甲丙辰精密组件等项目,力促东山精密电子尽快实现量产,年内智能终端产业园落户项目总数超90个,产品出货3000万部,实现开票销售120亿元。突出智能化和高端化,开展智能制造三年提升行动,积极运用新技术、新业态、新模式,改造提升传统产业,在机械制造领域推广关键岗位机器人替代,纺织服装行业实施自动化生产线改造,汽车配件企业开展数字化车间建设,推动物联网、大数据、云计算与制造业深度融合,引导更多企业走"专精特新"发展之路,创建省级示范智能车间2个、省服务型制造示范企业2家。突出大企业和大集团,深入开展企业"争星创优"活动,激发和保护企业家精神,引导企业与行业龙头、资本市场、科研院所等深度对接,加大招商引行力度,创新金融服务模式,完善融资担保体系,助力企业降本增效,全年培育规上工业企业30家、上市挂牌辅导企业3家、市四星级工业企业4家,新增制造业贷款20亿元。以科技创新增强竞争实力。用足用好省科技创新40条、市聚力创新10条政策,完善创新支撑体系,打造区域创新高地。放大国家高新区创新主阵地作用,加快推进科技研发平台、产业协同平台、成果转化平台建设,大力发展创客空间、创新工场、"创业咖啡"等新型孵化载体,力促智创谷、北大科技园一期建成运营,盐龙科创园争创国家级科技企业孵化器,智创小镇争创省级特色小镇。深化"一镇一产一院"合作模式,推进张庄动力传动及装备研究院、大纵湖涂装产业研究院等实质性运行,力促尚庄流体控制技术研究院提升效能,龙冈输变电技术研究院争创省级公共技术服务平台。实施科技企业"小升高""小巨人"计划,引导企业加强研发机构建设,提升自主创新能力,新建省级以上企业研发机构10家,新认定国家高新技术企业30家,发明专利申请量突破1000件。强化创新要素集成,举办"盐都企业高校行""科技创业大赛"等活动,用好市"515"引才政策,完善人才柔性引进机制,年内发放"苏科贷"3亿元,引进"千人计划"专家3人、领军型人才60人。以产品创新提升供给质量。坚持市场需求导向,深入推进"增品种、提品质、创品牌"行动,让更多盐都好产品走向国内外市场。鼓励企业与高校院所结成战略联盟,开展科技专项攻关,加速科研成果转化,新签产学研合作项目160项,开发省级新产品60只、省首台套重大装备5只。鼓励重点企业争创各类品牌,推动龙头企业参与标准制定,新创驰名商标2件、著名商标5件、名牌产品3只,建设标准化试点项目2个,支持悦达家纺、盐电阀门争创市长质量奖。弘扬劳模精神和工匠精神,健全培养激励机制,开展"盐都工匠"评选,鼓励更多产业工人成为知识型、技能型、创新型劳动者。

二、加速产城融合,彰显辐射带动效应

顺应人民群众新期盼,把握城市建设新要求,统筹规划、建设、管理三大环节,不断提升城市可持续发展能力。优化城市空间布局。抢抓建美"一座城"红利,以新一轮城市总体规划修编为契机,加快推进产业发展、土地利用、生态保护"多规合一",积极拓展城市规划用地空间,不断提升高新产业区、融合发展区、生态涵养区建设层次。坚持集约高效,推进组团开发,力促盐龙街道盐渎路产业发展、世纪大道公共服务、青年路生活配套"三大组团"协调联动,盐渎街道与"南海未来城"错位发展,潘黄街道通过实施重点项目有效激发城西片区活力。精心打造城市客厅,树立"精明增长、紧凑城市"理念,做好科技广场、东进路两侧等重点地段城市设计,完善城市综合体、特色街区等商业项目规划布局,促进优质资源集聚,展示城市建设形象。提升城市品质内涵。在配套功能上抓完善,推进开创路改造、腾飞路西延、振兴路南延等道路工程,加快地下综合管廊、立体停车场等设施建设,开建盐龙体育公园、城西南商业综合体等功能项目。在百姓安居上抓提升,坚持"房子是用来住的、不是用来炒的"定位,完善促进房地产市场平稳健康发展的长效机制,引进更多品牌开发商参与城市建设,加快建立多主体供应、多渠道保障、租购并举的住房体系,满足群众多样化的住房需求。在精细管理上抓优化,围绕改善市容市貌、提升环境品质,深入开展"三治三化"专项行动,加大水环境、棚户区和违法建设治理力度,全力实施城市绿化、美化、亮化工程,年内整治黑臭水体2条以上,整治老旧小区12个,完成棚户区改造1600户。集聚发展现代服务业。把发展服务业作为繁荣城市经济的基础,着力构建与城市发展相配套的现代服务业体系。以助推转型为重点,主攻生产性服务业,大力引进科技咨询、研发检测、金融保险等服务型企业,重点围绕打造区域性物流集散中心,全力突破普洛斯物流、摩比斯物流等项目,城西南现代物流园实现开票销售70亿元,争创国家级示范物流园区。以消费升级为导向,优化生活性服务业,大力培育文化教育、体育休闲、健康养老等产业,重点放大汽车消费集聚优势,全力抓好盐城保时捷中心、海外海盐城汽车城二期等项目建设,东方汽车广场乘用车销售突破4.5万辆。以模式创新为关键，培育服务业新业态，引导发展总部经济、数字经济、创意经济、共享经济等新经济形态，加快推进宠银电商基地建设，力促顺丰盐城智慧电商物流园运营达效，电商快递产业园新增入驻企业20家，争创国家级快递示范园区和电子商务示范基地。

三、致力乡村振兴，建设美好生活家园

按照产业兴旺、生态宜居、乡风文明、治理有效、生活富裕的总要求，科学制定乡村振兴规划，健全城乡融合发展机制，加快农业农村现代化。做强现代高效农业。深入推进农业供给侧结构性改革，提高农业综合效益。调优农业种养结构，围绕“五个一”标准，加快“一镇一园一特”建设，推动东部观光农业、精致农业提品质，中部花卉苗木、绿色果品扩规模，西部特种水产、水生蔬菜增效益，加强大纵湖大闸蟹、盐都草莓等区域公共品牌培育，争创全国农产品质量安全监管示范县。推进适度规模经营，以职业农民培训为抓手，加快培植专业大户、家庭农场、专业合作社等新型经营主体，配套完善机收机种、统防统治、烘干仓储等社会化服务组织，促进小农户与现代农业发展有机衔接。加快一二三产融合发展，加强“三体两强”基层供销社建设，积极培育农社对接、农超直供、网上直销等流通业态，建设龙冈桃园、张庄葡萄2个省农业特色小镇，年内农产品线上销售突破5亿元，区食品加工产业园落户项目5个。加强农业基础建设，抓好物联网技术集成应用和示范推广，加快实施小型农田水利重点县、高标准农田等项目，建成区粮食质量监测中心，争创省粮食生产全程机械化示范县。做美特色田园乡村。注重从产业基础、资源禀赋、自然风貌出发，分类推进镇村规划建设，进一步彰显乡村风情和乡土风韵。坚持以特色产业为基、传统文化为魂、旅游功能为要，有序推进特色小镇建设，实现生产、生活、生态有机融合，龙冈、大冈争创全国特色小镇。推进美丽乡村建设，继续实施农村人居环境整治行动，深入开展“厕所革命”，培育省级特色田园乡村1家。围绕构建“一张网”，加快推进阜兴泰高速盐都段建设，全年升级改造农村公路68公里、农桥280座，巩固“四好农村路”建设成果。大力传承乡土文化，保护老虎鞋、龙舞、剪纸、柳编等非物质文化遗产，加强农耕文化、民间技能、乡村民俗利用，引导“土专家”“田秀才”发挥更大作用，真正把文化元素挖掘出来，把乡愁记忆唤醒起来。推动“市民下乡、能人回乡、企业兴乡”，鼓励乡贤以项目回迁、资金回流、人才回归助力家乡发展，使“归雁经济”成为乡村振兴的重要引擎。做活乡村旅游产业。围绕“一湖两带一圈”布局，整合旅游资源，提升功能定位，推动旅游与农业、生态、健康、文化深度融合，加快国家全域旅游示范区建设。打造精品示范景区。重抓旅游规划落地，加快建设蟒蛇河水上游览风光带、东晋古城、草房子乐园等重点项目，不断丰富杨侍农业生态园、仰徐乡村乐园、泾口湿地风情园、三官农庄等景点内涵，大纵湖度假区争创省级旅游风情小镇，龙冈桃花园争创国家AAAA级景区。提升旅游服务能力。加强景区停车场、旅游标识牌、自驾游营地建设，建成全域旅游服务中心，新增星级农家乐、农家客栈10家以上，为游客提供“快进、慢出”的畅游环境。叫响区域旅游品牌。继续举办“多彩盐都·欢乐水乡”系列活动，深化与知名旅游企业合作，进一步汇聚人气、增加客流，全年上海、南京到盐都旅游直通车游

3月，参加义务植树节活动

客突破8万人，增长30%以上。

四、推进绿色发展，共享优美生态环境

牢固树立"绿水青山就是金山银山"的理念，以创建国家生态文明建设示范区为引领，挖掘自然资源禀赋，摆脱传统路径依赖，把生态优势转化为发展优势。狠抓污染综合防治。围绕群众关心的突出问题，深入开展"263"专项行动，有效控制环境风险，持续改善生态质量。加强水环境建设。全面落实"河长制"，开展城市"治河活水"行动，实施农村河道疏浚工程，推进大马沟、新洋港等重点河道整治项目，抓好跃北河、开创路等地段截污改造，加快蟒蛇河饮用水源二级保护区内村庄污水处理设施建设，全区新建污水主支管网123公里、一体化污水处理站5座。加强大气污染防治。推进大吉垃圾发电厂异地搬迁，开展燃煤锅炉和挥发性有机物专项整治，强化餐饮油烟、露天烧烤、建筑扬尘治理，加大秸秆禁烧和综合利用力度，全年空气质量优良天数比例达78.5%。加强生活垃圾处置。完善农村环境"五位一体"长效管护机制，推广生活垃圾分类处理，新建大件垃圾分拣中心，扩建有机垃圾处理中心，年内城市建成区生活垃圾分类设施覆盖率达45%。加强绿色盐都建设。按照"彩色化、珍贵化、效益化"要求，加快推进"一片林"工程，共建国家森林城市。突出高架沿线、重点园区、关键节点，加强城市绿化建设，围绕"一廊二带三区四园五路"，大力实施小马沟城市绿廊、大马沟生态公园西园等重点绿化项目，全年新增城市绿地300公顷以上。突出集镇公园、农田林网、农户庭院，加强镇村绿化建设，全年新造成片林1万亩，新建龙冈、张庄2个森林小镇和郭猛刘垛、尚庄民胜等10个森林村庄，大冈、学富、楼王创成森林小镇。突出高速公路、国省干道、大沟大河，加强绿色通道建设，重点实施125省道四期绿化带、东涡河生态防护林等重点项目，建设各具特色的乡村通道风景带。促进资源高效利用。树立节约优先理念，加大节能减排力度，加快建设资源节约型、环境友好型社会。坚持以亩产论英雄，严格执行投资强度和亩均纳税要求，大力开展闲置低效土地、厂房清理处置，推进存量土地二次开发，争创国家级国土资源节约集约模范区。实施工业园区循环化改造，加快淘汰落后产能，重点推进37家小铸造企业关停升级，争创市级以上"绿色园区"1家。开展节约型公共机构示范单位创建，推广绿色建筑和环保建材，示范应用新能源汽车等环保产品，推动形成绿色消费、绿色出行、绿色居住的生活方式。

五、深化改革开放，激发内生发展动力

纵深推进重点领域改革，更大范围拓展开放空间，促进要素有序流动，资源高效配置，市场深度融合，不断增创经济发展新优势。深化行政审批制度改革。坚持"放管服"协同推进，持续释放市场主体活力。围绕"网上办、集中批"，大力推进"互联网+政务服务"，加快构建集行政审批、便民服务、政务公开、流程监控、互动交流于一体的政务服务体系，打通便民服务"最后一公里"。围绕"联合审、区域评"，加快数字化"多图联审""多评合一"措施落地生效，完成高新区环境影响评价、节能评估等区域性评估论证，清理规范中介服务机构，构建标准化审批流程，全面实现"2440"目标。围绕"代办制、不见面"，加强镇、村便民服务中心(站)建设，健全企业投资项目、建设项目全程预审代办制度，推进审批结果邮政快递送达。完善高新区运行管理机制，落实"三定"方案，组建"一办七局"，用足用活相对集中行政许可权改革试点政策，推动高新区行政审批局高效运行，力争实现"2330"目标。深化投融资体制改革。紧扣"调结构、降成本"，综合运用直接融资、政策性银行贷款、地方政府债券等融资方式，规范推进PPP合作，有效拓宽筹资渠道，强化结构成本控制。紧扣"强规范、可持续"，厘清政府债务和平台债务关系，分类整合平台公司，明确各自权责，提升信用等级，增强资源整合、资本运作、投资盈利能力。紧扣"控规模、保兑现"，完善政府债务预算管理、限额管理制度，严格执行政府投资项目集中会办、投融资项目报批会审等规定，从源头上加强政府债务管控，有效防范化解风险。深化农业农村改革。突出"确权、还权"，明晰农村集体资产所有权，合理界定集体经济组织成员身份，实行经营性资产量化折股、固化到户收益分配形式，支持城市社区服务阵地建设，年内新组建各类社区股份合作社不少于20家。突出"赋能、增能"，开展农村土地"三权分置"改革，引导农民有序流转土地经营权，扩大农业贷款弱抵质押担保规模，积极稳妥推进农村宅基地有偿退出，全年农村建设用地"减量化"2000亩。突出"放活、搞活"，继续优化农村"三资"管理"一张网"，丰富交易品种，拓展交易范围，充分发挥农村产权交易市场作用，实现集体资产保值增值。打造对外开放高地。主动策应"一带一路"建设，积极抢抓高铁时代机遇，做好"大上海""大开放"文章，加快"走出去""引进来"步伐。加大园区建设力度。持续推进中韩产业园联动区、闵行盐都工业园建设，积极开展园区"等级创建"活动，大冈、张庄、郭猛、大纵湖工业园争创甲等园区。提升招商引资精度。加强产业政策研究，发挥产业基金作用，瞄准上海、北京、深圳、苏州等国内发达地区，精心组织四季招商活动，全面推进集群招商、协会招商、以商引商，全年新签约亿元以上产业项目60个、新开工50个、竣工40个。扩大经济外向程度。加强与韩国电子协会、德国茨维考商会沟通合作，加快建设荣晶电子、进阳汽配等外资项目，支持东九重工、盐电阀门等企业开展境外投资，支持中恒宠物、艾斯特体育等企业发展跨境电子商务，智能终端产业园争创省级出口基地。

六、保障改善民生，增进人民群众福祉

自觉践行以人民为中心的发展思想，全力办好十大类26项为民办实事项目，不断增强群众获得感、幸福感、安全感。拓宽富民增收渠道。认真落实市、区富民10条政策，强化富民导向，创新富民举措，让老百姓钱袋子更鼓。实施创业就业计划。加快区人力资源市场和基层人社平台标准化建设，常态化开展"招工引匠"活动，引导高校毕业生、复转军人、返乡务工人员等各类群体到智能终端产业园、全民双创园"家门口"就业，支持建筑施工、疏浚打捞、高空作业、彩钢瓦等富民产业加快发展，全年新增城镇就业1万人，培育创业主体

3000户，全民双创园新建标准厂房25万平方米，新增入园项目70个。提升社会保障水平。实施全民参保计划，执行统一的城乡居民医保政策，加大低保户、特困供养人员、贫困残疾人、孤儿等困难群体帮扶力度，着力构建一门受理、信息共享、联动保障"8+1"社会救助体系。打好脱贫攻坚硬仗。坚持精准扶贫与阳光扶贫相协同、产业扶贫与就业扶贫相结合，持续开展"结一门穷亲、找一份事做"主题帮扶活动，建立健全"3+3"医疗保障救助体系，着力解决因病因残因灾致贫返贫问题，年内确保80%的建档立卡低收入家庭摘帽脱贫、省定经济薄弱村全部达标。增强公共服务能力。对照省基层基本公共服务功能配置标准，加快补短补缺，促进共建共享。推动教育优质均衡发展。加快推进海阔路中小学、潘黄中小学、张庄小学、枫叶国际学校中学部、郭猛幼儿园、龙冈桃花园幼儿园建设，稳步推行义务教育学校教师"区管校聘"改革，优化集团办学机制，着力解决"大校额""大班额"问题。推进健康盐都建设。完善以市三院为龙头的远程临床诊疗系统，加快楼王、秦南、大冈区域医疗服务中心建设，全面推广个性化家庭医生签约服务，健全分级诊疗体系，推动优质医疗资源下沉；扩大公立医院薪酬制度改革试点，强化人才招引培养，改扩建区精神病防治医院，区公共卫生服务中心投入使用，进一步提升卫生计生服务水平。开展全民健身运动。推进城乡体育设施建设，建成村(居)文体活动广场100个、城市健身步道5公里，定期组织全民健身比赛，打造全民健身活动品牌。丰富群众文化生活。开展"欢歌笑语走基层"惠民演出500场次以上，建成村(社区)综合文化服务中心79个，淮剧《过江》争创国家级奖项。提升养老服务水平。推动医养融合发展，实施区社会福利院二期工程，建设镇(村)"残疾人之家"6个、街道"老年人日间照料中心"4个，逐步形成以居家为基础、社区为依托、机构为补充的多层次养老服务体系。关爱留守儿童成长。新建"留守儿童之家"2个，健全留守儿童关爱服务体系和救助保护机制。夯实社会稳定基础。提升城市文明程度。大力践行社会主义核心价值观，推进诚信建设和志愿服务制度化，广泛开展文明交通、文明旅游、文明上网等活动，发挥好道德模范、身边好人示范引领作用，培育良好乡风、民风、行风。加强民主法治建设。完善社区自治组织，健全政社互动机制，实现政府治理和社会自我调节、居民自治良性互动；深入开展"七五"普法，加强法律援助和司法救助，维护社会公平正义。重抓公共安全管理。深化"平安盐都"建设，完善立体化、信息化社会治安防控体系，严厉打击制毒贩毒、非法集资等违法犯罪行为；深入开展安全生产大检查大整治大落实专项行动，加强食品药品市场监管，强化应急管理体系建设，坚决遏制重特大事故发生。创新社会治理模式。坚持重心下移、力量下沉、权力下放，广泛发动党员群众参与基层社会治理，加强全要素网格化社会治理体系建设，努力实现"多网合一、资源共享、联动处置"；完善"三到位一处理"信访工作机制，坚持依法分类处置信访诉求，不断提升信访工作规范化、法治化水平。

七、严格履职尽责，打造人民满意政府

站在新起点，开启新征程，我们将以习近平新时代中国特色社会主义思想指导实践，扎实开展"不忘初心、牢记使命"主题教育，进一步增强"四个意识"，切实担负起改革发展稳定的重任。坚持依法行政。强化法治思维，提升区政府常务会学法的针对性和实效性，严格按照法定权限和法定程序行使职权，做到政府该放的放到位、该管的管得好。健全科学决策机制，增强依法办事意识，推进重大行政决策合法性审查和社会稳定风险评估，进一步规范项目建设程序。深化执法体制改革，落实行政执法公示、重大行政执法决定法制审核、行政执法全过程记录制度，认真做好行政复议和行政应诉工作，促进严格规范公正文明执法。自觉接受各界监督，加大政务公开力度，坚持重大决策向人大报告、重要工作征求政协意见、重要事项向社会公示，支持群团组织和各行各业参政议政，凝心聚力推进政府各项工作。狠抓工作落实。立足善学习、勤调研、强本领，加强学习型政府建设，大兴调查研究之风，找准发展中的短板弱项，通过系统化思维、前瞻性研究和新路径探索，提高推进高质量发展的能力。致力抓重点、创特色、争一流，聚焦市"五个一"战略工程、区"五大主攻仗"，抬高工作标杆，培育比较优势，突出在双招双引、创新创业等关键环节上精准发力、持续突破，在产城融合、乡村振兴等重点工作上倾力重抓、彰显特色，在公共服务、脱贫攻坚等民生领域上汇聚资源、培植亮点，以一流的业绩向全区人民交上一份满意的答卷。坚持明责任、重督查、求实效，建立健全重点工作责任清单制度，对确定的目标、制定的政策、部署的工作，明确到部门、具体到项目、细化到节点，加大跟踪督查和随机抽查力度，完善正向激励、容错免责机制，全面整治庸政懒政怠政，营造干事创业的良好氛围。永葆清廉本色。严守政治纪律和政治规矩，强化领导干部"一岗双责"，把全面从严治党要求落实到从严治政之中。切实抓好区委巡察反馈问题的整改落实，推动主体责任落到实处。严格执行中央八项规定和省市区委十项规定，坚决防止"四风"突出问题特别是形式主义、官僚主义变异反弹。坚持用制度管权管事管人，强化行政审批、政府采购、房屋征收、公共资源交易和工程项目建设等重点领域、关键环节风险管控，着力构建廉政风险防控长效机制。深入开展廉政警示教育，积极构建亲清政商关系，严肃查处侵害群众利益的不正之风和腐败问题，树立为民务实清廉的良好形象。

各位代表，新时代展现新气象，新征程当有新作为。让我们在区委的正确领导下，在区人大、区政协的监督支持下，锐意进取、砥砺前行，求真务实、埋头苦干，为决胜全面建成小康社会、建设"强富美高"新盐都而不懈奋斗！

政协盐都区第十四届委员会常务委员会工作报告

——2018年1月9日在政协盐都区第十四届委员会第二次会议上

区政协主席　张建洋

一、2017年工作回顾

刚刚过去的2017年，是本届政协的开局之年，在中共盐都区委的坚强领导下，区政协紧紧依靠和团结带领全体政协委员，深入学习贯彻中共十九大精神，牢牢把握团结和民主两大主题，紧紧围绕区第十四次党代会和区委十四届二次、三次全会部署要求，切实履行政治协商、民主监督、参政议政职能，着力创新、主动作为，在“强富美高”新盐都建设中发挥了积极作用。

（一）切实强化理论武装，筑牢团结奋斗的思想政治基础

坚持把强化理论武装、增强政治定力放在首要位置，深入开展“学习型”政协建设，用党的创新理论成果武装头脑、引领事业，始终坚持人民政协正确的政治方向。

认真学习贯彻党的十九大精神。举世瞩目的中共十九大胜利召开，我们第一时间组织区政协机关工作人员开展学习讨论，交流心得体会，并对面上学习进行布置。区政协主席会议成员分赴各联络组，向全体委员宣讲十九大精神，帮助领会十九大对新时代人民政协的要求和阐述，进一步增强做好新时代人民政协工作的自觉性和责任感，切实把广大政协委员、社会各界人士的思想行动统一到十九大精神上来。

扎实推进“两学一做”。根据区委的统一部署要求，区政协党组和机关党支部结合自身实际，认真安排计划，突出工作重点，扎实组织实施。通过个人自学、交流研讨、专题党课、专家讲座、召开专题民主生活会等有效形式，持续深入学习党章党规、系列讲话，推动学习教育融入日常、严在经常，努力在真学实做上深化拓展取得实效。

精心组织学习培训。举办新任政协委员培训班，邀请省政协研究室有关领导授课，帮助大家准确把握人民政协的性质定位、地位作用和任务使命。每月召开机关工作人员例会，及时传达学习区四套班子月度工作会议精神和区委、区政府重大决策部署，把握大局大势，确保政协工作自觉服从服务于全区中心工作，做到目标同向、步调一致。

（二）围绕中心服务大局，为推进“一极一园一业”贡献智慧力量

以“一极一园一业”的率先突破，致力形成更高质量、更有效率、更可持续的发展，是区第十四次党代会作出的重大战略决策。区政协紧紧围绕重抓“一极一园一业”、致力创新生态富民，动员和组织全体政协委员立足本职，发挥优势，贡献才智。

助推高新区建设。主席会议和联络组活动视察国家高新区建设，邀请企业界委员和相关服务部门负责同志座谈交流，从大力招引新特产业、提升企业创新能力、加快推进产城融合、不断提升服务效能等方面献计献策。区政协还邀请中联国融盐业、中铁建设、江苏中江等多家大型企业来高新区考察、洽谈投资合作意向，利用各种关系和机会宣传高新区、推介高新区。

建言富民增收。在去年初召开的区政协十四届一次会议上，围绕“富民兴区”组织大会协商议政，12位委员从精准帮扶脱贫、聚焦全民创业、发展农村电商、推进分级诊疗等方面提出建议，得到区委、区政府领导的充分肯定。紧扣省市富民政策的落实，就“多渠道增加城乡居民收入”问题，组织广大政协委员深入开展调查研究，为助力政策落实、拓展富民渠道、加快富民步伐建言献策。赴阜宁、射阳县考察学习农村集中居住，结合区情实际形成建议案，建议把农村集中居住与发展富民产业有机结合，与打造特色田园乡村有机结合，拓宽富民增收路径，区委、区政府主要领导分别作出批示，要求相关部门研究落实。

献策旅游业发展。征求政协委员对完善我区全域旅游规划的意见，委员们深入调研，认真思考，各抒己见，为彰显我区旅游业的独特性、唯一性提出了不少有价值的建议。区政协常委会议听取蟒蛇河风景区规划编制情况通报，委员们对区委、区政府依托良好的自然生态，高水平规划建设蟒蛇河风景区，给予充分肯定，同时对提升景区品牌形象、深入挖掘人文底蕴、完善功能配套和管理服务工作等提出意见建议，使规划设计方案日臻完善。

（三）践行履职为民宗旨，不断增强群众获得感

把促进民生改善作为政协工作的着力点，抓住民生领域的重要问题咨政建言，努力协助党委政府破解民生难题，增进民生福祉。

督查“263”专项行动。组织政协委员深入镇村和企业一线，视察燃煤锅炉改造、小铸造整治、饮用水源地建筑物拆除和城乡生活垃圾分类处理等工作。委员们建议，既要着眼当前整治突出环境问题，又要立足长远建立长效机制；既要狠抓污染源头减控，又要实施严格监管执法，坚持疏堵结合、标本兼治、综合施策，坚决打赢生态保护和环境整治攻坚战，让人民群众尽享天蓝、地绿、水清、景美的良好生态环境。组织开展农村养殖污染治理工作督查，委员们围绕发展种养结合的循环农业、强势推进生态养殖技术、推广使用畜禽粪便加工的有机肥等提出建议，被政府相关部门采纳。

视察农村公路提档升级。区政协常委会议组织视察农村公路提档升级工程

建设现场，听取区交运局情况通报，委员们对我区“三年计划两年完成”的工作进度给予充分肯定，建议要严把工程质量关，建好、管好、护好、运营好农村公路，优化农村公交线路和停靠点设置，全面提高城乡交通一体化水平，让群众出行更加便捷。

助力扶贫济困。引导广大委员和政协机关党员干部各展所长，开展结对帮扶、文化下乡、科技服务、送医送教、捐资助学和社区服务等公益活动。区政协原副主席徐守清同志情系贫困学子，个人捐资200万元设立“盐都区助学基金会”，年内举办两次捐助活动，资助18名困难大学生和300名中小学贫困生。政协机关党员干部与葛武街道郝荣村贫困户结对帮扶，切实帮助解决生产生活困难。

（四）突出团结民主主题，营造和谐发展的良好环境

坚持大团结大联合，不断巩固最广泛的爱国统一战线，共同营造和谐发展的良好环境。

深化合作共事。坚持民主协商、平等议事、求同存异、体谅包容的原则，密切与各民主党派、工商联和无党派人士联系，组织他们参与政协的重要会议、学习交流、协商议政等各项活动，为参政议政提供便利条件。通过联合开展调研、组织考察视察、重点办理党派提案等，鼓励支持各界人士踊跃发表意见和主张，一些重要意见和建议为党委政府和有关部门科学决策发挥了积极作用。

广泛联谊交流。充分发挥人民政协互动交流的优势，进一步扩大“朋友圈”，务实开展联谊交往。周密做好省、市政协领导来盐都调研视察智能终端产业发展、农业供给侧结构性改革、农家书屋建设的相关工作，先后接待重庆市南岸区、辽宁省盘锦市、南京市栖霞区、南通市通州区、扬州市江都区等20多批外地政协考察交流。积极参与市政协关于做大做强汽车产业、推进分级诊疗等议题协商议政，组织住盐都市政协委员异地视察，加强对镇（区、街道）联络组工作的指导，进一步密切了政协系统的联系与协作。

畅通民意渠道。发挥政协联系广泛的优势，多方收集社情民意，虚心听取各方面意见，架起党和政府与人民群众沟通的“连心桥”，全年共收集有价值的信息200多条，以《委员意见》《社情民意信息》形式报送区委、区政府和相关部门，推动了一批热点难点问题的逐步解决。

（五）适应新形势新任务要求，提升政协工作科学化水平

始终把加强自身建设放在重要位置，坚持固本强基，不断拓展履行职能的新思路，有力地提升了政协工作的质量和水平。

提高大走访活动实效。在区政协机关和市区两级政协委员中开展“访民情、惠民生、促和谐”大走访活动。广大政协委员带着感情、带着责任，深入基层、深入一线，了解群众的生产生活情况；组织医卫界委员深入边远镇村开展免费体检、慢病筛查、义诊咨询和健康宣传；区政协机关党员干部赴挂钩的村居和企业，走访群众420多户、企业19家，收集梳理问题36个，协调解决28个。大走访拓宽了下情上达的渠道，架起了民意“直通车”。

强化委员主体作用。确立委员在政协工作中的主体地位，着力提升委员的政治把握、调查研究、联系群众和合作共事能力。组织开展本职岗位建功立业创优秀、履职岗位建言尽责当优秀“双岗双优”活动，建成“政协委员之家”，为委员发挥作用搭建载体平台。常态化开展委员走访活动，听取委员意见，帮助解决实际困难。建立委员履职评价信息平台，加强履职情况考核。广大委员珍视荣誉，立足双岗，建功立业，传递正能量，树立好形象。

做好经常性工作。组织委员对农村集体“三资”管理、加强中小学生法制教育等课题进行调查研究，开展界别协商活动，界别作用发挥更加充分。收到委员提案136件，审查立案101件，办结率、委员满意率和基本满意率达100%。主席会议筛选10件重点提案，分别由区政府分管领导和区政协领导领衔督办。围绕推进慢性疾病预防和加强食品安全监管工作组织开展专题民主监督，通过视察调研、民主评议等形式，对区委、区政府重要决策部署的贯彻落实和民生实事工程的开展进行监督，较好地推动了有关单位改进作风、提升效能。收集整理新四军史料22万字，编辑出版《红色记忆》，文史资料“存史、资政、团结、育人”的作用得到有效彰显。强化政协宣传工作，出台《关于进一步加强政协新闻宣传工作的意见》，全年在省市媒体用稿20多篇，扩大了盐都政协工作的影响力和知名度。

各位委员，过去一年区政协工作取得的成绩，是区委正确领导，区人大、区政府大力支持的结果，是全体政协委员共同努力的结果，也是与区各有关部门单位、社会各界的积极配合和老领导、老同志的关心支持分不开的。在此，我代表区政协常委会，向所有重视、关心和支持政协工作的各位领导、各位同志和各界人士表示崇高的敬意和衷心的感谢！

我们也清醒认识到，工作中还存在一些不足，主要是对一些重点问题的调研议政不够深入，民主监督职能需要强化，委员履职服务工作的质量和水平有待提高，委员和机关干部队伍建设仍需抓得更严更实，提高履职能力现代化水平仍需下更大功夫等，真诚希望广大委员对常委会工作提出意见、批评和建议，共同把今后的工作做得更好。

二、2018年工作安排

2018年是全面贯彻落实中共十九大精神的开局之年，也是决胜全面建成小康社会、实施“十三五”规划承上启下的关键一年。区政协要深入学习宣传贯彻十九大精神，坚持以习近平新时代中国特色社会主义思想为指导，牢牢把握团结民主两大主题，按照中共盐都区委十四届四次全会部署，紧紧围绕“产业强区、生态立区、富民兴区”战略和“一极一园一业”建设，着力增进思想政治共识，着力推进政协协商民主，着力强化民主监督职能，着力提高调查研究质量，着力提升委员履职能力，更好地协调关系、汇聚力量、建言献策、服务大局，为建设“强富美高”新盐都再做新贡献。

（一）学习贯彻十九大精神，坚定正确的政治方向

学习宣传贯彻十九大精神是政协组织和全体政协委员首要的政治任务，要按照学懂弄通做实的要求，不断把学习宣传贯彻引向深入，深刻领会十九大赋予人民政协在新时代的使命和任务，把对政协工作提出的新要求融入到各项履

职实践中，努力在决胜全面建成小康社会的进程中发挥更大作用。

始终坚持中国共产党的领导。人民政协是中国共产党领导下的多党合作和政治协商机构，应当始终把讲政治作为最基本的要求，坚持以党的旗帜为旗帜，以党的方向为方向，以党的意志为意志，坚决贯彻中央和省市区委关于政协工作的方针政策，坚持在区委的领导下开展工作，自觉把中央和省市区委的决策部署贯彻落实到政协工作中去。

准确把握人民政协的任务使命。人民政协是具有中国特色的制度安排，是社会主义协商民主的重要渠道和专门协商机构。我们要把协商民主贯穿政治协商、民主监督、参政议政全过程，围绕全区中心工作，开展富有成效的协商活动，充分彰显特色，积极履行职能。

务实定位政协履职的努力方向。适应社会主要矛盾变化，切实增强履职为民的责任担当，经常深入群众，坚持眼睛往下看，脚步往下迈，选择基层反映集中、群众关注度高、党政部门希望解决的民生问题，开展委员履职活动，始终保持政协工作旺盛的生机和活力。

（二）紧紧围绕全区工作大局，为决胜全面小康献计出力

把服务发展作为第一要务，使政协工作更加贴紧决胜全面建成小康社会、更加符合区委区政府决策部署、更加体现群众心声意愿。

助推发展当好“智库参谋”。围绕“十三五”规划实施、区域经济发展、“一极一园一业”建设、打好“五大主攻仗”、实现高质量发展等大事要事，立足大局思考问题，深入实际研究问题，集思广益解决问题，协助区委区政府找准良策、破解难题，为深入推进改革发展出谋划策。

凝心聚力当好“桥梁纽带”。密切与盐都籍在外成功人士、港澳台同胞、各级各类商会的联络联谊，充分利用人脉关系，努力招引智能制造、高端装备、新能源和旅游业项目，汇聚加快发展、创新发展的强大动能。

服务群众当好“民生话筒”。坚持重心下移，深入基层，动员和组织广大政协委员广泛听取、及时反映民生舆情，突出创业就业、扶贫济困、富民增收、教育医疗、交通出行、城市治理等群众关切的问题，为补齐民生短板、增进民生幸福多做贡献。

（三）充分发挥重要渠道作用，推动协商民主广泛、多层、制度化发展

要积极发挥协商民主重要渠道和专门协商机构作用，推进政协协商民主的实践探索和制度建设，不断提高政协协商民主制度化、规范化、程序化水平。

强化制度保障。制定政协年度协商工作计划，强化协商议题提出、活动组织、成果采纳落实和反馈。加强与党政职能部门工作的有效衔接，完善专题协商、对口协商制度。积极发挥界别作用，组织开展界别协商。以规范程序、完善机制、增强实效为重点，健全提案办理协商机制，提高提案办理的实效。

提高组织水平。围绕全区工作大局，坚持问题导向，确定协商选题，明确责任分工，搭建协商平台，邀请相关部门参与，通过界别协商、联络组协商等形式，努力就一些重大问题达成共识、统一思想，要重视协商成果转化运用和采纳落实。

注重建言质量。广大政协委员要关心政府工作、关注群众呼声，了解真情实况，把握问题症结，精准提出建议，不断增强政协建言的前瞻性、针对性和可操作性。

（四）坚持求真务实创新，扎实做好经常性工作

立足政协实际和自身优势，统筹参加政协的各党派团体和广大政协委员的力量，推动政协各项工作更加规范有序、富有成效。

提高提案工作质量。每位政协委员每年要至少提交一件有质量的提案，要加强与界别群众的沟通协商，广泛听取各方意见，增强提案选题的精准性和解决问题的针对性。坚持党政领导和政协领导共同督办重点提案制度，完善提案办理与党政部门决策的转化衔接机制，建立政协委员、承办单位、政协组织三方参与“面对面”的协商机制，开展提案办理情况民主评议，共同推进提案的落实见效。

强化民主监督职能。聚焦重大改革举措、重要政策贯彻落实和重点民生实事工程，以组织监督性视察调研、协商议政活动为主，多种形式配合，增强监督实效。完善专题民主监督、民主评议、选派民主监督员等做法，进一步健全政协民主监督的组织领导、知情反馈、沟通协调机制，提高民主监督制度化水平。

做好文史和宣传工作。坚持亲见亲历亲闻原则，继续做好文史资料征集、挖掘、整理和出版工作，进一步弘扬盐都传统文化。举办纪念改革开放四十周年书画摄影展，邀请名人名家开设诗词、书法讲座。加大政协宣传工作力度，与主流媒体合作开设宣传专版，充分展示委员履职成效，讲好政协故事，传播政协声音。

（五）切实加强自身建设，着力提高履职能力

政协自身建设的水平影响着协商议政的质量，关系到履行职能的成效。要切实加强自身建设，不断提高履职能力。

激发委员活力。有计划地举办学习培训班、时事报告会和区情通报会，拓展知情明政渠道，提升委员议政能力。健全完善委员联络机制，为委员履行职能搭建更多平台。建立健全“委员之家”活动制度，继续开展争创“双岗双优”主题活动，教育引导广大委员懂政协、会协商、善议政，守纪律、讲规矩、重品行，切实发挥本职工作中的带头作用、政协工作中的主体作用、界别群众中的代表作用。

彰显界别特色。以界别为纽带，开展形式多样的界别调研、视察和协商，实现界别委员组织化、界别活动常态化。进一步健全主席会议成员联系常委、常委联系委员、委员联系界别群众制度，完善“界别活动日”等载体。加强对政协联络组工作的指导，强化工作力量整合，增加委员活动频次，推动政协工作向基层延伸。

强化机关建设。落实“三严三实”要求，严格执行中央“八项规定”精神和省市区委“十项规定”要求，加强思想作风建设，驰而不息纠正“四风”，推动机关同志讲政治、讲大局、讲团结、讲纪律。继续加强“学习型”政协建设，推进工作创新，完善工作机制，不断提高机关综合服务能力和统筹协调能力。

各位委员，新时代开启新征程，新目标赋予新使命。让我们在中共盐都区委的坚强领导下，不忘初心，牢记使命，锐意进取，扎实工作，为决胜全面建成小康社会、建设“强富美高”新盐都而努力奋斗！

·重要文件摘要·

中共盐都区委　盐都区人民政府
关于印发《盐城市盐都区“两减六治三提升”专项行动实施方案》的通知

都发〔2017〕2号　2017年1月10日

近年来,区委、区政府更加注重经济社会发展的生态导向,不断加强生态环境保护工作,环境质量稳定向好。但资源约束趋紧、环境保护压力增大,发展与资源环境之间的矛盾突出。为全面落实省市党代会精神和省、市“两减六治三提升”专项行动方案,扎实推进中央环保督察问题整改,着力补齐生态环境短板,努力打造生态文明建设标杆区,现提出实施方案如下。

一、总体要求和目标

深入贯彻党的十八大和十八届三中、四中、五中、六中全会精神,认真落实习近平总书记系列重要讲话精神,以总书记视察江苏重要讲话精神为引领,坚持生态立区战略,贯彻绿色发展理念,以更大的决心、更高的标准、更实的举措,强力推进生态环境保护工作,实现环境质量明显改善,主要污染物排放总量大幅减少,环境风险得到有效控制,环境矛盾得到有效化解,群众满意度明显提高,为建设“强富美高”的新盐都打下坚实基础。到2020年,PM2.5年均浓度比“十二五”末下降18%以上,空气质量优良天数比例达80%以上,国考断面水质优Ⅲ比例达80%,地表水丧失使用功能(劣于V类)的水体基本消除。

二、主要工作举措

(一)减少煤炭消费总量

到2020年,完成市下达煤炭消费总量削减目标任务。(区发改委牵头,相关部门参与)

1.分类整治燃煤锅炉,禁止新建燃煤供热锅炉。2017年底前,10蒸吨/小时及以下的燃煤锅炉全部淘汰或实施清洁能源替代;2019年底前,35蒸吨/小时及以下的燃煤锅炉全部淘汰或实施清洁能源替代,65蒸吨/小时及以上的燃煤锅炉全部实现超低排放,其他燃煤锅炉全部达到特别排放限值要求。(区环保局牵头,发改委、市场监督管理局、经信委参与)

2.压减非电行业生产用煤及煤制品,在纺织、轻工、机械等其他传统行业退出一批低端低效产能,完成省下达压减落后产能的目标任务。(区发改委牵头,经信委、环保局、市场监督管理局参与)

3.积极推进能源结构调整,推进集中式光伏电站建设。实施“屋顶计划”,大力推广使用太阳能。到2020年,非化石能源占一次能源比重达到11%。(区发改委牵头,经信委、住建局参与)

(二)减少高耗低效落后铸造产能

加快铸造行业结构调整,到2017年底,现有铸造企业排污总量大幅减少,发展质效明显提升。(区经信委牵头,发改委、公安局、环保局、安监局、国土局参与)

加快整治高耗能、高排放铸造产能。开展铸造企业基本情况排查,按照“改造提升一批、搬迁入园一批、关停淘汰一批”要求编制全区铸造行业整治方案。重点依法依规整治关停规模偏小、效益低下、安全环保投入不足以及防护距离不达标的企业。(区经信委牵头,环保局、安监局参与)

(三)治理蟒蛇河、朱沥沟水环境

蟒蛇河、朱沥沟水质稳定达到国家地表水环境质量Ⅲ类标准,饮用水安全得到有效保障。(区水务局牵头,相关部门参与)

1.推进水利生态保护工程建设。加强河道水利工程的科学调度,实施最严格的水资源管理制度。实施蟒蛇河河道疏浚工程,对与平交的污染较重河道,建设立交工程,实现清污分流。严格蟒蛇河、朱沥沟沿线堤防生态功能保护,大力开展两岸生态防护林建设、湿地生态系统建设,形成有利于保护水体的缓冲隔离带。(区水务局牵头,农委参与)

2.常态开展河道漂浮物打捞。建立科学的漂浮物打捞机制,以政府向社会购买服务为主导,建立专业化指导、市场化运作、科学化监测、机械化打捞、工厂化处理、资源化利用、信息化管理的长效打捞工作机制。对蟒蛇河、朱沥沟河道开展不间断打捞,并对平交河口上游一定范围内水面漂浮物组织打捞,对非航道的平交河道设置拦截设施,并及时组织打捞和清运,实施无害化处理。(区水务局牵头,城管局参与)

3.集中收集处理各类污水。围绕蟒蛇河、朱沥沟水环境质量提升目标,将蟒蛇河、朱沥沟流域生产生活集聚区、各类工业园区、工业集中区污水纳管进入污水处理厂处理,削减污染物入河总量,并安装尾水自动在线监控装置。淘汰落后工艺和企业,限期治理不能实现稳定达标排放的企业,依法关闭限期治理仍不达标的企业。(区发改委牵头,水务局、经信委、环保局参与)

4.全面推进污水处理设施建设。加快推进蟒蛇河、朱沥沟沿线污水处理设施和配套管网建设,实现蟒蛇河、朱沥沟沿线建制镇污水处理设施全覆盖,污水处理率达到85%,切实提升沿线生活污

水集中处理能力。(区水务局牵头,发改委、住建局、环保局参与)

5.扎实开展农业面源污染防治。全面推广农业清洁生产,推进化肥、农药使用减量工程,到2020年,化肥施用量较“十二五”末削减5%,农药施用量实现零增长,主要农作物测土配方施肥技术推广覆盖率达到95%以上,氮肥利用率提高到40%以上,农作物病虫害统防统治覆盖率达到60%以上,种植业“三品”占种植业食用农产品比重达55%以上。强化畜禽养殖污染治理,提高秸秆综合利用水平,畜禽粪便资源化利用率和秸秆综合利用率达90%以上。依法取缔蟒蛇河、朱沥沟河道内所有鱼罾、鱼簖和围网养殖,推广蟒蛇河、朱沥沟沿线养殖尾水达标排放技术,有效控制水产养殖业污染。(区农委牵头,环保局、发改委、水务局参与)

6.切实加强船舶污染防治和监管。逐步增加危化品监控点位,强化对进入蟒蛇河、朱沥沟的危险品运输船舶管控,着力推进蟒蛇河、朱沥沟沿线重点水域视频监控系统安装建设。加强船舶生活污水处理设备改造和LNG新能源船舶的推广运用。对在蟒蛇河、朱沥沟二级保护区内已经设置的不符合全市内河港口总体规划或者未取得合法手续的港口、码头,依法拆除、关闭或者搬迁。(区交运局牵头,环保局、住建局、经信委、水务局参与)

(四)治理生活垃圾

到2020年,建成区生活垃圾分类设施覆盖率达到70%,城乡生活垃圾无害化处理率达到98%。(区城管局牵头,相关部门参与)

1.推进城乡垃圾源头减量和资源化利用工作。全面开展城乡生活垃圾分类工作,加快垃圾分类收集、中转和处理处置体系建设,推进城乡垃圾源头减量和资源化利用。科学整合现有再生资源收购企业,建立可回收垃圾回收体系;实施有害垃圾无害化处理,建立有害垃圾收集、贮存、运输、处置体系;提升垃圾终端处置水平,完善不可回收垃圾收运体系。(区城管局牵头,发改委、财政局、商务局、住建局、规划局、农委参与)

2.加快餐厨垃圾、建筑垃圾处理设施建设。2019年底前,配合大市区建成运行餐厨垃圾项目,到2020年前建成运行1座建筑垃圾资源化利用设施。(区城管局牵头,发改委、财政局、规划局、市场监督管理局参与)

(五)治理黑臭水体

认真落实《江苏省城市黑臭水体整治行动方案》、《盐城市水污染防治工作方案》和《盐都区水污染防治工作方案》要求,建成区于2018年前基本消除黑臭水体。(区住建局牵头,相关部门参与)

1. 深入推进城镇雨污分流管网建设。市区2017年完成试点区域雨污分流改造建设,2020年底前,建成区基本实现全收集、全处理。(区住建局牵头,发改委、环保局参与)

2.加快推进城南污水处理厂提标改造。到2017年底达到一级A排放标准。(区住建局牵头,环保局参与)

3. 建立村庄生活污水处理设施运行保障机制,提高村庄生活污水处理设施覆盖率。到2020年底,规模较大的规划发展村庄生活污水处理设施覆盖率达90%以上。(区水务局牵头,住建局、环保局参与)

4.加强水系沟通,实施清淤疏浚,提升水体自净能力,构建健康水循环体系。到2020年,全区城乡黑臭河道整治一遍。(区水务局牵头,住建局、财政局参与)

5.建立完善长效管护机制,切实加强各项管护制度建设,明确水体养护单位及其职责、绩效评估和养护经费来源。(区水务局牵头,住建局、财政局参与)

(六)治理畜禽养殖和水产养殖污染

全面清理禁养区内需关闭的养殖场(户),治理不符合规范标准的养殖场(小区)、养殖专业户。到2017年规模化畜禽、水产养殖场(小区)治理率分别达到60%、50%。(区农委牵头,相关部门参与)

1.划定禁养区域。以生态红线区域、国考省考断面周边及其他环境敏感脆弱地区为重点,依法划定畜禽养殖禁养区。(区环保局牵头、农委参与)

2.强化畜禽粪污治理。新、改、扩建规模化畜禽养殖场(小区)全部实施雨污分流,2017年底前,完成省下达的规模化畜禽养殖场污染治理配套设施建设任务,规模化养殖场(小区)治理率达60%。到2020年,规模化畜禽养殖场全部建成粪污收集、处理利用设施。(区农委牵头,环保局、发改委参与)

3.加强畜禽养殖废弃物综合利用。优化禁养区外养殖区域规划布局,科学编制出台《盐城市盐都区畜牧业养殖发展规划》,合理确定养殖区域、总量、畜禽种类和规模。大力推广沼气、有机肥生产等畜禽粪便资源化利用技术。鼓励和支持散养密集区实行畜禽粪便分户收集、集中处理,加快病死畜禽无害化处理体系建设,促进畜禽养殖业的健康可持续发展。2017年,全区规模化畜禽养殖场畜禽粪便资源化利用率达90%,8个建制镇病死畜禽无害化处理收集点全部建成并投入使用。(区农委牵头,发改委、环保局参与)

4.加强水产养殖污染治理,控制湖荡网围养殖,推进退圩还湖、退养还湖,加强农业投入品监管,积极推广生态健康养殖,强化养殖尾水治理。年内各地制定本地区百亩连片标准化池塘改建方案。到2017年,全区新增生态健康养殖面积10万亩,大纵湖网围养殖面积控制在0.5万亩以内。(区农委牵头,水务局、环保局参与)

(七)治理挥发性有机物污染

到2020年,全区挥发性有机物(VOCs)排放总量削减18%以上。(区环保局牵头,相关部门参与)

1.2017年底前,完成重点企业废气排放源整治工作。(区环保局牵头,发改委、经信委参与)

2.强制使用水性涂料。2017年底前,印刷包装以及交通工具、机械设备、人造板、家具等行业,全面使用低VOCs含量的水性涂料、胶私剂替代原有的有机溶剂、清洗剂、胶熟剂等。(区经信委牵头,环保局、市场监督管理局参与)

3.加大机动车排气污染治理力度,全面淘汰老旧机动车。2017年起,逐步提高老旧车淘汰技术标准,加快淘汰老旧机动车。(区公安局牵头,环保局、交运局参与)

4.建立工程机械环境准入制度,建成区非道路移动机械使用燃油达国Ⅲ及以上标准。(区住建局牵头,交运局、环保局参与)

5.全面推广新能源汽车,加快推进电动汽车充电基础设施建设,调整优化新能源汽车推广应用财政补贴政策。(区经信委牵头,财政局、规划局、发改委、交运局、供电营业部参与)

6.加强餐饮油烟污染控制,在城市主次干道两侧、居民居住区禁止露天烧

烤。(区城管局牵头,市场监督管理局、环保局参与)

(八)治理环境隐患

到 2020 年,环境风险隐患得到有效防范和化解。(区环保局牵头,相关部门参与)

1.完善环境风险防控及突发环境事件应急响应体系,开展全区重点企业、敏感目标风险评估,加强重点流域、区域环境风险预警系统建设。(区环保局牵头,安监局等参与)

2.继续深化重大环境风险企业的环境安全达标建设。督促全区重大环境风险企业在已经编制完成的环境风险评估工作的基础上,完成环境安全达标改造。(区环保局牵头,经信委、安监局参与)

3. 强化水上运输安全监督管理,推进危化品运输船舶定位识别设备安装使用,完善应急响应机制。(区交运局牵头、公安局、安监局参与)

4.依法取缔集中式饮用水源地保护区内的违法违规设施。加强应急演练,提高应急保障能力。(区环保局牵头,住建局、水务局参与)

5.严格规范危险废物处置。加大危险废物规范化整治力度,依法严厉打击危险废物非法转移、倾倒等违法行为,涉及犯罪及时移交司法机关追究刑事责任。到 2020 年,实现危险废物全部规范化处置。(区环保局牵头,公安局、安监局参与)

6.强化危化品经营和储运监管。危险化学品重大危险源实现自动化监控和视频远传功能。建立企业危化品贮存品种、数量动态管理清单,对违法违规和不符合安全条件的危化品经营和储运企业一律依法依规予以关停。(区安监局牵头,公安局、交通运输局参与)

7. 开展工业企业场地环境调查评估。2017 年底前,完成重点地区土壤污染状况详查。强化“退二进三”污染土地监管和治理修复,到 2020 年,污染地块安全利用率达到 90%以上。开展重金属重点企业专项整治。加强含重金属废弃物减量化和循环利用。2017 年,全区重金属污染物排放总量不增加,涉重行业排放强度逐年下降。(区环保局牵头,国土局、财政局、农委参与)

(九)提升生态保护水平

大力实施“生态立区”战略,通过生态文明制度再完善、生态环境质量再提升,守住生态红线,全面提升生态保护水平。(区环保局牵头,相关部门参与)

1.生态文明制度再完善。制定出台《关于加快推进生态文明建设的实施意见》、《生态文明建设十三五规划》、《生态文明建设考核办法及评分细则》,形成独具盐都特色的生态文明建设体系。坚持生态优先,标本兼治,以创建省生态保护引领区和国家生态文明建设示范区为目标,综合运用经济、政策等手段实施全面考核,推动生态文明建设迈上新台阶。(区环保局牵头,组织部、纪委参与)

2.生态环境质量再提升。

治气方面,健全“日点评、周督查、月考核、保证金、约谈问责、顶格处罚”等工作机制,加强污染源解析研究,实施精准治气。加强扬尘治理,按规征收扬尘费。减降 PM2.5 累计浓度均值;扩大空气质量优良天数,力争位居全市首位,达到省约束性考核指标合格要求。(区环保局牵头,发改委、经信委参与)

治水方面,贯彻落实“水十条”行动计划,开展国家级水生态文明试点城市创建工作,制定水污染防治工作方案,签订目标责任书,建立联席会议、河湖“断面长”、联动执法、监测预警、约谈问责、督查考核等工作机制,确保国考断面水质达标率、饮用水水源地水质达标率均为 100%。(区环保局牵头,水务局、住建局参与)

治土方面,启动全区土壤污染防治工作方案编制工作;确定全区土壤监测点位,优化风险点布点方案;对重点地段开展环境调查及风险评估。同时,积极争取省级、中央土壤污染防治专项资金。(区环保局牵头,经信委、国土局参与)

3.营建林业生态屏障。加快推进生态防护林工程建设,到 2020 年,建设 6.8 万亩生态防护林,其中新造林 2.8 万亩,现有林改造提升 4 万亩。重点加快大纵湖湿地生态恢复工程,提升湿地生态质量;加大华都森林公园的建设力度,到 2017 年新增森林面积 1.5 万亩。将盐都建设成景观优美、色彩丰富、高效持久、稳定协调的生态绿洲。(区农委牵头,水务局参与)

(十)提升环境经济政策调控水平

建立健全环境经济政策体系,注重运用经济杠杆,提高排污成本,强化绿色金融等激励机制,用价格机制和市场机制倒逼企业转型。(区财政局牵头,相关部门参与)

1.建立与污染物排放总量挂钩的财政政策。根据辖区排放的化学需氧量、氨氮、总氮、总磷、二氧化硫、氮氧化物、挥发性有机物等污染物总量缴纳费用。省财政返还资金和结余资金专项用于生态环境保护。落实《盐城市水功能区纳污能力和限制排污总量意见》,全面开展水污染防治和减排工作。(区财政局牵头,水务局、环保局、发改委参与)

2. 全面推开排污权有偿使用和交易。开展新、改、扩建项目排污权有偿取得,逐步开展现有排污单位排污权有偿取得,加快推进排污权交易,进一步完善排污权有偿使用和交易管理体系。(区环保局牵头、发改委、经信委参与)

3. 严格落实差别化的环境价格政策。实施差别化电价、水价、气价收费政策。继续实施对环境信用评级为“红色”、“黑色”等级的企业加收污水处理费的差别水价政策。严格执行新的排污费征收标准,开展总氮、总磷和挥发性有机物排污收费。(区物价局牵头,经信委、水务局、环保局参与)

4.推进绿色金融政策。动员和鼓励更多社会资本投入到绿色产业,大力发展绿色信贷,引导金融机构加大对绿色经济的融资支持。积极支持符合条件的绿色企业上市融资和再融资。推动开展环境污染责任保险。(区金融办牵头,发改委、经信委、环保局参与)

5.探索区级生态资金与其他发展基金融合。发挥财政资金的“种子”作用,引导更多金融和社会资本进入生态环保领域。完善生态建设专项资金支持方式,每年从生态建设专项资金中安排一定比例建立生态环境保护资金,实行有偿使用,专项用于推动生态建设事业的发展。(区财政局牵头,环保局参与)

(十一)提升环境执法监管水平

严格落实环境保护法,完善环境执法与刑事司法联动,实施联合惩戒,促进环境守法成为常态。(区环保局牵头,相关部门参与)

1.加强环境执法队伍建设。顺应中央、省环保体制改革要求,加强一线环保执法力量建设,所有镇(区、街道)设立环境保护管理机构,配齐配强工作人员。在行政村配备环保监督员,建立健全区、镇(区、街道)、村三级环境管理网络。从人员、装备、软硬件设施、经费保障等方面全面提升环境保护的履职能力,推进监测、监管、风险应急等队伍的标准化和现代化建设。(区编办牵头,人社局、环保局、财政局参与)

2.加大执法力度。完善环境监管网格化体系,建立"条块结合、以块为主、网格划分、责任到人"的环境监管网格化模式。实行"双随机一公开"制度,加快建立排污许可证管理制度。持续推进环保信用体系建设,完善评级机制和平台建设,扩大参评企业范围,加强评级结果运用,实施联合惩戒。持续开展环保执法"亮剑行动",综合运用挂牌督办、限批和按日计罚、限产停产、查封扣押、行政拘留等手段,对性质恶劣、影响重大的环境违法行为按照"十个一律"从严惩处。(区环保局牵头,法院、检察院、公安局、法制办、信用办参与)

3.加大环境执法与刑事司法联动力度。加大综合执法惩治力度,建立环境保护领域非诉案件执行联动机制,积极配合人民法院落实强制措施。创新完善环境执法司法保障机制,建立健全环境执法联席会议、常设联络员和重大案件会商督办等制度,完善案件移送、联合调查、信息共享和奖惩机制,实现行政处罚和刑事处罚无缝对接。加强破坏环境资源犯罪侦办机制建设,确保在发生重大环境污染事件等紧急情况时,能迅速启动联合调查程序,防止证据灭失。研究探索环境污染损害赔偿基金,探索培育具备司法鉴定资质的污染损害鉴定机构,为检测鉴定、损害评估等提供经费支持和技术保障。探索完善环境公益诉讼制度,健全生态环境保护责任追究和环境损害赔偿制度,为执法联动提供深层次制度保障。(区环保局牵头,法院、检察院、公安局、法制办参与)

4.曝光环境违法行为。在《盐都日报》、盐都电视台等媒体开设专栏,及时宣传报道专项行动工作动态。定期发布典型案件查处结果和典型环境问题,引导社会公众关注环境保护工作、举报环境违法行为。充分发挥"12345""12369"等公共服务热线和微信举报平台作用,落实环境违法行为有奖举报的奖励措施,鼓励社会公众自发监督企业环境行为。设立"红黑榜",加强对重点环境案件的曝光力度。(区委宣传部牵头,文广新局、环保局参与)

三、保障措施

1.加强组织领导。严格落实《盐都区生态环境保护工作责任规定(试行)》。区成立专项行动领导小组,由区政府主要领导担任组长,相关领导担任副组长,从相关部门抽调精干人员成立专门办公室,分管副区长兼任办公室主任,实行集中办公,财政保障,各镇(区、街道)均成立相应工作机构,负责协调、督查、推进专项行动工作。(区委办、区政府办牵头、相关部门参与)

2.重抓工作落实。按照行动方案要求,牵头部门组织参与部门抓紧制定实施计划,细化分解目标任务,明确时间要求,指导各镇(区、街道)有序开展工作;各地按照目标任务和工作要求,全力推进各项政策措施落到实处。区委、区政府就贯彻落实情况定期组织专项监督检查,各单位要及时将贯彻落实情况报送专项行动领导小组办公室。(区委办、区政府办牵头,各有关部门参与)

3.实施综合考评。把环境质量"只能更好、不能变坏"作为党委、政府的责任红线,每年依据签定的目标责任书进行综合考评,并纳入全区年度目标任务综合考核。严格执行《盐城市党政领导干部生态环境损害责任追究实施细则》,有责必问,问责必严。(区委办、区政府办牵头,纪委、组织部、环保局等参与)

以上各项工作,由各镇(区、街道)负责具体落实。

附件:盐城市盐都区"两减六治三提升"专项行动领导小组名单

附件

盐城市盐都区"两减六治三提升"专项行动领导小组名单

组　长:吴本辉　区委副书记、区长
副组长:陈志会　区委常委、常务副区长
　　　　　　　　区人大常委会副主任
　　　　肖乐农　副区长
　　　　彭向洪　副区长
　　　　陈　霞　副区长
　　　　　　　　区政协副主席
成　员:王益林　区委组织部副部长、人才办主任
　　　　王玉平　区政府办副主任、金融办主任
　　　　王建忠　区纪委副书记、区监察局局长
　　　　张爱武　区法院党组成员、副院长
　　　　陆生众　区检察院党组副书记、副检察长
　　　　王业先　区委宣传部副部长
　　　　李庆銮　区发改委主任
　　　　徐洪顺　区经信委主任
　　　　迮大猛　区公安局局长
　　　　杨佩礼　区财政局局长
　　　　王　勇　区住建局局长
　　　　范龙华　区城管局局长
　　　　顾　勇　区交通运输局局长
　　　　张鸿新　区农委主任
　　　　朱金标　区水务局局长
　　　　陈少华　区商务局局长
　　　　万光清　区安监局局长
　　　　王　荣　区法制办主任
　　　　吴金翥　区物价局局长
　　　　冯国超　区市场监督管理局
　　　　李　恬　盐都国土分局局长
　　　　张芙蓉　盐都规划分局局长
　　　　吕明光　区环保局局长
　　　　刘　洪　区环保局副局长

领导小组下设办公室,办公室主任由肖乐农同志兼任,王玉平、吕明光同志兼任办公室副主任,刘洪同志兼任专职副主任。办公地点设在区环保局。办公室下设综合组和七个工作组。

综合组:负责综合协调、宣传发动以及"提升生态保护水平""提升环境经济政策调控水平""提升环境执法监管水平"的督察推进等工作。

组　长:吕明光　区环保局局长
副组长:刘　洪　区环保局副局长
成　员:王　玥　区政府办工业科科长
　　　　倪文祥　区委组织部干部监督科科长
　　　　吴晓娟　区委宣传部副主任科员

徐才虎　区纪委党风廉政监督室副主任
徐震云　区发改委产业科科长
季星星　区经信委信息资源监管中心办事员
王昱龙　区住建局市政所副所长
龚爱峰　区农委农机推广站副站长
吴　浩　区环保局监测站副站长
高大伟　区水务局水政监察大队副科长
沙广标　区法制办科员

工作一组:负责"减煤"的督查推进工作。

组　长:李庆銮　区发改委主任
副组长:卞金信　区发改委副主任
成　员:徐震云　区发改委产业科科长
王鹤成　区经信委电力与能源科科长
刘永友　区环保局污控科科长
王昱龙　区住建局市政所副所长
陆仁和　区市场监督管理局特种设备科科长
戴远景　盐都国土分局用地科副科长

工作二组:负责"减高耗低效落后铸造产能"的督查推进工作。

组　长:徐洪顺　区经信委主任
副组长:陈兆根　区经信委副主任
成　员:徐震云　区发改委产业科科长
孙世民　区经信委节能科科长
梁焕章　区环保局郭猛分局副局长
王昱龙　区住建局市政所副所长
薛亚飞　区市场监督管理局行政许可科科长
李　戎　区安监局工贸科科长

工作三组:负责"治理蟒蛇河、朱沥沟水环境"的督查推进工作。

组　长:朱金标　区水务局局长
副组长:封树清　区水务局副局长
成　员:徐震云　区发改委产业科科长
孙世民　区经信委节能科科长
左其海　区农委耕保站站长
王昱龙　区住建局市政所副所长
胥　伟　区水务局水利管理总站科员
严　刚　区环保局监测站现场室主任
陈　平　区交运局航道站站长

工作四组:负责"治理生活垃圾"的督查推进工作。

组　长:范龙华　区城管局局长
副组长:周立根　区城管局副局长
成　员:查正标　区发改委能源科科员
祁晓红　区商务局商贸市场科科长
韦　静　区环监局办公室副主任
曾海祥　区财政局综合科科长
王建全　区城管局垃圾调度中心主任
王昱龙　区住建局市政所副所长
赵　华　盐都规划分局行政许可科科长

工作五组:负责"治理黑臭水体"的督查推进工作。

组　长:王　勇　区住建局局长
副组长:刘志贵　区住建局副局长、人防办主任
成　员:查正标　区发改委能源科科员
梁焕章　区环保局郭猛分局副局长
毛国磊　区水务局防洪工程管理所副所长
吴文静　区城管局市容科办事员
曾海祥　区财政局综合科科长
王昱龙　区住建局市政所副所长

工作六组:负责"治理畜禽养殖和水产养殖污染"的督查推进工作。

组　长:张鸿新　区农委主任
副组长:李书高　区农委副主任、开发局局长
成　员:徐震云　区发改委产业科科长
吴　平　区环监局执法二中队队长
王玉军　区水务局水利管理总站站长
宋长太　区农委水产站站长
徐东华　区农委畜牧兽医站站长
戴远景　盐都国土分局用地科副科长

工作七组:负责"治理挥发性有机物污染"和"治理环境隐患"的督查推进工作。

组　长:吕明光　区环保局局长
副组长:周书法　区环保局副局长
成　员:查正标　区发改委能源科科员
严孝礼　区经信委行业发展科科长
孟桂和　区公安局治安大队副大队长
任冠祥　区财政局经建科科长
王昱龙　区住建局市政所副所长
严　刚　区交运局运管处主任
祁晓红　区商务局商贸市场科科长
姚文海　区安监局危化科科长
葛存杭　区环监局执法一中队队长
左其海　区农委耕保站站长
吴文静　区城管局市容科办事员
陆仁和　区市场监督管理局特种设备科科长
戴远景　盐都国土分局用地科副科长

中共盐都区委　盐都区人民政府
关于印发《盐城市盐都区生态环境保护工作责任规定(试行)》的通知

都发〔2017〕3号　2017年1月16日

第一章　总则

第一条　为进一步强化绿色发展导向,严格落实生态环境保护责任,加快推进生态文明建设,根据环境保护法律法规以及国家、省、市关于加快推进生态文明建设的总体要求,结合我区实际,制定本规定。

第二条　区委和区政府及其有关部门,严格按照有关法律法规、行政规章以及本规定,履行生态环境保护工作责任。

各镇(区、街道)党(工)委和政府(办事处)应参照本责任规定结合当地机构设置和相关工作分工的实际情况,对本级党委和政府及其有关部门的生态环境保护工作责任作出相应的规定。

第三条　坚持环保优先、绿色发展、生态安全的理念,按照依法依规、党政同责、归属明晰、权责一致、多方联动的原则,建立管发展必须管环保、管生产必须管环保的生态环境保护工作责任体系。

第四条　党委和政府对本行政区域生态环境保护工作及环境质量负总责;环境保护部门对本行政区域生态环境保护工作实施统一监督管理,其他有关部门在各自职责范围内履行生态环境保护相关职责。

第五条　生态环境保护工作坚持党政同责和一岗双责。党委和政府及其有关部门的主要负责人是本行政区域、本部门职责范围内生态环境保护工作的第一责任人,对生态环境保护工作负全面领导责任;分管生态环境保护工作的领导班子成员对生态环境保护工作负直接领导责任;其他相关负责人对分管工作范围内的生态环境保护工作负具体责任。

第二章　党委、政府职责

第六条　区委生态环境保护工作职责:

(一)贯彻落实党中央、国务院、省委、省政府以及市委、市政府关于加快生态文明建设、推进绿色发展、加强生态环境保护的方针政策,将生态文明建设摆在突出位置,融入经济社会发展全局,切实改善环境质量、保障生态安全。

(二)加强环境保护的队伍建设。

(三)完善生态环境保护工作考核评价机制,将环境质量、资源集约、污染防治、生态红线保护,以及生态文明建设工程推进情况作为党政领导干部考核的重要内容。

(四)加大生态环境保护工作责任追究力度,实行严格的"终身追责"制和"一票否决"制。

第七条　区政府生态环境保护工作职责:

(一)建立健全环境保护目标责任制和考核评价制度。将环境保护目标完成情况作为对政府及其负责人和负有生态环境保护监管职责的部门及其负责人政绩考核与评价的重要内容,推动各有关部门依法履行生态环境保护职责。依法向区人民代表大会或者人民代表大会常务委员会报告环境质量状况和环境保护目标完成情况,对发生的重大环境事件及时向区人民代表大会常务委员会报告。

(二)加快推进生态文明建设。把生态文明建设和绿色发展纳入经济和社会发展规划,组织编制并实施区生态文明建设规划,将生态文明建设融入经济建设、政治建设、文化建设、社会建设的全过程,依法制定和实施有利于生态环境保护的经济、技术政策和措施。在组织编制土地利用的有关规划和区域、流域的建设、开发利用规划,以及工业、农业、畜牧业、林业、能源、水利、交通、城市建设、旅游、自然资源开发等专项规划过程中,依法进行环境影响评价。

(三)加大保护和改善环境的财政投入。将污染防治的费用纳入政府预算,落实生态保护补偿资金,并积极开辟适应经济社会发展和保护生态环境需要的资金新渠道,推行有利于生态环境保护的财政、税收、价格、政府采购等方面的政策和措施。

(四)切实改善环境质量。严格执行重点污染物排放总量控制制度,全面完成国家下达的环境质量约束性指标。组织实施全区大气、水、土壤、噪声、固体废物和核与辐射等环境污染防治。加强环境综合整治,统筹建设城乡污水处理设施及配套管网,实行生活污水和垃圾、污泥和其他固体废物的集中收集、运输和处置。组织对固体废弃物的分类处置和回收利用。加强农业生态环境保护,加强对农业污染源的监测预警,促进农业废弃物综合利用,防治农业面源污染,提高农村环境保护公共服务水平。

(五)保障生态红线安全。严格保护饮用水水源保护区、自然保护区、重要生态功能区、环境敏感区及其他生态红线区域。严格落实生态红线区域分级管控措施,加大生态红线区域保护考核力度,实施生态补偿制度。

(六)建立良好环境秩序。协调解决环境保护工作中的重大问题,加强环境保护执法监管,落实网格化环境监管责任,严厉查处、纠正环境违法行为,对造成环境污染的企(事)业单位和其他生产经营主体实施限期治理,依法取缔或关闭严重环境违法和造成严重环境污染且难以治理的企业。建立公众环境矛盾协调工作机制,完善社会参与机制,统筹解决人民群众关注的各类环境问题。

(七)加强环境应急管理。健全环境污染公共监测预警机制,组织编制并实施突发环境事件应急预案。将重污染天气应对等突发环境事件纳入突发事件应急管理体系,做好突发环境事件的风险控制、应急准备、应急处置和事后恢复等工作。

(八)实施环境保护奖惩制度。鼓励

和支持环境保护科学技术研究和先进技术的推广应用。按照国家、省、市和区相关规定，对保护和改善环境有显著成绩的单位和个人给予表彰和奖励；对工作不力造成环境损害和发生突发环境事件的责任人，依法严格问责。

（九）强化生态保护工作协调联动。建立健全跨行政区域和重点区域、河道污染防治、生态保护协调机制和联防联控的管理机制，推动各项环保举措落地生效。

（十）加强环境保护信息传播。加大环境保护宣传教育力度，提高全民环境保护意识，依法公开环境保护信息。鼓励基层群众性自治组织、社团组织、环境保护志愿者开展环境保护法律法规、环境保护知识的宣传和公益性活动，形成保护生态环境的良好风尚。

第三章　党委工作机构责任

第八条　区委组织部责任：

（一）检查督促领导干部履职情况，加强环境保护人才的培养。

（二）组织开展党政主要领导干部环境保护工作实绩考核。将生态文明建设及生态环境保护工作实绩作为领导干部考核评价的重要内容，考核结果作为评价和选拔领导干部的重要依据。

（三）落实党政领导干部生态环境和资源损害责任追究制度。会同负有生态环境和资源保护监管职责的工作部门、纪检监察机关，对应实行问责的有关党政领导干部进行责任追究。

（四）将环境保护法律法规、生态文明建设相关内容纳入党政领导干部教育培训内容，保证党政领导干部参加生态文明建设及环境保护教育培训的课时数。

（五）指导区级机关部门各级党组织抓好党的思想、组织、作风、制度和反腐倡廉建设，推动树立生态文明、绿色发展的理念。

（六）加强对区级机关党员尤其是党员领导干部的监督，督促依法依规履行生态环境保护职责。

（七）组织区级机关党组织开展各类生态环境保护活动，在全社会发挥示范表率作用。

第九条　区委宣传部责任：

（一）大力引导各级党政领导干部树立节约资源、保护环境的绿色发展理念。

（二）加强生态环境保护宣传教育，大力宣传党中央、国务院、省、市、区委及政府有关决策，大力宣传环境保护工作的方针政策和法律法规，组织制定并实施加强生态环境保护、推进生态文明建设的宣传教育方案，将生态文明宣传教育纳入群众性精神文明创建活动。

（三）统一协调突发环境事件宣传报道，及时发布准确、权威的突发环境事件信息，正确引导社会舆论。

第十条　区委政法委责任：

（一）组织、协调、指导、督促生态环境保护依法治理工作，推进生态环境保护领域严格执法、公正司法、全民守法。

（二）监督政法系统各部门依法行使职权，督促、推动环境污染大案要案的查处工作，研究、协调工作中遇到的矛盾和问题。

第十一条　区编办责任：

（一）指导、协调生态环境保护行政管理体制、机构改革和机构编制管理工作，协调镇（区、街道）及各部门之间生态环境保护监督管理的职责划分，加强相关部门协调机制运行情况的监督检查。

（二）按照规定管理环境保护部门行政、事业单位机构编制，提供机构编制服务。研究提出生态环境保护行政管理职能配置和调整意见。加强区级环境保护部门、镇（区、街道）环境保护机构及人员的编制保障，充实环境保护力量。

第十二条　区委农办责任：

（一）加强全区农业和农村工作中涉及生态环境保护政策落实情况的督促检查和重大问题的调查研究，及时向区委、区政府提出相关决策建议。

（二）协调推进全区城乡生态环境保护一体化进程，推动将农村生态环境保护工作落实情况纳入区委农村工作领导小组成员单位工作协调考核体系，并严格实施考核。

第十三条　区信访局责任：

（一）引导群众合理表达环境诉求，依法维护群众环境权益，把环境信访纳入法治化轨道。

（二）认真接待、登记、受理、交办、转送、督查环境信访事项，完善环境信访答复复查复核制度和领导包案制度，组织开展及时就地解决环境信访突出问题专项行动和环保局长大接访、环境信访督政约谈，确保合理合法的环境信访问题解决到位、案结事了。配合政法部门依法处理非访，切实减少重复信访、越级信访。

第四章　政府职能部门责任

第十四条　区发改委责任：

（一）将生态文明建设和环境保护纳入经济和社会发展规划，制定和实施主体功能区规划。参与编制环境保护规划，负责编制饮用水安全保障规划。

（二）综合协调推进循环经济发展工作。组织拟定并实施全区发展循环经济、全社会资源节约和综合利用规划及政策措施；组织开展国家和省循环经济示范区、示范企业的申报、试点；协同相关部门推进秸秆资源综合利用、电厂废弃物资源利用、再生资源回收利用（静脉产业），建设循环型农业、工业、服务业和社会化体系。

（三）加强节能减排工作，组织实施自愿性清洁生产审核。提出全社会能源消费总量控制目标建议，组织推进全区能源消费和燃煤消费总量控制，会同有关部门制定并组织实施能源发展规划，推进绿色低碳循环发展。配合环境保护部门制定和实施污染物排放总量控制计划。

（四）推进产业转型升级。制定和实施有利于资源节约和环境保护的产业政策、产业结构调整目录和负面清单，严把新上项目准入关，支持节能环保产业发展。

（五）积极应对气候变化。牵头协调实施应对气候变化和推进绿色低碳发展重大战略、规划和政策。组织实施温室气体排放控制目标责任考核，开展重点企（事）业单位的温室气体排放报告制度和基础能力建设，加强碳排放权交易市场建设和管理。顺应气候变化，组织实施有关减缓和适应气候变化的具体措施和行动。

（六）依照环境保护法律规定，依法办理基础设施建设及其他有关建设项目的审批、核准、备案手续，严把环境违法违规案件涉及项目的核备、备案关口。

（七）会同有关部门积极争取中央及

省预算内资源节约和环境保护项目资金，拓宽环境保护筹融资渠道，协调落实项目资金。

（八）强化环境经济、生态补偿等政策研究，组织制定推动生态文明建设的激励政策，组织推进全区环境污染第三方治理工作。

第十五条　区经信委责任：

（一）执行符合环境保护的产业政策，指导督促工业企业落实环境保护相关制度，配合发改部门组织实施去产能工作。

（二）综合协调全社会节能降耗工作，拟定并组织实施全社会节能及工业绿色发展的政策措施，推动节能环保产业发展。

（三）督促工业企业开展技术改造，组织协调相关重大示范工程和新产品、新技术、新设备、新材料的推广应用。

（四）依法及时办理工业企业技术改造项目的备案手续。

（五）推进自愿性清洁生产，配合环保部门推进强制性清洁生产；建立清洁生产企业清单和清洁化工艺改造项目清单，全面推进清洁化生产。

（六）严格按照法律法规规定，加快推进集镇污染企业搬迁改造，加快淘汰落后产能，优化产业布局，配合相关部门加强工业污染防治、开展重点行业污染专项整治，减少污染物排放。

（七）会同有关部门健全环境信用体系，及时将企（事）业单位和其他生产经营主体的环境违法信息记入社会诚信档案，并将环境信用评价结果录入区公共信用信息平台。

第十六条　区教育局责任：

（一）将生态环境保护教育纳入中小学教学计划，普及生态环境保护知识，加强生态环境保护教学和社会实践。

（二）指导中小学、幼儿园制定并组织实施重污染天气停止户外活动和停课等应急措施。

（三）协助环境保护部门开展“绿色学校”建设活动，配合相关部门组织开展生态文明教育试点和生态文明基地建设。

第十七条　区科技局责任：

（一）加大生态环境保护领域科技投入，组织相关单位开展生态环境保护重大关键技术和产品研发。

（二）加强生态环境保护产学研合作，推动环境保护重大科技成果转化和示范应用。

（三）参与推动生态工业园区建设工作。

（四）在编制地震防灾规划时，充分考虑生态环境保护的需要。

（五）指导地方政府妥善处置地震灾害引起的次生环境污染事件。

第十八条　区公安局责任：

（一）组织开展黄标车及老旧车报废淘汰工作，配合环境保护部门开展机动车尾气排放监督管理，依法核发机动车安全技术检验合格标志。制定并组织实施重污染天气机动车限行应急方案，会同环境保护部门加强对超标排放机动车辆的检查，加强与环境保护部门在机动车相关信息上的互联互通。

（二）依法查处涉嫌构成环境刑事犯罪案件，依法及时受理环保部门移交适用行政拘留的环境违法案件并视情提前介入。配合环境保护执法工作，依法查处阻碍环境保护部门执行职务，以及妨害公务、暴力抗法等违法犯罪行为，积极参与打击环境违法犯罪行政执法与刑事司法联动。

（三）抓好危险化学品和放射性物品公共安全管理，开展危险化学品运输车辆的道路交通安全管理，依法核发剧毒化学品购买许可证、剧毒化学品道路运输通行证。

（四）会同和配合有关部门妥善处置因交通事故、火灾、爆炸和泄漏等事故引发的突发环境事件。监督指导核设施运营单位安全保卫工作，参与编制辐射事故应急预案，配合开展核与辐射事故应急工作，负责丢失、被盗放射源的立案侦查和追缴。

（五）做好交通噪声和商业、家庭、公共场所等社会生活噪声的监督管理。加强烟花爆竹燃放管理，依法查处违规燃放、破坏环境违法行为，提出烟花爆竹禁（限）放、机动车限购限行等建议。

第十九条　区民政局责任：

（一）依法对全区环境保护社会团体进行登记管理和监督管理，加强生态文明志愿者队伍管理。

（二）依法参与突发环境事件的应急处置和涉及环境公害事件的社会救助工作。

（三）把开展“绿色社区”建设工作纳入城乡和谐社会建设总体规划，会同有关部门进一步推动“绿色社区”建设工作。

第二十条　区司法局责任：

（一）将环境保护法律法规纳入普法的重要内容，推进环境保护法律法规全民教育。

（二）依法加强全区律师事务所及律师、公证机构及公证员、基层法律服务工作者、司法鉴定机构及司法鉴定人涉及环境保护法律事务的规范管理。指导建立健全生态环境保护领域专业性、行业性的人民调解组织，加强生态环境保护纠纷的人民调解工作。

（三）开展环境损害司法鉴定登记管理工作，加强环境损害司法鉴定机构和鉴定人员的规范管理和执业监督。对因环境损害导致合法权益受到侵害的公民，加大法律援助力度，维护公民合法环境权益。

第二十一条　区财政局责任：

（一）加大生态文明建设和环境保护的财政投入，统筹安排环境保护资金，抓好覆盖拉网式农村环境综合整治试点、亚行项目的资金管理，支持重大环境保护、生态建设项目和环境保护执法、监测等能力建设项目，以及突发环境事件应对等。

（二）根据国家统一部署，落实和完善资源及环境保护税费制度。将环境保护指标完成情况作为区级环境保护资金分配的重要依据，会同相关部门健全生态补偿制度，加大对生态红线区域转移支付支持力度。

（三）会同相关部门加强涉及生态文明建设和环境保护专项经费的监督管理，确保专款专用，提高资金使用效应。

（四）根据环境保护工作需要，逐年加大对环境保护的投入，切实保障环境保护监督管理工作经费。

（五）督促所监管企业强化生态环境保护工作责任，落实环境保护、污染治理的各项措施，将生态环境保护工作纳入企业负责人综合考核并严格实施奖惩。

（六）督促所监管企业自觉接受环境执法检查，做好环境隐患排查和整改，加强环境应急管理。

第二十二条　区人社局责任：

(一)将环境保护工作责任履行情况作为行政机关、事业单位工作人员奖惩考核的重要内容。会同纪检监察和环境保护部门，依据区政府确定的环境问题问责调查结论，对负有管理责任的工作人员落实问责处理决定。

(二)配合环境保护部门制订生态环境保护人才引进计划，积极引进生态环境保护专业人才，促进环境保护队伍业务、技术水平提升。

(三)将生态文明建设和环境保护法律法规纳入行政机关、事业单位工作人员的培训内容。

第二十三条　盐都国土分局责任：

(一)强化保护与合理利用全区土地资源、矿产资源等自然资源的监督管理，建立健全土地用途管制制度，组织编制和实施区土地利用总体规划、矿产资源总体规划和其他专项规划。

(二) 强化全区耕地保护监督管理，落实最严格的耕地保护制度，研究提出永久基本农田划定方案，组织指导土地复垦开发整理，监督耕地开垦，做好耕地占补平衡。

(三) 重抓地质环境保护的监督管理，组织协调地质恢复治理和地质灾害防治工作。根据有关规定要求，开展地下水监测，与环境保护、农业等部门共同开展土壤污染防治相关工作。

(四) 加强全区土地矿产资源开发管理，依法查处盗采、无证勘查开采、越层越界开采土地矿产资源等违法行为。做好地下水保护和土地开发水生态空间保护。

第二十四条　区环保局责任：

(一)贯彻实施有关环境保护法律法规，建立健全生态环境保护制度，加强全区生态环境保护监督管理。

(二)建立健全环境管理制度。全面实施排污许可、环境影响评价、环境保护设施竣工验收、主要污染物排放总量控制、排污收费、区域限批、限期治理等环境管理制度。

(三)编制环境保护相关规划。组织编制区环境功能区划、环境保护规划和计划，拟定并监督实施重点区域、流域污染防治规划，会同有关部门开展编制主体功能区规划、饮用水安全保障规划。

(四)指导、协调、监督生态保护工作。加强全区生态红线区域的统一监督管理，会同财政部门做好生态红线区域保护监督管理考核。牵头开展好全区生态多样性和生态保护工作，强化各类自然保护区的管理和监督检查，突出可能引起生态环境变化的重大经济活动的跟踪监督。

(五)建立健全环境监测体系。健全环境质量监测网络和污染源监测网络，组织实施环境质量监测、污染源监测、应急预警监测，建立环境保护大数据共享平台。

(六)加强环境行政执法。建立健全生态环境保护行政执法与刑事司法联动机制，推行环境监管网格化管理。组织对排放污染物的企(事)业单位和其他生产经营主体现场检查，查处环境违法违规行为。会同有关部门调查处理环境污染、环境破坏事故及纠纷，并按照规定权限审理环境行政复议案件。

(七) 加强环境污染防治监督管理。组织实施大气、水、土壤、噪声、固体废物、核与辐射污染防治。做好全区危险废物的污染防治监管工作，会同有关部门开展好医疗废物的监督管理工作，加强危险废物经营许可证审批颁发情况的监督检查。组织开展覆盖拉网式农村环境综合整治试点工作，督促指导镇(区、街道)划定畜禽养殖禁养区。

强化机动车污染防治统一监督管理。会同有关部门开展非道路移动机械的大气污染防治工作。

(八)组织实施环境经济政策。参与指导循环经济和环保产业发展，健全生态补偿机制，组织实施排污权有偿使用和交易、企业环境信用体系建设、环境污染责任保险、生态环境损害赔偿、水环境区域补偿。

(九)强化突发环境事件应急预案管理，按有关规定做好突发环境事件信息报告工作。

(十)组织指导和协调环境保护宣传教育。推广国内外环境保护的先进经验和技术，开展环境保护对外合作和交流。

(十一) 依法开展环境信息公开，完善公众参与程序。依法公开环境质量、环境监测、突发环境事件，以及环境保护行政许可、行政处罚、排污费的征收和使用情况等信息。

(十二)建立健全环境保护目标责任考核体系。将环境保护目标完成情况纳入负有环境保护监管职责的区政府部门及其负责人和下级政府及其负责人的考核内容，并作为对其考核评价的重要依据。健全生态环境和资源损害责任追究的沟通协作机制。

第二十五条　区住建局责任：

(一)加强生态园林城市建设，提高风景名胜资源保护水平。

(二)组织实施《城镇排水与污水处理条例》，编制实施污泥综合利用或处理处置设施建设与改造计划。加快推进城市污水处理厂提标改造，制定城乡生活污水处理设施建设规划。牵头建设、改造城镇雨污分流工程，组织实施城市排水许可制度，促进再生水利用。牵头组织城市黑臭水体整治工作，配合区有关部门加强工业废水排放的监管。组织实施农村环境综合整治工作。

(三)全面实施绿色建筑，指导推进绿色建筑示范城市和绿色生态城区建设，推进建筑工业现代化。强化对房屋建筑、市政公用设施、绿化工程施工以及国有土地上房屋拆除施工扬尘污染防治工作监督管理。协助环境保护部门做好建筑工地施工噪声及垃圾焚烧污染防治工作。

(四)做好工程施工机械等非道路移动机械的大气污染防治工作。

(五)系统推进海绵城市建设，组织海绵城市示范区、海绵型公园绿地、海绵型住区、海绵型道路广场、海绵型小城镇、海绵型村庄等示范建设。

(六)搞好白蚁防治工作。

(七)强化全区物业管理环境保护监督管理工作。

第二十六条　区城管局责任：

(一)强化城市市容和环境卫生管理工作。制定生活垃圾处理设施建设规划，做好城镇生活垃圾清扫、收集、运输、处理，以及城市建筑垃圾和餐厨垃圾、建筑垃圾和粪便等无害化处理。组织实施环境综合整治、环境改善提升行动。

(二)组织实施区管道路两侧环卫基础设施建设。

（三）依法对擅自占用或者挖掘城市道路，损坏城市道路行为实施行政处罚。

（四）依法对社会生活噪声污染，以及向河道、水面倾倒工业废渣、城市垃圾和其他废弃物的行为实施行政处罚。

（五）强化城市建筑垃圾（工程渣土）管理，依法对运输工程渣土、砂石、泥浆及流体废弃物的车辆，沿途泄漏、抛撒，或者车轮带泥行驶污染道路行为实施行政处罚；做好道路扬尘控制工作；依法对擅自占用道路以及其他公共场地摆摊设点、饲养家畜家禽等影响环境卫生行为实施行政处罚。

第二十七条　区交通运输局责任：

（一）强化船舶污染防治的监督管理，组织实施船舶油气动力改造，确定超年限商用船舶年度淘汰清单，依法强制报废超过使用年限的船舶，按期完成淘汰工作。加强机动车维修和营运车辆检测的监督管理，配合环境保护部门开展机动车尾气排放污染检测。配合相关部门做好交通工程施工和港口码头、交通工程物料堆放和装卸扬尘污染防治的监督管理，以及非道路移动机械的大气污染防治工作。

（二）加强危险货物道路运输、水路运输监管，会同公安机关、安监部门做好运输工具的安全管理，配合环境保护部门做好防止危险化学品污染环境工作。协助地方政府妥善处理公路交通运输事故次生环境污染，会同相关部门做好通航水域的船舶污染事故处置工作。

（三）强化码头区域的环境保护监管工作，做好停泊船舶涉及污染物排放的作业环境监管。在码头等区域建设足够的船舶污染物、废弃物接受设施，加强对从事船舶污染物、废弃物接受作业，或者从事装载油类、污染危害性货物船舱清理作业的环境保护工作监管。组织开展船舶污染物接受、转运、处置专项整治行动、制订船舶污染事故应急预案，开展船舶污染物接受、转运、处置能力评估并编制接受、转运、处置建设方案。

（四）强化码头物料堆放和装卸扬尘污染防治的监督管理，以及非道路移动机械的大气污染防治工作。

第二十八条　区农委责任：

（一）制定全区农业生态建设规划，会同有关部门督促指导镇（区、街道）做好畜禽养殖污染防治工作，配合有关部门划定畜禽养殖禁养区、限养区、适养区，督促各镇（区、街道）组织开展禁养区畜禽养殖场关闭搬迁工作。指导农业生态保护工作，推进农业生物质产业及生态农业、循环农业的发展，扩大有机农产品、绿色食品、无公害农产品生产规模。

（二）强化农业面源污染防治。调整种植业结构，控制种植业面源污染；发展资源节约型、环境友好型农业；指导农民科学使用农药、化肥和农膜等生产资料，防止和减少农业生产资料形成的污染。参与农业生态环境质量监测评价，会同和配合有关部门对农业生态环境污染事件进行调查、处理。加强耕地质量保护、监测、评价和修复治理。

（三）做好畜禽养殖废弃物综合利用的指导和服务，强化病死畜禽无害化处理的监督。

（四）加强秸秆综合利用技术应用推广与宣传，做好农作物秸秆及其他农业废弃物综合利用工作。推进农业废弃物减量化、资源化和无害化，加大力度开发和利用农村可再生能源。

（五）强化农用机械的大气污染防治工作。

（六）依法查处违法生产、销售、使用高毒、高残留农药、兽药行为。

（七）加强对全区林业生态建设的监督管理，制定城乡绿化规划，加大城乡绿化建设；做好湿地保护、造林绿化、陆生野生动植物资源保护和利用等工作；强化林业资源保护与管理工作。

（八）做好全区森林有害生物防治及森林防火工作。

（九）依法查处违法占用林地、湿地及乱砍滥伐、捕杀野生动物、破坏森林等行为。提出保护野生动植物、湿地等建议。

第二十九条　区水务局责任：

（一）加强水资源保护，严格实行用水总量控制，加快建立水资源承载能力监测评价体系。加强水功能区监督管理，从严核定河湖水域纳污能力，向环境保护行政管理部门提出水域限制排污总量意见。

（二）依照环境保护法律规定，办理水利建设项目的审批、核准、备案手续；严格依法审批取水许可和入河排污口设置。

（三）组织蟒蛇河等相关河道漂浮物打捞及河道整治行动，实施区内河水系连通和保水、活水工作，全力提升水环境质量。

（四）加强集中式饮用水源地规范化建设，做好饮用水源地水量调配和水源工程建设，保障饮用水源地的水量供给，强化对饮用水源地的水资源监督管理。实施好农村饮水安全工程。

（五）加强地下水保护，预防地下水污染；加强河道湖库管理，加大执法力度，依法查处水事违法行为。

（六）配合环境保护部门开展非道路移动机械的大气污染防治。

（七）做好计划用水、节约用水工作，开展全区节水型社会建设，指导再生水等非常规水资源开发利用工作。

（八）建立健全全区域镇污水处理监管信息平台，强化对城乡生活污水处理、污泥处置等基础设施运行状况监督管理，组织实施污泥的无害化处置和资源化利用工作。

（九）参与编制饮用水安全保障规划，参与划定饮用水水源地保护区，配合相关部门指导水源地达标建设，配合开展水源地及管网末梢水水质监督管理。

第三十条　区商务局责任：

（一）严把招商引资项目环境保护准入关，推进流通领域相关环节的资源节约和环境保护。

（二）强化报废汽车回收拆解行业管理、废旧电池电子产品等再生资源回收体系建设。

（三）协同有关部门开展成品油经营活动的监督管理。

（四）协同有关部门和单位做好油品升级工作，组织实施所有加油站、油库油气回收治理和加油站地下油罐防渗漏设施建设改造，协同有关部门开展储油库、加油站的油气污染监督管理。

（五）配合相关部门做好餐饮油烟污染、机动车尾气排放、挥发性有机物污染的防治工作。

（六）配合有关部门推动生态园区建设，促进园区绿色、低碳、循环发展，加强对园区的管理考核，将园区规划环评工作纳入园区的管理考核，推动园区集中供热、污水处理等基础设施建设，抓好园区节水。

第三十一条　区卫计委责任：

（一）指导和监督管理医疗卫生机构加强医疗废物收集、运送、贮存、处置过程中的环境污染防治工作。

（二）指导和监督医疗卫生机构加强医用辐射设施设备的管理，参与编制辐射事故应急预案，做好突发环境事件和放射源的放射性污染事件应急工作，组织协调突发环境事件中的伤亡人员救治和相关疾病预防。

（三）参与生活饮用水水源保护区划定及城乡供水规划编制。会同有关部门做好饮用水水源突发污染事件的预防与应急工作，做好供水管网末梢水水质监测。指导镇（区、街道）建立饮用水卫生监测信息发布制度，定期公开水质状况（包括水源、水龙头水）。

（四）制定重污染天气公众健康防护及医疗保障工作方案，指导重污染天气引发疾病的预防和治疗工作。建立健全环境与健康风险评估体系和环境公害病监测预警体系，开展环境质量对公众健康影响的研究，协助做好与环境污染有关疾病的预防和控制。

第三十二条　区审计局责任：

（一）开展领导干部自然资源资产离任审计，对领导干部执行环境保护法律法规、政策及落实环境保护目标责任制的情况进行审计。

（二）加强环境保护治理专项资金的监督，开展专项资金审计，监督有关项目资金专款专用。

（三）跟踪审计生态环境保护政策措施的落实情况，分析财政投入与项目进展、事业发展的合法、合规、效益等情况，推动生态环境保护政策措施落实到位。

第三十三条　区市场监督管理局责任：

（一）依法对因违反环境保护法律法规被责令停业、关闭的各类市场主体责令变更登记、注销登记或吊销营业执照。

（二）依法查处环境污染案件中违反工商行政管理法律法规的行为。

（三）及时将有关部门在统一的市场监管信息平台上发布的企业（含个体工商户）与环境相关的许可、处罚信息同步到全国企业信用信息公示系统，按照有关规定向社会公示并作为信用监管的参考内容。

（四）做好环境管理体系认证监管，以及环境保护地方标准的立项、审查、批准、编号和发布工作。

（五）做好环境监测设备、仪器、仪表等的计量检定，组织实施危险化学品包装物、容器等产品质量监督。

（六）加强车用燃油质量监督和检验检测，配合环境保护部门做好机动车尾气检测的监督管理工作。

（七）强化对锅炉生产、进口、销售环节执行环境保护标准或者要求的情况进行监督检查。

（八）加强有机溶剂产品的质量监督，督促企业严格执行涂料、胶粘剂等产品挥发性有机物的国家限值标准。

（九）强化第一类中的药品类易制毒化学品、回收过期失效药品的监督管理。

（十）加强对餐饮服务经营行为监管，配合有关部门（单位）做好餐饮行业的污染防治工作。

（十一）依法注销因违反环境保护法律法规被相关部门责令关闭的餐饮服务经营者《食品经营许可证》。

（十二）配合相关部门做好食品药品环境污染事故的调查处理工作。

（十三）配合有关部门做好环境保护相关工作。

第三十四条　区文广新局责任：

（一）协调广播电台、电视台和互联网等各种媒体，加强生态环境保护宣传教育，发布环境保护公益广告。

（二）指导和督促媒体加强生态环境保护的舆论监督，对环境违法行为进行曝光。在突发环境事件应急工作中，指导、支持和督促电视台和广播电台发布预警信息。配合相关部门加强正面舆论引导，依法依规查处利用环境问题恶意炒作和新闻敲诈等违纪违法行为。

（三）协助环境保护部门，督促广播电台、电视台落实新建电磁辐射设施申报登记及污染防治措施。

（四）加强生态文明建设和环境保护的文学艺术宣传，提高社会公众的生态环境保护意识，营造全社会关心、支持和共同参与的生态环保文化氛围。

（五）做好文化娱乐场所环境噪声排放标准的监督管理。

第三十五条　区安监局责任：

（一）强化职责范围内的危险化学品及重大危险源的安全监督管理，加强对工矿商贸企业安全生产监管，督促企业及时消除环境安全隐患。依法查处生产经营单位违反安全生产法律法规的行为，防范因生产安全事故造成的次生环境污染事件。

（二）配合政府及相关部门依法对环境事故进行调查处理。

（三）配合相关部门加强烟花爆竹的生产、仓储、销售、燃放等环节的环境安全监管。

第三十六条　区统计局责任：

（一）将环境保护有关统计指标纳入经济和社会发展统计指标体系，并定期公布。加强对与生态文明建设和环境保护相关的经济社会发展数据的统计，依法查处弄虚作假行为。

（二）按照法律法规和部门规章制度规定，及时向环保部门提供与生态文明建设和环境保护相关的经济数据；支持有关部门开展环境保护绩效考核、减排统计核算、自然资源资产离任审计和环境问题（事件）的问责调查。

（三）适时开展自然资源资产负债表编制工作，组织实施生态文明建设百姓满意度调查。

第三十七条　区旅游局责任：

（一）加强旅游发展规划与生态红线区域保护规划、环境保护规划的衔接，科学合理利用旅游资源，防止环境污染和生态破坏。

（二）协助有关部门做好各类旅游景区景点、旅游宾馆的环境保护和污染防治工作，加强旅游者、旅游经营者生态环境保护意识，引导开展文明旅游。

（三）严格按照省相关部门的要求，会同环境保护部门指导生态旅游示范区的建设，组织实施生态旅游示范区的评定。

第三十八条　区级机关事务管理局责任：

（一）推进区级机关各部门落实绿色采购的有关规定。

（二）加大机关节能环保工作力度，大力开展“绿色机关”建设。

第三十九条　区人防办责任：

做好核事故应急组织协调工作，健全核与辐射事故应急体系，提高应急处理能力。

第四十条　区法制办责任：

（一）及时审查、修改生态环境保护方面的文件。

（二）强化对有关部门报送区政府审议的规范性文件中涉及生态环境保护方面内容合法性审查。

（三）督促和加强环境保护行政执法的监督检查，依法办理涉及生态环境保护方面的行政复议案件。

第四十一条　区物价局责任：

（一）建立健全资源环境价格体系，推进资源环境价格改革。组织实施有利于生态环境保护的差别水价、差别电价，积极推行农业水价综合改革，完善城镇污水处理收费等价格政策。

（二）强化对排污费征收、排污权有偿使用、排污权交易范围及标准的调控，指导、协调处理价格争议。

第四十二条　盐都气象局责任：

（一）做好全区环境气象条件监测、预报、分析及信息发布，加强重大灾害性天气的监测、预报和预警，依法提供重大突发环境事件的气象资料。

（二）强化环境保护工作所需气象业务的技术支持，及时提供环境保护工作所需气象资料，并与环保部门会商、制订重污染天气监测预警方案和开展大气环境质量预报，会同有关单位开展重污染天气会商，适时组织实施人工影响天气作业。

第四十三条　盐都地方海事处责任：

（一）强化水域非渔业、非军事机动船舶环境污染防治的监督管理，依法查处非渔业、非军事机动船舶造成水环境污染行为，调查处理船舶环境污染事故。

（二）审查监督船舶进行散装液体污染危害性货物的过驳作业、船舶洗舱、清舱、驱气作业，或船舶冲洗占有污染物、有毒有害物质的甲板，或进行船舶水上拆解、打捞或者其他水上、水下船舶施工作业等活动的环境污染监督管理。

第四十四条　区金融办责任：

（一）指导银行业金融机构管控存在环境违法行为的企业信贷。配合环境保护部门建设企业环境信用体系。

（二）推动银行业金融机构支持企业加强污染治理和符合国家产业政策的技术改造。

（三）配合环保部门、保险行业组织开展绿色保险工作。

（四）督促上市公司依法依规公开环境信息。

（五）推动上市公司通过兼并、重组压缩过剩产能、淘汰落后产能，促进转型转产。

第五章　法院和检察院职责

第四十五条　区人民法院工作职责：

（一）推进环境资源类刑事、民事、行政案件“三合一”集中审判和专业化审判，发挥审判职能作用。

（二）依法审理环境资源行政案件，强化环境行政执法司法监督，支持行政机关依法履行环境资源监管职责。推进生态环境保护集中化、专业化审判。依法办理环境刑事、民事、行政案件及非诉执行案件。

（三）依法审理环境资源刑事案件，坚持罪刑法定原则和宽严相济刑事政策，依法惩处破坏环境资源犯罪行为。

（四）依法审理环境资源民事案件，加强对自然人、法人和其他组织环境权益的司法救济和保护。对可能造成重大环境污染后果或严重侵害人民群众合法权益的案件，发挥行为保全和先予执行的预防、减损功能。

（五）加强环境民事、行政公益诉讼案件的办理，配合检察机关开展提起公益诉讼试点工作及省生态环境损害赔偿制度改革试点工作。

（六）依法审理各类环境公益诉讼案件，有效维护环境公共利益和国家所有者权益。

第四十六条　区人民检察院工作职责：

（一）依法履行检察职能，推进生态环境保护案件专业化办理。

（二）加强生态环境保护行政执法与刑事司法的有效衔接，依法监督行政机关移送、公安机关立案侦查生态环境犯罪案件，严肃查办生态环境保护领域职务犯罪。

（三）加强环境公益检察保护，积极开展检察机关提起环境公益诉讼试点工作，加大环境领域民事、行政案件检察监督力度，促进环境保护依法行政、严格执法。

第六章　督促检查

第四十七条　加强生态环境保护工作责任，建立健全严格的督促检查制度、考核评价制度、奖励惩戒制度，细化分解生态环境保护各项任务，落实切实可行的推进措施。

第四十八条　将执行生态环境保护目标责任制的情况，列为向区党代会和区人代会报告工作的一项重要内容；将履行生态环境保护工作责任的情况，作为各级党政领导班子和有关领导干部年度述职报告的重要内容，进行述职述评。

四十九条　将生态环境保护工作纳入督促检查范围，加大专项督促检查力度，推动生态环境保护工作责任和各项决策部署落到实处。

第七章　奖励与问责

第五十条　按照有关规定，对推进生态文明建设、加强生态环境保护工作成绩突出的党政主要领导干部和分管领导干部，给予褒奖。并将嘉奖有关材料存入本人档案。

第五十一条　强化对环境保护相关政策、法律法规执行情况的监督检查，开展环境问题责任追究，监督检查责任追究落实情况。

第五十二条　党委和政府及其有关部门未能正确履行本规定所列职责和责任，按《盐城市党政领导干部生态环境损害责任追究实施细则》进行责任追究。

第八章　附则

第五十三条　本规定自发布之日起施行。

中共盐都区委　盐都区人民政府
关于加强招商选资工作的意见

都发〔2017〕5号　2017年1月25日

为突出"一极一园一业"建设，进一步强化招商选资工作，区委、区政府决定开展"产业项目推进年"活动，现提出如下实施意见。

一、目标任务

全年新签约亿元以上项目60个，其中总投资10亿元以上项目6个；新开工亿元以上项目50个，其中总投资10亿元以上项目4个；新竣工亿元以上项目45个，其中总投资10亿元以上项目3个。

二、工作重点

1.主攻产业招商。切实转变招商思路，由"招企业"向"招产业"转变。紧扣三大新兴产业、四大主导产业和六个特色产业，突出智能终端首位度，开展建链、补链、强链招商，为上下游企业集聚营造良好的产业生态环境。要根据产业定位，精心编制产业地图、企业地图和招商方案，实施精准招商。

2.优化专职招商。各开发园区是管理专职招商局的主体，要贯彻落实市专业化招商队伍建设三年行动计划，按照"招考一批、选调一批、聘用一批、培训一批"的思路，引进一批"懂产业、通政策、善谈判"的人才充实到招商一线。要健全专职招商人员管理、考核、奖励等机制，做到优胜劣汰、能进能出。其他镇(街道)要参照开发园区组建专职招商队伍。

3.推进委托招商。放大与深圳手机行业协会"转移+转型"合作效应，紧密携手各类商会、协会和中介机构，建立稳定的合作关系。各驻外招商机构要深度对接当地产业、行业协会和各专业园区，积极承接产业转移项目。

4.强化以商引商。全面摸清本土企业和新落户企业情况，建立与企业家沟通联络机制，编排企业家名录，委托企业邀请上游产品供应商、下游产品配套商以及业务关联客商来我区考察洽谈，进一步推进产业集聚。

5.重抓活动招商。在广泛开展小分队招商的同时，在上海、深圳、台湾、韩国等地举办专题招商推介活动，确保每次活动都能签约一批产业项目。

三、保障措施

1.加强组织领导。全区招商选资、项目推进工作由区重大项目推进工作领导小组牵头，办公机构设在区发改委(项目办)，承担领导小组日常工作。各镇(区、街道)、区直有关部门要选优配强招商队伍，优先保证招商车辆，将招商工作经费列入财政预算，实行专款专用。

2.明确工作职责。区委、区政府相关领导负责抓好分管范围内的招商选资和项目推进工作。各开发园区和镇(街道)"一把手"负总责，要切实承担起主体责任；分管同志脱产抓，专职招商队伍具体落实。

3.坚持项目评估。镇(区、街道)、区直部门为高新区招引的项目和新征地项目一律要进行评估。同时，加强对项目评估结果的运用，凡未通过区项目评估的新征地项目一律不供地，总投资在3000万元以下的工业项目全部进全民双创园。

4.严格考核奖惩。进一步健全"每月通报、双月督查、季度点评、半年考核"的督查推进机制。把考核结果作为年度综合奖评比的重要依据，对完成目标任务的单位和个人给予表彰奖励，对成功招引重大项目的单位或个人另行制定奖励政策，对完不成任务的专职招商人员及时进行调整。

附：2017年全区重大招商活动安排表

2017年全区重大招商活动安排表

表25

序号	活动名称	活动内容	活动时间	活动地点	牵头单位
1	韩国招商说明会	召开汽车配件、电子信息专场招商说明会	3月	韩国	区商务局 盐龙街道
2	第六届中国手机产业年会	在年会上做盐城智能终端产业发展专场推介	3月	深圳	盐龙街道
3	台湾电子信息招商说明会	邀请200名左右智能终端、电子信息企业参加专场招商说明会	3月	台湾	区台办 盐龙街道
4	长三角招商推介会	面向长三角地区上市公司、大型民企开展专题招商	5月	上海或杭州	区经信委 盐龙街道

续表

序号	活动名称	活动内容	活动时间	活动地点	牵头单位
5	服务业招商推介会	服务业推介、招商	8月	上海或杭州	区发改委 盐渎街道
6	欧美日专题招商推介会	推介盐都，开展高端装备、电子信息、汽车配件和新材料产业招商活动	5月、7月、9月	德国、美国、日本	区商务局 区外侨办 盐龙街道
7	旅游业招商推介会	旅游业推介、招商	8月、9月	上海、杭州	区旅游局 大纵湖旅游度假区
8	农产品加工集中区招商推介会	农产品加工集中区推介、招商	10月	湖州或嘉兴	区农办 龙冈镇
9	特色农业招商推介会	大纵湖大闸蟹专场推介会和多肉植物、盆栽花卉、鲜切花等高效农业招商推介	10月	上海或南京	区农委 台创园 大纵湖镇
10	盐城(上海)智能终端招商推介会	邀请长三角智能终端企业参加专题招商推介会	11月	上海	区项目办 盐龙街道

中共盐都区委
关于深入推进法治盐都建设的意见

都发〔2017〕7号　2017年3月13日

为深入贯彻中央关于全面依法治国的决策部署，全面落实省、市、区党代会和省市推进法治建设大会精神，使法治成为盐都社会发展核心竞争力的重要标志，现就深入推进法治盐都建设提出如下意见。

一、深入推进法治盐都建设的指导思想、目标要求

1.指导思想。全面贯彻党的十八大和十八届三中、四中、五中、六中全会精神，深入贯彻习近平总书记系列重要讲话精神，紧紧围绕“五位一体”总体布局和“四个全面”战略布局，按照党委领导、政府先行、强化基础、务实管用、各方协同、系统推进的要求，突出抓好党的领导、民主政治、法治政府、公正司法、基层民主法治、全民知法守法等重点工作，切实维护宪法法律权威，促进全区经济、政治、文化、社会和生态文明建设，为建设“强富美高”新盐都创造优良法治环境、提供坚强法治保障。

2.目标要求。全面深化依法治区，到“十三五”末，法治政

府基本建成，公共安全体系更加健全，社会公平正义得到保障，诚信体系建设扎实推进，社会治理现代化水平明显提升，人民群众法治满意度不断提高，社会既保持和谐稳定又充满旺盛活力，把我区建成全省一流、全市领先、独具特色的县级法治区域，真正使法治理念深入人心、法治能力明显提升、法治保障有力有效、法治环境规范有序、公平正义充分彰显。

二、加强宪法法律实施，推进民主政治建设

法律是治国之重器，良法是善治之前提，法律的权威在于法之必行。

1.认真贯彻实施宪法。全区各级党政机关、社会团体、企事业组织和个人都必须以宪法为根本活动准则，自觉维护宪法尊严、保证宪法实施，各级领导干部要带头遵守宪法和法律。加大宪法宣传教育力度，利用每年12月4日国家宪法日等重要节点，在全社会深入开展宪法教育。全面落实宪法宣誓制度，凡经区人大及其常委会选举或者决定任命的国家工作人员正式就职时公开向宪法宣誓。健全规范性文件定期清理制度，提高规范性文件制定质量和水平。加强规范性文件制定和备案审查工作，完善规范性文件合法性审查制度，坚持有件必备、有备必审、有错必纠。

2.发挥人大监督和政协民主监督作用。围绕加强民主法治建设，以保障人民当家作主为核心，推进我区民主政治建设法治化。以民主集中制为准则，进一步完善人大及其常委会组织制度和工作制度。加强区人大及其常委会对宪法、法律法规在全区实施的监督，依法纠正违宪行为，动员和组织人大代表更好地依法

履职。强化区人大及其常委会对“一府两院”依法行政、公正司法的监督，定期组织执法检查和人大代表视察活动，通过开展询问质询、特定问题调查、备案审查等活动，积极回应社会关切。区人大及其常委会要忠实履行宪法和法律赋予的监督职责，在法定权限范围内，依照法定程序进行监督，做到既敢于监督又善于监督。发挥区政协民主监督作用，围绕法律实施和民主政治建设中的重大问题、群众关心的热点难点问题等，组织开展调研视察、委员约谈、咨政建言、评议监督。落实区各民主党派直接向区委提出建议制度。加强协商民主制度建设，构建程序合理、环节完整的协商民主体系，推动协商民主广泛多层制度化发展。

三、强化依法行政，加快推进法治政府建设

法治政府建设对法治建设的成效具有决定性影响。各级政府必须坚持在党的领导下、在法治轨道上开展工作，做到行政机构依法设立、行政权力依法获得、行政程序依法确定、行政行为依法作出、行政责任依法承担。

1.依法全面履行政府职能。坚持法定职权必须为、法无授权不可为，健全权力清单、责任清单、负面清单制度并实行动态管理。深化行政审批制度改革，既要大力做“减法”，在减权放权、简化流程、减轻企业负担上下功夫；也要积极做“加法”，在加强事中事后监管、优化政务服务上下功夫。聚焦“痛点”“难点”精准发力，针对投资建设项目审批繁琐、涉审中介服务收费混乱、减权放权不衔接不配套等问题，由表及里、深挖根源，由点到面、标本兼治。加强行政权力运行监管，强化对政府内部权力的制约，改进上级对下级机关的监督，建立常态化监督制度。

2.严格规范行政执法行为。深化行政执法体制改革。按照减少层次、整合队伍、提高效率的原则，合理配置执法力量，重点充实基层执法力量。完善政府行政执法管理，加强统一领导和协调。规范行政强制执行权，提高行政强制执行效率。完善行政执法程序。严格落实《江苏省行政程序规定》，健全行政裁量权基准制度，完善重大行政执法决定法制审核制度，建立执法全过程记录制度。落实行政执法责任制。加快建立统一的行政执法监督网络平台，构建投诉举报、情况通报等制度，健全公众参与评价行政执法工作机制。严格实行行政执法纠错问责，深入开展行政诉讼败诉案件和行政复议案件纠错问责追究，健全责令公开道歉、停职检查、引咎辞职、责令辞职、罢免等问责方式和程序。支持法院行政审判工作，严格按照《盐城市盐都区行政首长出庭应诉暂行办法》的要求，依法履行行政应诉职责，将行政首长出庭应诉工作作为依法行政的考核内容之一，促进各级行政机关依法行政，建立对行政败诉责任人“双问责”(法律和经济赔偿)制度。

3. 着力提高行政效能。坚持依法决策，抓好行政决策规范，健全依法决策机制，重大决策必须经过公开听证、专家论证、风险评估、合法性审查等程序，推进决策科学化、民主化、法治化。健全行政决策机制，有重大社会稳定、环境、经济等风险的政策不出台，多数群众反对的项目不予实施或暂缓实施。积极推行政府法律顾问制度，保证法律顾问在制定重大行政决策、推进依法行政中发挥积极作用。建立健全重大决策终身责任追究制度及责任倒查机制，对一切搞劳民伤财的“形象工程”和“政绩工程”的行为，要严肃问责追责、依纪依法处理。创新政务服务方式，大力推行“互联网+政务服务”，打造优质高效的政务服务环境。

4.大力推进政务公开。全面落实中办、国办《关于全面推进政务公开工作的意见》要求，坚持以公开为常态、不公开为例外，把决策、执行、管理、服务、结果“五公开”稳步有序纳入政务活动各环节。所有面向社会服务的政府部门都要依法公开、充分告知办事项目有关信息。加大对重点领域和关键环节的政府信息公开力度，着力推进财政预算、公共资源配置、重大建设项目批准和实施、社会公益事业建设等人民群众普遍关心的信息公开工作。深入推进行政权力网上公开透明运行，推进政务公开信息化。健全完善基层综治工作机制，全面实施“四议四公开一监督”工作机制。完善政务公开考核和责任追究制度，健全政务公开监督体系。

四、坚持公正司法，切实维护社会公平正义

司法是维护社会公平正义的最后一道防线。要坚持不懈地推进公正廉洁司法，努力让人民群众在每一个案件中感受到公平正义。

1. 保障司法机关依法独立行使职权。党政机关和领导干部要支持审判机关、检察机关依法独立公正行使职权，严格落实领导干部干预司法活动、插手具体案件处理的记录、通报和责任追究制度，为公正司法营造良好环境。完善惩戒妨碍司法机关依法行使职权、拒不执行生效裁判和决定、藐视法庭权威等违法犯罪行为的制度，健全司法人员履行法定职责保护机制。

2.深入推进司法体制改革。按照中央和省、市委的部署要求，更大力度推进司法体制改革，推动司法规范化建设。持续抓好员额制改革落实，确保独立审判、独立办案，强化职业保障，提升司法水平和司法效率。要主动回应人民群众关切，充分调动广大司法人员的积极性，不断提高司法质量和效率。积极稳妥推进以审判为中心的诉讼制度改革，推进量刑规范化改革，深化检察机关提起公益诉讼改革试点，统筹推进公安、国家安全、司法行政改革，进一步优化司法职权配置，健全政法各机关各司其职，侦查权、检察权、审判权、执行权相互配合、相互制约的体制机制。深入推进司法责任制改革，明确各类司法人员工作职责、工作流程、工作标准，细化完善办案质量终身负责制和错案责任追究制。对故意违反法律法规规定或因重大过失造成错案或其他严重后果的，特别是对因刑讯逼供、打击报复、徇私枉法等情形造成冤假错案的，依法追究司法责任。

3.强化人权司法保障。加强诉讼过程中当事人和其他诉讼参与人的知情权、陈述权、辩护辩论权、申请权、申诉权的制度保障，完善对限制人身自由司法措施和侦查手段的司法监督。加大依法强制执行力度，落实执行体制改革有关要求，落实失信被执行人信用监督、威慑和惩戒制度，加强执行活动法律监督，依

法保障胜诉当事人及时实现权益。落实终审和诉讼终结制度,实行诉访分离,保障当事人依法行使申诉权利,引导人民群众依法理性表达诉求。

4.加强对司法活动的监督。深入推进司法公开,依法及时公开执法司法依据、程序、流程、结果和生效法律文书,探索创新人民群众参与、监督司法的途径和方式,完善人民陪审员、人民监督员制度,构建开放、动态、透明、便民的阳光司法机制。强化司法部门内部监督机制,完善司法机关内部人员过问案件的记录制度和责任追究制度。认真落实检察机关行使监督权的法律制度,加强对刑事诉讼、民事诉讼、行政诉讼的法律监督。完善党委政法委执法监督机制,定期开展执法检查、案件评查,聚焦突出问题,加大监督力度,推动严格规范公正文明司法。

五、增强全民法治信仰,促进全民知法守法

法律的权威源于人们的信仰。要把培育法治信仰作为法治建设的先导性、基础性工作,不断加大法治宣传教育力度,营造办事依法、遇事找法、解决问题用法、化解矛盾靠法的良好环境。

1.全面实施"七五"普法。围绕盐都"十三五"规划总体目标和区委区政府中心工作,深入开展法治宣传教育活动,进一步完善全区法治宣传教育全覆盖工作体系、进一步健全各级法治宣传教育机制、进一步提升镇(区、街道)法治宣传教育实效、进一步深入开展各领域各层面法治实践活动,形成全社会尊法学法守法的浓烈氛围,确保全区法治宣传教育工作保持全市领先水平。创新社会普法教育机制,深入开展"法耀盐都"、"盐都大讲堂"、"双百"法治宣传等系列活动,推广基层法律服务社和"一村(居)一法律顾问"等经验做法,加强普法志愿者队伍建设,善于运用互联网等新媒体提升普法实效。加强对普法工作的领导,把法治宣传教育纳入精神文明创建,统一部署,统筹推进,争创省"七五"普法先进单位。

2.深入推进法治文化建设。充分发挥法治文化的教育、引导作用,组织开展形式多样的法治文化活动,大力开展以案释法、"巡回法庭"等工作,让群众在潜移默化中接受法治文化的熏陶,不断增强法治信仰。建设一批法治文化场馆、广场、街区等宣传阵地,建成区级法治宣传教育中心,推动现有法治文化阵地提档升级,逐步完善基层法治文化设施体系,到"十三五"末,每个镇(区、街道)至少建成一到两个具有地方特色的法治文化阵地,推进有条件的村(居)建设法治文化阵地,方便广大群众就近参加法治文化活动。坚持法治为民,每年组织实施"中秋法治大礼包"等一系列法治惠民活动,加强新媒体新技术在普法中的运用,在深入开展"法律六进"的基础上,创新法律宣传载体,大力推行、深入开展以法律宣传"进手机、进报纸、进电视、进网络、进广播、进戏曲"为形式的"法律新六进"普法活动,放大"法耀盐都"、"夕阳红"法制宣传队、"法润校园"、"盐都崇德守法好少年评比"等法律宣传品牌效应,让普法工作走进千家万户,融入百姓生活,增强群众对法治建设的认同感和满意度。

3.强化德治与法治融合。坚持德法并举,强化法治对道德的促进作用、道德对法治的支撑作用,建立法治典型培塑和激励机制,定期开展法治人物和事件评选,深化"德法同行"系列主题活动,充分发挥"盐都好人"效应,增强法治建设的道德底蕴。突出抓好领导干部这个"关键少数",把法治建设列入党委(党组)中心组学习内容,纳入培训课程,完善领导干部任前考法、年终述法制度,引导广大干部带头厉行法治,做尊法学法守法用法的模范。紧紧抓住青少年这一"关键时期",在全区各中小学设立法治教育课程,"法制副校长"制度,优化学校、家庭、社会三位一体的法治教育格局。强化社会诚信建设,全面实施《盐都区"十三五"社会信用体系建设规划》,加快建成覆盖全社会的信用信息系统,健全"守信联合激励、失信联合惩戒"机制,完善诚信"红黑榜"发布制度,深入开展"诚信守法示范户"创评活动,在全社会形成守信光荣、失信可耻的氛围。

六、加强依法治理,提升社会治理法治化水平

法治是加强社会治理、实现社会善治的必然选择。要善于运用法治方式化解社会矛盾、防控社会风险、维护社会治安,提高社会治理社会化、法治化、智能化、专业化水平。

1.完善矛盾纠纷多元化解机制。按照"属地管理"和"谁主管谁负责"的原则,进一步强化各部门矛盾纠纷多元化解工作责任。注重源头预防,坚持科学民主决策,防止因决策失误引发矛盾纠纷。强化民生保障,加大财政对民生领域投入,着力解决民生领域突出问题。深入践行群众路线,切实改进工作方法,全面畅通群众诉求表达渠道,全力维护群众合法权益,坚决纠正不作为、乱作为,有效遏制矛盾"增量"。加强调解组织体系建设,巩固和规范镇(区、街道)、村(社区)人民调解委员会,健全企事业单位劳动争议调解委员会,推进行业性、专业性人民调解组织网络建设,结合高新区知识产权巡回法庭建设的经验做法,进一步加强物业纠纷、交通事故等巡回法庭建设。强化多元化解方式综合运用,定期开展矛盾纠纷大排查,健全人民调解、行政调解、司法调解衔接机制,积极探索协商、中立评估、第三方调处等矛盾纠纷化解机制。深入开展信访矛盾积案攻坚,完善领导干部接访、下访、包案等制度,主要领导要带头真包案、包难案,做到诉求合理的解决问题到位,诉求无理的思想教育到位,生活困难的帮扶救助到位,全力化解矛盾"存量"。依法处理信访过程中的违法行为,相关部门要密切配合、形成合力。

2.构建立体化治安防控体系。组织实施立体化治安防控,持续深化技防城、技防入户工程建设,加大城乡结合部、农村地区公共区域视频监控系统建设力度,强化"四通"(村村通、校校通、室室通、院院通)建设实战化应用,着力破获一批民生案件,打造平安盐都技防升级版。加快构建区镇村纵向贯通、综治成员单位横向集成的综治、法治信息化综合平台,提高系统互联、信息互通和资源共享程度,强化信息资源深度整合应用,充分运用现代信息技术,提高预防打击犯罪、维护社会稳定的能力。坚持专项治理与系统治理、综合治理、依法治理、源头治理相结合,突出

问题导向、重点重抓，深入开展禁毒重点整治，坚持标本兼治、综合施策，保持禁毒高压态势，建立健全长效机制；深化反恐工作，组织开展电信网络诈骗、互联网金融、校园安全、打击虚假广告等专项治理，依法严厉打击各类违法犯罪；加强流动人口服务管理，完善特殊人群分类管理机制；加强安全生产、环境保护、食品药品安全监管，强化灾害监测预警和风险防控，完善突发事件应急社会动员和部门联动处置机制。加强巡防队伍建设，提高街面见警率，增强群众安全感。组建平安法治志愿者联合会、协会，壮大志愿者队伍，完善举报奖励制度，动员广大群众参与治安防控。

3.持续加强基层基础建设。深入推进区镇村三级综治中心标准化、实体化建设，统筹基层综治维稳资源，形成治安联防、问题联治、工作联动局面。全面推进网格化管理，充分整合各类服务管理力量，以网格化承载社会治理精细化。强化镇(区、街道)综治维稳机构建设，完善村(社区)“一委一居一站一办”组织架构。结合创建省法治示范县(市、区)的经验，深入推进平安县(市、区)、市法治先进镇(街道、单位)、平安法治示范社区和省、市民主法治示范村(居)等系列创建，保证每年创建位于全市前列，为提升全区依法治理整体水平奠定坚实基础。

七、切实加强党对法治建设的领导

1.进一步落实领导责任。党的领导是社会主义法治建设最根本的保证。各级党委要切实承担起法治建设的主体责任，党政主要负责同志要认真履行第一责任人责任，定期听取法治建设情况汇报，及时研究解决重大问题，统筹推进各项重点工作，把党的领导落实到保证执法、支持司法、带头守法的全过程。各有关部门要结合工作职能，履行好法治建设的主管责任，按照职责分工，把握时间节点，加强工作落实，把各自承担的任务落实到位。区委政法委要充分发挥把握政治方向、协调各方职能、统筹政法工作、建设政法队伍、督促依法履职、创造公正司法环境的职能作用。政法委书记、政法委员要聚焦主业，集中精力抓好政法维稳工作，不分管其他工作。依法治理领导小组及其办公室要抓好自身规范化建设，加强对法治建设工作的部署、指导和检查，推动工作落实。要全面推进法治专门队伍和法律服务队伍建设，创新法治人才培养机制，不断提高职业素养和专业水平，为法治盐都建设提供人才保障。

2.加强政法队伍建设。政法机关是党和人民掌握的“刀把子”，必须要按照政治过硬、业务过硬、责任过硬、纪律过硬、作风过硬的要求，把坚定的理想信念作为政法队伍的政治灵魂，铸就绝对忠诚的政治品格，牢固树立政治意识、大局意识、核心意识、看齐意识，深化以忠诚、为民、担当、公正、廉洁为主要内容的政法干警核心价值观教育，增强政法干警职业荣誉感和归属感。要把思想政治建设作为首要任务，完善政治建设述职制度，区委政法委要定期听取政法各部门领导班子和领导干部政治建设述职，组织开展考核评议；健全重大事项报告制度，政法各部门党组(党委)对本部门、本系统的重大决策、重要事项等要及时向党委政法委报告；强化政治督察制度，对政法机关政治建设工作开展情况，每年至少组织一次专项督查，并在适当范围内通报情况，推动思想政治建设真抓真管。要选好配强政法机关领导班子，完善政法领导干部选拔任用机制。要强化政法队伍担当精神，牢记使命、真抓实干，做党和人民的忠诚卫士。要加强履职能力建设，严格法律职业准入制度，加强政法队伍职业化管理和职业化保障，完善教育培训机制，提高广大干警执法办案、维护稳定和做群众工作能力。要坚持全面从严治警，把纪律和规矩挺在前面，完善铁规禁令、行为规范，以常抓的韧性和长抓的耐心，坚决整治和查处侵害群众利益的不正之风，进一步推动工作作风转变。要落实从优待警措施，在政治上、工作上、生活上关心爱护政法队伍，畅通政法干警交流渠道，加大政法机关人财物保障力度，最大限度激发政法队伍生机活力。

3.强化科学考评。各级党委政府要将平安法治建设与经济社会发展同研究、同规划、同部署、同落实、同考核，完善考评标准和指标体系，推动平安法治建设工作。要强化考评结果运用，把平安法治建设实绩作为对领导班子和领导干部考评的重要内容，与业绩评定、职务晋升、奖励惩处相挂钩。根据中央办公厅文件(厅字〔2016〕32号)精神，“各级组织人事部门在干部考察工作中，应当听取信访部门意见，了解掌握领导干部履行信访工作职责情况”。要严格奖惩制度，根据中央办公厅文件（中办发〔2016〕15号)规定，“对综治考评先进地区和单位，按照《公务员法》等规定予以表彰，并可给予一次性奖金或其他待遇。”要研究细化政策，抓好贯彻落实。对责任不落实、工作开展不力的，动真碰硬抓责任追究，根据情节轻重，分别实行通报警示、诫勉谈话、挂牌督办、一票否决等，对相关责任人给予党纪政纪处分。

中共盐都区委 盐都区人民政府
关于印发《盐都区贯彻落实“五个一”战略工程实施方案》的通知

都发〔2017〕9号 2017年4月5日

市委、市政府立足打牢发展基础、着眼补齐民生短板、致力构筑长远优势，提出今后几年重点实施“五个一”战略工程。结合盐都实际，我区编排了30项重点项目，为聚力突破、扎实推进、确保实效，现提出实施方案如下。

一、总体要求

全面贯彻党的十八大和十八届三中、四中、五中、六中全会精神，深入落实习近平总书记系列重要讲话特别是视察江苏重要讲话精神。坚持问题导向、需求导向、效益导向、务实导向，按照“一张网、一桶水、一部车、一片林、一座城”工作部署，围绕全面小康指标短板，结合“十三五”规划和“两重一实”项目，重点解决一批盐都自身发展中的问题，致力产业强区、坚持生态立区、推进富民兴区，为建设“强富美高”的新盐都打下坚实基础。

二、目标任务

“五个一”战略工程是有机联系的整体，涵盖经济社会发展各方面，事关战略全局和长远发展。要立足当前、埋头苦干，集中精力抓好农村公路提档升级、新水源地清障拆迁、汽配项目招引等重点工作，不断增进民生福祉、加快转型升级。要科学谋划、真抓实干，创新实践推动产城融合、森林城市创建，做大做强汽车后服务业，为高水平全面建成小康社会厚实根基、增绿添彩。

——“一张网”工程。2017年底，盐渎路高架桥、康庄大道建成通车，完成农村公路提档升级、盐邵线航道疏浚任务，阜兴泰高速项目力争得到省厅批文。到2020年，全区公路总里程达1750公里，二级及以上公路占比29%，行政村双车道四级公路通达率90%，普通国省公路优等路85%，县乡村公路优良路率90%，干线航道通航保证率100%。

——“一桶水”工程。2017年4月底前，全面完成市水源地及引水工程清障拆迁工作。继续深化水环境综合治理，统筹实施水源地保护、城乡河道整治、农村饮水安全巩固提升以及污水处理设施建设和管网扩面等工程。蟒蛇河、朱沥沟水质稳定达到国家地表水环境质量Ⅲ类标准，饮用水安全得到有效保障。

——“一部车”工程。汽车制造业：2017年实现汽车零部件产值85亿元；力争到2020年，实现总产值200亿元，全力打造中韩产业园联动区第一、全市第二的汽车零部件产业园区。汽车服务业：2017年实现总产值超150亿元，力争到2020年，再招引汽车物流、品牌4S店、金融保险等汽车服务业企业18家，实现总产值超300亿元，全力打造“全省一流、苏北领先、全市第一”的综合性汽车消费服务产业集聚区。汽车新能源：为100辆城市公交客车生产氢燃料，力争2017年实现销售1亿元；至2020年，以实现产值30亿元为目标，把汽车新能源打造成为“盐都新名片”。

——“一片林”工程。积极策应市委、市政府的百万亩生态防护林和森林城市建设部署。2017-2020年，每年新建(改造)道路绿化和圩堤绿化各300公里，每年新造成片林1万亩、改造提升1万亩，林木覆盖率每年递增1个百分点，力争2020年达27%。每年新建(改造)城镇绿化面积300公顷以上，城镇绿化覆盖率每年递增0.3个百分点，力争2020年城镇绿化覆盖率达44.3%。

——“一座城”工程。2017年主城区计划实施8大类112项重点城建工程项目，完成科技广场、小马沟城市绿廊等重点项目建设。坚持绿色发展、产城融合理念，到2020年，城市建成区达80平方公里，人口规模达到50万人以上，构建全民共享的安居体系、配套完善的适居服务和品质优良的宜居环境，实现经济发展与城市建设良性互动。

三、重点项目及推进举措

全区上下要以“五个一”战略工程为共同目标，按照“工作目标化、目标项目化、项目具体化”的要求，细化实施内容、明确工作措施，抓紧组织推进，确保目标任务如期完成。

(一)“一张网”战略工程

1.农村公路提档升级工程

2017年完成337公里农村公路提档升级，新建改建桥梁135座，提前完成农村公路提档升级工程“三年行动计划”。(区交运局牵头，相关镇、街道参与)

2.重点路网连接线工程

包括盐渎路西延接229省道、盐渎路跨宁靖盐高速大桥、康庄大道、盐宝河大桥等重点工程。(区交运局牵头，相关镇、街道参与)

3.阜兴泰高速工程

由江苏省交通控股公司承建，计划总投资约28亿元。2017年做好项目立项等前期工作，并争取在境内设两个高速出口。(区交运局牵头，规划分局、楼王镇、滨湖街道参与)

4.盐邵线航道疏浚工程

由省交通运输厅航道处组织实施，总投资2040万元，全长约23公里，疏浚土方约120万方。(区交运局牵头，航道站参与)

(二)“一桶水”战略工程

1.新水源地及引水工程清障工程

配合市相关部门做好沿线的苗木、大棚、鱼塘、道路、桥梁、管道等清障任务。(区交运局牵头，相关镇、街道参与)

2.水源地保护工程

(1)城乡河道整治。2017年整治城市非骨干河道26条、45公里。做好农村河道整治扫尾工程，疏浚农村河道269条、235公里。(区水务局牵头，相关镇、街道参与)

(2)蟒蛇河整治。2017年，完成干法拓浚蟒蛇河中段河道。2018年，水下疏浚张庄段，加固两岸堤防。2019年，新建防洪墙、生态坡等。(区水务局牵头，相关

镇、街道参与)

(3)市区取水口保护。2017年,对一级保护区内9个防洪闸实施长期封闭,杜绝沿线生产、生活污水排入大市区饮用水源。(区水务局牵头,相关镇、街道参与)

(4)河道长效管护。全面推行“河长制”,将农村河道纳入农村环境“五位一体”长效管护。对蟒蛇河、朱沥沟等骨干河道漂浮物开展常态化打捞。(区水务局牵头,城管局参与)

3.农村饮水安全巩固提升工程

(1)盐龙湖水厂及配水管道。由市建设局牵头建设。建成后形成盐龙湖水厂和城东水厂双水源供水的格局,彻底解决我区农村饮用水的水源水量不足问题。(区住建局、水务局牵头)

(2)区域供水管网环通工程。建成区域环网供水格局,有效解决农村饮用水高峰供水水量水压不足、突发性供水安全等问题。同时,实施各镇(区、街道)内部管道环网建设,解决管网内的“死水”水质问题。(区水务局牵头,相关镇、街道参与)

(3)农村饮水安全信息系统。构建调度、地理信息、数据分析、管网移动GIS和监控中心大屏等子系统;建设水质在线检测和中心化验室;对龙冈镇、大冈镇镇区进行接口直抄型无电源直读式水表集抄系统试点。(区水务局牵头,相关镇、街道参与)

4. 污水处理设施建设和官网扩面工程

2017年9月前完成9个建制镇42公里污水支管网工程、345个排污单位纳管任务。到2020年,实现蟒蛇河、朱沥沟沿线的建制镇和农村街道污水处理设施全覆盖,污水处理率达85%。适时推进153个规划发展村庄生活污水设施建设。(区水务局牵头,住建局、环保局及相关镇、街道参与)

(三)“一部车”战略工程

1.推进汽车制造业发展。聚焦中韩产业园区建设,提升园区规划,由现在1平方公里拓展到3平方公里。2017年,重点实施大兴汽配、又永汽配等项目,力争7月份前竣工投产;做好星宇汽车冲压件、进阳汽配等签约项目开工准备,力争年内开工建设。鼓励中韩联动区全力打造汽车零部件及汽车关联产业,推动星宇科技等汽车零部件企业做大做强,努力吸引汽车销售、研发、设计等相关企业入驻,力争“十三五”期间新增星级汽配企业10家以上。(盐龙街道牵头,区经信委、规划分局、国土分局参与)

2.推动汽车服务业提升。积极推动东方汽车广场建设,打造汽车消费服务全产业链,建成全市最大的汽车后服务和商用车市场。2017年,重点实施海外海·盐城汽车城、商用汽车城等重点项目建设,力争年底前竣工运营;做好奥迪汽车4S店等签约项目开工准备,力争9月份开工建设。进一步做大二手车交易、汽车零部件物流等市场规模,实现全区汽车服务业新一轮跨越式发展。(盐渎街道牵头,区发改委、项目办参与)

3.加快汽车新能源培育。围绕打造汽车产业新增长极目标,加大汽车新能源项目推进力度。2017年,加快兴邦能源项目建设,力争年底前竣工;做好正韵新能源电池项目培育工作,力争年内增资扩能。“十三五”期间力争招商引进汽车新能源项目8~10家。(盐龙街道牵头,区发改委、经信委、商务局参与)

(四)“一片林”战略工程

按照“彩色化、珍贵化、效益化”的要求,突出“多样化、本土化”,积极倡导“绿化+生态建设”、“绿化+高效农业”、“绿化+乡村旅游”、“绿化+扶贫开发” 等理念,提升绿色生态水平,放大乡村旅游特色,促进农民增收致富。

1.推进绿色城镇建设。按照森林城市森林小镇的建设标准和要求,着力打造“四季有景、三季有花”的生态宜居森林城镇,围绕“景观化、精致化、效益化”要求,重点实施64公顷小马沟体育公园、小马沟城市绿廊等,改造提升大马沟生态公园等公园绿地工程。突出森林小镇创建,每年创成2个国家森林小镇,2017年楼王、大冈创成国家森林小镇。(区住建局牵头,农委参与)

2.推进绿色村庄建设。以“四旁”增绿为重点,突出“一片围村林、一条通村林荫道、一座休憩游园”建设,扶持和鼓励农户利用房前屋后,引种珍贵彩色树种,栽植经济林果,做到能栽则栽、能绿则绿,到2020年创成40个森林村庄。2017年重点打造大纵湖于任村、尚庄联胜村等10个森林村庄。(区农委牵头)

3.推进绿色河堤建设。按照每年建成一条大型河堤绿色生态长廊的思路,加快推进全区面上河道披绿工程。到2020年建成河堤生态防护林1.5万亩,改造2万亩,每镇每年新建和改造生态防护林不少于30公里。2017年完成300公里圩堤绿化,重点打造1000亩的朱沥沟生态防护林。(区水务局牵头,农委参与)

4.推进绿色通道建设。以国省干道为重点,按照“乔灌错落、花草搭配、四季常青、层次分明”的园林式标准,新建道路生态景观防护林1.5万亩,改造2.5万亩。其他道路依托农村公路提档升级工程,按照路成绿化成的要求,实现全区公路绿化全覆盖。2017年新建125省道生态景观防护林1000亩、其他通村公路绿化4000亩,重点对233省道、229省道、振兴路等5000亩公路背景林进行改造更新。(区交运局牵头,农委参与)

5.推进绿色产业建设。结合农业结构调整,突出本地适栽适种品种,新建成一批设施高档、特色鲜明的经济林果基地。每年新增经济林果面积3000亩,2017年重点在台创园、大冈等地新建成鑫和多肉植物盆栽、志凤油桃等经济林果基地。结合农业旅游开发,依托大纵湖旅游度假区、华都森林公园、蟒蛇河生态旅游风光带建设,实行节点植绿、景点缀绿、成片造绿,打造一批城郊森林氧吧,构建盐都林业生态旅游圈。2017年新建成盐龙湖“三化”生态林、滨湖街道环湖生态林、盐渎海洋路城市生态林、盐龙先锋村城郊生态林。(区农委牵头,旅游局参与)

(五)“一座城”战略工程

1.强化规划引领作用

推动生态环境、基础设施、公共服务、公共空间等专项规划与控制性详细规划有机融合,实现各项规划在控规层面内容统一、管理协调。加强城市空间立体性、平面协调性、风貌整体性、文脉延续性的规划,推动产城融合,提升城市品位层次。

(1)完成控规修编。重点对全区空间发展战略,产业结构与布局等进行综合谋划,加强研究的深度和广度,切实发挥规划的引控作用。做好城西片区、高新区核心组团控制性详细规划报批工作。(规划分局牵头,盐龙街道、盐渎街道、潘黄街道参与)

(2)实施专题规划。盐龙街道完成“智创小镇”核心区城市设计及综合服务区方案设计;启动青年路两侧3平方公里城市设计。盐渎街道完成盐都新区公共设施及商贸配套核心区组团城市设计;完成公共仓储、盐渎农贸市场、海外海·盐城汽车城等项目方案设计;完成小马沟、第一沟滨水绿地景观提升方案设计。潘黄街道完成北大方正科技园项目、小马沟体育公园规划设计方案;启动小马沟体育公园周边地段城市设计。(规划分局牵头,盐龙街道、盐渎街道、潘黄街道参与)

(3)深化专项规划编制。重点做好消防、供电、供水、截污排污、城市底色、城市地下管廊、教育布局、医疗卫生布局、城市路网以及城市绿化等专项规划。(规划分局牵头,盐龙街道、盐渎街道、潘黄街道参与)

2.完善基础设施建设

(1)加快骨干路网建设。盐龙街道新建纬三路等8条道路,建设盐渎路西延、盐渎路跨宁靖盐大桥及纬五路跨冈沟河大桥。盐渎街道新建良友路等4条道路,改造提升开元路及开创路。潘黄街道建设腾飞路等3条道路,新建高架枢纽中心。(区住建局、交运局牵头,盐龙街道、盐渎街道、潘黄街道参与)

(2)加快污水管网建设。至2019年,共实施污水管道12条,污水处理率达到95%以上。(区住建局牵头,相关街道参与)

(3)加快地下管廊建设。重点实施纬三路、华锐路两条主次管廊建设,全长4公里,总投资约4亿元。(盐龙街道牵头)

3.优化公共配套建设

(1)完善公共配套设施。建设区公共卫生服务中心、社会福利院等配套设施,在万达商圈新建停车场并建设停车管理信息化系统。(区住建局、民政局、卫计委牵头,相关街道参与)

(2)完善公共教育事业。新建盐城枫叶国际学校、崇礼路小学二期及幼儿园、海阔路中小学、南师大盐城实验学校等一批学校。(区教育局牵头,盐龙街道、盐渎街道参与)

(3)完善功能配套设施。新建翻身河泵站、周游沟泵站等防洪设施。同时加快110KV长新变及出线、高新变及出线、大型专用公益广告设施建设。(区水务局、环保局、城管局、供电公司牵头,盐龙街道、盐渎街道、潘黄街道参与)

4.推进产业项目建设

(1)加快建设商贸项目。重点建设仁禾大厦、万达广场等商贸项目。(区商务局、经信委牵头,盐龙街道、盐渎街道、潘黄街道参与)

(2)打造特色街区项目。围绕老马沟街道和高新区核心区主要干道,打造特色商贸服务区,围绕神州路、新都路,加快沿街商业楼宇建设,打造文化商贸特色街区。围绕东进路、西环路,依托万达广场综合体,打造特色商业圈。(区商务局牵头,盐龙街道、盐渎街道、潘黄街道参与)

(3)加快开发商品房项目。推进碧桂园三期、中庚香城世家等新开发项目,重点打造中鹰黑森林,引领现代建筑新潮流。加大招商引资工作力度,着力把品牌响、实力强的开发商引进来。(区住建局牵头,盐龙街道、盐渎街道、潘黄街道参与)

5.提升人居环境质量

(1)整治提升城市环境。开展“931”整治行动,对内环高架快速路网沿线市容环境开展综合整治,对开元路进行综合整治。(区住建局、水务局、城管局牵头,盐龙街道、盐渎街道、潘黄街道参与)

(2)推进市区垃圾分类首批试点建设。选择机关、学校、住宅小区等10家以上试点。(区城管局牵头,相关试点单位参与)

(3)推进智慧管理。加强城市管理和服务体系智能化建设,拓展智慧城管业务应用范围。创新社会管理方式,完善网格化管理体系,提高“数字化、网络化、智能化”城管水平,不断丰富“智慧城市”建设内涵。(区城管局牵头,相关街道参与)

四、保障措施

(一)加强组织领导,形成推进合力。成立区级联席会议制度,形成由区主要领导统筹协调,相关分管领导牵头落实的工作机制,区委常委会、区政府常务会议要经常性听取推进情况,及时解决工作中的矛盾和问题。各责任部门要细化分解目标任务和工作责任,全力推动各项重点项目有序实施。相关参与单位要各司其职,主动配合牵头部门,全力落实各项工作安排。

(二)加强要素保障,务求落地生根。要大力发展土地、产权、金融、人才等要素市场。通过PPP模式、政策性银行贷款等途径,吸引更多的社会资本、金融资本参与到“五个一”重点项目建设中来。要加强顶层设计,坚持规划先行、“借智提升”,找准盐都角色、做出盐都特色。要抓紧组织征地征收清障,按规范程序组织招投标,力促项目早开工、快启动、见成效。

(三)加强督查考核,狠抓责任落实。坚持考核导向,完善评估考核机制,将项目推进情况纳入各地、各部门年度绩效考核内容。建立通报制度,区委办、区政府办要会同监察、审计等部门对各地、各部门工作落实情况实行全过程跟踪督查,及时将推进落实情况报区委、区政府。对工作推进不力的单位和个人,由监察部门按有关规定严格问责、问效。

中共盐都区委　盐都区人民政府
关于精准实施脱贫致富奔小康工程的30条意见

都发〔2017〕16号　2017年10月18日

为深入贯彻精准扶贫精准脱贫基本方略，深入推进脱贫致富奔小康工程，确保到2020年圆满完成“十三五”扶贫开发各项目标任务，根据省委、省政府《关于实施脱贫致富奔小康工程的意见》、《江苏省农村扶贫开发条例》、市委、市政府《关于聚焦富民精准实施脱贫致富奔小康工程的40条意见》和区各有关部门单位的职责，提出如下30条意见。

一、精准识贫

1.严格建档立卡对象进退程序。全面落实低收入农户的“两公告四公示”程序，做实做细申报公告、村级评议公示、镇级审核公示、区级确认公示、异议复核公示和脱贫公告等环节工作，每级公示必须在本级主要领导签字确认后进行公示，确保符合条件的全部纳入，不符合条件的一个不进。组织动员帮扶单位和结对帮扶党员干部结合“三带三联”大走访、“三清三实三帮”活动，进村入户对低收入农户进行再调查和再甄别。

责任单位：各镇（区、街道）、区委农工办（扶贫办），配合单位：区统计局、区各结对帮扶单位

2.全面建立“一户一档”。将低收入农户申请书、信息采集表、村级民主评议记录、各级公示表、发展项目申报表、工作人员入户调查资料等全部归档，所有档案资料由镇（区、街道）统一管存。

责任单位：各镇（区、街道）、区委农工办（扶贫办），配合单位：区统计局、区各结对帮扶单位

3. 高质量做好建档立卡动态调整。严格按照省市统一部署要求，在充分做好数据录入人员岗前培训的基础上，高质量完成年度新增低收入农户信息录入、脱贫户的标识、人口自然变更信息录入以及经济薄弱村信息更新。根据省、市扶贫办反馈的审核差错清单，及时完成数据清洗工作。注重建档立卡成果的运用，进行科学分析，逐户制定和落实帮扶措施，夯实精准扶贫精准脱贫工作的基础。

责任单位：各镇（区、街道）、区委农工办（扶贫办），配合单位：区统计局、区各结对帮扶单位

二、精准帮扶

4.发展特色产业引领脱贫。强化相关支持政策，扩大农业保险覆盖面，统筹使用涉农资金，大力发展设施农业、特色水产、经济林果和休闲观光农业，重点支持低收入农户因地制宜发展种植、养殖业和传统手工业。对符合条件的低收入农户优先培育为科技示范户，科技人员每月到户或在线指导不少于2次。全面实施绿色扶贫工程，加强苗木产中管护和产后服务，改善生态环境，增加农户收入。积极培育农民专业合作社和农业龙头企业，强化其与低收入农户的利益联结机制。积极开展光伏扶贫探索，加大“互联网+”扶贫力度，推广“一村一品一店”模式，加快发展农村电子商务，构建物联网销售体系。引导各类投资主体到本地投资兴业，鼓励大学毕业生和在外能人回乡创业。

责任单位：区农委、区供销社、区粮食局、各镇（区、街道），配合单位：区财政局、区委农工办（扶贫办）、区科技局、区工商联、团区委、区妇联

5.强化培训扶持就业脱贫。建立健全建档立卡低收入农户劳动力就业申报登记制度，逐村逐户建立台账，全面摸清就业需求和培训愿望。发挥各类职业技术学校、开放大学等培训机构作用，强化劳动力技能培训，结合企业用工需求和市场需求，开展“菜单式”实用技能培训。加强对残疾人等特殊群体的技能培训，帮助实现就业创业。实行培训与就业“一站式”服务，让低收入农户一经培训合格就能实现转移就业。统筹奖补资金实施政府购岗，扶持低收入农户特殊困难劳动力就业。大力推进“一镇两园”建设，发展繁荣镇村经济，带动低收入农户“家门口就业”。

责任单位：区人社局、区教育局、区经信委，配合单位：区财政局、区委农工办（扶贫办）、各镇（区、街道）

6.积极探索资产收益脱贫。创新财政资金使用管理方式，区财政专项扶贫资金和其他涉农资金在不改变用途的情况下，投入形成的产业项目和资产产权，收益给当地经济薄弱村，加大对低收入农户的扶持。开展各类扶贫资产清理、登记，建立健全扶贫资产管理体制机制，明晰扶贫资产所有权、管理主体和分红模式。

责任单位：区财政局、区委农工办（扶贫办），配合单位：各镇（区、街道）

7.实行最低生活保障兜底脱贫。继续将无劳动能力低收入人口和无法依靠产业扶持、就业帮助脱贫的低收入农户予以政策性保障兜底，逐年提高保障标准，确保到2019年前，农村低保最低生活保障标准达到脱贫标准。加强农村低保申请家庭经济状况核查工作，做好农村低保制度与扶贫开发政策的有效衔接，将所有符合条件的建档立卡低收入人口全部纳入低保范围，实现“应保尽保”。加大临时救助、灾害救助、慈善救助等工作力度，健全“救急难”长效机制，构筑“8+1”救助体系。全面落实困难残疾人生活补贴和重度残疾人护理补贴制度，加大符合条件的建档立卡低收入残疾人康复服务和医疗救助力度，根据省市文件精神及时调增基本医疗保险范围的残疾人医疗康复项目。提高农村特困人员供养水平，改善供养条件。推进社会保障和扶贫开发数据的互联互通、资源共享，实现动态监测管理工作机制有效衔接。健全完善城乡居民基本养老保险制度，逐步提高基础养老金标准，引导低收入人口积极续保。

责任单位：区民政局、区人社局、区

财政局、区残联，配合单位：区委农工办（扶贫办）、各镇（区、街道）

8.加大教育扶贫资助力度。继续免除建档立卡家庭经济困难学生普通高中学杂费，积极配合做好普通高校本、专科学习阶段免除学费工作。继续统筹各类资金开展扶贫助学活动，给予一次性生活补助，进一步减轻贫困家庭负担。加强校村（居）联动，确保建档立卡家庭适龄青少年全部入学，明确一名老师对建档立卡家庭中小学学生进行学习辅导、思想疏导，保证学习效果和身心健康。

责任单位：区教育局，配合单位：区财政局、区委农工办（扶贫办）、各镇（区、街道）

9.扎实推进健康扶贫工程。逐步提高城乡居民基本医疗保险和大病保险实际筹资水平，对符合条件的建档立卡低收入人口参加城乡居民基本医疗保险个人缴费部分，由医疗救助基金全额补贴，门诊统筹覆盖所有经济薄弱村。将符合条件的低收入人口全部纳入重特大疾病救助范围，逐步降低大病保险起付线，提高大病保险补偿比例。加强医疗保障与社会救助的衔接，对基本医疗保险、大病保险和医疗救助支付后自负费用仍有困难的，实施困难群众托底救助，加大临时救助慈善救助帮扶力度，使低收入人口大病医治得到有效保障。将建档立卡低收入人口全部纳入乡村医生签约服务范围，每月访视不少于1次，定期开展健康体检，为每名低收入人口建立电子健康档案和健康卡。为农村基层医疗卫生机构订单定向免费培养医学类本专科学生，支持以全科医生为主的基层骨干遴选计划。推进区、镇、村三级医疗卫生服务网络标准化建设，促进远程医疗诊治和保健咨询。加大传染病、地方病、慢性病防控力度，实施新生儿疾病免费筛查、妇女“两癌”免费筛查、孕前优生健康免费检查等重大公共卫生项目。

责任单位：区卫计委、区人社局，配合单位：区委农工办（扶贫办）、区民政局、区财政局、各镇（区、街道）

10. 全面实施保险扶贫行动。健全镇、村两级保险服务体系。全面推进建档立卡低收入人口人身和财产安全保险业务，统筹使用省精准扶贫帮扶资金，加强区财政配套，积极引导社会各方面捐助，为所有建档立卡人口购买每人每年100元的“贫困农户综合保险”，对贫困人口遭遇意外伤害、家庭财产损失、重大疾病治疗、大病住院等给予补贴，确保大病治疗费用经基本医疗保险、大病保险、医疗救助、慈善救助、大病医疗补充保险补助后，药品目录内实际报销比例达90%以上，切实防止“因病致贫返贫、因灾致贫返贫”。

责任单位：区财政局、区委农工办（扶贫办）、区金融办，配合单位：区民政局、各镇（区、街道）

11.发展壮大经济薄弱村集体经济。经济薄弱村要因地制宜，制定村级发展规划和脱贫攻坚计划。要加大财政资金扶持，支持经济薄弱村发展集体经济，增强对低收入农户增收脱贫的带动能力。支持村集体领办土地股份合作社，鼓励村集体成员以土地承包经营权折股入社。支持村集体经济组织流转或利用村集体机动地以及复垦整理形成的新增农用地，发展现代特色农林业。引导村集体创办农业生产经营合作社、劳务合作社等服务实体，为各类生产经营主体提供有偿服务。支持经济薄弱村开发利用本地生态资源，发展休闲农业和乡村旅游业，拓展农业新功能。鼓励村集体经济组织开发利用存量集体经营性建设用地，因地制宜发展物业经济。引导村集体以集体资产资源参股农民专业合作社和优势工商企业，发展混合所有制经济项目，不断探索村集体经济新的实现形式。

责任单位：各镇（区、街道）、区委农工办（扶贫办），配合单位：区财政局、区农委、区国土局、区旅游局

三、精准发动

12.坚持区镇领导带头部门联动。发挥区扶贫工作领导小组作用，及时研究会办扶贫开发工作，合力推进脱贫攻坚。继续开展区镇领导挂钩帮扶经济薄弱村活动，为经济薄弱村和低收入农户脱贫出谋划策。四套班子领导和挂钩帮扶单位主要领导要结合“三带三联”大走访等活动，定期到挂钩点会办研究帮扶工作，真正拿出“真金白银、真招实策”。挂钩帮扶部门单位要运用好部门职能和行业资源，加大对经济薄弱村倾斜和支持力度，做到扶贫项目优先安排、扶贫资金优先保障、扶贫工作优先对接、扶贫措施优先落实。

责任单位：区委办、区人大办、区政府办、区政协办、各镇（区、街道），配合单位：区委农工办（扶贫办）、区各结对帮扶单位

13.深入组织党员干部结对帮扶。组织发动全区党员干部深入开展“牵手致富”、“三清三实三帮”结对帮扶活动。各级领导要带头到经济薄弱村开展访贫问苦活动，突出项目帮扶和人文关怀，帮助低收入农户破解脱贫难题，建立稳定的增收渠道。持续组织开展“结一门穷亲，找一份事做”主题活动，结对帮扶党员干部要发挥自身优势，在帮助低收入农户创业就业、技能培训等方面尽显其能。要全面覆盖到所有党政机关、事业单位的党员干部，全面覆盖到所有低收入农户，每名党员干部结对农户连续结对5年，每年与低收入农户联系不得少于4次。

责任单位：各镇（区、街道）、区各结对帮扶单位，配合单位：区委农工办（扶贫办）、区级机关工委

14.积极发挥社会力量扶贫济困。充分发挥工会、共青团、妇联等群众组织作用，有针对性地组织开展扶贫济困活动。充分发挥各民主党派、无党派人士在人才和智力扶贫上的优势。大力发展慈善事业，鼓励支持各类慈善组织广泛开展扶贫济困。鼓励和引导各类金融机构加大对扶贫开发的支持力度，更好满足经济薄弱村和低收入农户发展生产增收脱贫的需要。大力实施文化惠民工程，加强经济薄弱村公共文化阵地建设，实施地面数字电视覆盖工程，对建档立卡农户有线电视基本收视维护费给予补贴。激发民营企业参与扶贫热情，对企业吸纳符合条件人员就业的，按照有关规定定额依次扣减增值税、城市维护费、教育费附加、地方教育附加和企业所得税优惠。充分发挥扶贫开发协会、慈善总会、老促会等社会组织的作用，大力开展各类扶贫活动。健全留守儿童、留守妇女、留守老人和残疾人关爱服务体系，引导和鼓励社会力量参与特殊群体关爱服务工作。

责任单位：区委统战部、区总工会、

团区委、区妇联、区金融办、区文广新局、区国税局、区地税局、区老促会(扶贫开发协会)、区慈善总会,配合单位:区委农工办(扶贫办)、各镇(区、街道)

15.强化扶贫开发宣传研究工作。坚持正确舆论导向,全面宣传扶贫减贫事业所取得的重大成就,准确解读党和政府扶贫开发的决策部署、政策举措,生动报道各镇(区、街道)各部门精准扶贫、精准脱贫的丰富实践和先进典型,大力营造良好氛围,为扶贫开发提供强大精神动力。充分发挥各类传统媒体和新媒体的特点和优势,讲好脱贫攻坚盐都故事,传播扶贫济困盐都声音。加强扶贫工作研究,努力在领导体制、组织方式、发展模式、资金使用等帮扶工作方式上和解决相对贫困机制上探索创新,形成一批好的典型经验和理论创新成果。

责任单位:区委宣传部、区委农工办(扶贫办),各镇(区、街道)、区文广新局,配合单位:区广播电视台、区新闻信息中心

四、精准派人

16.精准选派扶贫干部。根据经济薄弱村民情社情、致贫原因、主导产业等因素,精准选派经济薄弱村"第一书记"。注重选派政治素质好、工作能力强、作风过得硬、自我要求严的优秀干部,优先将区直部门的后备干部和工作表现突出且发展潜力大的年轻干部选派到基层一线历练,创造条件让其在基层建功立业。扶贫干部要在建强基层组织、推动精准扶贫、兴办惠民实事、加强基层治理、化解村级债务上下功夫,根据全区脱贫序时进度,帮助驻点村完成低收入人口脱贫任务和经济薄弱村达标任务。

责任单位:区委组织部、各镇(区、街道),配合单位:区委农工办(扶贫办)"第一书记"派人单位

17.选优配强村级领导班子。抓好以村党组织为领导核心的村级组织配套建设,集中整顿软弱涣散党组织,选好配强村级领导班子,突出抓好村党组织带头人队伍建设,"订单式"定向培养村级后备干部。注重选派思想好、作风正、能力强、愿意为群众服务的优秀年轻干部、退伍军人、高校毕业生等到经济薄弱村任职。把经济薄弱村党组织书记的教育培训纳入干部教育培训的整体规划。完善村级组织运转经费保障机制,将村干部报酬、办公经费和其他必要支出作为保障重点。

责任单位:区委组织部、区财政局、各镇(区、街道)

五、精准管理

18. 健全党政一把手抓扶贫的压力传导机制。区委、区政府做好上下衔接、域内协调、督促检查工作。各镇(区、街道)党委和政府承担脱贫主体责任,书记和镇长是第一责任人,镇、村主要负责同志负责抓具体落实,做好精准识别、进度安排、项目落地、资金使用、人力调配、推进实施等工作,组织带动群众发展产业、兴办实事、扶贫解困。签订脱贫攻坚责任书、立下"军令状",一级抓一级,层层传递压力,形成"三级书记抓扶贫,上下协同帮致富"的工作格局。

责任单位:各镇(区、街道)

19.加强扶贫机构和专职队伍建设。充实配强各级扶贫开发机构和专职人员力量,履行好扶贫机构的组织协调、搭建平台、业务指导和检查督查职能。各镇(区、街道)要明确相应专职机构专司其职,按照德才兼备原则和专业要求,配强1名行政事业人员专门抓和2名专职工作人员具体抓,各村(居)明确1名扶贫工作具体人,建立一支人员充足、专业高效、尽责担当的扶贫工作队伍。

责任单位:各镇(区、街道)、区编办,配合单位:区委农工办(扶贫办)

20.建立扶贫资金投入保障机制。充分发挥政府投入在扶贫开发中的主体和主导作用,积极开辟新的资金渠道,确保扶贫投入力度与脱贫攻坚任务相适应。完善区级财政专项扶贫资金投入机制,加大转移支付力度,各类涉农资金要优先支持经济薄弱村。区直各部门安排的或向上争取的各类惠民政策、项目和工程,要最大限度地向经济薄弱村和低收入人口倾斜。各镇(区、街道)要根据本地扶贫开发工作需要,切实加大本级财政扶贫资金投入。

责任单位:区财政局、各镇(区、街道)

六、精准督导

21.强化扶贫工作督查指导。建立扶贫常态督查机制,坚持专项督查、重点督查与日常监督相结合,突出资金、项目到村到户检查和帮扶对象、帮扶责任人和帮扶项目"三落实"情况检查,通过明查暗访等形式,了解掌握真实情况,推动帮扶政策措施落实到位。根据工作安排,定期开展扶贫系统干部业务培训和警示教育,提升政策理论水平和实际工作能力,增强廉洁扶贫意识。持续深入到经济薄弱村和低收入农户家中走访调研,帮助理清发展思路、解决现实难题、摆脱贫困状况。

责任单位:区纪委(监察局)、区委农工办(扶贫办)、各镇(区、街道)

22.建立人大代表、政协委员参与督导机制。充分发挥人大、政协民主监督职能,定期组织人大代表、政协委员视察扶贫工作。根据工作、生活所在地的情况,开展人大代表、政协委员挂钩联系低收入农户活动,建立帮扶需求收集、分类、交办和督办机制,定期监督检查脱贫进度和结对帮扶情况。

责任单位:区人大办、区政协办,配合单位:各镇(区、街道)、区委农工办(扶贫办)

23.完善村务公开强化群众监督。加快推进经济薄弱村村务监督委员会建设,继续落实好"四议四公开一监督"等制度,健全党组织领导的村民自治机制,通过一事一议民主协商,组织广大群众自觉参与扶贫开发。大力推进扶贫信息公开,对建档立卡人口、扶贫项目、扶贫资金和受益分配等进行长期公示,扩大群众知情权、参与权和监督权。

责任单位:区委组织部、区民政局、区委农工办(扶贫办)、各镇(区、街道)

24.狠抓扶贫资金使用管理。坚持以脱贫为导向的扶贫资金分配制度,按照"项目跟着规划走、资金跟着项目走、监管跟着资金走"的原则,严格扶贫项目立项、审批、实施、验收、绩效评价等程序,确保各类扶贫项目、扶贫资金精准到村到户到人。强化扶贫资金财政检查和审计监督等工作,深入开展"正风肃纪镇村行"活动,大力整治扶贫民生领域虚报冒领、截留私分、贪污挪用、挥霍浪费等违法违纪问题和侵害群众利益的不正之风,以"零容忍"的态度坚决从严惩处。

责任单位:区纪委(监察局)、区检察

院、区委农工办(扶贫办)、区财政局、区审计局、各镇(区、街道)

25.建设阳光扶贫监管系统。利用建档立卡成果,扎实推进阳光扶贫监管系统建设,打造大数据管理平台,让扶贫济困资金进出全程留痕,风险源点全面标记,基础信息自动比对,及时发出预警提示,定期评价工作绩效,促进扶贫资金和扶贫项目公开透明、规范运作,实现财政监督、审计监督、纪检监察的日常动态监管。

责任单位:区纪委(监察局)、区委农工办(扶贫办)、各镇(区、街道),配合单位:区财政局、区审计局

七、精准考核

26.强化脱贫致富成效考核。完善对镇(区、街道)脱贫致富工作成效和帮扶单位扶贫济困工作成效的考核办法,根据日常检查督查和年终考核抽查的情况,从严考核各责任主体年度工作成效,通报考核结果,对未完成年度任务的实行"一票否决"。列出存在问题,交办整改清单,做到厉行整改。充分用好考核结果,总结宣传好的经验和先进典型。

责任单位:区委农工办(扶贫办),配合单位:各镇(区、街道)、区委宣传部

27.建立奖惩激励机制。对扶贫开发作出突出贡献的单位和个人,根据有关规定给予表彰奖励。坚持在扶贫一线考察识别干部,对扶贫业绩突出、群众满意欢迎的,优先培养重用。建立脱贫攻坚问责制度,对扶贫工作消极怠工、不作为的,严肃进行组织处理;对搞形式主义、弄虚作假、欺上瞒下、"数字脱贫"、"算账脱贫"的,严肃问责。加强对镇(区、街道)党委书记、镇长(主任)扶贫主体责任落实情况的考核问责,完不成年度脱贫任务的,原则上不得异地调动;年度脱贫率落后于全区平均水平的,不予提拔重用。

责任单位:区委组织部、区纪委(监察局)、区人社局、各镇(区、街道),配合单位:区委农工办(扶贫办)

八、精准脱贫

28.增强贫困主体内生发展动力。尊重低收入农户主体地位,鼓励基层干群首创精神,鼓励基层探索创新脱贫致富的方式和路径,引导帮扶对象克服"等靠要"思想。改善帮扶举措,提高低收入农户在扶贫项目各个环节的参与程度,增强自立自强、勤劳致富观念,防止养"懒汉"。对已实现脱贫的农户,两年内继续实施原有政策扶持,巩固脱贫成果。

责任单位:各镇(区、街道),配合单位:区各结对帮扶单位

29.夯实贫困农户脱贫基础。定期组织"回头看",对低收入农户家庭人均收入虽然超过省定脱贫标准,但有下列"八种情况"之一的,不得退出。一是没有实现吃穿不愁的;二是没有实现饮水安全的;三是没有义务教育保障的;四是没有基本医疗保险的;五是没有住房安全保障的;六是虽然享受扶持政策,但当年扶贫成效不显著的;七是建档立卡"回头看"后次年新纳入的低收入农户;八是低保标准未超过省级扶贫标准"低保兜底一批"的低收入农户。

责任单位:各镇(区、街道)、区委农工办(扶贫办),配合单位:区各结对帮扶单位

30. 严格程序确保脱贫成效群众认可。严格执行扶贫对象帮扶手册"五签字五确认"程序,从建档立卡到脱贫销账全过程,依次做到识别人签字确认、农户签字确认、帮扶人签字确认、检查验收人签字确认、农户签字确认同意销账。每年底组织一次全覆盖的年度收入核算,进村入户跟群众一起算好当前的"收入账"、生产生活的"支出账"、未来的"可预期收入账",在帮扶手册上填写本年度各项收入,核算人要签字确认。

责任单位:各镇(区、街道)、区委农工办(扶贫办),配合单位:区统计局

中共盐都区委　盐都区人民政府
关于聚焦富民促进城乡居民增收的十条政策意见

都发〔2017〕20号　2017年12月9日

为深入贯彻省委十三届二次、市委七届四次和区委十四届三次全会精神,加快富民兴区步伐,促进城乡居民收入持续较快增长,在全面落实国务院《关于激发重点群体活力带动城乡居民增收的实施意见》(国发〔2016〕56号)、中共江苏省委省人民政府《关于聚焦富民持续提高城乡居民收入水平的若干意见》(苏发〔2016〕49号)、中共盐城市委市人民政府《关于聚焦富民促进城乡居民收入增长的十条政策意见》(盐发〔2017〕8号)及现有其他各项富民增收政策措施的基础上,结合盐都实际,现提出如下政策意见。

第一条　推动充分就业。大力推进"一极一园一业"战略,每年新开发就业岗位10000个。继续实施"515"引才计划,按规定兑现各项政策。对毕业后2年内未就业和离毕业时间不足3个月尚未落实工作单位的全日制普通高校学生,参加就业见习的,按上年月最低工资标准60%给予3-6个月的一次性就业见习生活补贴,并购买见习期间的人身伤害保险;见习人员见习期满留用率达50%以上的见习单位,按每留用1人补贴1000元的标准,给予一次性见习补贴。公益性岗位安置的就业困难人员(重点是大龄失业人员和零就业家庭人员),参照本地最低工资标准,给予最长不超过3年期限的公益性岗位补贴(以初次核定其享受公益性岗位补贴年龄为准),距法定退休年龄不足5年的就业困难人员可延长至退休。企业招用有劳动能力和就业愿望的就业困难人员(省政府令第53号界定的各类群体,以及登记失业的优抚对象家庭人员、军队退役人员,以下

简称就业困难人员)就业的,按其为就业困难人员实际缴纳的社会保险费给予全额补贴(不包括个人应缴纳的部分)。就业困难人员灵活就业的,按其实际缴纳社会保险费的2/3给予社会保险补贴。就业困难人员从事个体经营,按照企业缴费办法缴纳社会保险费的,给予全额社会保险补贴(不包括个人应缴纳的部分);按照灵活就业人员缴纳社会保险费的,按其实际缴纳社会保险费的2/3给予社会保险补贴。就业困难人员社会保险补贴期限最长不超过3年,其中:对距法定退休年龄不足5年的可延长至退休(以初次核定其享受社会保险补贴时年龄为准)。就业困难人员享受社会保险补贴3年期满、仍未能实现稳定就业的灵活就业人员,可根据实际情况将其享受社会保险补贴的期限一次性延长,延长期限不超过1年。小微企业招用毕业年度高校毕业生的,按其为高校毕业生实际缴纳的社会保险费给予最长1年的补贴(不包括个人应缴纳的部分)。离校1年内未就业高校毕业生灵活就业后缴纳的社会保险费,给予其实际缴费2/3,最长2年期限的补贴。(牵头单位:区人社局,相关责任单位:区发改委、区经信委、区财政局)

第二条 推进大众创业。实施“创业盐都”行动计划,将创业担保贷款个人贷款最高额度由20万元调整为30万元,贷款最长期限由2年调整为3年。普通高等学校学生(在校及毕业2年内)和复员转业退役军人、从事非农产业创业的农民、登记失业人员和就业困难人员(以下简称特殊创业群体)首次成功创业(在本区领取营业执照或其他法定注册登记手续)并带动其他劳动者就业,正常经营6个月以上,依法申报纳税的,给予一次性3000元创业补贴。特殊创业群体初创企业吸纳其他劳动者就业,与之签订1年以上期限劳动合同,并按规定缴纳社会保险费的,按吸纳1人1000元的标准给予创业带动就业补贴。特殊创业群体租用各类创业孵化基地(含大学生创业园、全民双创园及众创空间新型孵化机构等)创业,给予2000–5000元的创业场地租金补贴,补贴期限最长不超过3年。创业大赛获奖、具有潜在经济社会效益的大学生优秀创业项目,给予每个2万元的创业项目补贴。对新认定的区级创业载体,根据实际孵化成功户数等因素,给予2–3万元的创业孵化补贴。首次工商注册登记起3年内创业失败人员,在企业注销后登记失业并以个人身份缴纳社会保险费6个月以上的(不含领取失业保险金时间),按实际纳税总额的50%、最高不超过1万元的标准给予一次性补贴,用于创业者个人缴纳的社会保险费。回乡创业者新办企业在园区内租赁标准厂房生产经营,按年租金的10%给予补助,补助期限两年。小微企业年内实施符合国家产业政策要求的技改项目,生产性设备投入100万元以上,按生产设备投资额的3%给予补贴。在乡镇工业园区新注册登记的,两年内初次创业失败企业,按照其设备损失的20%标准进行补偿,单个企业补偿金额不超过100万元。(牵头单位:区人社局,相关责任单位:区财政局、区经信委、区科技局)

第三条 加大培训力度。构建普惠培训制度,开展就业技能培训、创业培训、在职职工岗位技能培训。低收入家庭子女、城镇登记失业人员、毕业年度高校毕业生、农村转移就业劳动者、城乡未继续升学的应届初高中毕业生等五类人员(以下简称五类人员)参加就业技能培训并取得专项职业能力证书、初级、中级、高级国家职业资格证书的,分别给予300元、600元、1000元、1200元的职业培训补贴。企业吸纳五类人员就业,在劳动合同(1年以上期限)签订之日起6个月内组织开展岗前技能培训,并取得专项职业能力证书、初级、中级、高级国家职业资格证书的,分别给予150元、300元、500元、600元的职业培训补贴。具有创业意愿和培训意愿并具备一定创业条件的城乡各类劳动者,参加创业培训取得合格证书的,给予每人600元补贴。企业开展岗位技能提升培训或转岗培训,经考核合格并取得专项能力证书、初级工、中级工、高级工,分别给予企业每人300元、500元、600元、1000元的培训补贴。生产一线岗位职工参加紧缺型职业(工种)高技能人才培训,或参加省人社厅认定组织开展的企业技能人才评价(职业、工种在国家公布的目录范围内),并获得高级工、技师、高级技师职业资格证书的,分别给予每人1500元、3000元、4000元的培训补贴。参加高级技师岗位技能提升培训,并获得合格证书的,给予每人4000元的培训补贴。对开展新型学徒制培养的企业,按取得国家职业资格证书或培训合格证书人数,给予企业培训补贴;培训后取得中级以上国家职业资格证书的,按企业支付给培训机构培训费用的60%确定,每人每年补贴原则上控制在4000–6000元,补贴期限不超过2年;未能取得中级以上国家职业资格证书的,按补贴标准的50%给予补贴。对不裁员、少裁员企业继续按规定给予上年度缴纳失业保险费50%的稳岗补贴,凡正常支付职工工资的企业,稳岗补贴主要用于职工技能培训、鉴定。设立创业精英培养专项资金50万元,全区每年培养创业精英50人。组织农村建档立卡低收入农户参加劳动力技能培训和新型职业农民培训。(牵头单位:区人社局,相关责任单位:区教育局、区民政局、区财政局、区农委)

第四条 促进农民增收。在充分挖掘现代农业增收潜力的基础上,进一步调动农民发展新产业、新业态增收的积极性。鼓励发展高效设施农业,当年新建钢质连栋大棚、智能大棚发展果蔬、花卉等园艺作物种植,净面积50亩以上的,按照设施造价的30%给予补贴。大力培育新型农业经营主体,当年新流转土地并成立从事粮油、蔬菜等大宗农作物种植的家庭农场,一次性奖励1万元;当年新创成国家级、省级、市级、区级示范家庭农场,一次性奖励20万元、10万元、5万元、3万元;当年新创成国家级、省级示范农民专业合作社,每个分别奖励2万元、1万元。积极发展农业产业化龙头企业,当年新创成国家级、省级、市级重点农业产业化龙头企业、农业科技型企业的,每个分别奖励20万元、5万元、1万元,首次被认定为国家高新技术企业的,奖励20万元。重新认定的,奖励10万元。鼓励新型职业农民、返乡下乡人员领办创意休闲农业,对新创成国家级、省级、市级休闲观光农(渔)业、示范园区(村、点),分别奖励30万元、20万元和10万元。鼓励发展农产品电子商务,对网上农产品年销售额超过30万元的，按交易额的5%给予奖励，最高奖励不超过30万元。被评为省级以上农产品电子商务（物联网）示范企业的，奖励5万元。推进“益农信息社”建设，每建成一个“益农信息社”奖补1000元。鼓励开展农业社会化服务，对专业化植保统防统治面积达1000亩、3000亩、5000亩以上的，分别补贴专业服务组织1万元、3万元、5万元；对新建机库面积300㎡以上的，每个机库补贴10万元。大力发展乡村旅游，被评为星级农家乐（客栈）的，按星级标准分别奖励5万元、4万元、3万元、2万元、1万元。加快推进社区股份合作社建设，把集体资产量化到人、固定到户，提高收益分配比例，当年新组建的社区股份合作社，每个奖励3万元。（牵头单位：区委农办，相关责任单位：区农委、区商务局、区财政局、区科技局、区旅游局）

第五条　拓展理财渠道。支持居民财产向资本转变、着力提高居民股权红利收入，引导居民参股创办企业，或出资入股、联合投资建设一批经营风险小、预期回报好的经营项目。积极开展农村土地承包经营权、农民住房财产权抵押和专利权、商标权等知识产权质押等融资业务，每年累计发放土地承包经营权抵押贷款2000万元以上。大力发展房屋租赁市场，允许将现有住房按规定改造出租。开展农村宅基地有偿退出，改善农村环境，保护农民合法权益，增加农民财产性收入，每年新增耕地不少于1000亩，退出宅基地农户1500户。对拆除的合法房屋面积由所在镇（街道）制定标准进行补偿，对自愿退出的宅基地给予适当补助，退出宅基地的农户，除宅基地权益外，其在原集体经济组织中的所有权利义务不变，对在本区进城入镇购房户，还给予适当补助。规范培育专业理财机构，多元化提供各类理财产品，着力提高股权红利收入，引导资产管理、融资、代理等中介服务组织健康有序发展。多形式、多层面普及金融知识，增强居民投资风险防范能力，引导居民利用保险防范化解生产生活风险；深入开展打击非法集资和互联网金融专项整治工作，保障居民合法财产权益不受损害；创新发展产权市场，支持居民经营性产权自由流动、交易。（牵头单位：区金融办，相关责任单位：区住建局、区发改委、区国税局、区地税局、区委农办、盐都规划分局、盐都国土分局、区民政局、区各保险公司）

第六条　改进收入分配。完善最低工资标准动态调整机制，逐步提高最低工资标准。健全企业薪酬调查制度，适时发布企业工资增长指导线、部分职位工资指导价位。以非公有制企业为重点，大力推进企业工资集体协商，全区建有工会的企业工资集体协商制度覆盖面达95%以上。指导企业形成以一线职工为重点的工资正常增长机制，逐步缩小一线职工工资与经营管理者收入差距，一线职工工资增幅不低于本企业职工平均工资增幅。督促用人单位严格执行高温津贴等劳动标准。畅通欠薪举报投诉渠道，建立企业欠薪报告制度，对企业欠薪失信行为记入公共信用信息平台并实施联动惩戒。严厉打击恶意欠薪违法犯罪行为，对困难群众、农民工欠薪案件给予法律援助，依法维护劳动者工资权益，重点解决建设领域农民工工资支付保障问题。健全欠薪应急周转金制度，扩大工资保证金实施范围。（牵头单位：区人社局，相关责任单位：区经信委、区司法局、区住建局、区民政局）

第七条　提高社保待遇。合理提高社会保险待遇水平，完善职工基本养老保险个人账户制度，健全多缴多得激励机制。按照中央统一部署调整机关事业单位和企业退休人员基本养老金，城乡居民基本养老保险基础养老金省定最低标准以每年不低于8%的增幅进行调整。建立城乡统一的居民基本医疗保险制度，完善城乡居民大病保险制度，健全医疗保险稳定可持续筹资和报销比例调整机制，改进职工基本医疗保险个人账户，开展门诊费用统筹，到2020年城镇职工基本医疗保险、城乡居民基本医疗保险政策范围内住院医疗费用报销比例分别稳定在80%、75%左右。加强基本医疗保险、城乡居民大病保险、医疗救助等有效衔接，完善医疗保险关系转移接续、异地就医结算机制。深化医疗保险付费方式综合改革，严格控制医保目录外费用占总医疗费用的比例，有效控制医疗费用不合理增长。及时调增失业保险发放待遇，增强失业保险保生活、防失业、促就业功能。健全预防、补偿、康复相结合的工伤保险制度。大力发展补充保险，全面实施职业年金制度，扩大企业年金覆盖面。（牵头单位：区人社局，相关责任单位：区财政局、区民政局）

第八条　关爱特殊群体。完善城乡低保制度。落实低保标准自然增长机制，逐年提高低保标准，到2020年，全面实现城乡低保标准一体化。推进低保政策与扶贫政策相衔接，使低保对象通过社会救助和扶贫支持两条路径实现脱贫致富。将生活困难、靠家庭供养且无法单独立户的成年无业重度残疾人，经个人申请，可按照单人户纳入最低生活保障范围。确保将无劳动能力、无生活来源，以及无法定赡养、抚养、扶养义务人或者法定赡养、抚养、扶养义务人无赡养、抚养、扶养能力的残疾人纳入特困人员供养范围。健全特困人员供养标准调整机制。依照当地上一年度城镇常住居民和农村常住居民人均可支配收入的50%比例，确定城市和农村特困人员供养标准。每年按照市统一要求，完成调标工作，按季并于季度首月拨付、发放到位。实施托底救助民生三项保险。自然灾害人身意外伤害和家庭财产保险，按户籍人口投保，对户籍居民遭遇自然灾害、人身意外伤害及在抢险救灾中遭遇人身伤害（含非户籍居民），给予人身伤害和财产损失赔付；托底救助对象特别重大疾病专项保险，按户籍人口投保，对区内托底救助对象在保险期内首次确诊患协议规定的30种重大疾病的，被保险人自负医疗费用（无医保内、外限制）按比例给予赔付；五保及“三无”老人失能（失智）护理保险，按200元/人·年投保，对参保对象因年老、疾病、伤残导致失能、失智而在护理机构护理的特困老年人，由护理险基金支付每人每月1200元护理费，并将保险对象逐步向低保和低保边缘家庭中的60周岁以上失能、失智老人扩展。提高孤儿生活保障标准，实行自然增长机制，散居孤儿保障标准从每人每月1200元逐步增加到1800元，集中供养孤儿保障标准从每人每月1950元逐步增加到2600元。全区困境儿童生活费分类保障标准分别达到散居孤儿保障标准的50%

—80%。适时提高尊老金发放标准。严格残疾人两项补贴发放标准，将低保外无固定收入的三、四级智力、精神残疾人纳入“两项补贴”发放范围，生活补贴按低保标准的40%发放，护理补贴参照重度残疾人标准发放。(牵头单位:区民政局，相关责任单位:区财政局、区残联)

第九条　减轻群众负担。按照学前教育1000元/年、小学1000元（低保1500元)/年、初中1250元（低保2000元)/年、普通高中2000元/年的标准，对家庭经济困难的学生进行资助。进城务工人员子女义务教育享有到公办学校免费就读的学位。对就读普通高中的家庭经济困难学生(建档立卡等)按照每生每年1600元的标准减免学费。全面落实残疾学生全过程免费教育，普通高中的残疾学生在免收学费的基础上免除住宿费。免费为城乡居民提供规定的公共卫生计生服务项目，全面推进分级诊疗制度建设，深入实施家庭医生签约服务，深化公立医院综合改革。城镇居民住房保障做到应保尽保，对符合条件的城镇稳定就业的外来务工人员、新就业高校毕业生等，纳入公租房保障范围。加快实施棚户区(城中村、危旧房)改造，推进货币化安置，三年内完成改造3000户以上(其中高新区盐龙街道1000户，盐渎街道700户，潘黄街道700户)。加强农村危房改造，到2020年，基本完成危房改造任务，优先支持建档立卡贫困户、农村分散供养五保户、低保户、贫困残疾人家庭等重点对象。对符合上述条件的贫困农户改造危房，在中央、省级财政补助的基础上，按照我区农村康居工程补助标准，不足部分由区镇财政按7:3比例分担。(牵头单位:区物价局，相关责任单位:区教育局、区卫计委、区人社局、区住建局、区财政局、区残联)

第十条　强化精准扶贫。深化第一书记驻点、部门单位挂钩、企业结对共建的“三位一体”合力帮扶薄弱村机制，深入开展“牵手致富”“结一门穷亲、找一份事做”帮扶行动，组织党员干部进村(社区)入户助贫“三清三实三帮”，实现全覆盖。区财政每年安排1000万元专项用于支持低收入村、低收入农户兴办经营性物业、开展农业社会化服务、发展其他经营性致富项目。统筹上级奖补资金促进低收入农户自力更生，实现脱贫。对投资5000元以上实施各类自主创业项目的低收入农户，每户一次性扶持3000元；为建档立卡低收入家庭对象提供公益性岗位的村(居)，每个岗位每年补贴4800元；企业或个体经营户设立加工点并吸纳低收入农户从事企业产品加工的，每个低收入农户每年补贴2400元。为建档立卡低收入农户购买农业保险、家庭财产保险和一份大病、意外综合保险。减免村级“一事一议”个人筹资部分，减少贫困农户家庭支出。(牵头单位:区委农办，相关责任单位:区委组织部、区财政局、区民政局、区人社局)

区委、区政府建立富民增收协调推进工作机制，及时研究实施富民增收重大事项，开展专项督查和数据监测，推动富民增收政策措施落实。区发改委牵头负责全区富民增收工作，区委农办牵头负责农村居民增收工作，区人社局牵头负责城镇居民增收工作，区财政局牵头负责完善富民增收财政政策体系，各镇(街道)、区各有关部门要强化责任落实，出台实施细则、完善配套措施。区各新闻媒体和宣传阵地要强化典型宣传，营造鼓励增收致富的良好环境。

本意见自发布之日起实行，涉及奖励、补贴的同一事项，按最高标准执行，不重复计算。

中共盐都区委　盐都区人民政府
关于实施全面两孩政策改革完善计划生育服务管理的意见

都委〔2017〕8号　2017年2月25日

为深入贯彻落实《中共中央、国务院关于实施全面两孩政策改革完善计划生育服务管理的决定》(中发〔2015〕40号，以下简称《决定》)、《中共江苏省委、江苏省人民政府贯彻〈中共中央、国务院关于实施全面两孩政策改革完善计划生育服务管理的决定〉的意见》(苏发〔2016〕39号，以下简称《意见》)，《中共盐城市委、盐城市人民政府关于实施全面两孩政策改革完善计划生育服务管理的意见》(盐发〔2017〕2号)，进一步做好新时期计划生育工作，促进人口长期均衡发展，现结合我区实际，提出如下意见。

一、正确认识计划生育工作面临的形势

(一)计划生育工作成绩显著。从20世纪70年代实行计划生育以来，我区各级党委和政府高度重视计划生育工作，始终坚持计划生育基本国策，坚持人口与发展综合决策，不断完善计划生育服务管理，计划生育工作取得了显著成绩，人口过快增长的势头得到有效控制，低生育水平长期保持稳定，有效缓解了人口对资源环境的压力，有力促进了人口素质和人民群众生活水平的提高，为经济社会持续健康发展作出了重要贡献，为全面建成小康社会奠定了坚实基础。

(二)新时期计划生育任务艰巨。进入21世纪特别是“十二五”时期以来，我区人口形势发生深刻变化，人口总量增长势头有所减弱，人口结构性矛盾凸显，老龄化程度不断加深，出生人口素质有待进一步提升，实现人口均衡发展的任务十分艰巨；实施全面两孩政策后，社会公共服务特别是妇幼保健服务和计划生育服务管理面临许多新问题、新挑战。我区人口对经济社会发展的压力、人口与资源环境的紧张关系短期内不会根本改变。人口问题始终是经济社会发展的基础性、全局性和战略性问题。当前，必须深刻认识做好计划生育工作的重要性和长期性，立足区情，认真贯彻计划生育基本国策，从全局和战略的高度，正确处理当前与长远、总量与结构、人口与资源环境的关系，努力促进人口长期均衡发展，

最大限度发挥人口对经济社会发展的能动作用。

(三)实施全面两孩政策、改革完善计划生育服务管理是新形势下坚持计划生育基本国策的重大战略部署。党的十八届五中全会明确提出，全面实施一对夫妇可生育两个孩子政策。2015年底，党中央国务院正式印发《决定》,确定了实施全面两孩政策、改革计划生育服务管理的总体思路和主要目标任务。2016年9月,省委省政府明确提出贯彻意见。这是顺应人民群众期盼、促进人口长期均衡发展的重大举措，有利于优化人口结构,增加劳动力供给,减缓人口老龄化压力;有利于促进经济社会持续健康发展,实现全面建成小康社会的奋斗目标;有利于更好地落实计划生育基本国策,促进家庭幸福与社会和谐。各地各部门要以中央《决定》和省、市委《意见》精神统一思想,充分认识实施全面两孩政策、改革完善计划生育服务管理的重要性,切实增强责任感和使命感,以法治思维、创新精神和务实作风，全面做好新形势下计划生育工作,为建设“强富美高”新盐都创造良好人口环境。

二、进一步明确新时期计划生育工作的目标任务

(四)指导思想。全面贯彻党的十八大和十八届三中、四中、五中、六中全会精神，深入落实习近平总书记系列重要讲话精神,按照中央《决定》和省、市委《意见》要求,以增进家庭和谐幸福、促进人口长期均衡发展为主线，坚持计划生育基本国策,统筹推进生育政策、服务管理制度、家庭发展支持体系和治理机制综合改革，努力实现规模适度、素质较高、结构优化、分布合理的人口均衡发展,促进人口与经济社会、资源环境协调可持续发展。

(五)主要目标。“十三五”时期全区计划生育工作的主要目标是，保持适度生育水平，人口自然增长率控制在6‰左右,出生人口素质明显提高,出生人口性别比逐步下降并趋于正常，流动人口服务管理实现均等化，计划生育服务管理制度和家庭发展支持体系较为完善,政府依法履行职责、社会广泛参与、群众诚信自律的多元共治格局基本形成,计划生育治理能力全面提高,覆盖城乡、布局合理、优质高效的妇幼保健计划生育服务体系更加完善，实现人人享有优质的计划生育服务。

实现上述目标,必须坚持法治引领,依法稳妥实施全面两孩政策;必须坚持创新发展,改革完善计划生育服务管理;必须坚持以人为本，大力提升妇幼健康服务水平;必须坚持统筹推进,构建比较完备的政策支持和服务体系;必须不断探索新形势下落实计划生育基本国策的体制机制和方式方法。

三、稳妥有序实施全面两孩政策

(六)依法组织实施全面两孩政策。贯彻落实新修改的《中华人民共和国人口与计划生育法》、《江苏省人口与计划生育条例》等法律法规,做好相关政策的宣传、解读。完善配套政策措施和服务管理办法，妥善处理全面两孩政策实施前后有关政策衔接问题，及时调整完善有利于全面两孩政策实施、提高出生人口素质、增进妇幼健康、促进家庭发展等相关配套政策措施，构建实施全面两孩政策的法制支持体系，维护群众计划生育合法权益。综合评估人口发展形势、计划生育工作基础和政策实施风险，细化具体措施,科学制定防控预案,确保政策平稳实施,生育水平不出现大幅波动。

(七)加强出生人口监测。加强人口变动情况调查，建立出生人口监测和预警机制,开展出生人口监测,科学运用监测结果，准确评估全面两孩政策实施效果。加快推进人口基础信息库和人口健康信息化建设，不断完善全员人口数据库，为加强和改进计划生育服务管理工作提供信息支撑。加强部门协作,逐步实现户籍管理、婚姻、人口健康、教育、社会保障等信息共享。

(八)合理配置公共服务资源。根据生育服务需求和人口变动情况,坚持政府主导,统筹规划,完善政策,加大公共服务财政投入，合理配置妇幼保健、儿童照料、学前和中小学教育、社会保障等资源。积极引入社会资本,引导和鼓励社会力量举办非营利性妇女儿童医院、普惠性托儿所和幼儿园等服务机构,不断增加服务供给,努力满足新增公共服务需求。

四、改革完善计划生育服务管理

(九)改革生育服务管理制度。推进简政便民,实行生育登记服务制度,对生育两个以内(含两个)孩子的,不实行审批,由家庭自主安排生育。改进再婚等情形再生育管理。落实便民利民措施,简化和规范计划生育办证服务，优化办事流程,简化办理手续,全面推行网上办事,认真落实首接责任制、信息公开制,为群众提供高效便捷服务。严禁将落实计划生育政策与落户、入托、入学等挂钩,切实维护群众的合法权益。

(十)强化基层基础工作。完善宣传倡导、依法管理、优质服务、政策推动、综合治理的计划生育长效工作机制，保证各项服务管理工作落到实处。加强卫生计生综合监督执法,坚持依法管理,严格控制政策外多孩生育，规范社会抚养费征收管理,维护良好生育秩序。深入开展新一轮全国计划生育优质服务先进单位和省人口协调发展先进县(市、区)创建活动,推进计划生育工作转型发展。加快推进基层卫生计生机构改革，统筹卫生计生资源,稳定和加强县、镇两级计划生育工作力量，巩固村级计划生育工作网底，妥善解决好村级计划生育专干的报酬待遇、养老保障等问题,确保基层有人管事、有钱办事、照章理事。切实加强基层计划生育协会组织和能力建设，发挥好计划生育协会作用。

(十一)加强流动人口服务管理。将流动人口纳入城镇基本公共卫生和计划生育服务范围，全面落实国家规定的免费服务项目，推进流动人口基本公共卫生计生服务均等化。加强部门、区域之间的协作，健全流动人口信息核查和共享机制,加强流动人口统计监测,巩固完善流动人口信息互通、服务互补、管理互动的“一盘棋”工作机制,做好流动人口在居住地的生育登记服务，实施流动人口健康促进行动计划、留守儿童健康促进项目,关怀关爱流动人口和留守人群,促进社会融合。

五、大力提升妇幼健康服务水平

(十二)加强妇幼健康服务体系建设。推进妇幼保健与计划生育技术服务资源整合，加强妇幼健康服务机构标准化建设,2020年基层医疗卫生机构规范

化妇幼健康服务门诊建成率达80%以上。加强医疗卫生机构妇产科和儿科建设，科学引导二级及以上综合医院和规模较大的基层医疗卫生机构合理增设产、儿科床位，扩大妇幼保健和产、儿科临床服务供给。加强区危重孕产妇、新生儿急救中心和绿色通道建设，切实保障母婴安全。

（十三）提升妇幼健康服务能力。推进分级诊疗和区域妇幼健康服务联合体建设，引导孕产妇合理选择助产服务机构，逐步形成分工协作、上下联动的服务格局。强化助产技术和计划生育技术等技术服务的日常监管和质量控制，提高妇幼健康服务质量。加大产科和儿科医师、助产士及护士人才培养力度，在职称评定、薪酬分配等方面给予政策倾斜。加快妇幼健康学科建设和技术发展，推动妇幼健康服务技术进步和服务改善。开展妇幼健康优质服务示范工程、爱婴医院等创建活动。

（十四）推进优生优育全程服务。落实免费计划生育基本技术服务，推进避孕节育知情选择，向育龄人群提供安全、有效、适宜的安全避孕服务，提高避孕药具服务可及性，减少非意愿妊娠。推进免费婚前医学检查和免费孕前优生健康检查，建立健全初筛、转诊、诊断、康复和随访相互衔接的工作机制，不断完善出生缺陷综合防治体系。加强孕产期保健服务，开展生育咨询服务和技术指导，全面提高出生人口素质。组织开展计划生育生殖健康科普宣传和服务，提升群众生殖健康水平。

六、构建有利于计划生育的家庭发展支持体系

（十五）完善计划生育家庭奖励扶助政策。按照“老人老办法，新人新办法”原则，做好全面两孩政策实施前后的政策衔接，切实保障计划生育家庭的合法权益。对政策调整前的独生子女家庭，继续享受现行各项奖励扶助政策。完善计划生育家庭奖励扶助制度和特别扶助制度，实行扶助标准动态调整。落实企业持独生子女父母光荣证退休职工一次性奖励制度。加大对计划生育特殊困难家庭的帮扶力度，妥善解决他们的生活照料、养老保障、大病治疗和精神慰藉等问题。完善计划生育公益金制度。加强计划生育与扶贫开发相结合，提升贫困户计划生育家庭的发展能力。对政策调整后自愿只生育一个子女的夫妻，不再实行独生子女父母奖励优惠等政策。

（十六）增强家庭抚幼和养老功能。建立完善包括生育支持、幼儿养育、青少年发展、老人赡养、病残照料等在内的家庭发展政策，依法落实延长生育假等福利待遇，广泛开展创建幸福家庭活动和新家庭计划，增强社区幼儿照料、托老日间照料和居家养老等服务功能。推进医疗保健与养老服务融合发展，探索建立长期护理保险制度。积极发展家庭服务事业，满足人民群众多层次、多样化需求，增进家庭和谐幸福。

（十七）促进社会性别平等。深入开展关爱女孩行动，创造有利于女孩成长成才的社会环境。综合治理出生人口性别比偏高问题，开展专项整治行动，加强部门联动和案件查处，依法严厉打击非医学需要的胎儿性别鉴定和选择性别人工终止妊娠行为，确保出生人口性别比逐步下降趋于正常。加大妇女权益保障力度，依法保障妇女的宅基地、房屋等财产继承权和土地承包权，依法保障女性就业、休假等合法权益，防止用人单位对生育妇女的歧视。

七、切实加强组织领导

（十八）落实党政责任。各级党委和政府要坚持党政一把手亲自抓、负总责，将实施全面两孩政策、改革完善计划生育服务管理作为全面深化改革的重要任务，列入经济社会发展总体规划，纳入社会管理和改善民生总体部署，加强政策统筹、工作协调和任务落实。要建立健全目标责任制和考核评价体系，完善各级人口计生领导小组制度，层层签订目标责任书，确保责任到位、措施到位、投入到位，确保计划生育各项目标任务全面落实到位。对主要目标任务未完成、严重弄虚作假、违法行政造成恶劣影响等情形的，实行“一票否决”。

（十九）加强协同治理。各级人口计生领导小组要发挥好组织协调作用，各成员单位要各司其职，各负其责，促进全面两孩政策与相关经济社会政策有效衔接，形成政策配套、公共服务保障、执法协调、信息互通的计划生育齐抓共管整体合力。发改、卫计部门要做好计划生育、妇幼健康等服务体系建设规划，完善人口发展战略；教育部门要提早规划布局，统筹教育资源配置；人社部门要指导督促用人单位贯彻实施产假有关政策，落实好参保人员生育保障待遇，支持妇女平等就业；财政部门要加大投入，落实好计划生育奖励扶助、特别扶助政策以及加强妇幼健康和托幼教育服务体系建设等所需经费。充分发挥工会、共青团、妇联、计划生育协会等群众团体和其他社会组织的作用，加强政府与社会协同，形成政府依法履职、社会广泛参与、群众诚信自律的多元共治格局，全面提高计划生育综合治理能力。

（二十）做好宣传引导。各地各部门要把思想和行动统一到中央的决策部署上来，加大正面宣传力度，深入宣传计划生育工作的伟大成就，宣传坚持计划生育基本国策、调整完善生育政策的重要意义，大力开展人口基本国情和计划生育基本国策宣传教育，不断增强全社会的国情和国策意识。充分利用广播、电视、报刊、网络等渠道，主动做好政策解读，及时回应社会关切。要总结推广好经验、好做法，宣传计划生育先进典型，正确引导社会舆论，营造支持政策落实和改革创新的良好氛围。

（二十一）强化督查落实。各地各有关部门要按照本意见要求，制定实施方案，细化改革任务，明确实施步骤。要把计划生育工作纳入重大事项督查范围，完善督查制度，突出工作重点，加强对各项改革措施的跟踪评估，及时发现和解决改革中的苗头性、倾向性问题。对存在突出问题的地方，组织重点督查，推进重点、难点工作的落实。各镇（区、街道）党委、政府每年底要向区委区政府专题报告本地年度计划生育工作情况，区委区政府将定期开展督查。

各镇（区、街道）党委、政府要根据本地实际情况制定实施意见并组织落实。

中共盐城市盐都区委办公室
关于印发《中共盐城市盐都区第十四届委员会巡察工作规划》的通知

都办发〔2017〕2号　2017年1月13日

为健全党内监督体系，落实全面从严治党要求，强化党要管党、从严治党政治责任，切实加强对基层党组织和党员干部监督，推动全面从严治党向基层延伸，根据中央《巡视工作条例》和省委《关于加强市县党委巡察工作的意见(试行)》以及市委《关于加强巡察工作的办法(试行)》、区委《巡察工作实施办法(试行)》等文件精神，制定本工作规划。

一、指导思想和工作原则

区委巡察工作以马克思列宁主义、毛泽东思想、邓小平理论、"三个代表"重要思想、科学发展观为指导，深入学习贯彻习近平总书记系列重要讲话精神，落实中央巡视工作方针和省、市、区委各项部署要求，坚持从严治党、依规治党，坚持把纪律挺在前面，聚焦党风廉政建设和反腐败工作，发现问题，形成震慑，进一步营造风清气正的政治生态，为加快建设"强富美高"新盐都提供坚强政治保证。

区委巡察工作坚持统一领导、分级负责，依规依纪、实事求是，依靠群众、发扬民主，聚焦问题、注重实效的原则。

二、目标任务

(一)工作目标。实现巡察全覆盖，五年内对区委巡察对象至少巡察一次。

(二)工作任务。对巡察对象执行《党章》和其他党内法规，遵守党的纪律，落实党风廉政建设主体责任和监督责任等情况进行监督。结合基层特点，紧盯党的领导弱化、党的建设缺失、全面从严治党不力三大问题，着力发现违反"六项纪律"方面问题和线索，关注中央和省委、市委巡视巡察反馈意见整改和移交问题线索办理中存在问题，跟踪区委要求了解的其他问题。

三、对象范围

区委工作部门领导班子及其成员；政府部门、人民团体党组织领导班子及其成员；区属国有企事业单位党组织领导班子及其成员；镇(区、街道)党政领导班子及其成员，人大主席(主任)、副主席(副主任)；区委需要巡察的其他单位党组织领导班子及其成员。

四、方法步骤

(一)常规巡察。按照每年不低于20%的比例对巡察对象开展巡察，一般每年至少开展三轮常规巡察，每轮巡察6个左右。优先安排经济活动多、专项经费多、群众反映多的巡察对象开展巡察，不断增强巡察的针对性和实效性。对职能相近、规模较小的巡察对象，可以一个巡察组同时巡察2-3个。

(二)专项巡察。围绕区委关注的重大问题、社会关注的热点问题，以及围绕一件事、一个人、一个下属单位、一个工程项目、一笔专项经费等，适时安排专项巡察。5年内开展不少于3次专项巡察。

(三)回访巡察。对整改不力、成效不明显的巡察对象开展回访巡察。

五、组织领导

(一)落实工作责任。区委加强对巡察工作的领导，区委常委会把巡察工作列入工作要点，每年研究巡察工作不少于2次。书记专题会议及时听取每轮巡察情况汇报，研究决定巡察成果运用。各级党组织主要负责人要落实全面从严治党"第一责任人"责任，巡察工作领导小组组长要落实巡察工作"第一责任人"责任，巡察组组长要落实巡察监督"第一责任人"责任，被巡察单位党组织主要负责人要落实巡察整改工作"第一责任人"责任。

(二)完善协调机制。巡察机构要加强与纪检、组织、政法、公安、法院、检察、财政、审计、信访、国资、统计等机关和部门的沟通联系，健全完善工作协调机制，做好信息支持和工作保障，为精准发现问题奠定基础，推动巡察工作深入有效开展。

(三)加强队伍建设。建立和完善区委巡察组组长库和专业人才库，并根据实际情况，适时进行动态调整和充实。坚持高标准、严要求，研究制定巡察干部管理办法，严格选任标准，优化队伍结构，加强作风建设，开展业务培训，着力打造政治坚定、作风优良、素质全面、能打硬仗的巡察干部队伍。

区委办公室　区政府办公室
关于印发《2017 年盐都区服务返乡创业工作方案》的通知

都办发〔2017〕3号　2017年1月14日

为深入推进“大众创新、万众创新”，有序开展2017年返乡创业服务工作，特制定如下方案：

一、指导思想

深入贯彻党的十八届六中全会和省、市、区党代会精神，认真落实国家和省、市、区鼓励全民创业的决策部署，积极作为，精准发力，坚持创业就业并重，突出招引培育并举，实行区、镇、村三级联动，相关职能部门协同推进，实施服务返乡创业专项行动，吸引有资金、有市场的外出有成人士，有知识、有梦想的大学生，有技术、有能力的务工能人返乡创业就业，加快建设“强富美高”新盐都。

二、目标任务

1.做大创业主体。围绕大众创业，激发创业热情，新发展私营企业2000户，吸引返乡创业1000人，带动就业2000人以上。

2.做优创业服务。围绕创业要素，提供精准服务，组织创业培训1000人、技能培训3000人、电子商务培训1000人；发放创业担保贷款3000万元，扶持创业1000人。

3.做强创业载体。围绕产业特点，集聚地方资源，打造多元化创业基地10个；着力提升镇村工业园集聚效应，力争新增入园企业70家。

三、主要内容

以返乡高校毕业生、农民工、在外有成人士为重点，以“邀您回乡、助您创业”为主线，针对返乡创业不同阶段，着力做好“三个三”。

1.打好“三张牌”，宣传引导返乡创业。扎实开展立体式、多渠道的宣传活动，重点打好“三张牌”，让创业的种子在宣传中萌发，吸引、激励在外人员踊跃返乡创业。一是打好“乡情牌”。通过邮寄、微信、网络、张贴等方式，广泛发送《致盐都籍在外人员的一封信》，向在外人员献上暖暖的问候，发出诚挚的邀请。同时，利用元旦、春节、中秋期间在外有成人士回乡过节的时机，组织新春团拜会、名商高徒对接会、新春盐商茶话会等活动，加深在外有成人士与家乡的情感。二是打好“环境牌”。建立长三角和东北地区“盐都区在外创业务工人员服务中心(站)”，健全创业服务职能，深度推介盐都返乡创业政策、创业环境，让在外人员了解家乡、关注家乡、心向家乡。通过“两节”期间各种就业招聘活动，以及返乡人员办理城乡社会保险业务等时机，发放区人社局定制的“返乡创业大礼包”，让他们全面了解返乡创业的政策和服务。三是打好“典型牌”。开展返乡创业典型宣传，举办返乡创业大赛、返乡创业成果路演、返乡创业典型座谈会等活动，以大赛引领创业，以活动推进创业，以典型带动创业，在全社会形成崇尚创新、尊重创业、服务创业、投身创业的良好局面。

2.围绕“三个有”，帮扶推动返乡创业。扎实开展全方位、多层面帮扶活动，重点围绕“三个有”，让创业的萌芽在帮扶中成长。一是创业有项目。依托区、镇(区、街道)创业服务中心和人才、经信、科技、团区委、妇联等有关部门建立的创业项目库，主动向返乡人员无偿提供创业项目信息，以及在新春招聘会上集中展示优秀创业项目，帮助返乡人员拓宽创业门路，让创业有方向。二是创业有能力。继续开展创业培训进园区、高校、乡村和社区“四进”活动，组织返乡创业人员参加新型职业农民培训、电子商务培训、网络创业培训和创业就业能力提升培训等活动，帮助广大返乡人员提升创业能力，让创业有底气。三是创业有资金。加强返乡创业项目与风投、创投和银行等金融机构的对接。进一步完善创业担保贷款办法，扩充担保质押方式，改革贴息办法，优化办事程序，帮助返乡创业人员解决创业资金难题，让创业有实力。

3.做到“三个精”，服务助力返乡创业。扎实开展贴心式、个性化服务活动，重点做到“三个精”，让已经创业的项目在服务中壮大。一是精准政策兑现服务。认真梳理各级、各相关职能部门鼓励和扶持返乡创业的政策，按照创业主体、创业项目等，分门别类列出扶持政策、享受条件、流程手续和责任部门，让返乡创业者一目了然。同时，坚持部门联动、城乡互动，为创业者提供更加公平的机会和通畅的绿色通道，确保各项创业政策落到实处。二是精准能力提升服务。组织优秀创业者赶外地学习考察，到高校学习深造，同时，邀请知名创业专家来盐都授课，进一步拓宽创业者的视野，提高创业者管理、创新、经营的能力。依托盐都区创业联盟等创业平台，开展创业者交流活动，做到信息共享、优势互补。三是精准个性指导服务。进一步健全全区创业联盟的组织架构，强化创业联盟推动创业的作用，组织创业专家咨询诊断服务团，深入返乡创业园区、返乡创业企业开展个性化的指导服务，帮助创业者解决市场、技术、资金和管理等方面的问题，引导其健康成长。

四、重大活动

1. 组织春节期间返乡创业专项活动。利用元旦、春节这一重要的时间节点，区镇联动、部门互动，明确目标任务，排出活动日程，集中三个月时间，扎实开展返乡创业活动。每个镇(区、街道)安排活动不少于2场次，相关职能部门不少于1场。4月份，对春节期间返乡创业活动进考核评比。

2. 组织返乡创业就业定制服务活动。区镇联动开展2017年服务返乡创业和服务引才用工“春风行动”，在区研创大厦举办鼓励返乡创业暨服务企业引才用工大型招聘会，现场发放返乡创业大礼包,展示优秀创业项目,播放创业典型故事。在春节前后一个月间镇（区、街道）要同步举办29场,其中市区集中组织9场。

3. 组织返乡有成人士沟通拜访活动。建立盐都籍在外创业就业人员服务站，梳理并整合全区历年来已建立的劳动力交流合作基地，摸清所在地盐都籍务工人员创业就业分布状况和近年来回乡创业就业情况，动态完善全区在外有成人士信息库,通过登门拜访接触一批、组织回乡考察一批、实现返乡创业一批,动员更多的在外有成人士返乡创业。

4. 组织返乡创业外地推介宣传活动。服务我区智能终端等新兴产业发展需要,赴广东、深圳等经济发达地区举办返乡创业恳谈会、引智引才政策推介会；赴本地外出务工人员较为集中的上海、苏南等城市组织务工能人恳谈会；通过市外盐城商会创办的盐商报、盐商网等平台,宣传盐都全民创业扶持政策。

五、推进措施

1.强化组织推进。坚持区镇联动、部门互动,密切配合、协力推进。在区全民创业工作领导小组领导下,各相关部门要依照各自职能，进一步细化措施，明确目标，切实做好返乡创业服务工作。各地、各部门要按照区统一安排全力组织好相关活动,确保各项工作顺利推进。

2.强化宣传推进。我区劳务输出人员较多，返乡创业是创业工作的重中之重。各地、各部门要高度重视,注重宣传发动,统一思想认识。要注重树立典型,及时总结上报,为面上推广提供标杆。

3.强化督查推进。区创业办将定期、不定期督查推进相关部门和镇（区、街道)各项活动开展情况,督查考核情况作为评选返乡创业工作先进单位的重要依据。区有关部门和各镇(区、街道)对活动推进情况要及时上报区全民创业办。

中共盐城市盐都区委办公室 关于印发《意识形态领域情况分析研判联席会议制度》的通知

都办发〔2017〕41号　2017年7月19日

一、联席会议成员单位

区委宣传部、区纪委、区委组织部、区委统战部、区委政法委、区委台办、区委区级机关工委、区委党史办、区教育局、区民宗局、区公安局、区委610办、区民政局、区文广新局、区委网信办、区外侨办、区总工会、团区委、区妇联、区文联、区新闻信息中心、区广播电视台、各镇(区、街道)党(工)委。

根据工作需要,可邀请其他部门(单位)参加。

二、联席会议主要职能

1.在区委统一领导下,统筹协调全区意识形态领域情况分析研判工作,推进各成员单位把意识形态领域管理工作融入到日常工作全过程;

2.按照中央和省、市、区委要求,研究确定全区意识形态领域工作的重要制度及重点任务,分析研判、协调解决全区意识形态领域出现的重要问题和工作进展中的重点、难点问题;

3.组织联席会议成员单位结合各自工作职责和工作特点，精心设计载体性活动，推动意识形态领域管理工作抓细抓实,抓出常态;

4.督促评估全区意识形态领域工作的相关情况，总结推广加强意识形态领域管理工作的成功经验;

5.负责承担区委交办的意识形态领域其他相关工作任务。

三、联席会议组织协调

联席会议实行召集人制度。

由区委分管意识形态工作的领导同志担任召集人，区委宣传部分管部长担任副召集人,有关部门(单位)分管宣传思想工作的负责同志、各镇(区、街道)宣传委员担任成员。

成员因工作变动等原因需调整的,由所在部门(单位)提出,报联席会议确定。

联席会议由区委宣传部组织协调,在区委宣传部设立联席会议办公室,承担联席会议日常性工作。

联席会议设联络员，由各成员单位有关科室负责同志担任。

四、联席会议工作制度

1.定期分析研判制度。各成员单位各司其职、各负其责,及时掌握、准确研判职责范围内意识形态领域情况。每半年召开一次联席会议，交流各成员单位牵头负责的重点工作落实情况，明确阶段性任务,形成专项报告;

2.重要事项会商制度。各成员单位信息上相互沟通,工作时协同配合。遇有重要事项，联席会议办公室报召集人同意可随时召开联席会议。

3.特殊情况通报制度。各成员单位按月向联席会议办公室通报职责范围内意识形态领域情况。遇有重要情况,可由联席会议召集人召开会议，及时传达上级精神,通报工作情况,了解工作动态,帮助协调、理顺关系。

4.定期督导评估制度。联席会议定期对全区意识形态领域责任落实情况进行督导和评估，每年年底开展一次专项督查，并及时向区委及市委宣传部报告相关情况。

附件：

联席会议成员单位工作职责

1.区委宣传部。统筹协调指导意识形态工作,就意识形态工作目标任务、重大举措提出安排建议，就意识形态领域重大问题、重大事件、突发事件等提出应对建议;按照区委部署要求,对意识形态工作任务进行分解，协调、指导各方面整体推进意识形态工作，推动各项任务落到实处；协调、组织党委(党组)意识形态工作责任制落实情况的检查考核；协调组织召开意识形态领域情况分析研判联席会议；加强对报告会、研讨会、讲座、论坛等阵地管理。

2.区纪委。对因未全面履行意识形态责任制造成不良后果和影响的党员干部依纪依规处理。

3.区委组织部。把意识形态工作作为党的建设的重要内容，纳入党建工作责任制，纳入领导班子、领导干部目标管理，纳入民主生活会重要内容，纳入述职述廉述法；加强对党员干部意识形态工作的教育培训；严格执行干部标准，选优配强意识形态部门领导班子。

4.区委统战部。密切关注民主党派成员和党外知识分子的思想动向，做好民主党派成员和党外知识分子的团结引导服务工作，充分发挥他们在社会主义建设中的作用；做好新媒体从业人员统战工作，引导他们与党委政府同心同德、同向同行。

5.区委政法委。组织协调政法机关密切关注我区社会思想动态和各种不良苗头动向，及时掌握敌对势力渗透破坏的动态信息，严厉打击敌对势力的各种渗透破坏活动，依法妥善处理好各类案件，切实维护国家安全和社会稳定。

6.区委台办。密切关注台独思潮在我区的动向，把握对台交往交流活动中的意识形态导向，做好赴台等重点人群宣传教育管理工作。

7.区级机关工委。高度重视区级机关党员思想动态，有针对性地开展思想政治教育；对区级机关部门落实区委《意识形态工作责任制实施细则》情况进行督察，并做好报告和通报。

8.区委党史办。在中共党史、国史以及地方党史、地方志的研究、宣传，以及重大纪念活动中，严格遵循党的两个历史问题决议精神；牢牢掌握党史宣传教育工作的主导权、话语权，强化正面宣传，引导社会舆论；旗帜鲜明地反对歪曲、否定、淡化党的历史的错误倾向。

9.区教育局。加强对区中小学(幼儿园)、职业学校和民办学校课堂教学、报告会、研讨会、讲座论坛等各类宣传教育阵地的管理。

10.区民宗局。严格落实有关管理规定，加强对宗教及宗教思想传播的引导和管理，配合有关部门做好校园传教活动的防范、抵御工作。

11.区公安局。加强对境外非政府组织和基金会在我区活动的管理；对在境内外各类媒体、互联网、出版物及讲坛论坛等公开场合发表同中央精神相违背的言论，非议党的理论和路线方针政策及重大决策部署，散布传播政治谣言的党员干部进行依法处理。

12.区委610办公室。广泛组织开展反邪教宣传教育，严防境内外邪教组织的渗透破坏活动。深化转化攻坚行动，促使邪教痴迷人员早日回归社会。

13.区民政局。严格规范社会组织登记管理，依法查处社会组织的违法行为，取缔非法社会组织。

14.区文广新局。健全新闻阅评、理论阅评、广电收听收看、出版审读等制度，实行广播电视收听收看分级责任制，加大收听收看和监督评议力度，严格执行采编经营分离和出版物重大选题备案制度，建立社会效益评价考核体系，加强都市类媒体和新兴媒体管理；加强对公共图书馆、博物馆、陈列馆、展览馆、美术馆、文化馆、电影院、文化广场、基层综合性文化服务中心、各类演艺场所等文化场馆的管理；深入开展"扫黄打非"，严厉打击各类非法出版物，加强连续性内部资料管理，坚决封堵境外政治性有害出版物向区内渗透。

15.区委网信办。加强对属地互联网的管理，建立健全管用防并举、方方面面齐动手的制度体系；做大做强网上正面思想舆论，提高网上议题设置能力和舆论引导水平，唱响正能量；切实加强网络信息管控，重点管好具有新闻舆论和社会动员功能的新媒体，充实并发挥新媒体宣传联盟作用，做好重大主题、重要活动的新媒体宣传；巩固网络实名制工作成果，倡导文明办网、文明上网，培育文明网民，规范网上信息传播秩序；严密防范网上意识形态渗透，旗帜鲜明地开展网上舆论斗争，常态化开展网络意识形态安全清理工作。

16.区外侨办。严格对外文化交流活动、学术交流合作等的审批把关和事前事中事后监管，协助公安部门加强对境外非政府组织和基金会在区内活动的管理。

17.区总工会。加强改进职工思想政治工作，引导广大职工正确处理社会关系、表达利益诉求、维护合法权益。

18.团区委。抓住重大节庆时机，通过报告讲座、征文演讲、展览展示等形式，广泛开展中国特色社会主义和中国梦的宣传教育，构筑青少年思想基础；营造良好教育环境，努力解决青少年面临的现实问题，防止西方意识形态渗透腐蚀；引导青年辨析错误思潮，文明上网用网，做好净化网络空间的工作。

19.区妇联。以社会主义核心价值观为引领，不断深化妇女思想政治工作和思想道德教育，丰富妇女精神世界、增强妇女精神力量、满足妇女精神追求，引导妇女群众增强中国特色社会主义道路自信、理论自信、制度自信、文化自信，让妇女群众成为推动国家发展、促进社会进步的重要力量。

20.区文联。贯彻落实习近平总书记在文艺工作座谈会上的重要讲话精神，严格相关审批手续，强化重大题材、革命题材等文艺作品内容审核把关；把党的大政方针主流价值寓于各类文化产品创作中，精心打造一批优秀的文学作品、舞台剧、影视剧等，让群众在文化享受中潜移默化地得到教育和熏陶。

21. 区新闻信息中心、区广播电视台。强化主流媒体的政治担当，加强对党和政府重大决策重大部署的宣传报道，不给恶意炒作留空间留余地；加强和改进舆论监督，对存在问题，客观理性分析、强化正面引导；对热点问题和突发事件，把握好时度效，及时加强引导，充分发挥引导社会舆论、传播舆论正能量作用；对否定中国共产党的领导、攻击中国特色社会主义等错误思潮和言论，及时有效地发出声音，举旗亮剑、加以驳斥。

22.各镇(区、街道)党(工)委。按照属地管理、分级负责的原则，落实中央和省、市、区委关于意识形态工作责任制各项目标要求，建立相适应的工作制度，构建一级抓一级、层层抓落实的工作格局，确保本区域内的政治安全、社会大局稳定。

·主要文件目录·

表26

文　　号	发文时间	文　　件　　标　　题
都发〔2017〕1 号	1 月 16 日	关于印发《区委巡察工作实施办法(试行)》的通知
都发〔2017〕2 号	1 月 16 日	关于印发《盐城市盐都区“两减六治三提升”专项行动实施方案》的通知
都发〔2017〕3 号	1 月 16 日	关于印发《盐城市盐都区生态环境保护工作责任规定(试行)》的通知
都发〔2017〕4 号	1 月 17 日	关于认真组织开展 2016—2017 年度全区基层党员干部冬训工作的意见
都发〔2017〕5 号	1 月 25 日	关于加强招商选资工作的意见
都发〔2017〕6 号	2 月 16 日	关于下达 2017 年盐都区重大项目和重点工程投资计划的通知
都发〔2017〕7 号	3 月 15 日	关于深入推进法治盐都建设的意见
都发〔2017〕8 号	3 月 24 日	印发《关于进一步开展“三带三联”大走访活动的实施方案》的通知
都发〔2017〕9 号	4 月 15 日	关于印发《盐都区贯彻落实“五个一”战略工程实施方案》的通知
都发〔2017〕10 号	4 月 20 日	关于调整完善全区重大项目推进工作组织领导体制的通知
都发〔2017〕11 号	5 月 11 日	关于成立区退役士兵有关工作领导小组的通知
都发〔2017〕12 号	6 月 6 日	关于成立盐城市盐都区河长制工作领导小组的通知
都发〔2017〕13 号	6 月 12 日	关于印发《中共盐城市盐都区委中心组学习制度》的通知
都发〔2017〕14 号	7 月 28 日	关于成立盐都区社会矛盾和安全隐患大排查大整治行动领导小组的通知
都发〔2017〕15 号	7 月 12 日	关于深化供销合作社综合改革的实施意见
都发〔2017〕16 号	10 月 17 日	关于精准实施脱贫致富奔小康工程的 30 条意见
都发〔2017〕17 号	11 月 15 日	关于 2017 年度全区目标任务综合考核的意见
都发〔2017〕18 号	11 月 16 日	关于认真学习宣传贯彻党的十九大精神的通知
都发〔2017〕19 号	11 月 17 日	印发《关于进一步加强镇(区、街道)党政正职干部监督的实施办法(试行)》的通知
都发〔2017〕20 号	12 月 9 日	关于聚焦富民促进城乡居民增收的十条政策意见
都委〔2017〕1 号	1 月 25 日	关于区委常委工作分工的通知
都委〔2017〕2 号	1 月 25 日	关于区四套班子领导挂钩联系镇(区、街道)工作的通知
都委〔2017〕3 号	2 月 3 日	关于表彰 2016 年度全区目标任务综合考核先进集体和先进个人的决定
都委〔2017〕4 号	2 月 16 日	关于表彰 2016 年度全区先进纪检监察组织和优秀纪检监察干部的决定
都委〔2017〕5 号	2 月 20 日	关于调整盐都区社会治安综合治理委员会组成人员的通知
都委〔2017〕6 号	2 月 20 日	关于调整区委政法委员会成员的通知
都委〔2017〕7 号	2 月 23 日	关于报批盐城高新区相对集中行政许可权改革省级试点方案的请示
都委〔2017〕8 号	2 月 27 日	关于实施全面两孩政策改革完善计划生育服务管理的意见
都委〔2017〕9 号	3 月 6 日	关于选派省第十批科技镇长团的请示
都委〔2017〕10 号	3 月 7 日	关于进一步加强关心下一代工作的意见
都委〔2017〕11 号	3 月 13 日	关于成立区委巡察工作领导小组的通知
都委〔2017〕12 号	3 月 20 日	关于调整区优化经济发展环境工作领导小组成员的通知
都委〔2017〕12 号	3 月 28 日	关于区委常委“正风肃纪镇村行”挂钩联系镇(区、街道)工作的通知
都委〔2017〕14 号	4 月 24 日	关于调整区委党的建设工作领导小组组成人员的通知

续表

文　　号	发文时间	文　　件　　标　　题
都委〔2017〕15号	5月23日	关于涉羟犯罪专项整治工作记功奖励的决定
都委〔2017〕16号	6月1日	关于调整创建全国文明城市领导小组和指挥部的通知
都委〔2017〕17号	6月16日	关于同意陈育群等同志为盐都区法学会第三届理事会常务理事和正副会长、秘书长候选人的批复
都委〔2017〕18号	7月18日	关于申报第二批经济发达镇的请示
都委〔2017〕19号	7月26日	关于深化行政审批制度改革加快简政放权激发市场活力的实施意见
都委〔2017〕20号	8月18日	关于调整区委中心组成员理论学习联系点的通知
都委〔2017〕21号	8月24日	关于成立东山精密电子项目建设指挥部的通知
都委〔2017〕22号	8月25日	批转团区委《关于召开共青团盐城市盐都区第十七次代表大会的请示》的通知
都委〔2017〕23号	10月14日	批转团妇联《关于召开盐都区妇女第十六次代表大会的请示》的通知
都委〔2017〕24号	10月28日	关于同意团区委《关于共青团盐城市盐都区第十七届委员会书记、副书记、常务委员、委员、候补委员候选人预备人选及盐都区出席共青团盐城市第八次代表大会代表预备人选的请示》的批复
都委〔2017〕25号	11月1日	关于表扬全区关心下一代工作先进集体、先进个人的决定
都委〔2017〕26号	11月4日	关于同意团区委《关于共青团盐城市盐都区第十七次代表大会和共青团盐城市盐都区第十七届委员会第一次全体会议选举结果的报告》的批复
都委〔2017〕27号	11月20日	关于同意区妇联《关于盐城市盐都区妇联第十六届执行委员会主席、副主席、常务委员、委员候选人预备人选的请示》的批复
都委〔2017〕28号	12月8日	关于资助2017年度“雄鹰计划”高层次人才的决定
都委〔2017〕29号	12月22日	关于调整区委保密委员会组成人员的通知
都政发〔2017〕2号	1月23日	关于实施2017年为民办实事项目的通知
都政发〔2017〕3号	1月14日	关于印发盐城市盐都区生态文明建设工作考核办法的通知
都政发〔2017〕5号	1月9日	关于审批我区2015年度工矿废弃地复垦利用(第一批)实施规划的请示
都政发〔2017〕6号	1月9日	关于审批我区2016年度城乡建设用地增减挂钩(第一批)实施规划的请示
都政发〔2017〕7号	1月12日	关于对盐都区畜禽养殖污染专项整治工作进行考核验收的请示
都政发〔2017〕8号	1月12日	关于请求协调龙典公司地块仲裁纠纷的请示
都政发〔2017〕9号	1月14日	关于请求核减渔民上岸安居任务的请示
都政发〔2017〕10号	1月17日	关于盐城市盐都区国有资产投资经营有限公司发行中期票据融资的偿还资金列入区财政预算的请示
都政发〔2017〕11号	1月18日	关于申请创建城乡交通运输一体化建设工程的请示
都政发〔2017〕12号	1月22日	关于将保障性安居工程建设和旧城区改建项目纳入2017年度国民经济和社会发展计划的请示
都政发〔2017〕13号	1月日	关于加快推进江苏大吉发电公司搬迁进程的请示
都政发〔2017〕14号	2月6日	关于将杨坝居委会棚户区改造项目政府购买服务资金纳入区本级财政预算的请示
都政发〔2017〕16号	2月13日	关于将盐都区旅游局调整为区政府工作部门的请示
都政发〔2017〕17号	2月13日	关于兑现2015年度区级电商发展专项扶持资金的通知
都政发〔2017〕18号	2月14日	关于印发2017年政府工作报告主要目标任务分解表的通知
都政发〔2017〕19号	2月14日	关于表彰2016年度目标任务综合考核先进单位的决定
都政发〔2017〕20号	2月15日	关于印发盐都国家气象观测站气象探测环境保护专项规划的通知

续表

文　　号	发文时间	文　件　标　题
都政发〔2017〕21号	2月15日	关于下达2017年人力资源和社会保障工作目标任务的通知
都政发〔2017〕22号	2月16日	关于请求帮助解决盐城高新区智能终端产业项目用地指标的请示
都政发〔2017〕24号	2月28日	关于开展企业转型升级、争星创优活动的意见
都政发〔2017〕25号	3月2日	关于请求同意郭猛镇总体规划审批的请示
都政发〔2017〕26号	3月3日	关于对2016年度产业强区实绩突出企业进行表彰的决定
都政发〔2017〕27号	3月3日	关于上报盐都区及所辖大纵湖镇等12镇(街道)土地利用总体规划调整完善方案的请示
都政发〔2017〕28号	3月6日	关于印发盐都区引进重大产业项目奖励办法的通知
都政发〔2017〕29号	3月10日	关于小马沟体育公园、奋进路工程建设资金来源有关问题的请示
都政发〔2017〕30号	3月10日	关于下达2017年国有土地上房屋征收计划的通知
都政发〔2017〕31号	3月13日	关于新建鹿鸣路学校有关问题的请示
都政发〔2017〕32号	3月16日	关于审批我区2016年度城乡建设用地增减挂钩(第二批)实施规划的请示
都政发〔2017〕33号	3月16日	关于下达2017年度城建和交通工作任务的通知
都政发〔2017〕34号	3月20日	关于做好2017年民兵组织整顿工作的通知
都政发〔2017〕35号	3月27日	关于对盐都区龙冈镇总体规划(2012-2030)进行部分调整的请示
都政发〔2017〕36号	3月31日	关于江苏创世纪置业有限公司盐都境内抵押房源合同变更的请示
都政发〔2017〕37号	4月7日	关于兑现2015年度全民创业和民营经济发展奖扶资金的通知
都政发〔2017〕38号	4月26日	关于报备2017年村级公益事业建设一事一议财政奖补工作实施方案的请示
都政发〔2017〕39号	4月26日	关于请求变更土地规划用途的请示
都政发〔2017〕40号	4月28日	关于申报创建省级食品安全城市的请示
都政发〔2017〕41号	5月3日	关于加强蟒蛇河旅游风景区管理的通告
都政发〔2017〕42号	5月12日	关于申请验收盐都区永久基本农田划定工作的请示
都政发〔2017〕43号	5月12日	关于报批盐都区工矿废弃地复垦利用专项规划(2017-2020年)的请示
都政发〔2017〕44号	5月22日	关于申报畜禽粪污资源化利用试点县的请示
都政发〔2017〕45号	5月26日	关于将盐城天成化工有限公司地块职工危房列入棚户区改造计划的请示
都政发〔2017〕46号	5月26日	关于将市图书馆胡乔木后人捐赠的胡乔木实物移交盐都区的请示
都政发〔2017〕47号	6月5日	关于请求协调增开万达广场BRT支线相关事宜的请示
都政发〔2017〕48号	6月5日	关于请求先行建设腾飞路(油坊沟至盐马路段)临时道路和便桥的请示
都政发〔2017〕49号	6月30日	关于严厉打击电力捕鱼违法行为的通告
都政发〔2017〕50号	6月30日	关于印发整合城乡居民基本医疗保险制度工作方案的通知
都政发〔2017〕52号	7月6日	关于申报第五批江苏省科技产业园的请示
都政发〔2017〕53号	7月7日	关于请求市政府与盐城高新区签订智能终端产业园委托建设框架协议的请示
都政发〔2017〕55号	7月21日	关于兑现2016年度服务业引资资金的通知
都政发〔2017〕56号	7月21日	关于公布2016年度征兵工作考核结果的通知
都政发〔2017〕57号	7月24日	关于创建国家知识产权强县工程示范区的实施意见
都政发〔2017〕58号	8月3日	关于请求协调变更盐城汽车客运西站土地权属的请示

续表

文　　号	发文时间	文　　件　　标　　题
都政发〔2017〕59 号	8 月 10 日	关于贯彻落实《法治政府建设实施纲要(2015-2020 年)》等重要改革举措工作情况的报告
都政发〔2017〕60 号	8 月 16 日	关于申请对国家生态文明建设示范区进行技术评估的请示
都政发〔2017〕61 号	8 月 18 日	关于将城南污水处理厂周边大气安全防护建设项目增列入 2017 年度盐都区房屋征收计划的请示
都政发〔2017〕62 号	8 月 21 日	关于盐都现代农业产业园申报省级现代农业产业示范园的请示
都政发〔2017〕63 号	8 月 22 日	关于审批我区 2015 年度工矿废弃地复垦利用(第二批)实施方案的请示
都政发〔2017〕65 号	8 月 22 日	关于审批我区 2016 年度城乡建设用地增减挂钩实施规划的请示
都政发〔2017〕66 号	8 月 29 日	关于调整盐城市盐都区华都森林公园省级生态公益林部分小班的请示
都政发〔2017〕67 号	9 月 2 日	关于请求协调解决江苏大吉发电有限公司相关问题的请示
都政发〔2017〕68 号	9 月 4 日	关于新建潘黄小学、初中项目用地解押问题的请示
都政发〔2017〕69 号	9 月 4 日	关于新建潘黄小学、初中资金筹措问题的请示
都政发〔2017〕70 号	9 月 7 日	关于公布优秀教育工作者、优秀教师和优秀班主任评比结果的通知
都政发〔2017〕71 号	9 月 8 日	关于请求审定批准新建万达商圈临时机械公共停车设施的请示
都政发〔2017〕72 号	9 月 13 日	关于请求批准盐城北大方正产城融合项目一期用地挂牌的请示
都政发〔2017〕73 号	9 月 22 日	关于印发区政府有关部门和单位安全生产工作职责规定的通知
都政发〔2017〕75 号	9 月 23 日	关于提请审议 2017 年预算调整方案(草案)的议案
都政发〔2017〕76 号	9 月 25 日	关于请求对我区企业职工养老保险继续进行结算补助的请示
都政发〔2017〕77 号	9 月 25 日	关于提请审议蟒蛇河风景区规划(草案)的议案
都政发〔2017〕78 号	9 月 30 日	关于申请创建省级农产品质量安全县的请示
都政发〔2017〕79 号	10 月 10 日	关于调整扩大盐城高新区城市规划建设用地范围的请示
都政发〔2017〕80 号	10 月 18 日	关于帮助解决盐城高新区东山精密产业链重点项目用地指标的请示
都政发〔2017〕81 号	10 月 23 日	关于申请国家知识产权强县工程示范县(区)的请示
都政发〔2017〕82 号	10 月 24 日	关于请求调整盐都区龙冈镇总体规划(2012-2030)的请示
都政发〔2017〕83 号	10 月 24 日	关于安排人员参加江苏省发改委组团访问香港的请示
都政发〔2017〕85 号	10 月 26 日	关于申报 2016 年度市聚力创新十条政策奖励项目的报告
都政发〔2017〕86 号	10 月 27 日	关于开展农村宅基地有偿退出工作的实施意见
都政发〔2017〕87 号	10 月 27 日	关于调整我区郭猛镇同一乡镇范围内村庄建设用地拆旧规模的请示
都政发〔2017〕88 号	11 月 11 日	关于对第三届江苏文华大奖获奖剧目举证剧《菜籽花开》剧组进行表彰奖励的请示
都政发〔2017〕89 号	11 月 14 日	关于请求审定盐城市盐都区县道公路网规划(2016-2020 年)的请示
都政发〔2017〕90 号	12 月 2 日	关于请求审定盐城市盐都区县道公路网规划(2016-2020 年)的请示
都政发〔2017〕91 号	12 月 6 日	关于请求对 2013-2015 年度覆盖拉网式农村环境综合整治工作进行考核的请示
都政发〔2017〕92 号	12 月 6 日	关于请求返还融资地块土地预收益的请示
都政发〔2017〕93 号	12 月 8 日	关于对盐城市江州染整有限公司地块实施征收的请示
都政发〔2017〕95 号	12 月 9 日	关于审批我区 2015 年度工矿废弃地复垦利用(第三批)实施方案的请示
都政发〔2017〕96 号	12 月 9 日	关于我区 2016 年度工矿废弃地复垦利用(第一批)实施方案的请示
都政发〔2017〕97 号	12 月 9 日	关于审批我区 2017 年度城乡建设用地增减挂钩实施规划的请示
都政发〔2017〕98 号	12 月 18 日	关于 2017 年推进依法行政建设法治政府工作情况的报告

统计资料

2017年全区国民经济和社会发展主要指标

表27

指标名称	单位	2017年	增幅(%)
一、人口、村居、土地及耕地面积			
土地面积	平方公里	1015.00	0.0
耕地面积	万亩	84.70	0.0
年末总人口(户籍)	万人	71.15	-0.5
#城镇人口	万人	47.70	-0.2
年末常住人口	万人	63.75	0.0
#城镇人口	万人	40.45	1.4
居委会	个	80	0.0
村委会	个	170	0.0
二、综合经济			
地区生产总值	亿元	500.23	8.0
第一产业	亿元	45.90	2.8
第二产业	亿元	239.52	7.2
第三产业	亿元	214.80	10.6
人均地区生产总值(按常住人口计算)	元	78467	12.8
三、固定资产投资			
固定资产投资	亿元	395.71	12.8
#工业投资	亿元	224.10	7.9
#服务业投资	亿元	165.20	23.5
房地产开发投资	亿元	32.40	31.7
商品房销售面积	万平方米	179.14	129.5
四、财政			
财政总收入	亿元	58.45	7.6
#一般公共预算收入(同口径)	亿元	32.77	6.2
一般公共预算支出	亿元	60.96	5.2
五、规模以上工业、建筑业			
工业总产值	亿元	986.10	12.0
工业增加值	亿元	208.13	7.8

指标名称	单位	2017年	增幅(±%)
工业主营业务收入	亿元	968.30	12.0
利润总额	亿元	60.10	30.5
建筑业总产值	亿元	275.74	15.9
房屋建筑施工面积	万平方米	2994.40	34.9
六、批发零售贸易、外经			
社会消费品零售总额	亿元	232.30	11.3
进出口总额(海关数)	亿美元	7.72	22.8
#出口总额	亿美元	5.70	71.7
实际到帐外资(商务部口径)	万美元	8202	20.0
七、人民生活			
从业人员平均工资	元	66454	13.2
全体居民人均可支配收入	元	29731	9.5
#生活消费支出	元	25497	28.9
城镇居民人均可支配收入	元	35663	8.7
农村居民人均可支配收入	元	20548	9.1
八、农业产品产量			
农作物总播种面积	万亩	151.7	-1.3
其中:粮食播种面积	万亩	121.8	-0.4
粮食产量	万吨	61.5	1.9
油料产量	万吨	1.5	1.3
蔬菜产量	万吨	45.1	3.9
生猪饲养量	万头	54.4	-32.8
生猪存栏	万头	12.4	-57.5
生猪出栏	万头	42.0	-18.8
家禽饲养量	万只	1080	-16.3
家禽存栏	万只	360	-20.0
家禽出栏	万只	720	-14.3
肉类总产量	万吨	44370	-19.8

2017年各镇(区、街道)主要统计指标

表28

镇别	地区生产总值(万元)		服务业增加值(万元)		规上工业增加值(万元)		固定资产投资(万元)		工业投资(万元)		服务业投资(万元)		批零住餐销售额(万元)		城镇居民可支配收入(元)		农村居民可支配收入(元)		一般公共预算收入(万元)
	实绩	增幅(%)	实绩	增幅(%)	实绩	增幅(%)	实绩	增幅(%)	实绩	增幅(%)	实绩	增幅(%)	实绩	增幅(%)	实绩	增幅(%)	实绩	增幅(%)	实绩
盐渎街道	414100	8.4	282977	10.7	238691	7.6	572795	13.4	95146	9.1	460649	28.0	561540	12.2	39951	8.3	21890	9.0	86502
张庄街道	251250	8.4	72211	10.0	151662	7.8	206091	13.0	166647	8.5	38443	27.4	88986	11.2	38143	8.5	22065	8.9	8079
盐龙街道	790948	8.6	103276	10.6	738448	7.8	885120	13.5	685318	9.3	179802	25.5	186270	11.2	38904	8.4	22507	8.9	59087
潘黄街道	595900	8.5	338284	10.6	169495	7.7	526133	13.4	250999	9.2	262134	28.2	269556	12.0	41141	8.4	23793	8.9	34834
大纵湖镇	270324	8.4	142054	10.3	68322	7.6	227531	13.0	138783	8.0	84749	26.6	113768	11.3	38464	8.6	22311	9.3	6023
滨湖街道	87087	8.0	75109	9.9			98451	12.2			96728	27.1	30348	11.6	39153	8.4	22791	9.6	861
楼王镇	325358	8.4	141387	10.1	73751	7.8	166273	12.7	94110	7.4	67162	26.3	178630	11.1	34415	8.8	19943	9.5	3051
北龙港街道	78085	8.3	35967	9.6	26525	7.7	62352	12.0	35291	7.1	25061	26.0	29718	10.3	35299	8.7	19971	9.8	1168
学富镇	151181	8.3	79974	10.0	38052	7.8	137831	12.5	78013	7.2	55819	26.1	126470	11.1	71212	8.9	41219	9.4	4219
中兴街道	49100	8.2	27163	9.8	5036	7.7	35005	12.1	19813	7.1	13192	26.0	21140	10.6	35696	8.8	20699	9.7	1326
尚庄镇	237284	8.2	142092	10.0	34509	7.7	107202	12.6	60676	7.5	42526	26.4	122724	11.2	34967	8.9	20170	9.4	2101
葛武街道	27022	8.1	16365	9.5	5131	7.8	30629	11.3	17336	6.7	11293	25.6	20416	10.1	35530	8.9	19838	9.9	615
秦南镇	471707	8.4	199461	10.4	121594	7.8	224250	12.9	133925	7.6	84324	26.5	174284	11.4	71898	8.7	59974	9.2	6637
北蒋街道	71050	8.3	31864	9.7	12031	7.7	63446	12.1	35911	7.0	23536	25.9	29258	10.7	34516	8.9	19966	9.6	1111
龙冈镇	570570	8.6	258195	10.5	229319	7.9	433184	13.2	265182	8.6	161002	27.9	171466	11.7	41264	8.4	23857	9.0	10254
郭猛镇	310930	8.8	131456	10.2	75700	7.6	192526	12.8	128970	7.7	60556	26.9	131792	11.3	38888	8.7	22439	9.2	6466
大冈镇	350420	8.4	164960	10.3	136627	7.8	187057	13.1	125874	8.7	60183	27.6	160770	11.6	36765	8.4	21272	9.0	8371

人口及其变动情况统计年报表

表29

乡镇	年末总户数(户)	年末总人口(人)									本年度人口变动(人)									
		合计	城镇人口	乡村人口	性别		年龄				出生			死亡			迁入		迁出	
					男	女	0~17周岁	18~34周岁	35~59周岁	60周岁及以上	合计	男	女	合计	男	女	省内迁入	省外迁入	迁往省内	迁往省外
总计	237594	711535	477033	234502	372079	339456	112480	152655	277409	168991	8073	4228	3845	8767	4689	4078	2377	773	3420	1017
滨湖	5145	15812	15812	0	8326	7486	2131	3568	6256	3857	146	78	68	171	94	77	31	18	119	32
北龙港	5996	14438	14438	0	7753	6685	1849	3456	5804	3329	158	85	73	113	56	57	22	11	111	25
楼王	18646	55006	15097	39909	28747	26259	6580	11689	21432	15305	528	268	260	576	299	277	93	52	329	97
学富	19010	50064	23279	26785	26213	23851	6052	9600	19712	14700	412	199	213	643	373	270	54	33	282	93
大纵湖	15948	51044	23321	27723	26835	24209	6843	11020	19890	13291	538	271	267	549	299	250	103	41	269	61
尚庄	18975	57532	32634	24898	30643	26889	8693	12180	21414	15245	723	337	386	666	361	305	95	61	337	83
葛武	3530	9504	9504	0	5063	4441	1777	1904	3793	2030	120	74	46	76	46	30	5	7	108	34
北蒋	3935	10286	10286	0	5557	4729	1511	2358	4116	2301	93	47	46	87	50	37	11	17	98	18
秦南	25979	74368	31334	43034	39041	35327	8878	14969	29979	20542	671	365	306	1031	531	500	94	45	362	110
龙冈	27577	75450	50104	25346	39324	36126	11042	16027	30107	18274	857	460	397	1155	598	557	169	57	274	94
潘黄	15487	47158	47158	0	24302	22856	11299	11069	18302	6488	764	440	324	304	175	129	415	75	233	55
郭猛	13972	49475	39340	10135	26166	23309	8823	10857	18916	10879	542	276	266	471	261	210	76	73	168	62
大冈	28838	84512	47840	36672	44582	39930	13032	16510	33236	21734	779	418	361	1451	769	682	136	84	376	116
张庄	9913	30136	30136	0	15528	14608	5382	7080	12475	5199	381	186	195	221	124	97	103	17	112	42
盐龙	13209	49776	49776	0	25288	24488	8970	11673	18430	10703	694	376	318	902	478	424	142	47	102	44
楼王	11434	36974	36974	0	18711	18263	9618	8695	13547	5114	667	348	319	351	175	176	828	135	140	51

索　引

◆说　明

◆A B C……

说　明

一、条目索引采用主题分析法编制，按标引词第一个汉字拼音字母顺序排列。同音字按声调排列，音调相同按所在页码先后顺序排列。

二、区情总貌中的特载、大事记，附录中的荣誉栏、文件选编、统计资料，总目、分目、综述、概述和图照表格未编索引。

三、条目索引标引词后数字表示内容数字的页码，数字 a、b、c 表示左、中、右版面区域。

四、索引标引词一般采用中心词或简称。

A

B

C

D

E

F

M

N

P

Q

R

S

Y

Z